BOLIVIEN

Santiagos Sta

Plaza de Armas und Zentrum
Seiten 58–77

Westlich des Zentrums
Seiten 78–85

ARGENTINIEN

Nordöstlich des Zentrums
Seiten 86–95

0 km   300

erra del
Fuego

Nordpatagonien
Seiten 226–239

Südpatagonien und Tierra del Fuego
Seiten 240–257

VIS-À-VIS

CHILE
& OSTERINSEL

CRM 2 Bern

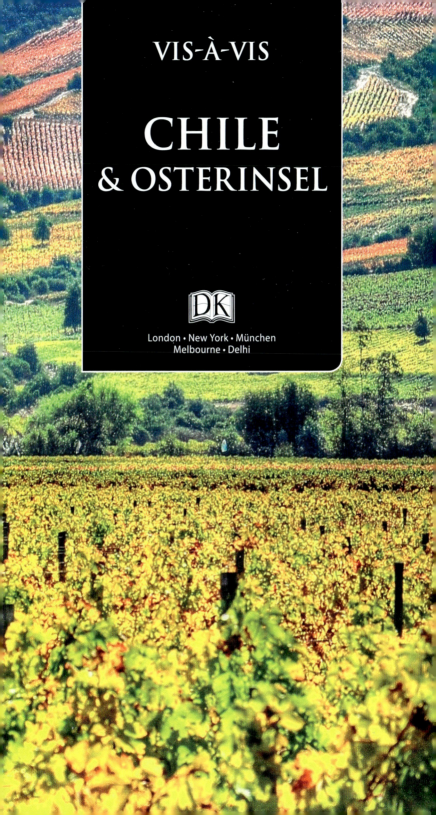

VIS-À-VIS

CHILE
& OSTERINSEL

DK

London • New York • München
Melbourne • Delhi

www.dorlingkindersley.de

Produktion
Dorling Kindersley India, Delhi

Managing Editor
Aruna Ghose

Texte
Wayne Bernhardson, Declan McGarvey, Kristina Schreck

Fotografien
Demetrio Carrasco, Nigel Hicks

Illustrationen
Chinglemba Chingtham, Surat Kumar Mantoo,
Arun Pottirayil, T. Gautam Trivedi

Kartografie
Uma Bhattacharya, Mohammad Hassan

Redaktion und Gestaltung
Savitha Kumar, Priyanka Thakur, Sandhya Iyer, Stuti Tiwari Bhatia,
Divya Chowfin, Neha Dhingra, Azeem Siddiqui, Taiyaba Khatoon,
Shweta Andrews

© 2011, 2016 Dorling Kindersley Ltd., London
Titel der englischen Originalausgabe:
Eyewitness Travel Guide *Chile & Easter Island*
Zuerst erschienen 2011 in Großbritannien
bei Dorling Kindersley Ltd.
A Penguin Random House Company

Für die deutsche Ausgabe:
© 2011, 2016 Dorling Kindersley Verlag GmbH, München
Ein Unternehmen der Penguin Random House Group

Aktualisierte Neuauflage 2016 / 2017

Alle Rechte vorbehalten, Reproduktionen, Speicherung in Datenverarbeitungsanlagen, Wiedergabe auf elektronischen, fotomechanischen oder ähnlichen Wegen, Funk und Vortrag – auch auszugsweise – nur mit schriftlicher Genehmigung des Copyright-Inhabers.

Programmleitung Dr. Jörg Theilacker, DK Verlag
Projektleitung Stefanie Franz, DK Verlag
Projektassistenz Antonia Wiesmeier, DK Verlag
Übersetzung Barbara Rusch, München
Redaktion Matthias Liesendahl, Berlin
Schlussredaktion Philip Anton, München
Umschlaggestaltung Ute Berretz, München
Satz und Produktion Dorling Kindersley Verlag, München
Druck Vivar Printing Sdn Bhd, Malaysia

ISBN 978-3-7342-0115-8
3 4 5 6   18 17 16 15

Dieser Reiseführer wird regelmäßig aktualisiert. Angaben wie Telefonnummern, Öffnungszeiten, Adressen, Preise und Fahrpläne können sich jedoch ändern. Der Verlag kann für fehlerhafte oder veraltete Angaben nicht haftbar gemacht werden. Für Hinweise, Verbesserungsvorschläge und Korrekturen ist der Verlag dankbar.
Bitte richten Sie Ihr Schreiben an:
Dorling Kindersley Verlag GmbH
Redaktion Reiseführer
Arnulfstraße 124 • 80636 München
travel@dk-germany.de

◀ Weinberg im Valle de Colchagua *(siehe S. 152f)*
◀◀ Umschlag: Zwei *moai* an der Playa Anakena im Norden von Rapa Nui *(siehe S. 265)*

Sewell – »Stadt der Treppen« und

Inhalt

Benutzerhinweise **6**

Chile stellt sich vor

Chile entdecken **10**

Chile auf der Karte **16**

Ein Porträt Chiles **18**

Das Jahr in Chile **38**

Die Geschichte Chiles **44**

Cascada de la Virgen in der Reserva Nacional Río Simpson *(siehe S. 236f)*

UNESCO-Welterbe *(siehe S. 148f)*

Santiago

Santiago
im Überblick **56**

Plaza de Armas
und Zentrum **58**

Westlich
des Zentrums **78**

Nordöstlich
des Zentrums **86**

In Santiago
unterwegs **96**

Shopping
98

Unterhaltung
102

Stadtplan
106

Die Regionen Chiles

Chile
im Überblick **116**

Valle Central **118**

Norte Grande und
Norte Chico **160**

Seenregion
und Chiloé
190

Nordpatagonien
226

Südpatagonien und
Tierra del Fuego
240

Osterinsel und
Isla Robinson Crusoe
258

Zu Gast in Chile

Hotels
272

Restaurants
284

Shopping
300

Unterhaltung
304

Aktivurlaub und
Themenferien
306

Moai von der Osterinsel

Grundinformationen

Praktische Hinweise **314**

Reiseinformationen
324

Maurisches Dekor im Casino
Español, Iquique *(siehe S. 171)*

Textregister **330**

Danksagung
und Bildnachweis **340**

Sprachführer **342**

Straßenkarte
Chile
Hintere Umschlaginnenseiten

Casa Museo Isla Negra
(siehe S. 136f)

Benutzerhinweise

Dieser Reiseführer will Ihren Besuch in Chile zum unvergesslichen Erlebnis machen, das durch keinerlei praktische Probleme getrübt wird. In *Chile stellt sich vor* werden Geschichte und Kultur des Landes porträtiert sowie seine Feste vorgestellt. Sieben Kapitel präsentieren mit Texten, Karten und Bildern die Hauptstadt Santiago und die Regionen Chiles mit all ihren Sehenswürdigkeiten. Informationen über Hotels, Restaurants, Läden sowie Unterhaltungs- und Sportangebote finden Sie im Kapitel *Zu Gast in Chile*. Die *Grundinformationen* liefern praktische Hinweise zur Anreise, zum Reisen im Land, zu Dienstleistungen und zur medizinischen Versorgung.

Santiago

Chiles Hauptstadt ist in diesem Buch in drei Stadtteile untergliedert, denen jeweils ein eigenes Kapitel gewidmet ist. Alle Sehenswürdigkeiten sind auf der *Stadtteilkarte* mit Nummern versehen und werden in dieser Reihenfolge detailliert vorgestellt und beschrieben.

Sehenswürdigkeiten auf einen Blick führt das Wichtigste auf: sehenswerte Viertel, Museen, historische Gebäude, moderne Architektur, Parks und Gärten sowie Märkte.

Die Orientierungskarte zeigt die Lage des Stadtteils, in dem Sie sich befinden.

2 Detailkarte
Die interessantesten Stadtteile werden detailgetreu aus der Vogelperspektive gezeigt.

Eine Routenempfehlung ist rot eingezeichnet.

1 Stadtteilkarte
Die im jeweiligen Kapitel beschriebenen Sehenswürdigkeiten sind auf der Karte mit Nummern gekennzeichnet und finden sich auch im *Stadtplan* auf den Seiten 106–113.

Alle Seiten über Santiago haben eine rote Farbcodierung.

Kästen liefern interessante Hintergrundinformationen.

Stadtplan Santiago siehe Seiten 106–113.
Straßenkarte siehe hintere Umschlagklappe.

3 Detaillierte Informationen
Alle Sehenswürdigkeiten in Santiago werden einzeln beschrieben, mit Adresse, Telefonnummer, Öffnungszeiten und anderen praktischen Hinweisen. Die Zeichenerklärung befindet sich auf der hinteren Umschlagklappe.

BENUTZERHINWEISE | 7

Die Regionen Chiles

Chile ist in diesem Reiseführer in Santiago und weitere sechs Regionen unterteilt, denen jeweils ein eigenes Kapitel gewidmet ist. Die interessantesten Städte und Ziele sind am Anfang eines Kapitels aufgelistet und auf der Karte markiert.

1 Einführung
Hier werden Landschaft, Charakter und Geschichte einer Region beschrieben. Außerdem erfahren Sie, wie sie sich im Lauf der Geschichte entwickelt hat und welche Attraktionen sie bietet.

Jede Region Chiles kann anhand der Farbe der Griffmarken an den Seitenrändern leicht gefunden werden.

2 Regionalkarte
Die *Regionalkarte* zeigt das Straßennetz und eine Übersicht der gesamten Region. Alle Sehenswürdigkeiten sind nummeriert. Hier finden Sie auch Tipps für die Erkundung des Gebiets mit dem Auto oder öffentlichen Verkehrsmitteln.

Die Infobox enthält alle wichtigen Angaben, die Sie bei der Planung eines Besuchs brauchen.

3 Detaillierte Informationen
Alle wichtigen Städte, Ortschaften und Attraktionen werden einzeln beschrieben, und zwar in der Reihenfolge, wie sie auf der *Regionalkarte* nummeriert sind. Bei wichtigen Städten hilft eine *Zentrumskarte* mit nummerierten Sehenswürdigkeiten bei der Orientierung.

4 Hauptsehenswürdigkeiten
Historische Gebäude sind im Aufriss dargestellt, farbige Lagepläne erleichtern die Orientierung in Museen. In den Karten zu den Nationalparks sind Einrichtungen und Wege eingezeichnet. Besonders interessante Gebiete werden in Touren vorgestellt.

Sterne bezeichnen Attraktionen, die man keinesfalls versäumen sollte.

Im **Außerdem-Kasten** finden Sie weitere Detailinformationen oder nette Kleinigkeiten.

CHILE STELLT SICH VOR

Chile entdecken	**10–15**
Chile auf der Karte	**16–17**
Ein Porträt Chiles	**18–37**
Das Jahr in Chile	**38–43**
Die Geschichte Chiles	**44–53**

Chile entdecken

Die folgenden Touren sind so konzipiert, dass sie Chiles sämtliche Highlights abdecken. Den Anfang machen zwei zweitägige Städtetrips, die zum einen in die Hauptstadt Santiago, zum anderen in die historische Hafenstadt Valparaíso führen. (Für den Besuch von Punta Arenas kann man auch bis zu zwei Tage einplanen, er ist jedoch Teil der längeren Patagonienreise.) Beide Städtetrips passen zu jeder der hier vorgestellten dreiwöchigen Reisen, die in die Atacama, nach Patagonien oder in den Südpazifik führen. Da die meisten Besucher Chiles in Santiago ankommen, ist es sinnvoll, erst ein paar Tage lang die Hauptstadt zu entdecken, bevor man sich auf eine längere Reise durch das Land begibt. Von Santiago aus kann man sich Richtung Norden und in die Atacama aufmachen oder auch Richtung Süden und Patagonien. Denken Sie daran, dass Reisen innerhalb Chiles aufgrund der besonderen Geografie des Landes viel Zeit in Anspruch nehmen können.

Eine Woche im Südpazifik: Chiles Inseln

- Besuchen Sie das archäologische Museum in Hanga Roa.
- Besichtigen Sie den Krater Rano Kau und das Zeremonialdorf Orongo.
- Bewundern Sie die *moai* auf der Osterinsel.
- Entspannen Sie an einem Strand am Südpazifik.
- Freuen Sie sich über das unterhaltsame Getümmel in einer Seebärenkolonie.

Parque Nacional Torres del Paine, Patagonien
Der Nationalpark schützt eine breite Vielfalt an Landschaften, darunter Gletscherseen und beeindruckende Eisgipfel.

◀ Holzrelief mit einer historischen Alltagsszene in Chiles Bergen

CHILE ENTDECKEN | 11

Eine Woche in der Atacama

- Besuchen Sie das archäologische Museum in San Pedro de Atacama.
- Beobachten Sie die Flamingos in den seichten Salzseen des Salar de Atacama.
- Sehen Sie im Valle de la Luna oder bei den Géiseres del Tatio die Sonne auf- und untergehen.
- Erspähen Sie Guanakos und Vögel an den Seen des Altiplano.
- Bewundern Sie Geoglyphen der Cerros Pintados.
- Erkunden Sie die Geisterstädte Humberstone und Santa Laura.
- Entdecken Sie Altstadt und Strand von Iquique.

Eine Woche in Patagonien: Puerto Varas & Paine

- Erkunden Sie die Altstadt von Puerto Varas.
- Wandern Sie rund um den aktiven Volcán Osorno.
- Erobern Sie das Wildwasser des Rio Petrohué.
- Sehen Sie Punta Arenas.
- Entdecken Sie den faszinierenden Parque Nacional Torres del Paine.
- Wandern Sie zu den schroffen Granitgipfeln Los Cuernos.
- Beobachten Sie Magellan-Pinguine.

Zwei Tage in Santiago

Das weitläufige Santiago hat eine kompakte Altstadt.

- **Anreise** Santiagos Flughafen (SCL) liegt 17 Kilometer nordwestlich, in die City fahren Busse, Shuttle-Busse und Taxis.
- **Weiterreise** Überlandbusse fahren in weniger als zwei Stunden von Santiago nach Valparaíso.

Erster Tag
Vormittags Bummeln Sie durch die Patios des Präsidentenpalasts **Palacio de La Moneda** *(siehe S. 68)* aus der Kolonialzeit, und besuchen Sie eine Ausstellung im unterirdischen **Centro Cultural Palacio La Moneda** *(siehe S. 68)* unter der Plaza de la Ciudadanía. Danach bewundern Sie präkolumbische Kunst im **Museo Chileno de Arte Precolombino** *(siehe S. 64f).* Mittags essen Sie im Museumscafé oder am **Mercado Central** Fisch und Meeresfrüchte *(siehe S. 76f).*

Nachmittags Besichtigen Sie **La Chascona** *(siehe S. 91),* eines der drei ungewöhnlichen Häuser des Dichters Pablo Neruda. Dann genießen Sie den Park und die Aussicht am **Cerro Santa Lucía** *(siehe S. 74)* oder im **Museo Nacional de Bellas Artes** *(siehe S. 75)* die Gemälde von Roberto Matta.

Zweiter Tag
Vormittags Im **Museo de la Memoria y los Derechos Humanos** *(siehe S. 80)* tauchen Sie in die Geschichte und Gegenwart Chiles ein, informieren sich über die Pinochet-Diktatur und deren Nachwirkungen. Im **Palacio Cousiño** *(siehe S. 84),* der für eine durch Bergbau und Wein reich gewordene portugiesische Familie erbaut wurde, erfahren Sie, wie Santiagos Oberschicht im 19. Jahrhundert lebte.

Nachmittags Besuchen Sie das Weingut **Viña Cousiño-Macul**

Die Fassade des Museo Nacional de Bellas Artes, Santiago

(siehe S. 144), das auf Stadtgebiet gelegen ist.

Zwei Tage in Valparaíso

Das malerische Valparaíso mit dem historischen Hafen gehört zum UNESCO-Welterbe. Die am Berg gelegene Stadt erkundet man zu Fuß.

- **Anreise** Von Santiago fahren Linienbusse in zwei Stunden nach Valparaíso.

Erster Tag
Vormittags Im **Barrio Puerto** an der Uferfront sind nur kleine Bereiche öffentlich zugänglich, sehenswert sind aber auch die **Primera Zona Naval**, das Kriegsdenkmal **Monumento a los Héroes de Iquique** *(siehe S. 125)* und das Zollgebäude **Edificio de la Aduana** *(siehe S. 124).* Weiter östlich beeindrucken im Viertel **El Almendral** der von der britischen Gemeinde errichtete Arco Británico und der riesige **Congreso Nacional** *(siehe S. 129),* der unter Pinochet von Santiago hierher verlegt wurde.

Nachmittags Fahren Sie mit einer **Standseilbahn** *(ascensor) (siehe S. 130f)* auf den Cerro Alegre und Cerro Concepción. Spazieren Sie dort durch die kurvigen Straßen, und bewundern Sie schöne Kunst im Museum im eleganten **Palacio Baburizza** *(siehe S. 126),* der einst einem Salpeterbaron gehörte.

Zweiter Tag
Vormittags Besichtigen Sie im Viertel Cerro Bellavista Pablo Nerudas **La Sebastiana** *(siehe S. 128).* Das ungewöhnliche Haus des Dichters kann man auf eigene Faust mit deutschem Audio-Guide erkunden. Zum Anwesen gehören auch ein Laden und ein Café mit Tischen im Freien.

Nachmittags Auch wenn es so scheint, so droht doch keine Gefahr einer »Dichterüberdosis« bei einem Ausflug zu Pablo Nerudas Strandhaus **Casa Museo Isla Negra** *(siehe S. 136f).* Es ist rund eine Autostunde südlich von Valparaíso gelegen. Trotz des Namens ist Isla Negra keine Insel. Auf dem Gelände, zu dem auch ein Restaurant gehört, kann man Nerudas Grab die Ehre erweisen und sich problemlos stundenlang aufhalten.

Die Plaza vor dem Präsidentenpalast Palacio de La Moneda

Weitere Informationen zu den Verkehrsmitteln in Chile siehe Seiten 324–329

TAGES- UND WOCHENTOUREN | 13

Puerto Varas, im Hintergrund die Iglesia Sagrado Corazón de Jesús

Eine Woche in Patagonien: Puerto Varas & Paine

- **Dauer** Sieben Tage plus einer möglichen zwei- bis dreitägigen Verlängerung.
- **Anreise** Puerto Varas über Puerto Montt, Torres del Paine über Punta Arenas.
- **Weiterreise** Per Bus oder Mietwagen.

Erster Tag: Puerto Varas

In **Puerto Varas** (siehe S. 211) bummeln Sie durch die Altstadt mit den schönen Häusern aus dem 19. Jahrhundert. Danach spazieren Sie am Ufer des **Lago Llanquihue** (siehe S. 210). Ein Abstecher führt Sie in die deutsche Einwandererstadt **Frutillar** (siehe S. 210f) und dort in das **Museo Colonial Alemán** sowie in das beeindruckende **Teatro del Lago**, das auf Pfählen im See steht.

Zweiter Tag: Parque Nacional Vicente Pérez Rosales

Am Ostende des Sees ragt der **Volcán Osorno** auf (siehe S. 214). Als Darwin bei Puerto Montt ankerte, wurde er Zeuge, wie der Vulkan ausbrach. Von Puerto Varas fahren Busse in das Skigebiet, im Sommer nutzen Wanderer die Lifte. Der Gipfelaufstieg ist nur für erfahrere Kletterer geeignet.

Dritter Tag: Petrohué

Von **Petrohué** (siehe S. 215) können Sie mit Shuttle-Bussen und -Booten nach Bariloche in Argentinien fahren, das private regionalgeschichtliche Museo Pioneros de la Patagonia besichtigen und sich im Hotel entspannen, rund um den Vulkan wandern oder auf dem wilden **Río Petrohué** (siehe S. 214) raften oder Kajak fahren.

Vierter Tag: Punta Arenas

Bei klarem Wetter erblickt man schon auf dem Flug von Puerto Montt nach Punta Arenas den **Parque Nacional Torres del Paine** (siehe S. 246f). In **Punta Arenas** (siehe S. 250f) beeindrucken die mit Bäumen bepflanzte **Plaza Muñoz Gamero**, die prächtigen Grabmale der Wollbarone auf dem **Cementerio Municipal** (siehe S. 251) und deren Herrenhäuser, z. B. die Casa Braun-Menéndez, heute Sitz des **Museo Regional Braun Menéndez** (siehe S. 250).

Fünfter Tag: Torres del Paine

Per Bus oder Mietwagen fahren Sie in den berühmten **Parque Nacional Torres del Paine** (siehe S. 246f). Das UNESCO-Biosphärenreservat ist ein Paradies für Wanderer. Eine Tagestour auf dem **Sendero Salto Grande** führt zum Lago Sarmiento und zum donnernden Wasserfall Salto Grande.

Sechster Tag: Los Cuernos

Die schönste Wanderung des Parks führt zum Fuß der Granitgipfel **Los Cuernos** (»Die Hörner«; siehe S. 247). Die Tagestour kann auf dem **Sendero W** zu einem dreitägigen Trek verlängert werden (siehe S. 248f), übernachtet wird in Zelten oder *refugios* (Hütten). Die *refugios* bieten Pritschen, heiße Duschen, Mahlzeiten und sogar Wein, sind aber sehr gefragt und müssen vorab reserviert werden.

Siebter Tag: Punta Arenas

Die Rückfahrt vom Park nach Punta Arenas dauert fast den ganzen Tag. Wem Zeit bleibt, der macht einen Abstecher zu den **Magellan-Pinguinen** am **Seno Otway** (siehe S. 251). Wer noch einen Tag länger bleibt, bestaunt auf der **Isla Magdalena** (siehe S. 251) in der Magellanstraße eine riesige Pinguinkolonie und einen historischen Leuchtturm. Von Punta Arenas erreicht man die Insel täglich per Fähre und Boot.

Der Kegel des Volcán Osorno im Parque Nacional Vicente Pérez Rosales

Eine Woche in der Atacama

- **Dauer** Sieben Tage plus möglicher Verlängerungen.
- **Anreise** Ankunft in Calama, Abfahrt von Iquique.
- **Weiterreise** Per Bus von Calama nach San Pedro, von San Pedro nach Iquique via Calama, per Mietwagen von Calama nach Iquique.

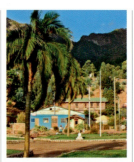

Häuser, Palmen, grüne Berge in San Juan Bautista, Isla Robinson Crusoe

Erster Tag: San Pedro de Atacama

Von **Calama** (siehe S. 174) fahren Sie nach **San Pedro de Atacama** (siehe S. 178). Dort bummeln Sie durch das Dorf und besuchen das **Museo Arqueológico** mit Artefakten aus der umliegenden Wüste. Danach besichtigen Sie die Festung **Pukará de Quitor** (siehe S. 178) aus dem 12. Jahrhundert und das Inka-Verwaltungszentrum **Catarpe** (siehe S. 178).

Zweiter Tag: Salar de Atacama

Erkunden Sie die riesige Salztonebene **Salar de Atacama** (siehe S. 180) südlich von San Pedro, und beobachten Sie die Flamingokolonie in der **Laguna Chaxa**. Bei Sonnenuntergang genießen Sie im **Valle de la Luna** das Farbenspiel der Andengipfel (siehe S. 180).

Dritter Tag: El Tatio

Vor Sonnenaufgang starten Sie zu einer zweistündigen Fahrt bis 4300 Meter Höhe zu den **Géiseres de Tatio** (siehe S. 175), sodass Sie das Gebiet bei Sonnenaufgang erreichen, wenn die Fumarolen am aktivsten sind. Trotz der Minusgrade genießen Sie in einem der Becken ein heißes Bad.

Zurück in San Pedro können Sie ungestört von künstlichem Licht den **Sternenhimmel** (siehe S. 179) bewundern. Vor Ort bieten Veranstalter Ausflüge zu den besten Orten an.

Vierter Tag: Seen des Altiplano

Wo die Anden im Osten aufragen, leben auf dem Altiplano am salzigen **Salar de Tara** (siehe S. 179) und den Süßwasserseen **Laguna Miscanti** (siehe S. 180) und **Laguna Miñeques** (siehe S. 180) Flamingos und viele andere Vögel, erspäht man Vicuñas, Viscachas, Füchse und andere Säugetiere.

Fünfter Tag: Iquique

Von Calama fahren Sie sechs Stunden mit dem Bus zur Hafenstadt **Iquique** (siehe S. 170f), dessen Altstadt georgianische und viktorianische Häuser aus der Zeit des Salpeterbooms des 19. und frühen 20. Jahrhunderts prägen. Mit dem Abbau und der Verarbeitung von Salpeter wurden einige Chilenen und ein paar Ausländer enorm reich, bis Kunstdünger auf Mineralölbasis den Markt eroberte. Wer mit einem Mietwagen fährt, macht den Abstecher zu den Geoglyphen der **Cerros Pintados** (siehe S. 173). In Iquique liegt ein Strand am kühlen Pazifik, wo man paragliden kann.

Sechster Tag: Humberstone und Santa Laura

In der hochgelegenen, kargen Pampa oberhalb von Iquique haben sich die Geisterstädte **Humberstone** und **Santa Laura** (siehe S. 172) in der trockenen Wüstenluft erstaunlich erhalten. Die ehemaligen Arbeitersiedlungen der Salpeterminen und -werke gehören zum Welterbe der UNESCO.

Siebter Tag: Cerros Pintados

Die präkolumbischen Völker der Anden hinterließen in der nördlichen Atacama an den Hängen riesige abstrakte und figürliche Geoglyphen. An den **Cerros Pintados** (siehe S. 173) in der Reserva Nacional Pampa del Tamarugal führt ein fünf Kilometer langer Weg zu einer fast ununterbrochenen Geoglyphenkette. Frühmorgens, wenn das Licht der Sonne noch nicht blendet, sind die Darstellungen der Vögel, Fische und Lamas am besten zu sehen.

Tipp zur Verlängerung

Pisagua, mit dem Auto Richtung Norden von Iquique aus zu erreichen, war einst Chiles nördlichster Salpeterhafen. Zu seinem historischen Erbe gehören ein Theater, Uhrturm und Bahnhof. Die Stadt war unter Pinochet ein Lager für politische Gefangene, heute leben die wenigen Einwohner vom Kelpsammeln.

Die Adobe-Kirche in San Pedro de Atacama

Weitere Informationen zu den Verkehrsmitteln in Chile *siehe Seiten 324–329*

Eine Woche im Südpazifik: Chiles Inseln

- **Dauer** Sieben Tage, plus zeitlicher Spielraum für die Isla Robinson Crusoe.
- **Anreise** Von Mataveri zur Osterinsel, von Tobalaba zur Isla Robinson Crusoe.
- **Weiterreise** Die Reise erfordert Flexibilität, da sich wegen des Wetters Flüge von und zur Isla Robinson Crusoe verschieben können.

Bunte Motorboote liegen im Hafen von Hanga Roa, Osterinsel

Erster Tag: Hanga Roa
In **Hanga Roa** *(siehe S. 262f)*, informieren Sie sich im **Museo Antropológico Padre Sebastián Englert** *(siehe S. 263)* über die Geografie, Archäologie und Ethnologie des Südpazifiks. Besichtigen Sie dann die *moai* auf der Ahu Tautira, **Ahu Tahai** *(siehe S. 262)* und Ahu Vai Uri sowie die sakrale Kunst in der katholischen Iglesia Hanga Roa. Abends essen Sie in einem Restaurant vor Ort.

Zweiter Tag: Rano Kau
Morgens wandern Sie auf der **Ruta Patrimonial Te Ara O Rapa Nui** vorbei an *ahu* (Steinplattformen) zum malerischen Krater **Rano Kau** *(siehe S. 264)* und an dessen Rand nach **Orongo** *(siehe S. 264)*. Dort fanden im 18. und 19. Jahrhundert die Kulthandlungen der **Vogelmannsekte** statt *(siehe S. 264)*. Vor Ort hält ein Informationszentrum Broschüren auf Spanisch und Englisch bereit.

Wieder in der Stadt, essen Sie in einem Lokal am Te Pito Te Henua und fahren dann mit dem Taxi zur **Ahu Vinapu** *(siehe S. 264)* östlich des Flughafens. Die meisten *moai* liegen zwar zerbrochen am Boden, die Plattformen sind jedoch besonders schön. Eine kurze Fahrt entfernt blicken auf der **Ahu Akivi** *(siehe S. 264f)* sieben restaurierte *moai* auf eine Zeremonialanlage.

Dritter Tag: Zu den *moai*
Mit Mietwagen, -roller oder -fahrrad erreichen Sie die archäologischen Stätten der Insel. Der Höhepunkt ist **Rano Raraku** *(siehe S. 266f)*. Dort stehen und liegen unvollendete *moai* an den inneren und äußeren Wänden eines wassergefüllten Kraters, dessen malerischer Anblick nur der Rano Kau übertrifft. Mittags machen Sie dort ein Picknick.

Gen Osten stehen auf der größten Plattform, **Ahu Tongariki** *(siehe S. 265)*, 15 *moai*. Sie wurden 1960 von einem Tsunami umgeworfen und wieder restauriert. Zu sehen sind hier auch Petroglyphen mit Meereskreaturen und Artefakte wie Steintafeln mit Meißelungen. Am Nordufer bestaunen Sie den größten *moai*, **El Gigante** *(siehe S. 267)*. Danach kehren Sie nach Hanga Roa zurück, wo Sie abends im Tataku Vave Seafood schlemmen.

Vierter Tag: Playa Anakena
Gönnen Sie sich heute ein wenig Ruhe, und entspannen Sie am schönsten Sandstrand der Insel, **Playa Anakena** *(siehe S. 265)*. Bewundern Sie dort die *moai* auf der **Ahu Ature Huki** und **Ahu Nau Nau**.

Fünfter Tag: San Juan Bautista
Vom Flugfeld fahren Sie (im Flugpreis inbegriffen) mit dem Boot zur einzigen Ortschaft der Isla Robinson Crusoe, **San Juan Bautista** *(siehe S. 268)*, oder Sie lassen nur das Gepäck zum Hotel bringen und gehen zu Fuß mit einem Abstecher zur Seebärenkolonie der **Bahía Tierras Blancas** *(siehe S. 269)*.

Sechster Tag: Selkirk
Auf den Spuren des Ausgesetzten Alexander Selkirk spazieren Sie hinauf zum **Mirador Selkirk** *(siehe S. 269)*. Auf dem Bergsattel erinnern zwei Tafeln an seine Robinsonjahre. Weitere Ziele mit Blick auf das Hinterland und das Dorf sind die **Plazoleta El Yunque** *(siehe S. 269)* und der **Sendero Salsipuedes** *(siehe S. 268)*. Oder Sie fahren mit einem Leihboot nach Puerto Inglés, wo Selkirk vielleicht kampierte. Abends schmeckt Juan-Fernández-Hummer (eine Languste).

Siebter Tag: Isla Robinson Crusoe vom Meer aus
Mit einem Leihboot erreichen Sie unzugängliche Teile der Insel, auch das wenig besuchte Westufer. Das Boot kann Sie auch gleich bis zum Flugfeld bringen, wo Ihr Rückflug schon wartet.

Mächtige *moai* auf der Ahu Tahai, Hanga Roa, Osterinsel

Chile auf der Karte

Chile liegt am Westrand von Südamerika eingekeilt zwischen den Anden im Osten und dem Pazifischen Ozean im Westen. Seine Nachbarländer sind Peru und Bolivien im Norden und Argentinien im Osten. Besonders ungewöhnlich ist die lange, schmale Form des Landes: Chile erstreckt sich auf über 4200 Kilometer Länge vom 17. bis zum 56. südlichen Breitengrad und misst an seiner breitesten Stelle nur rund 445 Kilometer. Das etwa 756 000 Quadratkilometer große Land ist in 15 *regiones* unterteilt, in denen insgesamt ca. 18 Millionen Menschen leben, allein über sechs Millionen in der Hauptstadt Santiago. Zum chilenischen Staatsgebiet gehören zudem die Osterinsel, die Isla Robinson Crusoe und ein Teil der Antarktis. Hanga Roa, die Hauptstadt der Osterinsel, liegt rund 3780 Kilometer westlich von Santiago.

Legende
- Autobahn
- Hauptstraße
- Eisenbahn
- Staatsgrenze

Zeichenerklärung *siehe hintere Umschlagklappe*

CHILE AUF DER KARTE | 17

Luftbild der Anden mit Chile auf der rechten, Argentinien auf der linken Seite

Ein Porträt Chiles

Das schmale Land im äußersten Westen Südamerikas besitzt äußerst vielfältige, schöne Landschaften, ist wirtschaftlich erfolgreich, seit seiner Redemokratisierung im Jahr 1989 politisch stabil und entwickelt sich immer mehr zu einem Mekka für Weinkenner – nicht umsonst ist Chile heute das größte Weinexportland Südamerikas. Auch kulturell hat es viel zu bieten. Die einsam im Pazifischen Ozean gelegene Osterinsel fasziniert mit einzigartigen *moai*-Statuen und polynesischer Kultur.

Chile erstreckt sich über 39 Breitengrade und besitzt deshalb eine erstaunliche Vielfalt an Landschaften, von der trockensten Wüste der Welt zu den Eisregionen Patagoniens und der Antarktis. Die meisten Gebiete sind jedoch unbesiedelt, lebt doch die Mehrheit der 18 Millionen Einwohner in der Hauptstadt Santiago und in wenigen weiteren Städten. Die seit ihrer Annexion im Jahr 1888 zu Chile gehörende Osterinsel ist der abgelegenste besiedelte Ort der Welt. Hier leben ein paar Tausend Menschen in der Hauptstadt Hanga Roa.

Im heutigen Chile siedelten bereits um 12 000 v. Chr. Menschen. Nur wenige der zahlreichen Ethnien, die hier im 15. Jahrhundert ansässig waren, überstanden in den folgenden Jahrhunderten die spanische Eroberung und die wachsende Zahl von Einwanderern aus Europa. Die verbliebenen indigenen Gruppen, die heute lediglich rund elf Prozent der Bevölkerung stellen, leben ihren Traditionen gemäß in abgelegenen Dörfern und in einigen Reservaten.

Chile ist heute das politisch stabilste Land Lateinamerikas, obwohl die Aufarbeitung der 15 Jahre dauernden Pinochet-Diktatur (1973–1988) nur schleppend vorankommt. Es besitzt exzellente touristische Einrichtungen. Sein breites Angebot an Aktivitäten umfasst Skifahren auf Vulkanen und Wanderungen durch Regenwälder ebenso wie Wildtierbeobachtungen. Die Kultur und die Traditionen des Landes kann man auf vielen Festen kennenlernen.

Moai auf der Plattform Ahu Tautira beim Pier von Hanga Roa, Osterinsel

◀ Lago Pehoé mit Los Cuernos im Hintergrund, Parque Nacional Torres del Paine *(siehe S. 246–249)*

Lamas in der Nähe der Vulkane Pomerape und Parinacota im Parque Nacional Lauca

Landschaften

Chile ist ein dünn besiedeltes Land mit weiten Naturräumen. Die einzigartige Landschaft der trockenen Atacama-Wüste nimmt das nördliche Drittel des Landes ein. Südlich davon schließen sich das fruchtbare, intensiv bewirtschaftete Valle Central sowie die Regenwälder, Seen und schneebedeckten Vulkane der Seenregion an. Noch weiter im Süden liegen die Fjorde, Granitberge und mächtigen Gletscher Patagoniens.

Chiles Wirtschaft basiert größtenteils auf den Naturschätzen des Landes. Der Umweltschutz musste deshalb bis vor Kurzem hinter dem Bergbau, der Landwirtschaft, Fischerei und anderen Rohstoffindustrien zurückstecken. Auf der Osterinsel hat der Mensch in Jahrhunderten die Wälder und Palmenhaine zerstört. Die wachsende Sorge um die Umwelt ließ in ganz Chile Umweltschutzinitiativen entstehen. Patagonia Sin Represas z. B. kämpft gegen Wasserkraftwerke in Südchile. Der von Douglas Tompkins (1943–2015) gegründete Conservation Land Trust fördert Ökotourismus und nachhaltige Landwirtschaft.

Wirtschaft

Im Vergleich zu seinen Nachbarn glänzt Chile mit einer stabilen Wirtschaft und geringer Korruptionsrate. Interessanterweise wurde die Basis für diese Entwicklung unter dem Pinochet-Regime gelegt, das eine liberale, privatisierte Marktwirtschaft förderte. In den 1990er Jahren erlebte Chile einen Wirtschaftsboom mit einer jährlichen Wachstumsrate von sieben Prozent. Die Finanz- und Wirtschaftskrise im Jahr 2008 überstand das Land mithilfe eines 20 Milliarden US-Dollar starken Staatsfonds.

Chile ist ein wichtiger Exporteur von Edelmetallen: Als Kupferproduzent steht das Land international an der Spitze, das Kupfer-Bergbauunternehmen Codelco ist weltweit das größte seiner Art. Die Osterinsel lebt vom Tourismus, von der Fischerei und von Subsistenzwirtschaft.

Fischerboote im Hafen von Hanga Roa, Osterinsel

Das rapide Wachstum der florierenden Wirtschaft hat die Armut vermindert, nicht jedoch die extreme soziale Ungleichheit und den *pituto* – Vetternwirtschaft ist selbst in topmodernen Unternehmen immer noch gang und gäbe.

Politisches System

Nach Jahren der Diktatur hat sich Chile zu einer demokratischen Präsidialrepublik entwickelt, deren Grundlage die Verfassung und die Gewaltenteilung bilden. Staatsoberhaupt und zugleich Regierungschef ist der Präsident. Das Land ist in 15 administrative Regionen einschließlich der Hauptstadtregion eingeteilt.

Der chilenische Pianist Claudio Arrau (1903–1991)

Die Osterinsel wurde 1888 von Chile annektiert und ist seither eine Provinz in der Region Valparaíso. Ihre Bewohner erhielten erst 1966 die vollen Bürgerrechte zuerkannt. Seit 2007 besitzt die Insel den Status eines Sonderterritoriums.

Sport und Kunst

Wie in allen lateinamerikanischen Ländern ist *fútbol* (Fußball) eine nationale Leidenschaft. Die chilenische Fußballnationalmannschaft gewann 2015 erstmals die Copa América. Bei den Olympischen Spielen 2004 sicherten die Tennisspieler Nicolás Massú und Fernando González im Doppel das erste Olympiagold für Chile überhaupt. Beliebte Sportarten in Chile sind Golf, Skifahren und Surfen, das Rodeo wird in ländlichen Regionen gepflegt.

Aus Chile stammen Komponisten und Musiker von Weltruf. Während der unvergleichliche Pianist Claudio Arrau (1903–1991) in der klassischen Musik brillierte, machten unter anderem die Gruppen Congreso und Los Jaivas chilenische Musikfolklore international bekannt. Santiagos Teatro Municipal *(siehe S. 73)* ist die führende kulturelle Institution des Landes. Hier werden Opern, Sinfonien und Tanztheater auf Weltniveau aufgeführt. Chiles vielfältige und lange Theatertradition zeigt sich besonders beeindruckend in dem Festival Internacional Santiago a Mil. Große Persönlichkeiten findet man auch in der chilenischen Literatur, darunter die Nobelpreisträger Pablo Neruda und Gabriela Mistral sowie Isabel Allende, Antonio Skármeta und Roberto Bolaño (1953–2003).

Gesellschaft

Der Unterschied zwischen den Lebensstilen in der Stadt und auf dem Land ist immens. Santiago besitzt eine vitale Gastro- und Kulturszene. Hier ist man modisch und technisch auf dem neuesten Stand, während die Menschen in den abgelegenen Dörfern noch auf Holzherden kochen und ihre Felder mit Ochsen pflügen. Chiles Amtssprache ist Spanisch, einige ethnische Gruppen sprechen eigene Sprachen. Das Christentum ist die vorherrschende Religion, daneben gibt es indigene Glaubensvorstellungen. Auf der Osterinsel verschmelzen christliche und polynesische Glaubensinhalte zu einer synkretistischen Religion. Insgesamt ist die chilenische Gesellschaft tolerant und freundlich.

Fahnen an der Plaza de la Constitución, Santiago

Landschaften

Zwischen den Anden im Osten, dem Pazifik im Westen, einer weiten Wüste im Norden und Tausenden Inseln und Gletschern im Süden erstrecken sich in Chile vielfältige Landschaften – Ackerland und Wälder, riesige Seen und Eisfelder. In dem Land auf dem geothermisch aktiven Pazifischen Feuerring rauchen zudem 36 aktive Vulkane und sprudeln unzählige heiße Thermalquellen. Da Chile vom Rest des Kontinents fast isoliert ist, ist seine Flora und Fauna zu einem großen Teil endemisch. Diese einmalige Tier- und Pflanzenwelt wird in Nationalparks und vielen weiteren Schutzgebieten bewahrt.

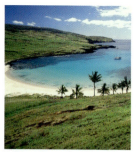

Tiefblaues Meer und weißer Sand an der Playa Anakena, Osterinsel

Altiplano und Atacama-Wüste
Die trockenste Wüste der Welt besteht aus Sand, Salzbecken, Bergen und Vulkanen. Dazwischen liegen von Grundwasser gespeiste Oasen. Der *camanchaca* genannte Nebel vom Pazifik liefert Feuchtigkeit für Kakteen, Sträucher und Flechten.

Valle Central
Flache grüne Täler liegen in Chiles Mitte zwischen den Anden und dem Küstengebirge. Sie werden von den Flüssen aus den Anden bewässert. Das mediterrane Klima begünstigt die Landwirtschaft, vor allem den Anbau von Obst, Gemüse und Wein.

Chileflamingos fischen in den Salzseen des Altiplano nach Krustentieren, deren Carotinoide ihnen ihre rosa Farbe verleihen.

Der Quisco dominiert in den unteren Anden. Als eine der wenigen Kakteen übersteht er Kälte und Schnee.

Vicuñas, die kleinsten Kamele, grasen in Herden in großen Höhen.

Honigpalmen haben einen glatten, grauen Stamm. Ihre Samenfrüchte sind in Chile sehr beliebt.

Viscachas, gelb-braune Nagetiere mit langem Schwanz, gehören zur Familie der Chinchillas. Die Pflanzenfresser sind am aktivsten in der Dämmerung.

Der Andenkondor, Chiles Nationalvogel, zählt mit drei Metern Spannweite zu den größten Vögeln der Welt.

Tektonische Aktivität

Das Rückgrat Chiles bilden die mächtigen Anden und Hunderte Vulkane. Sie entstanden durch Plattentektonik, also durch die Bewegung der Platten der Erdkruste, die auf dem geschmolzenen Material (Magma) des Erdmantels schwimmen. Entlang der chilenischen Küste trifft die Nazca- auf die Südamerikanische Platte und schiebt sich unter diese. Durch diese sogenannte Subduktion bildet sich der Atacamagraben. Da sich die Nazca-Platte besonders schnell bewegt, kann sie verheerende Erdbeben auslösen – so das Beben im September 2015 an der Küste mit einer Stärke von 8,4 auf der Magnitudenskala und das Beben in Valdivia im Jahr 1960. Mit einer Stärke von 9,5 war es das stärkste jemals aufgezeichnete Erdbeben.

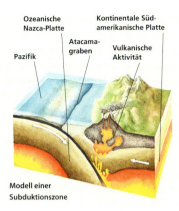

Modell einer Subduktionszone

Seenregion und Chiloé

Die fruchtbare Seenregion wartet mit Vulkanen, Seen und Flüssen, grünem Bauernland und dichtem Valdivianischem Regenwald auf. Hier wachsen Alerce (Patagonische Zypresse) sowie Nalca, eine Art Riesenrhabarber, deren Blätter zwei Meter breit werden.

Die Copihue oder Chilenische Wachsglocke blüht rot und wächst in verschlungenen Lianen an Bäumen. Sie ist Chiles Nationalblume.

Pudus werden nur 85 Zentimeter lang und sind die kleinsten Hirsche der Welt. Sie leben im Unterholz des gemäßigten Regenwaldes.

Araukarien sind immergrüne Koniferen, deren Äste mit den scharfen Blättern eine schirmförmige Krone bilden.

Patagonien und Tierra del Fuego

Die windige Pampa Patagoniens bildet einen Teil dieser Region mit zahllosen Granitbergen, Gletscherfeldern, Fjorden und Estancias genannten Schaffarmen. Abenteuerlustige kommen zum Wandern, Fliegenfischen und wegen der unberührten Natur hierher.

Guanakos gehören zu den Kamelen. Sie leben in gesunden Populationen in der Wildnis Patagoniens.

Pumas sind agile Tiere mit außergewöhnlicher Sprungkraft. Die scheuen Katzen sieht man in der Regel nur, wenn sie frisch geschlagene Beute fressen.

Der Huemul oder Andenhirsch ist eine gefährdete Tierart. Die scheuen, kräftigen Tiere haben große Ohren und kurze Beine.

Artenvielfalt

Chile ist mit seinen verschiedenen Landschaften und seiner reichen Tier- und Pflanzenwelt ein Paradies für Naturfreunde. Die Natur des Landes wird in 36 Nationalparks, 49 Schutzgebieten und 16 Naturdenkmälern geschützt – insgesamt umfassen sie rund 20 Prozent des Staatsterritoriums. Die »kontinentale Insel« ist von ihren Nachbarländern durch die Anden, den Pazifik und die Atacama-Wüste isoliert. Deshalb ist über die Hälfte der chilenischen Pflanzenarten endemisch. Dies gilt vor allem für Chiles Valdivianischen Regenwald, den einzigen gemäßigten Regenwald Südamerikas. Die endemischen Wälder und Tiere auf der Osterinsel sind dagegen durch jahrhundertelange menschliche Aktivität verschwunden.

Legende
- Fruchtbares Tiefland
- Buschland
- Immergrüner Wald
- Grasland mit wenigen Sträuchern
- Öde kalte oder warme Wüste

Die Isla Robinson Crusoe *(siehe S. 268f)* ist aufgrund ihrer isolierten Lage ein perfekter Ort für die Entwicklung einer endemischen Flora. Diese macht rund zwei Drittel der Inselvegetation aus – nirgendwo auf der Welt ist die Dichte endemischer Pflanzen höher. Die Insel ist seit 1997 ein UNESCO-Biosphärenreservat. Botaniker fürchten jedoch, dass die Einführung neuer Pflanzen das Ökosystem der Insel bedroht.

Einzigartige Naturschätze

Chiles Mikroklimate, die geografische Isolation und die vielfältige Topografie ermöglichen Reisenden, gegensätzliche Landschaften und verschiedenste Pflanzenwelten innerhalb kurzer Distanzen zu entdecken. Seltene Phänomene wie der Küstennebel *camanchaca*, der die ansonsten unfruchtbare Wüste im Norden befeuchtet, begünstigen die einzigartige biologische Vielfalt des Landes. Dank des wachsenden Umweltbewusstseins nehmen die Tierbestände im ganzen Land wieder erheblich zu. Zahlreiche private Stiftungen haben Reservate eingerichtet, um die Naturschutzgebiete in Chile zu vergrößern und deren einzigartige Flora und Fauna zu erhalten.

Die Atacama ist nach einem seltenen Regenfall mit blühenden Wildblumen bedeckt und wird zum Desierto Florido *(siehe S. 185)*.

Der Juan-Fernández-Kolibri, eine endemische Vogelart auf der Isla Robinson Crusoe, zählt zu den seltensten Vögeln der Welt.

ARTENVIELFALT | 25

Der Parque Nacional Lauca *(siehe S. 168f)* ist in Nordchile der beste Ort, um Tiere zu beobachten. In großer Zahl sind hier die vier Kamelarten des Landes – Alpaka, Guanako, Lama und Vicuña – vertreten, zudem über 140 Vogelarten sowie Tierarten wie das Viscacha.

Im Parque Nacional La Campana *(siehe S. 139)* wächst der mächtige *Nothofagus oblique*. Er ist der nördlichste Vertreter der zehn *Nothofagus*- oder Scheinbuchenarten, die in Chile gedeihen.

Der Parque Nacional Alerce Andino *(siehe S. 217)* bewahrt große Alerce-Bestände mit über 3500 Jahre alten Bäumen. Das Gebiet gehört zum Valdivianischen Regenwaldgürtel, in dem ein Drittel der Pflanzenarten Relikte des Südkontinents Gondwana sind.

Schutz der Wale

In den Gewässern vor Chile lebt die Hälfte aller Walarten der Erde. Zu *Moby Dick* ließ sich Herman Melville von einem Albino-Pottwal inspirieren, der im 19. Jahrhundert vor der chilenischen Isla Mocha Schiffe angriff und Mocha Dick genannt wurde. Heute werden wieder Blau-, Buckel- und Südliche Glattwale gesichtet – offenbar kehren die fast bis zur Ausrottung gejagten Meeressäuger zurück. In Chile studieren mehrere Organisationen das Verhalten der Wale, die chilenischen Gewässer sind seit 2008 Walschutzgebiet. Das Land möchte zu den Reisezielen gehören, in denen man am besten Wale beobachten kann. Die Möglichkeiten hierfür nehmen dank des wachsenden Interesses beständig zu.

Auf der Isla Magdalena *(siehe S. 251)* lassen sich alljährlich von November bis März Kolonien von Magellan-Pinguinen nieder. Die elterlichen Pflichten sind bei diesen größten Pinguinen der gemäßigten Zonen auf beide Geschlechter gleich verteilt. Morgens und nachmittags sieht man sie im anrührend komischen Gänsemarsch von ihren Bruthöhlen zum Meer watscheln.

Springender Buckelwal

Bevölkerungsgruppen

Ausgrabungen an der archäologischen Stätte Monte Verde in Südchile zeigen, dass hier schon vor 13 000 Jahren Menschen siedelten. In den nachfolgenden Jahrhunderten verteilten sich diese nomadischen Stämme über ganz Chile und lebten von der Jagd oder vom Fischfang. Ab dem 16. Jahrhundert erlebte Chile mehrere Immigrationswellen. Erst kamen die spanischen Konquistadoren, später deutsche, Schweizer, englische, kroatische und italienische Einwanderer. Heute sind die meisten der 18 Millionen Chilenen *mestizos* mit indianischen und europäischen Vorfahren. Indigene Gruppen sind mit weniger als einer Million Angehörigen eine Minderheit geworden.

Aymara-Tänzer in buntem Festgewand in Arica

Zum Schmuck der Mapuche gehört die silberne *trapelacucha*, die an die Brust gesteckt wird.

Makuñ heißen die bunten, fein gewebten Ponchos der Mapuche-Männer und -Jungen.

Indigene Ethnien

Chile wurde als letztes Land Südamerikas von den Spaniern erobert, dennoch bilden indigene Ethnien heute nur elf Prozent der Bevölkerung. Die größte Ethnie sind mit 1,5 Millionen Angehörigen die Mapuche. Sie stellen 84 Prozent der indigenen Einwohner. Von den ursprünglich 14 ethnischen Gruppen sind nur neun verblieben. Doch auch diese Kulturen werden wohl zumindest teilweise in den nächsten fünfzehn Jahren verschwinden.

Viele Mapuche leben in der Seenregion in *reducciones* (Reservaten). Sie führen einen zähen Kampf um das Land, das ihnen von Siedlern und Regierungen über Jahrhunderte genommen wurde.

Die Aymara sind mit rund 115 500 Angehörigen Chiles zweitgrößte indigene Gruppe. Sie leben in der nördlichen Wüste von Lamas und Alpakas, die ihnen Fleisch und Wolle liefern sowie Lasten transportieren. Die Sprache der Aymara heißt ebenfalls Aymara.

Die Rapa Nui sind Nachfahren jener Polynesier, die um das Jahr 1200 die Osterinsel erreichten. Ihre Zahl nahm im 19. Jahrhundert aufgrund von Kriegen, Hunger und Krankheiten rapide ab. Heute zählen sie rund 8500 Angehörige.

Patagonier sind die indigenen Gruppen, die in Tierra del Fuego und Patagonien lebten. Von ihnen haben unter anderem die Selk'nam als Kultur nicht überlebt, andere, etwa die Yaghan, haben kaum mehr Angehörige.

Einwanderer

Chile erlebte zwar keine Massenimmigration, dennoch spielten europäische Siedler eine bedeutende Rolle in der Kultur, Architektur und Küche etwa der Seenregion und Patagoniens. In seiner Glanzzeit im 19. Jahrhundert war Valparaíso eine kosmopolitische Stadt, in der Einwanderer aus Großbritannien, Italien, Irland und Deutschland ihre eigenen unverwechselbaren Viertel bewohnten.

Kroaten wanderten aus wirtschaftlichen Gründen Ende des 19. Jahrhunderts nach Chile aus und siedelten meist in Patagonien, vor allem in Porvenir und Punta Arenas. Ein Viertel der Bevölkerung der Region hat kroatische Vorfahren.

Deutsche und Schweizer Immigranten profitierten Mitte des 19. Jahrhunderts vom Gesetz zur Steuerung der Einwanderung. Durch das 1845 verabschiedete Gesetz sollte die Seenregion von Kolonisten besiedelt werden, die die chilenische Regierung sozial und kulturell als hochstehend betrachtete. In Puerto Montt erinnert eine Skulptur an die Immigration.

Mestizos und nicht indigene Chilenen

Die meisten Chilenen sind zwar Mestizos, dennoch unterscheiden sich die einzelnen Regionen durch ihre typische kulturelle Ausprägung und Traditionen. Diese sind stark von den verschiedenen Einwanderergruppen beeinflusst.

Boina heißen die Barette aus Wollstrick, die oft ein Bommel ziert.

Bequeme weite Hosen eignen sich perfekt für harte Arbeiten im Freien.

Baqueanos sind in Patagonien Rancharbeiter, die die Schaf- und Rinderherden hüten. Sie tragen eine typische Tracht.

Die festen Arbeitsstiefel umgeben teilweise selbst gemachte Ledergamaschen.

Die Chilotes vom Chiloé-Archipel sehen sich selbst als sehr verschieden von den Festländern und sprechen einen ausgeprägten Dialekt. Die meisten Chilotes haben spanische und Chono- oder Huilliche-Vorfahren.

Die seminomadischen Roma im Valle Central wanderten aus Europa ein. Die Frauen tragen in der Regel lange, bunte Röcke. Ihre Zelte schlagen die Roma an den Stadträndern auf.

Huasos

Sie leben vor allem im Valle Central: Die huasos *sind Chiles Cowboys, die das Land zu Pferde durchstreifen. Die ersten* huasos *lebten und arbeiteten auf großen Kolonialranches. Heute erkennt man sie an ihren Strohhüten, Ponchos und Reitkünsten. Im Lauf der Zeit spielten die* huasos *eine immer wichtigere Rolle in Chiles Folklore. Sie treten bei den meisten Paraden und Feiern sowie vor allem bei den Fiestas Patrias (Nationalfeiertage am 18./19. September) auf. Dort führen sie die* cueca *(siehe S. 28) auf und singen die* tonada *(siehe S. 29) zur Gitarre.*

Ein *huaso* treibt zu Pferde eine Schafherde zusammen

Musik und Tanz

Chiles bunte Musik- und Tanzszene spiegelt die Vielfalt seiner kulturellen Traditionen wider. Während man in den Städten gerne internationale zeitgenössische Musik hört, gefällt Landbewohnern eher Musik in der Tradition der Nueva Canción Chilena (Neues chilenisches Lied) sowie Volksmusik aus Argentinien und Mexiko. In Nordchile sind Volksmusikstile wie die *sajuriana* und der *cachimbo* beliebt. Chiles Nationaltanz, die *cueca*, gibt es seit Anfang des 19. Jahrhunderts. Seine Vorbilder stammen aus Spanien, der Tanz vereint spanische, arabische und afrikanische Einflüsse.

Bei der Fiesta de San Pedro treten die Tänzer in traditionellen bunten Kostümen und mit prächtigem Kopfschmuck auf.

Tanz

Chilenischer Tanz wird allgemein mit der cueca *assoziiert. Der Volkstanz imitiert die Balz von Hahn und Henne. Die* cueca *wird in der Regel in festlichen Trachten zu den Fiestas Patrias (siehe S. 36f) am Unabhängigkeitstag getanzt.*

Die Männer tragen gestreifte Ponchos, Sombreros mit flacher Krempe und Stiefel mit Sporen.

Die Frauen schmücken sich mit langen, bunten Röcken mit Schärpen und Jäckchen.

Mit dem Taschentuch winken die Tänzerinnen kokett ihren Verehrern zu.

Die *cueca* wird vor allem zu den Fiestas Patrias getanzt. Sie wird vorwiegend auf dem Land gepflegt, während in den Städten die *cueca chora* oder *brava* mit Texten über das Stadtleben aufgeführt wird. Bei der *cueca* in Chiloé *(siehe S. 218–225)* hat der Sänger eine wichtigere Rolle als die Musiker inne.

Traditionelle Musik

Chilenische Musik basiert vor allem auf indigenen Traditionen und Volksweisen. Typisch für die Musik der Anden sind Texte, die auf die Geister der Erde, der Natur und der Berge anspielen. Auch die Musik der Mapuche beschwört die Harmonie mit der Natur. Ihre Melodien und Rhythmen werden seit Generationen mündlich überliefert. Die Musik der Rapa Nui der Osterinsel beruht auf polynesischen Klängen, die Einflüsse von lateinamerikanischen Melodien und Rhythmen aufweisen. Viele Folklorestile entwickelten sich aus einer Mischung von indigener und europäischer Musik.

Die Musik der Rapa Nui umfasst Lieder und Gesänge, begleitet auf Instrumenten wie *kauaha* (aus dem Kieferknochen eines Pferdes), Trommeln und Akkordeon. Familienchöre treten alljährlich in einem Wettstreit an.

Die *trutruka* ist eine Trompete der Mapuche.

Die *kultrum* ist mit Symbolen verziert, die die Struktur des Universums repräsentieren.

Mapuche-Musik ist *kantun* (instrumental) oder *öl* (zeremoniell). Ihre Instrumente sind etwa die *kultrum*, eine Trommel aus Holz und Leder, und die Trompete *trutruka* aus Bambus und Rinderhorn. Ihre reiche, melodiöse Musik spiegelt die Naturverbundenheit der Mapuche wider.

Zeitgenössische Musik

In den 1980er Jahren dominierte in Chiles Städten Politrock, so von den äußerst populären Los Prisioneros, den Fiskales Ad-Hok und den Electrodomésticos. Heute hört man in allen größeren Orten Rock, Pop, Klassik, Jazz und Hip-Hop.

Nueva Canción Chilena

Die Nueva Canción Chilena entwickelte sich in den frühen 1960er Jahren. Auf der Basis der Andenfolklore schrieben politisch engagierte Künstler Texte, die soziale Gerechtigkeit für die indigenen Völker anmahnten. Später setzten sie sich auch für die Verfolgten des Pinochet-Regimes ein. Víctor Jara und Violeta Parra (1917–1967) verbreiteten als Pioniere des Genres diese Musik in ganz Lateinamerika und beeinflussten seit den 1960er Jahren beliebte chilenische Bands wie Inti-Illimani und Los Jaivas.

Musiker Víctor Jara (1932–1973)

Klassik und Jazz haben ein großes Publikum. Aus Chile stammen bedeutende Komponisten und Dirigenten. Claudia Acuña ist die bekannteste Jazz-Sängerin des Landes, Claudio Arrau zählte zu den weltbesten Pianisten des 20. Jahrhunderts.

Die chilenischen Rockbands La Ley und Los Tres genießen internationalen Starruhm. Populäre Pop- und Rockgruppen sind außerdem Los Bunkers, Lucybell, Chancho En Piedra und Javiera y Los Imposibles.

Cumbia ist ein Musikstil aus Kolumbien und in ganz Lateinamerika vor allem in der Arbeiterklasse populär. Die Texte handeln meist vom Alltag und von der Liebe. Mit ihren schnellen Rhythmen ist Cumbia eine beliebte Tanzmusik auf Hochzeiten und Partys. Eine der bekanntesten Cumbia-Bands Chiles ist La Sonora Palacios.

Die Andenfolklore stammt von den Hochebenen der Anden. Für ihren unverwechselbaren Klang sorgen die *quena*-Flöten, Panflöten und das Zupfinstrument *charango*.

Bombo legüero aus den Anden

Zampoña, Panflöte aus Bambus

Die melodische *tonada* gleicht der *cueca*, wird aber nicht getanzt. Sie entstand in Spanien und zeigt arabische und andalusische Einflüsse. In Chile sind etwa die Musiker von Huasos Quincheros populär.

Zehnsaitiger *charango*

Instrumente wie die Panflöte und die *quena* (traditionelle Bambusflöte mit sechs Löchern) sind für die Andenfolklore unabdingbar. Dazu werden oft *charango* und Geige gespielt.

Literatur, Theater und Film

Chile ist ein Land der Dichter – während seiner ganzen Geschichte wirkten hier literarische Größen. Frühe Schriftsteller sind etwa Alonso de Ercilla y Zúñiga (1533 – 1594) und Francisco Núñez de Pineda (1607 – 1682). Heute kann Chile mit zwei Nobelpreisträgern und mehreren international erfolgreichen Romanciers und Dramatikern aufwarten. Seit dem Ende der Pinochet-Diktatur beschäftigen sich Chiles Literatur, Theater und Film mit modernen Themen und mit der Aufarbeitung der wechselvollen Geschichte des Landes, ohne dass dabei das künstlerische Moment zu kurz käme.

Der Schriftsteller Antonio Skármeta lebte in der Ära Pinochet im Exil

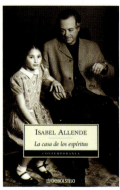

Spanischer Titel von Isabel Allendes *Das Geisterhaus*

Literatur

Chiles früheste Literatur stammt aus dem 16. Jahrhundert. Meist sind dies romantisierende Erzählungen über die Conquista und den Kolonialismus. So beschreibt etwa der spanische Adelige Alonso de Ercilla y Zúñiga in seinem Epos *La Araucana* die spanische Eroberung Chiles. Francisco Núñez de Pineda verfasste mit *Cautiverio feliz* eine Chronik seiner Gefangenschaft bei den Mapuche.

Im 19. und 20. Jahrhundert überwog der literarische Realismus. Der in Santiago geborene Alberto Blest Gana (1830 – 1920) gilt als Vater des chilenischen Romans. Mit *Martín Rivas* (1862) gelang ihm ein authentisches historisches Porträt chilenischen Lebens.

Im 20. Jahrhundert spielte Chile eine wichtige Rolle in der boomenden lateinamerikanischen Literatur. Vicente Huidobro (1893 – 1948) war eine führende Figur in der spanischsprachigen Avantgarde-Dichtung und Begründer des experimentellen Creacionismo, der den Akt der Neuschöpfung in der Dichtung betont. Sein 1931 in Europa verfasstes Gedicht *Altazor* gehört zum Kanon der Avantgarde-Lyrik des Kontinents. Literaturstars des 20. Jahrhunderts sind zudem die Nobelpreisträger Gabriela Mistral und Pablo Neruda *(siehe S. 91)*, beide Lyriker erster Güte. In der zweiten Hälfte des 20. Jahrhunderts war Nicanor Parra (geb. 1914) ein Vorreiter von Chiles wachsender Literaturszene. Der »Antipoet« missachtet traditionelle Lyrikstile und übte entscheidenden Einfluss auf die Literatur der Beat Generation der USA der 1950er Jahre aus.

Unter der Pinochet-Diktatur lebten bedeutende Autoren wie Luis Sepúlveda (geb. 1949), José Donoso (1924 – 1996), Antonio Skármeta (geb. 1940) und Isabel Allende (geb. 1943) im Ausland. Exil und Verlust sind die Themen vieler ihrer Werke. Mit *Das Geisterhaus* und anderen Romanen etablierte sich Allende als Vertreterin des Magischen Realismus, der realistische Darstellungen mit fantastischen Momenten verknüpft.

In den 1990er Jahren lief die Nueva Narrativa Chilena (Neue chilenische Erzählung) dem Magischen Realismus den Rang ab. Den Namen der Strömung prägte u. a. der Schriftsteller Jaime Collyer (geb. 1955). Ihre Themen sind die Ära nach Pinochet, Konsu-

Gabriela Mistral

Lateinamerikas erste Nobelpreisträgerin, die Professorin und Feministin Gabriela Mistral (1889–1957), erzählt in *Desolación*, *Ternura* und anderen lyrischen Werken von Liebe und Betrug, Leben und Tod. Mistral, eigentlich Lucila Godoy Alcayaga, lebte zwischen 1922 und 1934 vorwiegend im Ausland, so als Konsulin in Spanien, Frankreich, Italien und den USA. Sie lehrte als Professorin in Mexiko sowie am Vassar College und an der Barnard University in New York. Ihre indianisch-baskische Mestizo-Abstammung thematisierte sie in ihrer Gedichtesammlung *Tala*, in der sie über die Vermischung lateinamerikanischer und europäischer Kultur nachdenkt.

Gabriela Mistral 1945 bei der Nobelpreisverleihung

mismus und Globalisierung. Zu den führenden Vertretern zählen Alberto Fuguet und Gonzalo Contreras, die in ihren Erzählungen und Romanen dem Magischen Realismus entgegenstehen. Roberto Bolaño (1953–2003) wurde erst posthum dem internationalen Publikum bekannt. Sein letzter großer Roman 2666 erschien 2009 auch auf Deutsch.

Theater

Im späten 19. Jahrhundert bestand chilenisches Theater vor allem aus Amateurinszenierungen von europäischen Stücken, chilenischen Komödien und Dramen. Mit der Gründung des Teatro Experimental Ende der 1930er Jahre etablierte die Universidad de Chile das Theater als einflussreiche, sozial relevante Kunstform. In der Folge entstanden in ganz Chile Theater, die zahllose Aufführungen produzierten. Die Palette reichte vom Bauern- bis zum europäischen absurden Theater.

In den 1960er und 1970er Jahren wollten die Autoren über das Theater die Massen erreichen. Als unter der Diktatur der 1970er und 1980er Jahre die Medien total zensiert wurden, verblieb das Theater als gefährdeter gesellschaftlicher Freiraum, in dem soziale Missstände diskutiert werden konnten. Das Teatro Ictus, eine der ältesten Theatergruppen Chiles, steht beispielhaft für den Kampf der chilenischen Kunstszene gegen die Diktatur. So handelt etwa das Stück Andrés de la La Victoria (1985) von einem Priester, der von der Militärpolizei ermordet wird. Ende der 1980er Jahre adaptierte Andrés Pérez vom Gran Circo Teatro die Versdichtung La Negra Ester. Das erfolgreichste Stück in Chiles Geschichte basiert auf einem populären Liebesdrama und signalisierte eine Abkehr vom sozialkritischen Theater.

Heute spielen in Santiago Dutzende freie und subventionierte Theater die ganze Palette von Klassik bis Avantgarde, so etwa das Teatro Municipal (siehe S. 73), das Teatro Nacional, Teatro San Ginés und Teatro Universidad Católica. Im Rahmen des jährlichen Festival Internacional Santiago a Mil (siehe S. 39) finden zahllose Aufführungen in Kulturzentren, Theatern und auf der Straße statt.

Plakat für La Negra Ester im Teatro Oriente, Santiago, 2009

Film

Chiles Filmindustrie startete im frühen 20. Jahrhundert. Der erste Schwarz-Weiß-Film, El húsar de la muerte, erschien 1925. Dank des Studios Chile Film florierte das Kino in den 1940er Jahren, erfuhr dann aber einen Rückgang. Während seiner kurzen Renaissance in den 1960er Jahren kombinierten Filmemacher Elemente des experimentellen europäischen Kinos und chilenischer Kultur zu Arthausfilmen und nationalen Klassikern. Zu diesen Filmen zählen etwa Patricio Kaulens Largo Viaje (1967) und Miguel Littíns El Chacal de Nahueltoro (1969). Littín ist auch die Hauptperson in Gabriel García Márquez' Reportage Das Abenteuer des Miguel Littín – Illegal in Chile (1986). 1968 drehte der Regisseur Raúl Ruiz den Kultklassiker über Chiles Gesellschaft Tres tristes tigres.

Die Diktatur verhinderte kreatives Filmschaffen, viele Filmkünstler gingen ins Exil. In über zehn Jahren wurden nur sieben Filme gedreht. Die Rückkehr zur Demokratie bedeutete das Comeback des chilenischen Films. Heute werden in Chile jährlich mehrere Filme gedreht, die auch auf internationalen Filmfestivals reüssieren. 2005 lief Álex Bowens Mi mejor enemigo im Wettbewerb des Filmfests von Cannes, 2006 war der Film für den spanischen Goya nominiert. International erfolgreich waren zudem Werke wie Pablo Larraíns Tony Manero (2008), das Porträt eines Kriminellen in den 1970er Jahren. Sebastián Silvas La Nana – Die Perle (2009) gewann auf dem Sundance Festival den World Cinema Jury Prize. Pablo Larraíns No (2012) war für den Oscar nominiert.

Szenenbild aus dem Filmklassiker El Chacal de Nahueltoro (1969)

Kunst und Architektur

Präkoloniale Kunst findet man in Chile vor allem in Form von Felsbildern. In der frühen Kolonialzeit beeinflussten Kultur- und kirchliche Elemente der Spanier die hiesige Kunst und Architektur. Im 19. Jahrhundert brachten Immigranten aus anderen europäischen Ländern neue Techniken und Formen mit. Jede Region wurde durch die typischen Stile der jeweiligen Siedlergruppen geprägt. Heute hat Chile eine international beachtete Architektur- und eine blühende Kunstszene.

Der Gigante de Atacama, eine riesige Geoglyphe in Nordchile

Kunst

Webstoffe der Mapuche mit traditionellen geometrischen Mustern

In präkolumbischer Zeit war Chiles Kunst von künstlerischer Raffinesse geprägt, in der Kolonialzeit reduzierte sie sich auf criollo-Porträts und Landschaften. Die Integration der Immigrantengruppen und das Ende der Diktatur bewirkten in der zweiten Hälfte des 20. Jahrhunderts einen kreativen Schub. Aus Chile kommen internationale Kunststars, allein in Santiago gibt es Dutzende Kulturzentren und Galerien.

Indigene und koloniale Kunst

In der nördlichen Wüsten- und Altiplano-Region finden sich einige der weltweit größten Ansammlungen von Petroglyphen und Geoglyphen, darunter der 121 Meter hohe Gigante de Atacama. Chiles Kolonialkunst ist wenig komplex, mit Ausnahme der Skulpturen, Gemälde und Silberarbeiten aus dem frühen 18. Jahrhundert im Stil des Rokoko, die in den Jesuitenwerkstätten in Calera de Tango entstanden.

Silberne Bischofsstäbe und Monstranzen zählten zu den schönsten sakralen Artefakten, die die Jesuiten im 17. Jahrhundert in Chile schufen.

Gefäß in Vogelform

Keramiken mit zoomorphen und geometrischen Designs, Metallarbeiten und Webereien sind traditionelle Handwerkserzeugnisse der Diaguita-Kultur in Nordchile (5.–16. Jahrhundert).

Moderne und zeitgenössische Kunst

Chiles Kunstszene erblühte, nachdem 1880 in Santiago das Museo Nacional de Bellas Artes *(siehe S. 75)* eröffnet worden war. Bekannte Künstler waren Fernando Álvarez de Sotomayor und Arturo Gordon Vargas, die Alltagsszenen malten. Zeitgenössische Maler sind der Surrealist Roberto Matta (1911–2002) und der Hyperrealist Claudio Bravo (1936–2011).

Absent Feet von Eugenio Dittborn (geb. 1943) gehört zur Serie der »Airmail Paintings«, die gefaltet und mit der Post zur Ausstellung verschickt wurden.

Paisaje Lo Contador von Arturo Gordon Vargas ist ein bekanntes Gemälde der Generación del Trece. Die Künstler der Gruppe malten Anfang des 20. Jahrhunderts den Alltag der einfachen Chilenen.

Architektur

Chilenische Architektur ist ein Potpourri aus verschiedenen Einflüssen. In der frühen Kolonialzeit legte man Städte nach spanischem Vorbild an: An einem zentralen Platz standen die Kathedrale sowie Regierungsgebäude mit Innenhöfen, schmucklosen Mauern und schmiedeeisernen Toren. Im 20. Jahrhundert baute Santiagos neue Oberschicht Häuser im Stil europäischer neoklassizistischer Villen. Heute sieht man wie in Nordamerika Bungalows und Wolkenkratzer. Einkaufszentren zeugen vom Wirtschaftsboom der letzten 20 Jahre.

Arkaden säumen den Innenhof des Convento de San Francisco *(siehe S. 72)*, Santiago

Kolonialstil

Die meisten Kolonialbauten wurden durch Erdbeben zerstört, nur einige wenige Kirchen aus dem 17. Jahrhundert im trockenen Norden und eine Handvoll Haciendas im Valle Central haben die Zeit überdauert.

Die Iglesia de San Francisco de Chiu Chiu *(siehe S. 174)* ist Chiles älteste Kirche. Die zwei Glockentürme, die Decken aus *chañar*-Holz und weißen Mauern sind typische Elemente der Adobe-Kirchen des 17. Jahrhunderts.

Die Casa Colorada *(siehe S. 63)* heißt nach ihren rosafarbenen Mauern und ist ein Stein-Ziegel-Bau mit Innenhof.

Klassizismus

Giebeldreiecke, mächtige Säulen und Kuppeldächer sind die Hauptkennzeichen der Regierungsgebäude in Santiago. Sie wurden im 19. Jahrhundert im damals beliebten klassizistischen Stil errichtet.

Der Palacio de La Moneda *(siehe S. 68)* ist das Paradebeispiel für Santiagos klassizistische Architektur des 19. Jahrhunderts; er wurde 1805 als Münzanstalt eröffnet und ist seit 1845 offizieller Sitz des Staatspräsidenten.

Einheimische Architektur

Im Lauf der Jahrhunderte bauten die Chilenen ihre Häuser aus regionalen Materialien sowie dem Klima und den kulturellen Gegebenheiten entsprechend. Bisweilen sieht man den Einfluss europäischer Immigranten.

Estancias in Patagonien sind niedrige Ranchhäuser, die zum Schutz vor den heftigen Winden mit Zypressen und Pinien umpflanzt sind.

Durch die Holzschindeln der soliden »deutschen« Häuser in der Seenregion dringt kein Regen.

Chiloés *palafitos* *(siehe S. 221)* wurden im 19. Jahrhundert im Zuge des Handelsausbaus errichtet, damit die Fischer näher am Meer leben konnten.

Sport

Traditionsreiche Sportarten wie Fußball, Tennis und Rodeo sind in Chile besonders beliebt. Extremsportarten gewinnen jedoch zusehends an Popularität – schließlich ist Chile dafür wie geschaffen. Die vielen Wildwasserflüsse des Landes sind eine Herausforderung für Rafter und Kajakfahrer, gepflegte Wege und schwierige Gipfel locken Wanderer in die Nationalparks, die Wüstenregionen ziehen zunehmend Mountainbiker an. Seinen Adrenalinspiegel kann man auch beim Drachenfliegen und Heli-Skiing in die Höhe treiben.

Mit Steigeisen und Seil hinauf zu den Gletschern

CSD Colo-Colo hat als einziges Fußballteam Chiles das prestigeträchtige südamerikanische Turnier um die Copa Libertadores de América gewonnen (1991). Das Team heißt nach einem Mapuche-Führer, der gegen die spanischen Eroberer kämpfte.

Fußball
Chiles beliebtester Sport wird in allen Altersgruppen und quer durch die sozialen Schichten gespielt. Der Sport wurde von britischen Immigranten in Valparaíso eingeführt, die 1895 die Federación de Fútbol de Chile gründeten.

Die FIFA-Fußball-WM 1962 in Chile war die dritte auf südamerikanischem Boden. Die chilenische Nationalelf in offiziellem Rot, Weiß und Blau errang den dritten Platz, Weltmeister wurde Brasilien.

Alexis Sánchez war bei der Copa América 2015 einer der Schlüsselspieler im chilenischen Team, das den begehrten Pokal zum dritten Mal gewann, zum ersten Mal auch als Gastgeber.

Tennis
Tennis ist in Chile in der Regel ein Sport der Oberschicht und wird meist in Privatclubs gespielt. Marcelo Ríos sowie vor allem Nicolás Massú und Fernando González, die 2004 als erste Chilenen Olympiagold im Doppel gewannen, haben den Sport populär gemacht.

Fernando González erreichte in seiner beeindruckenden Karriere auch das Halbfinale der French Open 2009, wo er gegen den Schweden Robin Söderling ausschied.

Marcelo Ríos war 1998 als erster Lateinamerikaner die Nummer eins der Tennis-Weltrangliste.

Rodeo

Chiles Nationalsport entstand im 16. Jahrhundert auf den Haciendas, wo regelmäßig das Vieh zusammengetrieben und mit Brandzeichen versehen werden musste. Die Stars des Rodeos sind die huasos *(Cowboys), die auf ihren Pferden kunstfertig im Arena-Halbkreis, der* medialuna, *eine Kuh gegen die Wand treiben und dort einpferchen. Zur »Rodeo-Tracht« gehören ein Poncho, ein Hut mit breiter Krempe, lederne Chaps (Überhosen) und mächtige Sporen.* Huasos *nehmen an verschiedenen jährlichen Rodeo-Wettbewerben teil, der größte ist der Campeonato Nacional de Rodeo, der im April in Rancagua stattfindet (siehe S. 146).*

Huasos müssen auf verschiedene Weise ihre Geschicklichkeit beweisen. Zur Reitkunst gehören etwa das seitliche Galoppieren.

Die *collera*, ein Zwei-Mann-Team, drängt ein Kalb gegen die gepolsterte Arenawand. Besonders viel Punkte erhält die *collera*, wenn sie das Hinterteil des Kalbes einklemmt.

Surfen

Trotz des kalten Humboldt-Stroms vor Chiles Süd- und Zentralküste ist das Surfen bei Einheimischen und Besuchern dank beständiger Wellen und zahlloser einsamer Strände gleichermaßen populär. Pichilemu (siehe S. 150), Iquique *(siehe S. 170f) und* Arica *(siehe S. 164f) sind drei der beliebtesten Surfspots.*

US-Champion Tyler Fox war einer der prominenten Sportler beim 2008 Chile World Tow-In am Surfspot Punta de Lobos in Pichilemu. Das einwöchige Surffestival zählt zu den extremsten Sportveranstaltungen des Landes.

Skifahren und Snowboarden

Von Mitte Juni bis Anfang Oktober erwarten die Skifahrer und Snowboarder in den Anden erstklassige Skigebiete, ein entspanntes Ambiente und zudem relativ kurze Liftschlangen. Die größten Skiorte liegen im Valle Central (siehe S. 118–159).

In Chiles Top-Skiorten Nevados de Chillán *(siehe S. 156)*, Valle Nevado und Ski Portillo absolvieren nordamerikanische und europäische Nationalteams ihr Sommertraining.

Die Hänge des aktiven, rauchenden Volcán Villarrica *(siehe S. 202)* sind bei Snowboardfahrer Markku Koski aus Finnland und vielen weiteren Profis beliebt.

Fiestas Patrias

Die Fiestas Patrias (Vaterlandsfeste) sind die wichtigsten Feiertage des Landes. Am Dieciocho (18. September) feiert Chile seine Unabhängigkeit, der 19. September ist der Tag der Streitkräfte. Tatsächlich erlangte das Land am 12. September 1818 seine Unabhängigkeit, der Nationalfeiertag erinnert jedoch an den ersten Kampf für die Unabhängigkeit von Spanien am 18. September 1810. In den Wochen vor den Feiertagen zelebriert das ganze Land seine chilenische Identität und die seiner regionalen Kulturen mit traditionellen Spezialitäten und Tänzen. Am Tag der Streitkräfte findet in Santiago eine große Militärparade statt. In den Straßen und an den Autos flattern Fahnen und Wimpel, viele Kinder sind in Trachten oder als *huasos* gekleidet.

Chilenische Soldaten während einer Militärparade

Die *fonda* oder *ramada* wird zeitweilig für die Feiern aufgebaut. Sie besteht entweder aus Holzpfählen mit einem Strohdach oder gleicht einem Zirkuszelt. Fast jede chilenische Ortschaft besitzt eine *fonda* mit einer Bühne für Bands, einer Tanzfläche mit Lehm- oder Sägemehlboden, Getränke- und Essensständen, Tischen und Stühlen.

Militärparade
Der Tag der Streitkräfte oder Día de las Glorias del Ejército (Ruhmestag des Heeres) wurde 1915 zum Feiertag erklärt. An diesem Tag feiert Chile seine Unabhängigkeit und die Siege, die das Militär seit Gründung des Landes erkämpft hat.

Traditionelle Speisen und Getränke
Während der Feiertage regiert in der Küche der Grill. Oft wird er tagelang befeuert und von Freunden und Verwandten geteilt. Andere typische Festtagsspeisen stammen aus ländlichen Gebieten.

Chicha ist ein alkoholisches Getränk aus vergorenen Früchten, meist Äpfeln oder Trauben. Es wird gegen Ende des Sommers angesetzt. Außer an den Fiestas Patrias wird diese Art der *chicha* selten getrunken. Die aus Mais gebraute *chicha* der Mapuche heißt *muday*.

Empanadas sind Teigtaschen, die mit *pino* gefüllt werden – einer Mischung aus Rindfleisch, Zwiebeln, hartem Ei, Rosinen und Oliven. Gebacken werden sie in einem Lehmofen.

FIESTAS PATRIAS | 37

Die *cueca* *(siehe S. 28)*, Chiles Nationaltanz, wird zu den Fiestas Patrias überall aufgeführt. Die Frauen tragen dazu Baumwollkleider mit Rüschen und Blumenmuster, die Männer schwarze Hosen, Stiefel mit Sporen, breitkrempige *huaso*-Hüte und eine weiße Jacke oder einen Poncho.

Über eine halbe Million Menschen schauen bei der Militärparade zu. Meist werden dabei auch die neuesten Flugzeuge, Militärfahrzeuge und technischen Geräte des Heeres vorgeführt.

Rodeo-Wettbewerbe finden während der Fiestas Patrias in den Dörfern des ganzen Landes statt. Chiles Nationalsport lockt Scharen von begeisterten Fans in die *medialunas*, wo die *huasos* gegeneinander antreten.

Bei der Parade in Santiagos Parque Bernardo O'Higgins *(siehe S. 85)* marschieren über 7000 Angehörige der Streitkräfte und der Polizei im preußischen Stechschritt auf einer riesigen betonierten Esplanade, den Campos de Marte, durch den Park.

Drachen werden mit Begeisterung zum Fest steigen gelassen, besonders wenn der Frühlingswind weht.

Anticuchos sind Spieße mit mariniertem Fleisch

Asados sind fester Bestandteil der Fiestas Patrias. Beliebte Speisen bei diesen Grillfesten sind *anticuchos*, die Fleischspieße entstammen der Küche der Inka. In der Regel beginnt man das Festmahl mit einem *choripán*, einem Sandwich mit Bratwurst und *pebre*, einer Tomaten-Koriander-Sauce.

Piscola ist neben Pisco Sour ein beliebter Cocktail zum Festtag. Er wird einfach aus *pisco*, Cola und Eis gemischt und in der Regel zu Beginn der Partys anlässlich der Fiestas Patrias getrunken.

Das Jahr in Chile

Feiertage sind in dem südamerikanischen Land jederzeit ein willkommener Anlass für fröhliche, bunte Feste, die Tage dauern können, wenn sie auf ein Wochenende fallen. In den Städten und Ortschaften der nördlichen Wüstenregion wird ganz besonders ausgelassen mit bunten Kostümen und flotten Umzügen gefeiert. Die meisten chilenischen Feiertage haben einen christlichen Hintergrund, doch sind auch vorchristliche und präkolumbische Traditionen immer noch recht stark vertreten. So feiern die Mapuche zwischen dem 21. und 24. Juni *We Tripantu,* ihr Neujahrsfest. Neujahr wird mit großen Feuerwerken und Familienfesten relativ aufwendig zelebriert, Weihnachten hingegen eher kurz und zurückhaltend begangen. Im Februar, während der allgemeinen Sommerpause, fahren die meisten Chilenen in den Urlaub. Im ganzen Land werden auf vielfältigen Messen regionales Kunsthandwerk, Spezialitäten und Wirtschaftszweige präsentiert.

Kinder tanzen bei den Fiestas Patrias *(Sep)*

Frühling

In Zentralchile ist das Klima im Frühjahr gemäßigt und dem des Mittelmeerraums durchaus vergleichbar. Im trockenen Norden wird es am Tag noch nicht sehr heiß, während die Abende nicht zu kalt werden. Weiter südlich regnet es in der Seenregion zeitweise. Patagonien hüllt sich dagegen in Blüten und heißt seine brütenden Zugvögel willkommen. Dank niedriger Preise in der Nebensaison, angenehmem Wetter und vergleichsweise wenigen Gästen gilt das Frühjahr als beste Reisezeit.

September

Fiestas Patrias *(18./19. Sep),* ganz Chile. Der Unabhängigkeitstag und der Tag der Streitkräfte werden ausgiebig zelebriert *(siehe S. 36f).* Man feiert mit den ausgelassenen Massen in den Straßen, überall ist Musik zu hören.

Festival Internacional de Cine *(Sep),* Viña del Mar. Das traditionsreiche, seit 1963 bestehende Festival widmet sich lateinamerikanischen Produktionen. Der *Gran Paoa* gilt weltweit als wichtige Auszeichnung für Filmschaffende.

Oktober

Carnaval de los Mil Tambores *(1. Wochenende im Okt),* Valparaíso. Zu Beginn des Frühlings steigt der »Karneval der Tausend Trommeln«. In den Straßen feiert man mit rhythmischem Getrommel, Theater und Tanzaufführungen.

Día de la Raza *(12. Okt),* ganz Chile. Ursprünglich feierte man an diesem Tag die Ankunft von Kolumbus in Amerika, heute hingegen die verschiedenen indigenen Gruppen Chiles. In Santiago veranstalten in Tracht gekleidete Mapuche einen Umzug und spielen dabei auf traditionellen Instrumenten.

Día de las Iglesias Evangélicas y Protestantes *(31. Okt),* ganz Chile. Der Reformationstag wird in Chile erst seit 2008 begangen. Er erinnert an die Veröffentlichung von Martin Luthers 95 Thesen (1517).

El Ensayo *(Ende Akt/Anfang Nov),* Santiago. Der Club Hípico *(siehe S. 85)* richtet Chiles wichtigstes Derby aus.

November

Feria del Libro *(Anfang Nov),* Santiago. Bei der jährlichen Bücherschau im Centro Cultural Estación Mapocho *(siehe S. 77)* werden die Werke lateinamerikanischer Autoren präsentiert.

Festival de Colonias Extranjeras *(Nov),* Antofagasta. Immigranten aus aller Welt und ihre Nachfahren feiern ihr Kulturerbe mit Spezialitäten, Musik und Tanz.

Maskierter Tänzer beim Festival de Colonias Extranjeras *(Nov)*

DAS JAHR IN CHILE: FRÜHLING UND SOMMER

Traditionelle Tänze zur Fiesta Grande de la Virgen de Rosario *(Dez)*

Sommer

Im Sommer finden einige der wichtigsten Feste und große Musikveranstaltungen statt. Von Dezember bis Februar dauert die beste Reisezeit für Fahrten ans Meer, in die Seenregion und nach Nordpatagonien. Im Januar und Februar zieht es Urlauber in Scharen an die Strände und in die Ferienorte. In Südchile sind Stürme keine Seltenheit, in der nördlichen Wüste klettern die Temperaturen weit nach oben.

Dezember

Fiesta Inmaculada Concepción *(8. Dez)*, ganz Chile. Das christliche Fest der Unbefleckten Empfängnis wird im ganzen Land gefeiert. Besonders beeindruckend ist die Feier am Santuario de la Virgen de Lo Vásquez an der Straße nach Valparaíso. Bis zu 100 000 Pilger unternehmen oft barfuß oder auf Knien kriechend die Wallfahrt zu dem Heiligtum.
Fiesta Grande de la Virgen de Rosario *(Ende Dez)*, Andacollo. Bis zu 150 000 Pilger kommen in das nordchilenische Dorf Andacollo zur Schutzpatronin der Bergarbeiter. Zur Wallfahrt gehören Darbietungen in Trachten und Masken, Feste, Pferderennen, Hahnenkämpfe und andere Attraktionen.

Noche Buena *(24. Dez)*, ganz Chile. Am Weihnachtsabend trifft man sich in Chile mit der Familie und Verwandten, genießt ein spätes Abendessen und geht zur Heiligen Messe. Die Geschenke für die Kinder bringt der Viejo Pasquero (Alter Hirte), den Erwachsenen schmeckt eine *cola de mono*. Der »Affenschwanz« ist ein traditionelles Getränk aus Kaffee und Aguardiente.
Navidad *(25. Dez)*, ganz Chile. Fast überall ruht die Arbeit, die Straßen sind wie ausgestorben, zu Hause feiern die Menschen im Kreis der Familie.

Der Viejo Pasquero verteilt Geschenke

Carnaval Cultural de Valparaíso *(25.–31. Dez)*, Valparaíso. Valparaísos jährlicher Karneval der Kulturen wird in der Woche vor Silvester mit Theater, Tanz, Konzerten, Kunstausstellungen, Filmvorführungen, Essensständen usw. gefeiert.
Fin de Año *(31. Dez)*, ganz Chile. Silvester wird überall gefeiert, am intensivsten und buntesten jedoch in Santiago und an der Küste. In Valparaíso strömen die Menschen in die Innenstadt zu den Straßenfesten. Das Silvesterfeuerwerk in Valparaíso gilt als das größte in Südamerika.

Januar

Año Nuevo *(1. Jan)*, ganz Chile. Die Straßen sind leer und die Geschäfte geschlossen, denn schließlich muss man sich vom *carrete* (Fest) vom Vorabend erholen.
Festival Internacional Santiago a Mil *(Jan – Anfang Feb)*, Santiago. Beim wichtigsten Kultur-Event der Stadt werden Dutzende chilenische und internationale Theater- und Tanzproduktionen präsentiert. Großveranstaltungen in den Straßen locken Tausende Zuschauer an. Neben etablierten Schauspielern treten auch junge Talente auf.
Semanas Musicales de Frutillar *(Ende Jan – Anfang Feb)*, Frutillar. In einem vor einer spektakulären Vulkankulisse gelegenen Konzertsaal richtet Frutillar alljährlich sein Musikfestival aus. Hier treten Künstler verschiedener Genres, von Jazz über Ballett bis zu Kammer- und sinfonischer Musik, auf. Das Publikum ist von den fantastischen Darbietungen schlicht gefesselt.

Riesenpuppe beim Festival Internacional Santiago a Mil *(Jan)*

Februar

Tapati Rapa Nui *(Anfang Feb)*, Osterinsel. Die Bewohner der Insel feiern ihr polynesisches Kulturerbe. Das zweiwöchige Festival *(siehe S. 263)* zählt zu den populärsten in ganz Chile. Das Programm umfasst erstklassige Vorführungen lokaler Tänze, Gesänge und Lieder sowie Pferderennen und verschiedene Wettbewerbe, etwa im Holzschnitzen, Fischen, in Körperverzierung und *kai kai*. Mit diesem Fadenspiel werden Geschichten erzählt.

Derby de Viña del Mar *(1. So im Feb)*, Viña del Mar. Das jährliche Derby zieht Tausende Fans des Pferdesports zur Rennbahn des Sporting Club.

Encuentro Folclórico *(Anfang Feb)*, Ancud. Festival mit Volksmusik, Tanz, Spezialitäten und Kunsthandwerk des grünen Chiloé-Archipels.

Festival Costumbrista Chilote *(Mitte Feb)*, Chiloé. Das Kulturfestival fasziniert ein Wochenende lang mit der Kultur, Folklore und Küche von Chiloé. Hier kann man über 50 regionale Gerichte und Getränke probieren, traditionelle Werkzeuge kennenlernen und Kunsthandwerk kaufen.

Noche Valdiviana *(3. Sa im Feb)*, Valdivia. Bei dem beliebten Fest drängen sich nachts beleuchtete Boote auf dem Río Valdivia. Ein Feuerwerk erhellt den Himmel.

Einwohner der Osterinsel feiern beim Tapati Rapa Nui (Feb)

Festival Internacional de la Canción de Viña del Mar *(letzte Woche im Feb)*, Viña del Mar. Das fünftägige Musikfestival bietet Wettbewerbe mit Rock-, Pop- und Folkloregruppen aus Chile sowie beliebte internationale Bands. Der Gewinner wird durch die Lautstärke des Applauses ermittelt.

Carnaval de Putre *(Ende Feb)*, Putre. Das kleine Dorf Putre *(siehe S. 166)* im Andenhochland begeht seinen Karneval mit einem großen Fest der in der Region ansässigen Aymara. Mit Musik, Trachten und Spezialitäten wird das andine Kulturerbe gefeiert.

Herbst

Im März sind die Sommerferien zwar vorbei, die Chilenen zieht es aber immer noch an die Strände oder überhaupt in die Natur, um die letzten warmen Sonnenstrahlen zu genießen. In der Semana Santa, der Osterwoche, verbringen viele einen Kurzurlaub in den Ferienorten oder Nachbarländern. Im Valle Central werden alljährlich zur Lese der reifen Trauben Weinfeste gefeiert.

März

Festival de la Vendimia *(März)*, Chiles Weintäler. Die alljährliche Weinlese wird in den Ortschaften mit Essensständen, Ausstellungen, Weinproben und vielem mehr zelebriert. Die Festzeit beginnt in der Regel Anfang März in Limari und anderen nördlichen Weintälern. Sie zieht sich bis Ende März, wenn im südlichen Biobio gefeiert wird.

April

Viernes Santo *(Fr vor Ostern)*, ganz Chile. Den Karfreitag begehen manche mit Passionsspielen, viele andere strömen zu den örtlichen Fischhändlern – so essen sie zwar den Glaubensregeln entsprechend kein Fleisch, können aber trotzdem schlemmen.

Fiesta de Cuasimodo *(1. So nach Ostern)*, ganz Chile. Priester besuchen die Kranken und Alten, die an Ostern nicht zur Kirche gehen konnten. Begleitet werden sie von *huasos* in einer großen Parade (die Cowboys schützten früher die Priester vor Banditen). Danach wird gefeiert.

Huasos und Publikum bei der Fiesta de Cuasimodo (Apr)

HERBST UND WINTER | 41

Mai
Día de las Glorias Navales
(21. Mai), ganz Chile. An diesem Tag gedenkt man des Seegefechts von Iquique (1879) im Salpeterkrieg *(siehe S. 49)*. Militärfeiern werden in Santiago, Valparaíso und Iquique abgehalten. Der Staatspräsident hält seine Rede zur Lage der Nation.

Winter
Im Winter ist es in Patagonien unangenehm kalt und in der Seenregion feucht. In der nördlichen Wüstenregion finden zu dieser Zeit einige der größten Feste des Landes statt. Im Süden beginnt die Skisaison mit zahlreichen Veranstaltungen und Wettbewerben in den Skiorten.

Juni
Fiesta de San Pedro *(29. Juni)*, ganz Chile. Die Menschen in den Küstenregionen feiern Petrus, den Schutzheiligen der Fischer. Sie tragen eine Petrusstatue zum Hafen und bitten um Glück, gutes Wetter und guten Fang. Im Inland, vor allem im nordchilenischen San Pedro de Atacama, feiert man Petrus als Schutzheiligen der katholischen Kirche mit Messen und Prozessionen in Kostümen.

Temperamentvolle kostümierte Tänzer bei der Fiesta de La Tirana *(Juli)*

Juli
Fiesta de La Tirana *(12.–16. Juli)*, La Tirana. Die fünftägige Veranstaltung *(siehe S. 173)* vereint präkolumbische und katholische Traditionen. Bis zu 200 000 Menschen besuchen das Dorf La Tirana, um der Virgen del Carmen zu Ehren in Kostümen und Drachenmasken zu tanzen.
Fiesta de la Virgen del Carmen *(16. Juli)*, Santiago. An diesem Tag feiert man Chiles Armee, den Unabhängigkeitskampf und Chiles Schutzpatronin, die Virgen del Carmen.
Carnaval de Invierno *(3. Wochenende im Juli)*, Punta Arenas. Der Karneval bringt mit nächtlichen Umzügen, Folkloretänzen und Feuerwerk bunten Spaß in den Winter.

Feiertage
Año Nuevo *(1. Jan)*
Viernes Santo Karfreitag *(März/Apr)*
Día del Trabajo Tag der Arbeit *(1. Mai)*
Día de las Glorias Navales *(21. Mai)*
Peter und Paul *(29. Juni)*
Asunción de la Virgen Mariä Himmelfahrt *(15. Aug)*
Fiestas Patrias *(18./19. Sep)*
Día de la Raza *(12. Okt)*
Día de las Iglesias Evangélicas y Protestantes Reformationstag *(31. Okt)*
Día de Todos los Santos Allerheiligen *(1. Nov)*
Fiesta Inmaculada Concepción Mariä Empfängnis *(8. Dez)*
Navidad *(25. Dez)*

Prozession in Kostümen zur Fiesta de San Pedro in einer schmalen Straße in San Pedro de Atacama *(Juni)*

Klima

Chile erstreckt sich von Nord nach Süd über rund 4200 Kilometer und durch verschiedene Klimazonen. In der Wüste des Nordens regnet es, wenn überhaupt, nur einmal im Jahr. Das milde Klima des Valle Central bringt ganzjährig sonnige Tage und kurze Unwetter. Im Winter können in der Seenregion, an den Fjorden und vor allem auf Chiloé sintflutartige Regenfälle Wochen dauern. Das launische Wetter Patagoniens vermag im Sommer innerhalb von Stunden von Sonne zu Sturm und Regen umzuschlagen. Das Wetter der vom Festland weit entfernten Osterinsel wird vor allem durch den Pazifik beeinflusst. Trotz der kühlen Meeresbrisen erlebt man hier neben Gewittern auch gelegentlich Trockenzeiten.

Norte Grande und Norte Chico sind aride Gebiete mit wenig Regen. Im Altiplano ist es tagsüber warm und nachts kalt.

Straße im verschneiten Südchile

Das Valle Central hat ein mediterranes Klima mit warmen, trockenen Sommern und milden Wintern mit gemäßigten Regenfällen.

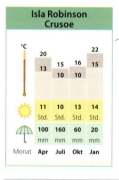

Nordpatagonien erlebt im Winter Niederschläge in Form von Regen und leichtem Schneefall. Im Sommer wehen in offenen Gebieten starke Winde.

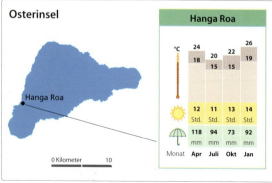

Südpatagoniens Wetter ist im Sommer sehr wechselhaft. Die Winter sind kalt mit gemäßigtem Schneefall.

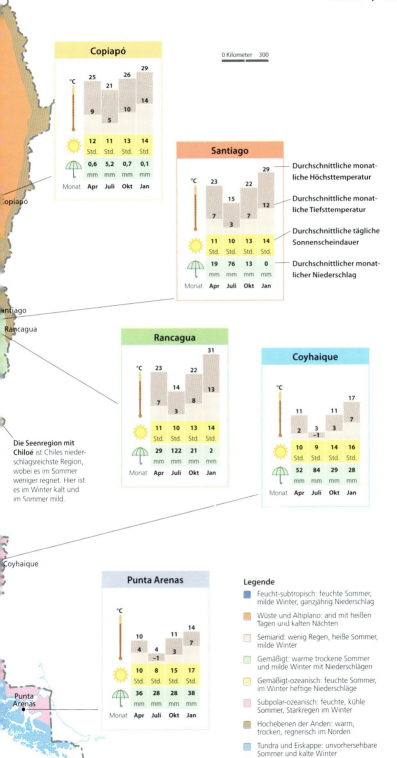

Die Geschichte Chiles

Trotz seiner isolierten Lage war Chile schon früh besiedelt und blickt auf eine wechselvolle Geschichte zurück. Bis zur Ankunft der Spanier lebten zahlreiche Ethnien in Stammesstrukturen in der Region. Das Land war knapp Hundert Jahre Teil des mächtigen Inka-Reiches und spielte eine wichtige Rolle im europäischen Zeitalter der Entdeckungen und der Kolonisierung. Nach der Unabhängigkeit expandierte Chile seine Grenzen. Ähnlich komplex ist die Geschichte der einsamen Osterinsel im Südpazifik.

Die ersten Menschen in Amerika waren Jäger und Sammler, die die Beringstraße über eine Landbrücke überquert hatten. Der Zeitpunkt ihrer Ankunft ist schwer zu bestimmen. Man weiß jedoch, dass die Einwanderung dieser Gruppen über Jahrtausende hinweg in Wellen erfolgte – die letzte vor rund 10 000 Jahren.

Ausgrabungen in Monte Verde nördlich von Puerto Montt in der Seenregion brachten über 13 000 Jahre alte menschliche Siedlungen zutage. Um 6000 v. Chr. wurden Kartoffeln, Kürbisse, Bohnen und andere Feldfrüchte zur Lebensgrundlage der sesshaften Gruppen der Atacameño, Aymara und Diaguita in der Atacama und den Vorbergen der Anden. Die Aymara hielten auch Lamas und Alpakas wegen ihres Fleisches und ihrer Wolle. Das Volk tauschte seine Erzeugnisse mit anderen Gruppen, etwa den Fisch fangenden Chango, gegen Produkte aus den Tälern und von der Küste. Weiter im Süden lebten die Mapuche und ihre nahen Verwandten, die Pehuenche, Huilliche und Puelche, als autarke, halbsesshafte Bauern. Im heutigen Patagonien boten die Fische und Meeresfrüchte der Fjorde und Kanäle entlang der Pazifikküste und der Magellanstraße Nahrung für die Chono, Kawéskar und Yámana. Die Tehuelche jagten Wild in der patagonischen Steppe, die Selk'nam (Onas) lebten auch als Jäger auf der Isla Grande von Tierra del Fuego.

Auf der vom Festland weit entfernten Osterinsel nahmen die Ereignisse einen anderen Lauf, ihre Geschichte wird bis heute kontrovers diskutiert. Die ersten Siedler kamen vor rund 1000 Jahren aus Ost-Polynesien auf die damals dicht bewaldete Insel. Ihre Nachkommen entwickelten eine Gesellschaft, von deren Komplexität heute noch die *moai*-Statuen zeugen. Die Errichtung der *moai* und das übermäßig große Anwachsen der Bevölkerung zog eine Entwaldung der Osterinsel nach sich, führte zu Kriegen zwischen den Clans. Die Ankunft der Europäer im 18. Jahrhundert und die spätere Annexion durch Chile brachte das gesellschaftliche Gefüge der Insel nachhaltig in Unordnung. Seit den 1970er Jahren wurden einige Schritte zur Eigenständigkeit der Insel und ihrer stolzen Bewohner unternommen.

11 000 v. Chr. Gründung von Chiles erster bekannter Siedlung, Monte Verde

Darstellung der Siedlung von Monte Verde

1000 Polynesische Siedler erreichen die Osterinsel

| 14 000 v. Chr. | 0 | 400 | 800 | 1200 |

6000 v. Chr. Anbau von Kartoffeln, Bohnen, Kürbissen und anderen Feldfrüchten in den Zentralanden

Moais auf Ahu Akivi, Osterinsel, um 1000–1600

◀ José de San Martín und Bernardo O'Higgins nach dem Sieg in der Schlacht von Maipú, 5. April 1818 *(siehe S. 48)*

Valdivia bei Santiagos Gründung von Pedro Lira (1845–1912)

Inka-Reich

Im 15. Jahrhundert erweiterten die Inka ihr Reich in den Zentralanden nach Süden bis zu dem Breitengrad, auf dem heute Santiago liegt. Seine größte Ausdehnung erlangte das Reich um 1438. Die Kontrolle über die Randgebiete, so auch die Region im heutigen Chile, war jedoch instabil und hing von der Kooperation der jeweiligen Völker ab. Intrigen nach dem Tod des Inka Huayna Cápac (um 1527) führten zu einem Bürgerkrieg, der den Spaniern den Weg zur Eroberung ebnete.

Entdeckung und Kolonisierung

Mit den Reisen von Christoph Kolumbus (1451–1506) begann in Europa das Zeitalter der Entdeckungen und Eroberungen. In seinem Verlauf wurde ein Großteil des heutigen Südamerika 1494 im Vertrag von Tordesillas Spanien zugesprochen. 1520 segelte Ferdinand Magellan (1480–1521) als erster Europäer bis Tierra del Fuego und durch die nach ihm benannte Magellanstraße. In den 1530er Jahren eroberte der Spanier Francisco Pizarro mit seinen Halbbrüdern das Inka-Reich. Diego de Almagro unternahm 1535 als Erster eine Expedition in das heutige Chile. Aufgrund schlechter Planung und Versorgung kam er jedoch nur bis zum Aconcagua-Tal in Zentralchile, viele seiner Männer und der mitgeführten Tiere starben in den hohen Anden. Erfolgreicher war 1541 Pedro de Valdivias Expedition. Er gründete die Hauptstadt Santiago, die Küstenstädte La Serena, Valparaíso und Concepción, im Inland Villarrica und das an einem Fluss gelegene Valdivia. Zudem sandte er Truppen aus, die die Magellanstraße von Westen aus erkundeten und so Chiles Anspruch auf die südlichsten Territorien des Kontinents mitbegründeten.

Die anfänglich guten Beziehungen zwischen Mapuche und Spaniern verschlechterten sich rasch und mündeten in den über drei Jahrhunderte dauernden Arauco-Krieg. Valdivia starb 1553 in der Schlacht von Tucapel gegen die Mapuche. Seine Eroberungen indes hatten die Grundlage für Chiles Territorialansprüche gelegt.

Die Konquistadoren wollten vor allem reich werden – das erhoffte Gold fanden sie aber nicht. Wohlstand erlangten sie und ihre Nachfolger jedoch durch die *encomiendas* (»Aufträge«) der spanischen Krone, die ein ureigenes Interesse an den neuen Kolonien besaß. Sie übertrug den Konquistadoren riesigen Landbesitz samt der dort ansässigen indigenen Bevölkerung

Francisco Pizarro (um 1471–1541)

und deren Arbeitskraft. Dieses System bot der katholischen Kirche zugleich Gelegenheit, Millionen potenzielle Konvertiten zu missionieren. Encomienda-System und Missionierung bildeten die Basis der wirtschaftlichen und sozialen Umgestaltung der Region nach dem Ende des Inka-Reichs.

Das Encomienda-System scheiterte, als die indigene Bevölkerung durch die von den Spaniern eingeführten Pocken und andere Krankheiten dezimiert wurde. Mancherorts starben über 90 Prozent der Indianer, wodurch auch die Tributzahlungen an die Spanier ausblieben. Die Sterberaten waren im Küstentiefland, wo das Klima die Verbreitung der Krankheiten begünstigte, am höchsten.

In der Folge wandelten die Spanier die Encomiendas in große Haciendas um, die jedoch wegen der fehlenden Arbeitskräfte wenig Profit abwarfen. Dies änderte sich, als mehr und mehr Spanier mit indigenen Frauen zusammenlebten und der Mestizenanteil wuchs. Die *latifundistas* (Großgrundbesitzer) monopolisierten die besten Agrargebiete, während die Mestizen Landarbeiter wurden und die *minifundistas* (Bauern) kaum überleben konnten.

Ende des Kolonialismus

Der ungleiche Landbesitz teilte Chiles Gesellschaft bis weit in das 20. Jahrhundert, größere Auswirkungen hatte jedoch die wachsende Entfremdung von Spanien. In Santiago saß zwar ein Gouverneur, dennoch unterstand Chile dem in Lima regierenden Vizekönig von Peru, der wiederum Spanien gehorchte. Einheimische Criollos (in Südamerika geborene Spanier) widersetzten sich zunehmend der spanischen Herrschaft, deren Interessen sie immer weniger teilten. Die Ereignisse spitzten sich zu, als Spanien von Napoléon erobert wurde und die entfernten Kolonien schlechter kontrollieren konnte. An der Peripherie des Reiches vertraten z. B. der Chilene Bernardo O'Higgins, Sohn des Vizekönigs in Lima, und José de San Martín in Argentinien die Interessen der Criollos und führten den Kampf um Unabhängigkeit.

Chiles Führer Bernardo O'Higgins (1778 – 1842)

Alltagsszene auf einer chilenischen Hacienda, Lithografie aus dem 19. Jahrhundert

Captain James Cook

1722 Der Holländer Jacob Roggeveen landet als erster Europäer auf der Osterinsel; dort herrscht zu jener Zeit Frieden

1774 Captain James Cook besucht die von Unruhen erschütterte Osterinsel

1740 Die Corral-Bucht bei Valdivia wird mit 17 Festungen gesichert

1778 Bernardo O'Higgins wird geboren

1808 Napoléons Truppen besetzen wichtige Städte in Spanien

Die Erklärung der Unabhängigkeit 1818 von Pedro Subercaseaux Errázuriz (1945)

Unabhängigkeit und Republik

Als die Spannungen zwischen Spaniern und Criollos zunahmen und sich zudem die politischen Ereignisse in Europa zuspitzten, reiften in Chile Unabhängigkeitspläne. 1810 entstand unter Bernardo O'Higgins eine Regierungsjunta. Die Reaktion der Royalisten führte 1814 zur Schlacht von Rancagua, in deren Folge hochrangige Rebellen auf dem Juan-Fernández-Archipel arrestiert wurden. O'Higgins floh über die Anden nach Mendoza zu den Truppen des argentinischen Unabhängigkeitskämpfers José de San Martín. Drei Jahre später besiegte San Martíns Ejército de los Andes (Andenarmee) die Spanier bei Chacabuco und zog in Santiago ein. Das Angebot, Chiles »Director Supremo« zu werden, lehnte er zugunsten von O'Higgins ab – und zog weiter zur Befreiung von Peru.

Nach Chiles Unabhängigkeitserklärung 1818 erlebte O'Higgins fünf turbulente Jahre als Staatsoberhaupt. Er stabilisierte das Land, verärgerte jedoch die Konservativen durch seinen Säkularismus und seine Sozialpolitik. Der wachsende Einfluss der Wirtschaftsliberalen und Grundbesitzer führte zum Bürgerkrieg, der *revolución conservadora*, nach dessen Ende 1830 der in Santiago geborene Unternehmer Diego Portales zum Machthaber aufstieg. Die unter ihm im Jahr 1833 verabschiedete und bis 1925 gültige Verfassung führte eine Zentralregierung und den Katholizismus als Staatsreligion ein.

In dieser Ära erlebte das Land dank der Silberlagerstätte Chañarcillo in der Atacama-Region einen Wirtschaftsboom und volle Staatskassen. Mitte des 19. Jahrhunderts stieg zudem Valparaíso zu einem Haupthafen für Schiffe auf dem Weg um Kap Hoorn auf.

1810 Gründung der Primera Junta de Gobierno (Erste Junta)

1818 Chile erklärt Unabhängigkeit

1833 Verfassung von 1833

1837 Diego Portales wird von politischen Gegnern ermordet

Diego Port(ales) (1793–183...)

1810

1814 Schlacht von Rancagua

1817 Schlacht von Chacabuco

1823 Bernardo O'Higgins im Exil in Lima

1825

Statue von Juan Godoy in Copiapó

1832 Der Maultiertreiber Juan Godoy entdeckt die Silberlager von Chañarcillo

1840

1849 Kalifornischer Goldrausch

Chilenischer Weizen erzielte auf dem Markt in San Francisco Höchstpreise. Von diesem Boom profitierten vor allem die Großgrundbesitzer. Die Landarbeiter und Kleinbauern blieben mittellos. Im 20. Jahrhundert sollte diese soziale Ungleichheit für großen politischen Zündstoff sorgen.

Territoriale Expansion

Salpeterwerk in der Atacama-Wüste

Als Chile unabhängig wurde, reichte sein Territorium von Copiapó in der Atacama bis Concepción im Valle Central. Hinzu kamen einige Vorposten wie Valdivia und Chiloé. Jenseits von Copiapó gehörten die nitratreichen Gebiete der Atacama zu Bolivien und Peru. In Bolivien wurden diese von chilenischen Investoren kontrolliert, die die Exportsteuern in der damals bolivianischen Hafenstadt Antofagasta nicht zahlen wollten. 1879 besetzte deshalb Chiles Militär die Stadt. Als Bolivien Peru um Unterstützung bat, eskalierte die Situation zum vierjährigen Salpeterkrieg, aus dem Chile als Sieger hervorging. Das Land gewann dadurch Antofagasta, besetzte die Provinzen Tacna, Arica und Tarapacá und sogar die Hauptstadt Lima. Lima und Tacna wurden wieder an Peru zurückgegeben, Arica und Tarapacá verblieben bei Chile und bildeten von nun an dessen Nordgrenze. Im Süden war die von den Mapuche kontrollierte Arauco-Region jenseits des Río Biobío ein gefährliches Grenzland für Siedler. Nur die patagonischen Territorien und das heutige Aisén unterstanden Chile. 1881 schloss die Regierung Verträge mit den Mapuche, die schließlich den Arauco-Krieg beendeten. Immer mehr europäische Immigranten zogen in die Gebiete südlich des Biobío. Dies waren vor allem Deutsche, deren Milchbauernhöfe die Landschaft prägten. Gleichzeitig festigte die chilenische Marine ihre Position vom trockenen Norden bis jenseits von Patagonien. Der Boom der Wollindustrie, der Mitte der 1870er Jahre unter Gouverneur Diego Dublé Almeida begann, brachte vor allem der Region Magallanes Wohlstand. 1888 annektierte Chile auch die Osterinsel. Unter Präsident José Manuel Balmaceda brach 1891 ein kurzer Bürgerkrieg aus, nachdem Balmaceda eigenmächtig und am Parlament vorbei wichtige Gesetze verabschiedet hatte. Der Bürgerkrieg endete mit dem Selbstmord Balmacedas und dem Erstarken der konservativen Kräfte unter einer Junta.

Schlacht von Tarapacá (1879) während des Salpeterkriegs

Seeschlacht zwischen Chile und Peru im Salpeterkrieg

1881 Vertrag mit Mapuche beendet Arauco-Krieg

1883 Salpeterkrieg endet mit dem Sieg Chiles

José Manuel Balmaceda (1840–1891)

1855 — 1870 — 1885

1870 Patagonischer Wollboom

1879 Salpeterkrieg beginnt mit Chiles Besetzung der Hafenstadt Antofagasta

1888 Annektierung der Osterinsel

1891 Bürgerkrieg und Selbstmord des Präsidenten Balmaceda

In der Escuela Santa María de Iquique fand 1907 ein Massaker statt

Wirtschaftlicher Niedergang

Mit sprudelnden Einnahmen aus der Bergbau- und Schiffsindustrie startete Chile optimistisch in das 20. Jahrhundert, doch am Himmel zogen bereits erste Wolken auf. 1907 ermordeten Polizei und Militär im berüchtigten Massaker von Iquique Hunderte streikende Arbeiter und deren Familien, die eine Schule in der Bergbaustadt besetzt hatten, um gegen niedrige Löhne und schlechte Arbeitsbedingungen zu protestieren. In jener Zeit liefen synthetische Nitrate den renditeschwachen Erzen aus den Atacama-Minen den Rang ab. In der Folge ging es mit vielen oficinas (Bergbaustätten) und Häfen wirtschaftlich bergab. Zudem verringerte sich mit Öffnung des Panamakanals 1914 das Aufkommen in der Handelsschifffahrt um Kap Hoorn, sodass der florierende Hafen von Valparaíso rasch an Umschlagvolumen verlor. Gleichzeitig unterband der Erste Weltkrieg fast den gesamten Handel mit traditionellen Partnern wie Großbritannien und Deutschland. Chile war völlig auf sich selbst zurückgeworfen.

Als die Nitratminen schlossen, zogen viele Bergleute nach Santiago und in andere Städte, wo sich die Arbeiterklasse radikalisierte. Für die Landbevölkerung waren die Beschäftigungsmöglichkeiten begrenzt, zumal die Großgrundbesitzer das beste Land monopolisierten. Die Kleinbauern, deren Grundstücke oft nicht einmal Wasser für die Bewässerung besaßen, konnten ihre Familien nicht ernähren.

Der neue Konstitutionalismus

Trotz der deprimierenden sozialen und wirtschaftlichen Situation begannen die 1920er Jahre vielversprechend mit der Wahl des Reformers Arturo Alessandri zum Präsidenten.

Blick auf die Schiffe im Hafen von Valparaíso, Bildnis von Edward Willmann von 1840

1907 Massaker an den streikenden Bergleuten in der Escuela Santa María de Iquique

1914 Eröffnung des Panamakanals

1920 Arturo Alessandri zum Präsidenten gewählt

1925 Verfassung von 1925; Alessandri tritt auf Druck von Carlos Ibáñez del Campo zurück

1931 Ibáñez del Campo dankt ab und geht ins Exil

Arturo Alessandri (1868–19

1910 — 1920 — 1930 — 1940

1910 Chile Exploration Company beginnt mit Kupferabbau in Chuquicamata

1923 Chuquicamata an Anaconda Copper Company verkauft

Kupfer aus Chuquicamata

1929 Große Depression beginnt in den USA

1927 Ibáñez del Campo wird Präsident und De-facto-Diktator

Alessandri sah den Ernst der Lage, konnte sich jedoch nicht gegen den Kongress durchsetzen. Nach einem Putsch musste er ins Exil gehen. Ab 1925 stärkte eine neue Verfassung die Exekutive und vollzog die Trennung von Kirche und Staat. Die Weltwirtschaftskrise der 1930er Jahre und die autoritären Tendenzen des neuen Präsidenten, General Carlos Ibáñez del Campo, ebneten den Weg für Alessandris Rückkehr. In den folgenden Jahrzehnten teilte sich die Wählerschaft zu gleichen Teilen in eine radikale Linke, eine bürgerliche Mitte und eine autoritäre Rechte.

Carlos Ibáñez del Campo (1877–1960)

In dieser Ära wurde Kupfer zum wichtigsten Einkommensmittel Chiles. Das US-Unternehmen Anaconda Copper Company übte einen enormen Einfluss im Land aus. Die allgemeine Unzufriedenheit nahm zu. Der 1964 gewählte Präsident Eduardo Frei Montalva versuchte die Probleme durch eine Landreform und durch die verstärkte Beteiligung chilenischer Investoren im Bergbau anzugehen. Damit stellte er jedoch keine der beiden Seiten zufrieden. Die extreme Linke drängte auf die Konfiszierung des Großgrundbesitzes und die Verstaatlichung der Kupferindustrie, die Grundbesitzer und Bergbaumagnaten beharrten auf dem Status quo. Die Wahl des Sozialisten Salvador Allende Gossens 1970 änderte die Situation.

Allendes Präsidentschaft

Allende, der sich erstmals 1952 um das Präsidentenamt beworben hatte, wollte die chilenische Gesellschaft radikal transformieren. 1970 gewann er die Wahl als Kandidat des Linksbündnisses Unidad Popular knapp mit 36,6 Prozent der Stimmen. Seine Rivalen, Jorge Alessandri Rodríguez und Radomiro Tomic, errangen 34,9 bzw. 27,8 Prozent. Da keine absolute Mehrheit zustande gekommen war, wählte der Kongress den Präsidenten, und zwar traditionsgemäß den Kandidaten mit den meisten Stimmen. Als Präsident verstaatlichte Allende die Kupferindustrie und enteignete rund 20 000 Quadratkilometer Grundbesitz. Von ihm unterstützte Landbesetzungen führten wiederholt zu gewalttätigen Auseinandersetzungen in ländlichen Regionen. Die städtische Arbeiterklasse versuchte er mit Lohnerhöhungen zufriedenzustellen. Wachsende Defizite führten zu einer galoppierenden Inflation.

Diese Maßnahmen gefielen weder der rechten Gruppierung Patria y Libertad noch dem linken Movimiento de Izquierda Revolucionaria, die nach Kräften dazu beitrugen, dass das Land unregierbar wurde. Politische Morde häuften sich. In dieser chaotischen Situation ernannte Allende General Augusto Pinochet Ugarte zum Oberbefehlshaber des Heeres.

Salvador Allende nach seiner Wahl zum Präsidenten

1952 Salvador Allende erstmals Präsidentschaftskandidat; Ibáñez del Campo wird gewählt

1964 Eduardo Frei Montalva als Präsident gewählt

Eduardo Frei Montalva (1911–1982)

1970 Salvador Allende wird Präsident

1971 Chiles Kongress verstaatlicht die Kupferminen

1973 Allende ernennt Augusto Pinochet Ugarte zum Oberbefehlshaber des Heeres

Augusto Pinochet Ugarte (1915–2006)

General Augusto Pinochet in Los Andes, Juli 1987

Das Pinochet-Regime

Der Karrierist Augusto Pinochet war kaum drei Wochen Oberbefehlshaber des Heeres, als er mit einem brutalen Putsch gegen Salvador Allende die Welt überraschte. Allende selbst soll den Freitod gewählt haben, als die Luftwaffe am 11. September 1973 den Präsidentenpalast stürmte. In den folgenden Monaten lähmte die Armee das Land mit einer Ausgangssperre, verbot politische Parteien, verhaftete politische Gegner und ließ in Aktionen wie der berüchtigten »Todeskarawane« von General Sergio Arellano Stark viele ermorden. Mindestens 3000 Menschen starben oder »verschwanden«, und viele mehr wurden grausam gefoltert. Pinochet sandte sogar Agenten ins Ausland, die Carlos Prats, seinen Vorgänger als Oberbefehlshaber, sowie Allendes ehemaligen Außenminister, Orlando Letelier, ermordeten.

Pinochet hatte keine Skrupel, sämtliche politische Macht an sich zu reißen und Reichtümer anzuhäufen, obwohl er ein antikorruptes Image pflegte. Er machte sich zudem daran, Chiles Gesellschaft und Wirtschaft umzugestalten. Als Anhänger des freien Marktes schaffte er staatliche Regulierungen ab, privatisierte das Gesundheits- und Rentenwesen, förderte ausländische Investitionen und verkaufte die meisten staatlichen Unternehmen. Als sich das Land wirtschaftlich erholte, ließ er 1980 selbstbewusst per Volksabstimmung seine »Präsidentschaft« bis 1989 und eine neue Verfassung bestätigen.

Pinochet gewann das Plebiszit, bei dessen Durchführung es einige Unregelmäßigkeiten gab, mit großem Vorsprung. In seiner Position gestärkt, erlaubte er ab 1987 wieder die Tätigkeit anderer politischer Parteien. Die neue Verfassung von 1980 beinhaltete für 1988 einen weiteren Volksentscheid, der Pinochets Mandat bis 1997 verlängern konnte. Diesmal jedoch stellte sich eine Mitte-links-Koalition unter Führung des charismatischen sozialistischen Politikers Ricardo Lagos gegen Pinochet: Es kam zu einem Machtwechsel.

Wiederherstellung der Demokratie

Im Dezember 1989 wurde Patricio Aylwin von der Mitte-links-Koalition Concertación zum Präsidenten gewählt. Die Verfassung von 1980 behinderte politische Veränderungen. Sie sah etwa die Position eines »Institutionellen Senators« auf Lebenszeit vor, die auch Augusto Pinochet eine Rolle im Kongress und Immunität vor dem Gesetz verschaffte. Vier Jahre später gewann Eduardo Frei Ruiz-Tagle von der Concertación die Präsidentschaftswahlen. Auch weil die Wirtschaft stetig wuchs, forderten nur

Feiern nach dem Volksentscheid gegen Pinochet

1974 Ermordung von General Carlos Prats in Buenos Aires, Argentinien

1988 Pinochet verliert Volksentscheid

1989 Patricio Aylwin zum Präsidenten gewählt

1975 — **1980** — **1985** — **1990** — **1995**

1976 Ermordung Orlando Leteliers in Washington, DC

1980 Volksentscheid bestätigt Verfassung von 1980 und acht weitere Regierungsjahre für Pinochet

1987 Politische Parteien wieder öffentlich zugelassen

1991 Anwalt Jaime Guzmán in Santiago ermordet

1973 Militärputsch gegen Salvador Allende

1994 Eduardo Frei Ruiz-Tagle wird Präsident

VOM PINOCHET-REGIME ZUR DEMOKRATIE | 53

Eduardo Frei Ruiz-Tagle, Staatspräsident 1994–2000

wenige eine Untersuchung der Menschenrechtsverletzungen unter der Diktatur. Von seiner Immunität überzeugt, reiste Pinochet frei im In- und Ausland umher, bis er 1998 bei einem Arztbesuch in London auf Befehl des spanischen Richters Báltazar Garzón unter Hausarrest gestellt wurde. Garzón forderte Pinochets Auslieferung im Rahmen einer Untersuchung über den Tod und das Verschwinden von spanischen Staatsbürgern während des Putsches von 1973.

Garzón erreichte zwar nie Pinochets Auslieferung, doch der Londoner Hausarrest brach den Bann. Kurz darauf konnte der chilenische Richter Juan Guzmán Pinochets Immunität aufheben und eine Untersuchung über die Todeskarawane und über Bankkonten in Übersee einleiten, was die verbliebene Glaubwürdigkeit Pinochets zerstörte. Pinochet wurde zwar bis zu seinem Tod 2006 nie verurteilt, war jedoch aus Chiles Öffentlichkeit effektiv verbannt.

Chile nach Pinochet

Die Wahl von Ricardo Lagos war ein Beleg für die Konsolidierung von Chiles Demokratie. In seiner sechsjährigen Amtszeit konnte der dritte Präsident der Concertación in Folge einige der extrem antidemokratischen Punkte der Verfassung ändern. So wurden etwa die nicht gewählten Senatoren abgeschafft. Der Präsident wurde wieder autorisiert, den Oberbefehlshaber des Heeres abzusetzen. Die Amtszeit des Präsidenten wurde auf vier Jahre beschnitten, wobei sich Ex-Präsidenten wieder zur Wahl stellen durften, jedoch nicht direkt nach ihrer Amtszeit. Chile besitzt heute eine der stabilsten Ökonomien Lateinamerikas, die Kluft zwischen Arm und Reich ist jedoch größer geworden. Auch die Arbeitslosenzahlen liegen auf einem hohen Niveau.

2006 wurde die frühere Verteidigungsministerin Michelle Bachelet von der Concertación erstes weibliches Staatsoberhaupt des Landes. Durch ihre geschickte Wirtschaftspolitik im Krisenjahr 2009 erwarb sie sich breite Anerkennung. 2010 wurde Sebastián Piñera von der Alianza-Partei zum Präsidenten gewählt, nach der Wahl vom Dezember 2013 übernahm erneut die ungemein populäre Politikerin Bachelet das Präsidentenamt.

Präsidentin M. Bachelet und Ex-Präsident R. Lagos

1998 Pinochet unter Hausarrest in London

2000 Ricardo Lagos wird Präsident; Pinochet kann nach Chile zurückkehren

2005 Untersuchung des US-Senats deckt Pinochets geheime Bankkonten auf

2006 Michelle Bachelet wird Präsidentin; Pinochet stirbt im Dezember

2010 Sebastián Piñera wird Präsident; Zentralchile von einem schweren Erdbeben und zahlreichen Nachbeben erschüttert

Pinochets Sarg auf einer Lafette

Sebastián Piñera im Wahlkampf

17.09.2015 Schweres Erdbeben vor Chiles Küste

2014 Michelle Bachelet erneut Präsidentin

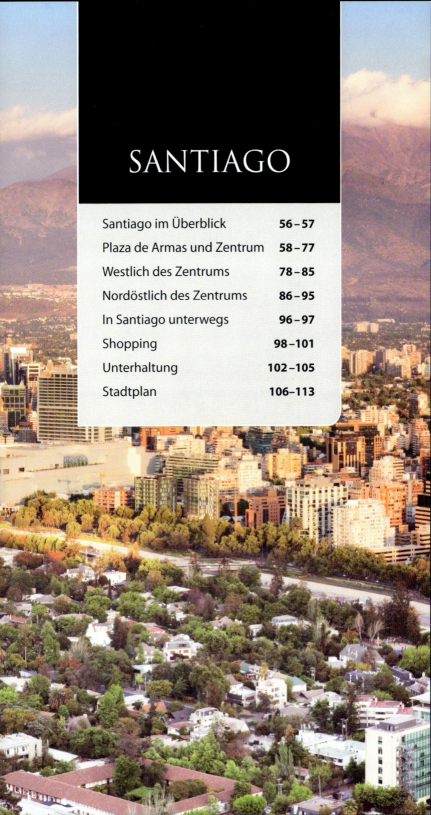

SANTIAGO

Santiago im Überblick	**56 – 57**
Plaza de Armas und Zentrum	**58 – 77**
Westlich des Zentrums	**78 – 85**
Nordöstlich des Zentrums	**86 – 95**
In Santiago unterwegs	**96 – 97**
Shopping	**98 –101**
Unterhaltung	**102 –105**
Stadtplan	**106–113**

Santiago im Überblick

Chiles Kapitale Santiago ist zugleich die größte Stadt des Landes. 6,1 Millionen Einwohner, ein Drittel der Bevölkerung des Landes, leben hier. Das Stadtgebiet erstreckt sich auf über 860 Quadratkilometern in einem Becken zwischen den Anden im Osten und der Küstenkordillere im Westen. Durch Santiago fließt der Río Mapocho, an dessen Ufern Sehenswürdigkeiten und die interessantesten Stadtviertel liegen: Las Condes, Vitacura, Providencia, Bellavista und das eigentliche Zentrum Santiagos. Die Wohngebiete reichen bis zu den Ausläufern der Anden und vom Parque Metropolitano de Santiago aus Richtung Westen.

Zur Orientierung

Die Catedral Metropolitana *(siehe S. 62)* ist ein Wahrzeichen an der Plaza de Armas. Die größte katholische Kirche der Stadt ist auch der Sitz der Erzdiözese Santiago de Chile. Die Kathedrale ist wie die meisten bedeutenden Gebäude in der Innenstadt im klassizistischen Stil erbaut.

Plaza de Armas und Zentrum *Seiten 58–*

Westlich des Zentrums *Seiten 78–85*

Der großzügige Club Hípico *(siehe S. 85)* im einst eleganten Stadtteil República ist eine Hinterlassenschaft aus Santiagos Boomjahren, die ihren Höhepunkt im späten 19. Jahrhundert erreichten.

◀ Santiagos Stadtteile Providencia und Las Condes, im Hintergrund die Anden

SANTIAGO IM ÜBERBLICK | **57**

Der Barrio El Golf *(siehe S. 94)* gehört zum Stadtteil Las Condes, der wegen seiner modernen, glitzernden Wolkenkratzer auch »Sanhattan« genannt wird. Im Barrio säumen viele exzellente Restaurants die Avenidas Isidora Goyenechea und El Bosque.

Nordöstlich des Zentrums
Seiten 86–95

Die Galería Isabel Aninat und rund ein Dutzend weitere moderne Kunstgalerien stellen im Barrio Vitacura *(siehe S. 94f)* etablierte und aufstrebende chilenische Künstler aus.

Der Parque Metropolitano de Santiago *(siehe S. 88f)* ist ein mit Bäumen bepflanzter Erholungspark und Santiagos grüne Lunge. Er wartet mit Spazierwegen, einem botanischen Garten, Schwimmbecken, dem Stadtzoo und einer Seilbahn mit großartiger Aussicht auf.

Plaza de Armas und Zentrum

Die Plaza de Armas wurde im Jahr 1541 von Pedro de Valdivia in seiner Funktion als erster Gouverneur Chiles und Stadtgründer Santiagos angelegt. Der Platz war das erste soziale und wirtschaftliche Zentrum des kolonialen Verwaltungszentrums. Rundum standen das Gericht, die Kathedrale, der Gouverneurspalast und die Wohnhäuser von Chiles bedeutendsten Conquistadores. Viele dieser Gebäude fielen Erdbeben oder Bränden zum Opfer, die verbliebenen stammen meist aus dem 18. Jahrhundert. Die Plaza und das Zentrum sind heute ein wichtiger sozialer Treffpunkt in der City, sie bieten allerlei Entspannung und Unterhaltung, etwa durch Straßenkünstler.

Sehenswürdigkeiten auf einen Blick

Historische Gebäude, Straßen und Stadtviertel
- ❷ Correo Central
- ❸ Palacio de la Real Audiencia
- ❹ Municipalidad de Santiago
- ❺ Casa Colorada
- ❼ Paseo Ahumada und Paseo Huérfanos
- ❽ Palacio de los Tribunales de Justicia
- ❾ Ex Congreso Nacional
- ❿ Palacio Alhambra
- ⓫ Cancillería
- ⓬ Palacio de La Moneda
- ⓭ Centro Cultural Palacio La Moneda
- ⓮ Plaza Bulnes
- ⓯ Bolsa de Comercio
- ⓰ Club de la Unión
- ⓱ Barrio París-Londres
- ⓲ Biblioteca Nacional
- ⓴ Teatro Municipal
- ㉔ Barrio Lastarria
- ㉘ Posada del Corregidor
- ㉚ Mercado Central
- ㉛ Centro Cultural Estación Mapocho

Kirchen und Kathedralen
- ❶ Catedral Metropolitana
- ⓲ Iglesia y Convento de San Francisco
- ㉑ Iglesia de San Agustín
- ㉒ Basílica y Museo de La Merced
- ㉙ Iglesia de Santo Domingo

Museen
- ❻ *Museo Chileno de Arte Precolombino S. 64f*
- ㉕ Museo de Artes Visuales
- ㉖ Museo Nacional de Bellas Artes
- ㉗ Museo de Arte Contemporáneo (MAC)

Interessanter Ort
- ㉓ Cerro Santa Lucía

Restaurants in diesem Stadtteil
siehe S. 290

Stadtplan *2 und 3*

Zeichenerklärung
siehe hintere Umschlagklappe

◀ Das beeindruckende Mittelschiff der Catedral Metropolitana *(siehe S. 62)*

Im Detail: Plaza de Armas

Die Plaza des Armas (Waffenplatz) entstand im 16. Jahrhundert nach der damaligen spanischen Standardvorgabe, derzufolge ein zentrales Areal einer Stadt nicht zu bebauen, sondern als Paradeplatz zu nutzen war. In der Kolonialzeit säumten Regierungsbüros den Platz, im 17. Jahrhundert war er ein Marktzentrum. Im Jahr 2000 wurde der Platz freigeräumt, um mehr offenen Raum in der Stadt zu schaffen. Nur ein paar hohe Bäume und Palmen blieben stehen. Heute ist er ein quirliger Treffpunkt. Hier kann man auf Parkbänken rasten, Schach spielen sowie die vitale Atmosphäre und Vorführungen von Straßenkünstlern genießen.

❾ Ex Congreso Nacional
Das altehrwürdiges Gebäude wurde 1857–76 im klassizistischen Stil mit mächtigen korinthischen Säulen erbaut.

❽ Palacio de los Tribunales de Justicia
Chiles Oberstes Gericht tagt in einem Gebäude im französischen klassizistischen Stil. Die Glas-Metall-Decke des meisterhaften Gebäudes erstreckt sich über seine ganze Länge.

❻ ★ Museo Chileno de Arte Precolombino
Das Museo Chileno de Arte Precolombino im Palacio de la Real Aduana präsentiert Kunst, Kunsthandwerk und andere Exponate der präkolumbischen Kulturen Amerikas.

❼ ★ Paseo Ahumada und Paseo Huérfanos
Die zwei quirligen Fußgängerzonen sind von Einkaufszentren, Läden, Cafés und Restaurants gesäumt.

Legende
— Routenempfehlung

Hotels und Restaurants in Santiago *siehe Seiten 276f und 290–292*

PLAZA DE ARMAS | 61

❶ Catedral Metropolitana
Die 1775 geweihte Catedral Metropolitana ist die vierte Kirche an diesem Standort. Sie war ursprünglich von bayerischen Jesuiten entworfen worden und wurde 1780–89 im klassizistischen Stil umgebaut.

Zur Orientierung
Siehe Stadtplan 2, 3

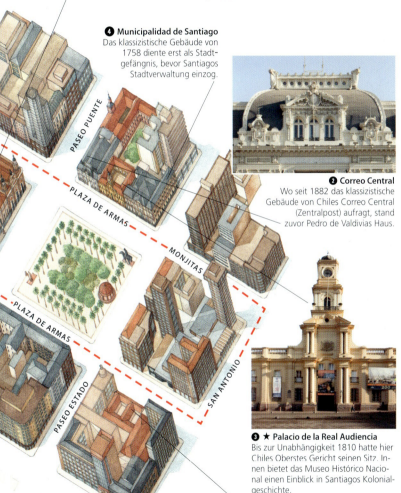

❹ Municipalidad de Santiago
Das klassizistische Gebäude von 1758 diente erst als Stadtgefängnis, bevor Santiagos Stadtverwaltung einzog.

❷ Correo Central
Wo seit 1882 das klassizistische Gebäude von Chiles Correo Central (Zentralpost) aufragt, stand zuvor Pedro de Valdivias Haus.

❸ ★ Palacio de la Real Audiencia
Bis zur Unabhängigkeit 1810 hatte hier Chiles Oberstes Gericht seinen Sitz. Innen bietet das Museo Histórico Nacional einen Einblick in Santiagos Kolonialgeschichte.

❺ Casa Colorada
Sie zählt zu den wenigen in Santiago erhaltenen Häusern des 18. Jahrhunderts und hat – damals ungewöhnlich – ein zweites Geschoss. In der Casa Colorada residiert heute das Museo de Santiago.

0 Meter 50

❶ Catedral Metropolitana

Plaza de Armas. **Stadtplan** 2 E2.
🚇 Plaza de Armas. ⏰ tägl. 9–19 Uhr. ✝

Barocke Fassade der Catedral Metropolitana

Die Catedral Metropolitana an der Westseite der Plaza de Armas wurde 1775 geweiht und ist die vierte Kirche an dieser Stelle. Die vorangegangenen Gebäude wurden bei Erdbeben zerstört. Diese bedeutendste Kathedrale Chiles ist Sitz der Erzdiözese von Santiago de Chile. Die Originalpläne für die im Lauf der Jahrhunderte viele Male renovierte und umgebaute Kirche stammten von bayerischen Jesuiten. Deren Einfluss ist noch immer an den imposanten handgeschnitzten Zedernportalen und zu hölzernen Kirchenbänken zu sehen.

Der prächtige dreischiffige Innenraum ist 90 Meter lang. Im rechten Schiff bewahrt eine Urne die Herzen der Kriegshelden der Schlacht von Concepción im Salpeterkrieg (1879–83). Hier finden sich auch die Reliquien und der Altar von Chiles erster Heiligen, Santa Teresa de los Andes. Zu den Glanzpunkten im Mittelschiff zählen die 1850 aus London verbrachte Orgel, die Originalkanzel der Kathedrale aus dem 18. Jahrhundert und der Hauptaltar. Er wurde 1912 in München gefertigt. In der Krypta hinter dem Altar liegen Chiles Kardinäle und Erzbischöfe begraben. Ein Nationaldenkmal ist das linke Schiff, die Iglesia de Sagrario (Tabernakelkirche): Hier wurde Chiles erste christliche Pfarrgemeinde gegründet. Die Capilla del Centesimo Sacramento (Kapelle des hundertsten Sakraments) zieren herrliche Silberarbeiten der Jesuiten.

Von der Kirche aus gelangt man in das kleine, aber stimmungsvolle **Museo de Arte Sagrado**. Es präsentiert Silberarbeiten der Jesuiten und sakrale Bildnisse.

❷ Correo Central

Plaza de Armas 983. **Stadtplan** 2 E2. 📞 (02) 2956 5153. 🚇 Plaza de Armas. ⏰ Mo–Fr 9–18.30, Sa 10–14 Uhr. 📷 🌐 **correos.cl**

Der Correo Central steht an der Stelle, an der das erste Haus von Santiago erbaut wurde. Ursprünglich wohnte hier der Stadtgründer Pedro de Valdivia, später diente das Gebäude als Sitz des Regierungsrats und nach der Unabhängigkeit bis 1846 als Residenz des Präsidenten. 1991 zerstörte ein Feuer Teile des Hauses. Ricardo Brown errichtete hier ab 1882 ein großes Postamt. Dabei integrierte er Fundamente und Teile der Mauern des bestehenden Gebäudes in das neue Bauwerk, verstärkte die Dicke der Wände auf einen Meter und deckte das Dach mit Metall. 1908 erhielt der Architekt J. Eduardo Ferham den Auftrag, die Fassade zu erneuern. Er renovierte sie im Stil der Renaissance und setzte ein drittes Geschoss und eine Glaskuppel auf.

Heute erinnert im ersten Stock des Hauses das Museo Postal y Telegráfico u. a. mit einer Briefmarkensammlung an die Geschichte der chilenischen Post.

❸ Palacio de la Real Audiencia

Plaza de Armas 951. **Stadtplan** 2 E2. 📞 (02) 2411 7010. 🚇 Plaza de Armas. ⏰ Di–So 10–18 Uhr. 📷 Kameras ohne Blitz erlaubt.
🌐 **museohistoriconacional.cl**

Der von 1804 bis 1808 erbaute klassizistische Palacio de la Real Audiencia erlebte einige der wichtigsten Ereignisse des Landes. 1811 war der Palast Sitz von Chiles erstem Nationalkongress, später beherbergte er die Büros von Chiles Befreier und erstem Präsidenten, Bernardo O'Higgins. Im 20. Jahrhundert befanden sich in dem Gebäude das Rathaus und die Post.

In dem alten Palast führt heute das **Museo Histórico**

Alte Posteinrichtung im Correo Central

Hotels und Restaurants in Santiago *siehe Seiten 276f und 290–292*

Nacional mit chronologisch präsentierten Exponaten durch Chiles Geschichte von der Kolonialzeit bis zum Militärputsch von 1973. In den Ausstellungsräumen rund um den zentralen Innenhof sind seltene Gemälde des 18. Jahrhunderts sowie Möbel zu bewundern. Dazu zählt auch ein barockpolychromer, ansonsten im spanischen Renaissancestil gefertigter Sakristeischrank, in dem liturgische Geräte aufbewahrt wurden. Nachgebaute Wohnräume, traditionelle Gewänder und landwirtschaftliche Geräte erzählen vom Leben im kolonialen Chile, andere Abteilungen widmen sich dem Transport- und Schulwesen. In der Sala Patrimonial Plaza de Armas finden Wechselausstellungen zu Kultur und Brauchtum Chiles statt.

Sakristeischrank, um 1760, Museo Histórico Nacional

❹ Municipalidad de Santiago

Plaza de Armas s/n. **Stadtplan** 2 E2. (02) 2713 6602. Plaza de Armas. für die Öffentlichkeit. **municipalidaddesantiago.cl**

Santiagos Rathaus ist für die Öffentlichkeit geschlossen, seine Architektur ist jedoch gut von der Plaza de Armas aus zu sehen. 1548 wurde hier der *cabildo* errichtet, das koloniale Rathaus mit dem ersten Gefängnis der Stadt. Drei frühere Gebäude an dieser Stelle wurden nacheinander durch Erdbeben bzw. Brände zerstört. 1785 errichtete Joaquín Toesca in dem für ihn typischen klassizistischen Stil – wie man ihn mehrfach in Santiago sehen kann – die heutige Municipalidad. 1883 lagerte man das Gefängnis aus und schuf so mehr Platz für die Büros. Zehn Jahre später wurde das Rathaus bei einem Großbrand zerstört, Santiagos Stadtverwaltung konnte jedoch schon 1895 wieder einziehen. Auch das erneuerte Gebäude gab sich klassizistisch, zeigte jetzt aber auch Elemente des italienischen Renaissancestils, so etwa Bogentore und große, von Säulen flankierte Fenster an der Frontfassade. Das Wappen an der Fassade ist ein Geschenk Spaniens.

❺ Casa Colorada

Merced 860. **Stadtplan** 2 E2. (02) 2386 7400. Plaza de Armas. wegen Renovierung. **munistgo.cl**

Die Casa Colorada gehört zu den wenigen verbliebenen Kolonialgebäuden in der Hauptstadt. Das »Rote Haus« ist ein unverfälschtes Beispiel eines chilenischen Großbürgerhauses aus der Kolonialzeit. 1769 wurde es für den reichen Unternehmer Don Mateo de Toro y Zambrano (1727–1811) erbaut, der seinen Titel als erster Conde de la Conquista von der spanischen Krone gekauft hatte. Toro y Zambrano diente unter spanischer Herrschaft als ranghöchster Offizier und später als Gouverneur. Am 18. September 1810 wurde er zum ersten Präsidenten der neu gewählten Regierungs-

Heutige Fassade der Municipalidad de Santiago

junta in Chiles noch jungem Kampf für Unabhängigkeit gewählt. 1817, nach der Schlacht von Chacabuco *(siehe S. 48)*, wohnten die Revolutionäre José San Martín und Bernardo O'Higgins in der Casa Colorada, später zog Lord Cochrane dort ein *(siehe S. 207)*.

Die Casa Colorada hat, ungewöhnlich für Häuser aus jener Zeit, zwei Etagen. Die Familie lebte im Obergeschoss, die unteren Räume nutzte Don Mateo als Büro. Das Haus besaß eine rot gestrichene Ziegelfassade (daher der Name), die an der Basis mit dekorativen Steinen verstärkt war, Bogenfenster mit schmiedeeisernen Balkonen und einen zentralen Innenhof. Heute präsentiert in der Casa Colorada das **Museo de Santiago** die Geschichte der Stadt von der Kolonialzeit bis zur Unabhängigkeit. Das Haus wird derzeit umfassend renoviert und bleibt voraussichtlich bis Anfang 2017 geschlossen.

Tertulia (Gesellschaft) mit Wachspuppen, Museo de Santiago, Casa Colorada

❻ Museo Chileno de Arte Precolombino

Seit 1981 widmet sich das renommierte Museo Chileno de Arte Precolombino dem künstlerischen und kulturellen Erbe präkolumbischer Kulturen in Lateinamerika. Sitz des Museums ist der klassizistische Palacio de la Real Aduana. Das Gebäude wurde von 1805 bis 1807 als königliches Zollhaus erbaut, später diente es als Nationalbibliothek und Gerichtshof. Die Dauerausstellung behandelt sieben Kulturregionen. Besonders sehenswert sind die wertvollen Textilien und die Keramiksammlung. Das Haus organisiert auch interessante Wechselausstellungen, etwa über Sexualität und Politik in der Kultur der Moche.

Klassizistische Fassade des imposanten Museumsbaus

Keramiken
Die Bahía, Tolita und Jama-Coaque von der Küste Ecuadors fertigten kunstvolle Menschen- und Tierfiguren, Tempeldarstellungen sowie verzierte Alltagsgegenstände wie Dreifußgefäße und Yucca-Reiben.

★ Chinchorro-Mumie
In der antiken Chinchorro-Kultur *(siehe S. 165)* in Nordchile und Südperu wurden mehr als 3500 Jahre lang die Toten mithilfe von Stöcken, Pflanzen und Lehm mumifiziert – 2000 Jahre bevor man in Ägypten ein vergleichbares Verfahren anwendete.

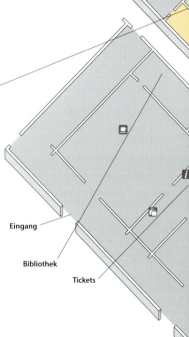

Eingang

Bibliothek

Tickets

Kurzführer
Im Saal des ersten Stocks widmen sich Wechselausstellungen detailliert einzelnen Kulturen und Kulturaspekten. Die Galerien im Obergeschoss präsentieren Dauerausstellungen über indigene Gruppen aus ganz Amerika. Im Hof am Eingang finden sich ein Café sowie reichlich Platz für Veranstaltungen im Freien.

Hotels und Restaurants in Santiago *siehe Seiten 276f und 290–292*

MUSEO CHILENO DE ARTE PRECOLOMBINO | 65

★ Inka-Quipu
Im riesigen Reich der Inka wurden komplexe Justiz- und Buchhaltungsdaten mit der Knotenschrift *quipu* erfasst. Die Knotenschnüre konnten nur von Spezialisten gelesen werden.

Infobox

Information
Bandera 361. **Stadtplan** 2 E2.
(02) 2928 1500.
Di–So 10–18 Uhr.
für Studenten u. Kinder frei.
nur nach Voranmeldung.
precolombino.cl

Anfahrt
Plaza de Armas.

Erster Stock

Sergio Larraín García-Moreno

Das Museo Chileno de Arte Precolombino wurde von einem charismatischen Bonvivant und visionären Sammler lateinamerikanischer und europäischer Kunst gegründet: Sergio Larraín García-Moreno (1905–1999). Der Architekt mit dem leidenschaftlichen Interesse für Archäologie und altamerikanische Kulturen handelte mit moderner Kunst und sammelte zudem präkolumbische Werke. Mit Unterstützung der Stadt Santiago baute García-Moreno das abgebrannte königliche Zollhaus in ein Museum um, zudem ließ er Experten Artefakte aus Privatsammlungen in ganz Europa und Amerika erwerben. 1981 eröffnete das Museum mit 1500 Exponaten – heute hat sich der Bestand verdoppelt.

Kunstsammler Sergio Larraín García-Moreno

Die Zentralanden-Sammlung ist die größte Sammlung des Museums. Sie zeigt Textilien, Keramiken und Metallarbeiten.

Erdgeschoss

★ Andine Textilien
Dank der früh domestizierten Alpakas und Lamas konnten die Paracas, Nazca (100 v. Chr. – 300 n. Chr.) und andere Kulturen der Zentralanden kunstvolle Textilien anfertigen, deren Symbole die ethnische Identität ihres Trägers zeigten.

Moche-Masken
Die Moche (100–800 n. Chr.) in Peru waren Pioniere in der Metallverarbeitung. Sie schufen aufwendigen Schmuck und Bestattungsmasken mit Edelsteinintarsien.

Legende
- Mesoamerika
- Karibik
- Intermedia
- Amazonien
- Zentralanden
- Südanden
- Wechselausstellungen
- Keine Ausstellungsfläche

Stadtplan Santiago *siehe Seiten 106–113*

❼ Paseo Ahumada und Paseo Huérfanos

Stadtplan 2 E2. Plaza de Armas.

Der Paseo Ahumada und der Paseo Huérfanos sind über eine Strecke von zwölf Häuserblocks für den Autoverkehr gesperrt. Die beiden Fußgängerzonen werden von zahlreichen Shopping-Centern, Restaurants, Elektronik- und anderen Läden gesäumt. Den ganzen Tag über bummeln oder hasten Tausende Menschen durch diese attraktiven Straßen und erledigen ihre Einkäufe. Für Unterhaltung sorgen zahlreiche Straßenkünstler.

Der Paseo Ahumada verläuft von der Avenida del Libertador Bernardo O'Higgins, meist Avenida Alameda genannt, bis zum Mercado Central (siehe S. 76f). Wo die Calle Agustinas auf den Paseo Ahumada trifft, steht das ehemalige Hotel Crillón. Heute residiert hier im ersten Stock die **Galería Crillón**, eine der vielen City-galerías – labyrinthische Einkaufszentren, in denen man von Kunsthandwerk bis Designerware einfach alles erhält.

Der Paseo Huérfanos verläuft parallel zur Agustinas und kreuzt den Paseo Ahumada nahe dem **Banco de Chile**. Die 1921 bis 1925 von Alberto Siegel erbaute Bank ist mit ihren reich verzierten Innenräumen unbedingt sehenswert.

Fußgänger rasten auf dem geschäftigen Paseo Ahumada

❽ Palacio de los Tribunales de Justicia

Compañía de Jesús, Ecke Morandé. **Stadtplan** 2 E2. Plaza de Armas. Mo–Fr 9–14 Uhr. *Hinweis: Lichtbildausweis muss am Empfang hinterlegt werden.*

Der 1905 bis 1930 nach Plänen von Emilio Doyère erbaute Palacio de los Tribunales de Justicia zeigt klassizistische und gräko-römische Stilelemente. Das monumentale Gebäude erstreckt sich von der Calle Morandé bis zur Calle Bandera auf einer Fläche von 4000 Quadratmetern. Seit seinen Anfangstagen ist der Palacio Ziel von Demonstrationen gegen die Regierung. 1818 trat hier Chiles erste Regierungsversammlung zusammen. In das Gebäude führt eine Marmortreppe, die zwei schöne Karyatiden flankieren. Hinter der strengen, repräsentativen Fassade verbirgt sich faszinierende Architektur des 20. Jahrhunderts. Über der offenen, dreigeschossigen zentralen Halle mit umlaufenden Innenbalkonen wölbt sich eine Decke aus Glas und Metall. Über dem Eingang zeigt ein Basrelief einen Kondor, der ein Buch mit den Lettern LEX – lateinisch »Gesetz« – in den Fängen hält.

Heute ist der Palacio der Sitz von Chiles Oberstem Gerichtshof, des Berufungsgerichts, der Militär- und Polizeigerichte sowie der Bibliothek des Obersten Gerichtshofes.

Kondorskulptur, Tribunales de Justicia

❾ Ex Congreso Nacional

Catedral 1158. **Stadtplan** 2 E2. Plaza de Armas. letzter So im Mai: 9–14 Uhr.

Das imposante klassizistische Gebäude mit den mächtigen Säulen im Stil des römischen Pantheons wurde 1976 zum nationalen Denkmal erklärt. Der Ex Congreso Nacional wurde ab 1858 erbaut und erst im Jahr 1876 unter der Leitung des Architekten Manuel Aldunate y Avaria fertiggestellt. 1895 brannte das Gebäude fast bis auf die Grundmauern ab. 1901 wurde es von dem Architekten Emilio Doyère wieder aufgebaut.

In dem Gebäude fanden die Sitzungen des Kongresses statt, bis dieser 1973 von Diktator Augusto Pinochet aufgelöst wurde. Heute sind hier Büros des Senats sowie die Abgeordnetenkammer untergebracht.

Die üppigen exotischen Gärten um das Gebäude sind bemerkenswert gestaltet. Die auffällige Marienstatue wurde zum Gedenken an die 2000 Menschen aufgestellt, die 1863 beim Brand der in der Nähe stehenden Iglesia Compañía de Jesús ums Leben kamen.

Ziergärten vor dem Eingang zum Ex Congreso Nacional

Hotels und Restaurants in Santiago *siehe Seiten 276f und 290–292*

⓾ Palacio Alhambra

Compañía de Jesús 1340. **Stadtplan** 2 D2. ☎ (02) 2698 0875. 🚇 La Moneda. ⊘ wegen Renovierung. 🌐 snba.cl

Maurische Motive und Bogen am Palacio Alhambra in Santiago

Der Palacio Alhambra sticht mit seiner beeindruckenden Architektur aus der vorwiegend klassizistischen und modernen Bebauung seiner Umgebung hervor. Er wurde von 1860 bis 1862 nach dem Vorbild der Alhambra im spanischen Granada erbaut. Manuel Aldunate y Avaria entwarf den Palacio für den wohlhabenden Silbermagnaten und Politiker Francisco Ossa Mercado. Aldunate, der die maurische Alhambra vor Ort studiert hatte, schuf hier eine kleinere Version des Palastes mit prächtigem Deckenputz, verzierten Pfeilern und einer Kopie des Löwenbrunnens aus dem Löwenhof. Nach Mercados Tod kaufte der chilenische Millionär und angesehene Philanthrop Don Julio Garrido Falcón den Palacio und stiftete ihn 1940 dem chilenischen Kunstverein, der Sociedad Nacional de Bellas Artes.

Reliefdetail am Palacio Alhambra

Heute befinden sich im Palacio die Büros des Kunstvereins sowie ein Kulturzentrum, das Kunstkurse anbietet und Ausstellungen organisiert. Aufgrund umfangreicher Renovierungsarbeiten ist der Palacio Alhambra bis auf Weiteres geschlossen.

⓫ Cancillería

Teatinos 180. **Stadtplan** 2 E2. ☎ (02) 2827 4200. 🚇 La Moneda.

Chiles Außenministerium, die Cancillería, residiert in dem 17-stöckigen Gebäude des ehemaligen Hotels Carrera. Das bis 2003 führende Grandhotel Chiles wurde von dem Architekten Josué Smith Solar in Zusammenarbeit mit seinem Sohn José entworfen. Ersterer hatte sich bereits durch seine Gestaltung des Club Hípico *(siehe S. 85)* einen Namen gemacht. Auf der illustren Gästeliste des Hotels standen u. a. Fidel Castro, Henry Kissinger, Charles de Gaulle, Nelson Rockefeller, Indira Gandhi und Neil Armstrong.

Das nahe dem Palacio de La Moneda *(siehe S. 68)* gelegene Hotel Carrera erlangte während des Putsches 1973 *(siehe S. 52)* Berühmtheit, als hier vorübergehend fast alle in Chile arbeitenden internationalen Journalisten wohnten. Die meisten Bilder von den Bombardierungen des Präsidentenpalastes wurden von den Fenstern oder vom Dach des Hotels aufgenommen. Das Carrera selbst wurde bei den Angriffen leicht beschädigt.

Im Jahr 2004 wurde das Hotel für 24 Millionen US-Dollar verkauft, renoviert und für die rund 1200 Angestellten des Außenministeriums arbeitsgerecht umgestaltet. Heute erinnern außer der Lobby mit den 15 Meter hohen schönen Marmorsäulen nur noch wenige Gebäudeteile an das einstige Grandhotel. In der Lobby stellt das eindrucksvolle gläserne Wandbild des spanischen Künstlers Luis Egidio Meléndez die Entdeckung Amerikas dar.

Gläsernes Wandbild hinter den schimmernden Marmorsäulen in der Lobby der Cancillería

Stadtplan Santiago *siehe Seiten 106–113*

Palastwache vor dem klassizistischen Palacio de La Moneda

⓬ Palacio de La Moneda

Avenida Alameda, zwischen Calle Morandé u. Teatinos. **Stadtplan** 2 E3. (02) 2690 4000. La Moneda. Mo–Fr 10.30–18 Uhr.
Hinweis: Buchung eine Woche vorher unter visitas@presidencia.cl; Pass erforderlich.

Der Palacio de La Moneda ist der Hauptsitz des chilenischen Präsidenten. Das 1784 bis 1799 von den Spaniern errichtete imposante Gebäude wurde 1805 als Casa de Moneda (Münze) eingeweiht. Ab 1845 wurden hier Regierungsbüros untergebracht, bis 1958 diente sie als Residenz des Präsidenten. Der von dem italienischen Architekten Joaquín Toesca (1745–1799) entworfene Palast war im 18. Jahrhundert das größte Gebäude im spanischen Kolonialreich. Er zählt zu den schönsten klassizistischen Bauwerken in Chile.

An der Nordostseite des Palacio ist die weite Grünfläche der **Plaza de la Constitución** von Spazierwegen durchzogen. Sie grenzt an einen dreieckigen Vorplatz, an dem ein Eingang in den Palacio führt. Besucher müssen hier ihren Pass hinterlegen. Dieser einfache Zugang in das Gebäude überrascht regelmäßig ausländische Besucher, die an weitaus strengere Sicherheitsvorkehrungen gewöhnt sind.

Die Plaza wurde in den 1930er Jahren für den neu entstehenden Barrio Cívico angelegt, das Verwaltungs- und politische Zentrum des Landes. Am Platz selbst sind auch das Außenministerium, das Arbeitsministerium, die Stadtverwaltung und der Banco Central de Chile angesiedelt. An der Südseite des Platzes erinnert eine Statue an Chiles ehemaligen Präsidenten Salvador Allende, der hier während des Pinochet-Putschs von 1973 *(siehe S. 52)* ums Leben kam. Jeden zweiten Tag kann man um 10 Uhr morgens am Platz zudem dem Wachwechsel zusehen. Von der Plaza gelangen Besucher in die Innenhöfe. Der Patio de los Cañones heißt nach den beiden hier ausgestellten Kanonen, die 1778 in Peru gefertigt wurden. Der Patio de los Naranjos ist mit schönen Orangenbäumen bepflanzt.

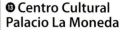

Denkmal für Salvador Allende

⓭ Centro Cultural Palacio La Moneda

Plaza de la Ciudadanía 26.
Stadtplan 2 E3. (02) 2355 6500. La Moneda. tägl. 9–21 Uhr.
ccplm.cl
Hinweis: Zugang über Aufzüge an der Plaza oder über Fußgängerrampen in der Calle Morandé und Calle Teatinos.

Das topmoderne Centro Cultural Palacio La Moneda war das Lieblingsprojekt des ehemaligen Staatspräsidenten Ricardo Lagos. 2006 eröffnete es als Teil des Proyecto Bicentenario 2010, in dessen Rahmen neue Museen gebaut und das Straßennetz in der Hauptstadt verbessert wurden. Das Kulturzentrum ist an der Südseite des Palacio de La Moneda im ehemaligen Keller des Palastes gelegen.

Das Zentrum wurde von dem chilenischen Architekten Cristián Undurraga mit drei unterirdischen Geschossen und einer großen zentralen Halle aus Beton und Glas entworfen. In drei Sälen finden internationale Wanderausstellungen und Werkschauen von bekannten chilenischen Künstlern statt. Zum Haus gehören außerdem die Bibliothek des Dokumentationszentrums für visuelle Kunst, das nationale Filmarchiv mit digitaler Bibliothek, ein Kino mit über 200 Plätzen, Restaurants, Cafés sowie ein hervorragender *artesanía*-Laden mit Kunsthandwerk aus ganz Chile. Die weite Plaza de la Ciudadanía mit schönen Wegen und Wasserbecken fungiert als Dach des unterirdischen Zentrums.

Moderner Innenraum im Centro Cultural Palacio La Moneda

Brunnen an der Esplanade zur Plaza Bulnes

⓮ Plaza Bulnes

Nordende des Paseo Bulnes. **Stadtplan** 2 E3. La Moneda.

Die Plaza Bulnes heißt wie die sechs Blocks lange Promenade, an deren Ende sie gelegen ist. Unter Pinochet fanden hier Militär- und patriotische Feiern statt. Die Plaza diente aber auch als Zentrum für Protestveranstaltungen sowohl unter der Diktatur als auch nach der Rückkehr zur Demokratie (siehe S. 53).

1975 ließ General Pinochet auf der Plaza die umstrittene Ewige Flamme der Freiheit aufstellen. Da sie von vielen als Symbol der Diktatur empfunden wurde, versuchten Dissidenten immer wieder, sie aus Protest zu löschen.

1979 wurden unter Pinochet die sterblichen Überreste des Revolutionshelden und ersten chilenischen Präsidenten Bernardo O'Higgins (siehe S. 157) vom Cementerio General (siehe S. 90) an die Plaza verlegt. Man wollte damit einen vaterländischen Schrein schaffen, der eine Rückkehr zu den traditionellen Werten der Vergangenheit symbolisierte.

Auf der 2005 renovierten Plaza Bulnes kann man heute die sterblichen Überreste von Bernardo O'Higgins in einer unterirdischen Krypta sehen. Die Ewige Flamme der Freiheit wurde bei der Renovierung für immer gelöscht.

⓯ Bolsa de Comercio

La Bolsa 64. **Stadtplan** 2 E3. (02) 2399 3000. Universidad de Chile. Mo–Fr 9.30–17 Uhr.
bolsadesantiago.cl
Hinweis: Pass erforderlich.

Chiles Börse eröffnete 1884 mit nur 160 geführten Unternehmen. Diese Zahl verdoppelte sich innerhalb von nur zehn Jahren. Anfang des 20. Jahrhunderts florierte Chiles Wirtschaft immer noch – hauptsächlich aufgrund des Booms in Bergbau und Nitratabbau in der Wüste im Norden.

Heute ist das Finanzviertel der Hauptstadt, **La City**, ein winziger Stadtteil mit Kopfsteinpflasterstraßen und Altbauten. Das Herz des Wirtschaftszentrums schlägt in der Bolsa de Comercio. Santiagos lebhafte Börse sitzt in einem dreieckigen Gebäude im Stil der französischen Renaissance mit römischen Säulen, Schieferdach und Kuppel. Das elegante Bauwerk wurde 1917 nach Plänen von Emilio Jecquier (1866–1949) errichtet, der sich mit dem Museo Nacional de Bellas Artes (siehe S. 75) bereits einen Namen gemacht hatte. Wer den hektischen Trubel der Börse als Besucher verfolgen möchte, muss am Eingang seinen Pass vorzeigen. Obwohl die Bolsa de Comercio in den letzten Jahrzehnten enorm mit neuester Technik aufgerüstet wurde, hat sie sich in den Innenräumen ihre originale Pracht erhalten.

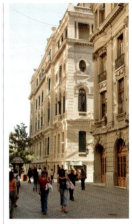

Altbauten an einer Kopfsteinpflasterstraße in La City

⓰ Club de la Unión

Avenida Alameda 1091. **Stadtplan** 2 E3. (02) 2428 4600. Universidad de Chile.
clubdelaunion.cl
Hinweis: Eintritt nur mit Einladung.

Der exklusive Club de la Unión wurde von 1917 bis 1925 von dem bekannten chilenischen Architekten Alberto Cruz Montt (1879–1955) im Stil des französischen Klassizismus erbaut. Im Inneren findet man große Speiseräume, Säle, eine private Kunstgalerie, die längste aus Eichenholz geschnitzte Bar des Landes sowie glänzende Marmorwände, Antiquitäten, Kristallleuchter und andere schöne Elemente. In den bis dahin reinen Männerclub wurde 2006 das erste weibliche Mitglied aufgenommen.

Emblem des Club de la Unión

Alter Glanz und moderne Technik in der Bolsa de Comercio

Brunnen am Cerro Santa Lucía *(siehe S. 74)* ▶

⓱ Barrio París-Londres

Londres und París. **Stadtplan** 2 F3. Universidad de Chile.

Mit seinen kleinen, kunstvollen Häusern bildet das winzige Viertel París-Londres eine architektonische Oase in einem Stadtteil voller Parkgaragen und Zweckbauten aus den 1960er und 1970er Jahren. Der *barrio* wurde 1922 auf dem Gartengrund des Convento de San Francisco nach Plänen von Ernesto Holzmann erbaut. Nach Ansicht des Architekten mangelte es in Santiagos Innenstadt an attraktiven Wohngegenden, die in Gehweite von Dienstleistern und Läden entfernt lagen. Er kaufte den Garten vom Convento de San Francisco und beauftragte Architekten mit dem Bau eines »Modellwohnblocks«, den er in anderen Gebieten der Stadt nachbauen wollte.

Der kleine, gut erhaltene Stadtteil gefällt mit seinem eleganten Ambiente, Cafés und Innenhöfen. In einem Radius von vier Blocks findet man hier Kopfsteinpflasterstraßen und Häuser im Stil der italienischen Renaissance (Londres 65), des französischen Klassizismus (Londres 70) und Neokolonialismus (Londres 69). Das Haus Londres 38 war während der Diktatur (1973–90) ein berüchtigtes Folterzentrum.

Die wunderschöne Sala Medina in der Biblioteca Nacional

⓲ Iglesia y Convento de San Francisco

Londres 4. **Stadtplan** 2 F3. (02) 2639 8737. Universidad de Chile. Mo–Fr 9.30–13.30, 15–18, Sa, So 10–14 Uhr. **museosanfrancisco.com**

Die Iglesia y Convento de San Francisco ist das älteste bestehende Gebäude in Santiago und ein Nationaldenkmal mit Architekturelementen aus verschiedenen Epochen. Pedro de Valdivia erbaute hier im 16. Jahrhundert als Erster eine Kapelle zu Ehren der Virgen del Socorro, deren Bildnis er bei sich trug und die, so glaubte er, die Konquistadoren vor Angriffen der Indianer geschützt hatte. 1618 bauten die Franziskaner eine Kirche mit Steinmauern und Kassettendecke, zudem erweiterten sie die Anlage um einen Kreuzgang, Gärten und ein Krankenhaus. Außer den beiden Glockentürmen überstand das Gebäude zwei starke Erdbeben. Den heutigen Turm entwarf Fermín Vivaceta 1857 im klassizistischen Stil.

Die riesigen Mauersteine der ersten Kirche sind noch heute zu sehen. Gleiches gilt für die aufwendigen Schnitzereien und die geschnitzten Portale aus Zedernholz. Der grüne, ruhige Innenhof des Klosters und die Ziegeldächer sind typisch für die traditionelle Architektur in Chile *(siehe S. 32f)*. Im angeschlossenen **Museo San Francisco** illustriert eine Bilderserie des 17. Jahrhunderts das Leben des heiligen Franz von Assisi. Zudem sieht man antike Schlösser und Darstellungen mit Szenen aus dem Leben der Virgen del Socorro. Im Salon Gabriela Mistral ist die Nobelpreis-Medaille der Dichterin *(siehe S. 30)* ausgestellt.

⓳ Biblioteca Nacional

Avenida Alameda 651. **Stadtplan** 2 F3. (02) 2360 5310. Santa Lucía. Apr–Nov: Mo–Fr 9–19, Sa 10–14 Uhr; Dez–März: tägl. 9–17.45 Uhr. **bibliotecanacional.cl**

Über einen Block erstreckt sich die imposante Biblioteca Nacional. Sie wurde 1914 bis 1927 von dem Architekten Gustavo García Postigo im Stil der Pariser Académie Française erbaut. Mit Bronzebalustraden, Marmortreppen, Wandgemälden und ornamentalen Holzschnitzereien ist sie für ein Bauwerk des 20. Jahrhunderts eher untypisch ausgestattet. Die Bibliothek besitzt eine herausragende Sammlung kolonialer Literatur. Geschätzte 60 Prozent der Werke, die während der Kolonialzeit in Lateinamerika gedruckt wurden, findet man in der **Sala Medina** im zweiten Stock – darunter *Teología Mística* aus Mexiko (1547), *La Doctrina Cristina* aus Peru (1584) und die Chroniken von Entdeckern wie Sir Francis Drake.

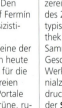

Gabriela Mistrals Nobel-Medaille

Altes Herrenhaus in einer ruhigen Straße im Barrio París-Londres

Hotels und Restaurants in Santiago *siehe Seiten 276f und 290–292*

PLAZA DE ARMAS UND ZENTRUM | 73

⓴ Teatro Municipal

Agustinas 794. **Stadtplan** 2 F2.
(02) 2463 8888. Universidad de Chile. Mo, Mi, Fr (Reservierung per E-Mail: visitasguiadas@municipal.cl). municipal.cl

Das Teatro Municipal ist Chiles bedeutendste Bühne für klassische Musik, Oper und Theater. Es wurde 1853 bis 1857 nach Plänen von Claude François Brunet de Baines im Stil des französischen Klassizismus erbaut. Charles Garnier, der Architekt der Pariser Opéra Garnier, stand beratend zur Seite. Eröffnet wurde das Haus mit einer Inszenierung von Verdis *Ernani*. In kurzer Zeit wurde das Teatro zum kulturellen und sozialen Treffpunkt von Santiagos Elite, die bedeutende Opernaufführungen großzügig unterstützte. Nach einem Großbrand 1870 konnte der Architekt Lucien Henault das fast zerstörte Theater in alter Pracht rekonstruieren. 1873 wurde es wieder eröffnet.

Im Foyer, La Capilla, stehen zwei Skulpturen von Nicanor Plaza: *Prólogo* und *Epílogo*. Der große Konzertsaal fasst 1500 Zuschauer, die Sala Arrau im zweiten Stock hat 250 Sitze. Der innere Saal wurde nach dem Vorbild der Pariser Oper mit seitlichen Logen, großer Kuppeldecke und prächtigen Kristallleuchtern von 1930 versehen. Der mächtige Bühnenvorhang wiegt 1200 Kilogramm. Er wurde 1995 in Deutschland aus burgunderrotem Mohair-Samt gefertigt. Zum Haus gehören zudem Kostümschneidereien, Probebühnen, Garderoben und eine Kulissenwerkstatt. In dem Theater treten auch das Orquesta Filarmónica, das Ballet de Santiago und der Chor des Teatro Municipal auf. Berühmte Gaststars waren hier unter anderem Plácido Domingo, Igor Strawinsky, Anna Pawlowa und der chilenische Pianist Claudio Arrau.

㉑ Iglesia de San Agustín

Agustinas 828. **Stadtplan** 2 E2.
(02) 2638 0978.
Universidad de Chile.

Mit dem Bau der Iglesia de San Agustín, früher Templo de Nuestra Señora de Gracia genannt, wurde die katholische Augustinermission in Chile gegründet. Augustinermönche erreichten Chile 1595 von Peru aus. 1625 bauten sie in Chile ihre erste Kirche. Diese wurde 1647, wie fast die ganze Stadt auch, bei einem Erdbeben zerstört. 1707 wurde sie wieder aufgebaut, 1730 erneut beschädigt und schließlich von Fermín Vivaceta restauriert und mit Säulen an der Fassade und den Glockentürmen versehen. Die Statue des *Cristo de Mayo* wurde nach dem Beben von 1647 unbeschädigt geborgen. Nur die Dornenkrone war um den Hals der Figur gefallen. Dies wurde als Wunder angesehen, war doch der Durchmesser der Krone kleiner als der des Kopfes. Um dieses Ereignis zu feiern, zogen die Priester in einer Prozession durch die zerstörten Straßen Santiagos. In den folgenden Jahrzehnten wurde der 13. Mai im Gedenken an dieses »Wunder« zum bedeutendsten religiösen Feiertag der Stadt. Heute wird er bescheidener begangen.

Cristo de Mayo, Iglesia de San Agustín

Von Kolonnaden gesäumtes Schiff der barocken Basílica de La Merced

㉒ Basílica y Museo de la Merced

Mac Iver 341. **Stadtplan** 2 F2.
(02) 2664 9181. Plaza de Armas.
Mo–Fr 10–14, 15–18 Uhr.
museolamerced.cl

Die Basilika wurde 1566 vom Mercedarier-Orden erbaut, der mit der ersten Expedition nach Chile gekommen war. Anfänglich wurde sie von Santiagos Oberschicht gefördert. Deren Mitglieder sind hier zum Teil bestattet, darunter der Gouverneur Rodrigo de Quiroga und dessen Frau Inés de Suárez. Sie war die erste Spanierin in Chile. Die heutige Basilika wurde 1760 errichtet und später von Joaquín Toesca mit klassizistischen Elementen versehen. Zur Barockausstattung gehören eine handgeschnitzte Kanzel und eine Maria von der Barmherzigkeit von 1548. Zu sehen sind zudem die größte Orgel Chiles und im Museo de La Merced Artefakte von der Osterinsel sowie koloniale Kunst und Figuren aus dem 18. Jahrhundert.

Das weiße Teatro Municipal besticht mit klaren, klassischen Linien

Stadtplan Santiago *siehe Seiten 106–113*

Der üppig grüne, elegante Cerro Santa Lucía aus der Vogelperspektive

㉓ Cerro Santa Lucía

Avenida Alameda 499. **Stadtplan** 2 F2. (02) 2633 1418. Santa Lucía. tägl. 9–19 Uhr.

Der Hügel mit dem schönen Park ragt mitten in der hektischen Hauptstadt auf. 1541 gründete der Konquistador Pedro de Valdivia genau an dieser gut zu verteidigenden Stelle Santiago. Nach der Landnahme nannten die ansässigen Mapuche den Hügel *huelén* – »Trauer« oder »Schmerz«. 1871 ließ Bürgermeister Benjamín Vicuña Mackenna den 69 Meter hohen Hügel in eine grüne Oase mit dichter Bepflanzung, eisernen Geländern im gotischen Stil, Pflasterwegen, Statuen, Brunnen und Aussichtspunkten verwandeln. Er selbst wurde hier in der winzigen **Capilla la Ermita** bestattet. In einen zwei Meter hohen Stein ist eine Passage aus einem Brief von Pedro de Valdivia an Karl V., Kaiser des Heiligen Römischen Reichs, gemeißelt. Valdivia beschreibt darin die schöne Landschaft Chiles. Eine Statue erinnert an den Ketzerfriedhof, der einst zum Cerro Santa Lucía gehörte. Dort wurden nur Nichtkatholiken und Selbstmörder begraben. Das **Castillo Hidalgo** auf der Hügelkuppe wurde 1816, während des chilenischen Unabhängigkeitskriegs, von Royalisten erbaut.

Von der Avenida Alameda aus spaziert man auf den Hügel über die monumentalen Treppen an der **Plaza Neptuno** oder von der Calle Agustinas aus über eine gepflasterte Straße. Nur gelegentlich fährt der gläserne Aufzug an der Calle Huérfanos. Seit dem 18. Jahrhundert erschallt täglich um 12 Uhr mittags ein Kanonenschuss.

㉔ Barrio Lastarría

José Victorino Lastarría. **Stadtplan** 3 B4. (02) 2638 3975. Universidad Católica. barriolastarria.com
Plaza Mulato Gil de Castro
Merced, Ecke Lastarría.
Mo–Fr 11–24 Uhr.

Im auch Barrio Parque Forestal genannten Barrio Lastarria wohnen viele Künstler, Schauspieler und andere Kreative. In der Calle Lastarria und ihren schmalen Nebenstraßen findet man zahlreiche Cafés, Restaurants, *artesanía*-Läden mit Kunsthandwerk, Kunstgalerien, Buchhandlungen und einige Boutiquen. Hier kann man wunderbar bummeln und shoppen. Die schlichte, klassizistische **Iglesia de Vera Cruz** von 1858 in der Calle Lastarria wurde von den Architekten Claude François Brunet de Baines und Fermín Vivaceta in kräftigen Rot- und Gelbtönen gestaltet.

Die Hauptattraktion im Barrio Lastarria ist die winzige **Plaza Mulato Gil de Castro**. Der Platz war früher der Hof eines Hauses. Heute heißt er nach dem berühmten Porträtisten José Gil de Castro, der im 19. Jahrhundert im *barrio* lebte. Auf der Plaza findet donnerstags bis samstags ein sehenswerter Bücher- und Trödelmarkt statt.

Die Privatgalerie **Observatorio de Lastarria** an der Ecke der Calle Villavicencio und Calle Lastarria steht interessierten Besuchern täglich offen. Sie verfügt auch über ein hübsches Café.

Wöchentlicher Trödelmarkt, Plaza Mulato Gil de Castro, Barrio Lastarria

Hotels und Restaurants in Santiago *siehe Seiten 276f und 290–292*

PLAZA DE ARMAS UND ZENTRUM | 75

Jugendstildecke und -balkone im Museo Nacional de Bellas Artes

㉕ Museo de Artes Visuales

José Victorino Lastarria 307. **Stadtplan 3 B4.** (02) 2664 9337. Universidad Católica. Di–So 11–19 Uhr. So frei. mavi.cl

Das 1994 eröffnete Museo de Artes Visuales (MAVI) ist ideal für Besucher, die Skulpturen, Gemälde, Fotografien und Konzeptkunst zeitgenössischer chilenischer Künstler kennenlernen möchten. Die Sammlung umfasst mehr als 1500 Kunstwerke. Zu sehen sind etwa Bilder des Neo-Expressionisten Samy Benmayor, Öl-, Acryl- und andere Arbeiten von Gonzalo Cienfuegos sowie Installationen von Rodrigo Cabezas. Im zweiten Stock zeigt das **Museo Arqueológico de Santiago** in einem Saal über 3300 Artefakte aus dem präkolumbischen Chile, darunter eine Chinchorro-Mumie, Utensilien für Halluzinogene aus der Atacama, Alltagsobjekte, Werkzeuge und dekorative Artefakte von den Aymara, Mapuche, Fuegino und Rapa Nui (siehe S. 26f).

㉖ Museo Nacional de Bellas Artes

Palacio de Bellas Artes, Parque Forestal. **Stadtplan 2 F2.** (02) 2499 1600. Bellas Artes. Di–So 10–18.45 Uhr. mnba.cl

Südamerikas ältestes Kunstmuseum wurde 1880 als Museo de Pintura Nacional im Parque Quinta Normal (siehe S. 80f) gegründet. Als eines der führenden Kunstmuseen Südamerikas residiert es heute in einem schönen Palast, der 1910 zu Chiles Hundertjahrfeier erbaut wurde. Das Gebäude entwarf der franko-chilenische Architekt Emilio Jecquier im Stil des französischen Klassizismus mit Jugendstil-Elementen. Auffällig sind etwa die große gewölbte Glasdecke aus Belgien und die Fassade, die nach dem Vorbild des Petit Palais in Paris gestaltet wurde. Vor dem Museum steht die Bronzeplastik *Unidos en la Gloria y la Muerte* (Vereint in Ruhm und Tod) der chilenischen Künstlerin Rebeca Matte von 1922.

Unidos en la Gloria y la Muerte von Rebeca Matte

Die 2700 Exponate der Dauerausstellung sind nach ästhetischen, historischen und thematischen Kriterien geordnet. Die ältesten Werke entstanden in der Kolonialzeit. Sie behandeln hauptsächlich religiöse Themen und die Verschmelzung von spanischer und indigener Kultur. Aus dem 19. Jahrhundert stammen Landschaftsbilder und Porträts bedeutender chilenischer Persönlichkeiten. Am berühmtesten sind hier die Gemälde von José Gil de Castro. Besonders wertvoll sind die Bilder der Surrealisten Roberto Matta aus dem 20. Jahrhundert. Das Museum zeigt auch Wechselausstellungen, etwa Werke von Damien Hirst und David Hockney.

㉗ Museo de Arte Contemporáneo

Palacio de Bellas Artes, Parque Forestal. **Stadtplan 2 F1.** (02) 2977 1741. Bellas Artes. Di–Sa 11–19, So 11–18 Uhr. mac.uchile.cl

Das Museo de Arte Contemporáneo (MAC) im Palacio de Bellas Artes blickt zwar auf den grünen Parque Forestal, der Besuchereingang liegt jedoch an der Westseite. Das 1947 von Marco Bontá gegründete Museum präsentiert über 2000 Werke in Dauerausstellung, darunter 600 Gemälde, 80 Skulpturen und 250 Fotografien vom Ende des 19. Jahrhunderts bis heute. Internationalen und einheimischen Künstlern sind die monatlichen Ausstellungen gewidmet, eine der regelmäßigen Veranstaltungen ist die Architektur-Biennale. Eine Filiale des Museums steht im Parque Quinta Normal (siehe S. 80f). Die Sammlung lateinamerikanischer Kunst präsentiert unter anderem Werke des Grupo Signo und der Generación del Trece (siehe S. 32). Der europäische Einfluss ist trotz indigener Sichtweisen offenkundig. Dies zeigt sich etwa im Werk des Chilenen Hugo Marín, der europäische Techniken mit präkolumbischen Elementen verbindet. Vor dem Gebäude steht eine Pferde-Skulptur von Fernando Botero.

Klassizistischer Eingang des Museo de Arte Contemporáneo

Stadtplan Santiago *siehe Seiten 106–113*

Das große Mittelschiff der Iglesia de Santo Domingo

❷⓼ Posada del Corregidor

Esmeralda 749. **Stadtplan** 2 F1.
☎ (02) 2633 5573. Ⓜ Bellas Artes.
⌚ Mo–Fr 9.30–13, 14–18 Uhr, Sa 10–14 Uhr.
🌐 santiagocultura.cl

Die um 1750 erbaute Posada ist als eines der wenigen verbliebenen Kolonialgebäude in Santiago ein Nationaldenkmal. Mit ihren massiven Adobe-Mauern, Sockelsteinen und Balkonen im Obergeschoss ist sie ein typisches chilenisches Stadthaus des 18. Jahrhunderts. In den 1920er Jahren traf sich hier Santiagos Boheme. Posada del Corregidor bedeutet zwar Richterherberge, tatsächlich jedoch wohnte hier nie ein Richter. Das Haus wurde als solches in Erinnerung an Luis Manuel Zañartu, Richter in der Kolonialzeit, getauft – mit einer gefälschten Gedenktafel. Dessen Nachkomme Darío Zañartu kaufte es 1928. Lange Zeit war hier ein Tanzpalast namens Filarmónica mit zweifelhaftem Ruf untergebracht. Heute dient die Posada als Kunstgalerie für zeitgenössische aufstrebende Künstler. Beim Erdbeben im Jahr 2010 wurde das Gebäude arg in Mitleidenschaft gezogen. Seither wurde es aufwendig restauriert und modernisiert. Die wunderbaren Holztüren und ihre Einfassungen sowie der umlaufende Balkon fallen sofort ins Auge. Auf dem mit Mosaikpflaster verzierten Platz vor der Posada plätschert ein Brunnen und lädt zum Verweilen ein.

❷⓽ Iglesia de Santo Domingo

Santo Domingo 961. **Stadtplan** 2 E2. ☎ (02) 2698 5933.
Ⓜ Plaza de Armas. ✝

Die heutige Iglesia de Santo Domingo ist die vierte Kirche des Dominikanerordens an dieser Stelle – auf einem Grundstück, das Spanien im Jahr 1557 der Kirche übereignet hatte. Das bestehende Bauwerk wurde ab 1747 nach Plänen des Architekten Juan de los Santos Vasconcelos und mit der Hilfe von portugiesischen Steinmetzen errichtet. Mit ihrem dorisch-klassizistischen Stil unterscheidet sich die Kirche von allen anderen Bauwerken in Santiagos Innenstadt. Von 1795 bis 1799 vollendete der italienische Architekt Joaquín Toesca die Innenräume der Kirche und baute aus Ziegelsteinen Türme im Stil des bayerischen Barock an. 1808 wurde die Kirche geweiht. Gläubige beten hier zur Statue der Jungfrau von Pompeji am Hauptaltar.

Jungfrau von Pompeji, Iglesia de Santo Domingo

❸⓪ Mercado Central

San Pablo 967. **Stadtplan** 2 E1.
☎ (02) 2696 8327. Ⓜ Cal y Canto. ⌚ So–Do 7–17, Fr 7–20, Sa 6.30–15 Uhr.
🌐 mercadocentral.cl

Der Mercado Central wurde 1872 für die Landesausstellung über den niedergebrannten Ruinen der Plaza de Abasto gebaut. Die alte Plaza war im frühen 19. Jahrhundert als Ausweichquartier für die vielen Händler angelegt worden, die die Plaza de Armas belagerten. Der von dem Architekten Fermín Vivaceta entworfene Markt zählt zu den schönsten öffentlichen Gebäuden aus jener Epoche. Kurze Zeit überlegte man sogar, ihn als Kunstmuseum zu nutzen. Ein Unternehmen im schottischen Glasgow fertigte das große Dach aus Gussmetall, das heute den Markt überspannt. Durch die Gitter und Ausschnitte im Dach wird die Luft nach oben gesogen und somit die Halle belüftet. Zu den Metallverzie-

Unter schützenden Metallträgern isst man im Mercado Central

Hotels und Restaurants in Santiago *siehe Seiten 276f und 290–292*

Prächtige Front des Centro Cultural Estación Mapocho

rungen zählten unter anderem ineinander verflochtene Balustraden und die Darstellungen zweier liegender Frauen, die den Frieden und die Landwirtschaft symbolisieren. Die ausführende Firma fügte das Bauwerk zuerst in Glasgow zusammen und verschiffte es dann in Teilen nach Übersee.

Nach der Ausstellung von 1872 wurde der Mercado Central ein Hauptmarkt. Obwohl Santiagos Fisch- und Gemüsegroßmarkt inzwischen an anderer Stelle untergebracht ist, ist der Mercado Central noch immer ein wichtiger Handelsplatz. Einheimische und Gäste begutachten und kaufen hier unterschiedlichste Fische und Meeresfrüchte von der chilenischen Küste oder lassen sich lokale Gerichte in einem der vielen Restaurants im und um den Markt schmecken.

⓷ Centro Cultural Estación Mapocho

Plaza de la Cultura s/n, Balmaceda und Independencia. **Stadtplan** 2 E1. (02) 2787 0000. Cal y Canto. Di–So 10–19 Uhr. estacionmapocho.cl

Die Estación Mapocho eröffnete 1913 als Bahnhof für die Züge zwischen Santiago und Valparaíso in Nordchile bzw. Mendoza in Argentinien. Der Bahnhof wurde von dem bekannten chilenischen Architekten Emilio Jecquier entworfen, der in Frankreich studiert hatte. Wie sehr Jecquier von der Beaux-Arts-Bewegung und Gustave Eiffel, dem Ingenieur des berühmten Pariser Turms, inspiriert war, sieht man deutlich an den Details der beeindruckenden Fassade des Bahnhofs und in dessen Halle an den Kuppeln und Säulen. Das Stahldach und das Stahlskelett wurden in Belgien von der Baufirma Haine Saint Pierre produziert. Die Gewölbe und die Vordächer fertigte das Pariser Unternehmen Casa Daydé. Alle Elemente wurden in Einzelteilen nach Chile verschifft und dort zusammengebaut.

Die Estación Mapocho gehörte zu den öffentlichen Projekten für Chiles Hundertjahrfeier im Jahr 1910. Der Bahnhof wurde von 1905 bis 1912 erbaut und 1976 zum Nationaldenkmal erklärt. Als ab 1987 keine Züge mehr in die Estación einfuhren, verfiel das ungenutzte Gebäude. Schließlich wurde es im Auftrag der Regierung renoviert, umgebaut und 1994 als Centro Cultural Estación Mapocho wieder eröffnet.

Die mit der Renovierung beauftragten Architekten bewahrten die Fassade des Bahnhofs sowie die meisten Zierelemente, so die Kuppeln, die Buntglasfenster und die Steinmetzarbeiten. Tatsächlich trägt die wunderschöne Architektur des Kulturzentrums in großem Maß zu dessen Anziehungskraft bei. Viele Besucher des Kulturzentrums kommen in der Tat allein wegen seines beeindruckenden Baustils.

Das Centro Cultural ist heute ein beliebter Veranstaltungsort. Es dient als Konzert- und Theaterbühne, zudem bietet es Film- und Tanzvorführungen. Viele der nunmehr umgebauten Säle dienen heute als Galerien und Räume für Wechselausstellungen von zeitgenössischen chilenischen Künstlern und Fotografen.

Die bedeutendste Veranstaltung im Kulturzentrum ist die Feria Internacional del Libro de Santiago (FILSA) im Frühjahr. Die zweiwöchige Buchmesse findet im Oktober oder November statt und präsentiert vor allem chilenische und internationale spanischsprachige Autoren des Kontinents und aus Europa. Im Jahr 2015 war die zeitgenössische Literatur Skandinaviens Schwerpunkt der Messe. Informationen zu aktuellen Veranstaltungen rund ums Thema »Literatur« in Chile findet man unter www.camaradellibro.cl.

Musik-Workshop im Centro Cultural Estación Mapocho

Westlich des Zentrums

Zu dem ausufernden Gebiet westlich des Stadtzentrums gehören Santiagos älteste Viertel, darunter das Barrio Brasil, Barrio Concha y Toro, Barrio Yungay sowie die Gegend um die Calle Dieciocho. Hier lebte Santiagos Oberschicht, bevor sie gen Nordosten in Richtung der Andenvorberge zog. In diesem Teil der Stadt sind wenige Häuser aus der Kolonialzeit erhalten, dafür findet man aber viele schöne Gebäude im französischen und neoklassizistischen Stil des frühen 20. Jahrhunderts. Die meisten der interessanten Museen des Areals sind rund um den üppig grünen Parque Quinta Normal, der das kulturelle Zentrum des Gebiets bildet, angesiedelt.

Sehenswürdigkeiten auf einen Blick

Historische Gebäude, Straßen und Stadtviertel
- ❸ Biblioteca de Santiago
- ❻ Barrio Brasil
- ❼ Barrio Concha y Toro
- ❾ Barrio Dieciocho
- ❿ Confitería Torres
- ⓫ Palacio Cousiño

Kirche
- ⓬ Basílica de los Sacramentinos

Museen
- ❷ Museo de la Educación Gabriela Mistral
- ❹ Matucana 100
- ❽ Museo de la Solidaridad

Parks
- ❶ *Parque Quinta Normal S. 80f*
- ⓭ Parque Bernardo O'Higgins

Weitere Attraktionen
- ❺ Planetario USACH
- ⓮ Fantasilandia
- ⓯ Club Hípico

Restaurants in diesem Stadtteil
siehe S. 292

Stadtplan *1 und 2*

◀ Basílica de los Sacramentinos *(siehe S. 84f)*

Zeichenerklärung
siehe hintere Umschlagklappe

❶ Parque Quinta Normal

Der Parque Quinta Normal wurde im Jahr 1842 angelegt und ist für seine vielen Baumarten berühmt. Viele dieser Bäume pflanzte der französische Naturwissenschaftler Claudio Gay. Er legte mit seiner wegweisenden Erforschung der chilenischen Flora und Fauna den Grundstein für Santiagos Museo Nacional de Historia Natural und den Parque Quinta Normal. Dieser wurde anfänglich auch für die Agrarforschung genutzt und 1928 den Agrar- und Veterinärabteilungen der Universität von Chile zugeordnet. Der heutige Park umfasst nur einen Bruchteil des damaligen Geländes. Mit seinen Rasenflächen und alten Bäumen, Museen, Picknickplätzen und künstlichen Seen ist er jedoch sehr beliebt.

Sehenswürdigkeiten
① Museo de la Memoria y los Derechos Humanos
② Museo Nacional de Historia Natural
③ MAC Espacio Quinta Normal
④ Museo Artequín
⑤ Museo Ferroviario
⑥ Museo de Ciencia y Tecnología

Zeichenerklärung *siehe hintere Umschlagklappe*

🏛 Museo de la Memoria y los Derechos Humanos
Avenida Matucana 501. (02) 2597 9600. Quinta Normal. Di–So 10–18 Uhr. Feiertage. Spende erbeten. museodelamemoria.cl

Das im Jahr 2010 eröffnete Museum der Erinnerung und der Menschenrechte gedenkt der zahlreichen Opfer aus der Zeit der Militärdiktatur unter General Augusto Pinochet, die von 1973 bis 1990 in Chile herrschte.

Zu den vielfältigen Ausstellungsstücken gehören u.a. persönliche Briefe, offizielle Dokumente sowie Propagandaschriften der Regierung. Damals von der Militärjunta eingesetzte Folterwerkzeuge dokumentieren das Grauen jener Zeit eindrücklich. Besucher erhalten auch einen historischen Überblick über die Geschehnisse jener Zeit.

Ein weiterer Bereich der Kulturstätte widmet sich den Themen Menschenrechte und Demokratie. Die Vermittlung der Informationen erfolgt auch anhand von interaktiven Stationen und Multimedia-Ausstellungen.

🏛 Museo Nacional de Historia Natural
Parque Quinta Normal. (02) 2680 4615. Quinta Normal. Di–Sa 10–17.30, So, Feiertage 11–17.30 Uhr. mnhn.cl

Das stattliche klassizistische Gebäude des Museums für Naturgeschichte wurde 1875 für die erste Internationale Ausstellung der Stadt errichtet und 1876 dem Museum übergeben. Im hohen Hauptsaal beeindruckt das Skelett eines jungen Finnwals. Die Objekte – u.a. Mineralien, Insekten, Pflanzen und Alltagsgegenstände – sind zwölf Abteilungen zugeordnet. Im Saal über Chiles Wälder kann man an Holzstämmen das Alter z.B. von Alerce-Baumgiganten nachvollziehen. Das Gebäude wurde beim Erdbeben von 2010 beschädigt und wird nach wie vor abschnittsweise renoviert.

🏛 MAC Espacio Quinta Normal
Avenida Matucana 464. (02) 2681 7813. Quinta Normal. Di–So 11–19 Uhr (So bis 18 Uhr). mac.uchile.cl

Das Museum im neoklassizistischen Palacio Versailles aus dem frühen 20. Jahrhundert ist eine Filiale des Museo de Arte Contemporáneo *(siehe S. 75)*. Das MAC wurde hier im Jahr 2005 temporär untergebracht, als dessen Säle im Palacio de Bellas Artes renoviert wurden. Seitdem wird das Gebäude weiterhin für Ausstellungen des MAC genutzt. In seinen zwölf Sälen rund um einen zentralen Innenhof präsentiert das Museum große Wechselausstellungen zu aufstrebenden chilenischen Künstlern

Schöne alte Bäume im beliebten Parque Quinta Normal

Hotels und Restaurants in Santiago *siehe Seiten 276f und 290–292*

PARQUE QUINTA NORMAL | 81

Die auffällige Glas-Metall-Fassade des Museo Artequín

🏛 Museo Ferroviario
Parque Quinta Normal. 📞 (02) 2681 4627. 🚇 Quinta Normal. 🕐 Di–Fr 10–17.50, Sa, So 11–17.50 Uhr. 🌐 corpdicyt.cl

Im Südwesten des Quinta Normal zeigt das Museo Ferroviario eine der bedeutendsten Sammlungen von Dampflokomotiven in Lateinamerika. Das Museum besitzt 16 Lokomotiven und drei Waggons, das älteste Exponat ist eine Rogers-Lok Typ 22 von 1893. Die Lokomotive Typ 20 der heute nicht mehr bestehenden Sociedad de Maestranza y Glavanizaciones in Caleta Abarca ist ein rein chilenisches Produkt. Die Kitson-Meyer-Lok wurde dagegen 1909 im englischen Leeds produziert. Sie fuhr auf der Bahnlinie des Ferrocarril Transandino (Transanden-Eisenbahn), die bis 1971 Los Andes *(siehe S. 138)* in Chile mit Mendoza in Argentinien verband. Die gefährliche Strecke führte knapp 250 Kilometer über die Berge. Von den einst neun Lokomotiven sind nur noch zwei erhalten.

Zu besichtigen ist auch der Präsidentenwaggon von 1923. In ihm reisten die Präsidenten Arturo Alessandri (1868–1950) und Carlos Ibáñez del Campo (1877–1960).

🏛 Museo de Ciencia y Tecnología
Parque Quinta Normal. 📞 (02) 2681 6022. 🚇 Quinta Normal. 🕐 Di–Fr 10–18, Sa, So 11–18 Uhr. 🌐 museodeciencia.cl

Das Museo de Ciencia y Tecnología ist das erste Museum Chiles, das Kinder für Naturwissenschaften und

Infobox

Information
Avenida Matucana 520.
Stadtplan 1 A2. 📞 (02) 2689 0119. 🚇 Quinta Normal. 🕐 tägl. 9–19 Uhr.

Interaktive Exponate für Kinder im Museo de Ciencia y Tecnología

Technik begeistern soll. Das Gebäude heißt Parthenon. Es wurde von dem Architekten Alejandro Cicarelli im griechisch-römischen Stil erbaut und 1884 vom chilenischen Maler Pedro Lira eingeweiht. 1887 eröffnete die Unión de Arte im Parthenon Santiagos erstes Kunstmuseum. Dieses wurde später zum Museo de Arte Contemporáneo (MAC) umgewandelt und 1974 in den zentralen Parque Forestal verlegt. Das Museum bietet interaktive Exponate zu Astronomie, Geologie, Mechanik, Technik, zum Elektromagnetismus und zu Multimedia. Das interessante Museum steht zu Unrecht im Schatten des neueren Museo Interactivo Mirador *(siehe S. 105)*.

---

und große internationale Schauen wie Fluxus aus Deutschland und die Biennale von São Paulo.

🏛 Museo Artequín
Avenida Portales 3530. 📞 (02) 2682 5367. 🚇 Quinta Normal. 🕐 Di–Fr 9–17, Sa, So 11–18 Uhr. 🚫 Feb. 🌐 artequin.cl

Das ungewöhnliche Museo Artequín präsentiert Reproduktionen von berühmten Kunstwerken im hinreißenden Pabellón París, Chiles Pavillon zur Pariser Weltausstellung 1889. Die Jugendstil-Fassade des Pavillons stammt vom französischen Architekten Henri Picq. Die Baumaterialien des Pabellón París – Eisen, Stahl, Zink – nahmen Bezug auf die industrielle Revolution. Das Land stellte aber auch Arbeiten zeitgenössischer Persönlichkeiten vor, etwa des einflussreichen Malers und Schriftstellers Pedro Lira. Der Pavillon wurde in Paris gefertigt, in Teilen verschifft und im Parque Quinta Normal wieder aufgebaut. Dort war er lange Sitz eines Mineralien- und Metallurgiemuseums. Seit 1992 residiert in dem renovierten Bauwerk das heutige Museo Artequín.

Das Museum will Kindern und Erwachsenen große Kunst mithilfe von »echten« Versionen der berühmtesten Bilder der Welt nahebringen. Gezeigt werden Drucke von großen Meistern. Jeder der Künstler ist mit einem seiner bekanntesten Werke vertreten. Zu den illustren Auserwählten zählen etwa Goya, Dalí, Frieda Kahlo und Kandinsky.

Die Kitson-Meyer-Lokomotive von 1909 im Museo Ferroviario

Stadtplan Santiago *siehe Seiten 106–113*

❷ Museo de la Educación Gabriela Mistral

Chacabuco 365. **Stadtplan** 1 A2. (02) 2681 8169. Quinta Normal. Mo–Fr 10–17, Sa 10–16 Uhr.
museodelaeducacion.cl

In der Escuela Normal Brígada Walker beschäftigt sich das Museo de la Educación Gabriela Mistral mit der Geschichte der Pädagogik in Chile. Das 1886 erbaute Haus wurde 2006 nach langjähriger Renovierung wieder eröffnet. Das Museum heißt nach der Dichterin und Nobelpreisträgerin Gabriela Mistral *(siehe S. 30)*, die fast ihr ganzes Leben als Lehrerin arbeitete, obwohl sie selbst bereits mit zwölf Jahren die Schule verlassen hatte. Die Autodidaktin mit dem grandiosen Sprachgeschick setzte sich für bessere Ausbildungsmöglichkeiten in Chile ein.

Das Museum begann 1941 im Rahmen von Santiagos 400-Jahre-Feier als Ausstellung des Museo Nacional de Bellas Artes *(siehe S. 75)* über die Schulgeschichte Chiles ab der Kolonialzeit. Sie war ein solcher Publikumserfolg, dass Direktor Carlos Stuardo in der Folge Volks- und sogar Gewerbe- und Bergbauschulen nach Material und Möbeln durchkämmte, um eine Dauerausstellung aufzubauen. Heute umfasst die Sammlung über 6500 historische Objekte, darunter alte Landkarten, Schultische und Geräte zur praktischen Ausbildung wie Nähmaschinen und Abakusse.

Rote Ziegelsteinfassade des Museo de la Educación Gabriela Mistral

Die große Bibliothek besitzt rund 40 000 pädagogische Texte, in der Fotobibliothek lässt sich anhand von 6000 digitalisierten Bildern die Bildungsgeschichte auf anschauliche Weise nachvollziehen.

❸ Biblioteca de Santiago

Avenida Matucana 151. **Stadtplan** 1 A3. (02) 2328 2000. Quinta Normal. Di–Fr 11–20.30, Sa, So 11–17 Uhr.
bibliotecasantiago.cl

Diese erste große öffentliche Bibliothek in Chile wurde im Jahr 2005 nahe dem Parque Quinta Normal *(siehe S. 80f)* als Kultur- und Bildungszentrum in einem ehemaligen staatlichen Lagerhaus aus den 1930er Jahren eröffnet. Sie bietet den Einwohnern von Santiago eine äußerst breite Auswahl an Literatur, audiovisuellen und Forschungsmaterialien sowie Vorträgen. Zum Haus gehören auch Computerräume und eine Abteilung für Kinder.

❹ Matucana 100

Avenida Matucana 100, Estación Central. **Stadtplan** 1 A3. (02) 2964 9240. Quinta Normal. Mo–Mi 11–15, 16–20, Do, Fr 11–15, 16–21, Sa, So 17–21 Uhr.
m100.cl

Das Kulturzentrum Matucana 100 ist unweit des Parque Quinta Normal in einem 1911 errichteten Lagerhaus der staatlichen Eisenbahn untergebracht. Seit 2001 werden in dem Ziegelbau verschiedene Kunstformen präsentiert, darunter Film, Theater, Malerei, Fotografie und Musik. Zuletzt wurde das Zentrum um eine große Kunstgalerie und einen Konzertsaal erweitert. Der Fokus liegt heute auf zeitgenössischen Arbeiten, vorwiegend von chilenischen Künstlern.

❺ Planetario USACH

Avenida Alameda 3349, Estación Central. **Stadtplan** 1 A4. (02) 2718 2900. Estación Central. Sa, So, Feiertage ab 14 Uhr.
planetariochile.cl

Das Planetarium der Universität von Santiago zählt zu den bekanntesten in ganz Lateinamerika. Seine kupferne Projektionskuppel, die Sala Albert Einstein, hat eine ungewöhnliche Kegelform und misst 22 Meter im Durchmesser. Ein Carl-Zeiss-Sternprojektor Modell VI mit 160 Linsen simuliert die Bewegungen des Mondes, des Sonnensystems und von über 5000 Sternen in beiden Hemisphären. Interessant sind die Ausstellungen über die von Chiles Observatorien gemachten Entdeckungen. Das Planetarium bietet daneben Workshops und audiovisuelle Installationen.

❻ Barrio Brasil

Stadtplan 1 C2. Los Héroes, Santa Ana.

Anfang des 20. Jahrhunderts war der Barrio Brasil ein elegantes Wohnviertel. Ab den 1940er Jahren zogen seine

Lesesaal für Kinder in der Biblioteca de Santiago

WESTLICH DES ZENTRUMS | 83

Brunnen der internationalen Pressefreiheit an der Plazoleta de la Libertad de Prensa, Barrio Concha y Toro

wohlhabenden Bewohner jedoch zunehmend in weiter östlich gelegene Stadtteile. Als dann noch die Ruta Norte-Sur das Viertel von der restlichen Innenstadt abtrennte, geriet es in Vergessenheit – auch bei den Stadtplanern. Deshalb stehen hier heute viele schöne neogotische und neoklassizistische Stadthäuser aus dem frühen 20. Jahrhundert. Mittlerweile ist der Barrio Brasil einer der malerischsten Stadtteile in Santiago. Die Universitäten in der Umgebung haben die Kultur und Architektur des Viertels neu belebt, sein buntes Flair hat viele Künstler und Musiker angelockt. Hier findet man trendige Lofts und schicke Restaurants ebenso wie traditionelle *picadas* und Bars. Besonders gut erhalten sind die Straßen im nahen **Barrio Yungay**, am schönsten sind der **Pasaje Adriana Cousiño** zwischen Huérfanos und Maipú und der **Pasaje Lucrecia Valdés** unweit der Compañía zwischen Esperanza und Maipú. Die beiden gepflasterten Passagen wirken seltsam europäisch. Alte Erinnerungsstücke aus dem Viertel sammelt das Restaurant Boulevard Lavaud *(siehe S. 292)*.

❼ Barrio Concha y Toro

Stadtplan 1 C3. 🚇 República.

In dem bestens erhaltenen Viertel stehen viele beeindruckende Stadthäuser der Oberschicht aus dem frühen 20. Jahrhundert. Das Areal gehörte ursprünglich dem Ingenieur und Unternehmer Enrique Concha y Toro und dessen Frau Teresa Cazotte, die Ende des 19. Jahrhunderts ein Vermögen im Bergbau angehäuft hatten. Das Ehepaar stellte sich hier ein Viertel im europäischen Stil mit gewundenen Kopfsteinpflasterstraßen, eng stehenden Häusergruppen mit einheitlicher Fassade und einer winzigen Plaza vor. Chiles damals beste Architekten – Larraín Bravo, Siegel, González Cortés, Machiacao und Bianchi – wurden mit der Planung beauftragt. Sie schufen einen charakteristischen Stil, der neogotische, klassizistische, barocke und sogar Elemente des Bauhauses integrierte.

Das **Teatro Carrera** erbaute Gustavo Monckeberg im Jahr 1926 nach dem Vorbild der Pariser Theaterarchitektur. Das ehemalige Haus des Dichters Vicente Huidobro ist heute das beliebte Lokal Zully *(siehe S. 292)*. Die malerische **Plazoleta de la Libertad de Prensa** erhielt ihren Namen 1994 zu Ehren des Internationalen Tags der Pressefreiheit. Sie ist eine beliebte TV-Kulisse.

❽ Museo de la Solidaridad

República 475. **Stadtplan** 1 C4. ☎ (02) 2689 8761. 🚇 República. 🕐 Di–So 10–18 Uhr. 🎟 So frei. 📷 ♿ 🌐 mssa.cl

Der Sitz des Museums ist das ehemalige Hauptquartier der DINA, der Geheimpolizei unter Pinochets Militärdiktatur *(siehe S. 52)*. Als einziges Museum in Lateinamerika besitzt es ausschließlich Werke, die von Künstlern gespendet wurden. Aus Solidarität mit der Regierung von Salvador Allende *(siehe S. 51)* gründeten es 1971 Künstler mit einer Sammlung von über 400 Arbeiten unter anderem von Joan Miró, Alexander Calder, Victor Vasarely und Roberto Matta. Nach Allendes Sturz wurden die Kunstwerke im Museo de Arte Contemporáneo *(siehe S. 75)* versteckt. Die Verwaltung des Museums zog nach Paris, wo weiterhin Spenden von Künstlern eintrafen – schließlich umfasste die Sammlung rund 1500 Arbeiten aus den Jahren 1950 bis 1980. Sehr viele Werke thematisieren den sozialen Kampf der Lateinamerikaner.

Typisches Haus aus dem frühen 20. Jahrhundert im Barrio Brasil

Stadtplan Santiago *siehe Seiten 106–113*

Fassade von Santiagos ältestem Café, der Confitería Torres

❾ Barrio Dieciocho

Stadtplan 2 D4. Los Héroes.

In der Zeit um 1900 lag Santiagos Nobelviertel an der Calle Dieciocho. Reiche Familien stellten hier mit prächtigen Stadthäusern ihren neu erworbenen Reichtum vor allem aus Schifffahrt und Bergbau zur Schau. Die Architektur der Häuser ist europäisch, vor allem französisch, geprägt. Santiagos Elite ist zwar mittlerweile weggezogen, die Prachtbauten stehen jedoch noch, wenn auch das ganze Viertel heute etwas vernachlässigt wirkt. Sehr opulent sind der Palacio Subercaseaux (Nr. 190), die Residencia Eguiguren (Nr. 102) und der Palacio Astoreca (Nr. 121). Die großen Häuser dienen heute überwiegend als Sitz von Universitätsgruppen, Bibliotheken und anderen Institutionen.

❿ Confitería Torres

Avenida Alameda 1570. **Stadtplan 2 D3.** (02) 2688 0751. Los Héroes. Mo–Sa 10.30–24 Uhr. confiteriatorres.cl

Die im Jahr 1879 eröffnete, überaus stimmungsvolle Confitería Torres ist Santiagos ältestes noch bestehendes Café. Hier kehrten Santiagos Politiker, Intellektuelle und High Society ein, als der Barrio Dieciocho todschick war. Das 2004 renovierte Café bezaubert noch immer mit alten roten Lederbänken, französischen Türen, langer Eichenholztheke und altmodischem Ambiente. Die geschichtsträchtige Confitería trug auch zu Chiles kulinarischem Erbe bei. Der *barros Luco*, ein Rindfleischsandwich mit geschmolzenem Käse, heißt nach Präsident Barros Luco, der es immer bestellte. Auch die *cola de mono*, ein Aperitif aus Aguardiente bzw. Pisco, wurde hier erfunden.

⓫ Palacio Cousiño

Calle Dieciocho 438. **Stadtplan 2 D4.** (02) 2386 7448. Toesca. Mo–Fr 9.30–16.30 Uhr. palaciocousino.cl

Der Palacio Cousiño war das extravaganteste Palais seiner Zeit. Er wurde von 1870 bis 1878 nach Plänen des französischen Architekten Paul Lathoud für die Familie Cousiño erbaut, die mit Bergbau und Schifffahrt ein Vermögen gemacht hatte. Für das Haus ließ man aus Europa Parkettböden aus Walnuss und Mahagoni, Brokattapisserien, italienischen Marmor, französische bestickte Vorhänge und Handwerker kommen, die diese enormen Schätze einbauen und anbringen konnten. Der Palacio, in dem auch Chiles erster Aufzug fuhr, wurde im Jahr 1940 von Santiagos Bürgermeister ersteigert, der ihn der Stadt stiftete. Danach wurde er als nobles Gästehaus etwa für Golda Meir, Charles de Gaulle und den belgischen König Baudouin genutzt. Seit 1968 ist das ganze Gebäude ein Museum. Die beim Beben 2010 entstandenen Schäden wurden behoben. Auch der Garten des Anwesens ist sehenswert.

Die auffällige Kuppel der Basílica de los Sacramentinos, Santiago

⓬ Basílica de los Sacramentinos

Arturo Prat 471. **Stadtplan 2 E4.** (02) 2638 3189. Toesca. Di–Fr 10–12.30, 16–19 Uhr.

Die von einer hoch aufragenden Kuppel bekrönte Basílica de los Sacramentinos wurde von dem Architekten Ricardo Larraín Bravo von 1919 bis 1931 nach dem Vorbild der Pariser Basilique du Sacré-Cœur de Montmartre im römisch-byzantinischen Stil erbaut. Die Krypta hat eine Fläche von 1500 Quadratmetern. Die Parkettböden sind die ersten ihrer Art, die in Chile produziert wurden. Kanzel, Beichtstühle und Bänke wurden von Salesianermönchen handgeschnitzt. Sehenswert sind außerdem die

Der opulente zentrale Saal des Palacio Cousiño

Hotels und Restaurants in Santiago *siehe Seiten 276f und 290–292*

französischen Buntglasfenster sowie die aus Deutschland importierte Orgel. Vor der – trotz noch bestehender Schäden durch das Beben 2010 – eindrucksvollen Fassade erstreckt sich der Parque Almagro.

⓭ Parque Bernardo O'Higgins

Zwischen Avenida Beaucheff u. Autopista Central. **Stadtplan** 2 D5. Parque O'Higgins. tägl. 6–20 Uhr. Fiestas Patrias (18./19. Sep).

Santiagos zweitgrößter Park ist nach Bernardo O'Higgins, einem der Gründungsväter des Landes, benannt. In dem bei Familien beliebten Erholungsgebiet wird während der Fiestas Patrias (siehe S. 36f) kräftig gefeiert. Zum Park gehören Tennisplätze, Fußballfelder, ein See, Santiagos größte Konzerthalle und ein öffentliches Schwimmbad. Der **Campo de Marte** ist ein riesiger Betonstreifen, der einer Landebahn gleicht. Wenn hier am 19. September die Militärparaden stattfinden, schauen Tausende zu.

Eine weitere Attraktion auf dem Gelände ist **El Pueblito**. In dem Pseudo-Kolonial-»Dörfchen« bieten einfache Lokale traditionelle Küche. Das **Museo de Huaso** ist der Kultur und Geschichte der *huasos*, der Viehhirten des Valle Central (siehe S. 27), gewidmet. Eine Sammlung mit Schmetterlingen und anderen Insekten kann man dagegen im **Museo de Insectos y Caracoles** besichtigen. Kunsthandwerksstätten

Eingang von Fantasilandia, Chiles größtem Vergnügungspark

und -märkte findet man an der **Plaza de las Artesanías**. Während der Fiestas Patrias drängen sich die feiernden Besucher in den *fondas*, den großen Festzelten des Parks. Tagelang wird hier das Vaterland ausgelassen und exzessiv mit ununterbrochener lauter *cueca*-Musik, rauchenden *asados* und überreichlich Alkohol gefeiert. Für Besucher ist dies durchaus ein Erlebnis. Im Park findet Ende März auch das Lollapalooza-Festival statt.

⓮ Fantasilandia

Avenida Beaucheff 938. **Stadtplan** 2 D5. (02) 2476 8600. Parque O'Higgins. Jan, Feb: tägl. 12–21 Uhr; März–Nov: Sa, So 12–19 Uhr. fantasilandia.cl

Fantasilandia ist der zweitgrößte Vergnügungspark in Südamerika und wird oft als »Chiles Disneyland« bezeichnet. Der 1978 eröffnete Park war die Idee des Unternehmers Gerardo Arteaga, der Santiagos Freizeitangebot für Familien schlicht todlangweilig fand. Fantasilandia bietet eine reiche Auswahl an Achterbahnen und Fahrgeschäften, die den Angstpegel nach oben treiben und den Magen umdrehen, etwa Xtreme Fall, Raptor und Boomerang. Es gibt aber auch harmlose Karussells für kleinere Kinder sowie die Kids Zone und die Villa Mágica mit Musik, Party und Zauberern.

⓯ Club Hípico

Avenida Almirante Blanco Encalada 2540. **Stadtplan** 1 C5. (02) 2693 9600. Unión Latinoamericana. zu Rennen; variabel. clubhipico.cl

Chiles führende Pferderennbahn wurde 1870 gegründet. Hier findet jeden November El Ensayo (siehe S. 38), Südamerikas ältestes offizielles Pferderennen, statt. Zusammen mit dem Hipódromo Chile und Valparaíso Derby gehört es zur Triple Corona.

Die derzeitige Rennbahn wurde von dem Architekten Josué Smith entworfen und 1923 eröffnet. Das schöne Clubhaus ist typisch für die elegante Architektur des frühen 20. Jahrhunderts, die von Chiles Wirtschaftsboom des späten 19. Jahrhunderts profitierte. Der Club Hípico bietet elegante Terrassen und Zuschauerplattformen, Restaurants, Gärten und einen Picknickbereich mitten in der verblassten Pracht des alten República-Viertels.

Rund 1500 Rennen werden hier pro Jahr vor einem bunt gemischten Publikum ausgetragen, darunter das berühmte Alberto Vial Infante und Arturo Lyon Peña. Zudem finden hier regelmäßig große Konzerte und Festivals statt, so das Frontera Festival mit Größen der lateinamerikanischen Rock- und Popmusik.

Zuschauer verfolgen ein Galopprennen im Club Hípico

Nordöstlich des Zentrums

Nordöstlich des Stadtkerns von Santiago liegen mehrere Wohnviertel jeweils rund um ein Geschäftszentrum. Bis Ende der 1950er Jahre bestanden einige dieser *barrios* lediglich aus *parcelas*, ländlichen Häusern auf großen Grundstücken, sowie versprengten Slums für die Armen. Heute findet man im Barrio El Golf schicke Wolkenkratzer, Läden und Restaurants. Der Barrio Bellavista nördlich des Río Mapocho und südlich des Parque Metropolitana ist ein Szeneviertel mit aufregendem Nachtleben – Restaurants, Bars, Clubs mit Live-Musik und Diskotheken gibt es hier für jeden Geschmack. Tagsüber geht es in den malerischen Straßen eher gemütlich zu. Im Norden wechseln sich im Barrio Vitacura schattige Alleen mit noblen Villen des frühen 20. Jahrhunderts und modernistische Apartmenttürme ab.

Sehenswürdigkeiten auf einen Blick

Historische Gebäude, Straßen und Stadtviertel
- 5 Barrio Patronato
- 7 Plaza Camilo Mori
- 13 Barrio Suecia
- 14 Barrio El Golf
- 15 Barrio Vitacura
- 18 Pueblito Los Dominicos

Museen
- 3 Museo de Artes Decorativas
- 6 Casa Museo La Chascona
- 11 Museo de los Tajamares
- 16 Museo Ralli
- 17 Museo de la Moda

Parks
- 1 *Parque Metropolitano de Santiago S. 88f*
- 10 Parque Balmaceda
- 12 Parque de las Esculturas

Interessante Orte
- 2 Cementerio General
- 4 La Vega
- 8 Patio Bellavista
- 9 Casa de la Ciudadanía Montecarmelo

Restaurants in diesem Stadtteil
siehe S. 290–292

Stadtplan 2, 3, 4 und 5

◀ Marienstatue auf dem Cerro San Cristóbal im Parque Metropolitano de Santiago *(siehe S. 88f)*

❶ Parque Metropolitano de Santiago

Der dicht bewachsene, 722 Hektar große Parque Metropolitano de Santiago wurde zwischen 1903 und 1927 als grüne Lunge Santiagos angelegt. Er umfasst u. a. die Sektoren San Cristóbal, Pirámide, Bosque Santiago und Chacarillas. Das einst öde, trockene Areal wurde mit Pflanzen und Bäumen aus dem ganzen Land begrünt sowie mit Wegen, Picknickbereichen, Schwimmbädern und einem Kulturzentrum ausgestattet. Zum Park gehört zudem der Zoológico Nacional. Von den Anhöhen hat man einen herrlichen Blick auf Santiago und die Anden.

★ Standseilbahn
Die Standseilbahn von 1925 fährt am Zoo vorbei hinauf auf den Cerro San Cristóbal.

★ Marienstatue
Die 14 Meter hohe, 1904 errichtete Statue ist eine Schenkung Frankreichs. Sie ist ein Fixpunkt im Stadtbild.

★ Zoológico Nacional
In atemberaubend schöner Hanglage hütet der staatliche Zoo rund 1000 Tiere. Zu diesen gehören auch viele einheimische Arten, beispielsweise Kondore, Pumas, Pudús und Lamas.

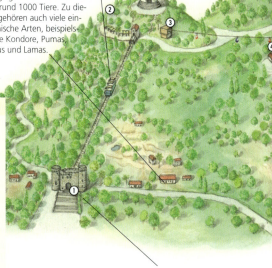

Außerdem

① **Der Eingang Pío Nono** führt direkt zur Estación Funicular. Das Tor mit der mittelalterlichen Fassade und den Souvenirständen gehört zum Garten Plaza Caupolicán.

② **Cerro San Cristóbal**

③ **Estación Cumbre**

④ **Casa de la Cultura Anahuac**

⑤ **Estación Tupahue**

⑥ **Die Piscina Tupahue** ist ein sehr beliebtes Schwimmbad.

⑦ **Im Jardín Mapulemu** wächst auf über drei Hektar eine bunte Auswahl chilenischer Pflanzen. Wissenswertes erfährt man auf Informationstafeln.

⑧ **Estación Oasis**

⑨ **Am zweiten Parkeingang** an der Pedro de Valdivia Norte können Autos auf zwei Spuren auf die Hügel hinauf- und hinunterfahren.

Plaza Caupolicán
Die Station der Standseilbahn an der Plaza Caupolicán ist zugleich der Haupteingang des Parks.

Hotels und Restaurants in Santiago *siehe Seiten 276f und 290–292*

PARQUE METROPOLITANO DE SANTIAGO | 89

Jardín Japonés
Der Japanische Garten wurde 1997 von Japans Prinz Hitachi eröffnet. Mit seinem Seerosenteich und Wasserrad, den Kirsch- und japanischen Ahornbäumen ist er eine ausgesprochen idyllische Oase im lärmigen Getriebe der Stadt.

Infobox

Information
Eingang Pio Nono und Avenida Pedro de Valdivia Norte. **Stadtplan** 3 B2. (02) 2730 1300. frei für Fußgänger; 3000 Pesos für Fahrzeuge. tägl. 10–18 Uhr (Sommer: bis 21 Uhr). **Piscina Antilén** ● Mo. **Piscina Tupahue** ● Mo. **Zoológico Nacional** Eingang Standseilbahn Pio Nono. Di–So 10–17 Uhr (Sommer: bis 18 Uhr). **w** pms.cl

Anfahrt
Baquedano.

Enoteca
In dem Museum im Restaurant Camino Real kann man einige von Chiles besten Jahrgängen kosten.

0 Meter 50

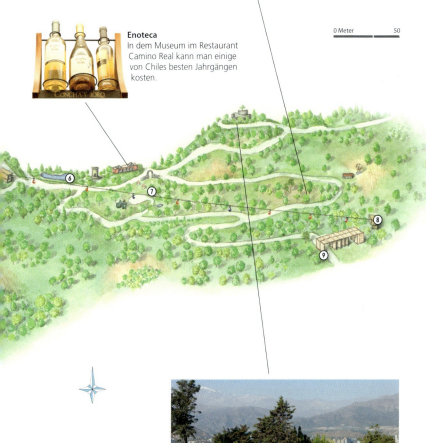

Piscina Antilén
Santiagos höchstgelegenes Schwimmbad bietet einen schönen Blick auf die Stadt und Erfrischung in der Sommerhitze.

Stadtplan Santiago *siehe Seiten 106–113*

Víctor Jaras Grab auf Santiagos berühmtem Cementerio General

❷ Cementerio General

Avenida Alberto Zañartu 951. **Stadtplan** 3 A1. ☎ (02) 2637 7800. 🚇 Cementerios. ⏱ tägl. 8.30–18 Uhr. 🔗 cementeriogeneral.cl

Auf Santiagos Hauptfriedhof haben viele chilenische Berühmtheiten ihre letzte Ruhe gefunden. Hier sind die meisten Präsidenten des Landes begraben – die sterblichen Überreste Salvador Allendes wurden 1990 von Viña del Mar *(siehe S. 132f)* hierher umgebettet. Chiles erster Präsident, Bernardo O'Higgins, weihte den Friedhof 1821 ein. Er selbst ist in einer Krypta an der Plaza Bulnes *(siehe S. 69)* bestattet. Der Cementerio General ist wie eine »Totenstadt« mit Alleen und Mausoleen in allen erdenklichen Stilen angelegt – diese ästhetische Vielfalt trägt erheblich zu seiner Anziehungskraft bei.

Grabstätte im ägyptischen Stil, Cementerio General

Zu den prominenten Toten des Friedhofs zählen etwa die legendäre Volkssängerin Violeta Parra, der beliebte Dichter und Sänger Víctor Jara, der in Washington, DC, ermordete linke Ex-Senator Orlando Letelier und die frühere Generalsekretärin der Kommunistischen Partei Gladys Marín. Das schlichte Denkmal *Rostros* (Gesichter) des Bildhauers Francisco Gazitúa führt namentlich all diejenigen auf, die unter der Militärdiktatur *(siehe S. 52)* ermordet oder verschleppt wurden. An der Westseite sind Bürger evangelischen Glaubens beerdigt. Ihre Gräber wurden im späten 19. Jahrhundert vom Cerro Santa Lucía hierher verlegt.

❸ Museo de Artes Decorativas

Avenida Recoleta 683. **Stadtplan** 3 A2. ☎ (02) 2737 5813. 🚇 Cerro Blanco. ⏱ Di–Fr 10–17.30 Uhr. 🔗 artdec.cl

Die kostbare Colección Hernán Garcés Silva des Museo de Artes Decorativas wurde 1980 dem chilenischen Staat gestiftet. Seit 2005 residiert das Museum im ehemaligen Kloster Centro Patrimonial Recoleta Dominica. Zu sehen sind über 2500 Exponate in 20 thematisch gegliederten Abteilungen, darunter Porzellan aus dem 18. und 19. Jahrhundert, Kristallgläser und -vasen, Silber-, Marmor- und Keramikobjekte, Schmuck, antike griechische und römische sowie asiatische Kunst.

Ebenfalls im Centro präsentiert das interessante **Museo Histórico Dominico** sakrale Objekte aus dem 18. und 19. Jahrhundert, z. B. Messkelche und -gewänder. Die **Biblioteca Patrimonial Recoleta Dominica** ist mit rund 115 000 historischen Büchern, Karten, religiösen und wissenschaftlichen Abhandlungen eine der größten Privatbibliotheken Lateinamerikas.

❹ La Vega

Dávila Baeza 700. **Stadtplan** 2 E1. 🚇 Cal y Canto, Patronato. 🔗 lavegacentral.cl

Gegenüber dem Mercado Central ist Santiagos größter Obst- und Gemüsemarkt ein Muss für Feinschmecker, ein sinnliches, buntes Erlebnis – und mitunter auch ein derbes: Zwischen den chaotisch platzierten Kisten und Ständen wird geschrien und gefeilscht, was das Zeug hält. Rund um die riesige Markthalle von La Vega versuchen über 100 Verkäufer, von Sandalen über Elektrogeräte bis zu Hundefutter alles Mögliche an den Mann zu bringen. In der Mitte des Marktes verkaufen Stände preiswerte Mahlzeiten, etwa Hühnersuppe (*cazuela*). Auf dem Markt wird man sicher auch fündig auf der Suche nach *chirimoya*-Früchten, *pimienta dulce* (Piment), Kaktusfrüchten (*tuna*) und nach Karamell schmeckenden *lucuma*-Früchten.

❺ Barrio Patronato

Zwischen Calle Loreto, Bellavista, Dominica und Recoleta. **Stadtplan** 3 A3. 🚇 Patronato. **Läden** ⏱ Mo–Fr 10–19.30, Sa 9.30–17.30 Uhr. 🔗 tiendaspatronato.cl

Über ein Dutzend Blocks erstreckt sich das emsige Einkaufsviertel Barrio Patronato. Hier dominieren Textilgeschäfte und kleine Lokale, vor allem von Immigranten aus Korea, China und dem Nahen Osten.

Läden und Passanten in einer Straße im Barrio Patronato

In der Kolonialzeit war der *barrio* ein armes Wohnviertel und hieß La Chimba – »Anderes Flussufer«. Auch heute wohnen hier vorwiegend Arbeiter. Viele der originalen Adobe-Häuser des Viertels haben die Zeit überdauert.

Im späten 19. Jahrhundert siedelten sich arabische Einwanderer aus Syrien, dem Libanon und vor allem aus Palästina im Barrio Patronato an. Sie bauten hier den ersten großen Textilumschlagplatz auf und verkauften importierte Kleidung und Stoffe. Chile selbst produzierte damals nur wenig Textilien. Heute strömen täglich über 10 000 Einkaufswillige in den Barrio Patronato auf der Suche nach T-Shirts, Schuhen, Ballkleidern, Anzügen und trendigen Klamotten zu wirklichen Spottpreisen.

Pablo Neruda, Chiles Kult-Dichter und Diplomat

Pablo Neruda (1904–1973)

Pablo Neruda hat bewegende Poesie über Liebe, Geschichte, Politik, die Schönheit des Lebens und der Natur geschrieben. Er wurde am 12. Juli 1904 als Neftalí Ricardo Reyes Basoalto geboren, sein Pseudonym wählte er angeblich nach dem tschechischen Dichter Jan Neruda – auch, um seine Ambitionen vor seinem Vater geheim zu halten, der die Schriftstellerei als Beruf ablehnte. Neruda wurde mit der Gedichtsammlung *Zwanzig Liebesgedichte und ein Lied der Verzweiflung* bekannt. Seit 1927 vertrat er Chile als Diplomat im internationalen Ausland, zuletzt in Spanien. Dort erhob er in den 1930er Jahren seine Stimme gegen Francos Putschisten. Zurück in Chile trat er in die Kommunistische Partei ein und wurde 1943 zum Senator gewählt. Aus jener Zeit stammt sein Gedichtezyklus *Der große Gesang* (1950) über Lateinamerika und den Kolonialismus. 1971 wurde Neruda der Literaturnobelpreis verliehen. 1973 starb der Dichter an einem Krebsleiden. Seine drei Häuser in Isla Negra, Santiago und Valparaíso sind heute Museen.

❻ Casa Museo La Chascona

Fernando Márquez de la Plata 192. **Stadtplan** 3 B3. (02) 2777 8741. Baquedano. Di–So 10–18 Uhr. **w** fundacionneruda.org

Das bezaubernde Museo La Chascona ist eines der drei Häuser des Dichters Pablo Neruda. 1953 wurde es am Cerro San Cristóbal im Barrio Bellavista gebaut und nach Matilde Urrutia »La Chascona« (Frau mit widerspenstigem Haar) genannt. Urrutia war lange Zeit Nerudas Geliebte und lebte in dem Haus ein Jahr allein. 1966 heirateten sie und Neruda. Die Originalpläne des Hauses schuf der katalanische Architekt Germán Rodríguez. Neruda ließ die Pläne mehrfach überarbeiten, wünschte er doch ein ungewöhnliches, sehr individuelles Haus mit gemütlichen Wohnräumen, die über ein Labyrinth aus Wendeltreppen, Gängen und Geheimtüren miteinander verbunden sind. Nerudas Liebe zum Meer wird deutlich an Elementen wie Bullaugenfenstern und behaglichen Ecken mit knarzenden Böden und gewölbten Decken. Im Speiseraum vermittelte früher ein Bach die Illusion, auf einem Segelschiff zu essen. In den Räumen sieht man Nerudas große Sammlung mit Kunst und Kunsthandwerk. Die Stücke brachte er von seinen Reisen aus der ganzen Welt mit.

Neruda war Kommunist und ein Freund von Salvador Allende. Nach dem Putsch von 1973 wurde das Haus von Militärangehörigen geplündert. Nerudas Begräbnis fand unter größten Schwierigkeiten statt. Die Fundación Pablo Neruda, die La Chascona und die beiden anderen Häuser des Dichters betreut, ließ es originalgetreu renovieren. Heute sieht man hier Haushaltsgegenstände und Zierobjekte, die aus dem Haus in Santiago gerettet wurden, sowie Möbel und persönliche Utensilien aus Nerudas Büro in Frankreich, wo er von 1970 bis 1973 Botschafter war. Die Bibliothek bewahrt die Nobelpreis-Medaille, Fotografien, Briefe, Bücher und andere Veröffentlichungen. Die Besichtigung des Anwesens mit Audio-Führer ist zahlenmäßig beschränkt. Die Wartezeit kann man sich in dem schönen Café des Museums vertreiben.

Verziertes Kreuz, La Chascona

Der idyllische Garten der Casa Museo La Chascona

Castillo Lehuedé an der Plaza Camilo Mori

❼ Plaza Camilo Mori

Constitución, Ecke Antonia López de Bello. **Stadtplan** 3 B3. Baquedano.

Die Plaza Camilo Mori im Herzen des Szeneviertels Bellavista heißt nach dem bekannten chilenischen Maler, dessen Haus und Atelier hier standen. Dominantes Bauwerk an der dreieckigen Plaza ist der **Castillo Lehuedé**, eine liebevoll gestaltete, als Casa Rosa (rotes Haus) bekannte Villa, die seit 2013 als Boutique-Hotel mit Originalmöbeln dient. Sie wurde 1923 nach Plänen des Architekten Federico Bieregel für den Unternehmer Pedro Lehuedé erbaut. Rund um die Plaza findet man schicke Boutiquen und das **Centro Mori**, ein Zentrum für experimentelles Theater.

❽ Patio Bellavista

Constitución 30. **Stadtplan** 3 B4. (02) 2249 8700. Baquedano. tägl. 10–22 Uhr. patiobellavista.cl

Das Einkaufszentrum Patio Bellavista wurde 2006 als ein Projekt der Stadtsanierung eingeweiht. Zahlreiche Läden und Lokale scharen sich hier um einen zentralen Innenhof. In seinen Ursprüngen im 19. Jahrhundert war der Platz eine *cité*, eine Wohnsiedlung für Arbeiterfamilien. Heute finden sich in der schön restaurierten Anlage rund zwei Dutzend Restaurants und Bars sowie das Boutique-Hotel del Patio. Über 80 Läden bieten hier hochwertiges Kunsthandwerk (*artesanía*), Kunst, Schmuck und Bücher an. Bei Einheimischen und Besuchern besonders beliebt sind die Cafés mit Tischen im Freien. Der Patio Bellavista ist auch ein Open-Air-Kulturzentrum mit Tanzvorführungen, Konzerten und Ausstellungen.

❾ Casa de la Ciudadanía Montecarmelo

Bellavista 0594. **Stadtplan** 3 C3. (02) 2820 2900. Salvador. Mo–Fr 9.30–13.30, 15.30–17.30 Uhr. bei Veranstaltungen. providencia.cl

Die Casa de la Ciudadanía Montecarmelo ist das größte Kulturzentrum des Barrio Bellavista. Es ist im ehemaligen Nonnenkloster Montecarmelo untergebracht, das im späten 19. Jahrhundert den Carmelitas de Santa Teresa gehörte, dem beschaulichen Orden der Unbeschuhten Karmelitinnen. Heute untersteht das schön renovierte Zentrum der Corporación Cultural de Providencia. Es bietet Workshops und Kurse in Fotografie, bildender Kunst, Musik und Tanz.

In seinem Veranstaltungskalender findet man unter anderem Konzerte und Filmvorführungen sowie Theaterproduktionen auf einer Freiluftbühne im Schutz der malerischen Ziegelsteinmauern des alten Klosters. Montecarmelo bietet außerdem chilenischen Autoren und Dichtern eine Bühne zur Präsentation ihrer Arbeiten.

Die moderne Fassade des Café Literario im Parque Balmaceda

❿ Parque Balmaceda

Avenida Providencia, zwischen Baquedano und Del Arzobispo. **Stadtplan** 3 C4. Baquedano, Salvador.

Der schmale Parque Balmaceda zwischen der Plaza Baquedano und der Plaza a la Aviación wurde im Jahr 1927 nach der Kanalisierung des Río Mapocho angelegt. Er ist nach dem ehemaligen Präsidenten José Manuel Balmaceda benannt, der in Chiles kurzem Bürgerkrieg von 1891 *(siehe S. 49)*

Allerlei Souvenirs in einem Laden des Patio Bellavista

Hotels und Restaurants in Santiago *siehe Seiten 276f und 290–292*

NORDÖSTLICH DES ZENTRUMS | 93

Skulpturen des Chilenen Federico Assler Brown, Parque de las Esculturas

eine zentrale Rolle spielte. Eine Statue des Nationalhelden steht im Westen des Parks.

Die Hauptattraktion des Parks ist die **Fuente Bicentenario**. Der Brunnen erstrahlt nachts in allen Regenbogenfarben. Das abstrakte **Monumento de Aviación** am Ende der Brunnenanlage wurde unter Pinochet installiert.

In der Mitte des Parks ist das **Café Literario** reichlich mit Zeitungen und Büchern ausgestattet. Der Parque Balmaceda, in dem man wunderbar spazieren kann, lockt vor allem Bewohner der Viertel Providencia und Bellavista sowie aus der Innenstadt.

⓫ Museo de los Tajamares

Avenida Providencia 222. **Stadtplan** 3 C4. (02) 2223 2700. Baquedano. wegen Renovierung.

Santiagos *tajamares* waren ein komplexes System aus unterirdischen Dämmen und Ziegelmauern, die im 18. Jahrhundert den Río Mapocho zurückhielten. Die von Joaquín Toesca entworfene Anlage schützte Santiago jahrzehntelang vor Überschwemmungen und wurde erst im späten 19. Jahrhundert durch ein neueres Kanalsystem ersetzt. Der Mörtel, der für die *tajamares* benutzt wurde, bestand aus Eiweiß, Kalk und *cal y canto* genanntem Sand.

Ein Teil der alten *tajamares* wurde bei Ausgrabungen im Viertel Providencia entdeckt. Das 1980 gegründete Museo de los Tajamares zeigt gut erhaltene Teile dieser dicken alten Mauern und Dämme. Das Museum wurde beim Erdbeben 2010 beträchtlich beschädigt und wird seither umfassend restauriert.

⓬ Parque de las Esculturas

Avenida Santa María 2205, zwischen Avenue Pedro de Valdivia und Padre Letelier. **Stadtplan** 4 E2. (02) 2335 1832. Los Leones.

Alte Kanalmauer, Museo de los Tajamares

Nach einer massiven Überschwemmung des Río Mapocho im Jahr 1982 wurden Maßnahmen zur Befestigung des Flussufers beschlossen, zu denen auch der Parque de las Esculturas gehört. Er wurde 1986 bis 1988 von Germán Bannen mit Geldern der Corporación Cultural de Providencia gestaltet. Stille Fußwege, teilweise mit Blick auf die schneebedeckten Anden, winden sich durch das Areal, das mit rund 30 Skulpturen von modernen chilenischen Künstlern bestückt ist – darunter *Pachamama* von Marta Olvín, *La Pareja* von Juan Egneau und *Conjunto Escultórico* von Federico Assler Brown.

⓭ Barrio Suecia

Avenida Suecia, Ecke Avenida Providencia. **Stadtplan** 4 F2. Los Leones.

Im winzigen Barrio Suecia drängen sich Restaurants und Bars, deren Design und Küche nordamerikanisch geprägt sind. Das Viertel mit den vielen auffällig bunten Fassaden war zu seinen Hochzeiten berühmt für sein Nachtleben. Das konzentriert sich heute zwar in Bellavista und einigen anderen Stadtteilen, dennoch strömen vor allem junge Reisende, ausländische Einwohner und Büroangestellte wegen der günstigen Drinks zur Happy Hour und den bis in die Morgenstunden geöffneten Clubs in den Barrio Suecia. Hier geht es in den Straßen häufig ziemlich rau zu, und Taschendiebe nehmen gerne auch betrunkene Zecher aus.

Gut besuchtes Straßencafé im Barrio Suecia

Stadtplan Santiago *siehe Seiten 106–113*

⓴ Barrio El Golf

Avenida El Bosque u. Avenida Isidora Goyenechea. **Stadtplan 5 B4.**
El Golf.

Der kleine Bezirk im äußersten Nordosten Santiagos trägt im Volksmund wegen seiner schicken Wolkenkratzer und nordamerikanischen Atmosphäre auch den Spitznamen »Sanhattan«. In diesem modernsten Stadtteil Santiagos sind viele große Unternehmen und Botschaften ansässig. Zwischen den Boulevards Isidora Goyenechea und El Bosque liegt das Herz des *barrio*. An diesen breiten Straßen reihen sich zahllose Restaurants und einige Fünf-Sterne-Hotels aneinander. Die meisten verbliebenen großen Häuser aus den Zeiten des *barrio* als Wohnbezirk wurden mittlerweile in teure Lokale umgewandelt.

Der Gran Torre Santiago ist mit einer Höhe von 300 Metern das höchste Gebäude in Südamerika. Er wurde vom argentinischen Architekten César Pelli konzipiert und ist Teil des Costanera Center, das auch eine Shopping-Mall, ein Kino und mehrere Restaurants umfasst. Der Komplex erstreckt sich an der Avenida Andres Bello zwischen Nueva Tajamar und Los Leones.

⓯ Barrio Vitacura

Stadtplan 5 B2.
vitacura.cl

Der Stadtteil ist nach dem Mapuche-Häuptling Butacura (Großer Fels) benannt, der hier mit seinem Clan lebte, als die ersten Konquistadoren ankamen. Das Gebiet wurde Mitte

Das Restaurant-Café Tiramisú, Avenida Isidora Goyenechea, Barrio El Golf

des 16. Jahrhunderts zum *asentamiento* – einer spanischen Siedlung auf Indianerland, das in Haciendas erschlossen wurde.

Vitacura liegt im Norden der Innenstadt im Schatten des Cerro Manquehue (Ort der Kondore), auf den eine beliebte Tagestour führt. Heute ist Vitacura das Wohngebiet der Reichen, Politiker und Aristokraten. Das Viertel kennzeichnen hohe Wohntürme, moderne Häuser, grüne Parks, elegante Läden und Restaurants. An den zentralen Avenidas Alonso de Córdova und Nueva Costanera drängen sich Läden, die Luxusmarken von Louis Vuitton bis Longchamp sowie exklusive Kleidung und Wohnaccessoires von chilenischen und argentinischen Designern führen. Seit Kurzem konzentriert sich Santiagos blühende Gourmetrestaurant-Szene an der Avenida Nueva Costanera. Hier finden sich Nobellokale wie das Tierra Noble, La Mar und OX (siehe S. 291f).

Das glitzernde neue Verwaltungsgebäude ist Teil eines riesigen Stadtsanierungsprojektes, das auch den **Parque Bicentenario** betrifft. In dem Park mit den weiten Wiesen, Lagunen und Wegen, mit dem die Ufer des Río Mapocho befestigt wurden, finden Weingalas, Kunsthandwerksmärkte und andere Open-Air-Veranstaltungen statt. Eine bedeutende Institution ist hier das Hauptquartier der **CEPAL**, der Wirtschaftskommission für Lateinamerika der Vereinten Nationen. Das Gebäude des chilenischen Architekten Emilio Duhart (1917 – 2006) aus den 1960er Jahren ist ein markantes Wahrzeichen.

Im Barrio Vitacura vertreten über zwei Dutzend erstklassige Kunstgalerien in eleganten, minimalistischen Gebäuden mit Buchhandlungen und modernen Cafés Chiles beste Künstler. Diese Galerien sind in ständiger Veränderung begriffen und stellen in ihren Ausstellungen sowohl etablierte Künstler als auch junge Talente vor. Die international bekannte **Galería Animal** *(siehe S. 99)* präsentierte als erste Spitzengalerie in Santiago Kunst in großen, hohen Räumen, die die Werke dramatischer wirken lassen und weitaus mehr Besucher fassen. Die Galería Animal verkauft auch eine breite Auswahl von Werken chilenischer

Krippenszene auf einem Hügel im Parque Bicentenario, Barrio Vitacura

Hotels und Restaurants in Santiago *siehe Seiten 276f und 290 – 292*

Künstler und wechselt häufig ihre Ausstellungen. 2008 eröffneten mehrere Spitzengalerien, darunter die transnationale Marlborough Chile, die Galerien Isabel Aninat (vor allem junge Talente), Arte Espacio und Patricia Ready. Letztere vertritt Top-Künstler wie Carlos Capelán und Bruna Ruffa. Auf ihren Vernissagen drängt sich Santiagos High Society.

Moderne Glasfassade der Kunstgalerie Patricia Ready, Barrio Vitacura

⓰ Museo Ralli

Alonso de Sotomayor 4110. **Stadtplan** 5 C1. (02) 2206 4224. Di–So 10.30–17 Uhr (Jan: nur Sa, So). ● Feb. museoralli.cl

Das weniger bekannte Museo Ralli besitzt eine kleine, aber beeindruckende Sammlung mit Werken lateinamerikanischer und europäischer Künstler, darunter Bilder von Salvador Dalí, Marc Chagall und Joan Miró. Das internationale Museum mit Ablegern in Spanien, Uruguay und Israel wurde 1992 von dem Kunstsammler und ehemaligen Bankier Harry Recanati als Non-Profit-Organisation gegründet. Das 3000 Quadratmeter große Haus steht in einer ruhigen Wohnstraße und veranstaltet gelegentlich Ausstellungen mit Werken zeitgenössischer europäischer und lateinamerikanischer Künstler.

⓱ Museo de la Moda

Avenida Vitacura 4562. **Stadtplan** 5 C1. (02) 2219 3623. Di–So 10–18 Uhr. museodelamoda.cl

Das Museo de la Moda wurde zu Ehren des Familienerbes und aus Liebe zur Mode 2007 von Juan Yarur gegründet. Der Enkel eines Textil- und Bankenmoguls baute das Modernismo-Haus seiner Eltern in eines der weltweit größten Modemuseen um. Jahrelang reiste er rund um den Globus, um eine fast enzyklopädische Sammlung aus über 8000 Objekten zusammenzustellen. Die Palette reicht von Kleidung aus dem 18. bis 21. Jahrhundert, von klassischer Couture von Chanel und Lanvin bis zu modernen Entwürfen von Gaultier und zu Filmkostümen – etwa Joan Collins' Garderobe aus der US-TV-Serie Denver Clan, Madonnas Kegel-BH oder Kleider von Marilyn Monroe. Das stilvolle und geschickt beleuchtete Museum präsentiert seine Besitztümer in wechselnden thematischen Ausstellungen, etwa »Rock'n'Roll« oder »Krieg und Frieden«. Ein Trakt ist Yarurs Lieblingssport Tennis gewidmet.

Das Museum bietet auch eine Tour durch den seit den 1960er und 1970er Jahren unveränderten Familiensitz, ein Bereich informiert über die Rolle der Familie in Chiles Geschichte. Viele Exponate sind makellos erhaltene Kleider und Accessoires von Yarurs Mutter, Raquel Bascuñán. Das Restaurant Garage ist, der Name legt es nahe, in der ehemaligen Garage untergebracht.

Kleider aus der Ausstellung »Krieg und Frieden«, Museo de la Moda

⓲ Pueblito Los Dominicos

Apoquindo 9085. Los Dominicos. tägl. 10–20 Uhr. culturallascondes.cl

Der Komplex Pueblito Los Dominicos auf dem ehemaligen Grundstück der benachbarten **Iglesia Los Dominicos** zählt zu den besten Einkaufszentren für lokales Kunsthandwerk. 1982 wurde der *pueblito* erweitert und nach dem Vorbild eines chilenischen Dorfes aus der Kolonialzeit umgestaltet. Seine weiß getünchten, flachen Adobe-Häuser wirken wie aus einer vergangenen Ära. Das Gebiet wurde ursprünglich von den Mapuche besiedelt, nach deren Häuptling Apoquindo der hier endende Boulevard benannt ist.

Im *pueblito* verkaufen 160 kleine Läden und einzelne Kunsthandwerker Keramiken, Lederwaren, Schmuck, Volkskunst, Buntglas, Textilien, Kleidung und sogar Tiere wie Kaninchen und Vögel. Reizvoll ist, dass die Läden hier zugleich Werkstätten sind, in denen man den Kunsthandwerkern bei der Arbeit über die Schulter blicken kann.

Das Ambiente ist idyllisch mit kleinen Bächen und Flötenmusik im Hintergrund. Die besten Tage sind Samstag und Sonntag, wenn in der Iglesia Los Dominicos Messe gefeiert wird. Die Kirche ist auf dem chilenischen 2000-Peso-Schein abgebildet und ein Nationaldenkmal. Hier fanden in den 1810er Jahren Revolutionäre während Chiles Kampf um die Unabhängigkeit Zuflucht.

In Santiago unterwegs

Chiles dynamische Hauptstadt ist durch sein öffentliches Verkehrssystem gut erschlossen. Mit der modernen Metro kommt man am bequemsten und preiswertesten zu Santiagos Hauptattraktionen. Die meisten bedeutenden Sehenswürdigkeiten und Dienstleister befinden sich in der oder rund um die Innenstadt. Hier fahren die Metro-Linien 1 bis 5. Wenn die Metro jedoch zu den Hauptverkehrszeiten hoffnungslos überfüllt ist, steigt man besser auf eines der vielen preiswerten Taxis, Funktaxis und *colectivos* (Sammeltaxis) um. Auf Santiagos Buslinien verkehren seit 2007 umweltfreundliche Busse. In der Regel ist die Metro jedoch für Kurzurlauber nützlicher als der Busverkehr. Nachts fährt man am sichersten mit dem Taxi. Aufgrund des hohen öffentlichen Verkehrsaufkommens sollen in den kommenden Jahren mehrere Projekte für Entlastung sorgen. So wird 2017 eine sechste Metro-Linie zwischen Cerrillos und Providencia eröffnet.

Malerische Strecke der Metro in Santiago

Metro und Zug

Die mustergültige **Metro de Santiago** erschließt vorwiegend unterirdisch fast die gesamte Innenstadt und viele der Vorstädte. Santiagos Metro-Netz gilt als das modernste und größte Südamerikas – mit der U-Bahn kommt man in der Hauptstadt schnell und preiswert voran. Von den insgesamt fünf Linien ist für Besucher die zentrale Línea 1 am nützlichsten, gefolgt von der Línea 5, die sie kreuzt. Merkwürdigerweise gibt es keine Línea 3.

Die Metro fährt werktags von 5.35 bis 0.08 Uhr, samstags von 6.30 bis 0.08 Uhr und an Sonn- und Feiertagen von 8 bis 23.48 Uhr. Der Fahrpreis richtet sich auch nach den Tageszeiten: Während der Hauptverkehrszeiten morgens und abends ist er etwas höher. Einzelfahrkarten sind erhältlich, preiswerter sind jedoch die wiederaufladbaren Multivía- oder Bip!-Fahrkarten. Mit diesen umgeht man auch die langen Warteschlangen. Mehrfahrtenkarten kauft man für 1500 Pesos und lädt sie dann bis zum gewünschten Guthaben auf. Jedes Mal, wenn die Karte benutzt wird, wird davon ein bestimmter Betrag abgezogen. Die Karten können auch von mehreren Passagieren benutzt werden, für die an den Drehkreuzen jeweils einzeln gezahlt werden muss. Die Zugabteile sind modern, haben aber wenige Sitze. Passen Sie unterwegs auf ihre Habseligkeiten auf, im Gedränge fühlen sich Taschendiebe wohl.

Von der Estación Central fahren Pendlerzüge Richtung Süden bis Rancagua *(siehe S. 146)* und San Fernando *(siehe S. 152f)*. Dieses Netz untersteht der **EFE** (Empresa de Ferrocarriles del Estado).

Bus

Mit dem Projekt **Transantiago** sollte der Einsatz von schlecht gewarteten, Diesel fressenden Privatbussen eingedämmt und ein zudem transparentes, integrales Preissystem eingeführt werden. Die Passagiere zahlen nur mit Bip!-Karten, die auch für die Metro gelten. Wenn deren Wagen nachts stehen *(siehe links)*, fahren die Transantiago-Busse parallel zu den wichtigen U-Bahn-Linien. Die modernen Niederflurbusse erschließen ein Liniennetz mit mehr als 150 Haltestellen und bieten Anschluss an alle wichtigen Metro-Stationen im gesamten Stadtgebiet.

Auto

Autos sind vor allem für Ausflüge außerhalb der Stadt nützlich. In Santiago dagegen quält sich der Verkehr vor allem zu Stoßzeiten langsam voran, Parkplätze sind schwer zu finden. Autos kann man bei Firmen wie **Hertz** und **Budget** mieten.

Die umweltfreundlichen grün-weißen Transantiago-Busse

IN SANTIAGO UNTERWEGS | 97

Die gelb-schwarzen Taxis fahren in ganz Santiago

Chile hat strenge Verkehrsvorschriften: Es besteht Anschnallpflicht, Fahren unter Alkohol ist ein schweres Vergehen, beim Fahren ist Telefonieren streng verboten.

Taxis, Funktaxis und Colectivos

In Santiago fahren zahlreiche gelb-schwarze Taxis mit Zähler. Die Preise sind günstig, nachts ist ein Zuschlag fällig. Die Fahrer sind in der Regel hilfsbereit, manche jedoch steigern den Verdienst durch einen kleinen Umweg. Daneben fahren Funktaxis, meist sind dies neuere Autos. Sie haben keine Zähler, sondern rechnen pro Fahrt ab.

Die schwarzen *colectivos* sind Sammeltaxis für bis zu vier Passagiere. Sie berechnen Fixpreise für feste Routen. Ein Schild auf dem Dach zeigt den Zielort an.

Zu Fuß

Das Zentrum ist mit seinen großen Fußgängerzonen leicht zu Fuß zu erkunden. In Parks wie den Cerro Santa Lucía und Parque Metropolitano jenseits des Río Mapocho kann man schön spazieren und sich vom Großstadttrubel erholen. Auch Viertel wie Las Condes und Providencia sind fußgängerfreundlich, in einigen Stadtteilen jedoch sind die Gehwege in schlechtem Zustand und selten für Rollstühle an den Ecken abgesenkt. Autofahrer achten auf Fußgänger, aufpassen muss man beim Überqueren der vielspurigen Alameda.

Fahrrad

Viele Einheimische fahren Fahrrad, besser meidet man jedoch die großen Avenidas wie die Alameda und die Vicuña Mackenna. Die Straßen sind oft holprig mit vielen Schlaglöchern, neue Fahrradwege und Radrouten werden jedoch sukzessive angelegt.

Auf einen Blick

Metro und Zug

Empresa de Ferrocarriles del Estado (EFE)
Alameda Bernardo O'Higgins 3170, Estación Central.
📞 (02) 2585 5050.
🌐 efe.cl

Metro de Santiago
📞 600 600 9292.
🌐 metrosantiago.cl

Bus

Transantiago
📞 800 730 073.
🌐 transantiago.cl

Mietwagen

Budget
Luz 2934, Las Condes.
📞 (02) 2795 3900.
🌐 budget.cl

Hertz
Andrés Bello 1469, Providencia.
📞 (02) 2360 8600.
🌐 hertz.cl

Metro de Santiago

Shopping

Chiles Hauptstadt bietet eine breite Auswahl an Einkaufsmöglichkeiten. Das Angebot reicht von Luxusmode über Wein bis zu regionalem Kunsthandwerk, beispielsweise Tongeschirr, geschnitzte Holzutensilien der Mapuche, Schmuck, Arbeiten aus crin (gefärbtes Pferdehaar) sowie Ponchos, Decken aus Alpaka- und Schafwolle und dicke Wollpullover. Aus einzigartigem blauem Lapislazuli, der nur in Chile und Afghanistan vorkommt, werden reizende Accessoires gefertigt. Seit ein paar Jahren meiden die jungen Modedesigner die Einkaufszentren und gründen unabhängige Boutiqen in Stadtteilen wie Bellavista und Bellas Artes. Dank des steigenden Interesses an der chilenischen Gastronomie finden sich mittlerweile zahlreiche Feinkost- und Weinläden in der Stadt.

Textilien und Keramiken in einem Laden der Hauptstadt

Kunsthandwerk und Souvenirs

Authentisches Kunsthandwerk aus Chiles Provinzen findet man in vielen Läden in ganz Santiago, die Auswahl kann aber begrenzt sein. Die Hauptstadt ist jedoch der beste Ort, um Chiles einzigartigen Schmuckstein Lapislazuli *(siehe S. 303)* zu kaufen, der für Dekor, Innenausbauten und Utensilien wie Salz- und Pfefferstreuer verwendet wird. Lapislazuli wird zu günstigen Preisen in Dutzenden Läden an der Avenida Bellavista zwischen Calle Capellán Abarzúa und Calle Pío Nono verkauft. Im **Lapis Lazuli House** erhält man feines Kunsthandwerk aus dem seltenen blauen Stein, eleganten Lapislazuli-Schmuck bieten die Filialen von **Morita Gil** in der ganzen Stadt und **Faba** in Vitacura.

Traditionelle Keramiken, Textilien und Zierobjekte erhält man in den Läden von **Artesanías de Chile** im Centro Cultural Palacio de La Moneda *(siehe S. 68)* im Zentrum oder in einer Filiale in Los Dominicos. **Ona** offeriert ungewöhnliche Kunst und schicke Mode aus lokalen Produkten und von regionalen Herstellern. **La Verveine** im Stadtteil Vitacura hat eine breite Auswahl an eleganter *artesanía*, darunter schöne Wohnaccessoires. T-Shirts und viele andere Souvenirs findet man an den Ständen rund um den Patio Bellavista. Der hochwertigste Souvenirladen in Santiago ist jedoch zweifellos **The Clinic El Bazar**. Er heißt nach der britischen Klinik, in der Chiles ehemaliger Diktator, General Pinochet, 1998 verhaftet wurde. Das breite Angebot des exklusiven Ladens **Pura Artesanos** in Las Condes umfasst unter anderem eleganten Designerschmuck, kleine Teppiche, Lederarbeiten und Spielwaren.

Antiquitäten

Antiquitäten findet man in Santiago relativ einfach, da sich die meisten Antiquitätenläden geballt in Lagerhäusern eingemietet haben. Viele günstige Angebote findet man bei **Antigüedades Balmaceda**. Dort verkaufen mehr als 200 unabhängige Händler Möbel, Haushaltswaren, Leuchter, Schmuck, Kunstgewerbe und Objekte aus dem frühen 20. Jahrhundert. Im Einkaufszentrum **Antigüedades Bucarest** bieten Dutzende separate Läden unter anderem vergoldete Spiegel, Bilder, Holzmöbel, Zierrat und Sammlerstücke aus verschiedensten Epochen an.

Viele weitere Antiquitätenläden sind zudem im gesamten Stadtgebiet verstreut. An der Ecke der Avenida Italia und Avenida Sucre verkauft über ein Dutzend Möbelwerkstätten aufpolierte Einrichtungen und ungewöhnliche Stücke.

Brainworks im Barrio Italia, Providencia, ist auf Haushalts-

Antiquitäten auf der Plaza Mulato Gil de Castro

Boutique der Nobelmarke Louis Vuitton, Avenida Alonso de Córdova

gegenstände, Retro-Möbel und Reproduktionen aus den 1960er und 1970er Jahren spezialisiert.

Jeden Sonntag verkaufen an der Plaza Perú in El Golf Antiquitätenhändler ihre Ware meist zu fairen Preisen. Ein weiterer beliebter Straßenmarkt findet donnerstags bis samstags an der kleinen Plaza Mulato Gil de Castro im Stadtteil Parque Forestal statt.

Mode

Parque Forestal ist das Zentrum für Mode von jungen chilenischen Designern. Beliebte Läden sind das topmoderne **Atelier Carlos Pérez** und **Tampu**. Dort verkauft man moderne Kleidung mit indianischen Mustern. Zur **Galería Drugstore** in Providencia gehören über 30 Läden mit Mode und Accessoires aus der Region. Hier verkauft z. B. **Kebo** Kleidung der Designerin Carla Godoy. **Hall Central** bietet Mode von lokalen Designern in den Salons eines ehemaligen Herrenhauses.

Die meisten Mittelschicht-Chilenen kleiden sich vorwiegend in den Einkaufszentren ein, wo chilenische Marken und die üblichen internationalen Hersteller wie Zara, Mango und Nine West vertreten sind. In Vitacura findet man an den Avenidas Alonso de Córdova und Costanera Luxusmarken wie Louis Vuitton, Armani und Burberry. Hier residiert auch der führende Damenausstatter **Mor**, der weitere Filialen in der Stadt unterhält.

Günstige Mode findet man vor allem im Barrio Patronato *(siehe S. 90f)* in Recoleta. Hunderte Läden bieten hier billige Kleidung an – am Wochenende herrscht Hochbetrieb. Bei **Óptica Bahía** gibt es Retro-Sonnenbrillen, bei **Orange Blue** schrille Outfits und Schuhe aus den 1960er und 1970er Jahren und bei **Nostalgic** an der Calle Bandera ausgefallene Vintage Mode.

Kunstgalerien

Der vornehme Barrio Vitacura in Santiagos Osten bildet mit nicht weniger als 15 Spitzengalerien rund um die Avenidas Alonso de Córdova und Costanera das Herz von Chiles Galerieszene. Die **Galería Animal** war eine der ersten Avantgarde-Galerien der Stadt. Sie bietet eine herausragende Sammlung zeitgenössischer chilenischer Kunst – Gemälde, Skulpturen und Konzeptkunst – sowie einige wenige Arbeiten des international bekannten surrealistischen Malers Roberto Matta (1911–2002) und des spanischen Künstlers Joan Miró. Die **Galería Patricia Ready** wartet mit riesigen Räumen, einem schicken Café und einer breiten Auswahl an Kunstbüchern auf. Auf der anderen Straßenseite vertritt die alteingesessene **Galería Isabel Aninat** weniger bekannte Künstler. Chilenische Kunst verkauft auch die **Galería La Sala**. International bekannte Künstler findet man vor allem in der **Galería A.M.S. Marlborough**. In Santiagos Innenstadt präsentieren die **Galería 13** und die **Galería Gabriela Mistral** vorwiegend junge Fotografen und Maler.

Skulptur in der Galería Animal

Bücher und Musik

Überall verkaufen Kioske an den Straßen chilenische Zeitungen und Zeitschriften. An den Ständen am Paseo Ahumada zwischen Avenida Alameda und Paseo Huérfanos erhält man internationale Presse aus aller Welt zu bezahlbaren Preisen.

Deutschsprachige Printmedien werden vor allem im internationalen Flughafen verkauft, in einigen Kiosken und Buchhandlungen in betriebsamen Stadtvierteln erhält man gelegentlich die Publikationen *Spiegel* und *Zeit*. Deutsche Bücher findet man in der **Librería Psiquis** und in der **Tienda Lillifee & Amiguitos**. Englischsprachige Literatur verkaufen die Filialen der **Librería Inglesa** sowie die Läden der **Librería Antartica**.

Ein gutes Angebot an Büchern, Zeitschriften und Zeitungen findet man in den vielen Filialen von **Feria del Libro**. Die **Librería Eduardo Albers** ist bekannt für ihre Reisebuchabteilung.

Die größte Musikladenkette in Santiago ist **Feria del Disco** mit über einem Dutzend Filialen. Sie bieten eine gute Auswahl an internationaler und Latin-Musik. Dazu gibt es zahlreiche kleine Musikläden in ganz Santiago.

Postkarten und Bücher im Patio Bellavista

Delikatessen
Durch das boomende Interesse an Chiles Wein und Küche und dank der vermehrten Nachfrage nach Gourmetspeisen aus einheimischen Zutaten gibt es eine junge Gastro-Szene und Läden, die diese versorgen. Im Gegensatz zu den bekannten chilenischen Weinen, die man auf der ganzen Welt findet, bieten Weinläden wie **La Vinoteca** und **El Mundo del Vino** Boutique-Weine und wenig bekannte Tropfen, die man sonst nirgendwo bekommt.

Baco teilt sich mit dem namengebenden Restaurant einen Innenhof und bietet Weine der wichtigsten Winzer sowie eine gute Auswahl weniger bekannter *bodegas*.

In Providencia ist **Emporio Nacional** wie ein Lebensmittelladen des frühen 20. Jahrhunderts gestaltet. Hier erhält man Spezialitäten aus ganz Chile, z. B. geräuchertes Fleisch, verschiedene Käsesorten, Nüsse und getrocknete Früchte. In den Filialen von **Emporio La Rosa** kann man sich durch zahlreiche Sorten hausgemachter Eiscreme probieren, zudem findet man hier auch *empanadas* und Sandwiches.

Märkte
Viele Märkte in Santiago sind gleichsam Einkaufszentren für Kunsthandwerk, Antiquitäten, Kunst, Haushaltswaren, Haustiere und Pflanzen. Der Freiluftmarkt Pueblito Los Dominicos *(siehe S. 95)* ist wie ein Adobe-Dorf aus der Kolonialzeit gestaltet. Hier findet man eine breite Auswahl an einheimischem Kunsthandwerk und eine angenehme Atmosphäre. Im zentralen, vornehmen Patio Bellavista *(siehe S. 92)* kann man Kleidung, Accessoires, Schmuck und Kunsthandwerk kaufen, auf den Märkten **Feria Artesanal Santa Lucía** und **La Aldea** preisgünstiges Kunsthandwerk aus ganz Chile. Erzeugnisse von den Mapuche, Aymara und Rapa Nui erhält man im **Centro de Exposición de Arte Indígena** täglich außer sonntags. An Wochenenden wird auf dem ausufernden Flohmarkt **Persa Bio Bio** eine breite Auswahl angeboten. Um sich auf diesem chaotischen Markt zu behaupten, muss man jedoch eine gewisse Kühnheit an den Tag legen und zumindest etwas Spanisch sprechen.

Einkaufszentren
Santiagos Einkaufszentren unterscheiden sich hinsichtlich Läden und Qualität nicht von den meisten europäischen Einkaufszentren. In den beliebtesten Zentren, **Parque Arauco**, **Alto Las Condes** und **Costanera Center**, drängen sich US-, lateinamerikanische und europäische Ketten und Warenhäuser wie Ripley, Falabella und Almacenes París *(siehe S. 302)*. Im riesigen Parque Arauco gibt es zudem schicke Gourmetrestaurants, eine Bowlingbahn, eine Kunsteisbahn für Kinder und – ebenso wie im Alto Las Condes – Multiplex-Kinos. Die **Mall Apumanque** in Las Condes präsentiert vor allem kleine Boutiquen mit Mode und Waren aus Chile.

Kunsthandwerk in der Auslage in einem der Adobe-Läden im Pueblito Los Dominicos

SHOPPING | 101

Auf einen Blick

Kunsthandwerk und Souvenirs

Artesanías de Chile
Plaza de la Ciudadanía 26, Subterráneo.
Stadtplan 2 E3.
(02) 2697 2784.
W artesaniasdechile.cl

The Clinic El Bazar
Avenida Providencia 2124, Local 9A.
Stadtplan 4 F2.
(02) 7623 2948.

Faba
Avenida Alonso de Córdova 4227.
Stadtplan 5 C2.
(02) 2208 9526.
W lapislazuli.cl

Lapis Lazuli House
Bellavista 08.
Stadtplan 3 B4.
(02) 2732 1419.
W lapislazulihouse.cl

Morita Gil
Los Misioneros 1991.
Stadtplan 4 E1.
(02) 2232 6853.
W moritagil.cl

Ona
Victoria Subercaseaux 295. Stadtplan 2 F2.
(02) 2632 1859.
W onachile.com

Pura Artesanos
Avenida Kennedy 5413.
(02) 2211 7875.

La Verveine
Avenida Las Tranqueras 1535. (09) 8729 9351. W laverveine.cl

Antiquitäten

Antigüedades Balmaceda
Avenida Brasil 1157.
Stadtplan 1 C1.

Antigüedades Bucarest
Avenida Bucarest 34.
Stadtplan 4 F2.

Brainworks
Pasaje Beltrán 330.
Stadtplan 3 C5.
(02) 2504 2920.
W brainworks.cl

Mode

Atelier Carlos Pérez
Rosal 388.
Stadtplan 2 F2.
(02) 2664 1463.

Galería Drugstore
Avenida Providencia 2124.
Stadtplan 4 F2.
(02) 2335 0822.
W drugstore.cl

Hall Central
Merced 346.
Stadtplan 3 A4.
(02) 2644 0763.

Mor
Avenida Andrés Bello 2425, Local 2189.
Stadtplan 4 F1.
(02) 2477 6969.
W mor.cl

Nostalgic
Bandera 569.
Stadtplan 2 E2.
(02) 2698 8461.
W nostalgic.cl

Óptica Bahía
Merced 374.
Stadtplan 2 F2.
(02) 2632 7031.
W opticabahia.cl

Orange Blue
Avenida Providencia 2455. Stadtplan 4 F2.
(02) 2232 5373.
W orangeblue.cl

Tampu
Merced 327.
Stadtplan 3 B3.
(02) 2638 7992.

Kunstgalerien

Galería 13
Girardi 1480.
(09) 7125 6039.
W galeria13.cl

Galería A. M. S. Marlborough
Avenida Nueva Costanera 3723.
Stadtplan 5 B2.
(02) 2799 3180.
W amsgaleria.cl

Galería Animal
Avenida Nueva Costanera 3731.
Stadtplan 5 B2.
(02) 2371 9090.
W galeriaanimal.com

Galería Gabriela Mistral
Avenida Alameda 1381.
Stadtplan 2 E3.
(02) 2406 5618.
W galeriagm.cultural.gob.cl

Galería Isabel Aninat
Espoz 3100.
Stadtplan 5 B1.
(02) 2481 9870.
W galeriaisabelaninat.cl

Galería Patricia Ready
Espoz 3125.
Stadtplan 5 B1.
(02) 2953 6210.
W galeriapready.cl

Galería La Sala
Avenida Alonso de Córdova 2700.
Stadtplan 5 B2.
(02) 2246 7207.
W galerialasala.cl

Bücher und Musik

Feria del Disco
Providencia 2301.
Stadtplan 4 F2.
(02) 2592 8702.

Feria del Libro
Huérfanos 670.
Stadtplan 2 F2.
(02) 2345 8316.

Librería Antartica
Avenida Kennedy 5413.
(02) 2242 0799.

Librería Eduardo Albers
Patria Vieja 358.
(02) 2964 7450.

Librería Inglesa
Avenida Pedro de Valdivia 47.
Stadtplan 4 E2
(02) 2231 6270.

Librería Psiquis
Merced 303.
(02) 2633 9040.

Tienda Lillifee & Amiguitos
Buenaventura 1849.
(02) 2953 6695.

Delikatessen

Baco
Santa Magdalena 116.
Stadtplan 4 F2
(02) 2231 4444.

Emporio La Rosa
Merced 291.
Stadtplan 3 B4.
(02) 2638 9257.
W emporiolarosa.com

Emporio Nacional
Avenida Providencia 2124, Local 60.
Stadtplan 4 F2.
(02) 2891 1774.
W emporionacional.cl

El Mundo del Vino
I. Goyenechea 3000.
Stadtplan 5 B4.
(02) 2584 1173.
W elmundodelvino.cl

La Vinoteca
Nueva Costanera 3955.
Stadtplan 5 B1.
(02) 2953 6290.

Märkte

La Aldea
Luis Pasteur 6420.
(02) 2219 1009.
W laaldea.net

Centro de Exposición de Arte Indígena
Avenida Alameda 499.
Stadtplan 2 E3.
(02) 2664 1352.

Feria Artesanal Santa Lucía
Avenida Alameda & Carmen.
Stadtplan 2 F3.

Persa Bio Bio
Bío Bío 793.
(02) 2551 0909
W persa-biobio.com

Einkaufszentren

Alto Las Condes
Avenida Kennedy 9001.
(02) 2299 6965.
W altolascondes.cl

Costanera Center
Avenida Andrés Bello 2425.
Stadtplan 4 F1
(02) 2916 9200.
W costaneracenter.cl

Mall Apumanque
Manquehue Sur 31.
(02) 2246 2614.
W apumanque.cl

Parque Arauco
Avenida Kennedy 5413.
600 500 0011.
W parquearauco.cl

Stadtplan Santiago *siehe Seiten 106–113*

Unterhaltung

Santiago ist unbestritten Chiles Kunst- und Kulturmetropole. Hier finden sich fast alle bedeutenden Veranstaltungsorte für Musik, Theater und Sport. In Jazzclubs, kleinen Bars und Riesenstadien treten chilenische und internationale Bands und Solisten auf. Santiagos Teatro Municipal ist die Heimatbühne des Ballet de Santiago und des Orquesta Filarmónica, die beide internationales Renommee genießen und deren Auftritte weltweit begeistern.

Theater ist in Santiago äußerst populär. In der Stadt locken Dutzende Bühnen und im Februar ein Theaterfestival Zuschauer an. Wer sportliches Drama liebt, sollte eines der vielen Fußballspiele oder aber ein Pferderennen im Hipódromo Chile live verfolgen. Die Chilenen sind sportbegeistert. Die im eigenen Land ausgetragene Copa América 2015 und der Sieg der chilenischen Fußballnationalmannschaft versetzte die Nation in einen kollektiven Freudentaumel.

Im Club Hípico treten regelmäßig internationale Stars auf

Information und Tickets

Veranstaltungsinformationen sind in Santiago nur über wenige Quellen erhältlich. Sehr zuverlässig ist die englische Website **Revolver**, die von einer Gruppe von Ausländern betrieben wird. Sie bietet einen umfassenden Überblick über die blühende Kunst-, Kultur- und Unterhaltungsszene der Stadt. Hier findet man einen Veranstaltungskalender, einen Restaurantführer, Ankündigungen von Vernissagen, Konzert- und Theaterkritiken sowie witzige kleine Artikel über Reisen in Chile oder Sprachschnitzer und andere kulturelle Missverständnisse.

Die größten landesweiten Zeitungen, **La Tercera** und **El Mercurio**, veröffentlichen – nur auf Spanisch – freitags Veranstaltungskalender, die nur wenig umfassender und aktueller als die Website von Revolver *(siehe oben)* sind. Eine vollständige Liste der anstehenden Events sowie Musik-, Kunst- und Theaterkritiken findet man zudem auf den Websites beider Zeitungen jeweils unter der Rubrik »Entretención«. Die Website **Solo Teatro** konzentriert sich auf Theaterkritiken und Theatertermine.

Karten für die Vorstellungen der großen Theater, für Konzerte und Sportveranstaltungen erhält man an den Filialen und über die Websites von **Ticketmaster** und **Punto Ticket** *(siehe S. 305)*. Deren Filialen findet man in den Ripley-Warenhäusern und Cinemark-Kinos. Für die Vorstellungen in kleineren Theatern und Konzerträumen kauft man die Karten meist vor Ort.

Gut sortierter Kiosk am Paseo Ahumada, Santiago

Bars und Clubs

Reine Bars gibt es in Santiago nur wenige, die meisten sind zugleich auch Restaurants. Dies ergibt sich aus Santiagos Ausschankvorschriften: Wer Alkohol ausschenkt, muss auch Speisen anbieten. Die beste dieser Resto-Bars ist zweifellos die Bar Liguria *(siehe S. 291)*. Sie hat drei Filialen in der Hauptstadt. In dieser Bar voll chilenischem Kitsch serviert man starke Drinks, nach Mitternacht kann die Atmosphäre ziemlich rau sein. Die **Bar The Clinic** verweist namentlich auf die Inhaftierung Pinochets in Großbritannien 1998, ist aber ansonsten völlig unpolitisch. Ausländer zieht es wegen des Biers und der Atmosphäre in **Flannery's Geo Pub**. In der Bar **Ópera Catedral** in der Innenstadt nippt ein schickes Business-Publikum an guten Cocktails, im Sommer steht eine Freilufttheke im zweiten Stock zur Verfügung. In Bellavista reihen sich Dutzende Bars an der Calle Pío Nono. Die meisten sind Treffpunkte für Studenten, die sich hier Bier in großen Krügen kaufen. Eine ruhige Atmosphäre bieten viele Bars im Patio Bellavista *(siehe S. 92)*. In Bellavista ist die **Bar Constitución** mit schnittigem Dekor, DJs (Electropop) und gelegentlichen Live-Konzerten angesagt. Nach Mitternacht wird das Lokal richtig voll, die Gäste stürmen die Tanzfläche. Einige chilenische DJs starteten ihre Karriere im **Club La Feria**. Wer Salsa tanzen möchte, kann sich im tropisch gestalteten

Havana Salsa auf schnelle Schrittkombinationen einstellen. 30- bis 45-jährige Singles strömen in das **Las Urracas**, um sich dort auf den beiden Tanzflächen die Nacht um die Ohren zu schlagen und im benachbarten Restaurant mexikanisch zu essen. Las Urracas ist auch bei den Fernsehstars und Fußballspielern der Stadt beliebt. Santiagos Clubs füllen sich meist erst nach Mitternacht, die beste Stimmung ist etwa um 2 Uhr morgens. Frauen werden vor 2 Uhr oft umsonst eingelassen.

Rock, Pop und Jazz

In Santiago treten in einigen wenigen großen Veranstaltungsorten Stars aus dem In- und Ausland auf. Im riesigen **Estadio Nacional**, zugleich ein wichtiges Sportstadion, gaben sich schon Madonna, U2 und Lady Gaga die Ehre. Im ebenso großen **Estadio San Carlos de Apoquindo** in Las Condes traten die Black Eyed Peas und Pearl Jam auf.

Tickets für Konzerte in Stadien sind in der Regel nur bei den bekannten Vorverkaufsstellen erhältlich, nicht an den Schaltern vor Ort.

Santiagos neueste große Konzertbühne ist der Club Hípico *(siehe S. 85)* aus dem 19. Jahrhundert. Die älteste Pferderennbahn der Stadt wird gelegentlich für internationale Stars wie Elton John, Depeche Mode oder Linkin Park umgebaut. Hier findet zudem jedes Jahr im November das Frontera Festival statt. Im ultramodernen Konzert- und Ausstellungsbau **Espacio Riesco** am Stadtrand von Santiago kann man nicht nur Bands wie Coldplay bewundern, sondern hier finden auch jedes Jahr Rock- und Electro-Festivals statt. In der Innenstadt präsentiert das Centro Cultural Estación Mapocho *(siehe S. 77)* chilenischen Rock, Pop und Folkbands sowie DJ-Partys. Leider ist die Akustik der Halle etwas mau.

Im Bezirk Nuñoa ist **La Batuta** ein stets populärer, kleiner gemütlicher Club. Hier treten einheimische oder weniger bekannte ausländische Rock-, Hip-Hop- und Indie-Bands auf. Das **Teatro Caupolicán** fördert Indie- und Alternative-Rockbands. Die ungewöhnliche **Bar El Clan** bietet ihren Gästen vor allem DJ-Partys sowie Auftritte von einheimischen und internationalen Rock- und Hip-Hop-Bands.

Santiagos berühmter **Club de Jazz** gilt als einer der besten Jazzclubs in Lateinamerika. Die Gästeliste des über 65 Jahre alten Clubs liest sich wie ein Who's Who des Jazz. In der winzigen Bar **La Casa en el Aire** in Bellavista treten vorwiegend Folkbands auf.

Die **Confitería Torres** verwandelt sich am Wochenende zum heißesten Tango-Spot jenseits von Buenos Aires. Das wunderbare Gebäude allein lohnt den Besuch.

U2-Sänger Bono im Estadio Nacional

Die weitläufige zentrale Halle des Centro Cultural Estación Mapocho in einem ehemaligen Bahnhof

Aufführung beim Festival Internacional de Santiago a Mil

Klassische Musik, Tanz und Theater

Klassische Musik, Oper und Ballett bietet das Teatro Municipal *(siehe S. 73)* von April bis Dezember. Hier treten das Orquesta Filarmónica und das Ballet de Santiago sowie Gastorchester und internationale Balletttruppen auf. Das **Teatro Oriente** präsentiert Aufführungen der Fundación Beethoven und des Ballet Folklórico. Das **Teatro Universidad de Chile** bietet modernen Tanz und Produktionen des chilenischen Staatsballetts sowie des Orquesta Sinfónica de Chile.

Theaterbühnen findet man in Santiago in der ganzen Innenstadt. Darüber hinaus treten alljährlich im Januar zum großen Theaterfestival **Festival Internacional Santiago a Mil** Straßentheatergruppen sowie einheimische und internationale Ensembles in über 15 Spielstätten auf. In den anderen Monaten des Jahres kann man topaktuelle Inszenierungen im **Teatro Bellavista** und im **Centro Mori** sehen. Komödien und zeitgenössische Stücke werden im **Teatro La Comedia** gezeigt.

Sportstadien

Fußball ist in Chile extrem populär und lockt die Fans in Massen zu den Matches in die Arenen. Die Heimstadien der drei erfolgreichsten Mannschaften – CF Universidad de Chile, Club Social y Deportivo Colo-Colo und CD Universidad Católica – sind das Estadio Nacional beziehungsweise das **Estadio Monumental** und das Estadio San Carlos de Apoquindo. Zu den Spielen geht man am besten mit Einheimischen, die sich in den Stadien auskennen. Das Sicherheitspersonal lässt raufiustige Fans nicht ein, selbst wenn diese eine Eintrittskarte besitzen. Bei großen Spielen sollte man frühzeitig kommen.

Große Pferderennen finden im Club Hípico *(siehe S. 85)* und im **Hipódromo Chile** vor großer Kulisse statt. Das wichtigste Rennen, El Ensayo, ist zugleich das älteste in Südamerika. Es wird im Club Hípico im November ausgetragen.

Sport

Viele Einwohner von Santiago verbringen gerne den Nachmittag oder das Wochenende im Parque Metropolitano de Santiago *(siehe S. 88f)* oder in einem anderen Stadtpark, um zu joggen, spazieren oder Rad zu fahren. Fitness-Studios sind sehr beliebt und in der ganzen Stadt und in den großen Hotels zu finden. An heißen Sommertagen sind die öffentlichen Bäder von Tupahue und Antilén im Parque Metropolitano oder **Club Providencia** (Tageskarten erhältlich) ideal für Schwimmer. Indoor-Klettern mit Anfängerkursen bieten **El Muro** in Las Condes und **Mall Sport**. Zu diesem Sporteinkaufszentrum gehören eine Kletterwand und ein Skatepark.

Spaß für Kinder

Santiago ist wie das restliche Chile sehr familienfreundlich. Kinder können hier unter einem breiten Angebot an Aktivitäten und Attraktionen wählen. Im Sommer schlagen häufig Wanderzirkusse ihre Zelte in der Stadt auf. Ständige Unterhaltung bieten der Vergnügungspark Fantasilandia *(siehe S. 85)* und der Parque Metropolitano de Santiago *(siehe S. 88f)*. Dort können Kinder mit der Standseilbahn und der Gondelbahn fahren, schwimmen oder Rad fahren. Im Zoológico Nacional lernen

Das Freibad Tupahue, Parque Metropolitano de Santiago

UNTERHALTUNG | 105

sie Chiles einheimische Tier- und Pflanzenwelt kennen. Im Quinta Normal *(siehe S. 80f)* sind etwa das Museo Nacional de Historia Natural, das Museo Ferroviario und das Museo Artequin kinderfreundlich.

Weiter außerhalb vermittelt das **Museo Interactivo Mirador** mithilfe seiner interaktiven Exponate jungen Besuchern spielerisch einen Einblick in Naturwissenschaft und Technik. Dem Museum ist ein sehr beliebtes 3-D-Kino angegliedert.

Auch das Einkaufszentrum Parque Arauco *(siehe S. 101)* bietet viel Unterhaltung für Kinder. Sie können sich hier in einer Eishalle, einer Bowlingbahn, auf einem Spielplatz und im Kino vergnügen.

Walskelett im Museo Nacional de Historia Natural

Auf einen Blick

Information und Tickets

El Mercurio
emol.cl

Revolver Magazine
santiagomagazine.cl

Solo Teatro
soloteatro.cl

La Tercera
latercera.cl

Ticketmaster
ticketmaster.cl

Bars und Clubs

Bar The Clinic
Monjitas 578.
Stadtplan 3 A4.
(02) 2664 4407.
bartheclinic.cl

Bar Constitución
Constitución 62.
Stadtplan 3 B4.
(09) 7569 8110.
barconstitucion.cl

Club La Feria
Constitución 275.
Stadtplan 3 B3.
(02) 2735 8433.
clublaferia.cl

Confitería Torres
Alameda 1570.
Stadtplan 2 D3.
(02) 2668 0751.
confiteriatorres.cl

Flannery's Geo Pub
Encomenderos 83.
Stadtplan 5 A4.
(02) 2233 6675.
flannerys.cl

Havana Salsa
Calle Dominica 142.
Stadtplan 3 B3.
(02) 2737 1737.
havanasalsa.cl

Ópera Catedral
José Miguel de la Barra, Ecke Merced.
Stadtplan 3 A4.
(02) 2664 3048.
operacatedral.cl

Las Urracas
Avenida Vitacura 9254.
(02) 2224 8025.
lasurracas.com

Rock, Pop und Jazz

Bar El Clan
Bombero Nuñez 363.
Stadtplan 3 B3.
(02) 2735 3655.
elclan.cl

La Batuta
Jorge Washington 52.
(02) 2274 7096.
labatuta.cl

La Casa en el Aire
Antonio López de Bello 0125.
Stadtplan 3 B3.
(02) 2735 6680.
lacasaenelaire.cl

Club de Jazz
Avenida Ossa 123.
(02) 2830 6208.
clubdejazz.cl

Espacio Riesco
El Salto 5000, Huerchuraba.
(02) 2470 4460.
espacioriesco.cl

Estadio Nacional
Avenida Grecia 2001.
(02) 2238 8102.

Estadio San Carlos de Apoquindo
Camino Las Flores 13000.
(02) 2412 4400.

Teatro Caupolicán
San Diego 850.
Stadtplan 2 E5.
(02) 2699 1556.
teatrocaupolican.cl

Klassische Musik, Tanz und Theater

Centro Mori
Constitución 183.
Stadtplan 3 B3.
(02) 2777 5046.
centromori.cl

Festival Internacional Santiago a Mil
Juana de Arco 2012, Oficina 11.
Stadtplan 4 F3.
(02) 2925 0300.
santiagoamil.cl

Teatro Bellavista
Dardignac 0110.
Stadtplan 3 B4.
(02) 2735 2395.
teatrobellavista.cl

Teatro La Comedia
Merced 349.
Stadtplan 2 F2.
(02) 2639 1523.
teatroictus.cl

Teatro Oriente
Avenida Pedro de Valdivia 099.
Stadtplan 4 E2.
(02) 2777 9849.

Teatro Universidad de Chile
Avenida Providencia 043, Plaza Italia.
Stadtplan 3 B4.
(02) 2978 2480.
ceac.uchile.cl

Sportstadien

Estadio Monumental
Avenida Marathon 5300.
600 420 2222.
colocolo.cl

Hipódromo Chile
Avenida Hipódromo Chile 1715.
(02) 2270 9200.
hipodromo.cl

Sport

Club Providencia
Avenida Pocuro 2878.
(02) 2426 6400.
clubprovidencia.cl

Mall Sport
Avenida Las Condes 13451.
(02) 2429 3030.
mallsport.cl

El Muro
Avenida Américo Vespucio 1647.
(02) 2475 2851.
gimnasioelmuro.cl

Spaß für Kinder

Museo Interactivo Mirador
Punta Arenas 6711.
(02) 2828 8000.
mim.cl

Stadtplan Santiago *siehe Seiten 106–113*

Stadtplan

Die Karte auf dieser Doppelseite zeigt die Stadtteile von Santiago, die durch den Stadtplan auf den folgenden Seiten abgedeckt sind und den vorhergehenden Kapiteln namentlich entsprechen: Plaza de Armas und Zentrum, Westlich des Zentrums und Nordöstlich des Zentrums. Die Kartenverweise bei den Sehenswürdigkeiten, Einkaufsvierteln und Veranstaltungsorten in den Kapiteln über Santiago beziehen sich auf die Karten der folgenden Seiten. Verweise auf diese Stadtplankarten finden Sie auch in den Listen der Hotels *(siehe S. 276f)* und Restaurants *(siehe S. 290–292)* in Santiago. Die erste Zahl gibt die Nummer der Stadtplanseite an, der folgende Buchstabe mit Zahl die Position in der Karte. Die Seite 113 bietet außerdem ein Straßenregister. Die Bedeutung der Kartensymbole ist in unten stehender Legende erklärt.

Rast im Schatten der Bäume auf der Plaza Caupolicán, Cerro Santa Lucía *(siehe S. 74)*

Legende

- Hauptsehenswürdigkeit
- Sehenswürdigkeit
- Sonstiges Gebäude
- Bahnhof
- Metro de Santiago
- Bushaltestelle
- Standseilbahn
- Information
- Krankenhaus mit Notaufnahme
- Polizei
- Kirche
- Schnellstraße
- Fußgängerzone

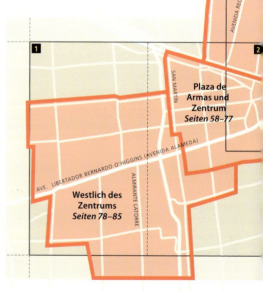

Maßstab der Karten 1–5

0 Meter — 250

STADTPLAN | 107

Reiterstatue und geparkte Autos nahe der Avenida Libertador Bernardo O'Higgins

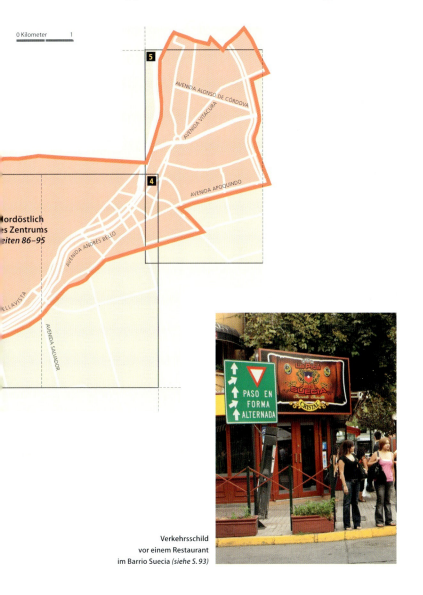

Verkehrsschild
vor einem Restaurant
im Barrio Suecia *(siehe S. 93)*

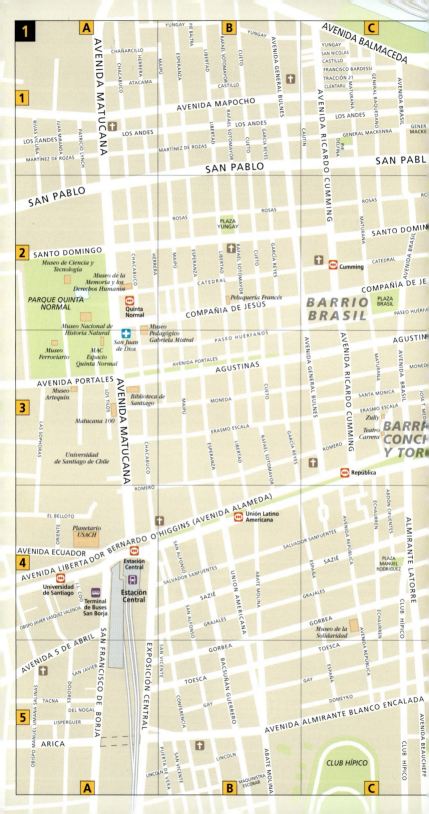

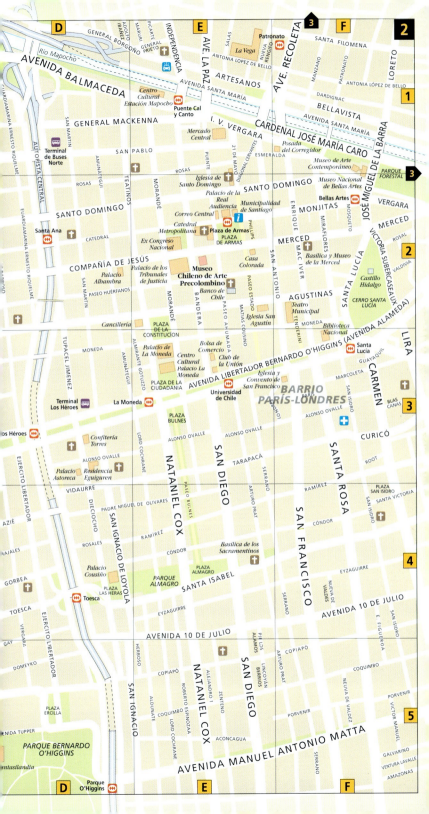

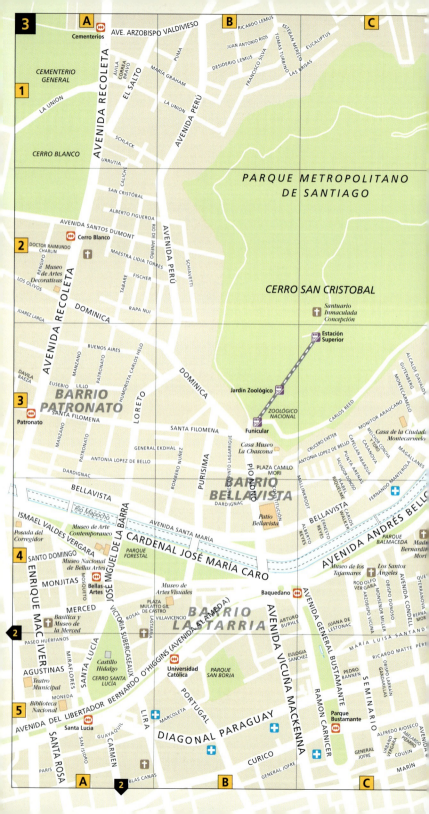

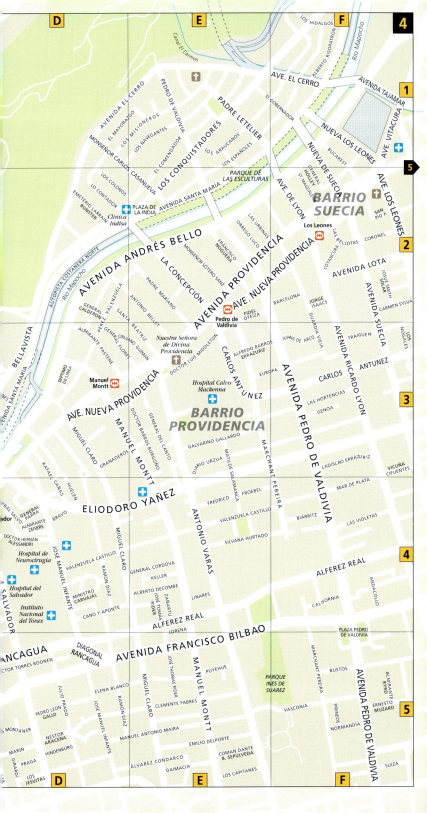

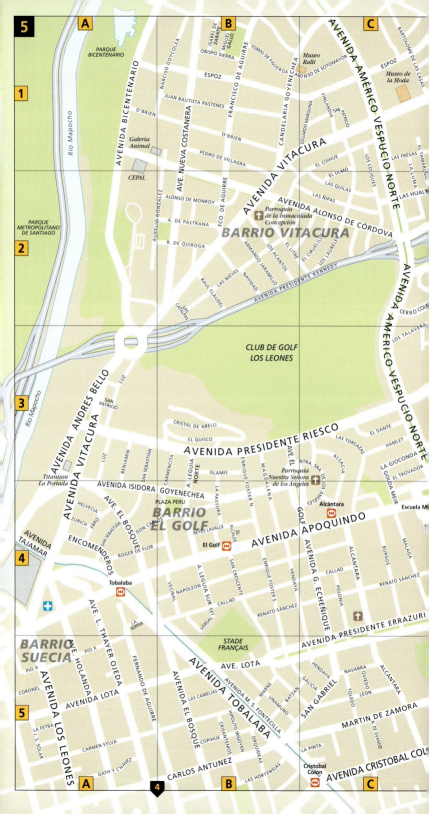

Kartenregister

21 de Mayo	2E1
5 de Abril, Ave.	1A5
10 de Julio, Ave.	2F4

A

Abate Molina	1B5
A. de Pastrana	5B2
Adolfo Ibañez	2D1
Agustinas	3A5
Alberto Risopatron	4F1
Alcántara	5C5
A. Leguia Norte	5B3
A. Leguia Sur	5B4
Almirante Blanco Encalada, Ave.	1B5
Almirante Gotuzzo	2E3
Almirante Latorre	1C4
Alonso de Córdova, Ave.	5B2
Alonso de Monroy	5B2
Alonso de Sotomayor	5C1
Alonso Ovalle	2E3
Alsacia	5C3
Americo Vespucio Norte, Ave.	5C2
Amunátegui	2D3
Andres Bello, Ave.	4D2 & 5A3
Antonia López de Bello	2F1
Antonio Varas	4E4
Apoquindo, Ave.	5B4
Arica	1A5
Armando Jaramillo	5B2
Artesanos	2E1
Arturo Prat	2F5
Arzobispo Valdivieso, Ave.	3A1
Aurelio Gonzalez	5A2
Autopista Central	2D1
Autopista Costanera Norte	4D2

B

Bacsuñan Guerrero	1B5
Balmaceda, Ave.	2D1
Bandera	2E2
Bartolome de Las Casas	5C1
Batzan	5B5
Beaucheff, Ave.	1C5
Bellavista	4D3
Benjamin	5A3
Bicentenario, Ave.	5A1
Brasil, Ave.	1C3
Burgos	5C4
Bustamante, Ave.	3C4

C

Callao	5C4
Candelaria Goyenechea	5B1
Cardenal J.M. Caro	3A4
Carlos Antunez	5B5
Carmen	3A5
Carmencita	5B3
Carmen Sylva	5A5
Catedral	2D2
Cerro Colorado	5C2
Chacabuco	1A2
Club Hípico	1C4
Compañía de Jesús	2D2
Condell, Ave.	3C4
Cóndor	2E4
Constitución	3B4
Copihue	5B5
Coronel	5A5
Crisantemos	5B5
Cristal de Abelli	5B3
Cristobal Colon, Ave.	5C5
Curico	3B5

D

Dardignac	3B4
Diagonal Cervantes	2E1
Diagonal Paraguay	3B5
Diagonal Rancagua	4D5
Dieciocho	2D4
Doctor R. Charlin	3A2
Dominica	3B3
Don Carlos	5A4

E

Ebro	5A4
Ecuador, Ave.	1A4
Eduardo Marquina	5C1
El Alcalde	5B4
El Bosque, Ave.	5A4 & 5B5
El Cerro, Ave.	4F1
El Ciruelillo	5C2
El Coihue	5C1
El Litre	5B2
El Presidente Riesco, Ave.	5B3
El Quisco	5B3
El Salto	3A1
El Ulmo	5C1
Eliodoro Yañez	4D4
Encomenderos	5A4
Enrique Foster Norte	5B3
Enrique Foster Sur	5B5
Enrique Mac Iver	3A4
Erasmo Escala	1C3
Errázuriz, Ave.	5C5
Esmeralda	2F1
España	1C5
Espoz	5C1
Exposición Central	1A5
Eyzaguirre	2E4

F

Fernando de Aguirre	5A5
Finlandia	5C1
Francisco Bilbao, Ave.	4D5
Francisco de Aguirre	5B1

G

G. Echeñique, Ave.	5C4
General Borgoño	2D1
General Bulnes, Ave.	1C3
General Mackenna	2D1
Glamis	5B3
Golda Meir	5C3

H

Helvecia	5A4
Herrera	1A2
Hipolito Irigoyen	5B5
Holanda, Ave.	5A5

I

I.V. Vergara	2E1
Independencia	2E1
Isabel de Zarate	1A3
Isidora Goyenechea, Ave.	5A4
Ismael Valdes Vergara	3A4

J

J.A. Soffia	5A4
J.S. Solar	5A5
José Manuel Infante	4D4
José Miguel de la Barra	3A4
Juan Bautista Pastenes	5B1

K

Keller	4E4

L

La Concepción	4E2
La Fetra	5A5
La Gioconda	5C3
La Luma	5C1
La Pastora	5B4
La Paz, Ave.	2E1
Las Camelias	5B5
Las Catalpas	5B2
Las Hortensias	5B5
Las Hualtatas	5C2
Las Nieves	5B2
Las Ñipas	5C2
Las Quilas	5C2
Lastarria	3A4
Las Torcazas	5C3
Libertad	1B2
Libertador Bernardo O'Higgins, Ave. (Alameda, Avenida)	2E3
Lira	3A5
Londres	2F3
Los Acantos	5B2
Los Coligues	5C1
Los Conquistadores	4E2
Los Laureles	5C2
Los Leones, Ave.	4F2 & 5A5
Los Olivos	3A2
Los Tilos	1A3
Lota, Ave.	4F2 & 5A5
L. Thayer Ojeda, Ave.	5A4
Luz	5A3
Lyon, Ave. de	4F2

M

Magallanes	3C3
Magdalena	5B3
Manuel A. Matta, Ave.	2E5
Manuel Montt	4E5
Mapocho, Ave.	1B1
Marne	5B5
Martin de Zamora	5C5
Martinez de Rozas	1B1
Matias Cousino	2E2
Matilde Salamanca	4E3
Matucana, Ave.	1A3
Maturana	1C3
Merced	3A4
Miguel Claro	4E5
Miguel Gallo	5B1
Miraflores	3A5
Moneda	3A5
Monjitas	3A4
Morandé	2E2
Mosqueto	3A4

N

Napoleon	5B4
Narciso Goycolea	5B1
Nataniel Cox	2E3 & E5
Navidad	5B2
Nueva Costanera, Ave.	5B2
Nueva de Suecia	4F1
Nueva Los Leones	4F1
Nueva Providencia, Ave.	4E2

P

Padre Letelier	4E1
Pasaje Los Alamos	2E4
Paseo Ahumada	2E2
Paseo Bulnes	2E4
Paseo Estado	2E2
Paseo Huérfanos	3A5
Pedro de Valdivia	4E1
Pedro de Valdivia, Ave.	4F3
Pedro de Villagra	5B1
Phillips	2E2
Pio Nono	3B3
Portugal	3B5
Presidente Kennedy, Ave.	5B2
Providencia, Ave.	4E2
Puente	2E1
Purisima	3B4

R

Rafael Sotomayor	1B3
Recoleta, Ave.	2F1 & 3A3
Renato Sánchez	5C4
República, Ave.	1C4
Reyes Lavalle	5B4
Ricardo Cumming, Ave.	1C3
Ricardo Lyon, Ave.	4F3
Roger de Flor	5A4
Rosas	2E1

S

Salas	2E1
Salvador, Ave.	4D4
San Antonio	2E2
San Crescente	5B4
San Diego	2E5
San Francisco de Borja	1A5
San Gabriel	5C5
San Ignacio de Loyola	2D4
San Isidro	3A5
San Martín	2D1
San Pablo	2D1
San Patricio	5C1
San Sebastián	5A4
Santa Filomena	3B3
Santa Isabel	2E4
Santa Lucia	3A5
Santa Maria, Ave.	2F1
Santa Rosa	2F4
Santo Domingo	3A4
Santos Dumont, Ave.	3A2
Seminario	3C5
Suecia, Ave.	4F2

T

Tajamar, Ave.	5A4
Tarapacá	2E3
Teatinos	2D2
Tenderini	2F2
Tobalaba, Ave.	5B5
Toledo	5C5
Tomas de Figueroa	5B1
Tupacel Jimenez	2D3
Tupper, Ave.	2D5

U

Unamuno	5B5

V

Valdivia	2F2
Versalles	5B4
Victoria Subercaseaux	3A4
Vicuña Mackenna, Ave.	3B4
Vitacura, Ave.	4F1 & 5B2

Z

Zurich	5A4

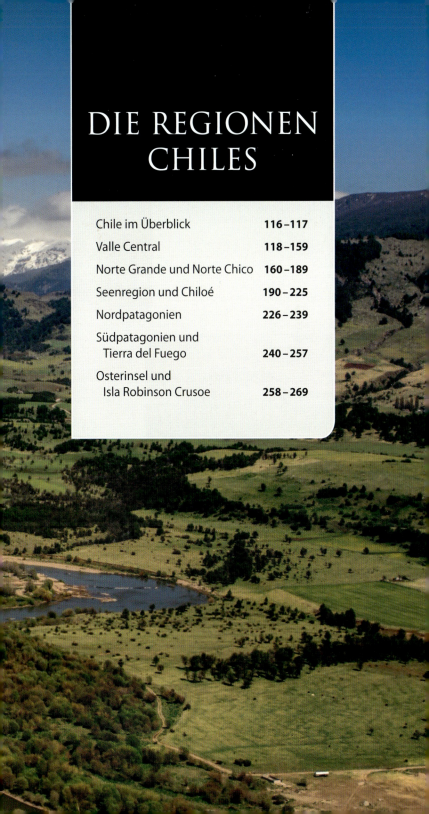

DIE REGIONEN CHILES

Chile im Überblick	**116–117**
Valle Central	**118–159**
Norte Grande und Norte Chico	**160–189**
Seenregion und Chiloé	**190–225**
Nordpatagonien	**226–239**
Südpatagonien und Tierra del Fuego	**240–257**
Osterinsel und Isla Robinson Crusoe	**258–269**

Chile im Überblick

Chile ist das Land mit der weltweit größten Längenausdehnung und deshalb landschaftlich äußerst vielfältig. An seiner fast endlosen Küste fängt man viel Fisch und Meeresfrüchte. Dahinter steigt das Land gen Osten rapide bis zu den Höhen der Anden an. Dazwischen liegen die trockenste Wüste der Welt, einige der fruchtbarsten Weingebiete der Erde und eine dicht bewaldete Seenregion mit zahlreichen Vulkanen, Fjorden und Eisfeldern. Das reiche Kulturerbe der Chilenen erlebt man in traditionellen Dörfern ebenso wie in Valparaíso und anderen Städten.

Wandbilder in den Straßen bieten immer wieder neue Überraschungen und tragen zum unkonventionellen Flair von Valparaíso *(siehe S. 122–131)* bei. In der Hafenstadt mit den labyrinthischen, am Hang gelegenen Stadtvierteln lebte der Dichter Pablo Neruda.

Isla Robinson Crusoe *(siehe S. 268f)*

Osterinsel und Isla Robinson Crusoe
Seiten 258–269

Concepción

Temuco

Seenregion und Chiloé
Seiten 190–22

Palafitos, die Pfahlhäuser der Fischer, waren früher typisch für die Seenregion und den Chiloé-Archipel. Die meisten wurden durch den Tsunami von 1960 zerstört, einige stehen noch in und bei Castro *(siehe S. 220f)*.

0 km   200

Osterinsel

Hanga Roa

0 km   10

Die *moai* der Osterinsel *(siehe S. 258–267)* sind Symbole polynesischer Kultur. Sie stehen auf *ahu* genannten zeremoniellen Plattformen, die meisten an den Hängen des Rano Raraku.

Nordpatagonien
Seiten 226–2

◀ Das weite Tal von Coyhaique, Nordpatagonien *(siehe S. 236)*

CHILE IM ÜBERBLICK | 117

Norte Grande und Norte Chico
Seiten 160–189

Copiapó

Die Laguna Céjar in der Salar de Atacama *(siehe S. 180)* beweist, dass es in der trockensten Wüste der Welt Lagunen, Grasland und Wildtiere gibt. Im salzigen Wasser des Sees schwimmt man ohne Anstrengung.

Paraíso

Santiago
Seiten 54–113
Rancagua

Valle Central
Seiten 118–159

Der Parque Nacional Queulat *(siehe S. 233)* schützt Südbuchenwälder und den hängenden Gletscher Ventisquero Colgante. Zu diesen führt eine schwankende Fußgängerbrücke über das rauschende Schmelzwasser des Río Guillermo.

Der spektakuläre Parque Nacional Torres del Paine *(siehe S. 246–249)* in Südpatagonien heißt nach charakteristischen, vom Gletschereis geformten Granitgipfeln. Der Park schützt eine Vielfalt an patagonischen Tieren und Pflanzen. Besonders bekannt sind seine stabilen Guanako-Bestände.

Coyhaique

Südpatagonien und Tierra del Fuego
Seiten 240–257
Punta Arenas

Tierra del Fuego
(siehe S. 254f)

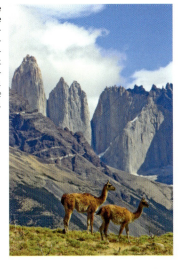

Valle Central

Das Valle Central ist Chiles agrarisches Zentrum, eine Region mit grünen Weingärten, Ackerland und Weiden, auf denen die *huasos* genannten chilenischen Cowboys intensive Viehzucht betreiben. Im Osten grenzen die trockenen Anden an das flache Tal mit seinen Winzereien und alten Gütern. Im Westen liegen die Küstensierra sowie Fischerdörfer und Luxusresorts am Pazifik.

Das schon in präkolumbischer Zeit besiedelte Valle Central ist Chiles älteste und traditionsreichste Region. Die hier einst ansässigen Mapuche wehrten sich vehement gegen ihre Eingliederung in das Inka-Reich *(siehe S. 46)*. Die Spanier kamen ab dem Jahr 1541. Sie gründeten Santiago am Fuß der Anden, Valparaíso an der Küste und später Siedlungen am Grund des Tales. Das Valle Central war das Zentrum des kolonialen Chile, das von hier aus nach Norden und Süden ausgriff. Heute ist es der wohlhabendste Teil des Landes und zugleich sein politischer Mittelpunkt. Den riesigen Landsitzen des Hacienda-Systems entstammen Chiles legendäre *huasos*. Größeren Reichtum brachte später der Abbau von Silber, Salpeter und Kupfer.

Heute ist hier die Landwirtschaft, besonders der Weinbau, die größte Einkommensquelle. Dank des trockenen, gemäßigten Klimas und der langen Sommer ist die Region ideal für die Produktion edler Weine. Die erstklassigen Winzereien des Tales bieten Führungen und Verkostungen an – nur eine Option aus dem reichen touristischen Angebot des Gebiets. Hier kann man auch in den Bergen Ski fahren und snowboarden, am Pazifik auf Riesenwellen surfen und in Nationalparks wildwasserraften und reiten. Thermalbäder liegen in den Ausläufern der Anden, Badeorte und Fischerdörfer an der Küste. Mit herausragenden Kunstmuseen, schönen Parks, schattigen Plazas und exzellenten Fischrestaurants locken die Städte. Von dort erreicht man leicht die gut erhaltenen Haciendas, Minen und Siedlungen aus der Kolonialzeit.

Farbenfrohe Wandbilder sind typisch für die Altstadt von Valparaíso, die zum UNESCO-Welterbe gehört

◀ Blick von der Casa Museo Isla Negra, dem letzten Wohnsitz Pablo Nerudas, auf die Küste *(siehe S.136f)*

Überblick: Valle Central

Die meisten Sehenswürdigkeiten der Region drängen sich im Norden. Die bekannten Weingüter liegen im zentralen Tiefland, darunter die des Valle de Casablanca und des Valle de Colchagua. Die wichtigsten Städte des Valle Central sind die alte Hafenstadt Valparaíso und Viña del Mar mit seinen französischen Palais und schönen Museen. Von beiden Orten aus erreicht man Pablo Nerudas Haus in Isla Negra und das Surfparadies Pichilemu. Abseits der Küste locken in den Bergen im Osten Urlaubsorte wie Ski Portillo mit exzellenten Abfahrten. Termas de Jahuel und Termas de Cauquenes sind berühmte Thermalbäder. Im Süden bieten die Reserva Nacional Altos de Lircay, der Parque Nacional Laguna del Laja sowie andere Schutzgebiete vielfältigste Möglichkeiten für Aktivitäten.

Entspanntes Sonnenbad an einem Sandstrand in Tomé

Sehenswürdigkeiten auf einen Blick

Orte und Städte
- ❶ Valparaíso S. 122–131
- ❷ Viña del Mar S. 132f
- ❸ Quintay
- ❹ Algarrobo
- ❻ Cartagena
- ❼ Cachagua
- ❽ Zapallar
- ❾ Papudo
- ❿ Los Andes
- ⓳ Rancagua
- ㉕ Santa Cruz
- ㉗ Pichilemu
- ㉟ Chillán
- ㊲ Concepción
- ㊳ Tomé
- ㊴ Lota

Ferienorte und Thermalbäder
- ⓫ Portillo
- ⓭ Termas de Jahuel
- ⓰ Centros de Ski La Parva, El Colorado, Valle Nevado

- ㉓ Termas de Cauquenes
- ㉞ Termas de Panimávida
- ㊱ Nevados de Chillán

Nationalparks, Schutzgebiete und Naturdenkmäler
- ⓮ Parque Nacional La Campana
- ㉔ Reserva Nacional Río de los Cipreses
- ㉛ Parque Nacional Radal Siete Tazas
- ㉝ Reserva Nacional Altos de Lircay
- ㊶ Parque Nacional Laguna del Laja

Landschaften
- ⓲ Cajón del Maipo S. 144f
- ㉚ Lago Vichuquén
- ㊵ Saltos del Laja

Archäologische Stätten und Ruinen
- ㉑ Sewell S. 148f

Weitere Sehenswürdigkeiten
- ❺ Casa Museo Isla Negra S. 136f
- ⓬ Cristo Redentor
- ⓱ Alte Weingüter in Pirque
- ⓴ Valle de Cachapoal
- ㉒ El Teniente
- ㉖ Hacienda Los Lingues
- ㉙ Valle de Curicó
- ㉜ Weingüter in Maule

Touren
- ⓯ Weingüter im Valle de Casablanca S. 142f
- ㉘ Weingüter im Valle de Colchagua S. 152f

Sammlerstücke und Gemälde im Casa Museo Isla Negra

Weitere Zeichenerklärungen *siehe hintere Umschlagklappe*

Im Valle Central unterwegs

Zwischen Santiago und dem Valle Central pendeln komfortable Busse. Die Verbindung zwischen den Orten der Region ist die Ruta 5 oder Panamericana. Die meisten Weinstraßen und abgelegeneren Sehenswürdigkeiten in den Anden erreicht man nur mit dem Auto oder im Rahmen organisierter Ausflüge. Die Thermalbäder und Skiorte organisieren meist den Transfer von Santiago.

Valparaíso

Das 1544 gegründete Valparaíso war Ende des 19. Jahrhunderts der größte Hafen am Südpazifik. Damals strömten europäische Einwanderer in die Stadt, die sich zu einem Schmelztiegel der Kulturen mit wilden Matrosenkneipen und strengen protestantischen Kirchen entwickelte. Valparaíso liegt an über 45 Hügeln, die steil an einem schmalen Küstenstreifen aufragen. Die kurvigen Straßen an den Hängen werden von bunten Häusern, postkolonialen Gebäuden und Museen des 19. Jahrhunderts gesäumt. Die erstklassig erhaltene Innenstadt mit vielen trendigen Lokalen und Boutique-Hotels gehört zum UNESCO-Welterbe.

Sehenswürdigkeiten auf einen Blick

Historische Gebäude und Straßen
② Edificio de la Aduana
③ Plaza Echaurren
⑥ Plaza Sotomayor
⑧ Palacio de la Justicia
⑨ Calle Prat
⑩ Calle Esmeralda
⑪ Plaza Aníbal Pinto
⑫ Palacio Baburizza
⑬ Paseo Gervasoni
㉑ Congreso Nacional

Kirchen
⑭ Iglesia Luterana
⑮ Iglesia Anglicana San Pablo
⑳ Iglesia de los Sagrados Corazones
㉒ Iglesia y Convento de San Francisco

Museen und Sammlungen
① Museo Marítimo Nacional
⑤ Museo del Mar Lord Thomas Cochrane
⑰ La Sebastiana
⑱ Palacio Lyon
⑲ Museo a Cielo Abierto

Weitere Sehenswürdigkeiten
④ Bar Inglés und Bar La Playa
⑦ Muelle Prat
⑯ Cementerio Católico und Cementerio de Disidentes

VALPARAÍSO | 123

Blick auf den Hafen und die besiedelten Hügel von Valparaíso

In Valparaíso unterwegs

Valparaíso besteht aus mehreren Bezirken in Hanglage und dem Stadtteil El Plan am Ufer. Letzteren kann man zu Fuß oder mit öffentlichen Bussen und *trolebuses* *(siehe S. 129)* erkunden. Die meisten Sehenswürdigkeiten liegen jedoch an den Berghängen, die man von der Küste auch über Standseilbahnen *(siehe S. 130f)* und steile Treppen erreicht. Cerro Concepción und Cerro Alegre sind die Bezirke mit den meisten Restaurants und Hotels. Eine effiziente Metro-Linie erschließt die Bahía de Valparaíso und verbindet die Stadt mit dem benachbarten Viña del Mar *(siehe S. 132f)*.

Infobox

Information
Straßenkarte B6. 120 km NW von Santiago. 276 000. Blanco 997; (032) 284 6601; Mo–Sa 9–20 Uhr (Sa ab 10 Uhr), So 10–14 Uhr. Glorias Navales (21. Mai), Carnaval Cultural de Valparaíso (Ende Dez). ciudaddevalparaiso.cl

Anfahrt

Zeichenerklärung
siehe hintere Umschlagklappe

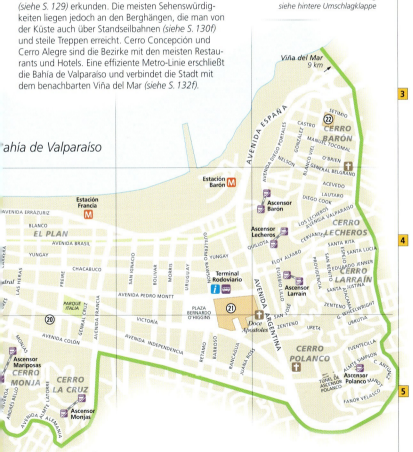

Büste des Seeoffiziers Arturo Prat im Museo Marítimo Nacional

① Museo Marítimo Nacional

Paseo 21 de Mayo 45, Cerro Artillería. **Stadtplan** B2. ((032) 243 7651. Di–So 10–17.30 Uhr. museonaval.cl

Chiles exzellentes Museo Marítimo Nacional präsentiert seine Exponate in einem Haus von 1893. Seine 17 Räume sind teilweise Seehelden wie Lord Thomas Cochrane, Arturo Prat und Bernardo O'Higgins gewidmet sowie Chiles wichtigsten Seeschlachten im 19. Jahrhundert. Zu sehen sind alte Säbel und Schwerter, Taschenrevolver, Bajonette, Schlachtkarten und Modelle von Schlachtschiffen. Von Prats Schoner *Esmeralda* wurde unter anderem die Uhr gerettet, die genau dann stehen blieb, als das Schiff in der Schlacht von Iquique (1879) unterging.

② Edificio de la Aduana

Plaza Wheelwright 144. **Stadtplan** B2. ((032) 213 4712. Öffnungszeiten variabel.

Das 1855 erbaute Edificio de la Aduana (Zollgebäude) ist eines der seltenen postkolonialen Häuser in der Region. Hier arbeitete in den 1880er Jahren der nicaraguanische Modernismo-Dichter Rubén Darío. In Valparaíso schrieb Darío sein bahnbrechendes Werk *Azul…* (1888). Bei Führungen durch das Haus sieht man Objekte aus seiner Geschichte. Die **Plaza Wheelwright** mit dem Zollgebäude ist nach dem US-Industriellen William Wheelwright benannt. Er spielte eine wichtige Rolle beim Bau von Chiles Eisenbahn und Dampfschiffflotte. Seine Statue steht auf der Plaza.

③ Plaza Echaurren

Calle Cochrane, Ecke Calle Serrano. **Stadtplan** B3.

Die Plaza Echaurren ist Valparaísos historisches Zentrum und der Ort, an dem der spanische Entdecker Juan de Saavedra 1536 landete. Heute stehen an dem Platz elegante Bauwerke aus der Mitte des 19. Jahrhunderts, beispielsweise das alte Marktgebäude des Mercado Puerto.

Die ungewöhnliche **Iglesia de la Matriz** hat einen auffälligen achteckigen Turm. Das Adobe-Gebäude wurde 1837 am Standort der ersten Kirche der Stadt errichtet.

④ Bar Inglés und Bar La Playa

Stadtplan B3. **Bar Inglés** Cochrane 851. ((032) 221 4625. Mo–Sa 10–1 Uhr. **Bar La Playa** Serrano 567. ((032) 225 2838. Mo–Mi 10–3 Uhr, Do–So 10–5 Uhr.

Die beiden beliebten Lokale **Bar Inglés** und **Bar La Playa** wecken Erinnerungen an Valparaísos glückliche Tage als größte Hafenstadt am Südpazifik. Die Bar Inglés, 1926 von englischen Einwanderern gegründet, gefällt mit poliertem Holz und Messing, Wandspiegeln, rotierenden Deckenventilatoren und Porträts der britischen Königsfamilie.

Im alten Hafenviertel öffnete die Bar La Playa 1934 als lockere Kneipe für die Arbeitermädchen der Umgebung, Matrosen und Hafenarbeiter, die hier ihre Zeit zwischen zwei Schichten verbrachten. Heute finden in der unkonventionellen Bar mittwochs Dichterlesungen statt.

Historisches Gebäude an der von Palmen gesäumten Plaza Echaurren

⑤ Museo del Mar Lord Thomas Cochrane

Calle Merlet 195, Cerro Cordillera. **Stadtplan** B3. ((032) 2293 9486. Ascensor Cordillera. Apr–Nov: Di–So 10–18 Uhr; Dez–März: Di–So 10–19 Uhr.

Die Casa de Lord Cochrane wurde 1842 für Lord Thomas Cochrane auf einem Hügel gebaut. Der britische Seeoffizier wohnte hier jedoch nie. Das postkoloniale Haus hat dicke Adobe-Mauern und schwere Eichentüren. Sie führen zu einem spanischen Innenhof mit einem Trinkbrunnen. Von der breiten, von Kanonenrohren gesäumten Terrasse hat man einen herrlichen Blick auf die Bucht von Valparaíso. Im Museum finden gelegentlich Kunstausstellungen statt. Hinter dem Haus erstreckt sich ein Garten mit Eukalyptusbäumen und Bänken.

Gut bestückte Schnapsregale hinter der Theke der Bar La Playa

---

Hotels und Restaurants im Valle Central *siehe Seiten 277f und 292–294*

⑥ Plaza Sotomayor

Calle Cochrane, Ecke Avenida Tomás Ramos. **Stadtplan** B3.

Die Plaza Sotomayor ist der Hauptplatz von Valparaíso. Zu den Glorias Navales *(siehe S. 41)* finden hier Paraden statt. Das **Monumento a los Héroes de Iquique** in der Mitte des Platzes erinnert an die Besatzung der *Esmeralda*, die 1879 in der Schlacht von Iquique zu Tode kam. Die *Esmeralda*, das älteste Schiff der chilenischen Marine,

Das Monumento a los Héroes de Iquique an der Plaza Sotomayor

kämpfte vier Stunden lang gegen die *Huáscar*, das stärkste Schiff der Peruaner. Obwohl die *Esmeralda* sank und ihr Kapitän Arturo Prat starb, war die Schlacht der Wendepunkt im Salpeterkrieg *(siehe S. 49)*. Prats Bronzefigur krönt das Denkmal, er selbst ist in der hiesigen Krypta begraben.

An der Südseite der Plaza Sotomayor ragt die verzierte Fassade der neogotischen **Comandancia en Jefe de la Armada** auf. Das Gebäude wurde 1910 nach dem Vorbild des Hôtel de Ville in Paris errichtet. Es diente als Sommerresidenz von Chiles Präsidenten und Bürogebäude für die Bürgermeister der Stadt und die Gouverneure der Region. Mitte der 1970er Jahre wurde es von der chilenischen Marine übernommen und ist seither deren Stabsquartier.

Das 1936 erbaute Kulturministerium ist täglich für die Öffentlichkeit zugänglich. Zu sehen sind hier Kunstausstellungen. Die benachbarte Compañía de Bomberos von 1851 ist das Gebäude der ältesten freiwilligen Feuerwehr Lateinamerikas.

In der Mitte des Platzes führt eine Treppe hinab in das unterirdische **Museo de Sitio Plaza Sotomayor**. Das kleine archäologische Museum zeigt Reste des Piers, der einst an der Stelle der aufgeschütteten Plaza Sotomayor stand.

Museo de Sitio Plaza Sotomayor
Plaza Sotomayor. tägl. 10–14, 15.30–18 Uhr.

⑦ Muelle Prat

Avenida Errázuriz, vor der Plaza Sotomayor. **Stadtplan** C3.

Vom Pier Muelle Prat legen die Wassertaxis zu halbstündigen Fahrten durch die Bucht von Valparaíso ab. Die Boote flitzen zwischen den gigantischen Kreuzfahrtschiffen in der Bucht und den vor der Küste stationierten chilenischen Schlachtschiffen in das offene Wasser. Unterwegs hat man einen herrlichen Blick auf die bunten Häuserreihen an den Hängen.

Kreuzfahrtschiff und Boote an der Uferfront von Muelle Prat

⑧ Palacio de la Justicia

Plaza Justicia. **Stadtplan** B3.
(032) 2225 8577.
Mo–Fr 8–14 Uhr.

Der Palacio de la Justicia ist Valparaísos Berufungsgericht. Auf dem nüchternen, geradlinigen Gebäude von 1939 steht eine drei Meter hohe Statue der Justitia. Diese merkwürdige Figur der Gerechtigkeitsgöttin trägt keine Augenbinde als Symbol der Objektivität, und ihre Waagschalen pendeln nicht am ausgestreckten Arm, sondern sinnlos an ihrer Seite. Der Legende zufolge ließ ein wütender Kaufmann die Statue aufstellen, um gegen erlittenes Unrecht zu protestieren.

Die imposante neogotische Fassade der Comandancia en Jefe de la Armada

Die Plaza Aníbal Pinto mit dem grün-gelben Gebäude der Librería Ivens

⑨ Calle Prat

Stadtplan B3.

Die Calle Prat führt durch das Finanzviertel der Stadt von der Plaza Sotomayor zum monumentalen Uhrenturm **Reloj Turri** (1929). Zu beiden Seiten wird die Straße von eindrucksvollen Gebäuden aus Stein und schwarzem Marmor gesäumt, die um die Wende zum 20. Jahrhundert errichtet wurden. Im ehemaligen Gebäude der Bank of London, heute die Banco de Chile (Nr. 698), erinnert ein Denkmal an die gefallenen britischen Soldaten des Ersten Weltkriegs. Hier steht auch Valparaísos Börse, die **Bolsa de Valores**. Im überkuppelten Innenraum dieser ältesten Börse Südamerikas ist noch das alte Rund des Börsenparketts mit den Anschlagtafeln zu sehen.

⑩ Calle Esmeralda

Stadtplan C3.

Die Calle Esmeralda ist die Verlängerung der Calle Prat. Sie beginnt am Reloj Turri in der Nähe des Ascensor Concepción (siehe S. 130f) und endet an der Plaza Aníbal Pinto. Das schönste Haus in der Straße ist das Gebäude **El Mercurio**, Sitz der Zeitung El Mercurio de Valparaíso. Auf dem schmuckvollen Gebäude steht eine Bronzestatue des Merkur. Neben dem Gebäude führt eine Treppe hinauf zur geheimnisvollen **Cueva Chivito**. In dieser natürlichen Felshöhle lebte einheimischen Legenden zufolge früher der Teufel.

⑪ Plaza Aníbal Pinto

Ende der Calle Esmeralda. Stadtplan C4.

Die Plaza Aníbal Pinto verbindet das Finanzviertel mit dem Geschäftsviertel der Innenstadt. An dem kleinen, chaotischen Platz stehen einige schöne Häuser. Das altehrwürdige Lokal **Cinzano** (siehe S. 293) von 1896 mit seinen sepiafarbenen Wänden zeigt abends Tangoshows.

Im auffälligsten Gebäude am Platz residiert die 1891 gegründete **Librería Ivens**. Sie ist eine der ältesten Buchhandlungen der Stadt. Vor dem Eingang des Hauses plätschert der schöne Neptunbrunnen von 1892.

⑫ Palacio Baburizza

Paseo Yugoslavo s/n, Cerro Alegre. **Stadtplan B3**. (032) 225 2332. Ascensor El Peral. Di–So 10.30–19 Uhr.

Die schmucke Jugendstil-Villa Palacio Baburizza wurde im Jahr 1916 für den Saltpeter-Tycoon Ottorino Zanelli erbaut. 1925 kaufte sie der kroatische Immigrant und Nitratmagnat Pascual Baburizza Soletic (1875–1941). Das in den 1940er Jahren gegründete Museo de Bellas Artes von Valparaíso fand 1971 seinen endgültigen Sitz im Palacio Baburizza. Zu sehen ist hier unter anderem die Sammlung der Familie Baburizza mit europäischen Werken aus dem 19. und 20. Jahrhundert.

Der Palacio steht auf der Kuppe des Cerro Alegre am hübschen Paseo Yugoslavo. Von dieser von Bäumen beschatteten Promenade hat man eine atemberaubende Aussicht auf die benachbarten Hügel, den Hafen, das Finanzviertel und auf die tiefblaue Bahía de Valparaíso.

Nach einer längeren Umbauphase wurde das Haus 2007 in seiner ursprünglichen Pracht wiedereröffnet. Ein neuer Museumsflügel präsentiert Landschaftsmalerei von nach Chile ausgewanderten Künstlern. Zeitgenössische Möbel und ein im Stil des Art déco eingerichtetes Badezimmer ergänzen die Ausstellung. Im Garten findet man ein Café und einen Museumsladen.

Der weitläufige Jugendstil-Palacio Baburizza

Hotels und Restaurants im Valle Central siehe Seiten 277f und 292–294

⑬ Paseo Gervasoni

Cerro Concepción. 🚋 Ascensor Concepción. **Stadtplan** C3.

Der Ascensor Concepción endet am Paseo Gervasoni am Gipfel des Cerro Concepción. Die reizende Kopfsteinpflasterstraße ist von Wildblumen gesäumt und bietet einen fantastischen Blick über die Bahía de Valparaíso bis Viña del Mar im Norden. Am Paseo liegen das elegante Café Turri *(siehe S. 293)* und das alte dänische Konsulatsgebäude von 1848 sowie die **Casa Mirador de Lukas**. In diesem Haus von 1900 widmet sich ein Museum Leben und Werk von Chiles beliebtestem Karikaturisten Renzo Antonio Pecchenino Raggi (1934–1988), besser bekannt als Lukas.

🏛 **Casa Mirador de Lukas**
Paseo Gervasoni 448, Cerro Concepción. 📞 (032) 222 1344.
🕐 Di–So 11–18 Uhr. 🔲🔲🔲
🌐 lukas.cl

Eingang zur Casa Mirador de Lukas, Paseo Gervasoni

⑭ Iglesia Luterana

Abtao 689, Cerro Concepción.
Stadtplan C4. 📞 (032) 297 5476.
🕐 Mo–Fr 10–13 Uhr. ✝

Die Iglesia Luterana mit der schönen strengen Fassade wurde 1898 von der deutschen Gemeinde der Stadt erbaut. Sie ist die erste protestantische Kirche in Südamerika, der ein Kirchturm mit Glocke genehmigt wurde. Der hohe schlanke Turm ragt 35 Meter auf dem Cerro Concepción auf und ist auch von den unteren Stadtvierteln aus zu sehen. Im Inneren der vom

Der hohe Glockenturm der protestantischen Iglesia Luterana

Tageslicht erhellten Kirche hängt über dem Altar ein aus einem einzigen Kiefernstamm geschnitztes Kruzifix. Die Orgel gegenüber wurde 1884 aus England gebracht.

⑮ Iglesia Anglicana San Pablo

Pilcomayo 566, Cerro Concepción.
Stadtplan B4. 📞 (032) 221 3296.
🕐 Di–Fr 10.30–13 Uhr.
🌐 saintpaulchile.cl

Die neogotische Kirche wurde 1858 von dem britischen Ingenieur William Lloyd im Auftrag von Valparaísos englischer Gemeinde errichtet. Zuvor hatte der katholische Erzbischof der Stadt strenge Auflagen für die Kirche der rivalisierenden Glaubensbrüder bestimmt. Besonders kurios war die Forderung, dass die Tore der Kirche kleiner sein mussten als die aller katholischen Kirchen der Stadt. So betritt man die Iglesia Anglicana noch heute durch zwei kleine Seitentüren.

Die Orgel in der einfachen Kirche aus Stein und Holz wurde 1903 in Gedenken an die britische Königin Viktoria gestiftet.

⑯ Cementerio Católico und Cementerio de Disidentes

Dinamarca s/n, Cerro Panteón.
Stadtplan C4. **Cementerio Católico**
🕐 tägl. 8.30–17 Uhr. **Cementerio Disidentes** 🕐 Mo–Sa 9–13, 15–17 Uhr, So 9–13 Uhr.

Die beiden Friedhöfe sind atemberaubend an einem steilen Hang gelegen. Der **Cementerio Católico** und der **Cementerio de Disidentes** erinnern eindrucksvoll an Valparaísos aufregende Ära im 19. Jahrhundert, als die Hafenstadt ein Schmelztiegel der Kulturen und Religionen war. Auf dem Cementerio de Disidentes liegen die einfachen, teils strengen Gräber der protestantischen Bürger, so der amerikanischen Mormonen, englischen Anglikaner und deutschen Lutheraner. Die Inschriften auf den Grabsteinen erzählen vom Sterben im Krieg und bei Schiffsunglücken. Gegenüber vom Cementerio de Disidentes führt ein großes Tor in den Cementerio Católico oder Cementerio N° 1. Hier sind die berühmten Söhne und Töchter der Stadt in Marmormausoleen bestattet, z. B. Mitglieder der Familie Edwards-Ross, Besitzer der Zeitung *El Mercurio de Valparaíso*, José Francisco Vergara, Gründer von Viña del Mar, sowie der Karikaturist Lukas.

El Mercurio de Valparaíso

Der *El Mercurio de Valparaíso* wurde im Jahr 1827 von dem chilenischen Journalisten Pedro Félix Vicuña und dem amerikanischen Typografen Thomas Wells gegründet. Keine andere spanischsprachige Zeitung blickt auf eine längere kontinuierliche Erscheinungsgeschichte zurück. Seit den 1880er Jahren wird sie von der in Chile berühmten Familie Edwards-Ross nach dem Ideal ihres Gründers verlegt: »Hinreichend geeignet, um die extremen Leidenschaften, die die Menschen trennen, zu beruhigen.«

Fassadendetail des El-Mercurio-Hauses

Stadtplan Valparaíso *siehe Seiten 122f*

In der Villa La Sebastiana lebte der chilenische Dichter Pablo Neruda

⑰ La Sebastiana

Ferrari 692, Cerro Florida. **Stadtplan** C5. (032) 2256 606. Ascensor Espíritu Santo. Jan, Feb: Di–So 10–19 Uhr; März–Dez: 10–18 Uhr. **fundacionneruda.org**

Die Villa La Sebastiana ist das letzte der drei Häuser, die der Dichter Pablo Neruda (siehe S. 91) in Chile kaufte. Neruda und zwei seiner Freunde erwarben den Rohbau 1961, bauten ihn um und aus und benannten das Haus nach dessen Architekten und erstem Besitzer, Sebastián Collado. Das Ergebnis war eine anarchische Anlage, deren Architektur die Stadt widerspiegelte: Das Haus umfasst ein Labyrinth an engen Treppen und zahllosen Ecken und Nischen und ist in verschiedenen Farben bemalt.

1991 wurde La Sebastiana renoviert und in ein Museum umgewandelt. Es zeigt den Zustand des Hauses zu Nerudas Lebzeiten. Zu sehen sind schöne, erstaunliche Sammlerstücke des Dichters, so ein Pariser Karussellpferd im Wohnzimmer und ein nicht angeschlossenes Waschbecken aus England im Arbeitszimmer. Nerudas Kreativität zeigt sich auch in der amerikanischen Eichentreppe aus einem Abrisshaus und in einem Bodenmosaik aus Kieselsteinen, das eine alte Karte von Patagonien und der Antarktis darstellt.

Wie die beiden anderen Häuser Nerudas in Santiago und in Isla Negra ist La Sebastiana per Audio-Guide individuell erkundbar.

⑱ Palacio Lyon

Stadtplan C4. **Museo de Historia Natural de Valparaíso** Condell 1546. (032) 2544 840. Di–Sa 10–18, So 10–14 Uhr. **mhnv.cl** **Galería Municipal de Arte Valparaíso** Condell 1550. (032) 293 9569. Di–So 10–19 Uhr.

Das **Museo de Historia Natural de Valparaíso** im 1887 erbauten Palacio Lyon ist Valparaísos Naturkundemuseum und Chiles zweitältestes staatliches Museum. Das Gebäude aus Stein, Gusseisen und Glas erinnert an das 19. Jahrhundert als ein Goldenes Zeitalter der Forschung, wissenschaftlichen Entdeckungen und öffentlichen Bildung. Zu sehen sind unter anderem Exponate aus dem frühen 20. Jahrhundert über Chiles Flora und Fauna sowie allerlei Kuriositäten. Eine Seitentür führt in das Untergeschoss, wo die **Galería Municipal de Arte Valparaíso** chilenische Künstler der Moderne präsentiert.

⑲ Museo a Cielo Abierto

Cerro Bellavista. **Stadtplan** C4. (032) 2593 156. Ascensor Espíritu Santo.

Das Freiluftmuseum auf dem Cerro Bellavista besteht aus einem Labyrinth aus kurvigen Straßen und Passagen, deren Mauern riesige, farbenfrohe Wandbilder von bekannten zeitgenössischen chilenischen Künstlern schmücken. Die Palette der rund 20 Wandbilder reicht von abstrakten Werken bis zu witzigen Alltagsszenen. Ein Rundgang nimmt rund eine Stunde in Anspruch. Auf dem Weg sind einige Stufen sowie mancher steiler Hang zu überwinden, bequemes, festes Schuhwerk ist deshalb empfehlenswert. Zudem sollte man eine Flasche Wasser auf die Tour mitnehmen. Die meisten Wandbilder sieht man in der Calle Ferrari und im Pasaje Santa Lucía. In dieser steilen Treppenpassage sind die *murales* besonders lebhaft und farbenfroh.

Das Freiluftmuseum bietet Arbeiten einiger bekannter chilenischer Künstler, darunter der Surrealist Roberto Matta, Gracia Barrios, Mitglied des Grupo Signo, und Nemesio Antúnez, der 1956 das Künstlerkollektiv Taller 99 gründete.

Viele der Arbeiten wurden im Lauf der Zeit durch Wetter und Vandalismus in Mitleidenschaft gezogen, Restauratoren sind aber ständig vor Ort.

Detailreiches Wandbild in der Calle Ferrari, Museo a Cielo Abierto

Hotels und Restaurants im Valle Central *siehe Seiten 277f und 292–294*

⑳ Iglesia de los Sagrados Corazones

Avenida Independencia 2050–2084. **Stadtplan** D5. 📞 (032) 2746 728. 🕒 tägl. ⛪

Die Iglesia de los Sagrados Corazones wurde 1874 als erste Kirche der Kongregation von den Heiligsten Herzen Jesu und Mariens auf dem amerikanischen Kontinent erbaut. Die meisten ihrer Elemente, so der Glockenturm, der Altar, die Kanzel und die Beichtstühle, stammen aus Frankreich. Die Orgel ist ein Werk von Aristide Cavallé-Coll, zu seiner Zeit der berühmteste Orgelbauer Frankreichs. Kopien der Buntglasfenster der Kathedrale Saints-Michel-et-Gudule in Brüssel zieren den Oberteil des Bauwerks. Das Deckengewölbe zeigt Tausende goldene Sterne.

Der 1837 gegründete **Colegio de los Sagrados Corazones** neben der Kirche ist Chiles älteste Privatschule. Hier drückten einige von Chiles späteren Präsidenten in ihrer Jugend die Schulbank.

zuzuführen (siehe S. 52), wählte er nicht Santiago, sondern Valparaíso als Sitz des neuen Nationalkongresses. Zwei Jahre später wurde das Gebäude des Congreso Nacional eingeweiht. Es ist in der Öffentlichkeit nicht unumstritten. Für die einen ist es ein starkes Symbol der Demokratie und dezentralisierten politischen Macht, andere finden es schlicht hässlich. Auf spanisch- oder englischsprachigen Führungen lernt man die Architektur des Congreso kennen. Besucher sehen den Senat, die Abgeordnetenkammern und den Salón de Honor. In diesem »Ehrensaal« wurden schon diverse Staatsoberhäupter empfangen, darunter der ehemalige Präsident der Sowjetunion, Michail Gorbatschow, und der frühere US-Präsident Bill Clinton.

㉒ Iglesia y Convento de San Francisco

Blanco Viel s/n, Cerro Barón. **Stadtplan** F3. 📞 (032) 2225 8735. 🕒 Di, Mi, Fr, Sa 9–13, 16–20.30 Uhr, Do 7–22 Uhr, So 9–14 Uhr. ⛪ 📷

Die 1846 gegründete Iglesia San Francisco zählt zu Chiles beeindruckendsten Backsteinbauten. 1983 wurde sie zum Nationaldenkmal erklärt. Über ihrer reich verzierten Fassade ragt ein Glockenturm auf, der früher beleuchtet wurde, um

Ein hoher Kirchturm bekrönt die Iglesia y Convento de San Fransisco

die Schiffe in Valparaísos Hafen zu leiten. Das Innere der Kirche ist in seiner Schlichtheit wunderschön. Die Wände sind bescheiden weiß getüncht. Den Boden unter der gewölbten Decke aus dunklem Holz zieren spanische Fliesen.

An eine Seite der Kirche schließt sich der Convento de San Francisco an. Er wurde als Unterkunft für Priester gebaut, die zu Besuch kamen. Das zweistöckige Gebäude im kolonialen Stil umschließt einen romantischen spanischen Hof mit Obstbäumen, bunten Blumen und schattigen Bänken. Er ist für die Öffentlichkeit zugänglich. Die Spuren eines Brandes im Jahr 2013 sind noch nicht völlig getilgt.

Penibel gepflegter Rasen vor dem Eingang zum Congreso Nacional

㉑ Congreso Nacional

Avenida Pedro Montt s/n. **Stadtplan** E4. 📞 (032) 2250 5000. 🕒 Mo–Fr 9.30–12.30, 15–17 Uhr. 📋 Anmeldung 24 Stunden im Voraus. ♿ 📷
🌐 camara.cl

Als General Pinochet im Jahr 1988 per Volksabstimmung gezwungen wurde, das Land nach 14 Jahren Militärdiktatur wieder zur Demokratie zurück-

Trolebuses

Valparaísos *trolebuses* wurden zwischen 1946 und 1952 aus den USA importiert. Zur Flotte gehören die ältesten noch benutzten Oberleitungsbusse der Welt. Unter Pinochet verlor das System an Bedeutung, da die Gelder für öffentliche Verkehrsmittel beschnitten wurden. Im Jahr 1982 erwarben Geschäftsleute aus Valparaíso die Anlagen für die *trolebuses* und renovierten sie. Heute pendeln die leisen, umweltfreundlichen Busse zwischen der Avenida Argentina und dem Edificio de la Aduana (siehe S. 124). Mit ihnen kann man die Stadt auf bequeme, charmante Weise entdecken.

Ein grüner *trolebus* wartet an der Avenida Argentina auf Passagiere

Stadtplan Valparaíso *siehe Seiten 122f*

Valparaíso: Standseilbahnen

Die Standseilbahnen sind Valparaísos preiswerteste, bequemste und unterhaltsamste Verkehrsmittel. Sie fahren vom Hafen und den Geschäftsvierteln von El Plan an der Küste hinauf zu den Wohngebieten an den Hügeln. Von den 20 Standseilbahnen, die zwischen 1883 und 1912 angelegt wurden, sind noch 15 erhalten, davon verrichten gegenwärtig neun ihren Dienst. Vorbei an dichten Häuserreihen rattern die *ascensores* entlang den steilen Hängen zu malerischen Promenaden mit herrlichem Blick auf die Stadt und das Meer, zu historischen Sehenswürdigkeiten und anderen Attraktionen.

Steile Treppen verlaufen neben der Spur des Ascensor Cordillera

Der Ascensor Concepción ist Valparaísos älteste Standseilbahn. Die bei Besuchern sehr beliebte hölzerne Bahn fährt vom Finanzviertel auf den Cerro Concepción, ein steil gelegenes Viertel mit alten Häusern, Gassen, Hotels und Restaurants. Die Endstation liegt am romantischen Paseo Gervasoni. Dort hat man eine fantastische Aussicht.

Der Ascensor Polanco ist eine von weltweit drei absolut senkrecht verlaufenden Standseilbahnen. Man erreicht ihn über einen 150 Meter langen Tunnel. Von dort fährt er in einem gelben Holzturm 80 Meter in die Höhe. An der oberen Station führt eine Fußgängerbrücke zum Cerro Polanco.

Der Ascensor Espíritu Santo verbindet das Zentrum mit dem bunten Cerro Bellavista. Wie alle Standseilbahnen in Valparaíso wurde er früher mit Kohle und Dampf befeuert, heute wird er elektrisch angetrieben. Die obere Endstation liegt am Museo a Cielo Abierto. Von dort erreicht man leicht die Casa Museo La Sebastiana.

VALPARAÍSO: STANDSEILBAHNEN | 131

Der Ascensor Barón rattert am Cerro Barón im Osten von Valparaíso. Er hat die größten Holzwagen und fuhr als erster mit Elektroantrieb. Zur oberen Station gehört ein kleines Museum.

Der Ascensor El Peral wird viel genutzt. Er fährt von der Plaza Sotomayor zum Cerro Alegre, wo sich viele Hotels und Restaurants befinden. Er endet am schönen Paseo Yugoslavo.

Ascensor Artillería

Die hölzernen Wagen fahren auf parallelen Spuren zwischen dem Hafenviertel beim Edificio de la Aduana und dem Cerro Artilleria auf und ab. Auf dem Hügel bietet eine viktorianische Promenade einen grandiosen Blick auf den Hafen. Das ehemalige Haus des Maschinisten beherbergt heute ein Museum und das Café Arte Mirador. Dort sieht man an den Fensterplätzen, wie sich die riesigen Seilscheiben drehen.

Der Ascensor Reina Victoria ist eine der steilsten Standseilbahnen der Stadt und führt zum Cerro Concepción und zum Cerro Alegre hinauf.

Standseilbahnen

① Ascensor Villaseca
② Ascensor Artilleria
③ Ascensor Cordillera
④ Ascensor San Agustín
⑤ Ascensor El Peral
⑥ Ascensor Concepción
⑦ Ascensor Reina Victoria
⑧ Ascensor Espíritu Santo
⑨ Ascensor Florida
⑩ Ascensor Mariposas
⑪ Ascensor Monjas
⑫ Ascensor Polanco
⑬ Ascensor Larraín
⑭ Ascensor Lecheros
⑮ Ascensor Barón

Viña del Mar

Das 1874 gegründete Viña del Mar (Weinberg des Meeres) war ursprünglich eine koloniale Hacienda, deren Weingärten bis ans Meer reichten. Nach dem Erdbeben von 1906 wurde das Gebiet in eine Stadt umgewandelt, in die Valparaísos Elite bald umsiedelte. Auf den ebenen Grundstücken baute man Villen im damals modernen französischen Stil. Der noble Ferienort ist heute Chiles Ciudad de Jardines (Gartenstadt) mit Grünflächen, schönen Stränden und großartigen Museen in Palacios.

Plaza José Francisco Vergara
Avenida Valparaíso, Ecke Avenida Libertad.

Viña del Mars elegante zentrale Plaza José Francisco Vergara ist nach dem Gründer der Stadt benannt. Dessen Bronzestatue steht auf einem Marmorsockel an einer Ecke des Platzes. Die Plaza schmücken Statuen und Brunnen, Schatten spenden Honigpalmen, Libanonzedern und argentinische Ombú-Bäume.

Zur Eleganz des Platzes trägt zudem das Hotel O'Higgins bei, noch beeindruckender ist jedoch das neoklassizistische **Teatro Municipal**. Dessen Empfangshalle hinter einer Fassade mit korinthischen Säulen schmücken Marmorfiguren.

Palacio Vergara
Errázuriz 563–596. (032) 218 5723. ● wegen Restaurierung. **Quinta Vergara** tägl. 7–18 Uhr. quintavergara.cl

Der Palacio Vergara wurde 1906–10 für die Familie von José Francisco Vergara erbaut und ist heute Sitz des Museo Municipal de Bellas Artes. Der venezianisch-neogotische Palacio mit der prächtigen Fassade bewahrt über 150 Kunstwerke – sakrale Kunst aus dem 15. bis 18. Jahrhundert, chilenische Meister des 19. Jahrhunderts, Werke des Surrealismus und Kubismus aus dem 20. Jahrhundert sowie Werke, die von der Familie Vergara gestiftet wurden. Der Ballsaal Salón Dorado ist seinem Namen entsprechend mit Rokokospiegeln, Wandteppichen aus Goldfäden und Seide sowie italienischen Marmorstatuen geschmückt.

Der mit exotischen Bäumen und Statuen ausgestattete Park der **Quinta Vergara** rund um den Palacio war früher der Privatgarten der Familie Vergara. In dem modernen Anfiteatro Quinta Vergara findet alljährlich das Festival Internacional de la Canción de Viña del Mar statt *(siehe S. 40)*.

Reloj de Flores
Balmaceda, Ecke Avenida Marina.

Der Reloj de Flores wurde 1962 an einem grünen Hang am Meer angelegt. Die »Blumenuhr« symbolisiert Viña del Mars Status als Gartenstadt. Das Zifferblatt ist ein rundes Blumenbeet, das mit chilenischen Blumen bepflanzt ist. Die hölzernen Stunden-, Minuten- und Sekundenzeiger der Uhr stammen aus der Schweiz.

Pseudo-mittelalterliche Türme und Türmchen am Castillo Wulff

Castillo Wulff
Avenida Marina 37. (032) 218 5751. Di–So 10–13.30, 15–17.30 Uhr.

Das Castillo Wulff am Küstenboulevard wurde 1908 für den deutschstämmigen Industriellen Gustavo Adolfo Wulff erbaut und ist heute ein Nationaldenkmal. Das Gebäude ist wie eine mittelalterliche Burg mit Türmchen, Befestigungen, Burgturm und Innenhof gestaltet. Vom Hof führen Treppen zu einem Aussichtspunkt mit herrlichem Blick auf das Meer. Im Castillo finden Kunstausstellungen statt.

Casino Enjoy Viña del Mar
Avenida San Martín 199. 600 700 6000. Apr–Nov: tägl. 12–7 Uhr; Dez–März: tägl. 24 Std. enjoy.cl

Das Casino Municipal de Viña del Mar eröffnete 1932 in einem imposanten neoklassizistischen Bau, der heute allerdings vom Neubau des Hotel del Mar überragt wird. In zahlreichen Sälen kann man u. a. Roulette und Blackjack spielen. Daneben gibt es über 1200 Automaten sowie abendliche Cabaret-Shows. Das Luxushotel bietet Spa und mehrere Restaurants. Spielende Eltern

Neoklassizistische Fassade des Teatro Municipal

Hotels und Restaurants im Valle Central siehe Seiten 277f und 292–294

Museo de Arqueología e Historia Francisco Fonck

4 Norte N 784. (032) 268 6753. Mo 10–14, 15–18, Di–Sa 10–18, So 10–14 Uhr. museofonck.cl

In einer alten Villa präsentiert das sehenswerte Museo de Arqueología e Historia Francisco Fonck präkolumbische Objekte. Die Säle des archäologischen Museums sind den großen präkolumbischen Kulturen Chiles sowie Mexikos, Perus, Ecuadors und anderer lateinamerikanischer Länder gewidmet, die mit einer großen Vielfalt von Exponaten vertreten sind. Die herausragende Sammlung von Objekten der Osterinsel *(siehe S. 258–267)* kam 1951 in das Museum. Sie umfasst seltene Artefakte, die mithilfe von Tafeln auf Spanisch und Englisch erläutert werden. Ausführlich wird etwa der religiöse Kontext der berühmten *moai* erklärt. Ein echter *moai*, einer der wenigen auf chilenischem Festland, steht am Eingang des Museums.

Moai von der Osterinsel, Museo Francisco Fonck

Palacio Rioja und Palacio Carrasco

Palacio Rioja Quillota 214. (032) 218 4693. wegen Renovierung. tel. erfragen. Palacio Carrasco Avenida Libertad 250. (032) 218 4432. wegen Renovierung.

Die nach dem Erdbeben von 1906 erbauten Palacios sind beide Nationaldenkmäler. Der neoklassizistische **Palacio Rioja** wurde 1907 nach dem Vorbild von Schloss Versailles für den Tabakbaron Fernando Rioja erbaut. Als Museum zeigt er heute, wie die Familie Rioja hier vor gut 100 Jahren lebte. Bei einer Besichtigung sieht man die prächtigen Räume, darunter den opulent dekorierten Speisesaal mit Orchestergalerie und korinthischen Säulen sowie den Hauptsaal mit klassischen griechischen Statuen und Pfeilern. Rund um den Palacio erstreckt sich ein Garten mit exotischen Bäumen und Fußwegen. Der 1912 bis 1923 im Beaux-Arts-Stil erbaute **Palacio Carrasco** ist heute das Kulturzentrum der Stadt. Hier finden auch Kunstausstellungen statt. Derzeit gibt es keinen verlässlichen Termin für die Wiedereröffnung der beiden Häuser.

Infobox

Information
Straßenkarte B6. 9 km nördl. von Valparaíso. 290 000. Arlegui 755; (032) 218 5710. Mi. Festival Internacional de la Canción de Viña del Mar (Feb). visitevinadelmar.cl

Anfahrt

Reñaca

5 km nördlich von Viña del Mar.

Der schöne goldene Sandstrand Reñaca ist im Sommer für die Einwohner von Santiago ein beliebtes Urlaubsziel. Am Strand stehen einige Hotels, an seinem Südende finden sich Bars und Clubs.

Umgebung: Rund zehn Kilometer nördlich von Reñaca bietet das Städtchen **Concón** mehrere schöne Strände, darunter die vornehme Playa Amarilla und die eher rustikale Playa La Boca. Dieser lange, halbmondförmige Strand ist bei Surfern beliebt. Dort findet man auch eine Surfschule sowie Fischrestaurants. Im Sommer kann man in die Dünen und den Küstenwald ausreiten.

Zentrum von Viña del Mar

1. Plaza José Francisco Vergara
2. Palacio Vergara
3. Reloj de Flores
4. Castillo Wulff
5. Casino Enjoy Viña del Mar
6. Museo de Arqueología e Historia Francisco Fonck
7. Palacio Rioja und Palacio Carrasco

Zeichenerklärung siehe hintere Umschlagklappe

Ruhiges Gewässer an der felsigen Küste von Quintay

❸ Quintay

Straßenkarte B6. 47 km südlich von Valparaíso. 800.

Im idyllischen Fischerdorf Quintay bringen Busse Besucher bis an die kleine Plaza. Von dort führen sandige Wege hinunter zur *caleta*. Am Halbrund dieses Fischerhafens stehen wetterfeste Fischrestaurants, am felsigen Strand kann man Meerotter, Vögel und die Fischer beobachten, die hier ihren Fang aus hölzernen Booten ausladen.

An der *caleta* war die **Ballenera de Quintay** bis zu ihrer Schließung 1967 Chiles größte Walfangstation. In dem heutigen Walfangmuseum kann man die alte, etwas gruselige Plattform besichtigen, auf der Jahr für Jahr rund 1600 Blauwale – die größten Tiere der Welt – geschleift wurden.

Quintay hat zwei Hauptstrände. Von der Plaza geht man in zehn Minuten durch einen kühlen Wald mit Kiefern und Eukalyptusbäumen zur hinreißend malerischen **Playa Chica**, einer Bucht mit starken Wellen, hohen, zerklüfteten Klippen und vielen Wildblumen. Nördlich des Stadtzentrums sind einige Wohnhäuser der einzige Makel des goldenen Sandstrandes **Playa Grande**. Wer tauchen oder Kajak fahren möchte, kann an der *caleta* organisierte, für Anfänger und Fortgeschrittene geeignete Ausflüge buchen.

🏛 **Ballenera de Quintay**
Caleta de Quintay. (032) 236 2267. tägl. 9.30–18.30 Uhr.
W fundacionquintay.cl

❹ Algarrobo

Straßenkarte B6. 70 km südlich von Valparaíso. 9000.
W vivealgarrobo.cl

Algarrobo ist die größte Stadt an dem Küstenabschnitt südlich von Valparaíso. In den familienfreundlichen Urlaubsort strömen im Sommer Familien aus Santiago. Agarrobo be-

Wellen und Sonnenschirme: ein beliebter Strand in Cartagena

sticht mit exzellenten touristischen Einrichtungen und 14 Stränden, an denen man tauchen, windsurfen und reiten kann. Das ruhige Wasser vor der beliebtesten, zentrumsnahen **Playa San Pedro** ist ideal zum Schwimmen, dramatischere Wellen erlebt man vor der **Playa Grande**. Südlich des Zentrums ist der feine Sand der **Playa El Canelo** von türkisfarbenem Wasser und dichten Kiefernwäldern eingerahmt. Ruhe bietet hingegen die abgelegene **Playa El Canelillo**. Mit dem Boot erreicht man von Algarrobo die felsige kleine **Isla de Pájaros Niño**, auf der von September bis April Humboldt-Pinguine brüten. Am Ufer der Insel sieht man vom Boot aus Pelikane, Kormorane und andere Seevögel.

❺ Casa Museo Isla Negra

Siehe S. 136f.

❻ Cartagena

Straßenkarte B6. 100 km südlich von Valparaíso. 17 000.
ℹ Municipalidad, Plaza de Armas; (035) 220 0736.
W cartagena-chile.cl

Cartagena bezaubert mit engen Straßen, bunten Häusern und einer malerischen Lage an einem Hang über dem Meer. Am besten kommt man im späten Frühjahr oder im Frühherbst, wenn die Strände nicht so überfüllt sind wie im Sommer.

Von der grünen, mit Palmen bestandenen Plaza de Armas in der Oberstadt führen kurvige Straßen und Treppen hinab zur **Playa Chica** im Süden und zur **Playa Grande** im Norden. An einem Hügel östlich der Playa Chica stehen das Haus und das Grab des großen chilenischen Dichters Vicente Huidobro (1893–1948), der einige Jahre in Cartagena lebte. Das leider vernachlässigte Anwesen ist noch immer ein Pilgerort der Fans. Es befindet sich in Privatbesitz und kann nicht besichtigt werden.

VALLE CENTRAL | 135

❼ Cachagua

Straßenkarte B6. 73 km nördlich von Valparaíso. 1500.

Die schöne, ländliche Küstenstadt Cachagua ist eine willkommene Abwechslung von den noblen Ferienorten an diesem Küstenabschnitt. Von der mit Eukalyptusbäumen bestandenen Plaza führen sandige Wege zwischen strohgedeckten Häusern hinunter zur langen malerischen **Playa Grande**. Die größte Bucht von Cachagua eignet sich zum Reiten und Surfen.

Von der Playa Grande sieht man die Felseninsel **Monumento Natural Isla Cachagua**. Sie ist ein Schutzort für viele Vogelarten. Hier brüten u. a. Humboldt-Pinguine zwischen September und April. Auf Bootsausflügen hat man Gelegenheit, die seltenen Vögel aus relativer Nähe zu beobachten. Die geschützte, felsige **Playa Las Cujas** ist bei Tauchern und Anglern beliebt.

Die Strandpromenade in Papudo vor malerischer Kulisse

Humboldt-Pinguine, Isla Cachagua

❽ Zapallar

Straßenkarte B6. 80 km nördl. von Valparaíso. 1600. Municipalidad, Germán Riesgo 399; (033) 274 2000. turismozapallar.cl

Das Küstenstädtchen war einst ein exklusiver Ferienort. Zapallar liegt abgelegen an einem bewaldeten Hang, der eindrucksvoll über einer felsigen Küste und einem halbmondförmigen Sandstrand aufragt. Wetterfeste Ferienhäuser sprenkeln die Küstenberge rund um Zapallar, das seit dem späten 19. Jahrhundert eine beliebte Sommerfrische für reiche Hauptstädter ist. Von Zapallars Strand führt ein sechs Kilometer langer Küstenweg mit schönem Meerblick an den Felsklippen vorbei. Im Sommer bringen Boote täglich Hobby-Ornithologen und Urlauber nach Süden zum Monumento Natural Isla Cachagua.

Vom Strand führt ein sandiger Weg zu Zapallars weißsandiger Plaza. Das dortige schindelverkleidete Theater von 1908 war ursprünglich die Stadtkirche. Von der Plaza führen Gassen hinauf in Zapallars quirliges Geschäftszentrum. Dort befinden sich Läden, Lokale und das Fremdenverkehrsbüro.

❾ Papudo

Straßenkarte B6. 91 km nördlich von Valparaíso. 4600. Chorrillos 9, 2. Stock; (033) 279 0080. Mi, So. Feria Internacional de Integración Papudo (Anfang Feb). municipalidadpapudo.cl

Das unprätentiöse Städtchen Papudo ist nicht so exklusiv wie die benachbarten Küstenorte Zapallar und Cachagua, doch kann man hier herrlich spazieren. Eine breite Uferpromenade verläuft parallel zum Ufer und zu den beiden Hauptstränden. Die lange, offene **Playa Grande** ist bei Surfern beliebt, die kleinere, geschützte **Playa Chica** wird von Familien bevorzugt. An beiden Buchten beginnen einige schöne Wege etwa zu den von Höhlen durchlöcherten Küstenklippen. An schönen Tagen kann man z. B. Pferde leihen und an der Küste ausreiten.

Zu den Gebäuden an der Küstenhauptstraße gehört auch die **Iglesia Nuestra Señora de las Mercedes**. Die 1918 erbaute Kirche ist ein Nationaldenkmal. Wer dem Weg weiter folgt, erreicht das honigfarbene **Chalet Recart**, Papudos Rathaus. Neben dem Recart stehen an der Küste noch einige andere Häuser im alpinen Chalet-Stil.

Der Strand von Zapallar und die Häuser des Ortes in den grünen Hügeln

Straßenkarte *siehe hintere Umschlaginnenseiten*

Casa Museo Isla Negra

Pablo Neruda kaufte das Haus an der Playa de Isla Negra 1939 von einem spanischen Matrosen. Nach dem Umbau erinnerte die lang gezogene Form des Anwesens an die Gestalt Chiles. Mit der Zeit sammelte Neruda hier 3500 kuriose und wunderbare Objekte aus aller Welt an. Das Haus ist heute ein Museum und immer noch in dem Zustand wie zu Lebzeiten des Dichters, der hier bis zu seinem Tod 1973 mit seiner dritten Ehefrau Matilde Urrutia wohnte.

Playa de Isla Negra
Isla Negra mit seinen schwarzen Felsen entsprach Nerudas Liebe zum Meer auf geradezu ideale Weise.

Haupteingang und Besucherzentrum

Wohnzimmer
Schiffsfiguren, Buntglas und Holzengel schmücken dieses Zimmer. Neruda verlegte auf dem Boden Muscheln zur Fußmassage.

Außerdem

① **Enge Holzkorridore** wie auf alten Schiffen verlaufen rund um das Haus. Diesen schmückte Neruda mit afrikanischen Masken.

② **Nerudas Schlafzimmer**

③ **Esszimmer**

④ **Neruda unterhielt seine Gäste**, darunter auch andere Schriftsteller, im Empfangsbereich. Auch dort stehen zahlreiche Sammlerstücke.

Hausbar
In der Hausbar steht Nerudas Sammlung mit merkwürdigen und wie Figuren geformten Flaschen – ein Kaleidoskop aus Farben und Formen.

Hotels und Restaurants im Valle Central *siehe Seiten 277f und 292–294*

CASA MUSEO ISLA NEGRA | 137

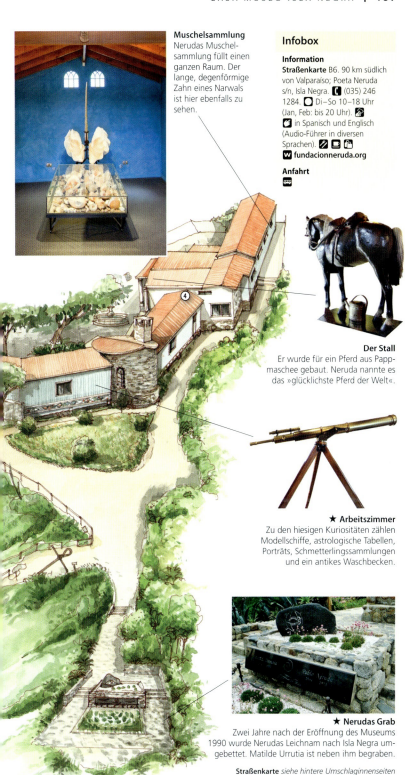

Muschelsammlung
Nerudas Muschelsammlung füllt einen ganzen Raum. Der lange, degenförmige Zahn eines Narwals ist hier ebenfalls zu sehen.

Infobox

Information
Straßenkarte B6. 90 km südlich von Valparaíso; Poeta Neruda s/n, Isla Negra. (035) 246 1284. Di–So 10–18 Uhr (Jan, Feb: bis 20 Uhr). in Spanisch und Englisch (Audio-Führer in diversen Sprachen).
fundacionneruda.org

Anfahrt

Der Stall
Er wurde für ein Pferd aus Pappmaschee gebaut. Neruda nannte es das »glücklichste Pferd der Welt«.

★ Arbeitszimmer
Zu den hiesigen Kuriositäten zählen Modellschiffe, astrologische Tabellen, Porträts, Schmetterlingssammlungen und ein antikes Waschbecken.

★ Nerudas Grab
Zwei Jahre nach der Eröffnung des Museums 1990 wurde Nerudas Leichnam nach Isla Negra umgebettet. Matilde Urrutia ist neben ihm begraben.

Straßenkarte *siehe hintere Umschlaginnenseiten*

Das Kloster der Santa Teresa de Los Andes

❿ Los Andes

Straßenkarte B6. 141 km nordöstl. von Valparaíso. 55 000.
Avenida Santa Teresa 333; (034) 290 2525. Mi, Sa, So.
Festival Nacional Folclórico »El Guatón Loyola« (Mitte Sep). turismoaconcagua.cl

Los Andes liegt inmitten von Weingärten am Fuß der Andenkordillere. Es wurde 1791 als Station an einer kolonialen Handelsroute gegründet und ist heute der erste Anlaufpunkt für viele Reisende, die die Anden auf der Straße von Argentinien nach Chile überqueren. Los Andes hat zwei interessante Museen: In einem Haus aus der Kolonialzeit präsentiert das **Museo Arqueológico de los Andes** präkolumbische Exponate. Das **Museo Histórico Religioso del Antiguo Monasterio del Espíritu Santo** residiert im Kloster der Santa Teresa de Los Andes. Besucher können hier die alten Werkstätten, Schlafquartiere, den Hof mit Kreuzgang und den Garten besichtigen. Auch die benachbarte neogotische Capilla Espíritu Santo ist Chiles erster Heiligen geweiht. An der kolonialen Plaza steht das klassizistische, 1888–91 erbaute Gebäude der Regionalregierung. Am Stadtrand öffnet sich auf dem Cerro de la Vírgen ein wunderschöner Blick.

Museo Arqueológico de los Andes
Avenida Santa Teresa 396–398. (034) 242 0115. Di–So 10–18.30 Uhr.

Museo Histórico Religioso del Antiguo Monasterio del Espíritu Santo
Avenida Santa Teresa 389. (034) 242 1765. Mo–Fr 9.30–13, 15–18.30, Sa, So 10–18 Uhr.

⓫ Portillo

Straßenkarte B6. 203 km östlich von Valparaíso; Renato Sánchez 4270, Las Condes. (02) 2263 0606. vom Flughafen Santiago: nur Sa. Mitte Juni–Sep. skiportillo.com

Südamerikas ältester Skiort liegt atemberaubend auf 3000 Meter Höhe. Hier gibt es Pisten für Skifahrer und Snowboarder in allen Schwierigkeitsstufen. Erfahrene und Extremskifahrer finden fantastische Möglichkeiten an Hängen, die bis zu 3270 Meter hoch liegen oder ein Gefälle von 50 Grad aufweisen, auf vielen Abfahrten abseits der Pisten, beim Heliskiing und bei Nachtskifahrten. Unterwegs reicht die Aussicht zu Gipfeln der Umgebung und der im Winter zugefrorenen Laguna del Inca. Pauschalangebote in Portillo umfassen Hotelkosten, Liftkarten und die Nutzung von Kino, beheiztem Indoor-Pool und anderen Einrichtungen. Man kann aber auch in preiswerteren Hüttenunterkünften absteigen. Geboten werden den Gästen zudem eine lebhafte Après-Ski-Szene und für Familien exzellente Angebote wie Babysitting und ein Skicamp für Vier- bis Sechsjährige.

Cristo Redentor an der Grenze zwischen Chile und Argentinien

⓬ Cristo Redentor

Straßenkarte B6. 210 km östlich von Valparaíso; Camino Cristo Redentor. Dez–März.

Ein gigantischer Cristo Redentor (Christus der Erlöser) wacht in dünner Bergluft auf 3823 Meter Höhe über den beeindruckenden Grenzpass zwischen Chile und Argentinien in den Zentralanden. Sieben Meter hoch ragt allein die Christusstatue vor den schneebedeckten Andengipfeln auf, sechs Meter hoch ist ihr 4000 Kilogramm schwerer Sockel aus Granit. Die Figur wurde 1904 in Buenos Aires gefertigt und mit dem Zug an den Fuß der Anden gebracht. Dort zerlegte man sie und schaffte sie in Einzelteilen mithilfe von Maultieren zu ihrem jetzigen Standort hinauf. Die Aufstellung besiegelte symbolisch den Frieden zwischen Chile und Argentinien nach jahrzehntelangen Grenzstreitigkeiten, die die Staaten bis an den Rand eines Krieges gebracht hatten. Tourbusse und Autos erreichen das Monument hin-

Holzbänke im Schatten der Bäume an der Plaza Los Andes

Hotels und Restaurants im Valle Central *siehe Seiten 277f und 292–294*

Honigpalmen *(Jubaea chilensis)* im Parque Nacional La Campana

ter dem chilenischen Zoll über den Camino Cristo Redentor. Die Kiesstraße führt zum drei Kilometer langen **Túnel del Cristo Redentor** durch die Berge.

⓭ Termas de Jahuel

Straßenkarte B6. 140 km nordöstlich von Valparaíso; Jahuel s/n, San Felipe. (02) 2411 1720. jahuel.cl

Die Termas de Jahuel liegen in den trockenen Andenvorbergen oberhalb des fruchtbaren Valle del Aconcagua. Der luxuriöse Kurort bietet Tages- und Übernachtungsgästen aufwendige Naturtherapien, am bekanntesten sind die Massagen mit Öl aus Bio-Oliven. Rund um das Freibecken wachsen Palmen, Jasmin und Orangenbäume.

Jahuels Thermalquellen waren schon in der Kolonialzeit bekannt. Reisende über die Anden machten hier gerne Rast. Heute wohnen die Gäste in einem Pavillon im Kolonialstil oder in einem exklusiven Boutique-Hotel mit Thermalbad auf dem Zimmer. Im Ort kann man reiten, mountainbiken und zu einem Plateau mit schönem Blick über das Weinbaugebiet des Valle del Aconcagua wandern. Geboten werden zudem Spielzimmer für Kinder sowie chilenische und internationale Restaurants.

⓮ Parque Nacional La Campana

Straßenkarte B6. 60 km östlich von Valparaíso; Paradero 43, Avenida Granizo 9137. (033) 244 1342. von Santiago und Valparaíso. Sa–Do 9–18, Fr 9–17 Uhr. conaf.cl

Der 1967 geschaffene Nationalpark La Campana wurde 1974 als UNESCO-Biosphärenreservat ausgewiesen. Er ist ein wildes, sehr artenreiches Habitat. Die Symbolpflanze des Parks ist die Honigpalme *(Jubaea chilensis)*. Diese südlichste Palme der Welt kommt hier in Restbeständen vor. Zur reichen Vogelwelt zählen viele Singvögel sowie verschiedene Adler-, Habicht- und Falkenarten. Zu sehen sind auch

Bergviscacha in La Campana

Säugetiere und Reptilien: etwa Viscachas – große, Höhlen bauende Nagetiere – Leguane, Schlangen und Eidechsen. Namensgeber des Parks ist jedoch der Cerro La Campana. Zum Gipfel der »Glockenspitze« führt vom Eingang im Sektor Granizo eine beliebte Tagestour auf dem **Sendero El Andinista**. Schon Charles Darwin genoss dort den Rundumblick von den Anden im Osten bis zum Pazifik im Westen.

Im weniger besuchten Sektor Palmas de Ocoa im Norden des Parks steht der größte und dichteste Honigpalmenhain mit einigen Hunderte Jahre alten Bäumen. In anderen Gebieten sieht man Felscanyons, präkolumbische archäologische Stätten und in den 1930er Jahren aufgegebene alte Kohlebergwerke.

Darwin und La Campana

Im August 1834 bestieg der britische Naturforscher Charles Darwin von zwei Cowboys begleitet den Cerro La Campana zu Fuß und zu Pferd. Er erklomm den Berg über die Nordflanke und campierte an der Quelle Agua del Guanaco. Später schrieb er in *Die Fahrt der Beagle*: »Die Atmosphäre war so klar, dass die Masten der geankerten Schiffe in der Bucht von Valparaíso … als kleine schwarze Striche zu sehen waren.« Die Gruppe erreichte den Gipfel am zweiten Morgen. Hier schwärmte Darwin: »Die Zeit schien niemals so kurz wie in diesem Moment. Chile lag uns wie eine riesige, von den Anden und dem Pazifik eingerahmte Landschaft zu Füßen.« Am Gipfel erinnert ein Schild an Darwins Tour.

Der britische Naturforscher Charles Darwin

Die Bodegas und Weingärten von Errázuriz im Valle del Aconcagua ▶

⑮ Tour: Weingüter im Valle de Casablanca

Das Valle de Casablanca ist eine junge Weinbauregion, deren exzellente Weißweine mittlerweile international einen guten Ruf genießen. Das maritim beeinflusste Klima des Tales zwischen Santiago und Valparaíso bietet mit seinen Meeresbrisen und kühlen Temperaturen ideale Bedingungen für den Anbau von Chardonnay, Sauvignon und anderen Weißweinsorten. Am Fuß der schneebedeckten Anden heißen hier riesige Weingüter und Boutique-Bodegas Gruppen und Einzelreisende willkommen. Im Valle de Casablanca liegt auch Chiles erstes hundertprozentiges Bio-Weingut.

① **Viña Catrala**
Das winzige, erstklassige Weingut bevorzugt Qualität statt Quantität. Verkostungen finden in den malerischen Weingärten statt.

② **Viña Casas del Bosque**
Das 1993 gegründete, hoch geschätzte Weingut baute als erstes im Valle Merlot an. Das Gut bietet ein Gourmetrestaurant und Fahrten im Traktoranhänger durch die Weingärten.

Routeninfos

Startpunkt: Casablanca.
Länge: 24 km. Nehmen Sie sich für die Tour zwei Tage Zeit und am besten einen Mietwagen.
Anfahrt: In Santiago und Valparaíso organisieren Reisebüros Tagestouren in das Tal. Mit dem Auto folgt man der Autobahn R68, die zwischen beiden Städten und durch das Tal verläuft. Von Valparaíso fahren täglich Busse nach Casablanca. Von dort gelangt man mit Taxis zu den Weingütern.
Rasten: Restaurants in den Weingütern Indómita, Matetic, Casas del Bosque und Viña Mar.
Führungen und Verkostungen: Spanische/englische Führungen dauern ein bis zwei Stunden, Privatführungen reserviert man ein bis zwei Tage vorab.
Ⓦ casablancavalley.cl

③ **Viña Kingston**
Die Viña Kingston heißt nach ihrer amerikanischen Besitzerfamilie. In der modernen kleinen Bodega wird in Handarbeit gekeltert. Das Gut hat sich auf Pinot Noir spezialisiert.

⑪ **Viña Matetic**
Das moderne Boutique-Weingut bietet Verkostungen in einem unterirdischen Saal, individuelle Führungen sowie aufregende Ausritte und Radtouren durch die Weingärten.

Hotels und Restaurants im Valle Central *siehe Seiten 277f und 292–294*

VALLE DE CASABLANCA: WEINGÜTER | 143

⑤ Estancia El Cuadro
Im Weinmuseum des Gutes kann man eine alte Keltermaschine bestaunen. Neben Verkostungen werden hier auch Rodeos und Kutschfahrten geboten.

④ Viña William Cole
Der 1999 gegründete Familienbetrieb ist auf Premiumweine spezialisiert. Bei den Führungen (kleine Gruppen) leiten einheimische Experten die Verkostungen.

⑥ Viña Veramonte
Bei Führungen durch das moderne Gut lernt man den ganzen Produktionsprozess kennen. Zu den Weinproben zwischen den Eichenfässern des Gutes werden Obst, Käse und Schokolade gereicht.

Legende
- Autobahn
- Route
- Andere Straße

Weine des Valle de Casablanca im Überblick

Lage und Klima
Das Valle de Casablanca liegt im Valle Central unweit der Pazifikküste. Durch den nahen Ozean und den Humboldt-Strom ist das Klima kühl und ideal für den Anbau von hochwertigen Weißweinen.

Rebsorten
Hervorragend sind die weißen Sorten, die ein kühles Klima lieben. Der Sauvignon Blanc schmeckt nach Zitrusfrüchten, Gras und Kiefern, der cremigere Chardonnay nach Honig und tropischen Früchten. Auch Pinot Noir wird angebaut.

Gute Jahrgänge
2000, 2002, 2004, 2007, 2008, 2010, 2013

⑨ House Casa del Vino
Das moderne Restaurant bietet regionale Küche und Weine aus dem ganzen Tal.

⑦ Viña Emiliana
Das rein ökologische und biodynamische Weingut besichtigten schon Prominente wie Charles, Prince of Wales. Vor der Weinprobe kostet man hier die Trauben.

⑩ Viña Mar
Das auffällige Viña Mar ist auf einem kleinen Hügel gelegen und gleicht einer venezianischen Villa. Das preisgekrönte Weingut mit Gourmetrestaurant und Souvenirladen ist bei Tourgruppen beliebt.

⑧ Viña Indómita
Die Viña Indómita zählt zu den am besten besuchten Gütern des Tales. In dem merkwürdigen Gebäude im maurischen Stil stehen topmoderne Produktionsanlagen.

Snowboardpark El Colorado inmitten hoher Andengipfel

⓰ Centros de Ski La Parva, El Colorado, Valle Nevado

Straßenkarte B6. Juni–Okt: tägl. 9–17 Uhr. **El Colorado** 36 km östlich von Santiago. (02) 2889 9210. **w** elcolorado.cl
La Parva 42 km östl. von Santiago. (02) 2889 9210. **w** laparva.cl
Valle Nevado 55 km östlich von Santiago. (02) 2477 7705. **w** vallenevado.com

Die drei Skiorte liegen in den Zentralanden nicht weit voneinander entfernt und sind bei Einheimischen und Gästen gleichermaßen beliebt. Santiago am nächsten gelegen und zugleich die preiswerteste Option ist **El Colorado**. Es bietet eine Skischule, einfache Unterkünfte und ist besonders bei Anfängern und Snowboardern populär.

Nördlich von El Colorado ist **La Parva** das ideale Ziel für einen Tagesausflug. Hier besitzen einige reiche Hauptstädter Ferienwohnungen. La Parvas Pisten sind für Anfänger und Fortgeschrittene geeignet, auch kann man hier hervorragend abseits der Pisten fahren. Im Ort finden sich Skischulen sowie Restaurants und Hotels.

Östlich von La Parva ist **Valle Nevado** Chiles größter und modernster Skiort. Das Angebot besticht mit Abfahrten für alle Leistungsstufen, atemberaubenden Freeride-Routen in den Anden sowie Heliboarding und Heliskiing auf 4500 Meter Höhe. Hier locken Südamerikas größtes Skigebiet und ein Snowboardpark. Im Frühjahr wird hier der Snowboard World Cup ausgetragen. Zum Ort gehören drei hochwertige Hotels – eines mit Ski-in/Ski-out – und ein beheiztes Freibad mit Bergblick sowie ein Schneepark für Kinder.

⓱ Alte Weingüter in Pirque

Straßenkarte B6. von Santiago. nur mit Reservierung.
Viña Cousiño-Macul Avenida Quilín 7100, Peñalolén. (02) 2351 4135. Línea 4, Estación Quilín. Mo–Fr 11–16, Sa, So 11–12 Uhr. **w** cousinomacul.com
Viña Concha y Toro Avenida Virginia Subercaseaux 210, Pirque. (02) 2476 5680 (Anmeldung 24 Std. im Voraus). Línea 4, Estación Las Mercedes. tägl. 10–17 Uhr. **w** conchaytoro.com

Im Valle del Maipo liegen in der Region Pirque zwei von Chiles ältesten Weingütern. Beide bieten Führungen und Verkostungen an. Die 1856 gegründete **Viña Cousiño-Macul** ist Chiles älteste Bodega in Familienbesitz. Im Museum des Weinguts sieht man alte Produktionsmaschinen. Die Weinproben finden bei Kerzenlicht in einem romantischen Keller aus dem 19. Jahrhundert statt.

Die im Jahr 1883 gegründete **Viña Concha y Toro** ist Chiles größtes Weingut und der größte Weinexporteur in ganz Lateinamerika. Bei Führungen durch das weitläufige Gut sieht man das prächtige Gutshaus aus dem 19. Jahrhundert sowie 80 Jahre alte Weingärten und topmoderne Produktionsstätten.

⓲ Cajón del Maipo

Straßenkarte B6. 33 km südöstlich von Santiago. von Santiago. Comercio 19788, San José del Maipo; (02) 2861 1275. **w** cajondelmaipo.com

Mit seinem reichen Outdoor-Angebot ist der Cajón del Maipo ein beliebtes Ausflugsziel von Santiago. Hier kann man wandern, zelten, mountainbiken und Ski fahren sowie auf dem Río Maipo raften.

Individualreisende übernachten in der Regel in **San José del Maipo**, dem größten Ort des Gebiets. Das 1791 gegründete Städtchen ist mit seiner kolonialen Kirche und seinen Adobe-Häusern selbst eine Attraktion.

Reserva Nacional Río Clarillo

40 km südwestlich von San José del Maipo. Apr–Nov: tägl. 8.30–18 Uhr; Dez–März: 8.30–19 Uhr. **w** conaf.cl

Südwestlich von Cajón del Maipo schützt die 120 Quadratkilometer große Reserva Nacional Río Clarillo ein herrliches Naturgebiet. Die Reserva ist ideal zum Vögelbeobachten, Reiten und Raften.

Lagunillas

17 km nordöstlich von San José del Maipo. (09) 9789 7959. Juni–Okt. **w** skilagunillas.cl

Zum Skigebiet von Lagunillas gehören 13 Pisten in allen Schwierigkeitsstufen. Lagunillas zählt zudem zu den wenigen Orten in Chile mit Nachtskifahrten.

Der Río Maipo gräbt sich durch die Landschaft des Cajón del Maipo

Hotels und Restaurants im Valle Central siehe Seiten 277f und 292–294

Santuario de la Naturaleza Cascada de las Ánimas

14 km südöstlich von San José del Maipo; 31087 Camino al Volcán, San Alfonso. (02) 2861 1303.
cascada.net

Besucher entspannen in den Thermalbecken in Termas Valle de Colina

Der Santuario de la Naturaleza Cascada de las Ánimas ist eine Attraktion für Outdoor-Sportler. Das 36 Quadratkilometer große Naturschutzgebiet liegt in einer Gegend mit zerklüfteten Bergen, Flüssen und Wasserfällen. Es lockt Besucher, die auf dem wilden Río Maipo raften, in den hohen Anden wandern und reiten oder an einer Zipline über den Río Maipo sausen möchten. Die Bandbreite der Wanderungen reicht von kurzen Naturpfaden bis zu mehrtägigen geführten Treks durch die Berge. Der beliebteste Weg, die **Cascada de las Ánimas**, führt zu drei 50 Meter hohen Wasserfällen, zu deren Füßen ein Bad im kühlen Wasser lockt. Der Santuario organisiert Ausritte, von zweistündigen Ausflügen auf Hochplateaus über elftägige Rundtouren zu Bergseen in den Zentralanden bis zu 14-tägigen Wanderritten über die Anden nach Argentinien.

Das Zentrum offeriert Gästen zudem den Transport von und nach Santiago sowie verschiedene Pauschalangebote. Unterkunft findet man in gut ausgestatteten Blockhütten im Wald, in einem Gästehaus mit vollem Service sowie auf einem malerisch gelegenen Campingplatz.

Monumento Natural El Morado

43 km östlich von San José del Maipo. Okt–März: tägl. 8.30–18 Uhr.
cajondelmaipo.com

Zu diesem relativ kleinen Schutzgebiet gehört der beeindruckende 5060 Meter hohe **Cerro El Morado**. Seinen schneebedeckten Gipfel sieht man am besten auf der dreistündigen Wanderung vom Parkeingang zur **Laguna El Morado**. Von diesem idyllischen Bergsee führt ein Weg zum Fuß des faszinierenden **Glaciar San Francisco**. Der Gletscher erstreckt sich bis zu den unteren Hängen des Cerro San Francisco. Südlich dieses mit 4345 Metern zweithöchsten Berges des Parks lockt das Gebiet **Baños Morales** mit Thermalbecken Wochenendgäste aus Santiago.

Termas Valle de Colina

60 km südöstlich von San José del Maipo. (02) 2985 2609. Okt–Mai: tägl.
termasvalledecolina.cl

Im rustikalen Valle de Colina am Ostende des Cajón del Maipo blubbern und dampfen natürliche Thermalbecken an einem lehmigen Berghang vor der Kulisse schneebeckter Andengipfel. Die Becken sind nicht schwer zu erreichen, da die Straße zum Ort für den öffentlichen Verkehr gesperrt ist. Das in Santiago ansässige Unternehmen Manzur Expediciones *(siehe S. 328)* organisiert Rundfahrten zu den Becken. Im Ort kann man über Vorbestellung Pferde mieten und von dort in rund sechs Stunden zur argentinischen Grenze reiten.

Legende
— Nebenstraße
- - Wanderweg

Zeichenerklärung *siehe hintere Umschlagklappe*

Straßenkarte *siehe hintere Umschlaginnenseiten*

Huasos versammeln sich zur jährlichen Rodeo-Meisterschaft in Rancagua

ⓘ Rancagua

Straßenkarte B7. 87 km südlich von Santiago. 🚗 215 000. 🚌 🚆
ℹ️ Germán Riesgo 350; (072) 258 4258. 🎉 El Campeonato de Rodeo (Anfang Apr). 🌐 rancagua.cl

Das 1743 gegründete Rancagua liegt tief im Land der *huasos* und ist alljährlich Austragungsort des Campeonato Nacional de Rodeo *(siehe S. 35)*. Die geschichtsträchtige Stadt war 1814 Schauplatz einer blutigen Schlacht zwischen der chilenische Miliz unter Führung von Bernardo O'Higgins *(siehe S. 157)* und den eindeutig überlegenen spanischen Truppen. Der Kampf tobte vor allem auf der zentralen Plaza der Stadt. Dort steht heute das **Monumento a Bernardo O'Higgins**. Das Reiterdenkmal ehrt auch die hier gefallenen chilenischen Soldaten.

Nördlich der Plaza steht der Adobe-Bau der **Iglesia de la Merced** von 1778. Von ihrem Glockenturm dirigierte 1814 O'Higgins seine Truppen. Beim Beben 2010 wurde die Kirche schwer beschädigt, zeitweise erwogen die Behörden gar ihren Abriss. Derzeit wird sie aufwendig renoviert.

Südlich der Plaza stehen an der alten kolonialen Straße Paseo del Estado schöne alte Gebäude, darunter das **Museo Regional de Rancagua** in zwei Häusern von 1790 bzw. 1800. Das Museum präsentiert faszinierende Ausstellungen zur sakralen Kunst sowie über die Geschichte der Weberei und des Bergbaus im Valle Central. Zu sehen sind hier auch Rekonstruktionen typischer Wohnquartiere aus der Kolonialzeit. Am Südende des Paseo del Estado ist ein weiteres Kolonialgebäude Sitz der **Casa de la Cultura**. Das Haus des frühen 18. Jahrhunderts war während der Schlacht von Rancagua der Stützpunkt der spanischen Truppen. Heute ist es ein Kulturzentrum mit Garten und Kunstausstellungen.

🏛️ **Museo Regional de Rancagua**
Paseo del Estado 685. 📞 (072) 222 1524. 🕐 Di–Fr 10–18 Uhr, Sa, So 9–13 Uhr. 🌐 museorancagua.cl

🏛️ **Casa de la Cultura**
Avenida Cachapoal 90. 📞 (072) 223 8544. 🕐 Mo–Sa 8.30–13.30, 15–17 Uhr.

Blick auf die Erzzerkleinerungsanlage in El Teniente

ⓘ Valle de Cachapoal

Straßenkarte B7. 96 km südlich von Santiago. 🚗 🚆
🌐 winesofchile.org

Das in Chiles Hauptagrargebiet gelegene Valle de Cachapoal ist für den Anbau exzellenter roter Rebsorten bekannt: Cabernet Sauvignon und die charakteristische Carménère *(siehe S. 289)*. Die meisten Weingüter des Tales liegen im kühlen Osten und bieten Weinproben und Führungen an. Die 2001 eröffnete **Viña Altair** besitzt modernste Produktionsstätten, die auf Schwerkraft statt auf Pumpen setzen. Sie bietet Mondscheintouren durch ihre Weingärten an. Ein traditionelleres Gut ist z. B. die im spanischen Kolonialstil erbaute **Viña Chateau Los Boldos**.

Das Valle de Cachapoal liegt im Hauptgebiet der *huasos* – Weinführungen können hier einen Rodeobesuch und Ausritte in die Berge beinhalten. Das Tal ist vom nahen Rancagua aus in einem Tagesausflug zu erkunden. Wer übernachten möchte, findet Unterkunft im Familienbetrieb der kolonialen Hacienda Los Lingues *(siehe S. 150)*.

ⓘ Sewell

Siehe S. 148f.

ⓘ El Teniente

Straßenkarte B7. 79 km südöstlich von Santiago; Carretera al Cobre. 📞 (072) 229 2000. 🚌 von Santiago u. Rancagua. 🚗 🕐 Sa, So 9–19.30 Uhr; tel. Reservierung unter (072) 221 0290.

Diese größte unterirdische Kupfermine der Welt besteht aus einem 2400 Kilometer langen Tunnelsystem und ist seit Anfang des 19. Jahrhunderts in Betrieb. Jedes Jahr werden hier rund 440 000 Tonnen Kupfererz abgebaut. Bei den Führungen der Reiseveranstalter erkundet man ein Tunnellabyrinth und sieht gigantische Maschinen zum Zerkleinern des Erzes. Ein Höhepunkt ist eine unterirdische Höhle mit

Hotels und Restaurants im Valle Central *siehe Seiten 277f und 292–294*

VALLE CENTRAL | 147

Flusstal zwischen zerklüfteten Andengipfeln in der Reserva Nacional Río de los Cipreses

glitzernden Kristallen. Sie wurde von den Bergarbeitern auf der Suche nach Kupfer entdeckt.

㉓ Termas de Cauquenes

Straßenkarte B7. 117 km südlich von Santiago. (09) 9930 9731. tägl. 7.30–18.30 Uhr. termasdecauquenes.cl

Termas de Cauquenes liegt auf 770 Meter Höhe in den Vorbergen der Anden. Hier erholten sich schon Berühmtheiten wie der britische Naturforscher Charles Darwin (1809–1882) und Chiles Nationalheld Bernardo O'Higgins. Das historische Kurbad liegt in einem dichten Eukalyptuswald. Durch ihn führen einige Wege zu einem hinreißenden Aussichtspunkt, über dem Kondore am Himmel kreisen. Das riesige neogotische Bad aus dem 19. Jahrhundert erinnert mit hohen Decken, Buntglasfenstern und Mosaikboden ein wenig an eine Kathedrale. Die separaten Baderäume sind mit im 19. Jahrhundert gefertigten Badewannen aus Carrara-Marmor ausgestattet. Unterkunft findet man in diesem leicht erreichbaren Ort in einem Hotel im Kolonialstil, dessen Innenhof mit Kletterpflanzen und einem eleganten Brunnen verziert ist.

In den Thermen sind auch Tagesgäste willkommen. Sie können hier Thermalbäder und entspannende Behandlungen genießen. Zur Ausstattung gehören darüber hinaus ein beheizter Pool im Freien, ein Kinderspielplatz und ein Gourmetrestaurant.

Logo der Reserva Nacional

㉔ Reserva Nacional Río de los Cipreses

Straßenkarte B7. 131 km südlich von Santiago; Camino Chacayes s/n. (072) 229 7505. tägl. 8.30–17.30 Uhr. conaf.cl

Die Reserva Nacional Río de los Cipreses schützt 360 Quadratkilometer Andenwildnis mit Canyons und Bergzypressenwäldern. Im beliebten Nordteil des Schutzgebietes zeigt das Verwaltungszentrum eine Ausstellung über Wildtiere der Region. Vom Zentrum aus führen Wege durch den malerischen Cajón Alto Cachapoal. Von dort gelangt man auf dem kurzen **Sendero Tricahues** zu einem Wildbeobachtungspunkt. Hier sieht man Kolonien von Felsensittichen, *loros tricahues* genannt, an der Canyonwand nisten.

Die weniger besuchten zentralen und südlichen Gebiete erreicht man vom Verwaltungszentrum aus auf längeren Wanderungen oder Ausritten. Diese führen entlang dem **Cajón Río Cipreses**, der die Reserva durchzieht. Unterwegs durchquert man Zypressenwälder und kommt an weidenden Guanakoherden vorbei, sieht präkolumbische Petroglyphen und genießt eine fantastische Aussicht auf die Anden und den 4860 Meter hohen Volcán Palomo.

Die Termas de Cauquenes zieren schöne Fliesen und Buntglasfenster

Straßenkarte *siehe hintere Umschlaginnenseiten*

㉑ Sewell – Stadt der Treppen

Sewell, die Stadt der Treppen, liegt auf 2200 Meter Höhe und wurde 1905 von der amerikanischen Braden Copper Company als Siedlung für die Arbeiter des nahen Bergwerks El Teniente gegründet. 1960 war Sewell eine blühende Stadt mit ungefähr 15 000 Einwohnern, einer Bank, einem Gericht, einem Rathaus, Freizeitvereinen und Chiles modernstem Krankenhaus. Heute ist es eine UNESCO-Welterbestätte – eine unheimliche, aber fantastisch erhaltene Geisterstadt mit mehrstöckigen Holzhäusern.

Die Plaza Morgan, Sewells ehemaliger Marktplatz

★ El Teniente Club
Der ehemalige Freizeitclub für Sewells US-Management befindet sich in einem Gebäude mit geradliniger klassischer Fassade, stuckverziertem Ballsaal und einem Swimmingpool.

Lageplan von Sewell

Getrennte Wohnheime für Bergarbeiter und ihre Familien.

Wohnungen für Verwaltungsangestellte.

Plaza Morgan, das Zentrum von Sewells Innenstadt.

Remisen für die Reparatur von Zügen am Stadteingang.

Legende
- Nichtindustrielles Gebäude
- Industriegebäude
- Dargestelltes Gebiet

0 Meter — 200

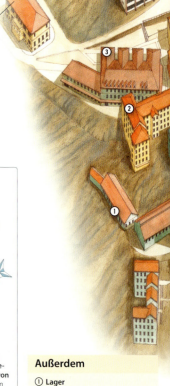

Außerdem
① Lager
② Wohngebäude des Krankenhauspersonals
③ Krankenhaus
④ Bank
⑤ Läden und Bäckerei

Hotels und Restaurants im Valle Central *siehe Seiten 277f und 292–294*

SEWELL | **149**

Escalera Central
Die zentrale Steiltreppe ist zugleich der Hauptweg in der heute verlassenen Stadt. Von ihr gehen zu beiden Seiten Wege sowie kleinere Treppen ab.

Infobox

Information
Straßenkarte B7. 75 km südöstlich von Santiago; Carretera al Cobre. 🅿 🚻 🍴 **W sewell.cl**
VTS Ausflüge von Santiago und Rancagua. ⭕ Sa, So 9–17 Uhr. ☎ (072) 295 2692.
W vts.cl

★ Iglesia de Sewell
Sewells Kirche von 1928 wurde restauriert. Das Kruzifix über dem Altar ist aus Kupfer aus dem Bergwerk El Teniente gegossen *(siehe S. 146f).*

★ Museo de la Gran Minería del Cobre
In dem schönen Modernismo-Gebäude der alten Gewerbeschule zeigt das Museo de la Gran Minería del Cobre historische und geologische Exponate aus Sewells Umgebung.

Bowlingbahn Palitroque
Die Bowlinganlage mit hölzernen Bahnen und Pins ist erstklassig erhalten.

1914 Erste Schule und erstes Sozialzentrum

1915 Die Siedlung wird nach Braden-Manager Barton Sewell benannt

1967 Staat kauft Aktienmehrheit des Unternehmens; wegen giftiger Schwefeldämpfe ziehen die Arbeiter mit ihren Familien nach Rancagua

1998 Sewell wird Nationaldenkmal

1999 Zeitarbeiter ziehen nach Rancagua; Sewell wird für Besucher geöffnet

| 1900 | 1920 | 1940 | 1960 | 1980 | 2000 | 2020 |

1905 Bergarbeitersiedlung von Braden Copper Company (USA) gegründet

1928 Iglesia de Sewell erbaut

Iglesia de Sewell

1971 Bergwerk El Teniente wird vollständig verstaatlicht

1982 Nur Zeitarbeiter wohnen in Sewell

2006 Sewell wird UNESCO-Welterbestätte

Straßenkarte *siehe hintere Umschlaginnenseiten*

❷⓹ Santa Cruz

Straßenkarte B7. 182 km südwestlich von Santiago. 32 000. Plaza de Armas s/n. La Fiesta de la Vendimia (März).

Santa Cruz gehört zu den größten Zentren im Valle de Colchagua *(siehe S. 152f)*. In der Stadt aus dem 19. Jahrhundert stehen noch einige Häuser aus der Kolonialzeit. Am bemerkenswertesten ist die Municipalidad (Rathaus). Die Parroquia de Santa Cruz (1817) wurde beim Erdbeben 2010 erheblich beschädigt. Die Hauptattraktion der Stadt ist das **Museo Colchagua** mit über 5000 Exponaten zur Geschichte Chiles. Zu sehen sind etwa persönliche Objekte des ehemaligen Präsidenten Bernardo O'Higgins, Kunst der Jesuiten aus dem 18. und Kutschen aus dem 19. Jahrhundert.

In Santa Cruz beginnen die Touren zu den Weingütern im Valle de Colchagua. Besonders beliebt ist der **Tren del Vino**. Eine Dampflok zieht den »Weinzug« von San Fernando im Norden des Tales bis Santa Cruz im Süden. Von dort starten zwei Bustouren zu den Weingütern im Valle de Colchagua.

Museo Colchagua
Avenida Errázuriz 145. (072) 282 1050. Dez–März: tägl. 10–19 Uhr; Apr–Nov: tägl. 10–18 Uhr. zwei Tage im Voraus anmelden. museocolchagua.cl

Tren del Vino
Plaza de Armas 298. (072) 282 3199. Sa. rutadelvino.cl

Eine Fülle historischer Exponate im Museo de Colchagua, Santa Cruz

❷⓺ Hacienda Los Lingues

Straßenkarte B7. 125 km südlich von Santiago; Panamericana Sur, km 124,5, San Fernando. (02) 2431 0510. tägl. loslingues.com

Los Lingues zählt zu den ältesten und vornehmsten Haciendas in Chile. Sie wurde im späten 16. Jahrhundert von König Philip III. von Spanien an Don Melchor Jufré del Águila übereignet und ist seitdem im Besitz der Familie des spanischen Adeligen. Die heutige Besitzergeneration lebt auf der Hacienda.

Auf Los Lingues übernachtet man in noblen Zimmern mit Originalmöbeln aus der Kolonialzeit und Familienporträts. Man spürt an jedem Detail, dass man sich in einer alten Adelsresidenz und nicht einfach in einem Luxushotel befindet. Preiswerter ist jedoch ein Tagesausflug auf die Hacienda, wo man bei einer Führung den Hof, Park, Weinkeller, die Ställe und die Kapelle von 1790 besichtigen kann. In den 1760 errichteten Ställen werden Aculeo-Vollblüter gezüchtet, deren Abstammung bis in das maurische Spanien zurückreicht. Geboten werden zudem ein Gourmetmittagessen, Rodeo und Ausritte.

❷⓻ Pichilemu

Straßenkarte B7. 259 km südwestlich von Santiago. 13 000. Angel Gaete 365; (072) 284 1017. Mi, Sa. La Semana Pichilemina (Feb). pichilemu.cl

Pichilemu ist die Surfhauptstadt des Valle Central, das Mekka der Surfer, Bodyboarder und Hippies. Der einstige Nobelbadeort, in dem Chiles erstes Casino stand, wurde im 20. Jahrhundert von dem chilenischen Spekulanten Agustín Ross-Edwards erbaut. Der Aufstieg von Viña del Mar *(siehe S. 132f)* weiter nördlich läutete den Abstieg Pichilemus ein, das jedoch schöne Relikte seiner glorreichen Vergangenheit bewahren konnte. Das alte Casino ist heute ein Kulturzentrum. Daneben bietet der üppig grüne Parque Ross an der Küste Aussichtspunkte und Spazierwege.

Pichilemu ist heute eine entspannte Kleinstadt mit mehreren Stränden. Der Hauptstrand **Las Terrazas** ist mit seinen Surfschulen und kleinen Wellen beliebt bei Surfanfängern. Rund vier Kilometer nördlich des Stadtzentrums bezwingen Könner in der Bucht **Los Lobos** zwei Meter hohe Brecher. Als Station des internationalen Surf-Zirkus besitzt Los Lobos eine exzellente Infrastruktur.

Badegäste an einem schwarzen Sandstrand von Pichilemu

Hotels und Restaurants im Valle Central siehe Seiten 277f und 292–294

Die Geschichte des Weins in Chile

Schon im 16. Jahrhundert brachten Missionare Weinstöcke nach Chile, um Messwein anzubauen. Im 19. Jahrhundert stieg beim Bürgertum Santiagos die Nachfrage nach einem guten Tropfen. Für reiche Familien wurde es schick, Weingärten auf ihren Landgütern anzulegen. Erste Qualitätsreben wurden aus Frankreich eingeführt, erste Weingüter entstanden. In den 1980er Jahren begann mit der Liberalisierung der Wirtschaft eine neue Ära im Weinbau: Ausländische Winzer und Berater, allen voran der Spanier Miguel Torres im Valle de Curicó und der Franzose Michel Rolland im Valle de Colchagua, bauten ultramoderne Weingüter. Chile entdeckte seine charakteristische Carménère-Rebe. Im Lauf der Zeit entwickelte sich ein regelrechter Weintourismus.

Die handgepflückten Trauben wurden in Körben aus einheimischem Raulí-Holz gesammelt.

Chiles erste Weingärten wurden im Valle Central am Fuß der Anden angelegt.

Ab dem 16. Jahrhundert zupften und verlasen Frauen die Trauben – sie galten als geschickter. Bei Premiumweinen wird diese Tradition bis heute aufrechterhalten.

Weinproduktion in der Kolonialzeit
Die ersten Weine wurden aus spanischen Tempranillo-Trauben gekeltert. Sie wuchsen auf Land, das die spanische Krone den Konquistadoren übereignet hatte. Nachkommen der ersten spanischen Einwanderer steigerten die Nachfrage.

Die hölzernen Produktionsmaschinen wurden mit der Hand betrieben. Sie waren zugleich Weinpresse, Pumpe und Verkorker.

Stahltanks haben beim Gärungsprozess die alten Holzbottiche ersetzt. Jeder Tank fasst 48 000 Liter.

Chiles Premiumweine reifen bis zu zwei Jahre in teuren Fässern aus französischer Eiche.

Moderne Weinproduktion
Nach der Unabhängigkeit orientierte sich Chile an Frankreich. Das Land führte unter anderem Merlot- und Pinot-Noir-Reben ein, die heute typisch für Chiles Weinkultur sind. Noch vor Kalifornien und Australien produzierte Chile als erstes Land in der Neuen Welt hochklassige Qualitätsweine.

Das Avantgarde-Gut Clos Apalta reicht 35 Meter tief in den Boden. Seine moderne Produktionstechnologie baut mehr auf die Wirkung der Schwerkraft als auf Pumpen.

Neue Weingärten in großen Höhen und am Rand des Pazifiks dehnen die Grenzen des chilenischen Weinbaus stetig aus. Auch entstehen immer mehr Bio-Weingüter.

Tour: Weingüter im Valle de Colchagua

Das Valle de Colchagua ist Chiles führendes Weinbaugebiet und die größte weintouristische Region des Landes. Das von sanften Hügeln eingenommene Tal erstreckt sich von den Vorbergen der Anden nach Westen in Richtung Pazifikküste. Fast alle seiner zahlreichen, altehrwürdig-kolonialen bis ultramodernen Weingüter bieten Führungen und Verkostungen an. Eine Hauptattraktion des Valle de Colchagua ist der Tren del Vino. Der historische Dampfzug kutschiert Besucher durch das Weinbaugebiet.

Der historische Tren del Vino schnauft durch das Valle de Colchagua

⑧ Viña Los Vascos
Das Weingut im Besitz der französischen Familie Rothschild bietet kleine Gruppenführungen an. Sein bemerkenswerter Cabernet Sauvignon reift in französischen Eichenfässern.

⑦ Viña MontGras
In der großen, im Kolonialstil gehaltenen Viña MontGras produzieren und etikettieren Gäste ihre eigenen Weine. Anfang März können sie bei der alljährlichen Fiesta de la Vendimia die neue Ernte feiern.

Legende
- Autobahn
- Routenempfehlung
- Nebenstraße
- Eisenbahn

⑥ Santa Cruz
Santa Cruz liegt in der Mitte der Weinbauregion und ist so ein idealer Ausgangsort für Ausflüge zu den Weingütern im Valle de Colchagua. Die Stadt ist auch Endstation des Tren del Vino.

Routeninfos

Startpunkt: San Fernando, 43 km O von Santa Cruz *(siehe S. 150)*.
Länge: 75 Kilometer. Die Tour dauert mindestens zwei Tage.
Anfahrt: Von der Ruta 5 zwischen Santiago und San Fernando führt die Carretera del Vino, oder I-50, nach Santa Cruz. Touren organisiert Ruta del Vino.
W rutadelvino.cl
Rasten: Die Viña Lapostolle *(siehe S. 278)* bietet ein Luxushotel und Gourmetrestaurant. Auch in der Viña Viu Manent kann man gut zu Mittag essen.
W colchaguavalley.cl

Chiles preisgekröntes Weintal

Dank exzellenter Terroirs, idealer geografischer und klimatischer Bedingungen und hochmoderner Technologie produziert das Valle de Colchagua mehr Weltklasseweine als jede andere Region in Chile. Seit 2000 ist es mit zahllosen Preisen ausgezeichnet worden.

- Viña Casa Silva: bester südamerikanischer Produzent, Wine & Spirit Competition, London 2000.
- Viña MontGras: bester chilenischer Weinproduzent, International Wine & Spirit Competition, Großbritannien 2002.
- 2005 bezeichnete das internationale Magazin *Wine Enthusiast* das Tal als »weltweit beste Weinregion«.
- Das Magazin *Wine Spectator* wählte den Clos Apalta der Viña Lapostolle zum »weltbesten Wein« im Jahr 2008.

Wein aus dem Valle de Colchagua

Weine des Valle de Colchagua im Überblick

Lage und Klima
Das weite Valle de Colchagua liegt in Chiles fruchtbarem Valle Central. Sein Klima ist ausgesprochen mediterran mit trockenen warmen Sommern und kalten, regnerischen Wintern.

Rebsorten
Die häufigsten roten Rebsorten des Tales sind vor allem Cabernet Sauvignon, für den Chile berühmt ist, sowie Syrah, Merlot, Carménère und Malbec. In den langen Sommern können die Trauben ein reiches Aroma entwickeln, das an rote Beeren und Gewürze erinnert. Der einzige Weißwein des Tales, Viognier, hat ein süßes, blumiges Aroma.

Gute Jahrgänge (rot) 1995, 1997, 2002, 2005, 2007, 2009, 2010, 2011.

① Viña Casa Silva
Die Viña Casa Silva ist Colchaguas ältestes und traditionellstes Weingut. Der Sitz des Familienbetriebs ist ein Haus im Kolonialstil. Zu den Führungen gehören Weinproben im uralten Backsteinkeller, Kutschfahrten durch die Weingärten und Rodeos.

④ Viña Montes
Das nach Feng-Shui-Prinzipien gestaltete Gut produziert nur Premium- und Kultweine. Bei Führungen fährt man im Traktoranhänger auf einen Hügel mit herrlichem Panoramablick.

② Viña Viu Manent
Das 1935 gegründete Weingut, eine romantische Hacienda im spanischen Stil, bietet Kutschfahrten durch die Weingärten, einen exzellenten Kunsthandwerksladen sowie Reitstunden im Reitclub.

⑤ Viña Lapostolle
Die topmoderne Viña Lapostolle hat sechs Kellergeschosse, nutzt beim Keltern die Schwerkraft und kann besichtigt werden. In ihren Bio-Weingärten wachsen die Trauben für den preisgekrönten, nur hier produzierten Clos Apalta.

③ Viña Las Niñas
Colchaguas kleinstes Weingut wird von drei Generationen Frauen einer französischen Familie betrieben. In den grünen Weingärten kann man picknicken, spazieren und Rad fahren.

Straßenkarte *siehe hintere Umschlaginnenseiten*

Das grüne Ufer des Lago Vichuquén vor bewaldeten Hügeln

㉙ Valle de Curicó

Straßenkarte B7. 60 km südlich von Santa Cruz; Curicó. 🚆 von Santiago. 🚌 von Santa Cruz.

Das Valle de Curicó ist zwar eines der weniger besuchten Weintäler von Zentralchile, bietet aber Weinliebhabern den Vorteil individueller, ausführlicher Führungen und von Experten betreuter Weinproben. Das Tal produziert feine Weißweine, vor allem Sauvignon Blanc, sowie roten Cabernet Sauvignon – teilweise aus über 80 Jahre alten Rebstöcken. Unter den Weingütern im Tal bietet Miguel Torres (in spanischem Besitz) ein Restaurant von Weltrang. Führungen und Privattouren zu den Gütern werden von **Ruta del Vino Curicó** organisiert.

Ruta del Vino Curicó
Prat 301-A, Curicó. ☎ (075) 232 8972. ○ Mo–Fr 9–14, 15.30–19.30 Uhr. 🌐 rutadelvinocurico.cl

㉚ Lago Vichuquén

Straßenkarte B7. 96 km südwestlich von Santa Cruz. 🚌 von Curicó. 🛈 Manuel Rodríguez 315, Vichuquén; (075) 240 0516. 🌐 turismovichuquen.cl

Der Lago Vichuquén ist der schönste See im Valle Central, eine strahlend blaue Wasserzunge zwischen tiefgrünen, von Kiefern bestandenen Hügeln. Am und um den See lebt eine reiche Vogelwelt, etwa verschiedene Arten von Reihern, Schwänen und Enten. In der Kolonialzeit war das traumhafte Gebiet als Treffpunkt von Hexen und Hexenmeistern berüchtigt. Heute vergnügen sich Besucher hier mit Radfahren, Wasserskifahren, Windsurfen, Angeln, Reiten – und einfach mit dem Beobachten der Natur.

Sieben Kilometer östlich des Sees wurde Vichuquén 1585 von den Spaniern auf einer alten Inka-Kolonie erbaut. Hier bummelt man in alten Straßen unter Orangenbäumen an Abobe-Häusern vorbei. Exponate aus der Inka- und der Kolonialzeit, darunter eine 3000 Jahre alte Mumie, zeigt das kleine **Museo Histórico de Vichuquén**. Vichuquén und der Lago de Vichuquén sind mögliche Ziele auf Weintouren durch das Valle de Curicó.

Museo Histórico de Vichuquén
Rodríguez s/n. ○ Di–Si 10–13, 16–20 Uhr.

㉛ Parque Nacional Radal Siete Tazas

Straßenkarte B7. 125 km südöstlich von Santa Cruz. 🚌 von Curicó, umsteigen in Molina. ○ Dez–März: tägl. 8–19.30 Uhr; Apr–Nov: tägl. 8.30–13, 14–18 Uhr. 🌐 conaf.cl

Der kleine Nationalpark heißt nach einem bemerkenswerten Naturphänomen: Die **Siete Tazas** (Sieben Tassen) im Westteil sind sieben miteinander verbundene Felsenbecken. Sie wurden vom Río Claro ausgewaschen, der hier eine enge Schlucht hinabstürzt. In der Nähe rauschen zwei mächtige Wasserfälle: der 40 Meter hohe **Salto de la Novia** und der 25 Meter hohe **Salto de la Leona**. Der Weg vom Salto de la Leona zu den Siete Tazas führt durch Übergangswald mit Pflanzen des Valle Central und des gemäßigten Regenwaldes, der weiter südlich in der Seenregion verbreitet ist. Nahe dem Becken verlaufen im Sector Parque Inglés malerische Wege zum Wandern, Reiten und Mountainbiken. Hier kann man eine Tageswanderung auf dem **Sendero El Bolsón** unternehmen sowie schwimmen und Kajak fahren.

㉜ Weingüter in Maule

Straßenkarte B7. 76 km südlich von Santa Cruz.

Maule ist touristisch längst nicht so gut erschlossen wie andere Weinbaugebiete in Chile. Seine Weingüter zählen indes zu den besten des Landes, einige *bodegas* sind für Besucher geöffnet. Das Gebiet um Talca ist für seine Rotweine bekannt, produziert aber auch einige gute Weißweine.

Die **Viña Corral Victoria** südlich der Panamericana bietet keine Touren, im hauseigenen Restaurant kann man aber den Hauswein und einige andere Tropfen aus Maule verkosten. Das Lokal ist nur mittags geöffnet und serviert vor allem erstklassige Fleischgerichte.

Salto de la Novia im Parque Nacional Radal Siete Tazas

Rund 15 Kilometer südlich von Talca ist in dem Städtchen San Javier die **Viña Balduzzi** beheimatet. Der reizende Familienbetrieb bietet seinen Gästen Führungen durch die Produktionsstätten und Weinkostungen. Hier produziert man verschiedene Rot- und Weißweine, darunter ein superber Sauvignon Blanc sowie gutes Cuvées.

Westlich von San Javier, an der Autobahn nach Constitución, hat sich die **Gillmore Winery** auf Rotweine (Cabernet Sauvignon, Cabernet Franc und Merlot) spezialisiert. Touren und Verkostungen lassen sich hier auch kurzfristig organisieren. Auch ein Gästehaus und ein Restaurant sind vorhanden.

Pool im Kurhotel Termas de Panimávida

Viña Corral Victoria
Camino San Clemente, km 11, Talca. (071) 262 1404.
corralvictoria.cl

Viña Balduzzi
Avenida Balmaceda 1189, San Javier. (073) 232 2138. Mo–Sa 9.30–17.30 Uhr. balduzzi.com

Gillmore Winery
Camino a Constitución, km 20. (073) 197 5539. Mo–Sa 10–12, 13–17 Uhr. gillmore.cl

❸ Reserva Nacional Altos de Lircay

Straßenkarte B7. 67 km östlich von Talca; Ruta Internacional Pehuenche, Cruce Vilches Alto. von Talca. Dez–März: tägl. 8.30–13, 14–19.30 Uhr; Apr–Nov: tägl. 8.30–13, 14–18 Uhr.
conaf.cl

Die Reserva schützt eine raue Wildnis mit Canyons und Buchenwäldern. Sie bietet zudem Möglichkeiten zum Mountainbiken, Wandern und Reiten. Am Verwaltungszentrum am Parkeingang beginnen verschiedene kurze Naturlehrpfade. Auf der Strecke sieht man u. a. Andenkondore sowie, im Wald, gefährdete endemische Felsensittiche – *loros tricahues* genannt – und mitunter Magellanspechte.

Am Parkeingang beginnen auch die zwei beliebtesten Wanderwege. Der einfache **Sendero Laguna del Alto** führt in neun Stunden durch Südbuchenwälder hinauf zur Laguna del Alto inmitten eines Rings aus zerklüfteten Bergen und wieder zurück.

Zehn Stunden hin und zurück dauert die Wanderung auf dem mittelschweren **Sendero Enladrillado** durch die Wälder zum Enladrillado. Von der 2300 Meter hoch gelegenen Plattform aus Vulkanfels hat man eine atemberaubende Aussicht auf die tiefe Schlucht eines Flusses und rundum über ein Gebiet mit drei Vulkanen: Cerro Azul, Volcán Quizapú und Descabezado Grande. Letzterer heißt wegen seines stumpfen Gipfels »Großer Geköpfter«. Er kann in einer fünftägigen Tour erklommen werden. Diese wird von Trekking Chile *(siehe S. 311)* sowie von anderen Veranstaltern angeboten.

❹ Termas de Panimávida

Straßenkarte B7. 88 km südöstlich von Talca; Panimávida s/n, Linares. (073) 221 1743. von Linares. tägl. 9–12 Uhr.
termasdepanimavida.cl

Inmitten idyllischen Ackerlands am Fuß der Anden findet man die Termas de Panimávida. Ihr historisches Kolonialgebäude steht in einem Garten voller Skulpturen. Geboten werden hier bis zu 40 °C warme Hallen- und Freibecken sowie Kinderpools, Saunen, Dampfbäder, Whirlpools und darüber hinaus therapeutische Anwendungen wie Massagen, Weintherapien, Schlamm- und Kräuterbäder.

Rund fünf Kilometer südlich bieten die **Termas de Quinamávida** ähnliche Einrichtungen und Dienstleistungen sowie Dampfbehandlungen in Kaktusholzbädern. Das Bad liegt näher an den Bergen und ist ein malerischer, gleichwohl moderner Komplex aus honigfarbenen Gebäuden in einem uralten Eukalyptus- und Kiefernwald.

Termas de Quinamávida
Camino Linares–Colbún, km 16. (073) 262 7100. tägl. 8–13, 15–20 Uhr.
termasdequinamavida.cl

Volcán Quizapú und Descabezado Grande, Reserva Nacional Altos de Lircay

Straßenkarte *siehe hintere Umschlaginnenseiten*

Obst- und Gemüsekisten bei den Ständen auf dem Mercado Chillán

㉟ Chillán

Straßenkarte D1. 405 km südlich von Santiago. 167 000. 18 de Septiembre 455; (042) 222 3272. Conmemoración Natalicio Bernardo O'Higgins (Aug.). **w municipalidadchillan.cl**

Am Hauptplatz der Geburtsstadt von Chiles Unabhängigkeitskämpfer Bernardo O'Higgins wurde die moderne Kathedrale von Chillán nach dem Erdbeben von 1939 aus elf riesigen Stahlbetonbogen errichtet. In ihrem tunnelartigen Inneren hängt über dem Altar ein Holzkruzifix, das in Italien geschnitzt wurde. Es wurde nach dem Beben aus dem Schutt geborgen.

Die berühmten Wandbilder in der **Escuela de México** malten 1941/42 die mexikanischen Künstler David Alfaro Siqueiros und Xavier Guerrero. Siqueiros' allegorisches Bild *Muerte al Invasor* (Tod dem Invasor) über den Unabhängigkeitskampf Chiles und Mexikos vereint kubistische und impressionistische Stilelemente. Guerreros realistisches *De México a Chile* (Von Mexiko nach Chile) zeigt unter anderem eine mexikanische Frau, die ein chilenisches Baby aus Trümmern zieht.

Chilláns überdachter **Mercado Chillán** ist ein wunderbarer Lebensmittelmarkt. In seinen Lokalen serviert man regionale Spezialitäten.

Escuela de México
Ave. O'Higgins 250. (042) 221 2012. Mo–Fr 10–13, 15–18 Uhr, Sa, So 10–18 Uhr.

Mercado Chillán
5 de Abril, Isabel Riquelme, Ecke El Roble. Mo–Fr 8–20, Sa 8–17, So 8–14 Uhr.

㊱ Nevados de Chillán

Straßenkarte E1. 82 km östlich von Chillán. (042) 220 6100. tägl. **w termaschillan.cl**

Das ganzjährige Thermalbad ist im Winter ein bekannter Skiort. Das Skigebiet am Volcán Chillán umfasst 29 präparierte Abfahrten, darunter die längste in ganz Südamerika. Erfahrene Skifahrer genießen zudem exzellente Touren abseits der Pisten. Zum topmodernen Badekomplex des Ortes gehören Thermalhallenbäder und natürliche heiße Thermalquellen im Freien. Geboten werden zudem Anwendungen wie Massagen, Schlammbäder, Aroma- und Hydrotherapie. Zwei empfehlenswerte Hotels im Ort sind das noble Gran Hotel Termas de Chillán und das preiswertere Nevados de Chillán.

㊲ Concepción

Straßenkarte D1. 518 km südwestlich von Santiago. 216 000. Aníbal Pinto 460; (041) 274 1337. Aniversario de Concepción (Mitte Nov.). **w concepcion.cl**

Die lebensprühende Universitätsstadt wurde 1550 als Grenzsiedlung am Ufer des Río Biobío gegründet. In der Kolonialzeit war sie der Ausgangspunkt der spanischen Angriffe auf die von den Mapuche gehaltene Seenregion südlich des Flusses.

Erdbeben von 2010

Am 27. Februar 2010 zerstörte ein Erdbeben der Stärke 8,8 auf der Richterskala Häuser und Straßen in der Region Zentralchile. Sein Epizentrum lag vor der Küste der Region Maule, 105 Kilometer nordöstlich von Concepción. Am schlimmsten waren die Ortschaften in der Umgebung von Concepción betroffen, die Schäden reichten sogar bis in das 518 Kilometer entfernte Santiago. Bei dem Beben starben 500 Menschen, mehr als 500 000 Häuser wurden zerstört oder schwer beschädigt. Der noch andauernde Wiederaufbau kostet viele Milliarden.

Im 19. Jahrhundert zerstörten Erdbeben und Tsunamis einen Großteil von Concepción. Der Neuaufbau erfolgte einigermaßen lieblos. Ein historischer Glanzpunkt ist das Wandbild **Historia de Concepción** des chilenischen Künstlers Gregorio de la Fuente im Edificio Gobierno Regional (Gebäude der Regionalregierung). Das 280 Quadratmeter große *mural* von 1945 ist eine faszinierende Darstellung der Geschichte der Region seit präkolumbischer Zeit.

Gegenüber dem Gebäude liegen an der quirligen **Plaza España** Bars und Restaurants. Weiter nördlich proklamierte auf der historischen **Plaza Independencia** Bernardo O'Higgins 1818 Chiles Unabhängigkeit *(siehe S. 48)*.

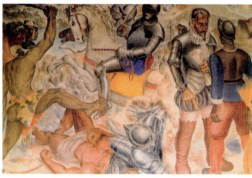

Detail des Wandbildes Historia de Concepción, Edificio Gobierno Regional

---

Hotels und Restaurants im Valle Central *siehe Seiten 277f und 292–294*

VALLE CENTRAL | 157

❸ Tomé

Straßenkarte D1. 472 km südwestlich von Santiago. 52 000.
i Municipalidad, Mariano Egaña 1115; (041) 240 6410. La Semana de Tomé (Anf. Feb.). **w** tome.cl

Die ruhige hübsche Küstenstadt wurde 1875 als Ausfuhrhafen für Wein und Mais aus dem Valle Central gegründet und stieg zum führenden Textilhafen des Landes auf. Heute zieht Tomé mit seinen Sandstränden Besucher aus aller Welt an. Nur vier Blocks vom Zentrum entfernt liegt der besonders populäre weiße Sandstrand **El Morro**. Vom Zentrum aus erreicht man ebenfalls zu Fuß die familienfreundliche **Playa Bellavista** mit guten Restaurants. Rund fünf Kilometer nördlich des Zentrums ist die **Playa Cocholgüe** mit ihren hohen Dünen bei Surfern beliebt.

Der Salto del Laja bildet einen dichten Gischtvorhang

Urlauber genießen das Strandleben in der Küstenstadt Tomé

❸ Lota

Straßenkarte D1. 537 km südwestlich von Santiago. 49 000.
i Municipalidad, P. Aguirre Cerda 200; (041) 287 0682. Minen.
w lotasorprendente.cl

Lota war 150 Jahre lang das Zentrum des Kohlebergbaus im Valle Central. Die Bergwerke gehörten der Familie Cousiño, die ihren Besitz in einem Herrenhaus in der Stadt verwaltete. Die Villa wurde 1960 bei einem Erdbeben zerstört, ihr schöner Park auf einer Landspitze kann jedoch besichtigt werden.

Am Eingang zeigt das **Museo Histórico de Lota** alte Bilder der Familie. Vom Park führt eine lange Straße vorbei an den Holzhäusern der Bergarbeiterfamilien zu den Minen. Sie wurden im Jahr 1997 geschlossen, können jedoch im Rahmen von Führungen besichtigt werden (im Museum buchen). Als Führer fungieren zum Teil auch ehemalige Bergarbeiter.

Museo Histórica de Lota
Avenida El Morro s/n, Lota Alto.
(041) 287 0934. tägl.
w lotasorprendente.cl

❹ Saltos del Laja

Straßenkarte D1. 480 km südwestlich von Santiago. von Concepción. tägl.

Am Südende des Valle Central sind die vier Wasserfälle der Saltos del Laja ein sehenswertes Naturschauspiel, wie sie in einem grünen Wald in eine Felsschlucht donnern. Am Fuß und am oberen Ende der Fälle verlaufen aufgeweichte Fußwege. Der mit 51 Meter höchste Wasserfall bildet einen dichten Gischtvorhang. Rundum liegen Hotels und Zeltplätze.

❹ Parque Nacional Laguna del Laja

Straßenkarte E1. 561 km südlich von Santiago. Dez–Apr: tägl. 8.30–20 Uhr; Mai–Nov: tägl. 8.30–18.30 Uhr.
w conaf.cl

Der Park schützt Chiles nördlichsten Bestand von Araukarien und Bergzypressen sowie den 2979 Meter hohen Volcán Antuco. Die leichte Wanderung auf dessen Gipfel dauert mit Rückweg rund acht Stunden. Unterwegs hat man einen großartigen Blick auf die Gletscher der Sierra Velluda jenseits des Parks. Von Juni bis Oktober fahren am Antuco die Lifte eines kleinen Skigebietes.

Die grüne **Laguna del Laja** entstand 1752 durch einen Ausbruch des Vulkans. Rund um den See und zu den schönen Wasserfällen **Salto las Chicas** und **Saltos del Torbellino** führen Wanderwege. Mit etwas Glück sieht man unterwegs verschiedenste Vögel: Im Park leben neben Andenkondoren über 50 weitere Vogelarten.

Bernardo O'Higgins

Bernardo O'Higgins (1778–1842) wurde in Chillán als unehelicher Sohn einer Einheimischen und des Generalleutnants der spanischen Armee, Ambrosio O'Higgins, geboren. Als dieser zum Vizekönig von Peru aufstieg, schickte er seinen Sohn zur Ausbildung nach Europa. Dort lernte Bernardo liberales Gedankengut und Revolutionäre kennen, die Spaniens Macht in Lateinamerika brechen wollten. 1814 führte O'Higgins Chiles Kampf für die Unabhängigkeit an und wurde dessen erster Präsident *(siehe S. 47f)*.

Statue von O'Higgins

Straßenkarte *siehe hintere Umschlaginnenseiten*

Regionales Kunsthandwerk

Kunsthandwerk gibt es im Valle Central seit präkolumbischer Zeit. Das Angebot ist vielfältig, reicht von Schnitzereien und Keramiken bis zu Flecht- und Webarbeiten. Hochwertige Erzeugnisse kann man in der ganzen Region auf Kunsthandwerksmärkten und in kleinen Dörfern kaufen, die für eine je eigene, jahrhundertealte Handwerkstradition bekannt sind. So ist etwa Pomaire berühmt für seine Keramiken und Chimbarongo für seine Körbe. In den Dörfern sieht man an den Straßen Stände und Werkstätten, in denen die Erzeugnisse gefertigt werden. Die meisten Kunsthandwerker im Valle Central werden von den gemeinnützigen Artesanías de Chile vertreten.

Schön präsentiertes Kunsthandwerk in einem Stand in Chillán

Keramik

Die nahe bei Santiago gelegenen Dörfer im Valle Central blicken auf eine lange Keramiktradition zurück. Talagante etwa ist für sein schönes Porzellan bekannt. 50 Kilometer südwestlich von Santiago stellt man in Pomaire fast nur rote Tonwaren aus dem Lehm der umliegenden Hügel her. Die Hauptstraße von Pomaire säumen zu beiden Seiten gut sortierte Keramikläden und geschäftige Werkstätten.

Der entenförmige *metawe* (Krug) hat – wie andere Keramiken auch – bei den Mapuche zeremonielle Bedeutung. Die Ente verkörpert die weibliche Fruchtbarkeit, weshalb dieser *metawe* in den Initiationszeremonien der Frauen Verwendung findet.

Rote Tontöpfe in einem Keramikladen in Pomaire

Cerámica Artesanal de Los Andes bietet dekorative Keramiken aus Los Andes. Diese zeigen Motive aus dem Valle del Acanagua, z. B. Weinreben, oder allgemein aus Chile, wie Rodeos und Haciendas. Die Keramiken werden per Hand in Werkstätten wie Cerámica Cala *(siehe S. 302)* gefertigt.

Religiöses Motiv: Bäumchen mit Blumen und Vögeln

Farbenfrohe Figur einer Bäuerin

Die kleinen Talagante-Figurinen aus Porzellan stellen Charaktere aus Chiles Alltagsleben dar, etwa Wäscherinnen oder Leierkastenmänner. Die Figuren werden rund 40 Kilometer südwestlich von Santiago in den Ateliers von Talagante per Hand gefertigt. Die Tradition begründeten zwei Schwestern im frühen 20. Jahrhundert.

REGIONALES KUNSTHANDWERK | 159

Crin-Püppchen

Im Valle Central weben geschickte Kunsthandwerkerinnen vielfarbige Objekte aus crin genanntem Rosshaar. Die zarten Püppchen werden sorgfältig mit leuchtend bunten Farben gefärbt. Besonders populär sind dekorative Puppen von Frauen, Hexen, Schmetterlingen, huasos und huasas. Crin-Produkte findet man auf Märkten und an Ständen im Valle Central, vor allem jedoch im Valle del Maule.

Crin-Püppchen wie diese – sie stellen Frauen in bunter Kolonialtracht und mit Schirm dar – sind äußerst populär.

Crin-Schmetterlinge sind besonders hübsch. Die bunt gefärbten Objekte zeugen von großer Handwerkskunst.

Textilien

Mapuche-Frauen weben aus Lama- und Schafwolle sowie aus teurerer Alpakawolle Ponchos, Decken, Teppiche und Schals auf traditionellen Webstühlen. Die schönen, komplexen Muster werden mit Naturfarben eingefärbt.

Bunte Decken mit abstrakten Mustern

Der Poncho oder *chamanto*, ein rechteckiges Tuch mit einer Öffnung für den Kopf, wurde in Chile schon in präkolumbischer Zeit getragen. Heute gehört er zur Grundausstattung der *huasos*, ist er doch praktisch beim Reiten und bei Rodeos.

Webarbeiten

Aus Ruten, Stroh und Ried werden Körbe, Möbel, Dekorartikel und Hüte gefertigt. Ruten von Weidenzweigen stellen hierzu das häufigste Rohmaterial. Sie werden erst zum Entrinden in Wasser eingeweicht und dann getrocknet. Anschließend können die Fasern verarbeitet werden.

Strohhüte werden traditionell von den *huasos* getragen. Die breite Krempe schützt in Chiles weiten Ebenen vor der Sonne. Strohhüte gehören auch zur Festtagskleidung und sind hervorragende Souvenirs.

Läden für Korb- und Flechtarbeiten in Chimbarongo, 153 Kilometer südlich von Santiago, zeigen die Kunstfertigkeit der einheimischen Handwerker.

Holzarbeiten

Holzarbeiten spielen in der Kultur der Mapuche eine große Rolle. Mit traditionellen Techniken werden die Zier- und Gebrauchsobjekte aus massiven Holzblöcken geschnitzt. Das Holz – Rauli, Pellin und Coigüe – stammt aus den umliegenden Wäldern. Die Schnitzwerkzeuge hinterlassen typische Spuren auf den Erzeugnissen.

Schlichtes Mapuche-Tablett aus einheimischem Holz

Kunstfertig geschnitztes Besteck

Norte Grande und Norte Chico

Der Norden ist Chiles Wüstenregion – eine überwältigende Landschaft aus Sanddünen, sonnenverbrannter ockerbrauner Erde und weißen Klippen. Von der Küste steigt das Land zum trockenen Altiplano auf, wo Vicuñas grasen, Rosaflamingos fliegen und mächtige Vulkankegel über tiefblauen Seen aufragen. Hier lebt man in Hafenstädten an der Küste oder in der Wüste in kleinen Weilern und Oasendörfern mit Adobe-Kirchen. Verwaltungstechnisch besteht der Norte Grande aus drei Regionen (Arica y Parinacota, Tarapacá und Antofagasta), während der Norte Chico die beiden Regionen Atacama und Coquimbo umfasst.

Die hypnotisierend eintönige Atacama-Wüste bedeckt einen Großteil des ariden Norte Grande und des semiariden Norte Chico. Die ursprünglichen Bewohner des Gebiets, die Diaguita, Aymara und die Menschen der El-Molle-Kultur, unterstanden den mächtigen Reichen von Tiwanaku (500 – 1200 n. Chr.) und der Inka (1472 – 1540).

Die Inka wurden ab dem Jahr 1533 von den spanischen Konquistadoren und Kolonisten abgelöst, die die Rohstoffe der Wüste begehrten – vor allem das Gold, das Machtsymbol der präkolumbischen Kulturen. In der Kolonialzeit plünderten Piraten La Serena und andere Städte auf der Suche nach Silber. Noch das unabhängige Chile führte Krieg um die Nitratvorkommen in der Region *(siehe S. 49)*.

Der Bergbau in der Atacama ist heute das Fundament von Chiles Wirtschaft, dank ihm florieren die Hafenstädte an der Küste. Gleichwohl findet man im Norden vor allem Oasensiedlungen mit Handwerksmärkten sowie Dörfer, in denen Quechua gesprochen, Lamas auf dem Altiplano gehalten und Feste gefeiert werden, deren Traditionen bis in die Inka-Zeit zurückreichen.

Die Region entdeckt man am besten mit dem Auto auf Ausflügen in das wilde Hochland, eine Mondlandschaft mit heißen Quellen und Salzseen. Hier gibt es riesige Petroglyphen und Steinfestungen an den Berghängen zu bewundern und nachts einen fantastischen Sternenhimmel. An der Küste locken schöne alte Hafenstädte und Strände.

Flamingos spiegeln sich in einem Salzsee in der Atacama-Wüste

◀ Sanddünen und Felsformationen im Valle de la Luna, Atacama-Wüste *(siehe S. 180)*

Überblick: Norte Grande und Norte Chico

Der Norte Grande ist Chiles nördlichste Region. In diesem Wüstengebiet ist das Oasendorf San Pedro de Atacama das Tor zur Salzpfanne Salar de Atacama und zu den Ruinen von Aldea de Tulor aus der Zeit vor den Inka. An der Küste liegen große Städte, etwa Arica mit seinen Handwerksmärkten und seiner charakteristischen Mestizo-Kultur, die alte Salpeterhauptstadt Iquique und die Metropole Antofagasta. Von diesen Städten erreicht man leicht die gewaltigen Petroglyphen der Cerros Pintados und das gigantische Teleskop des Observatorio Paranal. Südlich des Río Copiapó liegen im Buschland des Norte Chico die hübsche Obststadt Ovalle, die *pisco*-Destillerien und Weingärten von Pisco Elqui und am südlichen Ende der Wüste die Kolonialstadt La Serena.

Maurische Innenausstattung des Casino Español, Iquique

Sehenswürdigkeiten auf einen Blick

Orte und Städte
- ❶ Arica S. 164f
- ❸ Putre
- ❻ Iquique S. 170f
- ❿ La Tirana
- ⓫ Pica
- ⓭ Calama
- ⓯ Chiu Chiu
- ⓱ Caspana
- ⓳ San Pedro de Atacama
- ㉖ Antofagasta
- ㉙ Copiapó
- ㉚ Caldera
- ㉞ La Serena S. 184f
- ㉟ Vicuña
- ㊲ Montegrande
- ㊳ Pisco Elqui
- ㊴ Ovalle

Thermalbäder
- ⓴ Baños de Puritama
- ㊷ Termas de Socos

Nationalparks, Schutzgebiete und Naturdenkmäler
- ❹ Parque Nacional Lauca S. 168f
- ❺ Reserva Nacional Las Vicuñas
- ❽ Parque Nacional Volcán Isluga
- ㉛ Parque Nacional Pan de Azúcar
- ㉜ Parque Nacional Nevado de Tres Cruces
- ㊵ Monumento Natural Pichasca
- ㊶ Monumento Nacional Valle del Encanto
- ㊸ Parque Nacional Bosque Fray Jorge

Landschaften
- ㉒ Salar de Tara
- ㉓ Salar de Atacama
- ㉔ Valle de la Luna
- ㉕ Valle de la Muerte
- ㉝ Laguna Verde

Archäologische Stätten und Ruinen
- ❼ Humberstone und Santa Laura
- ⓬ Cerros Pintados
- ⓰ Pukará de Lasana
- ㉑ Aldea de Tulor

Weitere Sehenswürdigkeiten
- ❷ Iglesia de San Gerónimo de Poconchile
- ❾ Termas de Mamiña
- ⓮ Chuquicamata
- ⓲ Géiseres del Tatio
- ㉗ La Portada
- ㉘ Observatorio Paranal
- ㊱ Observatorio Cerro Mamalluca

Der vom Meer ausgewaschene Bogen La Portada vor Antofagasta

Weitere Zeichenerklärungen *siehe hintere Umschlagklappe*

Legende
- Autobahn
- Hauptstraße
- Nebenstraße
- Piste
- Eisenbahn (Nebenstrecke)
- Regionalgrenze
- Staatsgrenze
- △ Gipfel

NORTE GRANDE UND NORTE CHICO | 163

0 Kilometer 100

- PUTRE ③
- ④ PN LAUCA
- Azapa
- ARICA ① ②
- IGLESIA DE SAN GERÓNIMO DE POCONCHILE
- ⑤ RN LAS VICUÑAS
- Codpa
- Cuya
- Enquelga Isluga
- Camiña Colchane
- Pisagua
- ⑧ PN VOLCÁN ISLUGA
- TARAPACÁ
- HUMBERSTONE UND SANTA LAURA
- ⑨ TERMAS DE MAMIÑA
- IQUIQUE ⑥ ⑦ ⑩ LA TIRANA
- ⑪ PICA
- ⑫ CERRO PINTADOS
- Lagunas
- Ollagüe
- Volcán Ollagüe 5868 m
- Quillagua
- Volcán San Pedro 6145 m
- Tocopilla
- PUKARÁ DE LASANA
- CHUQUICAMATA ⑭ ⑯ ⑰ CASPANA
- ⑮ ⑱ GÉISERES DEL TATIO
- ⑬ CHIU CHIU
- CALAMA
- ⑳ BAÑOS DE PURITAMA
- SAN PEDRO DE ATACAMA ⑲
- Mejillones
- VALLE DE LA MUERTE ㉕ ㉑ Toconao ㉒ SALAR DE TARA
- ALDEA DE TULOR ㉔ ㉓ SALAR DE ATACAMA
- LA PORTADA ㉗ VALLE DE LA LUNA
- ANTOFAGASTA ㉖
- Socaire
- Laguna Lejía
- Laguna Miscanti
- Laguna Mīñeques
- Cerro Rincón 5267 m
- ANTOFAGASTA
- Volcán Socompa 6051 m
- OBSERVATORIO PARANAL ㉘
- Salar de Punta Negra
- Paposo
- Bahía Nuestra Señora
- Cordillera Domeyko
- Volcán Azufre 5846 m
- Catalina
- Taltal
- PN PAN DE AZÚCAR ㉛
- Isla Pan de Azúcar
- Caleta Pan de Azúcar
- Diego de Almagro
- El Salvador
- Chañaral
- Inca de Oro
- Potrerillos
- ATACAMA
- Laguna Santa Rosa
- ㉝ LAGUNA VERDE
- Volcán Ojos del Salado 6893 m
- CALDERA ㉚
- Bahía Inglesa
- ㉙ COPIAPÓ
- Bahía Copiapó
- Tierra Amarilla
- ㉜ PN NEVADO DE TRES CRUCES
- Punta de Díaz
- Juntas
- Carrizal Bajo
- Cerro del Potro 5879 m
- Huasco
- Vallenar
- Alto del Carmen
- Domeyko
- Cerro del Toro 6168 m
- La Higuera
- OBSERVATORIO CERRO MAMALLUCA
- LA SERENA ㉞ ㊱ Hurtado
- Coquimbo
- VICUÑA ㉟ ㊲ MONTEGRANDE
- OVALLE ㊳ PISCO ELQUI
- PN BOSQUE ㊸ ㊴ ㊵ MONUMENTO
- FRAY JORGE ㊶ NATURAL PICHASCA
- TERMAS DE SOCOS ㊷ MONUMENTO NACIONAL VALLE DEL ENCANTO
- COQUIMBO
- Salamanca
- Los Vilos

Pazifischer Ozean

Atacama-Wüste

ARGENTINIEN

Im Norte Grande und Norte Chico unterwegs

Die internationalen Flughäfen Arica, Iquique und Antofagasta erreicht man per Direktflug von Santiago. Inlandsflughäfen befinden sich in Calama, Copiapó und La Serena. Überlandbusse pendeln auf der Ruta 5 (Panamericana) und verbinden die Zentren und Dörfer der Region. Abgelegene Gebiete in der Wüste und auf dem Altiplano, archäologische Stätten und Nationalparks erreicht man nur im Rahmen organisierter Touren *(siehe S. 306–311)* oder per Geländewagen.

❶ Arica

Die Küstenstadt lockt mit palmenbestandenen Plazas und einem unverwechselbaren Flair, das dem großen Anteil der indigenen Aymara- und Quechua-Bevölkerung zu verdanken ist. Das einst peruanische Arica fiel nach dem Salpeterkrieg (1879–83) an Chile. Aus peruanischer Zeit stehen noch viele Gebäude im engen Straßenraster der Stadt, darunter Bauwerke von Gustave Eiffel. Sehenswert sind zudem die bunten Märkte, Strände und archäologischen Stätten. Arica ist eine beliebte Basis für Ausflüge auf den Altiplano, zu den Geoglyphen im Valle de Azapa und zum Parque Nacional Lauca.

Die verzierte Fassade von Gustave Eiffels Catedral de San Marcos, Arica

🗻 Morro de Arica
Camino Al Morro, über Colón. ⏱ tägl. 8–20 Uhr. **Museo Histórico y de Armas** auf Anfrage; spanisch.

Der 110 Meter hohe Felsen oberhalb des Stadtzentrums bildet das Ende von Chiles Küstenkordillere. Als Nationaldenkmal markiert es den Standort, an dem die chilenischen Truppen 1880 im Salpeterkrieg die peruanischen Befestigungen erstürmten und Arica eroberten.

Auf dem Felsen zeigt das **Museo Histórico y de Armas** Kriegsgeräte und andere Exponate. Ebenfalls auf der Klippe stehen Symbole des chilenisch-peruanischen Friedens: ein Grab für die unbekannten gefallenen Soldaten beider Länder und eine zehn Meter hohe Christusstatue.

🏛 Museo de Sitio Colón 10
Avenida Colón 10. ☎ (058) 220 5041. ⏱ Di–Sa 10–18 Uhr.

2004 wurden bei Ausschachtungsarbeiten für ein Bauprojekt zahlreiche Mumien und Skelette gefunden, die der Chinchorro-Kultur *(siehe S. 165)* zugeordnet werden konnten. Das Museum von Azapa beherbergt bereits ähnliche Funde, man entschied jedoch, die Mumien von Arica am Fundort am Fuße des Morro zu belassen, wo sie heute zu besichtigen sind.

⛪ Catedral de San Marcos
San Marcos 260. ⏱ tägl. 9–14, 16–20 Uhr.

Aricas neogotische Kirche ist eine Eisenkonstruktion des französischen Ingenieurs Gustave Eiffel. Die einzelnen Teile wurden in Frankreich gegossen und 1876 in Arica montiert. Die Fassade zieren braune Elemente, im Inneren überrascht das zierliche Maßwerk an den Pfeilern. Eiffel verwandte dieses Gestaltungselement anstelle der für gotische Kirchen üblichen Strebebogen. Die 1729 gegossene Glocke am Eingang stammt aus der Vorgängerkirche, die Christusfigur über dem Altar aus dem 17. Jahrhundert.

🏛 Ex-Aduana
Manuel González. ☎ (058) 220 6366. ● wegen Restaurierung.

Auch das frühere Zollhaus – heute die Casa de la Cultura – ist ein Gebäude von Gustave Eiffel. Es wurde in Frankreich vorgefertigt und 1874 in Arica aufgebaut. Das gedrungene, rot-weiß gestreifte Ziegelgebäude ist im Inneren mit gusseisernen Pfeilern und Wendeltreppen ausgestattet. Zu sehen sind hier Kunstausstellungen und alte Fotografien. Einige zeigen den Morro de Arica mit Tausenden Pinguinen. Das Gebäude wird derzeit umfassend renoviert und soll 2017 wieder zugänglich sein.

⚓ Terminal Pesquero
Avenida Commandante San Martín. ⏱ tägl. 5–20 Uhr (Bootstouren).

Im Hafen bietet der Terminal Pesquero (Fischerhafen) ein überaus geruchs- und farbenintensives Erlebnis. Freche Wasservögel und Seelöwen streiten sich um Fischreste, während die Fischer ihren Fang an Ständen säubern. Hier legen die Boote zu Fahrten in die Bucht ab.

🏖 Strände
Arica hat vier Hauptstrände. Südlich des Zentrums kann man im ruhigen Wasser der **Playa El Laucho** und **Playa La Lisera** gut schwimmen, Letztere bietet auch Lokale. Die **Playa Chinchorro** im Norden lockt mit hohen Wellen und Fahrgeschäften viele Besucher an. Die rustikale **Playa Las Machas** ist ein quirliges Surfer-Revier.

Blick vom Morro de Arica auf die Playa El Laucho

ARICA | 165

Mumie einer Chinchorro-Frau

Chinchorro-Mumien

Die Chinchorro-Kultur siedelte zwischen 5000 und 2000 v. Chr. im Norte Grande. Die Mumien, die sie in der Atacama bestatteten, sind die ältesten der Welt. Die Leichname wurden einem komplexen Verfahren unterworfen: Unter anderem entfernte man die Haut, die inneren Organe und die Extremitäten. Die Hohlräume füllte man mit Lehm, Asche und harzigen Substanzen. Die Mumien wurden ausgestreckt in Gemeinschaftsgräbern für Erwachsene, Kinder und Feten bestattet.

Infobox

Information
Straßenkarte B1. 1664 km nördlich von Santiago. 210000.
Sernatur, San Marcos 101; (058) 225 2054; Mo–Fr 9–20, Sa 10–18 Uhr (Winter: Mo–Fr bis 18, Sa bis 14 Uhr). So.
Carnaval Andino con la Fuerza del Sol (Ende Jan).
aricaturismo.cl

Anfahrt
Aeropuerto Chacalluta.

Poblado Artesanal
Hualles 2825. (058) 222 8584.
Mo–Sa 10–14, 16–20 Uhr.

Im Handwerkerdorf wird Quechua-Kunsthandwerk verkauft, etwa Webarbeiten aus Alpaka- und Lamawolle, Keramik, Lederwaren und Schmuck. Die wie ein Altiplano-Dorf gebaute Institution umfasst Werk- und Wohnstätten für Handwerker.

Museo Arqueológico San Miguel de Azapa
Camino Azapa, km 12. (058) 220 5555. Dez–März: tägl. 9–20 Uhr; Apr–Nov: tägl. 10–18 Uhr.

Aricas archäologisches Museum zeigt bis zu 10 000 Jahre alte Objekte sowie Chinchorro-Mumien. Sie sind die ältesten bekannten Mumien der Welt. Zu sehen sind hier ein Mann, eine Frau und zwei Kinder, die vor 4000 bis 8000 Jahren in Massengräbern bestattet wurden. Ausgestellt sind auch Köpfe, die im Rahmen eines »Kopfkultes« zwischen 500 v. Chr. und 500 n. Chr. abgeschlagen wurden, geschnitzte Utensilien aus Tiwanaku (500–1000 n. Chr.) zur Zubereitung von Halluzinogenen, antike Petroglyphen sowie die Mumien eines Inka-Fischers und eines Babys.

Bemalte Tonwaren auf einem Holzregal im Poblado Artesanal

Geoglifos de Cerro Sagrado
Alto Ramírez, Valle Azapa.

Das Steinmosaik am Cerro Sagrado ist die auffälligste der Geoglyphen im Valle de Azapa. Das Mosaik stellt riesige menschliche Figuren sowie gewaltige Eidechsen und Lamas dar. Diese werden in Bewegung »gezeichnet«, so als ob sie den Berg hinaufstiegen oder quer über den kahlen Hang sprängen. Die Geoglyphen stammen aus der Inka-Ära der Region (1472–1540). Damals siedelten Bauern im grünen Tal dieser Wüste.

Zentrum von Arica
① Morro de Arica
② Museo de Sitio Colón 10
③ Catedral de San Marcos
④ Ex-Aduana
⑤ Terminal Pesquero

Zeichenerklärung
siehe hintere Umschlagklappe

Straßenkarte *siehe hintere Umschlaginnenseiten*

Die Plaza von Putre, im Hintergrund Chiles Altiplano

❷ Iglesia de San Gerónimo de Poconchile

Straßenkarte B1. 35 km östlich von Arica; Poconchile.

Die Iglesia de San Gerónimo in Poconchile ist die älteste christliche Kirche in Nordchile. Sie wurde 1580 von spanischen Priestern am alten Camino del Inca (Inka-Weg) gebaut, um von dort die in dem Gebiet ansässigen Aymara zu missionieren. Die strahlend weiße Kirche ist ganz im spanischen Kolonialstil gehalten: Eine dicke Adobe-Mauer verläuft rund um das Grundstück. Zwei Glockentürme flankieren das Portal. Der restaurierte Innenraum ist aus Holz und weißem Verputz. Hinter der Kirche sind die alten Gräber des Wüstenfriedhofs nur mit Steinen und einfachen Holzkreuzen markiert.

❸ Putre

Straßenkarte B1. 149 km nordöstlich von Arica. 1200.

Putre ist die größte der hoch gelegenen Ortschaften in der Umgebung von Arica. Die Oasensiedlung ist von einem Ring spitzer, schneebedeckter Vulkangipfel umgeben. Putre liegt auf 3500 Meter Höhe und ist ein Zwischenstopp für Reisende, die sich erst akklimatisieren müssen, bevor sie in noch höhere Lagen fahren – etwa in den nahen Parque Nacional Lauca und die entferntere Reserva Nacional Las Vicuñas. Putres Wurzeln liegen in der Zeit vor den Inka. Die heutige Ortschaft wurde jedoch von den Spaniern um 1580 als Rastplatz für die Treiber der Maultiere gegründet, die Silber von den Minen von Potosí im heutigen Bolivien an die Pazifikküste transportierten. Das schönste Gebäude ist die umfassend restaurierte koloniale Kirche von 1670 an der Plaza. Ihre Vorgängerin an dieser Stelle wurde bei einem Erdbeben zerstört und war spanischen Chroniken zufolge ganz mit Gold und Silber verkleidet. Ansonsten bietet die nette Altiplano-Siedlung ein enges Straßennetz mit relativ neuen Beton-Zink-Häusern und alten spanischen Adobe-Bauten, einige Hotels und Restaurants sowie Reisebüros in der Calle Baquedano.

❹ Parque Nacional Lauca

Siehe S. 168f.

Nandu, Reserva Nacional Las Vicuñas

❺ Reserva Nacional Las Vicuñas

Straßenkarte B1. 230 km östlich von Arica. CONAF, Guallatire. Touren von Putre und Arica. conaf.cl

Die einzigartige Reserva Nacional Las Vicuñas schützt eine Wildnis mit mächtigen Vulkanen, weiten Hochplateaus, verlassenen Aymara-Siedlungen und einer vielfältigen Tierwelt. Das Schutzgebiet besteht aus mehreren Hochebenen in Höhen zwischen 4000 bis 5600 Meter und wird von drei Sechstausender-Vulkanen überragt: Volcán Acotango, Volcán Capurata und Volcán Guallatire. Vicuñas, zu deren Schutz der Park 1983 gegründet wurde, sieht man über die »Puna« genannte Hochwüste hüpfen. Nandus laufen über die offenen Ebenen, Flamingos sammeln sich an den Ufern der Hochlandseen. Viscachas (große, Chinchillas ähnliche Nagetiere) wieseln über die Felsen. Im zentralen Teil der Reserva liegt der Weiler Guallatire. Hier befinden sich eine Zuchtstation für Lamas, das CONAF-Verwaltungszentrum und eine Kirche des 17. Jahrhunderts. Südlich des Ortes erstreckt sich das **Monumento Natural Salar de Surire**. Am Rand dieser blendend weißen Salzpfanne nisten im Sommer drei verschiedene Flamingoarten. An seiner Westseite bietet ein CONAF-*refugio* rustikale Unterkünfte.

Der schneebedeckte Volcán Guallatire in der Reserva Nacional Las Vicuñas

Hotels und Restaurants im Norte Grande und Norte Chico *siehe Seiten 278f und 294f*

Pukarás und der Camino del Inca

Pukarás heißen die Festungen, die zwischen 1000 und 1450 in Nordchile erbaut wurden. Als im 11. Jahrhundert das im heutigen Bolivien basierte Tiwanaku-Reich zusammenbrach, wurden die Atacameño und Aymara des Norte Grande wieder unabhängig. Sie büßten jedoch den Frieden ein, der unter der Tiwanaku-Herrschaft Bestand hatte: Immer wieder führten die lokalen Machthaber Krieg um Ressourcen. Um die Handelsrouten zu schützen, bauten sie an strategischen Stellen Pukarás. Diese wurden jedoch um 1450 von den Truppen der Inka eingenommen, die die Handelsstraßen an den Camino del Inca anschlossen. Der 6000 Kilometer lange Inka-Weg führte durch das gesamte Inka-Reich.

Eine lange, umlaufende Mauer bildete die Grenze der Pukarás und ihre erste Verteidigungslinie.

Pukarás standen in strategischer Position an Hängen in felsigen Canyons und Oasentälern.

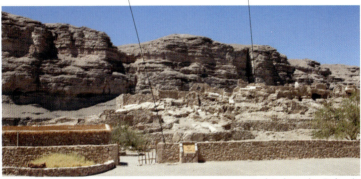

Architektur der Pukarás

Zu Friedenszeiten nutzten die Machthaber die Pukarás, um die aldeas (Dörfer) der Umgebung zu kontrollieren. In Kriegszeiten konnten die Dorfbewohner in den Festungen Schutz suchen. Deshalb findet man in den Pukarás von Lasana (siehe S. 175) und Quitor (siehe S. 178) neben Verteidigungsanlagen auch Wohnbereiche.

Die Familienbereiche in den Festungen waren rund oder rechteckig aus Trocken- oder Stein-Lehm-Mauern gebaut. Daneben standen kleinere Lagerhäuser, in denen Holz, Mais und andere Lebensmittel gebunkert wurden.

Enge Gänge verbanden das Labyrinth der Befestigungen mit den Wohnbereichen. Zu diesen gehörten mehrere Häuser, Lagerhäuser, Höfe, öffentliche Plätze und Pferche für die Lamas.

Pukarás lagen in Terrassen an den Hängen. Von den Hügelkuppen konnte man herannahende Feinde frühzeitig sehen. Die steilen Hänge brachten die Verteidiger in Vorteil.

Straßenkarte *siehe hintere Umschlaginnenseiten*

Parque Nacional Lauca

Der Parque Nacional Lauca bewahrt rund 1380 Quadratkilometer beeindruckende Altiplano-Wildnis. Die je nach Höhenlage verschiedenen Landschaften in Nordchiles malerischstem Schutzgebiet liegen zwischen 3200 Meter im Westen und mehr als 6300 Meter über dem Meeresspiegel im Osten. In dieser Hochgebirgsregion entdeckt man leuchtend blaue Bergseen, schneebedeckte Vulkane, Inseln aus Lava, Hochplateaus, winzige Aymara-Dörfer – und zahlreiche Wildtiere. Über 140 Vogelarten leben im Schutzgebiet, darunter straußenartige Nandus und drei Flamingoarten. Diese finden Nahrung und Nistplätze an den Ufern der Seen. Häufig sind auch wilde Vicuñas zu sehen.

Die Polsterpflanze Llareta wächst in großen Höhen

Termas de Jurasi
Die Thermalquellen liegen in einer felsigen Schlucht. Zur Anlage gehören kleine Becken mit heiß blubberndem Wasser, ein großes Becken, Umkleidekabinen und Toiletten.

Überblick: Parque Nacional Lauca

Der Parque Nacional Lauca ist per Mietwagen und bei organisierten Ausflügen zu erreichen oder mit den Bussen auf der Strecke Arica–Bolivien, die durch das Gebiet fahren. Im Park verläuft die Autobahn CH-11 in Ost-West-Richtung. Wanderwege führen zu den beliebten Zielen Parinacota, Lago Chungará und Laguna Cotacotani. CONAF-Stationen stehen in Las Cuevas, Parinacota (mit Besucherzentrum) und am Lago Chungará (mit refugio-Unterkunft).

Außerdem

① **In Las Cuevas** beginnt der Altiplano. Hier kann man hervorragend Wildtiere beobachten.

② **Cerro Choquelimpe** ist 4935 Meter hoch und kann in vier Stunden erklommen werden. Auf dem Gipfel hat man eine grandiose Aussicht auf die Seen und die Vulkane.

Vicuña
Im Parque Nacional Lauca streifen Herden der geschützten Vicuñas über die Puna (Hochwüste) und grasen an den Seeufern. Die Zahl der Vicuñas im Park stieg von knapp 1000 in den 1970er Jahren auf heute über 20 000 an.

Hotels und Restaurants im Norte Grande und Norte Chico *siehe Seiten 278f und 294f*

PARQUE NACIONAL LAUCA | 169

Infobox

Information
Straßenkarte B1. 165 km östlich von Arica. (058) 258 5704.
CONAF, Parinacota.
tägl. von Arica und Putre.
conaf.cl

Anfahrt
von Arica.

★ Volcán Parinacota
Vor der fantastischen Kulisse der Gipfelkegel der Vulkane Parinacota und Pomerape liegt der Lago Chungará. Der 6348 Meter hohe, schlafende Volcán Parinacota kann im Rahmen einer zweitägigen Wanderung bestiegen werden.

Laguna Cotacotani
Von der CH-11 aus sieht man das Gebiet mit den jadegrünen Seen, schwarzen Lavazungen und Schlackenkegeln. An den Ufern verlaufen malerische Wanderwege.

★ Parinacota
Der Aymara-Weiler Parinacota wartet mit einem Handwerkermarkt und einer Kirche aus dem 17. Jahrhundert auf, deren Fresken die Höllenqualen zeigen.

★ Lago Chungará
Der Lago Chungará auf 4570 Metern zählt zu den höchstgelegenen Seen der Welt. Rund um den traumhaft schönen knallblauen See stehen schneebedeckte Vulkane, an seinen Ufern lebt eine bunte Vogelwelt.

Legende
— Hauptstraße
== Piste
-- Wanderweg
-- Parkgrenze
—- Staatsgrenze

Zeichenerklärung *siehe hintere Umschlagklappe*

Iquique

Iquique gehörte früher zu Peru und wurde im Salpeterkrieg (1879–83) von Chile annektiert. Die schon damals wegen ihrer reichen Erzlager wichtige Stadt mit guter Infrastruktur entwickelte sich in der Folge zu Chiles Salpeterhauptstadt. In diesem Goldenen Zeitalter hatte Iquique angeblich den weltweit höchsten Champagnerverbrauch pro Kopf. Aus der Salpeterära sind bis heute Prachtstraßen und opulente Gebäude verblieben. Von der bedeutenden Hafenstadt erreicht man gut die nahen Nationalparks, Salpetergeisterstädte und Oasendörfer.

Blick von der Playa Cavancha auf die Skyline von Iquique

Palacio Astoreca
O'Higgins 350. (057) 252 6890. Mo–Fr 10–14, Sa 11–14 Uhr. nur Gruppen.

Der extravagante Palacio Astoreca ist ein schönes Herrenhaus im britischen Georgianischen Stil mit 27 Zimmern. Er wurde 1903 für einen Salpetermagnaten aus Douglasien erbaut, die aus den USA per Schiff importiert wurden. Im Inneren künden unter anderem Seidentapeten, eine Prachttreppe und ein Oberlicht aus Buntglas über der Empfangshalle von der glorreichen Vergangenheit des Palacio, der heute als Kulturzentrum dient. Hier finden gelegentlich Kunstausstellungen und Workshops statt. Eine sehenswerte Dauerausstellung zeigt unter anderem Wohnquartiere aus der Salpeterära mit Original-Jugendstilmöbeln. Eine weitere Sammlung umfasst Meeresmuscheln aus aller Welt und in allen Größen.

Teatro Municipal
Calle Thompson 269. (057) 254 4734. tägl. 9–18 Uhr.

Iquiques Teatro Municipal wurde im Jahr 1890 auf dem Höhepunkt des Salpeterbooms erbaut. An der klassizistischen Fassade des prächtigen Holzgebäudes symbolisieren weibliche Steinfiguren Theaterelemente wie etwa das Kostüm oder den Tanz. Die bemalte Kuppel des Foyers zieren allegorische Darstellungen der Künste Musik, Malerei, Tanz und Theater sowie Porträts von berühmten Dramatikern und Komponisten wie Shakespeare, Chopin und Mozart. Die Kuppeldecke über dem Zuschauerraum ist mit weiteren Theatermotiven ausgestaltet, z. B. Musikinstrumenten und Theatermasken, die Komödie und Tragödie symbolisieren. Neben der Bühne

Zentrum von Iquique
1. Palacio Astoreca
2. Teatro Municipal
3. Plaza Arturo Prat
4. Casino Español

Zeichenerklärung
siehe hintere Umschlagklappe

Hotels und Restaurants im Norte Grande und Norte Chico siehe Seiten 278f und 294f

IQUIQUE | 171

Das luxuriös ausgestattete Teatro Municipal

Infobox

Information
Straßenkarte B2. 316 km südlich von Arica. 220 000.
Sernatur, Anibal Pinto 436; (057) 241 9241; Mo–Fr 9–18, Sa 10–14 Uhr. Festival de la Canción de Iquique (Ende Jan). iquique.cl

Anfahrt
Aeropuerto Diego Aracena.

führt eine Treppe in das Bühnenhaus, wo alte hölzerne Flaschenzüge und Räder zur Bühnentechnik gehören.

Plaza Arturo Prat
Zwischen Calle Aníbal Pinto u. Avenida Baquedano.

Iquiques Hauptplatz liegt im Herzen des historischen Zentrums. Dominantes Bauwerk an der Plaza Arturo Prat ist die **Torre Reloj**. Der Uhrenturm wurde 1877 im Auftrag der englischen Gemeinde aus dem Holz von Douglasien erbaut. Er ist weiß bemalt und ragt in drei sich verjüngenden Stufen 25 Meter in den Himmel. Am Sockel erinnert eine Büste von Arturo Prat an diesen größten Seehelden Chiles. Er war der Kapitän der *Esmeralda*, die im Salpeterkrieg in der Schlacht von Iquique von der peruanischen *Huáscar* versenkt wurde. Prat und ein Großteil seiner Crew kamen in der Schlacht ums Leben, die aber dennoch einen Wendepunkt im Kriegsverlauf darstellte. In der Folge sicherte sich Chile die Herrschaft über Iquique und die lukrativen Salpetervorkommen des Gebiets.

Von der Plaza führt die **Avenida Baquedano** Richtung Süden. Sie säumen unter anderem opulente hölzerne Herrenhäuser englischer und deutscher Salpeterbarone aus dem späten 19. Jahrhundert.

Casino Español
Plaza Prat 584. (057) 233 3911. tägl. 12–16, 20–21.30 Uhr.

Das Casino Español wurde 1904 im Auftrag der spanischen Gemeinde erbaut – ein Holzgebäude im maurischen Stil, dessen Fassade arabische Bogen zieren. Die Innenräume erinnern an die maurischen Paläste Andalusiens, ist doch jeder Quadratzentimeter der Wände, Böden und Decken mit Arabesken und arabischen Schriftzügen verziert. Arabische Bogen und Säulen unterteilen die Säle, deren Böden mit farbenfrohen glasierten Fliesen bedeckt sind. Zum Dekor zählen zudem spanische Buntglasfenster, Spiegel und Statuen. An den Wänden des Restaurants zeigen acht riesige Ölgemälde des spanischen Künstlers Antonio Torrecilla von 1907 Szenen aus Miguel de Cervantes' berühmtem Roman *Don Quijote de la Mancha* (1605).

Torre Reloj an der Plaza Arturo Prat

Mall Zofri
Edificio de Convenciones, Zona Franca Zofri. (057) 251 5600. Mo–Sa 11–21 Uhr. zofri.cl

Von Iquiques Zentrum fahren *colectivos* die kurze Strecke nach Norden zur riesigen, zollfreien Zona Franca Zofri. Das schönste Einkaufszentrum ist dort die Mall Zofri, ein Hochglanz-Shopping-Mekka zwischen riesigen Großhandelslagern. Über 400 Läden verkaufen in der Mall preiswert Elektroartikel, Parfüm, Spielwaren, Mode und Sportswear, da diese zoll- und steuerfrei abgegeben werden dürfen.

Playa Cavancha
2 km südlich vom Stadtzentrum.
Casino de Iquique Avenida Arturo Prat 2755. (057) 257 7500. tägl. mundodreams.cl

Iquiques Hauptstrand ist vom Stadtzentrum aus zu Fuß zu erreichen und bei Surfern und Schwimmern beliebt. Der lange Sandstrand wird von einer Promenade begrenzt. Am Südende der Playa Cavancha locken das **Casino de Iquique** in einem Gebäude im Stil der Salpeterära und der familienfreundliche **Parque Temático** mit Lamas und Alpakas sowie Krokodilen, Wölfen und Aquarien. Am Südende befindet sich auch das Hotel- und Restaurantviertel **Peninsula Cavancha**. Mit dem Taxi erreicht man die weiter südlich gelegene, windige Playa Brava, ein Mekka für Sonnenhungrige.

In Iquiques zollfreier Mall Zofri erhält man (fast) alles

Straßenkarte *siehe hintere Umschlaginnenseiten*

❼ Humberstone und Santa Laura

Straßenkarte B2. 48 km östlich von Iquique; Ruta A16, km 3. ☏ (057) 276 0626. 🚌 von Iquique. ⏰ tägl. 9–19 Uhr. 🎫 Di–Sa; auf Anfrage. ♿ 📷

Verlassene Arbeiterquartiere in der Salpetergeisterstadt Humberstone

In den 1930er Jahren bauten britische Investoren Santa Laura und Humberstone als Wohnsiedlungen mit Freizeitangebot für die Arbeiter und das Management der umliegenden Nitratminen. Als die Salpeterwerke 1960 aufgrund der Übermacht synthetischen Ammoniaks schließen mussten, wurden beide Orte zu unheimlichen Geisterstädten. Heute gehören sie zum UNESCO-Welterbe und sind beliebte Touristenziele. Mehr Besucher zählt dabei Humberstone mit seinen stillen Straßen, leeren Plätzen, quietschenden Straßenschildern und verlassenen Gebäuden. Zu sehen sind hier Wohnhäuser für 3700 Arbeiter, ein Krankenhaus und eine Schule, ein Freibad und ein Sportfeld, ein Marktplatz, eine Kirche, ein Uhrturm und ein Theater mit 800 Plätzen. Dank der Informationstafeln an all diesen leeren Bauten kann man die Stadt gut auf eigene Faust erkunden. Neben der Siedlung stehen die rostigen Maschinen des Salpeterwerks.

Rund 1,5 Kilometer östlich von Humberstone zieht die kleinere Geisterstadt Santa Laura weniger Besucher an und wirkt deshalb noch öder. Ihr mächtiges Salpeterwerk mit Riesenschloten und Mühlen ist perfekt erhalten.

❽ Parque Nacional Volcán Isluga

Straßenkarte B1. 250 km nordöstlich von Iquique. ℹ️ CONAF; (057) 242 1352. 🚌 von Iquique nach Colchane: 16 km ab Park. ⏰ tägl. 8.30–19.30 Uhr. 🎫📷🏨⛺🏕
🌐 conaf.cl

Der Parque Nacional Volcán Isluga liegt abseits der üblichen Reisewege in Nordchile. Er schützt rund 1750 Quadratkilometer wilden Altiplano: leuchtend blaue Seen, einsame Aymara-Dörfer und mächtige Vulkane wie den 5550 Meter hohen Volcán Isluga. Die Hauptsehenswürdigkeiten liegen im Osttteil des Parks. Ihn erreicht man über die befestigte internationale Autobahn A-55, die von Iquique in das benachbarte Bolivien führt. Nahe dem Parkeingang stehen im Aymara-Dorf **Isluga** eine schöne Kirche aus dem 17. Jahrhundert und die Ruinen der präkolumbischen Festung Pukará de Isluga. Ebenfalls im Osttteil erreicht man von dem Aymara-Dorf Enquelga die Thermalquellen des Parks. In diesem Teil des Parks liegen zwei unberührte Seen: die Laguna Arabillo mit Wanderweg am Ufer und die Laguna Parinacota. Dort kann man gut Wildtiere sehen, etwa Flamingos und die gefährdeten Tarucas oder Andenhirsche.

Der wüstenhafte Volcán Isluga im Parque Nacional Volcán Isluga

❾ Termas de Mamiña

Straßenkarte B2. 125 km östlich von Iquique; Mamiña. 🚌 von Iquique.
🎫📷🏨⛺🏕
🌐 termasdemamina.cl

Die 2700 Meter hoch gelegenen Thermalquellen werden seit der Inka-Zeit genutzt, um Exzeme, Angstzustände, Atemwegserkrankungen und andere Leiden zu heilen. Hier entstanden im Lauf der Zeit verschiedene Einrichtungen, zu denen etwa die für ihre Schlammbäder berühmten **Baños Chinos** und die natriumreichen **Baños de Ipla** gehören. Unweit der Quellen liegt das Dorf Mamiña mit Steinhäusern, terrassierten Feldern und Inka-Ruinen. Die restaurierte **Iglesia de San Marcos** von 1632 ist wegen ihrer zwei Glockentürme einmalig unter den Kirchen der Anden.

Thermalpool in Termas de Mamiña

NORTE GRANDE | 173

❿ La Tirana

Straßenkarte B2. 72 km südöstlich von Iquique. 1300. Fiesta de La Tirana (Mitte Juli).

Das Oasendorf mit den Adobe-Häusern erwacht alljährlich im Juli für die bunte Fiesta de La Tirana zum Leben. Zu diesem religiösen Fest kommen rund 200 000 Gläubige aus ganz Chile nach La Tirana.

Die Ursprünge des Dorfes lassen sich bis in das 16. Jahrhundert zurückverfolgen. Damals regierte in dem Gebiet eine Inka-Fürstin und angebliche Christenverfolgerin. Die La Tirana (Tyrannin) genannte Herrscherin verliebte sich aber in einen portugiesischen Gefangenen und konvertierte schließlich selbst zum Christentum – dafür wurde das Paar von zornigen Untertanen am Hochzeitstag getötet. 1540 fand ein jesuitischer Missionar das Grabkreuz der Fürstin und ließ an jener Stelle eine Kirche errichten, die er nach der Fürstin und nach Chiles Nationalheiliger Iglesia de la Virgen del Carmen de la Tirana nannte. Von dieser Kirche aus verbreitete sich der Tirana-Kult. Zum **Santuario de la Tirana** gehören die heutige Holzkirche mit dem Marienschrein, die Plaza mit den Figuren Marias und der Fürstin sowie das Museo de la Virgen de la Tirana. Es zeigt Kostüme und Masken von der Fiesta de La Tirana.

🏠 **Santuario de la Tirana**
(057) 253 2836. ⏰ Mo–Fr 9.30–13, 15.30–20, Sa, So 9–20 Uhr. 🌐 fiestadelatirana.cl

Fiesta de La Tirana

Chiles größtes religiöses Fest basiert auf präkolumbischen Riten und bietet einen kleinen Einblick in die andine Kultur. Mit Kostümen und Tanz wird dabei die Virgen del Carmen gefeiert. Am ersten Tag betreten die Tänzer zu Trommel- und Blasmusik La Tiranas Kirche und bitten die Jungfrau um Erlaubnis zu tanzen. Danach folgen vier Tage voller frenetischer Tänze. Der Höhepunkt ist die Prozession, bei der ein Bild des Heiligen durch das Dorf getragen wird. Am letzten Tag verabschieden sich die Tänzer von der Jungfrau und rutschen auf Knien aus der Kirche hinaus.

Tänzer bei der Fiesta de La Tirana

Reife Früchte an einem Baum in einem Zitrushain in Pica

⓫ Pica

Straßenkarte B2. 114 km östlich von Iquique. 4700. Balmaceda 299; (057) 274 1841. La Fiesta de San Andrés (Ende Nov.). 🌐 pica.cl

In den Obstgärten des Oasendorfs Pica mit seinem Mikroklima wachsen regionale Sorten. Pica heißt in der Quechua-Sprache »Blume im Sand«. Selbst die stillen Straßen säumen außer Adobe-Häusern auch Obstbäume. Am Hauptplatz bewahrt die Iglesia de San Andrés von 1886 in ihrem Innenraum eine lebensgroße, holzgeschnitzte Darstellung des Letzten Abendmahls. Östlich des Platzes präsentiert das **Museo de Pica** jahrtausendealte Chinchorro-Mumien (siehe S. 165). Die Thermalwasserbecken der **Cocha Resbaladero** lockten schon im 16. Jahrhundert Besucher an.

🏛 **Museo de Pica**
Balmaceda 178. (057) 274 1665. ⏰ Mo–Fr 9–14, 15.30–18.30 Uhr.

💧 **Cocha Resbaladero**
Balneario Cocha Resbaladero. (057) 274 1173. ⏰ tägl. 8–20 Uhr.

⓬ Cerros Pintados

Straßenkarte B2. 96 km südöstlich von Iquique; El Cruce de Geoglifos de Pintados, La Panamericana. (057) 275 1055. ⏰ tägl. 9–16 Uhr.

Die kahlen Hänge der Cerros Pintados sind mit über 350 gigantischen Geoglyphen aus der Zeit von 500 bis 1450 n. Chr. gezeichnet. In jener Epoche führte eine Handelsroute durch die Region zur Pazifikküste. Die Geoglyphen umfassen riesige geometrische Formen sowie anthropomorphe und zoomorphe Darstellungen – etwa Fische, Lamas und Nandus. Man erreicht sie über einen fünf Kilometer langen Weg, der unterhalb der Hänge verläuft.

Fassade von La Tiranas Iglesia de la Virgen del Carmen de la Tirana

Straßenkarte *siehe hintere Umschlaginnenseiten*

⓭ Calama

Straßenkarte B2. 390 km südöstl. von Iquique. 147 000. Aeródromo El Loa de Calama. J. J. Latorre 1689; (055) 253 1707. Aniversario de la Ciudad de Calama (Ende März). **w** calamacultural.cl

Von Calama aus kann man die Kupferminen von Chuquicamata besichtigen. Die Geschichte der Oasenstadt in der trockensten Zone der trockensten Wüste der Welt reicht in präkolumbische Zeit zurück. Der Name Calama leitet sich von dem Atacameño-Wort *kara ama* – Wasser-Ort – ab. In den 1920er Jahren boomte Calama als Versorgungsstadt, geboten wurden auch ziemlich eindeutige Vergnügungen für die Grubenarbeiter. In der heute langweiligen Stadt bietet am Tag nur der Besucherpark **Parque El Loa** Unterhaltung. Dort steht ein Nachbau der Kolonialkirche von Chiu Chiu und präsentiert das Museo Arqueológico y Etnográfico Parque el Loa Artefakte aus der Zeit vor den Inka.

Parque El Loa
Avenida Bernardo O'Higgins s/n. (055) 253 1771. tägl. 10–19 Uhr.

⓮ Chuquicamata

Straßenkarte B2. 16 km nördlich von Calama; Entrada al Campamento, J.M. Carrera. (055) 232 2122. Mo–Fr 14 Uhr. **w** codelco.cl

Chuquicamata ist die größte Tagebaugrube der Welt und kann im Rahmen einer Führung besichtigt werden. Die gigantische Kupfermine ist rund drei Kilometer breit, fünf Kilometer lang und beeindruckende 1000 Meter tief. Was Saudi-Arabien in Bezug auf Erdöl, ist diese Grube in Bezug auf Kupfer: Winzigste Produktionsschwankungen lösen auf dem Weltmarkt Panik aus. Chuquicamata wird von Codelco geleitet. 20 000 Arbeiter stehen bei diesem größten staatlichen Unternehmen Chiles in Lohn und Brot, gearbeitet wird rund um die Uhr.

Altar in der Iglesia San Francisco de Chiu Chiu

Als größter Einzahler in die Staatskasse finanziert Codelco Chiles Gesundheits- und Bildungssystem. Jedes Jahr wird das riesige Loch in den Anden tiefer gegraben – das atemberaubende Ergebnis sieht man auf einstündigen Bustouren, die vorbei an Brech- und Schmelzanlagen zu einem Aussichtspunkt führen. Hier sieht man bis auf den Grund der Grube und in der Ferne die riesigen 400-Tonnen-Muldenkipper, die pausenlos das fast reine Kupferz an den terrassierten Wänden der Grube vom Felsengrund der Mine nach oben schaffen.

Abbaustufen und Schotterstraßen in der Kupfergrube Chuquicamata

⓯ Chiu Chiu

Straßenkarte B2. 36 km nordöstlich von Calama. Festival de Nuestra Señora de Lourdes (Mitte Feb).

Das von den Spaniern um das Jahr 1610 gegründete Chiu Chiu ist ein Oasendorf mit einfachen Adobe-Häusern und Türen aus Kaktusholz. Es liegt an den Tourrouten von Calama und vor allem von San Pedro de Atacama *(siehe S. 178)*. Chiu Chius **Iglesia San Francisco de Chiu Chiu** zählt zu Chiles schönsten und ältesten Kirchen. Die weiß getünchte Kirche mit den einen Meter dicken Adobe-Mauern wurde 1674 im spanischen Kolonialstil mit zwei Glockentürmen errichtet. Im gut erhaltenen Inneren sind Mini-Altäre sowie Heiligen- und Marienfiguren zu sehen. Auf dem von einer dicken Mauer umgebenen kleinen Kirchengrund liegt ein winziger Friedhof.

Ein Block neben dem Hauptplatz zeigt das **Museo Geológico de Chiu Chiu** interessante Steine und Fossilien.

Museo Geológico de Chiu Chiu
Do–Mo 10–13, 15–18 Uhr.

Hotels und Restaurants im Norte Grande und Norte Chico *siehe Seiten 278f und 294f*

⓰ Pukará de Lasana

Straßenkarte B2. 45 km nördlich von Calama; Pueblo Lasana, Valle Lasana. ◯ tägl. 9.30–17 Uhr.

Die Ruinen der Pukará de Lasana aus der Prä-Inka-Zeit liegen auf einem natürlichen Felsvorsprung über dem grünen Valle Lasana in einem ansonsten steinigen Canyon. Angehörige der Atacameño erbauten die Festung in einer Kriegsperiode im 11. Jahrhundert bei einem bereits bestehenden Dorf. Heute bilden die gut erhaltenen Ruinen ein Labyrinth aus Steinmauern, abgedeckten Häusern, Lagern, Höfen, engen Passagen und Befestigungen. Die Inka eroberten die Festung 1447 und bauten sie zu einem strategischen Verwaltungszentrum aus, über das sie das Tal kontrollierten. Sie verließen die Festung im 16. Jahrhundert mit Ankunft der Spanier.

⓱ Caspana

Straßenkarte C2. 84 km östlich von Calama. 480. La Virgen Candelaria (Anfang Feb).

Caspana ist eines der Oasendörfer auf dem hohen Pass zwischen Calama und San Pedro de Atacama. Es liegt auf 3260 Meter Höhe in einer steilen Schlucht eines Nebenflusses des Río Salado. Das heutige Adobe-Dorf mit den einfarbigen Stein-Lehm-Häusern war bereits vor Eintreffen der Inka und Spanier von den Atacameño besiedelt. Caspana lebt von der Landwirtschaft, die Reihen seiner grünen Terrassenfelder folgen im sanften Schwung den Konturen der unteren Berghänge. Das dort gezogene Wurzelgemüse wird auf dem Markt in Calama verkauft.

Am Dorfrand steht die 1641 aus Adobe und Kaktusholz erbaute **Iglesia San Lucas** vor einem kleinen Friedhof. Im **Museo Etnográfico** sind archäologische und ethnografische Exponate zu sehen. Die winzige Dorf-Plaza lockt mit schattigen Bänken und einem herrlichen Blick auf die felsige Schlucht, hellen Häuser und begrünten Terrassen.

🏛 Museo Etnográfico
Los Tres Alamos s/n. ☎ (055) 269 2147. ◯ Di–Fr 10–13, 14–18 Uhr, Sa, So 14–18 Uhr.

Aus den Géiseres del Tatio steigen Dampfschwaden auf

⓲ Géiseres del Tatio

Straßenkarte C2. 119 km östlich von Calama; Camino a Tatio. ◯ tägl.

Auf 4320 Meter Höhe schleudern die Géiseres del Tatio weiße Dampfsäulen in die dünne Bergluft. Rund 40 Geysire und 70 Fumarolen dampfen hier – Wunden in der Oberfläche eines ebenen geothermischen Beckens zwischen rostfarbenen Bergen und spitzen Vulkanen. Tief unter der Erde trifft hier ein kalter Fluss auf heißen, magmatischen Fels. Der heiße Dampf, der dadurch entsteht, schießt durch Risse in der Erdkruste nach oben und schließlich in weißen, bis zu zehn Meter hohen und 85 °C heißen Fontänen in die Luft.

Am besten besichtigt man die Geysire auf Geländewagentouren, die um vier Uhr morgens in San Pedro de Atacama beginnen. Wenn man bei Tagesanbruch am Geysirfeld ankommt, zeigt es sich von seiner beeindruckendsten Seite: Es grollt und grummelt, ächzt und stöhnt, bis die Dampffontänen schließlich lautstark in die Höhe schießen. Die halbtägigen Ausflüge zu den Géiseres del Tatio enden mit einem Bad in heißen Schwefelquellen. Bei ganztägigen Touren fährt man weiter nach Calama und besichtigt Caspana, Chiu Chiu und die Pukará de Lasana, bevor man wieder nach San Pedro de Atacama zurückkehrt.

Terrassierte Felder bei der alten Atacameño-Siedlung Caspana

Die atemberaubend schöne Landschaft der Atacama-Wüste *(siehe S. 178–180)* ▶

Eingang des Museo Arqueológico Gustavo Le Paige, San Pedro de Atacama

⓴ San Pedro de Atacama

Straßenkarte C3. 490 km südöstlich von Iquique. 5000. Toconao, Ecke Gustavo Le Paige. La Celebración de San Pedro (Ende Juli). W sanpedroatacama.com

San Pedro de Atacama ist das beliebteste Reiseziel in Nordchile. Das hübsche Oasendorf mit den lehmfarbenen Adobe-Häusern und ungeteerten Straßen lockt als malerischer Ausgangsort für Ausflüge in die fantastische Natur und zu interessanten archäologischen Stätten viele abenteuerlustige Besucher an. Der Ort liegt auf 2436 Meter Höhe in einem Becken zwischen der Cordillera Domeyko im Westen und den jüngeren Anden im Osten. Das Becken und die Berge sind Teil einer Landschaft, die sich in Stufen bis auf über 6000 Meter Höhe erstreckt. Wer hier mit Geländewagen, Mountainbike oder zu Pferd unterwegs ist, sieht blendend weiße Salzseen, Täler wie Mondlandschaften, Chiles höchste Vulkane, dampfende Geysirfelder, Bergseen und heiße Quellen sowie die Ruinen von Festungen und Dörfern aus der Prä-Inka-Zeit.

Auch San Pedro de Atacamas Wurzeln liegen in der Zeit vor den Inka. Es hat sich seinen bezaubernden Charme erhalten können – trotz der Urlauber, die hier ganzjährig kommen und trotz der vielen Unterkünfte in den engen Gassen, deren Bandbreite von Hostels zu Luxushotels reicht. Die **Iglesia San Pedro de Atacama** an der hübschen, baumbestandenen Plaza, ein weißer Adobe-Bau mit Türen aus Kaktusholz, stammt aus dem frühen 17. Jahrhundert. Die **Casa Incaica** gegenüber wurde für Chiles Gründer Pedro de Valdivia 1540 erbaut und ist das älteste Haus der Stadt. Das **Museo Arqueológico Gustavo Le Paige** präsentiert archäologische Exponate, etwa jahrtausendealte Körbe, Keramiken, Holzschnitzereien und steinerne Kultrequisiten mit Darstellungen von Göttern der Tiwanaku-Kultur (500–1500). Sie dienten zur Zubereitung von Halluzinogenen. Reisebüros säumen die Hauptstraße Caracoles.

Umgebung: Zu Pferd oder mit dem Mountainbike erreicht man von San Pedro de Atacama die **Pukará de Quitor**. Die Ruinen der Festung aus rotem Stein, die vor der Inka-Zeit in einer Kriegsperiode im 12. Jahrhundert gebaut wurde, liegen an einem steilen Hang oberhalb der grandiosen Schlucht des Río San Pedro. Sie umfassen eine Außenmauer, enge Passagen, Wohnquartiere, Gemeinschaftsplätze, Pferche und Kornspeicher. Ein Weg führt zum oberen Ende der Festung, wo die atemberaubende Aussicht über die Schlucht bis zu den Vulkanen und das Valle de la Muerte reicht.

Von der Pukará de Quitor aus gelangt man fünf Kilometer nördlich von **Catarpe** zu den Ruinen eines *tambo* (Inka-Verwaltungszentrum). Es ist schlechter erhalten als die Pukará, doch lohnt der Weg schon allein wegen der großartigen Aussicht auf die wilde Canyon-Landschaft.

🏛 **Museo Arqueológico Gustavo Le Paige**
Gustavo Le Paige 380. (055) 285 1002. Mo–Fr 9–18, Sa, So 10–12, 14–18 Uhr.

Pukará de Quitor
3 km nördlich von San Pedro de Atacama; Avenida Pukará. tägl. 8.30–18.30 Uhr.

Adobe-Kirche Iglesia San Pedro de Atacama

Sträucher und Pfefferbäume an der Plaza von San Pedro de Atacama

Hotels und Restaurants im Norte Grande und Norte Chico *siehe Seiten 278f und 294f*

⓴ Baños de Puritama

Straßenkarte C3. 30 km nordöstlich von San Pedro de Atacama; Camino al Tatio, km 32. 🚐 von San Pedro de Atacama. ⌚ tägl. 9.15–18 Uhr.

Eine Halbtagestour führt von San Pedro de Atacama zu den Baños de Puritama. Die angenehm 25–30 °C warmen Thermalquellen sprudeln in einer engen Schlucht in vulkanischen Becken. Vor Ort sind Umkleiden, zu den gestaffelt liegenden miteinander verbundenen Becken führen hölzerne Fußgängerbrücken.

VLT – eines der stärksten Teleskope der Welt am Observatorio Paranal

Sternegucken in der nördlichen Wüste

Fast nirgendwo ist der Himmel so klar wie über Chiles Wüste – ideal für die modernsten Observatorien der Welt. Zu besichtigen sind die Hightech-Einrichtungen am Cerro Mamalluca *(siehe S. 186)* und am Cerro Paranal *(siehe S. 181)*, wo mit dem VLT das bislang stärkste Teleskop der Welt stand. In dieser Eigenschaft wurde es 2013 vom mehrere Milliarden teuren ALMA (Atacama Large Millimeter Array) auf einem 5000 Meter hohen Plateau bei San Pedro de Atacama abgelöst. Das in Kooperation mit Chile von nordamerikanischen, europäischen und asiatischen Regierungen finanzierte größte astronomische Projekt der Welt ist ein Teleskop aus 66 Antennen mit je zwölf Meter Durchmesser und liefert zehnmal schärfere Bilder als das Hubble Space Telescope. Mit ALMA kann man zum ersten Mal Planeten und zehn Milliarden Jahre alte supermassereiche schwarze Löcher sehen.

Baden in einem Thermalbecken der Baños de Puritama

⓴ Aldea de Tulor

Straßenkarte C3. 9 km südwestlich von San Pedro de Atacama; Ayllo de Tulor, RN Los Flamencos. ⌚ Dez–März: tägl. 8.30–20 Uhr; Apr–Nov: tägl. 9–17.30 Uhr.

Aldea de Tulor lag 1500 Jahre unter Wüstensand, bis es 1982 ausgegraben wurde. Die roten Lehmruinen der Siedlung, die zu den ältesten mit sesshafter Bevölkerung in Chile gehört, sind 2800 Jahre alt. Die Atacameño verließen sie um 500 n. Chr. aufgrund fortschreitender Wüstenbildung in dem Gebiet. Heute sind die Mauern, Durchgänge und wabenförmig angeordneten Räume wieder teilweise oder ganz zu sehen. Die meisten Besucher erreichen Tulor von San Pedro de Atacama individuell auf dem Pferd oder auf dem Mountainbike, wobei sie die Atacama im Schatten mächtiger Vulkane durchqueren.

⓴ Salar de Tara

Straßenkarte C3. 100 km östlich von San Pedro de Atacama; Reserva Nacional Los Flamencos. ℹ️ Control de CONAF. 🌐 conaf.cl

Ein Abenteuer ist die anstrengende, aber einmalige Tour von San Pedro de Atacama zum Salar de Tara auf 4300 Meter Höhe. Trotz der Mühen wollen es viele Besucher nicht missen.

Schattenlose Pisten führen zur atemberaubenden weißen Salzpfanne des Salar de Tara, der eine Fläche von 48 Quadratkilometer umfasst und in dem Seen wie Edelsteine leuchten. In der grünen Vegetation leben zahlreiche Wildtiere, die sich gut beobachten lassen. Am Ufer rasten unter anderem Flamingos aller drei Arten, die in Chile vorkommen, Rüsselblesshühner *(Fulica cornuta)* und Andengänse *(Chloephaga melanoptera)*. Am Rand des Salar de Tara kann man Vicuña-Herden beim Grasen sehen.

Neolithische Siedlung aus Adobe-Lehm, Aldea de Tulor

㉓ Salar de Atacama

Straßenkarte C3. 10 km südlich von San Pedro de Atacama; RN Los Flamencos. ℹ Control de CONAF, Sector Soncor. 🌐 conaf.cl

Der Salar de Atacama bedeckt 3000 Quadratkilometer – die größte Salztonebene Chiles und zugleich die drittgrößte der Welt. Auf 2350 Meter liegt sie in einer riesigen Senke zwischen der Cordillera Domeyko und den Anden. Der *salar* bildete sich, als die Seen der Senke verdunsteten und auf der ebenen Fläche eine dicke, silbergraue Salzkruste hinterließen. Der Salar de Atacama ist nicht gleißend weiß wie andere Salzpfannen der Region, mit seinen tiefblauen Seen jedoch von bizarrer Schönheit. Die **Laguna Céjar** hat einen solch hohen Salzgehalt, dass Badende bewegungslos darin treiben können. An der seichten **Laguna Chaxa** faszinieren die Vulkankulisse, die permanente Flamingo-Population und die farbenprächtigen Sonnenuntergänge.

Umgebung: Gleich östlich des Salar de Atacama liegen auf 4000 Meter Höhe die **Laguna Miscanti**, **Laguna Miñeques** und **Laguna Lejía**. Sie sind traumhaft schön und ein Mekka für Vogelfreunde. Ebenfalls östlich des *salar* kann man in den Oasendörfern **Toconao**, **Peine** und **Socaire** frühkoloniale Kirchen, Prä-Inka-Ruinen und Petroglyphen bewundern.

Blick auf die Dünen und Vulkane des Valle de la Luna

㉔ Valle de la Luna

Straßenkarte B3. 19 km südwestlich von San Pedro de Atacama; Sector 6, Reserva Nacional Los Flamencos.

Das »Mondtal« ist eine eindrucksvolle Landschaft mit bizarren Felsformationen, Salzhöhlen, von der Natur geformten Amphitheatern und riesigen Sanddünen. Es liegt auf 2400 Meter Höhe in der Cordillera de la Sal (Salzgebirge) und kann auf einem gut markierten Rundweg erkundet werden. Er führt unter anderem zur Felsformation **Las Tres Marías**, die drei betenden Frauen gleicht, und zur **Duna Mayor**. Diese größte Sanddüne des Tals erklimmt man am besten bei Sonnenuntergang, wenn sich die umliegenden Andengipfel und Vulkane indigoblau, orange und rot verfärben, so etwa der Volcán Licancabur und der Volcán Láscar. Letzterer zählt zu Chiles aktivsten Vulkanen.

㉕ Valle de la Muerte

Straßenkarte B3. 10 km westlich von San Pedro de Atacama; Camino a Calama.

Das Valle de la Muerte (Tal des Todes) ist ein ödes Areal mit riesigen Sanddünen und roten Felsspitzen. Es wurde vor 23 Millionen Jahren, als die Anden noch aufgeworfen wurden, von der Erdkruste nach oben geschoben. Der Name des Tales ist keine Fehlbezeichnung: Es besitzt zwar reiche Mineralvorkommen, zählt aber zu den trockensten und unwirtlichsten Orten der Welt. Kein Leben ist hier bekannt. Geführte Ausflüge zum Valle de la Luna halten kurz an der Strecke am Valle de la Muerte. Man kann aber auch längere Ausritte (unter anderem im Mondschein) sowie Trekkingtouren von San Pedro de Atacama unternehmen und auf den Dünen des Tals sandboarden.

㉖ Antofagasta

Straßenkarte B3. 313 km südwestlich von San Pedro de Atacama. 348 000. ✈ Aeropuerto Cerro Moreno. ℹ Avenida Prat 384; (055) 245 1820. 🎉 El Día del Aniversario de Antofagasta (Mitte Feb). 🌐 municipalidadantofagasta.cl

Von der alten Hafenstadt Antofagasta aus werden Metalle und Mineralien aus der Atacama-Wüste über das Meer verschifft. Die 1869 gegründete Stadt gehörte zu Bolivien, bis sie im Salpeterkrieg an Chile fiel. Von hier wurden Silber, Salpeter und ab 1915 Kupfer von der Chuquicamata-Mine *(siehe S. 174)* verschifft. In den 1930er Jahren war Antofagasta Chiles modernste Stadt, heute wirkt es etwas vernachlässigt, besitzt aber immer noch viel Charme.

Im Zentrum steht an der Plaza Colón die neogotische Kathedrale von 1917. Der Uhrturm auf der Plaza, 1910 von der englischen Gemeinde der Stadt gespendet, erinnert sichtbar an den britischen Einfluss in Antofagasta. Gleich

Der riesige Salar de Atacama südlich von San Pedro de Atacama

Hotels und Restaurants im Norte Grande und Norte Chico *siehe Seiten 278f und 294f*

NORTE GRANDE | 181

Ruinas de Huanchaca, im Hintergrund Wohntürme von Antofagasta

nördlich der Plaza besitzt das **Museo Regional de Antofagasta** im alten Zollhaus von 1869 über 9000 Exponate, darunter Fossilien aus der Region, Objekte aus den alten Nitratminen und alte Möbel.

Am Ende derselben Straße liegt die **Ex-Estación El Ferrocarril de Antofagasta a Bolivia**. Der stillgelegte Bahnhof der Stadt wurde 1873 mit britischem Kapital erbaut und war die Endstation der Eisenbahnstrecke Antofagasta–Bolivien. Hier sieht man schottische Dampfzüge, englische Uhren und rote Telefonzellen. Noch heute passieren die mit Kupfer aus der Chuquicamata-Mine beladenen Züge den Bahnhof auf ihrem Weg zum Hafen. Ebenfalls in Hafennähe liegen die Salpeterwerft **Muelle Histórico Salitrero** von 1872 und Antofagastas Fischmarkt, der Terminal Pesquero. Auf dem Dach des Marktes hocken Dutzende Pelikane.

Rund acht Kilometer südlich des Stadtzentrums stehen die riesigen steinernen Überreste einer Silberraffinerie aus den Jahren 1888 bis 1892. Die faszinierenden **Ruinas de Huanchaca** liegen als intakte Anlage auf Terrassen an einem Wüstenhang. Zu sehen sind etwa eine steile zentrale Treppe, ein runder Turm, enge Passagen und Reihen steinerner Lagerhäuser. Das Casino Enjoy Antofagasta gegenüber der Anlage organisiert Besichtigungstouren (auch nachts). Der Casino-Bau bildet mit rundem Turm und gestufter Fassade das glamouröse Gegenstück zu den Ruinen und verschafft der Stätte eine pseudo-aztekische Symmetrie. Das Museum zeigt Objekte aus Geologie, Archäologie und Anthropologie, u. a. alte Maschinen zur Silberraffination.

🏛 Museo Regional de Antofagasta
Balmaceda 2786. (055) 222 7016. Di–Fr 9–17, Sa, So 11–14 Uhr. museodeantofagasta.cl

🏛 Ex-Estación El Ferrocarril de Antofagasta a Bolivia
Bolívar 255. (055) 220 6100. tägl. 8.30–19 Uhr.

🏛 Ruinas de Huanchaca
Avenida Angamos 01606. (055) 241 7860. von Antofagasta. Di–So 10–13, 14.30–19 Uhr.

㉗ La Portada
Straßenkarte B3. 16 km nördlich von Antofagasta; Ruta 5, Lado Norte. von Antofagasta. März–Dez: tägl.

Der Felsbogen La Portada (Das Tor) entstand in über sieben Millionen Jahren durch Erosion. An der malerischen Küste ist er von zwei Wanderwegen aus zu sehen. Der eine verläuft auf der Höhe der Klippen mit Blick auf den Bogen und die Küste, der andere führt von den Klippen hinab über Strände zum Fuß des Bogens.

㉘ Observatorio Paranal
Straßenkarte B3. 120 km südlich von Antofagasta; Cerro Paranal, Ruta B-710. (055) 243 5335. Sa 10, 14 Uhr. obligatorisch. eso.cl

Das Observatorio Paranal ist eine der modernsten astronomischen Anlagen der Welt, ein futuristischer Komplex aus weißen Gebäuden mit klaren Linien und runden Kuppeln. Es steht in 2600 Meter Höhe auf dem Cerro Paranal und wird vom European Southern Observatory (ESO) geleitet. Seine Hauptattraktion ist das **Very Large Telescope** (VLT; *siehe S. 179*). Dieses extrem starke optische Instrument besteht aus vier separaten Teleskopen, die zusammen eine gigantische Linse mit 200 Meter Durchmesser bilden. Sie gibt Objekte vier Milliarden Mal deutlicher zu erkennen als das menschliche Auge. Theoretisch könnte sie die Lichter eines Autos auf dem Mond als getrennte Lichtquellen sehen. Die zweistündigen Führungen umfassen eine astronomische Präsentation sowie Besichtigungen des VLT und dessen Kontrollzentrum. Einige Szenen des James-Bond-Films *Ein Quantum Trost* wurden hier gedreht.

Astronomische Anlagen des Observatoriums auf dem Cerro Paranal

Straßenkarte *siehe hintere Umschlaginnenseiten*

La Piscina, ein Strandabschnitt der Bahía Inglesa südlich von Caldera

㉙ Copiapó

Straßenkarte B4. 566 km südlich von Antofagasta. 158 000. Sernatur, Los Carrera 691; (052) 223 1510. Festival de la Virgen de la Candelaria (Feb). culturacopiapo.com

Copiapós Attraktionen stehen in Zusammenhang mit dem Silberbergbau, ansonsten bietet die Hauptstadt der Region Atacama nicht viel. 1832 entdeckte hier der Maultiertreiber Juan Godoy als Erster Silber. Seine Statue steht auf der Plaza vor der Iglesia de San Francisco (1872). Chiles erste, heute stillgelegte Eisenbahn transportierte ab 1851 das Silber von Copiapó zum Hafen von Caldera. Anfang 2015 beschädigte eine Schlammlawine einige der schönen alten Holzgebäude an der Avenida Manuel Matta.

An der zentralen Plaza steht die hölzerne klassizistische Kathedrale mit 1851 mit dem ungewöhnlichen dreistufigen Glockenturm. Im Westen der Stadt wurde der prächtige georgianische **Palacio Viña de Cristo** 1860 für einen Silberbaron erbaut. Das **Museo Mineralógico** und das **Museo Regional de Atacama** widmen sich der Geschichte und den Bodenschätzen der Region.

Museo Mineralógico
Colipi 333. (052) 220 6606. wegen Renovierung.

Museo Regional de Atacama
Atacama 98. (052) 221 2313. Mo–Fr 9–17.45, Sa 10–12.45, 15–17.45, So 10–12.45 Uhr. (So frei). nach vorheriger Anmeldung. museodeatacama.cl

㉚ Caldera

Straßenkarte B4. 80 km westlich von Copiapó. 14 000. Plaza Carlos Condell; (052) 231 6076. Sa. La Fiesta de Recreación (Mitte Juli). caldera.cl

Von der bunten Hafenstadt Caldera aus wurde ab dem späten 19. Jahrhundert das Silber verschifft, das mit der Eisenbahn von Copiapó transportiert wurde. Heute lockt sie mit einer malerischen Uferfront am glitzernden Ozean und mit idyllischen Stränden. An der Uferfront liegen der Fischerhafen **Terminal Pesquero** und der Fischmarkt. Dort servieren kleine Lokale frische Fischspezialitäten. Daneben präsentiert das **Museo Paleontológico** in Calderas altem Bahnhof von 1850 riesige Meeresfossilien, darunter einen zehn Millionen Jahre alten versteinerten Walschädel. Nur wenige Gehminuten südlich des Museums blickt die Kopie eines *moai* von der Osterinsel an der Uferfront auf das Meer. Im Herzen der Stadt steht die neogotische **Iglesia de San Vicente de Paul** von 1862 an der zentralen Plaza. Sie bewahrt ein Bildnis der Mater Dolorosa, der Schutzheiligen der peruanischen Armee, das im Salpeterkrieg (1879–83) von chilenischen Soldaten gestohlen wurde.

Umgebung: Südlich von Caldera liegt Nordchiles schönster Strand, die **Bahía Inglesa**. Die »Englische Bucht« heißt nach den englischen Piraten und Korsaren, die hier im 17. Jahrhundert zu ankern pflegten. Der weiße Sandstrand liegt an einem türkisfarbenen Meer und ist nur mit ein paar vereinzelten gehobenen Hotels und Restaurants bebaut.

Museo Paleontológico
Centro Cultural Estación Caldera, Wheelwright s/n. (052) 253 5604. Jan, Feb: Di–So 10–14, 16–22 Uhr; März–Dez: Di–Fr 10–13.30, 16–17.30, Sa, So 10–16 Uhr.

Bahía Inglesa
6 km südlich von Caldera. neben dem Hotel Rocas de Bahía. bahiainglesachile.com

㉛ Parque Nacional Pan de Azúcar

Straßenkarte B4. 194 km nordwestlich von Copiapó; Ruta C-120, km 27 ab Chañaral. conaf.cl

Der 438 Quadratkilometer große Park schützt seit 1985 die Küstenwüste. Die beeindruckende Küste mit langen weißen Stränden, geschützten Buchten und steilen Sandklip-

Wüstenlandschaft im Parque Nacional Pan de Azúcar

Hotels und Restaurants im Norte Grande und Norte Chico *siehe Seiten 278f und 294f*

NORTE CHICO | 183

Vögel auf der Laguna Santa Rosa im Parque Nacional Nevado de Tres Cruces

pen bietet einer großartigen Tierwelt Zuflucht. Hier lassen sich Delfine, Seelöwen, Humboldt-Pinguine, Möwen, Kormorane und Pelikane beobachten. Vor der Küste leben auf der **Isla Pan de Azúcar** Pinguine und andere Seevögel, die Insel ist auf Bootsausflügen zu erreichen. Im malerischen Fischerort **Caleta Pan de Azúcar** stehen Zeltplätze und Hütten zur Verfügung. Weiter im Inland sind Guanakos, Füchse, Adler, Kondore und über 20 Kaktusarten zu sehen. Landschaftliche Höhepunkte sind die Schluchten Quebrada del Castillo und Quebrada Pan de Azúcar sowie die Aussichtspunkte Mirador und Las Lomitas. Von dort blickt man über die Wüste, die Küste und auf das blaue Meer.

🟠 Parque Nacional Nevado de Tres Cruces

Straßenkarte B4. 151 km östlich von Copiapó. 📞 (052) 221 3404. 🛈 CONAF, Laguna del Negro Francisco. 🕐 tägl. 8.30–18 Uhr. 🚗 von Copiapó. 🎿 ⛰ 🌐 conaf.cl

Der faszinierende Nationalpark bewahrt rund 590 Quadratkilometer Altiplano-Wildnis mit blauen Seen, schneebedeckten Vulkanen und vielen heimischen Wildtieren. Die meisten Besucher fahren in den Nordsektor, wo rund um die tiefblaue salzige **Laguna Santa Rosa** in einer Senke die verschneiten Gipfel des Nevado de Tres Cruces aufragen. Ganz in der Nähe erstreckt sich mit dem blendend weißen Salar de Maricunga Chiles südlichste Salzpfanne.

Eine Piste für Geländewagen führt von der Laguna Santa Rosa in den weniger besuchten Südteil des Parks. Im wunderbar klaren Wasser der **Laguna del Negro Francisco** spiegelt sich der Kegel des Volcán Copiapó. Am See leben nicht nur alle drei in Chile vorhandenen Flamingoarten, sondern rund 30 weitere Vogelarten sowie leicht zu beobachtende Säugetiere wie Vicuñas, Guanakos, Viscachas und Andenschakale. Wanderwege führen rund um die Laguna Santa Rosa und die Laguna del Negro Francisco, wo ein CONAF-*refugio* zwölf Betten und Duschen bietet.

🟠 Laguna Verde

Straßenkarte C4. 265 km nordöstlich von Copiapó auf der CH-31 Richtung Grenzpass San Francisco nach Argentinien. 🛈 Sernatur, Los Carrera 691, Copiapó; (052) 221 2838. 🚗 von Copiapó. ⛰ **Volcán Ojos del Salado** 🕐 Okt–März.

Das Wasser der 4200 Meter hoch in den Anden gelegenen Laguna Verde wechselt je nach Licht und Tageszeit die Schattierungen seiner Grün- und Türkistöne. Am Westufer bieten Thermalquellen herrliche Entspannung. Rund um das Gebiet stehen beeindruckende Vulkane wie der El Muerto, Peña Blanca, Incahuasi, Barrancas Blancas und Vicuñas. Das Weiß ihrer schneebedeckten Gipfel und das Braun, Rot und Ocker ihrer Flanken ergänzen die Palette der stark kontrastierenden Farben des Gebiets. Die meisten dieser Gipfel sind nur schwer zu besteigen.

Der 6893 Meter hohe **Volcán Ojos del Salado** ragt über das südliche Becken der Laguna Verde auf. Dieser höchste Vulkan der Welt ist zugleich Chiles höchster Berg. Der Aufstieg ist nicht schwierig, jedoch anstrengend und erfordert Ausdauer.

Der Aufstieg auf den Ojos del Salado ist nur mit Genehmigung des chilenischen Auswärtigen Amts erlaubt. Es gibt mehrere Schutzhütten.

Das türkisfarbene Wasser der Laguna Verde

Straßenkarte *siehe hintere Umschlaginnenseiten*

La Serena

Chiles zweitälteste Stadt ist heute ein wichtiger Urlaubsort an der Küste. Kurz nach seiner Gründung 1544 wurde La Serena von Indianern zerstört. 1549 wurde es wieder besiedelt und später von Piraten geplündert – auch vom legendären englischen Freibeuter Bartholomew Sharp. In der Altstadt läuten die Glockentürme kolonialer Kirchen zwischen zeitgenössichen Häusern im spanischen Stil, an der Küste branden Wellen an goldene Strände. Moderne Gebäude säumen die Boulevards. Die Stadt an der Mündung des Río Elqui ist das Tor zum grünen Valle del Elqui.

Der Granitbrunnen in der Mitte der Plaza de Armas

Plaza de Armas
Museo Histórico Gabriel González Videla Matta 495. (051) 221 7189. Mo–Fr 10–18, Sa 10–13 Uhr. auf Anfrage (nur auf Spanisch). museohistoricolaserena.cl

La Serenas Hauptplatz markiert die Stelle der zweiten Stadtgründung durch den Konquistadoren Francisco de Aguirre (1507–1581). Hier steht die Catedral de La Serena. Auffällig rot-weiß gestaltet sind die neo-kolonialen Tribunales de la Justicia (Gerichtshöfe) und die Municipalidad (Rathaus) aus den 1930er Jahren. Der Brunnen des Bildhauers Samuel Román ziert die Mitte des Platzes. An einer Ecke steht die **Museo Histórico Gabriel González Videla** aus dem 19. Jahrhundert, der Familiensitz des ehemaligen Präsidenten Gabriel González Videla. Im ersten Stock sind persönliche Gegenstände des Präsidenten ausgestellt, das regionalgeschichtliche Museum residiert im zweiten Stock.

Catedral de La Serena
Plaza de Armas. **Museo Sala de Arte Religioso** Los Carrera 450. (051) 221 8543. Di–So 9–13, 15–18 Uhr.

Die klassizistische Fassade und der mächtige Turm von La Serenas Kathedrale ragen majestätisch an der Plaza de Armas auf. Die Kathedrale wurde 1844 unter Leitung des französischen Architekten Juan Herbage aus Kalkstein errichtet und bewahrt das Grab von Francisco de Aguirre. Das heutige Bauwerk steht an der Stelle einer älteren Kathedrale, die 1680 von Bartholomew Sharp zerstört wurde. Der englische Pirat ließ die Stadt drei Tage lang plündern, bevor er sie dem Erdboden gleichmachte. Schöne Buntglasfenster aus Frankreich schmücken die Wände der Kirche. Zum Anwesen gehört auch das sehenswerte **Museo Sala de Arte Religioso**. Es zeigt sakrale Kunst und Objekte aus dem 17. bis 19. Jahrhundert.

Catedral de La Serena

Iglesia de San Francisco
Balmaceda 640. (051) 221 8543. Di–Fr 8–13, 16–19 Uhr. **Museo de Colonial Iglesia San Francisco** Di–So 10.30–13 Uhr.

Die Iglesia de San Francisco wurde 1590–1627 erbaut und ist damit die älteste Steinkirche von La Serena. Sie ist auch das einzige Gotteshaus, das der Pirat Sharp nicht zerstörte. Die Kirche bekrönen ein Glockenturm und eine Kuppel, ihre Außenmauern zieren Barockmotive. Diese Form der Gestaltung gilt aufgrund der südamerikanischen Einflüsse als *mestizo*. Neben der Kirche präsentiert das **Museo de Colonial Iglesia San Francisco** sakrale Kunst aus der Zeit seit der Ankunft des Franziskanerordens in Chile im 16. Jahrhundert, darunter eine Bibel von 1538.

Museo Arqueológico
Cordovez, Ecke Cienfuegos. (051) 222 4492. Di–Fr 9.30–18, Sa 10–13, 16–19, So 10–13 Uhr. auf Anfrage (nur auf Spanisch). dibam.cl

Hinter seinem Barockportal aus dem 18. Jahrhundert zeigt das archäologische Museum präkolumbische Objekte aus dem Norte Chico, Norte Grande und von der Osterinsel. Zu sehen sind etwa Petroglyphen der El-Molle-Kultur (1–700 n. Chr.) und Keramiken der Diaguita aus der Ära von 1000 bis 1536. Zu den augenfälligsten Exponaten zählt die 1500 Jahre alte Mumie eines gekrümmten Körpers, die in der Atacama-Wüste bei Chiu Chiu (siehe S. 174) ausgegraben wurde, und ein drei Meter hoher *moai* von der Osterinsel.

Barockeingang zu La Serenas Museo Arqueológico

LA SERENA | 185

Desierto Florido

Leucocoryne im Desierto Florido

Wenn es alle vier bis fünf Jahre in einem Teil der Atacama regnet, beginnen die im Sand schlafenden Samen explosiv zu keimen. Dann verwandelt sich die eintönige Wüste über Nacht in den farbenprächtigen Desierto Florido (Blühende Wüste), dessen Teppich aus leuchtend blauen, roten, gelben und lila Blüten Insekten und Vögel sowie Tausende Besucher aus dem ganzen Land anlockt. In welchem Jahr der Desierto Florido auftritt, ist nicht voraussagbar, sicher ist nur, dass er sich zwischen September und November ereignet – zuletzt 2015.

Infobox

Information
Straßenkarte B5. 700 km südlich von Antofagasta. 211 000. Sernatur, Matta 461; (051) 222 5199. Aniversario de La Serena (Ende Aug.). turismolaserena.cl

Anfahrt
Aeropuerto La Florida.

Museo Mineralógico
Benavente 980. (051) 267 2210. Mo-Fr 10–18, Sa 10–13 Uhr. nur Nichtchilenen. auf Anfrage (nur auf Spanisch).

Das mineralogische und Bergbau-Museum der Universidad de La Serena besitzt mehr als 2000 Mineral- und Gesteinsproben. Sie wurden von dem Mineralogen Ignacio Domeyko gesammelt, der zur Boomzeit des Landes im 19. Jahrhundert nach Chile kam. Zu sehen sind hier u. a. Proben aus jeder wichtigen Bergbauzone des Landes. Von Gold bis Magnesium glitzern und schimmern Mineralien aus allen Gebieten in gläsernen Schaukästen. Besonders faszinierend sind die felsbrockengroßen, vielfarbigen Kristallproben und ein Meteorit, der 1861 in der Atacama einschlug. Zu sehen sind auch Mineralien aus anderen Kontinenten wie Europa, Asien und Afrika.

Blick auf moderne Wohnhäuser und den Sandstrand von La Serena

Avenida del Mar

La Serenas sechs Kilometer langer Küstenboulevard ist die florierende Restaurant- und Barmeile der Stadt. Die Avenida säumen auf der einen Seite Sandstrände, auf der anderen moderne Hotels, Wohnblocks, Bars und Restaurants. Im Sommer herrscht hier Tag und Nacht hektisches Leben, in der Nebensaison kann man vor allem bei Sonnenuntergang wunderbar spazieren. 20 Gehminuten vom Zentrum entfernt erreicht man auf der Avenida Francisco de Aguirre den **El Faro Monumental** am Nordende der Avenida del Mar. Hier lieben vor allem Surfer die hohen Wellen vor den einfachen Stränden. Südlich des Leuchtturms liegen die Hauptbadestrände **Playa 4 Esquinas** und **Playa Canto del Agua** mit vielen Bars und Restaurants.

Zentrum von La Serena
① Plaza de Armas
② Catedral de La Serena
③ Iglesia de San Francisco
④ Museo Arqueológico
⑤ Museo Mineralógico

Zeichenerklärung *siehe hintere Umschlagklappe*   Straßenkarte *siehe hintere Umschlaginnenseiten*

③⑤ Vicuña

Straßenkarte B5. 63 km östlich von La Serena. 🚗 24 000. 🚌 ℹ️ Gabriela Mistral, Ecke San Martin; (051) 241 9105. 🎭 Fiesta de la Vendimia (Feb). 🌐 municipalidadvicuna.cl

Die Kleinstadt Vicuña mit ihren Adobe-Häusern steht inmitten einer Bergkulisse im Tal des Río Elqui. Der Geburtsort der chilenischen Nobelpreisträgerin Gabriela Mistral *(siehe S. 30)* ist eine Pilgerstätte für Literatur- und Kunstfreunde. Das **Museo Gabriela Mistral** zeigt persönliche Besitztümer der Dichterin. Skulpturen nach Werken von Mistral zieren die Plaza von Vicuña. Dort steht auch der auffällige, eigentlich unpassende und doch hübsche bayerische Turm **Torre Bauer**. Er wurde 1905 im Auftrag von Vicuñas damaligem deutschstämmigen Bürgermeister Alfonso Bauer errichtet. In dem 1826 erbauten *cabildo* (Rathaus) neben dem Turm sind ein kleines historisches Museum und das Fremdenverkehrsbüro untergebracht. Ebenfalls an der Plaza steht die **Iglesia de la Inmaculada Concepción**. Die Decke der hellen Kirche von 1909 ist mit Fresken bemalt. Im Taufbecken der Kirche wurde Mistral 1889 getauft.

Zwei Blocks östlich der Plaza präsentiert die **Casa Museo El Solar de los Madariaga** in einem restaurierten Adobe-Haus von 1875 antike Möbel, Fotografien und Kunstgegenstände. Die **Planta Capel** am

Bemalte Fassade der Iglesia de la Inmaculada Concepción, Vicuña

Stadtrand ist Chiles größte *pisco*-Brennerei. Bei Führungen sehen Besucher die Weingärten, die Fabrikanlage und ein *pisco*-Museum. Auch eine Verkostung wird geboten.

🏛 Museo Gabriela Mistral
Gabriela Mistral 759. 📞 (051) 241 1223. 🕐 Jan, Feb: tägl. 10–19 Uhr; März–Dez: Mo–Fr 10–17.45, Sa 10.30–18, So 10–13 Uhr. 🌐 mgmistral.cl

🏛 Casa Museo El Solar de los Madariaga
Gabriela Mistral 683. 📞 (051) 241 1220. 🕐 Dez–März: Mi–Mo 10–14, 15–19 Uhr; Apr–Nov: Mi–Mo 11–13, 15–18 Uhr. 🌐 auf Anfrage (auf Spanisch, Englisch, Französisch). 🌐 solardelosmadariaga.cl

🏛 Planta Capel
Camino a Peralillo s/n. 📞 (051) 255 4396. 🕐 Jan, Feb: tägl. 10–19.30 Uhr; März–Dez: tägl. 10–18 Uhr. 🌐 centroturisticocapel.cl

③⑥ Observatorio Cerro Mamalluca

Straßenkarte B5. 9 km nordöstlich von Vicuña. ℹ️ Gabriela Mistral 260, Vicuña; (051) 267 0330. 🎟️ obligatorisch; Reservierung und Abfahrt beim Informationszentrum des Observatoriums in Vicuña. 🌐 turismoastronomico.cl

Zu den größten Attraktionen des Valle del Elqui zählt ein Blick ins All im faszinierenden Observatorio Cerro Mamalluca. Zu dem Komplex gehören riesige Teleskope und weiße Gebäude mit Kuppeln, die am Berg wie gigantische Golfbälle aussehen. Das Observatorium steht oberhalb von Vicuña am Cerro Mamalluca und kann im Rahmen von zweistündigen spanischen und englischen Führungen besichtigt werden. Besucher werfen durch die Linse der leistungsstarken Teleskope einen Blick auf die Tausende Lichtjahre entfernte Milchstraße, auf Planeten, kosmische Nebel, Sternhaufen, blaue und rote Sterne, auf die Ringe von Jupiter und Saturn und auf die Krater auf dem Mond. Dies alles erscheint fotografisch deutlich in einem Nachthimmel, wie er wohl nirgendwo auf der Erde klarer ist.

Vor dem Blick durch das Teleskop können Besucher zwischen zwei unterhaltsamen Hightech-Präsentationen wählen – über die Sterne, Planeten und das All oder die alte Kosmologie der indigenen Völker der Region.

Eines der Gebäude des Observatorio Cerro Mamalluca bei Vicuña, Valle del Elqui

Hotels und Restaurants im Norte Grande und Norte Chico *siehe Seiten 278f und 294f*

NORTE CHICO | **187**

Denkmal für die Dichterin Gabriela Mistral in Montegrande

❸⓻ Montegrande

Straßenkarte B5. 101 km östlich von La Serena. 🚗 600. 🚌 von La Serena und Vicuña.

Das winzige Andendorf Montegrande liegt am überaus malerischen Ostende des Valle del Elqui auf 1100 Meter Höhe. Hier zwängt sich das Tal, nur noch 400 Meter breit, zwischen die steilen, ariden Hänge der andinen Präkordillere. Dahinter bilden die schneebedeckten Gipfel der mächtigen Anden eine fantastische Kulisse.

In Montegrande verbrachte die Dichterin Gabriela Mistral ihre Kindheit. Sie war drei Jahre alt, als ihre Mutter und ihre Schwester mit ihr von Vicuña in den Weiler zogen. Das kleine Adobe-Haus, in dem Mistral wohnte, ist heute das **Museo de Sitio Casa-Escuela Gabriela Mistral**. Damals diente das Haus zugleich als Dorfschule. Zu sehen sind dort Möbel und persönliche Habseligkeiten der Dichterin.

Bevor Gabriela Mistral 1957 an Krebs verstarb, verfügte sie, dass sie im von ihr »geliebten Montegrande« bestattet würde. Ihr Grab liegt auf einer niedrigen Hügelkuppe nahe der Dorf-Plaza. An dem kleinen, von Bäumen gesäumten Platz steht auch eine 1879 erbaute Adobe-Kirche mit einem hohen Glockenturm. In der innen reich geschmückten Kirche erhielt Mistral die Heilige Erstkommunion.

🏛 Museo de Sitio Casa-Escuela Gabriela Mistral
⏱ Dez–März: Di–So 10–13, 15–19 Uhr; Apr–Nov: Di–So 10–13, 15–18 Uhr. 🚻 ♿

❸⓼ Pisco Elqui

Straßenkarte B5. 105 km südöstlich von La Serena. 🚗 500. 🚌 von La Serena und Montegrande.
🌐 piscoelqui.com

Das ausgesprochen hübsche Dorf liegt im Valle del Elqui auf 1250 Meter Höhe. Pisco Elqui hieß bei den Spaniern ursprünglich La Unión und wurde 1936 im Rahmen einer von der Regierung initiierten Werbekampagne für *pisco* umgetauft. Das Getränk ist das berühmteste Erzeugnis des Gebiets. Seit über einem Jahrhundert wird es von der bekannten **Destilería Pisco Mistral**, früher Solar de Pisco Tres Erres, mit Blick auf die Plaza produziert. Bei Führungen sieht man das *pisco*-Museum, die Produktion sowie die Abfüllung, zudem wird eine Verkostung geboten.

Das schönste Bauwerk des Dorfs ist die **Iglesia Nuestra Señora de Rosario** mit dem eleganten Holzturm an der begrünten Plaza. Rund herum erstreckt sich ein Netz von Straßen mit kleinen Häusern.

Destilería Pisco Mistral
O'Higgins 746. 📞 (051) 245 1358.
⏱ Jan, Feb: tägl. 12–19 Uhr; März–Dez: Di–So 12–17 Uhr.
🎫 🎥 stündlich. 🚻 🛒 📷
🌐 destileriapiscomistral.cl

Weitläufige Weingärten mit *pisco*-Trauben bei Pisco Elqui

Pisco

Pisco wurde von spanischen Siedlern im 16. Jahrhundert entwickelt und ist ein aromatischer, fruchtiger Weinbrand aus Muskatellertrauben. Chiles Nationalgetränk wird gerne als Pisco Sour getrunken – ein frischer Aperitif aus *pisco*, Zitronensaft und Zucker. *Pisco* wird aber auch gerne pur sowie als *piscola* genossen. Der Highball aus *pisco* mit Cola ist in Clubs überall auf der Welt ein beliebtes Getränk. In den Destillerien des Valle del Elqui können Reisende viele Sorten *pisco* probieren.

Pisco-Sorten der Planta Capel im Valle del Elqui

Straßenkarte *siehe hintere Umschlaginnenseiten*

Ovalle

Straßenkarte B5. 86 km südlich von La Serena. 107 000.
Victoria, Ecke Independencia; (053) 262 2108.
La Fiesta de Vendimia (März).
ovalleencantonativo.cl

Nur wenige Reisende kommen in das fruchtbare Valle del Limarí, dessen Plantagen und Felder zu einem großen Teil den ariden Norte Chico versorgen. Ovalle ist die größte Siedlung des Tals. Hier verkaufen Bauern täglich auf dem quirligen Stadtmarkt **Feria Modelo de Ovalle** ihre Erzeugnisse: Gewürze, Ziegenkäse, Obst und Fisch. Im Stadtzentrum steht seit 1888 die im Inneren reich verzierte **Iglesia de San Vicente Ferrer** mit dem hohen Glockenturm an der baumbestandenen Plaza. Das hervorragende **Museo del Limarí** präsentiert präkolumbische Exponate aus der Umgebung und Chiles beste Sammlung von Diaguita-Keramiken (1000–1536 n. Chr.).

Umgebung: Ovalle ist die ideale Basis für Ausflüge zu den Weingütern und Dörfern des Valle del Limarí. Westlich der Stadt liegt das malerische Oasendorf **Barraza** mit engen Adobe-Gassen und einer Kirche von 1681, in deren Wände die Gräber der ehemaligen Priester eingemauert sind. Ebenfalls im Westen bieten die Weingüter **Viña Tabalí** und **Viña Casa Tamaya** Besichtigungen und Weinproben an. Nördlich von Ovalle lockt die **Hacienda Los Andes** mit Reitausflügen, Zimmern im Kolonialstil, großem Naturreservat und Wegen zu einer verlassenen Goldmine. Rund drei Kilometer nördlich der Hacienda ist man im Obstdorf **Hurtado** auf subtropische Früchte und Marmeladen spezialisiert.

Eine historisch bedeutende Lavahöhle am Monumento Natural Pichasca

Museo del Limarí
Covarrubias, Ecke Antofagasta, Ovalle. (053) 243 3680.
Di–Fr 10–18, Sa, So 10–14 Uhr.
(So frei). auf Anfrage.
museolimari.cl

Viña Tabalí
Hacienda Santa Rosa de Tabalí, Ruta Valle del Encanto. (02) 2477 5535. Mo–Fr 10–18 Uhr, Sa, So auf Anfrage. tabali.com

Viña Casa Tamaya
Camino Quebrada Seca, km 9, Ovalle.
(053) 268 6014. tamaya.cl

Hacienda Los Andes
Río Hurtado, Hurtado.
(053) 269 1822.
haciendalosandes.com

Monumento Natural Pichasca

Straßenkarte B5. 55 km nordöstlich von Ovalle, Valle del Limarí. (09) 8923 0010. von Ovalle bis fünf Kilometer vor dem Eingang. tägl. 9–17.30 Uhr. von Ovalle.
conaf.cl

Das Monumento Natural Pichasca schützt zahlreiche paläontologische und archäologische Schätze, darunter einen versteinerten Wald mit versteinerten Baumstämmen, riesige Dinosaurierfossilien und 11 000 Jahre alte Felsbilder in Lavahöhlen. In dem Gebiet lebten um 8000 v. Chr. Jäger-Sammler-Gruppen. Die Touren beginnen am Besucherzentrum, das über die Tier- und Pflanzenwelt sowie die Vor- und Frühgeschichte des Gebiets informiert. Von dort führt ein drei Kilometer langer Fußweg durch die Stätte und zu lebensgroßen Replikaten gigantischer Dinosaurier, die die Region einst durchstreiften.

Die schattige Plaza de Armas in Ovalle

Hotels und Restaurants im Norte Grande und Norte Chico *siehe Seiten 278f und 294f*

❹ Monumento Nacional Valle del Encanto

Straßenkarte B5. 25 km südwestlich von Ovalle; D45, Valle del Encanto. (09) 468 5400. von Ovalle bis fünf Kilometer vor dem Eingang. Jan, Feb: tägl. 8.30–20 Uhr; März–Dez: tägl. 8.30–18 Uhr. von Ovalle.

Diesen alten Zeremonial- und Jagdgrund zieren Chiles schönste Petroglyphen der El-Molle-Kultur. Von einem markierten Rundweg sieht man über 30 Felsbilder, die um 700 n. Chr. mit scharfen Steinen in den Fels geritzt wurden – meist Strichzeichnungen mit menschlichen, zoomorphen, abstrakten und geometrischen Formen. Die besonders interessanten menschlichen Darstellungen zeigen Familien in verschiedenen Posen, deren Finger nach oben zur Sonne und nach unten zur Mutter Erde deuten. Die Schamanen und Götter sind mit Tiara und Kopfputz geschmückt. Die Petroglyphen wirken am meisten im Licht der Mittagssonne.

Ein weiteres geheimnisvolles Glanzlicht der Stätte sind die *piedras tacitas* – flache Steinplatten, auf denen große Muster aus identischen runden, tiefen Löchern bestimmten Sternenkonstellationen entsprechen. Experten vermuten, dass sie zur Zubereitung von Halluzinogenen oder für Opferhandlungen verwendet wurden oder mit Wasser gefüllt die Sternbilder auf der Erde widerspiegeln sollten. Besucher können im Freien campieren.

❷ Termas de Socos

Straßenkarte B5. 38 km südwestlich von Ovalle; Panamericana Norte, km 370. (02) 2236 3336. tägl. 8.30–19 Uhr (Spa). termasocos.cl

Zwischen den zerklüfteten Canyons des Valle del Limarí heißt das Thermalbad Termas de Socos Tages- und Übernachtungsgäste willkommen. Zum Angebot des Familienbetriebs gehören Massagen, Saunen, Thermalbäder und ein Pool zwischen Kakteen, Pfeffer- und Eukalyptusbäumen. Das Flair ist ländlich-kultiviert: Vom Pool blickt man zu felsigen Canyons, im weitläufigen Park schwirren Kolibris. Die Gäste schlafen in komfortablen Räumen. Preiswerter ist der abgeteilte Campingplatz mit eigenen Thermalbädern. Das Personal organisiert Ausflüge zum Monumento Nacional Valle del Encanto und Parque Nacional Bosque de Fray Jorge. Nachts bewundert man vom Observatorium des Spas oberhalb des Canyons die Sterne.

❸ Parque Nacional Bosque de Fray Jorge

Straßenkarte B5. 90 km westlich von Ovalle; km 26 de la Ruta Patrimonial. (09) 9346 2706. tägl. 9–16 Uhr. CONAF, Parkeingang. conaf.cl

Die Hauptattraktion dieses UNESCO-Biosphärenreservats ist der Rest eines Valdivianischen Regenwaldes. Er ist ein Überbleibsel des gemäßigten Regenwaldes, der vor rund 30 000 Jahren den ganzen Norte Chico bedeckte, bevor sich die Atacama nach Süden ausdehnte.

Der dichteste Waldabschnitt erstreckt sich über die westlichen Hänge der Küstenberge, die eine Höhe von bis zu 560 Metern erreichen, darunter der 500 Meter hohe nebli-

Plankenweg im Parque Nacional Bosque de Fray Jorge

ge Gipfel des Cerro Concovado. Der Wald konnte hier nur dank der starken Niederschläge an der Bergspitze überleben: Rund 120 Zentimeter Regen fällt hier jährlich im Vergleich zu zehn Zentimeter im semiariden Tiefland östlich des Berges. Am schönsten ist der Park zwischen Oktober und Dezember, wenn der Waldboden nach starken Regenfällen mit bunt blühenden Blumen bedeckt ist.

Vom Parkeingang, wo ein CONAF-Zentrum über die Flora des Gebietes informiert, führen eine Autoroute und ein zehn Kilometer langer Wanderweg hinauf zum Gipfel. Dort durchquert ein kurzer Plankenweg den dichten Wald. Am beeindruckendsten ist der Weg am Vormittag, wenn der Regenwald noch nebelverhangen ist.

Veranda mit Rohrstühlen in den Termas de Socos

Straßenkarte *siehe hintere Umschlaginnenseiten*

Seenregion und Chiloé

Zahlreiche blaue Seen erstrecken sich in der ganzen Seenregion zwischen smaragdgrünen Wäldern, schwelenden Vulkanen, blubbernden Thermalquellen, rauschenden Flüssen und Wasserfällen. Südlich des Gebiets lockt, durch einen schmalen Kanal vom Festland getrennt, der bezaubernde Archipel Chiloé mit nebligen Buchten, bunten *palafitos* und historischen Jesuitenkirchen. Bekannt ist die Insel auch für die komplexe Mythologie des indigenen Volks der Huilliche, die hier bis heute verbreitet und allgegenwärtig ist.

Die Seenregion wird im Norden durch den Río Biobío und im Süden durch den Canal de Chacao begrenzt. Der Meereskanal trennt das Gebiet vom Chiloé-Archipel. In präkolumbischer Zeit lebten in der Seenregion Mapuche-Gruppen und auf Chiloé die seefahrenden Chono. 1522 drangen die Spanier in die Region vor und gründeten die heute größten Städte des Gebiets, darunter Valdivia, Villarrica und Osorno. Die Region blieb jedoch eine Hochburg der Mapuche, bis Chile nach der Unabhängigkeit im Arauco-Krieg *(siehe S. 49)* den Widerstand der indigenen Völker erstickte. In das Gebiet drangen nun europäische Einwanderer vor, vor allem deutsche Siedler. Deren Einfluss ist deutlich an der Architektur, Kunst und Küche der Städte erkennbar, die sie in der Seenregion gründeten.

Ende des 19. Jahrhunderts beflügelte der Eisenbahnbau die Land- und Waldwirtschaft und die Häfen des Gebiets. Temuco stieg zum wichtigsten Handelsplatz der Seenregion auf. Im Chiloé-Archipel bildet der Fischfang (vor allem Lachszucht) seit je die wirtschaftliche Grundlage. Heute kurbelt dazu der Fremdenverkehr in der Seenregion und auf Chiloé die Wirtschaft an.

Die Nationalparks der Region locken mit großartigen Sportmöglichkeiten. Hier kann man an Vulkanen Ski fahren und durch uralte Araukarienwälder reiten. Die Tore zu den Nationalparks sind die Städte an den Seen, in denen noch heute schöne Häuser in deutschem Baustil stehen. Auf Chiloé faszinieren die reiche Mythologie, die charakteristische Küche und die lebensprühenden Feste des Archipels.

Hölzerne Jesuitenkirche von Degan aus dem 17. Jahrhundert, Ancud, Chiloé

◀ Bunt bemalte Fischerboote bei Ancud, Chiloé *(siehe S. 218)*

Überblick: Seenregion und Chiloé

Im Osten der Seenregion schützen die Nationalparks Conguillío, Vicente Pérez Rosales, Villarrica und andere Reservate Seen-, Vulkan- und Waldlandschaften. An den Seen sind Ortschaften und Städte ideale Zwischenstationen. Pucón ist das Mekka der Abenteuerurlauber, Frutillar und Puerto Varas wurden von deutschen Einwanderern geprägt. Temuco und Villarrica sind alte Mapuche-Städte. Westlich der Berge fällt das Land in ein zentrales Tal und weiter zur Pazifikküste ab, wo die schöne Hafenstadt Valdivia von historischen Festungen beschützt wird. Weiter südlich ist es von Puerto Montt mit der Fähre nur ein Katzensprung zum Chiloé-Archipel mit den schönen Jesuitenkirchen und hölzernen *palafitos*.

Rafting auf dem Río Petrohué, Parque Nacional Vicente Pérez Rosales

Sehenswürdigkeiten auf einen Blick

Orte und Städte
- ❶ *Temuco S. 194f*
- ❽ Villarrica
- ❾ Pucón
- ⓯ Licán Ray
- ⓰ Coñaripe
- ⓱ Panguipulli
- ⓳ *Valdivia S. 206f*
- ㉓ Osorno
- ㉗ Puerto Octay
- ㉘ Frutillar
- ㉙ Puerto Varas
- ㉛ *Puerto Montt S. 216f*
- ㉝ Calbuco
- ㉞ Ancud
- ㊱ *Castro S. 220f*
- ㊳ Dalcahue
- ㊴ Curaco de Vélez
- ㊵ Achao
- ㊶ Chonchi
- ㊷ Quellón

Ferienorte und Thermalbäder
- ❸ Termas de Malalcahuello
- ❹ Skizentrum Corralco
- ㉕ Termas de Puyehue

Nationalparks, Schutzgebiete und Naturdenkmäler
- ❷ Parque Nacional Tolhuaca
- ❺ *Parque Nacional Conguillío S. 198f*
- ⓬ Parque Nacional Huerquehue
- ⓭ Santuario El Cañi
- ⓮ *Parque Nacional Villarrica S. 202f*
- ㉑ Santuario de la Naturaleza Carlos Anwandter
- ㉔ Parque Nacional Puyehue
- ㉚ *Parque Nacional Vicente Pérez Rosales S. 214f*
- ㉜ Parque Nacional Alerce Andino
- ㊲ Parque Nacional Chiloé

Landschaften
- ❼ Nevados de Sollipulli
- ❿ Lago Caburgua
- ⓫ Ojos del Caburgua
- ⓲ Reserva Biológica Huilo-Huilo
- ㉒ Lago Ranco
- ㉖ Lago Llanquihue
- ㉟ Monumento Natural Islotes de Puñihuil

Weitere Sehenswürdigkeiten
- ❻ Parque Pewenche Quinquén
- ⓴ Festungen bei Valdivia

An Castros Uferfront stehen bunte Häuser auf Pfählen, Chiloé

In der Seenregion und auf Chiloé unterwegs

Die gut geteerte Panamericana (Ruta 5) führt durch die ganze Seenregion. Dort verbinden Überlandbusse größere Städte, kleinere *micros* Orte an den Seen mit großen Nationalparks. Für abgelegenere Ziele in den Andenvorbergen ist ein robuster Wagen, am besten mit Vierradantrieb, nötig. Täglich verbinden Flüge Santiago mit Temuco und Puerto Montt, wo Busse mit der Fähre über den Canal de Chacao nach Chiloé übersetzen. Regelmäßig verkehrende Busse und Fähren verbinden die Orte im Archipel.

SEENREGION UND CHILOÉ | 193

❶ Temuco

Im Herzen des alten Mapuche-Landes entstand Temuco aus einem Fort des 19. Jahrhunderts. Die Stadt selbst wurde offiziell 1881 gegründet und wuchs durch den Bau der Eisenbahn und durch europäische Immigranten schnell an. Heute ist Temuco ein Handelszentrum mit geschäftigen Plazas und Museen – und mit farbenprächtigen Märkten von Mapuche-Händlern und -Kunsthandwerkern. Die Stadt ist ein idealer Ausgangsort für Ausflüge in die herrliche Landschaft der Umgebung.

Blick vom Gipfel des Cerro Ñielol auf das urbane Temuco

🏛 Museo Regional de la Araucanía
Avenida Alemania 084. ☎ (045) 274 7948. ⏲ Di–Fr 9.30–17.30, Sa 11–19, So 11–14 Uhr. ♿ 📷
🌐 museoregionalaraucania.cl

Das Museum in einer Villa von 1924 dokumentiert mit rund 3000 archäologischen, ethnografischen und historischen Exponaten die blutige Geschichte Araukaniens. Es besitzt Chiles beste Mapuche-Sammlung, darunter Webarbeiten und Schmuck aus dem 19. Jahrhundert. Zu sehen sind aber auch Feuerwaffen der Konquistadoren, sakrale Objekte aus dem 17. Jahrhundert, alte Fotografien von Temuco und die lebensgroße Rekonstruktion einer *ruca*, einer strohgedeckten Gemeinschaftshütte.

🌳 Monumento Natural Cerro Ñielol
Avenida Arturo Prat s/n. ☎ (045) 229 8222. ⏲ tägl. 8–21 Uhr. 🅿 auf Anfrage. ♿ 🚻 📷

An einer geschützten Flanke des Cerro Ñielol wächst wie einst in ganz Araucanía artenreicher gemäßigter Regenwald. Lehrpfade führen durch immergrüne Coigüe- und Arrayán-Wälder sowie zu Lagunen mit einer reichen Vogelwelt.

Das Denkmal **La Patagua del Armisticio** erinnert an den Waffenstillstand von 1881 zwischen den Mapuche und der chilenischen Regierung. Dabei gaben die Mapuche Territorium für die Gründung von Temuco frei. Vom Hügel hat man einen schönen Blick auf die Stadt.

🏛 Plaza Teodoro Schmidt
Avenida Arturo Prat, Ecke Lautaro.

An der Eichen und Palmen beschatteten Plaza Teodoro Schmidt steht die Büste des Architekten aus dem 19. Jahrhundert, nach dem der Platz benannt ist. In einer anderen Ecke ist die hübsche **Iglesia Anglicana Santa Trinidad** eines der ältesten verbliebenen Bauwerke von Temuco. Die Kirche mit dem spitzen Turm und der verwitterten weißen Holzverschalung wurde 1906 von anglikanischen Missionaren aus England errichtet, die die Mapuche missionieren wollten.

Auf der Plaza stellen jedes Jahr im Februar Kunsthandwerker auf der bedeutenden **Feria Arte** Holzschnitzereien, Keramiken und Webarbeiten aus ganz Chile aus.

🏛 Mercado Municipal
Zwischen Calle Diego Portales, M. Rodriguez, Aldunate und Avenida M. Bulnes. ☎ (045) 297 3445. ⏲ Apr–Sep: Mo–Sa 8–18, So 8.30–15 Uhr; Okt–März: Mo–Sa 8–20, So 8.30–15 Uhr. 📷

Die Halle des Mercado Municipal vereint die Eleganz des frühen 20. Jahrhunderts mit der Lebensart des modernen Chile. Die Markthalle von 1930 ziert ein zentraler Brunnen unter einem gusseisernen Dach im englischen Stil. Die Händler präsentieren liebevoll gestapelte Pyramiden mit exotischen Früchten, Gestelle mit frischem Fleisch und Reihen mit aromatischen Gewürzen. In der Mitte verkaufen einheimische Handwerker hochwertige Wolle, Webarbeiten und Holzschnitzereien. Nirgendwo in Temuco bekommt man bessere Meeresfrüchte.

🏛 Plaza Aníbal Pinto
Avenida Arturo Prat, Ecke Claro Solar. ♿

An Temucos Hauptplatz stehen heimische Bäume und exotische Palmen sowie in der Mitte das **Monumento a la Araucanía**. Die Skulptur aus Bronze und Stein gedenkt der verschiedenen Siedler in diesem Gebiet. Das Monument wird von der Figur einer *machi* (Ma-

Das runde Tor zu Temucos emsigen Mercado Municipal

Hotels und Restaurants in der Seenregion und auf Chiloé *siehe Seiten 279f und 295–297*

TEMUCO | 195

Obst- und Gemüsestände in der Feria Libre Aníbal Pinto

puche-Schamanin) bekrönt, die von vier weiteren Figuren flankiert wird: ein Mapuche-Jäger mit Speer, ein spanischer Konquistador mit Kreuz, ein Soldat des 19. Jahrhunderts und ein Siedlerbauer. Der Sockel, eine stilisierte Felswand, symbolisiert die Anden. Hinter dem Denkmal kann man auf der Dachterrasse der kleinen **Galería Municipal de Arte Plaza Aníbal Pinto** sitzen. Hier steht auch die Kathedrale.

Feria Libre Aníbal Pinto
Ave. Aníbal Pinto, Ecke Balmaceda. tägl. 7–17 Uhr.
Temucos bäuerlicher Freiluftmarkt bietet ein intensives Erlebnis. Fieberhaft feilschende Händler bieten hier intensiv duftenden Käse, Kräuter, Gewürze, Gemüse, Obst und *pehuen* (Araukariensamen) an, ein Grundnahrungsmittel der Mapuche. Mapuche-Frauen aus den Außenbezirken verkaufen in Grüppchen Mehl, Eier und *mote* (geschälter Weizen). In der Mitte des Marktes servieren kleine Lokale regionale Spezialitäten wie *pastel de choclo (siehe S. 287)* und Meeresfrüchte. Im Außenbereich findet man *huaso*-Hüte, Steigbügel und Sporen.

Museo Nacional Ferroviario Pablo Neruda
Avenida Barros Arana 0565. (045) 297 3941. Apr–Sep: Di–Fr 9–18, Sa 10–18, So 11–17 Uhr; Okt–März: Di–Fr 9–18, Sa, So 10–18 Uhr.
museoferroviariotemuco.cl

Chiles Eisenbahnmuseum im alten Hauptsitz der staatlichen Eisenbahn ist eine UNESCO-Welterbestätte. Seine Haupt-

Der Präsidentenzug im Museo Nacional Ferroviario Pablo Neruda

Infobox

Information
Straßenkarte D2. 620 km südlich von Santiago. 245 000.
Bulnes 590. (045) 231 2857. El Show Aniversario de Temuco (Mitte Feb).
temucochile.com

Anfahrt

attraktion ist die alte **Casa de Máquinas**. Der ovale Lokschuppen wurde 1929–43 für die Wartung der Lokomotiven gebaut, heute stehen hier alte Züge. Der Präsidentenzug z. B. wurde 1920 in Deutschland gefertigt und bis 2004 von allen chilenischen Präsidenten genutzt – außer von Pinochet. Im opulenten Inneren des Zuges sieht man das Präsidentenabteil, von dem eine versteckte Tür direkt in das Schlafzimmer der Präsidentengattin führt. Im alten Verwaltungsteil hängen sehenswerte historische Fotos.

Das Museum heißt nach Temucos berühmtestem Sohn, Pablo Neruda *(siehe S. 91)*. Dessen Vater war sein Leben lang bei der Eisenbahn angestellt. Nerudas Oden an Chiles Eisenbahn schmücken die Tafeln in diesem großen, gepflegten, schönen Museum.

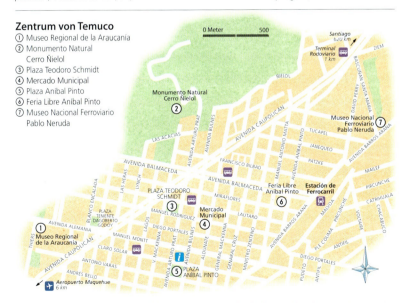

Zentrum von Temuco
1. Museo Regional de la Araucanía
2. Monumento Natural Cerro Ñielol
3. Plaza Teodoro Schmidt
4. Mercado Municipal
5. Plaza Aníbal Pinto
6. Feria Libre Aníbal Pinto
7. Museo Nacional Ferroviario Pablo Neruda

Zeichenerklärung siehe hintere Umschlagklappe   *Straßenkarte siehe hintere Umschlaginnenseiten*

❷ Parque Nacional Tolhuaca

Straßenkarte E1. 130 km nordöstlich von Temuco; Acceso 1, Straße über Dorf Inspector Fernández. ☎ (02) 2840 6830. 🚌 von Temuco. ℹ CONAF-Büro nahe dem Südosteingang zum Park. 🕐 tägl. 8.30–19 Uhr. 🌐 conaf.cl

Weit im Norden der Seenregion schützt der Parque Nacional Tolhuaca abseits der üblichen Besucherrouten eine malerische Landschaft in den 700 bis 1800 Meter hohen Vorbergen der Anden. Im Park wächst ein wilder gemäßigter Regenwald mit Araukarien (Araucaria araucana). Wanderwege führen durch unberührte Wälder und bieten großartige Möglichkeiten zur Vogelbeobachtung. Relativ leicht erspäht man etwa Smaragdsittiche (Microsittace ferruginea), mehrere Entenarten und Andenkondore. Beliebte Sportarten im Park sind Wandern, Fischen und Schwimmen. Der populärste Wanderweg, der **Sendero Salto Malleco**, führt um das Nordufer des Lago Malleco und weiter durch den heimischen Wald zum 50 Meter hohen Wasserfall Salto Malleco.

Ebenso reizvoll ist eine Wanderung um die 1300 Meter hoch gelegene **Laguna Verde**. Diese ist von kleinen Wasserfällen und wenig dichten Araukarienwäldern umgeben. Auf dem **Sendero Lagunillas** gelangt man in einem leichten Aufstieg zu mehreren Bergseen, wo der Rundumblick auch auf den 2806 Meter hohen Volcán Tolhuaca fällt. Gute Planung ist für die Tagestour zwingend erforderlich. Im Park verlaufen noch weitere Wanderungen: Der **Sendero Mesacura** etwa führt durch dichten Wald. Auch diese Wanderung muss als Tagestour geplant werden.

Gleich südlich des Parks liegen in einer Schlucht die Thermalbecken der **Termas Malleco**. Die natürlichen Saunen aus Felsen und schwefelhaltigem Dampf bieten nach einer langen Wanderung ideale Entspannung. Die früher als Termas de Tolhuaca bekannten Anlagen wurden vor Kurzem umfassend renoviert und modernisiert. Sie stehen sowohl Tagesgästen als auch Hotelgästen zur Verfügung. Die Gästezimmer wirken heute ausgesprochen einladend.

Termas de Malalcahuello am Fuß des Vulkans Lonquimay

❸ Termas de Malalcahuello

Straßenkarte E1. Ruta Bioceánica CH-181, km 86, Región de la Araucanía, Malalcahuello. ☎ (045) 197 3550. 🚌 von Temuco. 🕐 tägl. 9–21 Uhr. 🌐 malalcahuello.cl

Der moderne Thermalbadkomplex Termas de Malalcahuello liegt wunderbar in einem dicht bewaldeten Tal am Fuß des 2865 Meter hohen Volcán Lonquimay. Hier heißt man Tages- und Übernachtungsgäste willkommen. Geboten werden drei Hallenthermalbecken, deren stark mineralhaltiges Wasser aus den Tiefen der Erde nach oben sprudelt und zwischen 37 °C und 43 °C heiß ist. Von den Becken blickt man durch deckenhohe Panoramafenster auf das fruchtbare Valle de Lonquimay und den schneebedeckten Gipfel seines Vulkans. Von der breiten Sonnenterrasse reicht die Aussicht über das Tal.

Zu den Anwendungen zählen Wein-, Honig- und Warmsteinmassagen, Kräuter- und Schlamm- sowie Dampfbäder. Die Palette der Unterkünfte reicht von Zimmern in einem Hotel im Berghüttenstil über Blockhütten bis zu Familienbungalows. Örtliche Buslinien und Privattransporte pendeln zwischen den Termas de Malalcahuello und dem nahen Skizentrum Corralco.

Die Araukarie (Araucaria araucana), eine der ältesten Baumfamilien

❹ Skizentrum Corralco

Straßenkarte E1. Volcán Lonquimay, Camino a RN Malalcahuello. (02) 2206 0741. Mitte Juni–Sep: Fr–So 9–17 Uhr; Okt–Mitte Juni: tägl. 9–17 Uhr. corralco.com

Das malerische Corralco zählt zu Chiles jüngsten Skigebieten. Hier wedeln Skifahrer am Volcán Lonquimay über zahlreiche Pisten unterschiedlichsten Schwierigkeitsgrads. Könner lieben die Freeride-Routen. Für Snowboarder stehen Strecken mit teils steilen Drops zur Verfügung. Langläufer finden mehrere Loipen. Im Sommer bietet Corralco Möglichkeiten zum Wandern, Reiten und Mountainbiken. Im Ort findet man eine Skischule, eine Lodge und einen Skiverleih.

❺ Parque Nacional Conguillío

Siehe S. 198f.

❻ Parque Pewenche Quinquén

Straßenkarte E2. I. Carrera Pinto 110. (045) 289 1110.

Hoch in den Vorbergen der Anden bilden fünf Gemeinden der zum indigenen Volk der Mapuche gehörenden Pehuenche den Parque Pewenche Quinquén. Besucher werden am Ufer der Seen Galletué und Icalma empfangen, können Mapuche-Speisen probieren und Kunsthandwerk kaufen. In den umliegenden Araukarienwäldern verlaufen fünf Wanderwege. Unterwegs erklären Führer, warum die Bäume für die Mapuche heilig sind und wie sie Nahrung und Arzneimittel liefern. Wer sein Zelt dabeihat, kann es in der Nähe aufschlagen.

❼ Nevados de Sollipulli

Straßenkarte E2. Nevados de Sollipulli Dome Camp, Camino hacia Carén Alto. (045) 227 6000. sollipulli.cl

Schneeschuhwandern in den steilen Nevados de Sollipulli

An nur wenigen Orten in Chile können Reisende die geologischen Kräfte der Natur deutlicher sehen als am 2282 Meter aufragenden **Volcán Sollipulli**. Der Vulkan gehört zur Gebirgskette Nevados de Sollipulli nahe der chilenisch-argentinischen Grenze. Seinen uralten Krater füllt ein zwölf Quadratkilometer großer Gletscher – es sind dies die Hauptelemente, die für die Bildung der Anden verantwortlich waren.

Eine Tageswanderung auf den Krater führt durch dichten Araukarienwald. Oben reicht der Blick auf Andengipfel, klare Flüsse und zahllose Nebenkrater. Bei einer anderen zweitägigen Rundwanderung geht man mit Schneeschuhen auf dem Gletscher. Alle Touren beginnen im **Nevados de Sollipulli Dome Camp** an einem Waldsee an der Nordostflanke des Vulkans. Das Camp umfasst fünf fantastisch ausgestattete, zentral geheizte Kuppelzelte. Zum Luxusangebot gehören etwa Holzwannen im Freien für heiße Bäder.

Boote am idyllischen Ufer der Laguna Galletué, Comunidad Indígena Quinquén

Straßenkarte *siehe hintere Umschlaginnenseiten*

❺ Parque Nacional Conguillío

Der Parque Nacional Conguillío zählt zu den herrlichsten Naturgebieten der Seenregion – eine 609 Quadratkilometer große vulkanische Wildnis, über der der rauchende Kegel des 3125 Meter hohen Volcán Llaima majestätisch aufragt. Rund um den mächtigen Berg erstreckt sich eine vielfältige Landschaft mit Araukarienwäldern, Bergketten, klaren Seen und tiefen Tälern, die von schartigen Lavaflüssen gezeichnet sind. Im Park leben zahlreiche Wildtiere, darunter Pumas, Wildkatzen, Füchse, Spechte, Falken und Kondore. Während des ganzen Jahres lockt der Park Besuchermengen mit großartigen Wanderwegen, Skipisten an Vulkanen und Bootsfahrten über schöne Seen.

Magellanspecht im Parque Nacional Conguillío

Laguna Captrén
Der seichte See bildete sich, als Lavaströme vom Volcán Llaima den Río Captrén aufstauten. Seine Oberfläche durchstoßen die Stämme eines untergegangenen Waldes.

Centro de Esquí »Las Araucarias«
Das beliebte Skigebiet an der Westflanke des Volcán Llaima ist von dichten Araukarienwäldern umgeben. Es wartet mit einem Snowboardpark, Unterkünften, einer Skischule und einem Skiverleih auf.

Außerdem

① **Die Laguna Verde** ist ein kleiner, intensiv grüner See. Von der Hauptstraße des Parks ist er über einen Fußweg zu erreichen.

② **Der Wasserfall Salto del Truful Truful** rauscht zwischen Lavaflüssen und Felsen.

★ **Volcán Llaima**
Der vergletscherte Kegel des aktiven Vulkans prägt die Landschaft des Parks. Erfahrene Bergsteiger können mit Führern zu seinem Gipfel aufsteigen.

Hotels und Restaurants in der Seenregion und auf Chiloé *siehe Seiten 279f und 295–297*

PARQUE NACIONAL CONGUILLÍO | 199

★ Lago Conguillío
Der Lago Conguillío ist der größte See des Parks. Er entstand, als Lava den Río Captrén aufstaute. An seinen waldigen Ufern hat man fantastische Ausblicke. Hier gibt es Läden, Hütten, Campingplätze und einen Bootsverleih.

Infobox

Information
Straßenkarte E1. 120 km östlich von Temuco. 🛈 Mai–Sep: Besucherzentrum, Melipeuco; Okt–Apr: CONAF, Sector del Lago Conguillío, (045) 229 8210. 🕒 Jan, Feb: tägl. 8.30–19.30 Uhr; März–Dez: tägl. 8.30–13, 14.30–18.30 Uhr. 🚌 ab Temuco.
 conaf.cl

Anfahrt
🚌 von Temuco.

Überblick: Parque Nacional Conguillío

Die zwei Sektoren des Parque Nacional Conguillío liegen zu beiden Seiten des Volcán Llaima. Im westlichen Sector Los Paraguas kann man im Winter Ski fahren, im größeren östlichen Sector del Lago Conguillío unter anderem auf dem beliebten Sendero Sierra Nevada wunderbar wandern. Diesen Sektor erreicht man von Melipeuco im Süden und Curacautín im Norden. Wegen starker Schneefälle ist er in der Regel von Mai bis September unpassierbar.

★ Sendero Sierra Nevada
Der beliebteste Wanderweg im Park führt durch reine Araukarienwälder und bietet herrliche Ausblicke auf den Volcán Llaima, den Lago Conguillío und die verschneite Sierra Nevada.

Der Zorn des Volcán Llaima

Der oft rauchende Llaima ist neben dem Villarrica *(siehe S. 202)* Chiles aktivster Vulkan. Mehr als 40 Ausbrüche sind seit 1640 verzeichnet – die Landschaft des Parque Nacional Conguillío wurde vor allem durch seine kochende Lava geformt. Seine Eruptionen von 2008/09 verursachten 3000 Meter hohe Rauchsäulen, erzwangen die Evakuierung von Dörfern und schleuderten Asche bis Argentinien. Flüsse, die seine Lava im Lauf der Zeit stauten, überfluteten Wälder, die heute noch im Wasser zu sehen sind. Andernorts erstreckt sich seine kahle Lava an der Stelle grüner Wälder.

Der Volcán Llaima spuckt Lava und Asche

Legende
— Nebenstraße
- - Wanderweg
-- Parkgrenze
△ Gipfel

Zeichenerklärung *siehe hintere Umschlagklappe*

⑧ Villarrica

Straßenkarte D2. 87 km südöstlich von Temuco. 45 000. Pedro de Valdivia 1070; (045) 220 6619. La Semana de la Chilenidad (Mitte Feb). **villarrica.org**

Die Stadt wurde 1552 von den Spaniern gegründet und nach den ausgiebigen Gold- und Silbervorkommen, die man hier entdeckte, Villa Rica – reiche Stadt – genannt. 1598 wurde sie bei einem Aufstand der Mapuche zerstört und erst 1883 wieder besiedelt. Heute ist Villarrica ein familienfreundlicher Urlaubsort am blauen Lago Villarrica, über den der 2847 Meter hohe Volcán Villarrica majestätisch aufragt. Den traumhaft schönen Lago Villarrica säumen Strände aus schwarzem Vulkansand. Besonders beliebt sind Bootsausflüge vom Strand El Pescadito.

Villarricas Mapuche-Geschichte zeigt das **Museo Arqueológico Municipal Mapuche** mit Keramiken, Waffen und anderen präkolumbischen Exponaten. Daneben organisiert das **Centro Cultural Mapuche** im Sommer einen Markt mit Mapuche-Kunsthandwerk. Am Stadtrand bietet der Aussichtspunkt **Mirador Canela** einen herrlichen Blick auf den See und den Vulkan.

Museo Arqueológico Municipal Mapuche
Pedro de Valdivia 1050. (045) 241 5706. Mo–Fr 9–18 Uhr.

⑨ Pucón

Straßenkarte E2. 112 km südöstlich von Temuco. 21 000. O'Higgins 483; (045) 229 3002. Ironman (Mitte Jan). **destinopucon.com**

Pucón am Ostufer des Lago Villarrica ist ein Mekka für Erlebnisurlauber. 1883 wurde es als befestigte Siedlung am Fuß des Volcán Villarrica gegründet. Noch heute besitzt sein kompaktes Netz gepflasterter Straßen mit den niedrigen Holzhäusern das provisorische

Der mächtige schneebedeckte Kegel des Volcán Villarrica

Flair einer Westernkulisse. Pucón liegt in einer schönen Landschaft und ist eine gute Basis für Ausflüge zu den nahen Thermalquellen und Nationalparks. Hilfreiche Informationen dazu bietet das CONAF-Büro der Stadt. Pucón ist zudem der Startpunkt für viele aufregende Outdoor-Aktivitäten: Wildwasser-Rafting auf dem Río Trancura, Ausritte in den Nationalparks Villarrica und Huerquehue, Wanderungen auf den Volcán Villarrica, Kajakfahrten und Sportfischen auf den Seen der Umgebung, Flüge im Leichtflugzeug über dem Volcán Villarrica, Fallschirmspringen, Gleitschirmfliegen und vieles mehr. Wassersport und Schwimmen sind an Pucóns zwei schwarzen Stränden möglich. Die **Playa Grande** überragen bewaldete Berge, westlich davon liegt die kleinere **Playa La Poza** an einer geschützten Bucht. Von dort führen im Sommer beliebte Bootsausflüge über den See. Zwischen Abenteuer und Strandleben bietet das kleine

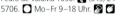

Exponat, Centro Cultural Mapuche

Museo Mapuche Kultur. Es zeigt eine Privatsammlung mit Mapuche-Silberarbeiten aus dem 19. Jahrhundert und präkoloniale Steinartefakte. Am Stadtrand ist das **Monasterio Santa Clara** noch als Kloster in Betrieb. Es kann besichtigt werden und bietet einen tollen Blick auf den See.

Umgebung: Östlich von Pucón liegen einige *termas*, darunter Luxus-Spas ebenso wie rustikale heiße Quellen. Sie werden in der Regel bei einem Tagesausflug entweder mit einem Veranstalter oder individuell per Mietwagen oder Taxi besucht.

Die hervorragenden **Termas de Huife** bieten mitten im Wald elegante Blockhütten am Río Liucura, Thermalbecken, therapeutische Behandlungen sowie Ausritte und andere Aktivitäten. Im selben Tal sind die **Termas Los Pozones** eine schöne, preiswerte Alternative. Unterhalb von felsigen Gipfeln liegen ihre sieben von Steinmauern eingefassten Becken am bewaldeten Ufer des Río Liucura.

Museo Mapuche
Caupolicán 243. (045) 244 1963. Di–So 11–13, 16–18 Uhr.
museomapuche.cl

Termas de Huife
33 km östlich von Pucón; Camino Pucón-Huife km 33, Valle del Liucura. (045) 244 1222.
termashuife.cl

Termas Los Pozones
35 km östlich von Pucón; Valle del Liucura. (045) 244 3059.

Bootsverleih am schwarzen Sandstrand Playa Grande bei Pucón

Hotels und Restaurants in der Seenregion und auf Chiloé *siehe Seiten 279f und 295–297*

⑩ Lago Caburgua

Straßenkarte D2. 122 km südöstlich von Temuco via Pucón.

Zwischen bewaldeten Bergen bietet der klare Lago Caburgua als einziger See in der Region weiße Sandstrände. Dank thermaler Aktivitäten an seinem Grund ist sein Wasser wärmer als das der anderen Seen. Beliebte Strände sind die schwarzsandige **Playa Negra** und die **Playa Blanca** mit weißem Kristallsand. Bootsausflüge beginnen an der Playa Negra, dort werden auch Paddelboote vermietet. Die Strände verbindet ein malerischer Uferweg.

⑪ Ojos del Caburgua

Straßenkarte D2. 117 km südöstlich von Temuco via Pucón. Camino Internacional 7, km 17 oder km 20. tägl. 9–21 Uhr.

Das Wasser des Lago Caburgua fließt unterirdisch fünf Kilometer nach Süden, wo es in den Ojos del Caburgua an die Oberfläche sprudelt. Diese Kette aus tiefblauen Felsbecken liegt im unberührten Wald am Fuß von Wasserfällen. Der Weg zu den Becken ist von der Hauptstraße in Pucón ausgeschildert, ein weiterer Zugang findet sich drei Kilometer weiter nördlich an derselben Straße. Dort hat man einen besseren Blick auf die Becken, die Wasserfälle und den Wald. Dieser Weg ist nur mit einem hölzernen Kreuz an der Straße gekennzeichnet.

⑫ Parque Nacional Huerquehue

Straßenkarte E2. 152 km südöstlich von Temuco via Pucón; Camino a Caburgua. von Pucón. CONAF Pucón, Lincoyán 336; (045) 244 3781. tägl. 8.30–20 Uhr. conaf.cl

Der Parque Nacional Huerquehue schützt seit 1967 rund 124 Quadratkilometer heimischen Wald mit 2000 Jahre

Bewaldete Berge am Lago Tinquilco, Parque Nacional Huerquehue

alten Araukarienbeständen. Durch den Park verlaufen einige der schönsten Kurzwanderungen der Seenregion mit herrlichem Blick auf den Volcán Villarrica und dessen Umgebung. Nicht versäumen sollte man den **Sendero Los Lagos**. Er führt durch Wälder mit Pflaumen-Steineiben und Südbuchen zu fünf Seen und zwei Wasserfällen. Unterwegs eröffnet sich die einmalige Aussicht auf den Vulkan und den Lago Tinquilco, das größte Gewässer des Parks. Der Weg endet an dem kleinen Bergsee Lago Chico, auf dessen steilen Uferklippen Araukarien wachsen.

Zwischendurch kann man schwimmen und die Natur genießen. Zur reichen Vogelwelt zählen verschiedene Adler-

Einer der Wasserfälle an den Felsbecken Ojos del Caburgua

arten, zudem leben hier Pumas, Pudus *(Pudu pudu)*, die kleinsten Hirsche der Welt, sowie Chiloé-Beutelratten *(Dromiciops gliroides)*. Sie zählen zu den wenigen Beuteltierarten der Südanden.

⑬ Santuario El Cañi

Straßenkarte E2. 133 km südöstlich von Temuco via Pucón; Camino Termas de Huife, km 21, Pichares. (09) 9837 3928. tägl. 9–18 Uhr. santuariocani.cl

Der 480 Hektar große Santuario El Cañi schützt gemäßigten Valdivianischen Regenwald und einige der ältesten Araukarienbestände in Chile. Tagestouren führen durch Südbuchenwälder hinauf zu versteckten kleinen Bergseen und noch höher zu reinen Araukarienwäldern. Im ganzen Gebiet leben zahlreiche Vogelarten sowie Pumas, Pudus und viele andere scheue Säugetiere, die man in der Regel kaum erspäht. Die Wanderwege enden auf 1550 Meter Höhe an einem Aussichtspunkt. Dort hat man einen Panoramablick auf die vier Vulkane (Lanín, Villarrica, Quetrupillán, Llaima) und die drei größten Seen des Gebiets (Caburgua, Villarrica, Calafquén). Für Übernachtungen stehen rustikale *refugios* und Campingplätze zur Verfügung.

Straßenkarte *siehe hintere Umschlaginnenseiten*

Parque Nacional Villarrica

Der Parque Nacional Villarrica schützt südlich von Pucón bis zum Grenzgebiet mit Argentinien eine 629 Quadratkilometer große, fantastische Wildnis. Der Kegel des 2847 Meter hohen Volcán Villarrica überragt als Herzstück des Parks eine herrliche Landschaft mit zwei weiteren Vulkanen, mehreren kleinen Seen, steilen Schluchten sowie dichten Südbuchen- und Araukarienwäldern. In dem Gebiet findet eine reiche Tierwelt Zuflucht, darunter auch das seltene Mausopossum. Besucher können im Park Ski fahren, reiten, Tiere beobachten, über Lavafelder und durch Wälder wandern sowie mit dem Hubschrauber über den Volcán Villarrica fliegen.

Lichter Araukarienbestand an den Hängen des Volcán Villarrica

Centro de Ski Pucón
Das beliebte Skigebiet an der imposanten Nordflanke des Volcán Villarrica bietet Pisten in allen Schwierigkeitsgraden, Freerider-Touren, einen großartigen Snowboardpark und exzellente Einrichtungen.

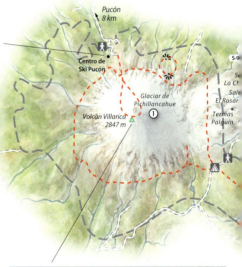

Außerdem

① **Der Glaciar de Pichillancahue** ist der größte Gletscher des Parks. Am Vorderrand der mächtigen blauen Eisdecke rauscht das Wasser in die Tiefe. Man erreicht ihn über den Hauptweg im Westsektor.

② **Der Quetrupillán** ist ein schlafender Vulkan mit Schneekappe. Sein Mapuche-Name bedeutet »stummer Teufel«.

③ **Zum stillen Lago Quilleihue** führt ein Wanderweg durch dichten Araukarienwald.

★ **Volcán Villarrica**
Die Wanderung auf den Volcán Villarrica ist anstrengend, technisch aber nicht anspruchsvoll. Unterwegs überwindet man eisige Gletscher, rutscht durch Schneetunnels und genießt einen fantastischen Blick auch auf den brodelnden Lavasee des Vulkans.

Hotels und Restaurants in der Seenregion und auf Chiloé siehe Seiten 279f und 295–297

PARQUE NACIONAL VILLARRICA | 203

»Haus des Teufels«

Die Mapuche nennen den hochexplosiven Volcán Villarrica äußerst passend Rucapillán – »Haus des Teufels«. Allein im 20. Jahrhundert brach der Vulkan 16 Mal aus. Im Jahr 1971 zerstörte er fast das nahe Dorf Coñaripe (siehe S. 204). Der letzte Ausbruch wurde 1999 verzeichnet, doch der Villarrica ist stets aktiv. In seinem rauchenden, zischenden, spuckenden Krater liegt ein aktiver Lavasee – weltweit findet man das nur in drei weiteren Vulkanen.

Brodelnde, brennende Lava im Kratersee des Volcán Villarrica

Infobox

Information
Straßenkarte E2. 8 km südöstlich von Pucón. CONAF, Lincoyán 336, Pucón; (045) 244 3781. Okt–Apr: tägl. 8–20 Uhr; Mai–Sep: tägl. 8–18 Uhr. conaf.cl

Anfahrt
Taxi von Pucón.

Legende
— Hauptstraße
= = Piste
- - Wanderweg
– – Parkgrenze
–•– Staatsgrenze
△ Gipfel

Überblick: Parque Nacional Villarrica

In allen drei Sektoren des Nationalparks finden sich Wanderwege und eine Rangerstation. Von Pucón erreicht man den westlichen Sektor mit dem majestätischen Volcán Villarrica und anderen Hauptattraktionen des Parks. Die östlicheren Sektoren sind abgelegen, aber wunderschön. Am wildesten ist der Sektor an der Grenze zu Argentinien.

Volcán Lanín
Der Volcán Lanín gehört zu Chile und Argentinien und ist der höchste Vulkan in Südchile. Am besten sieht man ihn auf dem Weg von der Laguna Abutardes zum Lago Quilleihue.

★ Laguna Azul
Die spiegelglatte Laguna Azul liegt an einer bewaldeten Flanke des majestätischen Volcán Quetrupillán. Von der Rangerstation im Quetrupillán-Sektor führt der 15 Kilometer lange Wanderweg Los Venados zum See.

Zeichenerklärung siehe hintere Umschlagklappe

Plankenweg am Wasserfall bei den Termas Geométricas bei Coñaripe

⓯ Licán Ray

Straßenkarte E2. 113 km südöstlich von Temuco. 2100. General Urrutia, Ecke Cacique Marichanquin; (045) 243 1516 (nur Dez–März). La Semana de Licán Ray (Feb).

Licán Ray ist der Hauptort am traumhaft schönen **Lago Calafquén**. Das Dorf ist eine Oase der Ruhe, die lediglich im Februar gestört wird. Dann strömen die Hauptstädter in Scharen herbei, um am warmen, nebelverhangenen Lago Calafquén zu urlauben.

Die zwei Strände des Feriengebiets sind die **Playa Grande** und die malerischere **Playa Chica**. Dieser schwarze vulkanische Sandstrand ist von bewaldeten Bergen umgeben. Zwischen beiden Stränden liegt eine waldige Halbinsel, auf der Fußwege zu großartigen Aussichtspunkten hinaufführen. An der Playa Chica legen Boote zu Ausflügen auf dem See ab. Im Dorf säumen Sandwege und Handwerksstände die zentrale Plaza.

⓰ Coñaripe

Straßenkarte E2. 134 km südöstlich von Temuco. 1500. coñaripe.com

Coñaripe liegt am Ostufer des Lago Calafquén abseits der beliebten Reisewege. Das kleine, verschlafene Dorf wartet mit mehreren dunklen Sandstränden auf. In der Umgebung bieten sich zahlreiche Gelegenheiten für Erlebnishungrige, etwa Wildwasser-Rafting auf dem Río San Pedro sowie Ausritte und Wanderungen. In Coñaripe selbst finden sich zahlreiche Unterkünfte. Für Reisende mit begrenztem Budget sind vor allem die gut ausgestatteten Campingplätze an den Stränden zu empfehlen.

Umgebung: In den Bergen rund um Coñaripe lohnen über ein Dutzend malerische und entspannende Thermalquellen auf jeden Fall einen Besuch. Zur Wahl stehen einfache rustikale Becken ebenso wie moderne Spa-Hotels. Herausragend sind unter anderem die **Termas Geométricas** in einer bewaldeten Schlucht. Zu dem eleganten Spa gehören 60 Thermalbrunnen, deren Wasser durch ein Netz von Holzkanälen in blubbernde Badebecken sprudeln. Die Gäste laufen in der Schlucht auf einem Plankenweg und steigen über Holztreppen zu dem von ihnen gewählten Becken hinab.

Für Übernachtungsgäste bieten sich die **Termas Coñaripe** an. Das Spa-Hotel verfügt über Hallenbäder, halb überdachte Becken und Thermalbecken im Freien sowie Schlammbäder. Zu den nahen Wasserfällen und Seen können die Gäste reiten oder spazieren.

Von Coñaripe führt eine Straße zum Parque Nacional Villarrica (siehe S. 202f). Er liegt etwa 18 Kilometer entfernt.

Termas Geométricas
16 km nordöstlich von Coñaripe. (09) 7477 1708. nur Tagesgäste; Apr–Nov: tägl. 11–20 Uhr; Dez–März: tägl. 10–23 Uhr. termasgeometricas.cl

Termas Coñaripe
15 km südöstlich von Coñaripe; Camino Coñaripe-Liquine, km 15. (045) 241 1111. termasconaripe.cl

Ausflugsboote an der vom Wald gesäumten Playa Chica des Lago Calafquén bei Licán Ray

Hotels und Restaurants in der Seenregion und auf Chiloé siehe Seiten 279f und 295–297

SEENREGION | 205

⓱ Panguipulli

Straßenkarte E2. 145 km südöstlich von Temuco. 🏠 16 000. 🚌 ℹ️ Bernardo O'Higgins s/n, vor der Plaza A. Prat; (063) 231 0436. 🎉 La Semana de las Rosas (Mitte Feb). 🌐 sietelagos.cl

Panguipulli liegt an einem stillen See gleichen Namens und ist für Reisende ein beliebter Zwischenstopp auf dem Weg zur Reserva Biológica Huilo-Huilo. Die größte Attraktion des hübschen Städtchens mit den bunt bemalten holzverschalten Häusern und den welligen Bergstraßen ist die unübersehbare **Iglesia Capuchina**. Die Holzkirche mit den Doppeltürmen wurde 1947 von deutschen Kapuzinermönchen am Standort einer deutschen Mission aus den 1890er Jahren errichtet. Die außergewöhnlich gestaltete Frontfassade ist in Anlehnung an die deutsche Flagge schwarz, rot und gelb bemalt. Das Kircheninnere zieren sakrale Figuren aus Deutschland. Ein schön geschnitztes Hochrelief aus Rauli- und Mañio-Holz über dem Altar zeigt die Himmelfahrt Christi.

Umgebung: Panguipulli und der Lago Panguipulli liegen im Herzen der Region der **Sieben Seen**. Diese Seen – Calafquén, Pallaifa, Pullinque, Ruñihue, Neltume, Panguipulli und Pirhueico – sind durch Flüsse miteinander verbunden und bilden ein eigenes hydrologisches System. An ihren Ufern liegen zahlreiche in der Regel wenig besuchte Dörfer. Obwohl dieses Gebiet nur ein Bruchteil der Besucher bereist, die in das nahe Pucón (siehe S. 200) strömen, bietet es eine gute Infrastruktur und Dienstleistungen. Panguipulli ist der ideale Ausgangsort für Ausflüge in das Sieben-Seen-Gebiet. Veranstalter vor Ort bieten Tagesausflüge zu den Seeufern, aktive Besucher können die Region individuell mit gemieteten Mountainbikes erkunden.

Zwei hohe Türme zieren die Iglesia Capuchina in Panguipulli

⓲ Reserva Biológica Huilo-Huilo

Straßenkarte E2. 210 km südöstlich von Temuco; El Portal, Camino Internacional Panguipulli-Puerto Fuy, km 56. 📞 (02) 2887 3510. 🚌 von Temuco u. Valdivia. 🌐 huilohuilo.com

Die Reserva ist das Projekt einer Stiftung für nachhaltigen Tourismus. Sie schützt 600 Quadratkilometer gemäßigten Regenwald, der früher großräumig abgeholzt wurde. Die Reserva bewahrt eine fesselnde Landschaft. Am beeindruckendsten ist der **Volcán Mocho-Choshuenco**, der aus zwei Vulkanen besteht, die ein Gletscher verbindet. In der Umgebung locken Gletscherseen, Flüsse und andine Grasebenen.

Blüten des Notro (Embothrium coccineum)

Um die Reserva zu erkunden, sucht man sich am besten eine Unterkunft als Ausgangsort. Zu den Übernachtungsmöglichkeiten zählen eine exklusive Lodge im Wald und preiswertere Unterkünfte in den Orten Neltume und Puerto Fuy. Dort übernachtet man in den ehemaligen Häusern der Angestellten der Holzfällerunternehmen aus den 1930er Jahren. Puerto Fuy liegt nahe dem schönen Lago Pirehueico und ist der Startpunkt für Ausflüge zum Fliegenfischen, für Kajak- und Bootsfahrten.

Die Berglodge der Reserva, **La Montaña Mágica** (Der magische Berg), ist einen Besuch wert, auch wenn man dort nicht übernachtet. Das Gebäude wurde von Waldarbeitern errichtet und ragt über den Wald wie ein Schloss aus einem Grimm'schen Märchen auf. An seiner Seite rauscht ein Wasserfall. Das Innere ist fast ausschließlich aus heimischen Hölzern gebaut. Unternehmungen in der Reserva finden meist unter Führung statt und werden in der La Montaña Mágica oder im Verwaltungszentrum am Haupteingang organisiert. Zur Auswahl stehen Ausritte in den Wald, die Berge und die Grasebene sowie die Beobachtung von Guanakos und anderen wieder ausgewilderten Tieren, die hier früher lebten. Man kann aber auch an Ziplines sausen, mountainbiken und wandern. Ein leichter Spazierweg führt durch den Wald zum **Salto del Huilo-Huilo**, an dem das Wasser 35 Meter in die Tiefe rauscht. Der Weg zum Krater des Volcán Mocho hingegen ist eine aufregende wie anstrengende Tagestour.

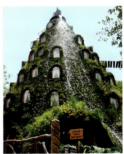

Die Lodge La Montaña Mágica in der Reserva Biológica Huilo-Huilo

Straßenkarte siehe hintere Umschlaginnenseiten

Valdivia

Valdivia ist nach dem spanischen Konquistadoren Pedro de Valdivia benannt, der die Stadt im Jahr 1552 an den Ufern der Flüsse Río Cau-Cau, Río Calle-Calle und Río Valdivia gründete. Über den Río Valdivia ist die Hafenstadt mit dem Pazifischen Ozean verbunden. Die Spanier bewachten die wertvolle Kolonie mehr als 200 Jahre lang mit Militärfestungen, bis ihre Verteidigung im Unabhängigkeitskrieg (1810–26) durchbrochen wurde. 1960 zerstörte ein Erdbeben die Stadt. Heute ist Valdivia ein lebhaftes Zentrum mit Museen und deutscher Architektur aus dem 19. Jahrhundert.

Boote auf dem Río Valdivia unweit des lebhaften Mercado Fluvial

Mercado Fluvial
Avenida Arturo Prat s/n.
tägl. 10–20 Uhr.

Am Río Valdivia vermittelt der quirlige Fischmarkt Mercado Fluvial eine farbenfrohe Momentaufnahme vom Alltag an der Küste und deren Hauptindustrie. Händler säubern die frischen Fische für die Kunden, während Krebse in großen Kisten übereinanderkrabbeln, Seelöwen am Wasser laut bellend und mit schwingendem Oberkörper um Abfälle betteln und über dem ganzen Chaos Hunderte kreischende Seevögel kreisen. Ringsum servieren malerische Lokale heimische Fischspezialitäten.

Centro Cultural El Austral
Yungay 733. (063) 221 3658.
Di–So 10–13, 15–19.30 Uhr.

Valdivias Centro Cultural El Austral residiert in einem schön restaurierten Haus aus der Ära, in der deutsche Siedler in die Seenregion strömten. Das Haus wurde in den 1870er Jahren für eine Siedlerfamilie aus einheimischem Holz und im Stil einer deutschen Villa mit kupfergedecktem Turm erbaut. Die Wohnräume im Inneren sind mit Jugendstil-Leuchtern, extravaganten Wandspiegeln und eleganten Möbeln aus dem 19. Jahrhundert wunderschön möbliert. In anderen Räumen des Hauses sind zudem Werke zeitgenössischer Künstler zu sehen.

Museo de Arte Contemporáneo
Los Laureles s/n, Isla Teja. (063) 222 1968. Jan, Feb: Di–So 10–14, 16–20 Uhr; März–Mai, Sep–Dez: Di–So 10–13, 14–19 Uhr.

Eine ehemalige Brauerei mit einer markanten modernen Glasfassade ist der auffällige

Zentrum von Valdivia
① Mercado Fluvial
② Centro Cultural El Austral
③ Museo de Arte Contemporáneo
④ Museo Histórico y Antropológico Mauricio Van de Maele

Zeichenerklärung
siehe hintere Umschlagklappe

Hotels und Restaurants in der Seenregion und auf Chiloé *siehe Seiten 279f und 295–297*

VALDIVIA | 207

Moderne Glasfassade des Museo de Arte Contemporáneo

Infobox

Information
Straßenkarte D2. 162 km südwestlich von Temuco. 154 000. Arturo Prat 555; (063) 223 9060. La Noche Valdiviana (3. Sa im Feb), Festival Internacional de Cine Valdivia (Mitte Okt). **valdivia.cl**

Anfahrt

⓴ Festungen bei Valdivia

Straßenkarte D2. 18 km südwestlich von Valdivia.

Mitte des 17. Jahrhunderts ließ die spanische Krone 17 Steinfestungen an der Bahía de Corral zum Schutz gegen Seeangriffe und Piratenattacken errichten. Erst 1820 überwand Lord Thomas Cochrane die Verteidigung der bis dato uneinnehmbaren Hafenstadt Valdivia in einem Angriff von einem Landekopf und nicht direkt vom Meer. Heute stehen noch drei dieser Festungen.

Der **Fuerte de Niebla** an der Mündung des Río Valdivia wurde 1671 erbaut und 1767 verstärkt. Heute präsentiert dort das Museo de Sitio Castillo de Niebla historische Exponate, etwa alte Geschütze und Karten des Gebiets.

postmoderne Sitz von Valdivias Museo de Arte Contemporáneo, meist kurz MAC genannt. Präsentiert werden hier Videokunst, Installationen, Gemälde, Fotografien und Skulpturen von aufstrebenden und etablierten Künstlern aus Chile und anderen Ländern.

Die Sammlung ist auf zwei Etagen in ehemaligen Produktionsräumen mit Zementböden und gusseisernen Säulen untergebracht. Überall sind noch die reparierten Schäden des zerstörerischen Erdbebens von 1960 zu sehen.

🏛 Museo Histórico y Antropológico Mauricio Van de Maele

Los Laureles s/n, Isla Teja. (063) 221 2872. Jan, Feb: tägl. 10–20 Uhr; März–Dez: Di–So 10–13, 14–18 Uhr. **museosaustral.cl**

Neben dem Museo de Arte Contemporáneo steht das ehemalige Wohnhaus des Gründers von Chiles erster Brauerei, Karl Anwandter (1801–1889). In der Villa des 19. Jahrhunderts zeigt heute das Museo Histórico y Antropológico Mauricio Van de Maele seine Sammlung. Die Räume der Sammlung sind thematisch nach Epochen der Lokalgeschichte von der präkolumbischen Ära bis zum 20. Jahrhundert ausgerichtet. In jedem Saal informiert eine mehrsprachige Tafel über historische Details der jeweils behandelten Epoche.

In der **Sala de Platería Mapuche** sind Mapuche-Werkzeuge und -Textilien zu bewundern sowie wunderbare Schmuckstücke – Silber gilt bei den Mapuche als Macht- und Prestigesymbol.

Den Nachlass von Thomas Cochrane (1775–1860) zeigt die **Sala Lord Cochrane**. Der britische Marineoffizier führte im Jahr 1820 den Angriff der chilenischen Marine auf Valdivia, der mit einem Sieg über die Royalisten endete.

Einen schön nachgestalteten Salon aus der Kolonialzeit zieren dekorative Wandbehänge, Damasttapeten und ein venezianischer Spiegel.

Laute, Museo Histórico y Antropológico

Weiter südlich steht seit 1645 der **Fuerte de Mancera** auf einer Insel in der Bahía de Corral. 1762 wurde er erheblich erweitert. Rund um die Festung hat man einen weiten Blick auf das Meer – die Anlage ist ein beliebter Picknickplatz. Weiter im Süden, jenseits der Bahía de Corral, war der **Fuerte de Corral** von 1645 die erste und robusteste Festung. Im Sommer wird hier täglich Cochranes Angriff nachgespielt.

In den Ruinen der Festungen sieht man geheime Versorgungstunnel, Dynamitlager, Kapellen, Baracken und Kanonen. Von den Wassertaxis, die regelmäßig von Niebla nach Corral und Mancera ablegen, ist die Aussicht spektakulär.

Fuerte de Niebla
RP350, km 17. (063) 228 2084. Apr–Nov: Di–So 10–17.30 Uhr; Dez–März: Di–So 10–19 Uhr. **museodeniebla.cl**

Fuerte de Mancera
Isla Mancera. (063) 221 2872. Jan, Feb: tägl. 10–20 Uhr; März–Dez: Di–So 10–13, 14–18 Uhr.

Fuerte de Corral
Calle Blanco s/n. Jan, Feb: tägl. 8.30–21.30 Uhr; März–Dez: tägl. 8.30–17 Uhr.

Originalmöbel im Museo Histórico y Antropológico Mauricio Van de Maele

Straßenkarte *siehe hintere Umschlaginnenseiten*

㉑ Santuario de la Naturaleza Carlos Anwandter

Straßenkarte D2. 21 km nördlich von Valdivia. von Valdivia. CONAF Valdivia; (063) 224 5200.

Der Santuario de la Naturaleza Carlos Anwandter schützt über 60 Quadratkilometer Feuchtland mit reichem Wildtierbestand. Das Feuchtgebiet entstand nach dem Erdbeben von 1960, als ein Tsunami die Wälder und Viehweiden des Gebiets überschwemmte. In dem neuen Ökosystem ließ sich eine Vielzahl verschiedener Vögel nieder. 1981 wurde es zum Naturschutzgebiet erklärt.

Über 100 Vogelarten, darunter Reiher, Pelikane und Schwarzhalsschwäne, sind in dem Gebiet zu beobachten, aber auch Fischotter und Coipú (Biberratten).

㉒ Lago Ranco

Straßenkarte E2. 124 km südöstlich von Valdivia. 2200. von Valdivia. Linares u. Concepción; (063) 249 1348.
 municipalidadlagoranco.cl

Lago Ranco ist ein stilles Dorf mit Kiesstraßen am Südufer des gleichnamigen silbergrauen Sees. Seine wettergegerbten Häuser säumen das bewaldete Ufer des vielleicht schönsten Gewässers der Seenregion. Der Lago Ranco liegt zwischen zerklüfteten Andengipfeln und ist mit seinem glasklaren, warmen Wasser ideal zum Schwimmen. Die kulturelle Attraktion des Dorfes ist das **Museo Tringlo Lago Ranco**. Es präsentiert archäologische und anthropologische Exponate, darunter alte Keramiken.

Neogotische Bogen und Buntglasfenster der Kathedrale von Osorno

Museo Tringlo Lago Ranco
Ancud s/n. (063) 249 1348. Dez–März: Mo–Sa 10–13, 15–17 Uhr. auf Anfrage (nur Spanisch).

㉓ Osorno

Straßenkarte D2. 107 km südlich von Valdivia. 154 000. O'Higgins 667; (064) 223 4104. Mo, Fr. Festival Nacional de la Leche y la Carne (Jan).

Osorno wurde 1558 von Chiles damaligem Gouverneur García Hurtado de Mendoza gegründet und liegt im Zentrum von Chiles Viehregion. Unbedingt sehenswert ist hier montags und freitags die Feria Ganadera de Osorno, der größte Viehmarkt des Landes.

Osorno ist eine Agrarstadt, bietet aber dennoch viele Attraktionen. Besonders beeindruckend ist die neogotische **Catedral San Mateo Apóstol** von 1960 mit massiver Fassade aus Stahlbeton und filigranen Spitzbogen. Sie steht an der zentralen Plaza der Stadt.

Südlich der Kirche säumen hölzerne Häuser deutscher Siedler aus dem 19. Jahrhundert die **Calle Juan Mackenna**. Die Häuser Nummer 939, 1011, 1027, 1068 und 1095 sind Nationaldenkmäler.

Einen Block westlich präsentiert in einem eleganten neoklassizistischen Haus von 1929 das **Museo Histórico Municipal** chronologisch die Geschichte der Stadt. Zu sehen sind unter anderem Mapuche-Keramiken und Waffen aus der Kolonialzeit.

Osorno ist ein guter Ausgangsort für Ausflüge in den nahen Parque Nacional Puyehue. Vor einem Besuch des Parks sollte man sich auf jeden Fall in Osornos CONAF-Büro informieren.

Museo Histórico Municipal
M.A. Matta 809. (064) 223 8615. tägl.; Details siehe Website. miosorno.cl

㉔ Parque Nacional Puyehue

Straßenkarte E2. 187 km südöstlich von Valdivia; Aguas Calientes. (064) 197 4572. von Osorno. CONAF, Martínez Rosas 430, Osorno; (064) 222 1304. tägl. 9–19 Uhr.
 parquepuyehue.cl

Mit seinen Thermalquellen zählt der Parque Nacional Puyehue zu den beliebtesten Nationalparks in Chile. Er schützt eine 1067 Quadratkilometer große Wildnis mit zwei Vulkanen, rund 200 Kratern und großen immergrünen Valdivianischen Regenwäldern. In der Nähe des Parkeingangs

Blick auf die eindrucksvolle Landschaft des Parque Nacional Puyehue

Hotels und Restaurants in der Seenregion und auf Chiloé *siehe Seiten 279f und 295–297*

Freibecken in Aguas Calientes, Parque Nacional Puyehue

liegen im Sektor Aguas Calientes die **Termas Aguas Calientes** mitten im Wald an rauschenden Bächen. Die schwefelreichen Thermalquellen sprudeln in Steinbecken im Freien. Kaum ein anderer Vulkan der Seenregion ist so leicht zu besteigen wie der 2240 Meter hohe **Volcán Casablanca** im Sektor Antillanca. An seinem Fuß beginnen einige leichte bis schwierige Wanderwege durch Wälder mit heimischen Lenga-, Ulmo- und Coigüe-Bäumen. Zur reichen Vogelwelt des Parks zählen Kolibris, Rotbrustfischer und Kondore, auf Wanderungen hört man auch den charakteristischen Ruf des endemischen Rotkehltapaculo (Scelorchilus rubecula), der lautmalerisch Chucao genannt wird. Zu den Säugetieren im Park zählen Pumas, Füchse, die gefährdeten Huemuls (Andenhirsche) und die auf Bäumen lebenden Zwergbeutelratten.

An der Westflanke des Volcán Casablanca liegt das exzellente **Centro de Ski Antillanca**. Es bietet hervorragende Freeride-Möglichkeiten, 17 Abfahrten in allen Schwierigkeitsstufen und Snowboardpisten bei einem maximalen Höhenunterschied von 500 Metern. Unterwegs hat man einen Panoramablick auf blaue Bergketten, zwischen denen schneebedeckte Vulkankegel aufragen. Vor Ort findet man einen Skiverleih, eine Skischule und ein Skigelände für Kinder. Im Sommer kann man im Sektor Antillanca mountainbiken, reiten, höhlenklettern, am Vulkan wandern, Kajak fahren und fischen, im Winter zudem mit Schneemobilen den Urwald erkunden.

Im weniger besuchten nördlichen Sektor des Nationalparks ist der zweitägige Aufstieg auf den 2240 Meter hohen **Volcán Puyehue** nur für geübte Bergsteiger geeignet. Die beeindruckende Route führt an Geysiren, rauchenden Fumarolen und gluckernden heißen Quellen vorbei.

Termas Aguas Calientes
Camino Antillanca, km 4.
((064) 233 1700.
termasaguascalientes.cl

Centro de Ski Antillanca
Volcán Casablanca. ((064) 261 2070. Juni–Okt: tägl. 8–17.30 Uhr.
antillanca.cl

❷ Termas de Puyehue

Straßenkarte E2. 183 km südöstlich von Valdivia; Ruta 215, km 76, Puyehue. ((064) 233 1400. von Puyehue. Mo–Fr 8–20, Sa, So 8–21 Uhr.
puyehue.cl

Das Fünf-Sterne-Thermalbad Termas de Puyehue ist der ideale Ort, um sich nach langen Wanderungen im nahen Parque Nacional Puyehue zu erholen und die Schmerzen in den Beinen zu lindern. Das luxuriöse Hotel mit Lodges und Spa heißt Tages- und Übernachtungsgäste willkommen. Hier entspannt man in drei großen Becken (im Freien, überdacht und halb überdacht) im 22 bis 41 °C warmen, heilsamen Thermalwasser. Zur Verfügung stehen zudem Dampfbäder und Hydrotherapiebecken. Zur breiten Auswahl an wohltuenden Behandlungen gehören Honig-, Algen- und Kräutermassagen sowie schwefelige Schlammbäder.

Rotbrustfischer, PN Puyehue

Das Spa bietet täglich ein Programm mit Aktivitäten für Kinder und ein gut ausgestattetes Spielzimmer. Zur Anlage gehören zudem zwei Restaurants, eine kleine Kunstgalerie und Tennisplätze im Freien. Besucher können zudem wunderbare Ausritte zum bewaldeten Ufer des nahen Lago Puyehue unternehmen, wo das Spa seinen Gästen verschiedene Wassersportmöglichkeiten bietet.

Eingang zum beliebten Thermalbad Termas de Puyehue

Straßenkarte siehe hintere Umschlaginnenseiten

㉖ Lago Llanquihue

Straßenkarte D2. 160 km südöstlich von Valdivia.

Der atemberaubend schöne Lago Llanquihue wirkt wie ein kleines Meer, ist er doch mit einer Fläche von 875 Quadratkilometern Südamerikas drittgrößter Natursee. Bis zu 350 Meter ist sein klares blaues Wasser tief, an seinen Ufern stehen der Volcán Osorno und der Volcán Calbuco. Die Mapuche glaubten, dass der See und seine Ufer das Reich böser Geister sei. Die Spanier erreichten den See 1552, doch erst mit den deutschen Einwanderern im 19. Jahrhundert begann die europäische Kolonisierung des Seeufers. Seit damals ist Llanquihue das deutsche Kerngebiet der Seenregion inklusive Ortschaften im bayerischen Stil mit hohen Kirchtürmen. Ein besonders »deutsches« Flair findet man in Puerto Octay. Frutillar ist hingegen berühmt für seine Strände und Vulkanblicke und Puerto Varas für seine Restaurants und sein Nachtleben.

㉗ Puerto Octay

Straßenkarte D2. 160 km südöstlich von Valdivia. 9000. German Wulf s/n; (064) 239 1860. Festival de la Leche (Jan).

Puerto Octay wurde im Jahr 1852 am Nordufer des Lago Llanquihue von deutschen Einwanderern gegründet, denen

Der tiefblaue Lago Llanquihue vor der Kulisse des Volcán Osorno

die geschützte Lage der Bucht gefiel. Die Stadt inmitten einer überwältigenden Landschaft entwickelte sich zu einem wichtigen Hafen und war eine Station an der Handelsroute von Osorno nach Puerto Montt. Heute ist sie ein reizender Urlaubsort mit gut erhaltenen deutschen Häusern. Hölzerne Wohn- und öffentliche Gebäude aus der Siedlerzeit stehen unter anderem an der Avenida Pedro Montt, Calle G. Wulf und Calle Amunátegui. In einem alten Siedlerhaus zeigt das **Museo El Colono** Objekte aus jener Ära. Die auffällige **Iglesia Parroquial** wurde 1907 in einem einfachen gotischen Stil erbaut.

Die Gipfel der drei Vulkane Calbuco, Puntiagudo und Osorno sind alle von der **Playa La Baja** zu sehen. Den Hauptstrand der Stadt aus schwarzem Vulkansand säumen schattige Eukalyptus- und Kiefernwälder. Einen noch schöneren Blick auf den See und die Vulkane hat man vom Friedhof auf dem Hügel, auf dem die Gräber der ersten deutschen Siedler liegen.

Museo El Colono
Avenida Independencia 591. (064) 239 1523. tägl. 10–13, 15–19 Uhr. auf Anfrage.
museoelcolono.jimdo.com

㉘ Frutillar

Straßenkarte D2. 170 km südöstlich von Valdivia. 16.000. Philippi u. O'Higgins. Mi, Fr. Semana Musical de Frutillar (Ende Jan–Anfang Feb). frutillar.com

Die wohl hübscheste Stadt der Seenregion wurde 1856 von deutschen Siedlern am Westufer des Lago Llanquihue gegründet. Vom reizenden Stadtteil Frutillar Bajo (Unter-Frutillar) hat man einen herrlichen Blick auf den Volcán Osorno, dessen perfekter, schneebedeckter Kegel über dem gegenüberliegenden Ufer des strahlend blauen Sees zu schweben scheint.

Hotels, Handwerksmärkte, Restaurants und alte deutsche Häuser säumen das lange sandige Ufer von Frutillar Bajo. In einem Landschaftsgarten zeigt das Freiluftmuseum **Museo Colonial Alemán** unter anderem eine Mühle, ein Bauernhaus und eine Schmiede aus der

Der Kirchturm der Iglesia Parroquial überragt Puerto Octay am Ufer des Lago Llanquihue

Hotels und Restaurants in der Seenregion und auf Chiloé *siehe Seiten 279f und 295–297*

Pionierzeit. Die Gebäude sind mit Originalobjekten ausgestattet, mehrsprachige Tafeln informieren über ihre Geschichte.

Das moderne **Teatro del Lago** am Ufer veranstaltet auch das Opern-, Jazz- und Klassikfestival Semanas Musicales de Frutillar. Am Nordrand der Stadt schützt die **Reserva Forestal Edmundo Winkler** valdivianischen Regenwald. Ein kurzer Fußweg führt hier hinauf zu einem Aussichtspunkt mit Blick auf den See und die Vulkane.

Museo Colonial Alemán
Avenida Vicente Pérez Rosales, Ecke Arturo Prat, Frutillar Bajo. (065) 242 1142. Jan, Feb: tägl. 9–19.30 Uhr; März–Dez: tägl. 9–17.30 Uhr.
museoaustral.cl

Reserva Forestal Edmundo Winkler
Calle Caupolicán s/n, Frutillar Bajo. (065) 242 2307. Mo–Fr 8–19 Uhr (Winter: bis 17 Uhr).

❷ Puerto Varas

Straßenkarte D2. 190 km südlich von Valdivia. 33 000. Piedraplén s/n; (065) 223 7956.
puertovaras.org

Puerto Varas ist die größte Stadt am Lago Llanquihue. Sie wurde im Jahr 1854 am Südufer von deutschen Einwanderern gegründet. Häuser aus jener Zeit stehen z. B. noch in der Calle Prat, Miraflores und Decker. Beim Paseo Patrimonial, einer Stadtführung des Fremdenverkehrsbüros, sieht man 28 dieser alten Gebäude. Das bemerkenswerteste deutsche Bauwerk der Stadt ist die **Iglesia Sagrado Corazón de Jesús**. Sie wurde 1915 bis 1918 aus Holz erbaut und ist die Kopie einer Kirche im Schwarzwald. Die Kuppeln über ihrem barock gestalteten Innenraum haben die maximale Höhe, die ohne Metallstützen möglich ist. Das einzige Museum der Stadt ist das kleine **Museo Pablo Fierro**. Die Exponate seiner bunten Sammlung reichen von Flipperautomaten bis zu alten Pianos.

Die meisten Besucher kommen wegen der schwarzen Sandstrände nach Puerto Varas. Am beliebtesten ist die **Playa de Puerto Chico** mit ihrem Blick auf den Volcán Osorno. Am Stadtrand führt ein Sträßchen mit Seeblick auf den Cerro Philippi.

Traditionelle deutsche Häuser im Museo Colonial Alemán, Frutillar

Iglesia Sagrado Corazón de Jesús
Verbo Divino, Ecke San Francisco. variabel. 20 Uhr.

Museo Pablo Fierro
Costanera Vicente Pérez Rosales s/n. Mo–Sa 9.30–13, 15–20 Uhr.
pablofierro.cl

Deutsche Einwanderer in der Seenregion

1845 verabschiedete die chilenische Regierung ein Gesetz zur Kolonisierung der Seenregion, um so die Kontrolle der Mapuche über das Gebiet zu brechen. Rund 150 deutsche katholische Familien folgten Chiles Ruf. Aus diesem ersten Rinnsal wurde ein ganzer Strom von Deutschen, die vor Armut und Unterdrückung in ihrer Heimat flohen. Zwischen 1846 und 1875 unternahmen 66 Schiffe die fünfmonatige Reise von Hamburg nach Valdivia *(siehe S. 206f)*. Bauern- und Handwerkerfamilien siedelten zuerst in Valdivia und, als Tausende mehr kamen, in Osorno *(siehe S. 208)* und schließlich im Gebiet des Lago Llanquihue. Dort gründeten deutsche Siedler Puerto Octay, Frutillar und Puerto Varas – das deutsche Herzland der Region. In den 1880er Jahren ebbte die deutsche Immigration ab, doch die Städte am Lago Llanquihue florierten weiter als Hauptstationen an der Route von Osorno nach Puerto Montt *(siehe S. 216f)*.

Originales Siedlerhaus in Frutillar

Iglesia Sagrado Corazón de Jesús in Puerto Varas

Der pittoreske Lago Todos Los Santos im Parque Nacional Vicente Pérez Rosales *(siehe S. 214f)*

Parque Nacional Vicente Pérez Rosales

Der Parque Nacional Vicente Pérez Rosales schützt seit 1926 eine atemberaubend schöne Landschaft mit Vulkanen, klaren Seen, rauschenden Wasserfällen und immergrünen Wäldern. Der Höhepunkt einer Tour ist der perfekte Kegel des aktiven Vulcán Osorno. Im Park beeindrucken zudem die Vulkane Tronador und Puntiagudo, der Lago Todos Los Santos und die Saltos de Petrohué. Sie bieten einer reichen Tierwelt mit zahlreichen Vogelarten Zuflucht. Im Park gibt es auch viele Sportmöglichkeiten, darunter Bootsfahrten, Ausritte in den Wäldern, Lavatreks und Vulkanskifahren.

Zur Orientierung
▨ PN Vicente Pérez Rosales

★ Volcán Osorno
Der auffällige Kegel des Volcán Osorno ist das Ziel vieler Wanderungen und Ausritte. An seiner Flanke führt eine Straße hinauf zur Estación Base, wo ein modernes Ski- und Snowboardgebiet warten. Im Sommer kann man hier mountainbiken und ziplinen.

★ Saltos de Petrohué
Wo ein Lavafeld den Río Petrohué teilt, bilden sich reißende Wildwasser, die als Saltos de Petrohué in die Tiefe stürzen. Aus der Lava geschlagene Fußwege führen um die Stromschnellen, Powerboote fahren zu den Strudeln am Fuß der Fälle. Auf Fußwegen gelangt man durch den umliegenden Wald zu jadegrünen Seen.

Außerdem

① **Die Laguna Verde** liegt zwischen schwarzen Lavafelsen und smaragdgrünen Wäldern. Über die Lavafelder führen Wanderwege zum Lago Llanquihue, dessen Wasser in die Laguna Verde sickert.

② **Peulla** ist ein Weiler mit einem Hotel und mit dem Katamaran erreichbar. Hier kann man angeln und am Volcán Tronador wandern und ausreiten.

Río Petrohué
Der Río Petrohué entspringt am Lago Todos Los Santos. Er ist äußerst beliebt bei Sportanglern, Kajakfahrern und Wildwasser-Raftern.

Hotels und Restaurants in der Seenregion und auf Chiloé *siehe Seiten 279f und 295–297*

★ Lago Todos Los Santos
Auf dem schönen Gletschersee mit bewaldeten Bergufern und schwarzen Stränden fahren Katamarane und kleine Holzboote. Am See sieht man auf drei Vulkane.

Infobox

Information
Straßenkarte E2. 45 km nordöstlich von Puerto Varas. CONAF, Ochagavía 458, Puerto Montt; (065) 248 6102. tägl. 8.30–18.30 Uhr. conaf.cl

Anfahrt
von Puerto Montt und Puerto Varas, via Ensenada und Petrohué.

Legende
— Nebenstraße
--- Wanderweg
-- Parkgrenze
■-■ Staatsgrenze
△ Gipfel

0 Kilometer 10

Kurzführer

Die Glanzpunkte des Parks liegen im Westsektor, den man mit dem Auto und mit Regionalbussen auf der Straße von Puerto Varas (siehe S. 211) erreicht. In diesem Parkteil kann man in den Dörfern Ensenada und Petrohué im Hotel übernachten oder campen. Von Petrohué fahren Katamarane täglich in zwei Stunden in den Peulla genannten Ostteil des Parks. Dort stehen im Weiler Peulla zwei Hotels.

Cruce de los Lagos

Die aufregende Andenüberquerung zwischen den Seenregionen Chiles und Argentiniens führt durch zwei Nationalparks und zu vier Seen. In zwei Tagen gelangt man von Petrohué auf dem Land- und Seeweg nach Bariloche in Argentinien. Unterwegs sieht man Vulkane, Wasserfälle und viele Tiere.

Ein Katamaran überquert den Lago Todos Los Santos

Volcán Tronador
Der imposante, 3460 Meter hohe Gipfel des erloschenen Vulkans ragt an der Grenze zwischen Chile und Argentinien auf.

Zeichenerklärung *siehe hintere Umschlagklappe*

③ Puerto Montt

Puerto Montt wurde 1853 oberhalb des Seno de Reloncaví an der Pazifikküste gegründet. Die Stadt wuchs rasch rund um den Hafen an, in dem Getreide und Alerce-Holz verschifft wurden. Beim Erdbeben 1960 wurde Puerto Montt schwer getroffen, danach jedoch zügig wiederaufgebaut. Heute floriert die Stadt dank der Lachszuchtindustrie. In Puerto Montt legen die Fähren Richtung Süden und Kreuzfahrtschiffe ab. Im Zentrum findet man bunte Märkte, schöne Museen und gut erhaltene jesuitische Bauwerke.

Einkaufsbummel in der Innenstadt von Puerto Montt

Plaza Buenaventura Martínez

An Puerto Montts Gründungsstelle liegt heute der Hauptplatz der Stadt – der erste öffentliche Platz in Chile mit Grünanlage. Die Plaza ist seit ihrer Einweihung 1853 häufig umgestaltet worden. Heute ist sie eine weite Fläche, an deren offener Südseite der freie Blick auf den Seno de Reloncaví fällt.

Die klassizistische **Iglesia Catedral** wurde 1856–1896 nach dem Vorbild des griechischen Parthenon mit dorischen Säulen aus Alerce an der Fassade und einem schlichten Innenraum erbaut. Eine der Säulen bewahrt den Grundstein der Stadt. Die neogotische Seitenkapelle San Francisco de Sales betritt man vom Kircheninneren aus.

Campanario de los Jesuitas

Colegio San Javier, Guillermo Gallardo 269. (065) 224 5128. Mo–Fr 16.30–18, Sa 11–11.30 Uhr.

Der Glockenturm wurde 1894 von Jesuitenmissionaren erbaut und bildet das Herzstück eines Komplexes jesuitischer Bauwerke des 19. Jahrhunderts. Den neogotischen Kirchturm zieren Türmchen, die Kreuze tragen. Der *campanario* wurde nur aus heimischen Hölzern – Alerce, Coigüe und Mañio – erbaut, selbst die Dübel sind aus Holz. Dank seiner dadurch flexiblen Struktur überstand er das Erdbeben von 1960. Innen führen Holzleitern hinauf in den Glockenstuhl mit den vier Tonnen schweren Glocken, die 1890 aus Österreich importiert wurden. Besichtigungen des Turms beginnen am Jesuitenkolleg **Colegio San Javier** und schließen auch die hölzerne **Iglesia Jesuita** von 1872 ein.

Zentrum von Puerto Montt
① Plaza Buenaventura Martínez
② Campanario de los Jesuitas
③ Museo Municipal Juan Pablo II
④ Fischmarkt Angelmó

Zeichenerklärung
siehe hintere Umschlagklappe

Hotels und Restaurants in der Seenregion und auf Chiloé *siehe Seiten 279f und 295–297*

Museo Municipal Juan Pablo II

Avenida Diego Portales 997. (065) 226 1822. Apr–Nov: Mo–Fr 10–19 Uhr; Dez–März: Mo–Fr 10–19, Sa, So 10–18 Uhr.

Das Museum ist nach Papst Johannes Paul II. benannt, der an dieser Stelle 1987 mit Tausenden Chilenen die Messe feierte. Die Sammlung dokumentiert die Geschichte von Puerto Montt, Chiloé und Lago Llanquihue. Die Exponate stammen aus der präkolumbischen Zeit bis zur Gegenwart. Zu sehen sind etwa jesuitische Artefakte sowie Objekte, die deutsche Einwanderer im 19. Jahrhundert mitbrachten, z. B. Spielzeug, deutsche Zeitungen und Bibeln. Erschütternd sind die Fotografien, die Puerto Montt vor und nach dem Erdbeben 1960 und dem folgenden Tsunami zeigen.

Haus in Pfahlbauweise am pittoresken Fischmarkt Angelmó

Fischmarkt Angelmó

Avenida Angelmó s/n. (065) 226 1825. tägl. 8–23 Uhr.

Der raue Fischmarkt Angelmó an der Uferfront ist die größte Attraktion der Stadt. In diesem bunten, aromenreichen Labyrinth aus engen Passagen verkaufen Händler Fisch, Gewürze, Algen und lokale Spezialitäten. Holztreppen führen hinauf zu kleinen Lokalen, die die besten Meeresfrüchteplatten der Stadt servieren. In den Straßen rund um den Markt verkaufen Handwerker Wollwaren und Holzschnitzereien. Von einem Steg hinter dem Markt legen Boote zu den Inseln Tenglo und Maillén im Seno de Reloncaví ab.

㉜ Parque Nacional Alerce Andino

Straßenkarte E2. 40 km südöstlich von Puerto Montt. CONAF, Sector Correntoso, östlich von Correntoso. Apr–Nov: tägl. 9–18 Uhr; Dez–März: tägl. 9–19 Uhr. conaf.cl

Der rund 390 Quadratkilometer große Parque Nacional Alerce Andino ist ein Schutzgebiet für die majestätische Alerce *(Fitzroya cupressoides)*. Die Baumart ist im Süden Chiles und Argentiniens endemisch. Die Bäume werden bis zu 70 Meter hoch und bis 4000 Jahre alt. Der Nationalpark erstreckt sich in einer beeindruckenden Landschaft mit mächtigen Bergen, tiefen Tälern, Südbuchenwäldern und rund 50 Bergseen. Besucher genießen hier die Natur, die sie auf Kajakfahrten und Wanderungen entdecken. Besonders frequentiert sind die zwei Wanderwege zu den Lagunas Sargazo und Frías, die von 800 bzw. 300 Jahre alten Alerce-Bäumen umgeben sind.

㉝ Calbuco

Straßenkarte D3. 52 km südlich von Puerto Montt. 33 000.

Der Name der Küstenstadt ist das Mapuche-Wort für »blaues Wasser«. Hier beginnt sich das lange, schmale Chile in einen verwirrenden Archipel aufzulösen. Spanische Truppen gründeten die Stadt 1603 als befestigte Siedlung, als sie sich vor einem Mapuche-Aufstand gen Süden zurückzogen. Die Kolonie entwickelte sich zu einem wichtigen Hafen, in dem Alerce-Holz aus den nahen Wäldern verschifft wurde. Calbucos Hauptattraktion ist heute der wunderbare Blick von der Plaza am Meer auf die Inseln und drei Vulkane. In der Kirche an der Plaza steht eine Statue des Erzengels Michael, die Calbucos Gründer aus Spanien mitgebracht hatten.

Auf den 14 Inseln des Calbuco-Archipels vor der Stadt lassen sich von September bis April Magellan-Pinguine und andere Seevögel nieder. Von Calbucos Fischereihafen Caleta La Vega fahren Ausflugsboote zu den Vogelkolonien.

Infobox

Information
Straßenkarte D2. 210 km südlich von Valdivia. 176 000. San Martín 80; (065) 225 8087. La Semana Puertomontina (Mitte Feb.).
puertomontt.cl

Anfahrt
Aeropuerto El Tepual.

Weg durch einen Alerce-Bestand im Parque Nacional Alerce Andino

Ausflugsboote liegen vertäut an der Uferfront von Calbuco

Straßenkarte *siehe hintere Umschlaginnenseiten*

Chiloé

Der bezaubernde Chiloé-Archipel südlich der Seenregion ist grün, verregnet und mit vielen Holzkirchen bebaut. Er umfasst die große Isla Grande sowie einige kleinere Inseln. In präkolonialer Zeit lebten hier die seefahrenden Chono und später die Huilliche, eine sesshafte Untergruppe der Mapuche. In den 200 Jahren nach Ankunft der Spanier 1567 vermischten sich die Neuankömmlinge mit der indigenen Bevölkerung. Es entstand eine einzigartige Kultur, deren Geschichte sich von der des Festlands unterscheidet. Im Unabhängigkeitskrieg fiel Chiloé als letzte spanische Bastion. Heute kann man Chiloés Jesuitenkirchen und seine vielen Küstenorte, die sich von ihren Schwestern auf dem Festland deutlich abheben, auf Tagesausflügen von der historischen regionalen Hauptstadt Castro erkunden.

Die Stadt Ancud ist von grüner Landschaft und Wasserwegen umgeben

❹ Ancud

Straßenkarte D3. 87 km südlich von Puerto Montt; Isla Grande. 40 000. von Puerto Montt. *i* Libertad 665; (065) 262 2800. Festival Costumbrista Chilote (letzte Woche im Feb). ancud.cl

Auf dem Weg von der Seenregion nach Chiloé legen die meisten Besucher jenseits des Canal de Chacao im malerischen Fischereihafen Ancud einen ersten Aufenthalt ein. Die Stadt wurde von den Spaniern 1768 als Festung an der Bahía de Ancud gegründet. Den schmalen Wasserstreifen mit den vielen hölzernen Fischerbooten säumen algenübersäte Strände, bunte Häuser und grüne Hügel. Die kompakte Stadt ist leicht zu Fuß zu erkunden. Am Ufer verläuft die Avenida Salvador Allende parallel zur Bucht unterhalb der Ruinen des **Fuerte San Antonio**. In dieser Festung kämpften 1826 die Royalisten ihren letzten Kampf in Chiles Unabhängigkeitskrieg. Ein Obelisk erinnert an diese letzte Niederlage der spanischen Krone. In der Nähe liegt zwischen Felsklippen das Halbrund des Strands **Playa Arena Gruesa**.

An Ancuds zentraler Plaza zeigt das **Museo Regional de Ancud** archäologische und ethnologische Exponate, darunter reich verzierte Objekte der Jesuiten aus dem 17. und 18. Jahrhundert, geschnitzte Dämonen aus Chiloés Mythologie und ein lebensgroßer Nachbau der *Goleta Ancud*. Der in Ancud gebaute Schoner brachte 1843 die ersten chilenischen Siedler zur Magellanstraße. Neben dem Museum steht die Kathedrale mit einer für Chiloé typischen Schindelverkleidung.

Fuerte San Antonio
Cochrane, Ecke San Antonio.
Mo–Fr 8.30–21, Sa, So 9–20 Uhr.

Museo Regional de Ancud
Libertad 370. (065) 262 2413.
Di–Fr 10–17.30, Sa, So 10–14 Uhr (Jan, Feb: tägl. 10–19 Uhr). 10–12, 15.30–17 Uhr. museoancud.cl

❺ Monumento Natural Islotes de Puñihuil

Straßenkarte D3. 27 km westlich von Ancud; abseits der Playa de Lechagua, Bahía Puñihuil, Isla Grande. von Bahía Puñihuil: Sep–Apr: tägl. 10–19 Uhr. Sep–Apr: tägl. 10–19 Uhr. conaf.cl

Das Monumento Natural Islotes de Puñihuil besteht aus drei vulkanischen Felseninseln, auf denen jedes Jahr Humboldt- und Magellan-Pinguine nisten. Die Inseln zählen zu den wenigen Plätzen, wo die gefährdeten Humboldt-Pinguine zusammen mit den ihnen eng verwandten Magellan-Pinguinen vorkommen. Von kleinen Ausflugsbooten, die in Bahía Puñihuil an der Nordwestküste der Isla Grande ablegen, kann man sie und andere Wildtiere beobachten – Küstenotter, die am Ufer über schwarze Felsen huschen, Buntscharben, die sich auf Beutesuche aus vollem Flug ins Wasser stürzen, flugunfähige Dampfschiffenten und Austernfischer.

Eine Pinguinkolonie nistet am Monumento Natural Islotes de Puñihuil

Mythen und Folklore auf Chiloé

Chiloés Mythen und Legenden werden seit Jahrhunderten mündlich von einer Generation an die nächste weitergegeben. Sie erzählen von Göttinnen, die das Land schützen, von einem bösen Waldbewohner, der Mädchen ihre Jungfräulichkeit raubt, einer Schlange, die den Bewohnern eines Hauses die Lebenskraft aussaugt, und von Hexen, die in der Gestalt von Eulen als Todesboten gelten. Dem Volksglauben zufolge wird Chiloé von einem ganzen Kosmos voll guter und böser Geister, Hexer, Hexen und Ungeheuern bevölkert. Die Legenden wurzeln in den uralten Mythen der Mapuche, in die sich spanischer Aberglaube und katholische Glaubensinhalte mischten. Mit ihren nebligen Buchten, stillen Wäldern, zerklüfteten Bergen und ihrem bleigrauen Himmel bildet die Landschaft des Archipels eine ideale Kulisse für diese fantastische Welt.

Der böse El Trauco lebt im Wald. Der kleine Mann ist mit einem Stock und einer Axt unterwegs, die einen Baum mit drei Schlägen fällen kann. El Trauco ist stets auf der Suche nach Jungfrauen, die sich allein im Wald aufhalten. Sobald er auf eine trifft, verwandelt er seine Axt in eine Flöte, hypnotisiert das Mädchen und schwängert es. Die so gezeugten Kinder werden später in den Wald gerufen, um für ihren abwesenden Vater die Stellung zu halten.

El Basilisco kriecht zwar aus einem Hühnerei, ist aber eine Schlange mit einem roten Hahnenkamm. Er lebt unter den Holzdielen eines Hauses und vom Speichel der schlafenden Bewohner. Diese bekommen dadurch einen trockenen Husten und sterben. Erst dann verlässt El Basilisco das Haus.

La Pincoya, eine wunderschöne Frau, tanzt um Mitternacht an Chiloés Stränden. Zeigt ihr Gesicht zum Meer, bedeutet dies eine Überfülle an Fisch, zeigt ihr Rücken zum Meer, ist Mangel zu erwarten.

El Coo ist eine Hexe. Erscheint sie nachts als Eule verkleidet auf einem Fensterbrett, kündet dies vom Tod eines geliebten Menschen.

Das einhörnige Kalb El Camahueto wird im Marschland geboren. Als Erwachsener wandert es zum Meer und zerstört unterwegs Felder. Beim Eintauchen im Wasser verursacht es zerstörerische Flutwellen.

Straßenkarte *siehe hintere Umschlaginnenseiten*

Castro

Eine Reise auf den Chiloé-Archipel führt unweigerlich auch in dessen hübsche Hauptstadt Castro. Castro wurde 1567 als dritte spanische Siedlung in Chile an einem Hügel über dem nebligen Fiordo Castro gegründet. Von der einst südlichsten Stadt der Welt zogen die Spanier aus, den Chiloé-Archipel zu erobern, während die Jesuiten seine Bevölkerung missionierten. Heute ist Castro ein malerisches Städtchen mit hügeligen Gassen, herrlichem Meeresblick und historischen *palafitos*.

Bunt gestrichene *palafitos* aus Holz am Ufer des Fiordo Castro

Museo Regional de Castro

San Martín 261. (065) 263 5967. Jan, Feb: Mo–Fr 9.30–13, 15–19, Sa 9.30–18.30, So 10.30–13 Uhr; März–Dez: Mo–Sa 9.30–13, 15–18, So 9.30–13 Uhr. Kameras ohne Blitz erlaubt.

Das kleine Museum dokumentiert Chiloés Geschichte von den ersten Jäger-Sammlern auf dem Archipel vor rund 6000 Jahren bis heute. Historische Objekte und Tafeln informieren etwa über die Besiedlung der Inseln durch Chono- und Huilliche-Gruppen, die spanische Eroberung im 16. Jahrhundert und über Chiloés Rolle als Bastion der Royalisten in Chiles Unabhängigkeitskrieg (1810–18). Zeitgeschichtliche Exponate sind z. B. Fotografien von den Zerstörungen, die das Erdbeben von 1960 und der folgende Tsunami anrichteten. Im ganzen Archipel wurden damals Küstendörfer zerschmettert. Thematische Abteilungen beschäftigen sich mit Chiloés Mythologie *(siehe S. 219)*, christlicher Architektur und den Wurzeln der chilotischen Kultur.

Iglesia San Francisco

Plaza de Armas. tägl. 9.30–21.30 Uhr.

Chiloés bekanntestes Wahrzeichen gehört als herausragendes Werk einheimischer Handwerkskunst zum Welterbe der UNESCO. Die Kirche wurde 1910 nach Plänen des italienischen Architekten Eduardo Provasoli vollständig aus heimischen Hölzern (Zypresse, Alerce, Coigüe) erbaut und flamboyant-polychrom verziert. Die neogotische Fassade ist mit gold- und violettfarbenen Blechen verkleidet. Von den beiden 40 Meter hohen Glockentürmen wurden jahrzehntelang ankommende Schiffe in den Hafen geleitet. Heute darf per Gesetz kein höheres Gebäude in Castro errichtet werden. Das Kircheninnere fasziniert mit hohem Gewölbe und opulenten Malereien. Altar,

Zentrum von Castro

① Museo Regional de Castro
② Iglesia San Francisco
③ Palafitos

Zeichenerklärung *siehe hintere Umschlagklappe*

Hotels und Restaurants in der Seenregion und auf Chiloé *siehe Seiten 279f und 295–297*

Kanzel und Beichtstühle wurden von regionalen Handwerkern wunderbar aus heimischen Hölzern geschnitzt.

Die beeindruckende neogotische Fassade der Iglesia San Francisco

Palafitos
Ufer am Fiordo Castro.

Castros *palafitos* sind das beliebteste Postkartenmotiv der Stadt. Die traditionellen Pfahlbauten aus heimischen Hölzern stehen am Ufer des Fiordo Castro und sind pittoresk in leuchtenden Farben gestrichen. Jeder *palafito* hat eine Fassade zur Straße und eine Fassade mit Blick auf das Wasser. Diese schönen Beispiele einheimischer chilenischer Architektur wurden ab dem 19. Jahrhundert für Fischerfamilien erbaut. Die Fischer konnten so ihre Boote im Wasser vor dem Haus vertäuen und über eine Holzleiter in das Haus klettern.

Vor dem Erdbeben von 1960 säumten *palafitos* einen Großteil der Ostküste der Isla Grande, die wenigen verbliebenen stehen heute vor allem an Castros Avenida Pedro Montt. Von den Booten, die am Steg ablegen, hat man einen herrlichen Blick auf die einzigartigen Häuser.

Museo de Arte Moderno Chiloé
Galvarino Riveros s/n, Parque Municipal. (065) 263 5454. Jan, Feb: tägl. 10–18 Uhr; März–Dez: tägl. 10–17 Uhr. auf Anfrage.
mamchiloe.cl

Das exzellente Museum für zeitgenössische Kunst ist in einem alten Kornspeicher auf einem windigen Hügel untergebracht. Von hier hat man einen wunderbaren Blick auf die Stadt. Das Museum präsentiert u. a. Installationen, Graffiti und Digitalkunst sowie eine Dauerausstellung mit Werken bekannter chilenischer Künstler wie Arturo Duclos und Ricardo Yrarrázaval.

In vielen der gezeigten Werke sind lokale Materialien wie Schafwolle und Holz verarbeitet. Häufig beschäftigen sich die Künstler mit Chiloés Identität und seiner kulturellen Abgrenzung von Festland-Chile.

Infobox

Information
Straßenkarte D3. 77 km südlich von Ancud. 39.000. Plaza de Armas. Festival Costumbrista Chilote (Feb).
municastro.cl

Anfahrt

Parque Nacional Chiloé
Straßenkarte D3. 52 km südwestlich von Castro; Sector Chanquín, Cucao. CONAF, Gamboa 424, Castro; (065) 253 2501. von Castro. tägl. 9–19 Uhr.
conaf.cl

Der malerische Parque Nacional Chiloé reicht im Westen bis zum Pazifischen Ozean und wird im Osten durch Chiles Küstengebirge begrenzt. Er schützt auf 426 Quadratkilometern standortheimischen Wald, darunter Chiles südlichste Alerce-Bestände, sowie eine artenreiche Tierwelt. An seiner Küste leben Mähnenrobben-Kolonien, Magellan- und Humboldt-Pinguine sowie viele Seevogelarten.

Die meisten Besucher bewegen sich vor allem im Südteil des Parks, wo das Dorf Cucao am Parkeingang rustikale Unterkünfte bietet. In Cucao beginnt der **Sendero Chanquín Cole-Cole** – der Wanderweg führt an den weißen Stränden, riesigen Wellen und von Wäldern begrenzten Sanddünen der Pazifikküste vorbei. Am Ende des Weges organisieren Huilliche Ausritte durch die grünen Wälder.

Der nördliche Teil des Parks ist weniger besucht. Dort erstrecken sich größere und dichtere Wälder. In diesem Sektor führt der 18 Kilometer lange **Sendero Castro-Abtao** durch einen dichten Alerce-Wald bis zum Pazifischen Ozean.

Vom Wind gepeitschte Klippen und Dünen an der Pazifikküste im Parque Nacional Chiloé

Straßenkarte *siehe hintere Umschlaginnenseiten*

Einheimische Handwerksprodukte auf dem Markt beim Hafen, Dalcahue

❸ Dalcahue

Straßenkarte D3. 28 km nordöstlich von Castro. 🚏 11 000. 🚌 🛈 Ramón Freire s/n; (065) 264 2376. 🚢 So. 🎉 La Fiesta del Ajo y de las Tradiciones (Mitte Feb). 🌐 dalcahue.cl

An der Ostküste der Isla Grande blickt Dalcahue auf die kleineren Inseln des Chiloé-Archipels. Das Städtchen entwickelte sich ab dem 18. Jahrhundert als Zwischenstation für die Jesuiten auf ihrer jährlichen missionarischen Rundreise durch den ganzen Archipel.

Dalcahues Hauptattraktion ist die als UNESCO-Welterbe ausgewiesene **Iglesia Dalcahue**. Die neogotische Kirche wurde 1903 am Standort der ersten Jesuitenmission erbaut. Exponate zur Lokalgeschichte zeigt ganz in der Nähe das **Museo Cultural de Dalcahue**.

Dalcahue ist ein wichtiger Handelsplatz für die Handwerker der nahen Inseln, die täglich per Boot kommen und ihre Waren auf dem Kunsthandwerksmarkt anbieten.

🏛 **Museo Cultural de Dalcahue**
Avenida Pedro Montt 105. ☎ (065) 264 2375. ⏰ Mo–Fr 8–17 Uhr (Dez–März: tägl.).

❸ Curaco de Vélez

Straßenkarte D3. 37 km östlich von Castro. 🚏 3600. 🚌 von Castro. 🚢 von Dalcahue. 🛈 Entrada a Curaco de Vélez, Plazoleta la Amistad. 🎉 Festival Costumbrista Chilote (Feb). 🌐 curacodevelez.cl

Von Dalcahue fahren Boote über den Canal Dalcahue zur Isla de Quinchao. Der Kanal gehört zum Mar Interior (Inneres Meer), das Chiloé vom Festland trennt. Die Insel selbst ist mit winzigen Küstendörfern besiedelt.

Auf der Kanalseite der Insel ist das wirklich reizende Dorf Curaco de Vélez die kleinste Siedlung im Chiloé-Archipel. Seine Geschichte beginnt im 17. Jahrhundert, als hier erstmals Jesuiten auf ihrer Missionsroute vor Anker gingen. Die originale Jesuitenkirche brannte 1971 ab, doch gibt es hier noch viele alte Bauwerke im heimischen Stil zu bewundern – etwa die grauen Holzhäuser mit den typischen Alerce-Schindeln in der **Calle Errázuriz**. Sie stammen aus der Zeit, als in Curaco de Vélez die Holzindustrie und das Handwerk florierten. Heute konzentriert sich in dem verschlafenen Dorf das Leben rund um die kleine Plaza, wo auch das **Museo Municipal de Curaco de Vélez** die Lokalgeschichte erzählt. Hinter der Plaza erstreckt sich ein beeindruckender, muschelübersäter Strand. Auf dem schmalen Meereskanal schwimmen im Sommer Kolonien von Schwarzhalsschwänen. Des Weiteren locken auf der Isla de Quinchao alte Jesuitenkirchen, historische Holzhäuser, Fischrestaurants und Kunsthandwerksmärkte.

🏛 **Museo Municipal de Curaco de Vélez**
Calle 21 de Mayo s/n. ☎ (065) 266 7317. ⏰ Mo–Fr 9–13.30, 14.30–18, So 10–13 Uhr.

❹ Achao

Straßenkarte D3. 45 km östlich von Castro. 🚏 3500. 🚌 von Castro u. Curaco de Vélez. 🛈 Amunátegui s/n, Plaza de Armas. 🎉 Encuentro Folclórico de las Islas del Archipiélago (Feb).

Das Städtchen Achao an der Ostküste der Isla de Quinchao ist ein ideales Ziel für einen Halbtagesausflug. Von der einstigen Jesuitenmission ist hier nur noch die **Iglesia Santa María de Loreto** am Hauptplatz verblieben. Diese älteste Kirche des Archipels wurde 1754 komplett aus Holz erbaut – selbst die Dübel und Nägel sind aus Holz. Im Inneren fallen das Gewölbe, die barocken Säulen sowie der Altar und die Kanzel auf, die beide wunderschön geschnitzt sind. Die klassizistische Fassade ist im traditionellen chilotischen Stil mit Alerce-Schindeln verkleidet. Ebenfalls an der Plaza zeigt das **Museo de Achao** Ausstellungen über die nomadischen Chono, die Chiloé in präkolumbischer Zeit besiedelten, und farbenfrohe chilotische Webarbeiten.

Fassade der Holzkirche von Achao

🏛 **Museo de Achao**
Amunátegui 014. ⏰ Jan, Feb: tägl. 10–18 Uhr.

Büste des Seehelden Galvarino Riveros auf der Plaza von Curaco de Vélez

Hotels und Restaurants in der Seenregion und auf Chiloé siehe Seiten 279f und 295–297

Fischer- und Ausflugsboote ankern in Chonchis geschütztem Hafen

⓵ Chonchi

Straßenkarte D3. 23 km südlich von Castro. 5000. Centenario, Ecke Sgto. Candelaria. Festival Costumbrista Chilote (Feb).

Chonchi liegt auf der Isla Grande an einem Hang oberhalb einer malerischen Bucht und wird wegen seiner Topografie auch die »dreistöckige Stadt« genannt. Die Ortschaft entwickelte sich ab dem 17. Jahrhundert rund um eine Station, von der aus die Jesuiten den südlichen Archipel missionierten.

Ende des 19. Jahrhunderts erreichte Chonchi seinen wirtschaftlichen Zenit als Holzhafen. Noch heute säumen Holzhäuser die Calle Centenario und andere Kiesstraßen. Die **Iglesia de Chonchi** von 1883 gehört zusammen mit 15 anderen Kirchen des Archipels zum UNESCO-Welterbe. Ihr Innenraum hinter der cremefarbenen und taubenblauen Fassade überrascht mit einem mit Tausenden Sternen ausgemalten Gewölbe.

Das interessante **Museo de las Tradiciones Chonchinas** zeigt in der Villa eines Holzbarons von 1910 die typische Einrichtung eines chilotischen Hauses aus der Pionierzeit.

🏛 Museo de las Tradiciones Chonchinas
Centenario 116. (065) 267 2802. Mo–Fr 10.30–13.30, 14.30–18 Uhr, Sa 10.30–13.30 Uhr. Kameras ohne Blitz erlaubt.

⓶ Quellón

Straßenkarte D3. 99 km südlich von Castro. 22 000. 22 de Mayo 251; (065) 268 3500. Festival Costumbrista Chilote (Feb).

Der Fischereihafen Quellón entwickelte sich ab der Wende zum 20. Jahrhundert rund um eine Alkohol- und Acetonfabrik. Die Stadt wurde im Jahr 1960 durch das Erdbeben und den folgenden Tsunami zerstört und erlitt in der Folge einen wirtschaftlichen Abstieg. Heute lockt das wachsende Angebot zur Walbeobachtung jedes Jahr immer mehr Urlauber an. Besonders beliebt für solche Ausflüge ist der Golfo de Corcovado südöstlich von Quellón. Er liegt auf der jährlichen Wanderroute der Blauwale. Im Ort zeigt das sehenswerte **Museo Inchin Cuivi Ant** Ausstellungen über die Geschichte und Technologie von Chiloé sowie Darstellungen von mythischen Figuren *(siehe S. 219)*. In Quellón legen die Fähren nach Nordpatagonien *(siehe S. 226–239)* ab. Hier endet zudem die legendäre Panamericana. Das 25 800 Kilometer lange Schnellstraßennetz führt durch die ganze Länge von Nord- und Südamerika, sein südlichster Punkt ist das Stadtzentrum von Quellón. Dort markiert das Monumento Hito Cero das Ende der Route.

🏛 Museo Inchin Cuivi Ant
Avenida Juan Ladrilleros 225. (065) 268 1901. Dez–Marz: tägl. 10–13, 15–18 Uhr.

Festival Costumbrista Chilote

Das farbenfrohe Festival Costumbrista Chilote feiert alljährlich im Januar und Februar die chilotische Kultur. Chiloés größtes Fest wird in den Dörfern und Städten des gesamten Archipels mit Volksmusik und -tänzen, Kunsthandwerksmärkten und traditionellen Aktivitäten begangen. Besucher können sich hier beim Schafscheren, Ochsentreiben und Marmeladekochen versuchen sowie traditionelle chilotische Weberei lernen. An Ständen werden chilotische Spezialitäten serviert, etwa Muschel-*empanadas*, *curanto* *(siehe S. 287)*, *licor de oro* (ein Likör unter anderem aus Milch) und süßer Ulmo-Honig aus den Blüten der heimischen Ulmo-Bäume. Über Zeit und Ort der verschiedenen Veranstaltungen informiert man sich am besten vorab in einem Fremdenverkehrsbüro.

Kinder tanzen in Tracht beim **Festival Costumbrista Chilote**

Straßenkarte *siehe hintere Umschlaginnenseiten*

Chiloé: Jesuitenkirchen

Die Jesuitenpriester, die ab 1608 nach Chiloé kamen, wollten die im Archipel ansässigen Huilliche missionieren. Dazu errichteten sie auf den Inseln ein ganzes Netzwerk von Holzkirchen. Diese neuartige Sakralarchitektur (Chilotische Schule) gründete auf dem Stil der Jesuitenkirchen im Mitteleuropa des 17. Jahrhunderts. Heute stehen noch über 60 dieser Jesuitenkirchen im Archipel, einige wurden im 18. oder 19. Jahrhundert nach Erdbeben oder Bränden neu gebaut. Sie weisen Unterschiede in Größe und in den Details, jedoch alle auch gemeinsame Elemente auf. 16 dieser Kirchen zählen zum UNESCO-Welterbe.

Ein elegantes Deckengewölbe überdacht das Mittelschiff, wie hier in der Iglesia de Castro. Es kann bunt ausgemalt, aber auch schmucklos sein.

Das Kircheninnere kann einfach, streng oder auch reich geschmückt sein.

Die beiden Seitenschiffe haben flache Decken.

Der Altartisch an der Nordseite der Kirche wurde von Handwerkern aus heimischem Alerce-, Zypressen- und Mañío-Holz gebaut. Er zeigt oft reiches und bildhaftes Schnitzwerk. Bunt gefasste hölzerne Heiligenfiguren zieren den Raum oberhalb des Altars.

Kirchenarchitektur

Die in allen chilotischen Kirchen gleichen Grundelemente sieht man auch an der Iglesia de Achao. Charakteristisch sind der Glockenturm und die symmetrische Fassade. Mit ihrem steilen Dach, dem langen Schiff und ihrer Gewölbedecke gleicht die Kirche einem umgedrehten Boot. Sie steht oberhalb eines Naturhafens an der Küste, die Fassade blickt zum Schutz gegen Regen aus dem Norden gen Süden.

Fenster sind am Portikus, Glockenturm und an den Seitenwänden eingelassen.

Das lange Mittelschiff ist von den Seitenschiffen durch Pfeiler aus heimischem Holz abgesetzt, die auf Steinsockeln stehen. Nur das Mittelschiff reicht bis zur Rückwand der Kirche und bis zum Altarraum.

Jesuitenmission

Iglesia de Tenaun

Die extreme Isolation der Inseln und der Huilliche, die hier lebten, erschwerten die Missionierung von Chiloé. Die Jesuiten lösten dieses Problem, indem sie jedes Jahr den ganzen Archipel per Schiff abfuhren. Auf diesen Fahrten stiegen die Priester an allen Dörfern aus und missionierten deren Bewohner. Ein Laienpriester sorgte für den spirituellen Beistand, bis die Missionare im folgenden Jahr wiederkamen. In jeder neuen Mission wurde eine Kirche erbaut – insgesamt 200 –, um die mit der Zeit ein Dorf entstand. Nach der Vertreibung der Jesuiten aus der spanischen Neuen Welt 1767 setzten Franziskaner diese Form der Mission fort.

UNESCO-Kirchen im Chiloé-Archipel

1. Iglesia de Colo
2. Iglesia de San Juan
3. Iglesia de Dalcahue
4. Iglesia de Castro
5. Iglesia de Nercón
6. Iglesia de Vilupulli
7. Iglesia de Chonchi
8. Iglesia de Ichuac
9. Iglesia de Rilán
10. Iglesia de Aldachildo
11. Iglesia de Detif
12. Iglesia de Chelín
13. Iglesia de Quinchao
14. Iglesia de Achao
15. Iglesia de Caguach
16. Iglesia de Tenaún

Besichtigungen

Die vielen Kirchen in den Zentren von Chiloés Ortschaften sind ganztägig geöffnet und leicht zu erreichen. Wer mit dem Auto anreist, kann auf der Ruta de las Iglesias eine Halbtagestour zu Chiloés UNESCO-Kirchen unternehmen. Organisierte Ausflüge beginnen in Castro und Ancud. Über Details informiert die Website **W** rutadelasiglesias.cl

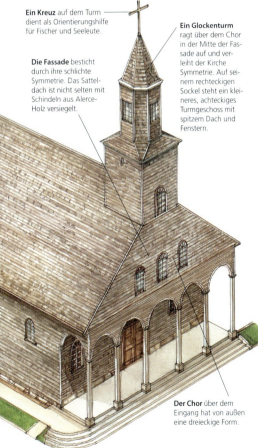

Ein Kreuz auf dem Turm dient als Orientierungshilfe für Fischer und Seeleute.

Ein Glockenturm ragt über dem Chor in der Mitte der Fassade auf und verleiht der Kirche Symmetrie. Auf seinem rechteckigen Sockel steht ein kleineres, achteckiges Turmgeschoss mit spitzem Dach und Fenstern.

Die Fassade besticht durch ihre schlichte Symmetrie. Das Satteldach ist nicht selten mit Schindeln aus Alerce-Holz versiegelt.

Der Chor über dem Eingang hat von außen eine dreieckige Form.

Der Eingang kann einen neogotischen oder klassizistischen Vorbau mit Säulen und Bogen aufweisen, wie hier an der Iglesia de Dalcahue. Die Jesuiten legten vor den Eingängen Plätze für Prozessionen an.

Nordpatagonien

Das dünn besiedelte Nordpatagonien lockt mit wilden Naturlandschaften und der unvergleichlich malerischen Carretera Austral, mit blauen Gletschern und Eisbergen, zerklüfteten Andengipfeln und riesigen Waldreservaten. Um die zahlreichen Attraktionen zu erkunden, bieten sich Coyhaique und andere versprengte Weiler und Ortschaften als ideale Ausgangspunkte an.

Nordpatagoniens Fjorde, Wälder und Steppen waren einst das Land der Tehuelche und der Kawéskar, die von der Jagd bzw. vom Fischfang lebten. Im Zeitalter der Entdeckungen drangen außer den Missionaren von Chiloé wenige Europäer in das Gebiet vor. Überaus eindrückliche Beschreibungen hinterließen John Byron (1723–1786), Charles Darwin (1809–1882) sowie andere britische Seefahrer und Wissenschaftler. Auch nach der Unabhängigkeit wurde Nordpatagonien nur langsam besiedelt. Erst 1903 schufen Landschenkungen für Schaffarmen und Forstwirtschaft die Basis für den wirtschaftlichen Aufschwung.

Die staatlichen Schenkungen gingen an private Unternehmen in und im Umland der aufblühenden Regionalhauptstadt Coyhaique. Infolge großer Brände, Entwaldung und massiver Erosion musste der Haupthafen der Region, Puerto Aisén, geschlossen werden – in einer Zeit, in der praktisch alles auf dem Seeweg transportiert wurde. An den Straßenverkehr wurde die Region mit dem Bau der Carretera Austral in den 1970er Jahren angeschlossen. Die Straße führt durch ganz Nordpatagonien und wird nach und nach geteert. Erst sie ermöglichte sowohl den Fremdenverkehr als auch Bergbau und Lachszucht in der Region sowie die Errichtung riesiger, heftig umstrittener Wasserkraftanlagen.

Nordpatagoniens Nationalparks schützen große alte Wälder, Wildbäche, Wasserfälle und Berge. Sie können per Fähre auf dem Wasserweg sowie auf Abstechern abseits der Carretera Austral erkundet werden. Die Parks bieten zahlreiche Möglichkeiten für Outdoor-Fans.

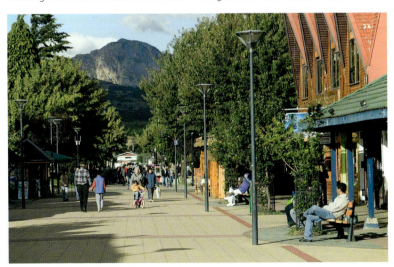

Eine der von Bäumen gesäumten Straßen im Zentrum von Coyhaique

◀ Vor der riesigen Eiskappe des Campo de Hielo Norte im Parque Nacional Laguna San Rafael *(siehe S. 237)*

Überblick: Nordpatagonien

Die einzige größere Stadt der Region ist die Provinzhauptstadt Coyhaique. Sie ist das Tor zum Parque Nacional Laguna San Rafael mit seinen vielen beeindruckenden Gletschern und zum Trekkingparadies Reserva Nacional Cerro Castillo. Die meisten Reisenden erkunden Nordpatagonien auf der Carretera Austral, die längs durch die Region führt. Von dieser Autobahn aus erreicht man Attraktionen wie etwa die Wildwasserreviere Río Futaleufú und Río Baker, die Waldreservate Parque Pumalín und Reserva Nacional Lago Jeinemeni sowie die Gartenstadt Chile Chico. Die Straße endet bei Villa O'Higgins, wo eine abenteuerliche Trekkingroute nach Argentinien beginnt. Fähren und Katamarane bringen Besucher über die Inlandkanäle zum Fischerdorf Melinka und zum abgeschiedenen Puerto Edén.

Kajakfahrer auf dem Lago Bertrand, abseits der Carretera Austral

Sehenswürdigkeiten auf einen Blick

Orte und Städte
❶ Hornopirén
❸ Chaitén
❹ Futaleufú
❺ Palena
❻ Melinka
❼ Puerto Puyuhuapi
❿ Puerto Cisnes
⓫ Coyhaique
⓬ Puerto Chacabuco
⓱ Chile Chico
⓳ Cochrane
㉑ Caleta Tortel
㉒ Villa O'Higgins
㉓ Puerto Edén

Thermalbad
❽ Puyuhuapi Lodge & Spa

Nationalparks, Schutzgebiete und Naturdenkmäler
❾ Parque Nacional Queulat
⓮ Reserva Nacional Río Simpson
⓯ Reserva Nacional Cerro Castillo
⓰ Parque Nacional Laguna San Rafael
⓲ Reserva Nacional Lago Jeinemeni

Landschaften
❷ Parque Pumalín
⓭ Parque Aiken del Sur
⓴ Rio Baker

Raue Landschaft bei der an einem See gelegenen Ortschaft Chile Chico

In Nordpatagonien unterwegs

Den Flughafen Balmaceda bei Coyhaique erreicht man per Inlandsflug. Auf der Carretera Austral (Ruta 7) fahren nur wenige öffentliche Verkehrsmittel. Am besten organisiert man private Transporte oder mietet sich ein Auto in Coyhaique. Die Ruta 7 ist auch bei Langstreckenradlern beliebt. Einige Hotels organisieren Ausflüge, die meisten Nationalparks und die Raftingcamps in Futaleufú können im Rahmen von Pauschaltouren besucht werden. Teile der Region sind per Fähre und Katamaran erreichbar.

Legende
- Hauptstraße
- Nebenstraße
- Piste
- Regionalgrenze
- Staatsgrenze
- △ Gipfel

Zeichenerklärung *siehe hintere Umschlagklappe*

Boote am Kai von Hornopirén in einer eindrucksvollen Fjordlandschaft

❶ Hornopirén

Straßenkarte E3. 936 km südlich von Santiago. 1500. von Puerto Montt.

Hornopirén liegt idyllisch an einem Fjord, dahinter ragt der gleichnamige, 1572 Meter hohe Vulkan auf. Die kleine Ortschaft floriert seit dem 19. Jahrhundert. 2008 wurde Hornopirén vom Ausbruch des Volcán Chaitén schwer getroffen. Heute ist das Städtchen das Tor zum zwölf Kilometer nordwestlich gelegenen Parque Nacional Hornopirén, in dem man Wildtiere beobachten und wandern kann. Barkassen bringen Besucher vom Fährhafen zu nahe gelegenen heißen Quellen. Am Hafen wird fangfrischer Fisch verkauft.

❷ Parque Pumalín

Straßenkarte E3. 132 km südlich von Puerto Montt; Caleta Gonzalo. von Hornopirén: nur Jan, Feb. Klenner 299, Puerto Varas; (065) 225 0079.
w parquepumalin.cl

Der Parque Pumalín ist das weltweit größte Naturschutzgebiet in Privatbesitz. Er bewahrt über 3170 Quadratkilometer gemäßigten Regenwald in einer Landschaft mit zerklüfteten Bergen, die sich aus tiefen Fjorden erheben. Der Park wurde 1991 im Rahmen der Umweltschutzinitiative seines Begründers, des US-Millionärs Douglas Tompkins (1943–2015), eingerichtet. Zunächst wurde das Projekt teilweise erbittert bekämpft und der Verkauf solch großer Landflächen an einen Ausländer heftig kritisiert. Doch die schrittweise Öffnung des Parks für Besucher sowie die Ausstattung mit Campingplätzen, *cabañas* und Wanderwegen freute in der Folge auch viele Chilenen. Seit 2003 untersteht der Park der chilenischen Fundación Pumalín, im August 2005 wurde er zum Naturschutzgebiet erklärt.

Der Park ist dank der vielen Wege, die sich durch die herrliche Landschaft mit üppigen Alerce-Wäldern, Wasserfällen und natürlichen Buchten schlängeln, ein sehr beliebtes Wandergebiet. Die meisten Wege sind zwar kurz, zum Teil jedoch anstrengend, weil man angeseilt steile Leitern erklimmen muss. Entspannend sind dagegen die zahlreichen Thermalquellen im Park, die teils frei zugänglich sind, teils Eintritt kosten. Der Ausbruch des Vulkans Chaitén im Mai 2008 beschädigte die Service-Einrichtungen des Parks. Mittlerweile sind diese Schäden beseitigt, ein neuer Pfad führt nun an den Rand des Kraters.

❸ Chaitén

Straßenkarte E3. 160 km südlich von Puerto Montt. 3500.

Die Stadt Chaitén an der Carretera Austral (Ruta 7) bezauberte Besucher mit ihrer attraktiven Kombination aus Küste und Sierra, bis am 2. Mai 2008 der gleichnamige Vulkan knapp zehn Kilometer entfernt ausbrach. Diese Katastrophe zog eine schwere Überschwemmung nach sich, die viele Häuser wegspülte und andere unter nasser Asche begrub.

Viele der angestammten Bewohner trotzten den staatlichen Umsiedlungsprojekten und kehrten in ihre Heimatstadt zurück. Trotz der Nähe zum Vulkan lockt das Gebiet noch immer viele Besucher an. Fähren von Puerto Montt und dem Chiloé-Archipel steuern Chaiténs Hafen an, viele Unterkünfte und andere Einrichtungen sind stets geöffnet.

Cabañas im grünen Parque Pumalín

NORDPATAGONIEN | 231

Kajakfahren auf dem ruhigen Río Azul nahe Futaleufú

❹ Futaleufú

Straßenkarte E3. 154 km südöstlich von Chaitén. 1200. von Chaitén. O'Higgins 536; (065) 272 1241. futaleufu.cl

Das Dorf Futaleufú liegt in einem abgeschiedenen malerischen Tal nahe der argentinischen Grenze. Der Río Futaleufú, meist nur »Fu« genannt, lockt als Wildwasser-Dorado Rafter und Kajakfahrer aus aller Welt an. Am Ufer betreiben Reiseveranstalter Camps für Kühne, die ihr Können in den Stromschnellen der Stärke 5, darunter die »Tore zur Hölle«, »Terminator« und »Der Perfekte Sturm«, testen wollen. Anfänger trainieren in ruhigeren Flussabschnitten oder in der Nähe auf den weniger turbulenten Flüssen Río Azul und Río Espolón. Kajakfahrer zieht es auch hinaus auf den Lago Yelcho, der über den Río Yelcho mit dem Pazifik verbunden ist. Rund um Futaleufú kommen zudem Wanderer, Reiter und Mountainbiker auf ihre Kosten.

Das Dorf und große Flächen östlich des Río Futaleufú gehören zur 49 Quadratkilometer großen **Reserva Nacional Futaleufú**. In dem Schutzgebiet mit den dichten Wäldern aus Lenga-Buchen, Coigüe-Bäumen und Chilezedern leben die gefährdeten Andenhirsche und viele andere Wildtiere. Der Ausbruch des Volcán Chaitén im Mai 2008 bedeckte das Dorf mit einer Ascheschicht, doch trotz wiederholter Ascheregen schaffte es Futaleufú, sich schnell wieder zu erholen.

❺ Palena

Straßenkarte E3. 257 km südöstlich von Puerto Montt. 1700. von Chaitén. O'Higgins 740; (065) 274 1217. Rodeo de Palena (Jan).

Am Dorf Palena nahe der Grenze zu Argentinien fließt der gleichnamige Fluss vorbei. Vom Wassersport-Boom des nahen Futaleufú ist es aber unberührt. In Palena pflegt man Chiles *huaso*-Tradition beim **Rodeo de Palena**. Bei der Hauptveranstaltung des Rodeos versuchen kostümierte *huasos* auf Pferden, ein Kalb in einen gepolsterten Ring zu treiben.

Der Sendero de Chile *(siehe S. 306)* ist ein ganzes Netz aus Wegen, das quer durch Chile führt. Er verläuft auch durch Palena, weiter in die kaum bekannte Reserva Nacional Lago Palena und bis zur argentinischen Grenze.

Fliegenfischen von einer Holzbrücke über den Río Palena

❻ Melinka

Straßenkarte D3. 276 km südwestlich von Puerto Montt. 1400. von Puerto Montt. von Puerto Montt und Quellón.

Der Guaitecas-Archipel im Meer westlich von Palena besteht aus winzigen Inseln. Sein Hauptort ist das beschauliche Fischerdorf Melinka auf der Isla Ascensión. Das Dorf liegt am Golfo de Corcovado, in dem eine große Blauwalpopulation lebt – häufig sind die Tiere von der Küste aus zu sehen, per Boot kann man sie noch näher erleben. In Melinka selbst gibt es ein paar einfache, aber gemütliche Unterkünfte und kleine Restaurants.

Bootstour in den Fjorden Nordpatagoniens

Die dreitägige Reise von Puerto Montt *(siehe S. 216f)* gen Süden nach Puerto Natales *(siehe S. 244)* an Bord der M/V *Magallanes* des Fährunternehmens Navimag *(siehe S. 329)* gehört zu Nordpatagoniens Top-Attraktionen und ist ein einzigartiges Erlebnis. Auf der atemberaubenden Fahrt entlang der patagonischen Küste passiert man zahllose Fjorde, Kanäle und Tausende unbewohnter Inseln. Von Deck aus sieht man unglaubliche Landschaften mit dichtem gemäßigtem Regenwald, Seen, massiven Gletschern und schneebedeckten Bergen sowie Seelöwenkolonien und andere Wildtiere. Zuweilen folgen Delfine den Booten, ziehen Möwen und Albatrosse darüber ihre Kreise. Zum Unterhaltungsprogramm gehören naturgeschichtliche Vorträge und chilenische Dokumentarfilme. Wenn die Fähre südlich von Chiloé schippert, sind die Lichter von Melinka in der Ferne zu sehen.

Stiller See im Parque Pumalín

Straßenkarte *siehe hintere Umschlaginnenseiten*

❼ Puerto Puyuhuapi

Straßenkarte E4. 434 km südöstlich von Puerto Montt. 830. Otto Übel s/n; (067) 232 5244. puertopuyuhuapi.cl

Gäste entspannen im Thermalbecken der Puyuhuapi Lodge & Spa

Die meisten Ortschaften an der Carretera Austral sind wie die Autobahn selbst relativ neu und daher meist unscheinbar. Eine Ausnahme bildet jedoch das Fischerdorf Puerto Puyuhuapi. Deutsche Einwanderer aus dem Sudetenland gründeten den Ort in den 1930er Jahren. Zahlreiche Häuser in dieser Gegend tragen denn auch deutlich deutsche Züge.

Am bekanntesten ist das Dorf für die **Alfombras de Puyuhuapi**. Die Fabrik in Familienbesitz produziert maßgearbeitete Teppiche für den Export. Das 1949 von dem deutschen Textilfachmann Walter Hopperdietzel gegründete Unternehmen beschäftigt Frauen vom Chiloé-Archipel, die in Handarbeit erstklassige Wollteppiche fertigen. An den ungewöhnlichen vertikalen Webstühlen entstehen wunderschöne Läufer in verschiedenen Größen und Mustern. Die Fabrik, die auch besichtigt werden kann, verkauft fertige Teppiche.

Puerto Puyuhuapi ist zudem eine perfekte Ausgangsbasis für die Erkundung von Attraktionen in der nahen Umgebung, darunter der Parque Nacional Queulat und die Reserva Nacional Lago Rosselot. Ganz in der Nähe des Dorfs locken zudem die Thermalquellen des Luxusresorts Puyupuapi Lodge & Spa.

Umgebung: Sechs Kilometer südlich von Puyuhuapi lohnen die **Termas del Ventisquero Puyuhuapi** einen Tagesausflug. Das Thermalbad mit gemäßigten Preisen bietet mehrere Becken im Freien und ein Café.

Alfombras de Puyuhuapi
Aisén s/n. (09) 9359 9515. Mo–Sa 10–13.30, 15–18.30 Uhr. puyuhuapi.com

Termas Ventisquero de Puyuhuapi
Carretera Austral Sur km 6. (09) 7966 6862. tägl. 9–22 Uhr. termasventisqueropuyuhuapi.cl

❽ Puyuhuapi Lodge & Spa

Straßenkarte E4. 447 km südöstlich von Puerto Montt; Bahía Dorita s/n. (02) 2225 6489. von der Carretera Austral, 14 km südlich von Puyuhuapi. puyuhuapilodge.com

In einem Land, das für seine Thermalbäder bekannt ist, gehört die Puyuhuapi Lodge & Spa zu den Top-Adressen. Sie liegt einsam an der Westseite des herrlichen Fjords Seno Ventisquero und passt sich dem Regenwald mit Farnen und Blumen an: Hier wachsen prächtige Pflanzen, etwa Nalcas mit schirmgroßen Blättern.

Die Puyuhuapi Lodge & Spa heißt sowohl Übernachtungs- als auch Tagesgäste willkommen. Der Komplex besteht aus reizenden Gebäuden, deren Fassaden denen der für Chiloé typischen Schindelhäuser ähneln. Die Gästezimmer mit poliertem Holzinterieur überblicken die Bahía Dorita. Tagesgäste haben Zugang zu drei Thermalbecken im Freien und einem Café. Hotelgäste können zudem das beheizte Hallenbad nutzen und unter diversen Therapieanwendungen, Behandlungen und Massagen wählen.

Übernachtungsgästen stehen Pauschalangebote zur Verfügung, mit Outdoor-Aktivitäten wie Wanderungen durch den unberührten Parque Nacional Queulat, Fliegenfischen in den nahen Flüssen und einem Besuch in Puerto Puyuhuapi und seiner berühmten Teppichfabrik. Den Schlusspunkt bildet häufig ein Tagesausflug gen Süden zum Parque Nacional Laguna San Rafael *(siehe S. 237)* mit dem High-Speed-Katamaran *Patagonia Express*, der durch Fjorde und Kanäle rast. Im Anschluss fährt das Boot gen Norden nach Puerto Chacabuco. Von dort erreicht man Coyhaique *(siehe S. 236)* und den Flughafen in Balmaceda.

Im typisch deutschen Stil: die Casa Ludwig in Puerto Puyuhuapi

Hotels und Restaurants in Nordpatagonien *siehe Seiten 280f und 297f*

NORDPATAGONIEN | 233

❾ Parque Nacional Queulat

Straßenkarte E4. 434 km südöstlich von Puerto Montt. ℹ CONAF, Sector Ventisquero Colgante, Carretera Austral. 🚌 von Puerto Puyuhuapi. 🏞 🅿 🚣 ⛰ 🌐 conaf.cl

Der Parque Nacional Queulat erstreckt sich über 15 000 Quadratkilometer in einem der zerklüftetsten Gebiete Nordpatagoniens von La Junta im Norden bis Puerto Cisnes im Süden und fast bis an die argentinische Grenze im Osten. Er lockt mit dichtem Regenwald, klaren Seen und Forellenbächen sowie steilen Bergen. Die Höhenlage variiert innerhalb der Parkgrenzen erheblich und reicht vom Meeresspiegel bis zu 2225 Höhenmeter.

Obwohl der Park an der Carretera Austral liegt, ist sein wegeloses Hinterland größtenteils unerforscht. Gute Wanderwege findet man jedoch im Sektor Ventisquero Colgante. Eine Nebenstraße der Carretera Austral führt ostwärts zum CONAF-Besucherzentrum. Hier beginnen Naturpfade mit atemberaubender Aussicht auf den **Ventisquero Colgante**. Der hängende Gletscher reichte im frühen 19. Jahrhundert fast bis zum Meer. Von der riesigen, festen Eismasse stürzen Wasserfälle in die **Laguna Témpanos** (Eisbergsee), in der jedoch keine Eisberge schwimmen. Den See erreicht man auf dem 600 Meter langen Sendero Río

Hängebrücke über den Río Guillermo im Parque Nacional Queulat

Guillermo. Unterwegs überquert man eine Hängebrücke über dem Río Guillermo.

Vom See windet sich der 3,5 Kilometer lange **Sendero Ventisquero Colgante** durch gemäßigten Regenwald zu einem Aussichtsplatz. Wenn die Sonne die Gletscheroberfläche erwärmt, sieht man von hier aus, wie Eisblöcke hinabrutschen und in der Tiefe auf dem Geröll zerschmettern.

Nahe dem Südeingang des Parks führt der kurze **Sendero Río de las Cascadas** zu einem faszinierenden natürlichen Amphitheater aus Granit. Eine weitere Straße im südlichen Abschnitt des Parks verläuft in Serpentinen über den 500 Meter hohen Portezuelo Pass. Auf einem Abzweig gelangt man zum **Salto Padre García**, einem herrlichen Wasserfall.

Der **Lago Risopatrón** im Norden des Parks ist bei Fliegenfischern beliebt. Während es im Park selbst nur Campingplätze gibt, stehen an der Autobahn mehrere Angler-Lodges. In La Junta und in Puerto Puyuhuapi findet man weitere Unterkünfte.

❿ Puerto Cisnes

Straßenkarte E4. 520 km südöstlich von Puerto Montt. 👥 2500. 🚌 ℹ Sotomayor s/n; (09) 7663 7208.

Der Ort an der Mündung des gleichnamigen Flusses wurde 1929 als einfache Holzfabrik gegründet. Heute ist Puerto Cisnes ein hübsches Fischerdorf mit bunten Booten am Kai. Auffällig ist die aus Holz gebaute klassizistische Dorfbibliothek **Biblioteca Pública Genaro Godoy**, deren Fassade Figuren aus der griechischen Mythologie schmücken. Puerto Cisnes ist auch das Tor zum **Parque Nacional Isla Magdalena**. Einheimische Fischer bringen Besucher in diesen grünen, dicht bewaldeten Park.

An der Carretera Austral, gleich östlich der Abzweigung nach Puerto Cisnes, stellt der Viaducto Piedra El Gato eine bemerkenswerte Ingenieursleistung dar. Der Autobahnabschnitt verläuft hier parallel zum Fluss vor einer nahezu senkrechten Granitwand. Der Viadukt lässt sich von mehreren Aussichtspunkten an der Autobahn bestaunen.

Wasserfälle rauschen vom Gletscher Ventisquero Colgante in die Laguna Témpanos, Parque Nacional Queulat

Der Río Simpson *(siehe S. 236f)* fließt durch ein idyllisches Tal zwischen Coyhaique und Puerto Aisén ▶

Eine Straße in Coyhaique mit Blick auf den Cerro Macay

⓫ Coyhaique

Straßenkarte E4. 461 km südöstlich von Puerto Montt. 58.000. Bulnes 35; (067) 224 0290. coyhaique.cl

Coyhaique ist die Hauptstadt der Region Aisén und Nordpatagoniens einziges größeres Zentrum. Ein Labyrinth aus Straßen, die konzentrisch die fünfeckige Plaza de Armas umkreisen und an jedem zweiten Block den Namen ändern, erschwert die Orientierung in der hübschen Stadt unterhalb des Basaltmassivs des Cerro Macay. Coyhaique bietet die beste touristische Infrastruktur der Region, von hier sind Attraktionen wie der Lago Elizalde und die Reserva Nacional Río Simpson leicht zu erreichen.

Die Stadt selbst bietet wenige Attraktionen, auf dem fußgängerfreundlichen Hauptplatz und am nahen Paseo kann man aber wunderbar bummeln und entspannen. Per Mietwagen lässt sich von hier gut die Carretera Austral erkunden.

Gleich an der Stadtgrenze liegt die 27 Quadratkilometer große **Reserva Nacional Coyhaique** mit Wanderwegen durch Coigüe- und Lenga-Wälder, Campingplatz und herrlichem Panoramablick auf die Stadt und ihr Umland.

Reserva Nacional Coyhaique
Ruta 7 Norte. (067) 221 2225. Apr–Nov: tägl. 8.30–17.30 Uhr; Dez–März: tägl. 8.30–21 Uhr. conaf.cl

⓬ Puerto Chacabuco

Straßenkarte E4. 60 km westlich von Coyhaique. 1200. von Coyhaique. von Puerto Montt und Quellón.

Das kleine, quirlige Puerto Chacabuco liegt an einem schönen Naturhafen und ist das Zentrum einer florierenden Fischindustrie. Es löste in den 1940er Jahren die nahe Kleinstadt Puerto Aisén als Haupthafen der Region ab. Durch die Abholzung von Patagoniens Wäldern hatte sich damals die Mündung des Río Aisén so sehr mit Sediment gefüllt, dass größere Schiffe in Puerto Aisén nicht mehr anlegen konnten.

Heute ist Puerto Chacabuco das Tor zu Sehenswürdigkeiten wie dem Parque Aiken del Sur und dem Parque Nacional Laguna San Rafael.

⓭ Parque Aiken del Sur

Straßenkarte E4. 87 km südwestlich von Coyhaique. von Puerto Chacabuco. von Puerto Chacabuco. J.M. Carrera 50, Puerto Chacabuco; (067) 235 1115. Reservierung erforderlich. aikendelsur.cl

Der Parque Aiken del Sur ist ein drei Quadratkilometer großes, dicht bewaldetes privates Naturschutzgebiet mit botanischem Garten. Er bietet vier gute Wanderwege mit Informationstafeln und Aussichtspunkten sowie ein Arboretum, dessen viele Arten beschildert sind. Den Besitzern des Parque Aiken del Sur gehört auch das Hotel Loberías del Sur in Puerto Chacabuco, das geführte Wanderungen durch den Park anbietet. Die informativen Ausflüge enden mittags mit einer *parrillada* (Grillfest) und Folklore-Darbietungen, etwa von Chiles Nationaltanz *cueca* (siehe S. 28).

Cascada de la Virgen in der Reserva Nacional Río Simpson

⓮ Reserva Nacional Río Simpson

Straßenkarte E4. 25 km westlich von Coyhaique. von Coyhaique und Puerto Chacabuco. CONAF, Ruta 240, km 37. tägl. 8.30–17.30 Uhr. conaf.cl

Die feuchten Bergwälder der über 426 Quadratkilometer großen Reserva Nacional Río Simpson erstrecken sich entlang der Carretera Austral und

Eingang zur bewaldeten Berglandschaft des Parque Aiken del Sur

Hotels und Restaurants in Nordpatagonien *siehe Seiten 280f und 297f*

dem Rio Simpson. Das Reservat umfasst tiefe Schluchten, tosende Wasserfälle sowie Wälder mit Coigüe-, Lenga- und Tepa-Bäumen. Es ist zudem ein wichtiges Schutzgebiet für die gefährdeten Andenhirsche *(huemul)*.

Im CONAF-Besucherzentrum informiert ein interessantes, kleines naturhistorisches Museum über die einheimische Flora und Fauna. Ein kurzer Weg führt von dort zum schönen Wasserfall **Cascada de la Virgen**, der zwischen Farnen und Sträuchern rauscht.

⓯ Reserva Nacional Cerro Castillo

Straßenkarte E4. 45 km südlich von Coyhaique. 🚌 von Coyhaique.

Lago Elizalde in der Reserva Nacional Cerro Castillo

Die Reserva Nacional Cerro Castillo ist nach dem 2581 Meter hohen Cerro Castillo benannt. Sie schützt auf einer Fläche von über 1340 Quadratkilometer eine unberührte Andenlandschaft. In dem Wandergebiet schlängeln sich Naturpfade durch Wälder aus Lenga-Buchen, vorbei an rauschenden Wasserfällen und eisigen Gletschern. Unterwegs erspäht man mit ein wenig Glück Wildtiere wie Andenhirsche, Pumas und Füchse.

Die Hauptattraktion des Parks ist ein dreitägiger Trek durch die dichte Vegetation, der im winzigen Weiler Villa Cerro Castillo endet. Nicht weit von dem Dorf entfernt kann man in der natürlichen Felshöhle **Alero de las Manos** einzigartige präkolumbische Malereien bewundern. Die schönen Felsbilder sind rund 3000 Jahre alt.

An der nördlichen Grenze der Reserva Nacional Cerro Castillo liegt der nur knapp zwei Kilometer breite, aber 25 Kilometer lange **Lago Elizalde**. Dichte Wälder aus Coigüe- und Lenga-Bäumen säumen die Ufer des Sees, der zum Angeln, Segeln und Kajakfahren einlädt. Im kleinen Yachthafen am Ostufer kann man Boote ausleihen. Hiesige Unternehmen organisieren im Sommer auch andere Outdoor-Aktivitäten wie Ausritte sowie Trekking- und Radtouren durch die schöne Landschaft rund um den See.

Südöstlich der Reserva liegt Chiles größter See, der Lago General Carrera. Die Hafenstadt **Puerto Ingeniero Ibáñez** im Norden des Sees ist für ihre Obsthaine bekannt und ein idealer Ausgangsort für Ausflüge in die benachbarten Obstanbaugebiete.

🏠 Alero de las Manos
5 km südlich von Villa Cerro Castillo. 🕐 tägl. 10–18 Uhr.

⓰ Parque Nacional Laguna San Rafael

Straßenkarte D4. 190 km südwestlich von Coyhaique. ✈ von Coyhaique. 🚢 von Puerto Chacabuco. 🌐 conaf.cl

Der Nationalpark Laguna San Rafael ist ein UNESCO-Biosphärenreservat und einer der größten Nationalparks Chiles. Fast die Hälfte des 1 / 420 Quadratkilometer großen Reservats nimmt der **Campo de Hielo Norte** ein. Die zweitgrößte Eiskappe der südlichen Hemisphäre umschließt den Monte San Valentín, mit 4058 Meter der höchste Gipfel Patagoniens, und nährt über 18 Gletscher. Zu diesen gehört auch die Hauptattraktion des Parks, der 60 Meter hohe **Ventisquero San Rafael** an der Laguna San Rafael. Von der Oberfläche dieses schrumpfenden Gletschers stürzen riesige blaue Eisbrocken in die Lagune.

Mehrere Veranstalter bieten Bootsfahrten durch ein Labyrinth aus Fjorden und Kanälen zum Gletscher. Während die großen Boote einen Sicherheitsabstand zum Gletscher einhalten, können sich die Passagiere in Schlauchbooten näher heranwagen. Bei einem Rundflug über den Park hat man ebenfalls eine atemberaubende Sicht auf das Eis.

Den Gletscher besichtigten schon einige Berühmtheiten, darunter der britische Naturforscher Charles Darwin (1809–1882) auf seiner Reise an Bord der HMS *Beagle*. John Byron, Großvater des britischen Dichters Lord Byron, erlitt hier 1742 Schiffbruch und lieferte eine Beschreibung des Gebiets.

Umwölkter Gletscher im Parque Nacional Laguna San Rafael

Straßenkarte *siehe hintere Umschlaginnenseiten*

⓱ Chile Chico

Straßenkarte E4. 110 km südöstlich von Coyhaique. 4500. von Puerto Ingeniero Ibañez. O'Higgins 192; (067) 241 1303. chilechico.cl

Chile Chico nahe der argentinischen Grenze gehört zum Obstanbaugebiet am Lago General Carrera. Am besten erreicht man den Ort über eine steile Straße von der Carreta Austral – schon die Fahrt ist ein Erlebnis.

Chile Chico wurde 1909 von Argentiniern gegründet und kam 1917 zu kurzem Ruhm, als zwischen den Siedlern und den Ranchern der sogenannte Krieg von Chile Chico ausbrach. 1991 zerstörte der Ausbruch des Volcán Hudson fast alle Plantagen der Umgebung. Die Kultur- und Naturgeschichte der Region dokumentiert das **Museo de la Casa de Cultura**. Dort ist auch der Dampfer *Los Andes* zu sehen, der früher auf dem See verkehrte.

Museo de la Casa de Cultura
Calle O'Higgins u. Lautaro. (067) 241 1123. Mo–Fr 8.30–13, 14.30–19 Uhr, Sa, So variabel. Dez–März: So.

Weite Berglandschaft in der Reserva Nacional Lago Jeinemeni

⓲ Reserva Nacional Lago Jeinemeni

Straßenkarte E4. 143 km südlich von Coyhaique; Blest Gana 121, Chile Chico. (067) 241 1325. conaf.cl

Nur mit geländetauglichen Wagen erreicht man die Reserva Nacional Lago Jeinemeni an der argentinischen Grenze. Das 1600 Quadratkilometer große Schutzgebiet ist nach einem See benannt, den vor allem Fliegenfischer ansteuern. Im nordöstlichen Sektor führt ein Fußweg zur **Cueva de las Manos** mit präkolumbischen Felsbildern.

⓳ Cochrane

Straßenkarte E4. 192 km südlich von Coyhaique. 3000. Dr. Steffen u. Esmeralda; (067) 252 2115. cochranepatagonia.cl

Das adrette Städtchen an dem gleichnamigen See ist die letzte Servicestation an der Carretera Austral. Hier steht die letzte Tankstelle an der Autobahn – selbstverständlich ist das Benzin teurer als im Rest des Landes. Cochrane ist zudem das Tor zur **Reserva Nacional Lago Cochrane**, einem wichtigen Schutzgebiet für den gefährdeten Andenhirsch *(huemul)*. Geführte Bootstouren, um die seltenen Tiere zu beobachten, können mithilfe der staatlichen Forstbehörde CONAF organisiert werden.

Reserva Nacional Lago Cochrane
6 km östlich von Cochrane; CONAF, Río Nef 417. (067) 252 2164. conaf.cl

⓴ Río Baker

Straßenkarte E5. 235 km südlich von Coyhaique. von Cochrane.

Der Río Baker schlängelt sich 170 Kilometer vom Lago Bertrand nach Caleta Tortel und ist Chiles Fluss mit der höchsten Wasserführung. Aufgrund seines Volumens und seiner Fließgeschwindigkeit auf der gebirgigen Strecke war der Fluss als Standort für ein Wasserkraftwerk bestimmt, das die Naturlandschaft zerstört und den Ökotourismus in der Region zum Erliegen gebracht hätte. Glücklicherweise konnte die Realisierung des Projekts verhindert werden.

Die Gebiete südlich von **Puerto Bertrand**, vor allem am beeindruckenden Zusammen-

Die *Los Andes* vor dem Museo de la Casa de Cultura in Chile Chico

fluss von Río Baker und Río Nef, sind ein Paradies für Camper, Wanderer, Rafter und Angler. In einem östlichen Seitental des Flusses haben die Umweltschützer Doug und Kris Tompkins *(siehe S. 230)* die Estancia Chacabuco in einen Nationalpark umgestaltet, der mit der Reserva Nacional Lago Jeinemeni im Norden und der Reserva Nacional Lago Chacabuco im Süden verbunden werden soll.

Das blaue Band des Río Baker in den grünen Bergen Patagoniens

⓴ Caleta Tortel

Straßenkarte D5. 277 km südwestlich von Coyhaique. 🚻 600. 🚌 von Coyhaique.

Caleta Tortel liegt an einem Meeresarm am Fiordo Mitchell des Río Baker und ist wohl Patagoniens malerischstes Dorf. Bis zum Jahr 2003 besaß es keine Straßenanbindung. Im Dorf selbst gibt es immer noch keine Straßen, aber Plankenwege und Treppen zu den *palafitos (siehe S. 116)* an der Bucht. Die Pfahlbauten gleichen den typischen Häusern auf dem Chiloé-Archipel *(siehe S. 218–225)*. Die meisten sind aus Guaiteca-Zypressen erbaut, der südlichsten Koniferenart der Welt.

Seit Kurzem entwickelt sich auch hier der Fremdenverkehr. Gäste wandern zu Zielen wie dem **Cerro La Bandera** und der **Cascada Pisagua**. Den Weg zu diesem Wasserfall erreicht man nur per Shuttle-Boot. Das Dorf ist auch eine ideale Ausgangsbasis für Ausflüge in die Nationalparks Laguna San Rafael und Bernardo O'Higgins sowie in die Reserva Nacional Katalalixar. Sie alle erreicht man nur mit einfachen Motorbarkassen.

⓴ Villa O'Higgins

Straßenkarte E5. 328 km südlich von Coyhaique. 🚻 600. ✈ von Coyhaique. 🚌 von Cochrane. ⛴ von Puerto Yungay. 🛈 Carretera Austral 267, (067) 243 1821.
w villaohiggins.com

Hinter Cochrane sind die letzten 200 Kilometer der Carretera Austral praktisch unversorgt. Jedoch bringt eine kostenlose Fähre Reisende von Puerto Yungay, nahe dem Río Bravo, zum Ende der Autobahn bei Villa O'Higgins. Das 1966 gegründete Dorf heißt nach dem chilenischen Nationalhelden Bernardo O'Higgins *(siehe S. 157)*. Seit dem Jahr 1999 ist es an die Carretera Austral angeschlossen, was sich auch an den Besucherzahlen bemerkbar macht. Villa O'Higgins liegt in einer Berglandschaft unweit des **Campo del Hielo Sur**. Der Ort bietet Wandermöglichkeiten, u. a. auf einem Abschnitt des Sendero de Chile, der einmal Chiles Fernwanderwege längs durch das Land verbinden wird. Eine abenteuerliche Auto- und Wanderroute führt in das argentinische Trekking-Mekka El Chaltén.

⓴ Puerto Edén

Straßenkarte D5. 438 km südwestlich von Coyhaique. 🚻 300. ⛴ ⛴ Fähr- und Kreuzfahrtschifftage.

Puerto Edén liegt auf der Isla Wellington in einem der regenreichsten Gebiete der pazifischen Fjorde. Die Siedlung entstand als Versorgungsstation für die Wasserflugzeuge der Luftwaffe zwischen Puerto Montt *(siehe S. 216f)* und Punta Arenas *(siehe S. 250f)*. Nachdem die Luftwaffe wieder abgezogen war, ließen sich Kawéskar nieder. Heute leben hier die wenigen verbliebenen Nachkommen dieses Jäger- und Sammler-Volks. Die Kawéskar haben teilweise wieder traditionelle Behausungen errichtet und verkaufen zudem Kunsthandwerk. Je nach Wetter und Fahrplan halten hier die Kreuzfahrtschiffe von Skorpios und die Fähren von Navimag auf dem Weg nach Puerto Natales *(siehe S. 244)*.

Palafitos und Plankenwege im abgelegenen Flussdorf Caleta Tortel

Straßenkarte *siehe hintere Umschlaginnenseiten*

Südpatagonien und Tierra del Fuego

Südpatagonien ist ein Labyrinth aus Archipelen und einer schmalen Festlandmasse – eine atemberaubende Wildnis mit smaragdgrünen Fjorden, riesigen Eisfeldern, zerklüfteten Bergen und vom Wind gepeitschten Grasebenen. Die ungezähmte, kaum besiedelte Tierra del Fuego ist vom Festland durch die Magellanstraße getrennt und erstreckt sich bis zum stürmischen Kap Hoorn.

Südpatagonien und Tierra del Fuego waren einst das Land der Ona, Yámana, Tehuelche und Alacalufe. Sie fielen größtenteils dem Genozid durch die weißen Eroberer zum Opfer. Heute leben nur noch wenige Nachfahren dieser indigenen Volksgruppen. 1520 erreichte der Portugiese Ferdinand Magellan als erster Europäer die Region. Erst im 19. Jahrhundert jedoch errichteten Missionare, Abenteurer sowie Kaufleute aus Spanien, Großbritannien, Kroatien und Nordchile ständige Siedlungen. Viele Einwanderer kamen auch als Arbeiter auf die Schaffarmen, die in der ganzen Region entstanden.

Ende des 19. Jahrhunderts brachte die Schafzucht eine wirtschaftliche Blüte im großen Stil. Zugleich florierte die Schiffsindustrie. Sie profitierte von der Magellanstraße, die bis zur Eröffnung des Panamakanals als Passage zwischen Pazifik und Atlantik diente. Heute basiert die Wirtschaft in der Region auf der Schafzucht, der Erdölförderung und dem Fremdenverkehr.

Reisende zieht es wegen der einzigartigen Naturlandschaften und dem breiten Angebot an Aktivitäten in die Region. In riesigen Parks kann man fliegenfischen, wandern, Kajak fahren, reiten und bergsteigen. An der Küste lassen sich Wale und Pinguine beobachten. Kreuzfahrtschiffe schippern Passagiere durch atemberaubende Kanäle, vorbei an der rauen Landschaft der Tierra del Fuego, der Heimat von Seelöwen, Albatrossen und Flamingos.

Seelöwen an einem Fjord bei Puerto Williams in Tierra del Fuego

◀ Die Gipfel der Los Cuernos thronen hinter dem Lago Pehoé im Nationalpark Torres del Paine *(siehe S. 246 – 249)*

Überblick: Südpatagonien und Tierra del Fuego

Die Teilregion Magallanes lockt mit Fjorden und dichten Wäldern. Der Campo de Hielo Sur (Südliches Eisfeld) bedeckt einen Großteil von Südpatagonien, seine Gletscher kann man von Puerto Natales aus besichtigen. Die Stadt ist auch ein guter Ausgangsort für Wanderungen im Parque Nacional Torres del Paine und für Ausflüge zur archäologischen Stätte Cueva del Milodón sowie zum Privatzoo bei Villa Tehuelches. Punta Arenas ist das Tor zum Nationaldenkmal Puerto Hambre und zu den großen Kolonien der Magellan-Pinguine auf der Isla Magdalena. Jenseits der Magellanstraße bietet die kaum bereiste Tierra del Fuego ein paar wenige Lodges und die südlichste Stadt der Welt, Puerto Williams.

Sehenswürdigkeiten auf einen Blick

Orte und Städte
- ❶ Puerto Natales
- ❺ Villa Tehuelches
- ❻ *Punta Arenas S. 250f*
- ❾ Puerto Hambre
- ⓫ Porvenir
- ⓬ Puerto Williams

Nationalparks, Schutzgebiete und Naturdenkmäler
- ❸ *Parque Nacional Torres del Paine S. 246–249*
- ❹ Parque Nacional Bernardo O'Higgins

Landschaften
- ❼ Seno Otway
- ❽ Isla Magdalena
- ❿ Magellanstraße

Archäologische Stätte
- ❷ Cueva del Milodón

Weitere Sehenswürdigkeit
- ⓭ Kap Hoorn

Legende
- ━ Hauptstraße
- ═ Nebenstraße
- ┄ Ungeteerte Nebenstraße
- ▬ Staatsgrenze
- △ Gipfel

Plankenweg zum Monumento al Navegante Solitario am Kap Hoorn

Zeichenerklärung siehe hintere Umschlagklappe

SÜDPATAGONIEN UND TIERRA DEL FUEGO | 243

Blick über Punta Arenas und die Magellanstraße bis Tierra del Fuego in der Ferne

In Südpatagonien und Tierra del Fuego unterwegs

In Südpatagonien ist man per Flugzeug, Schiff oder Überlandbus unterwegs. Viele Besucher kommen am Flughafen in Punta Arenas an, Charterflieger landen darüber hinaus in Puerto Natales und Puerto Williams. Busse fahren häufig und zuverlässig. Die meisten Straßen sind ungeteert, Tankstellen selten – volle Benzinkanister sind unverzichtbar. Ziele in Tierra del Fuego erreicht man mit Fähren und Kreuzfahrtschiffen.

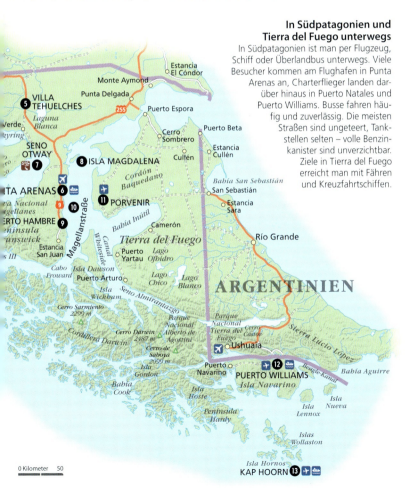

❶ Puerto Natales

Straßenkarte E6. 2040 km südlich von Santiago. Pedro Montt 19; (061) 241 2125. 19 000.
torresdelpaine.com

Das windige Puerto Natales ist die Hauptstadt der Provinz Última Esperanza. Es liegt an der Sierra Dorotea und blickt auf den Seno Última Esperanza. In dieser »Meerenge der letzten Hoffnung« sah der spanische Entdecker Juan Ladrilleros 1557 seine letzte Chance, die Magellanstraße zu finden. In der Region lebten ursprünglich Tehuelche und Kawéskar. Die heutige Stadt wurde erst 1911 gegründet, als infolge des Schafzuchtbooms in der Nähe zwei Verarbeitungsfabriken erbaut wurden. Diese zogen Einwanderer aus Kroatien, Großbritannien und Deutschland sowie vom Chiloé-Archipel an. Heute basiert die Wirtschaft von Puerto Natales vor allem auf dem Fremdenverkehr.

Im Zentrum der Stadt steht auf der **Plaza de Armas** eine alte Dampflokomotive. Sie ist ein Relikt aus jener Zeit, als in der Region die Schafzucht boomte. Mit dem Zug pendelten damals die Arbeiter zum Schlachthof im nahen Puerto Bories. Nur wenige Blocks westlich der Plaza präsentiert das **Museo Histórico Municipal** alte Werkzeuge und

Historische Lokomotive auf der Plaza de Armas, Puerto Natales

Haushaltsutensilien sowie historische Fotografien der Kawéskar und Aonikenk – heute leben keine Nachkommen dieser indigenen Gruppen mehr in der Region. Die Hauptstraße der Stadt, die Avenida Pedro Montt, wird im Allgemeinen Avenida Costanera genannt. Von ihr hat man einen herrlichen Blick auf die vergletscherten Gipfel und das türkisfarbene Meer, auf dem Kormorane, Schwarzhalsschwäne und andere Meeresvögel schwimmen.

Schwarzhalsschwan

Puerto Natales ist das Haupttor zu Südpatagoniens berühmtem Parque Nacional Torres del Paine. In der Stadt versorgen sich Hunderte Reisende auf ihrem Weg in den Nationalpark.

Umgebung: Fünf Kilometer nördlich von Puerto Natales steht in der kleinen Siedlung **Puerto Bories** der Frigorífico de Bories. Die 1915 gegründete Fabrik gehörte zur Sociedad Explotadora de Tierra del Fuego – die einst größte Schaffarm Patagoniens erstreckte sich über 30 000 Quadratkilometer von Chile bis Argentinien. Heute ist der Frigorífico de Bories ein Nationaldenkmal. Ein Teil des Gebäudes wurde zu einem Hotel umgebaut. Die Depots für die Lokomotiven, Schmiedewerkstätten, Fleischverarbeitungsbetriebe und Gerbereien sind von außen zu besichtigen. Besonders bemerkenswert ist die Ziegelbauweise der Fabrik, die an das postviktorianische England erinnert.

Rund 20 Kilometer nordwestlich von Puerto Natales war **Puerto Prat** die erste Einwanderersiedlung in diesem Gebiet. Sie wurde 1897 als Haupthafen am Seno Última Esperanza gegründet. Heute stehen hier einige vereinzelte malerische Häuser. Der interessante alte Friedhof des Ortes ist einen Besuch wert.

Nordwestlich von Puerto Pratt gründete in der Nähe des Ortes der deutsche Einwanderer Hermann Eberhard (1852–1908) die **Estancia Puerto Consuelo** als eine der ersten Schafzuchtfarmen im chilenischen Patagonien. Von

Blick über Puerto Natales bis zu den Gipfeln der Sierra Dorotea

Hotels und Restaurants in Südpatagonien und Tierra del Fuego *siehe Seiten 281–283 und 298f*

Figur eines ausgestorbenen Riesenfaultiers vor der Cueva del Milodón

der Estancia hat man einen grandiosen Blick auf den Parque Nacional Torres del Paine. Besucher können auf dem Farmgelände reiten, in der reizenden Umgebung wandern, auf einigen nahe gelegenen Gewässern Kajak fahren, bei der Rancharbeit zusehen und nicht zuletzt köstliches Fleisch aus eigener Schlachtung vom Grill genießen.

Museo Histórico Municipal Manuel Bulnes 285. (061) 220 9534. Mo 8–17, Di–Fr 8–19, Sa 10–13, 15–19 Uhr.

❷ Cueva del Milodón

Straßenkarte E6. 24 km nordwestlich von Puerto Natales. von Puerto Natales. Mai–Sep: tägl. 8.30–18 Uhr; Okt–Apr: tägl. 8–20 Uhr.

Die Cueva del Milodón ist die bedeutendste paläontologische und archäologische Stätte in Südpatagonien. Sie ist nach dem Riesenfaultier *(Mylodon listai)* benannt, dessen Überreste Hermann Eberhard *(siehe S. 244)* 1895 entdeckte. Das Mylodon maß aufrecht stehend drei Meter und wog rund 180 Kilogramm. Es lebte bis zum Ende des Pleistozäns vor rund 10 000 Jahren in ganz Patagonien. Eine Figur des ausgestorbenen Tieres in Lebensgröße steht vor dem Höhleneingang. Das kleine Besucherzentrum präsentiert versteinerte Überreste von Mylodonen und anderen ausgestorbenen Tieren, etwa Zwergpferden und Säbelzahntigern.

❸ Parque Nacional Torres del Paine

Siehe S. 246–249.

❹ Parque Nacional Bernardo O'Higgins

Straßenkarte E6. 145 km nordwestlich von Puerto Natales. CONAF, Manuel Baquedano 847, Puerto Natales; (061) 241 1438. mit Turismo 21 de Mayo von Puerto Natales; Details unter (061) 241 1978. im Preis für Katamaran enthalten. **w** turismo21demayo.cl

Der 1969 gegründete Nationalpark schützt ein Labyrinth aus kleinen Inseln, Fjorden und Kanälen. Im Osten grenzt er an das riesige Eisfeld Campo de Hielo Sur. Der mit 35 260 Quadratkilometer Fläche größte Nationalpark Chiles ist nicht über Land erreichbar und daher nur wenig besucht.

Das Schiff von Navimag *(siehe S. 329)*, das zwischen Puerto Montt und Puerto Natales pendelt, hält unweit des Parks in Puerto Edén *(siehe S. 239)*. Von Puerto Natales erreicht man den Park auf einem Tagesausflug mit dem Katamaran. Die Fahrt folgt der historischen Route von Juan Ladrilleros durch den Seno Última Esperanza.

Unterwegs sieht man Seelöwen, Wasserfälle und eine raue Landschaft, besichtigt den Glaciar Balmaceda und spaziert zur Lagune des Glaciar Serrano, in der Eisberge schwimmen. Von dort fahren Kajaks und Dingis eine relativ unbekannte Strecke auf dem Río Serrano flussaufwärts durch eine wilde Landschaft mit Gletschern, Bergen, dichten Wäldern bis zum Verwaltungszentrum des Parque Nacional Torres del Paine. Die Fahrt ist auch in umgekehrter Richtung möglich.

❺ Villa Tehuelches

Straßenkarte E6. 154 km südöstlich von Puerto Natales. 700. von Puerto Natales. Festival de la Esquila (3. Wochenende im Jan).

Die winzige Siedlung wurde 1967 als Versorgungszentrum für die ansässige Bevölkerung mit Läden, Postamt, Kirche, Schule und Polizeirevier gegründet. Bekannt ist der Außenposten für sein jährliches Festival de la Esquila (Schurfest), das mit Schafschurwettbewerben, Rodeos und exquisitem Grillfleisch Hunderte Besucher aus ganz Patagonien anlockt.

Rund 58 Kilometer südlich von Villa Tehuelches liegt die alte **Estancia Lolita** vor allem wegen ihres Privatzoos eine Attraktion. Hier sieht man heimische Tiere wie Pumas, Guanakos, Füchse und eine seltene Kleinfleckkatze.

Blick auf das verschlafene Dorf Villa Tehuelches

Straßenkarte *siehe hintere Umschlaginnenseiten*

❸ Parque Nacional Torres del Paine

Der Torres del Paine ist Chiles faszinierendster Nationalpark und ein UNESCO-Biosphärenreservat. Er heißt nach dem Paine-Massiv, dessen Granitberge am Südlichen Eisfeld zwischen Anden und Patagoniens Steppe aufragen. Der Name ist eine Mischung aus Spanisch und der Sprache der indigenen Tehuelche: Das Tehuelche-Wort *paine* bedeutet passenderweise »blau«, leuchten die Gletscher, Eisberge, Flüsse und Seen der Region doch in den verschiedensten Blautönen. Der Park ist ein Wanderparadies: Hier kann man zahllose Tagestouren sowie zwei- bis zehntägige Treks unternehmen.

Eingang Laguna Amarga zum Parque Nacional Torres del Paine, Patagonien

★ **Glaciar Grey**
Der vier Kilometer breite Glaciar Grey wächst aus dem Südlichen Eisfeld. Zum Gletscher kommt man per Boot, oder man überquert ihn mit Steigeisen. Kajakfahrer paddeln an den Eisbergen im Lago Grey vorbei.

Salto Grande
Der Wasserfall verbindet den Lago Nordenskjöld mit dem Lago Pehoé, in den Gletscherschmelzwasser vom nördlichen Sektor fließt.

Außerdem

① **Der schwierige Sendero El Circuito** führt zu den Hauptattraktionen im Park.

② **Im Gebiet um den Lago Sarmiento** sieht man wenig Menschen, dafür viele Guanakos, Flamingos und Andenfüchse sowie in der Nähe alte Felsbilder.

Kurzführer

Der Nationalpark wird vom Paine-Massiv dominiert. Es umfasst die Los-Cuernos-Berge, die Türme der Torres del Paine und den höchsten Berg des Parks, den 3248 Meter hohen Cerro Paine Grande. Weitere Habitate mit besonderen Mikroklimaten und geologischen Formationen sind Gletscher, Granitspitzen, Buchenwälder, Seen und Steppe. Sie alle können zu Fuß, mit dem Auto, an Bord eines Katamarans oder zu Pferd erkundet werden. Der Park ist zudem mit Campingplätzen und refugios sowie einigen Hotels (siehe S. 281f) ausgestattet.

Hotels und Restaurants in Südpatagonien und Tierra del Fuego *siehe Seiten 281–283 und 298f*

PARQUE NACIONAL TORRES DEL PAINE | 247

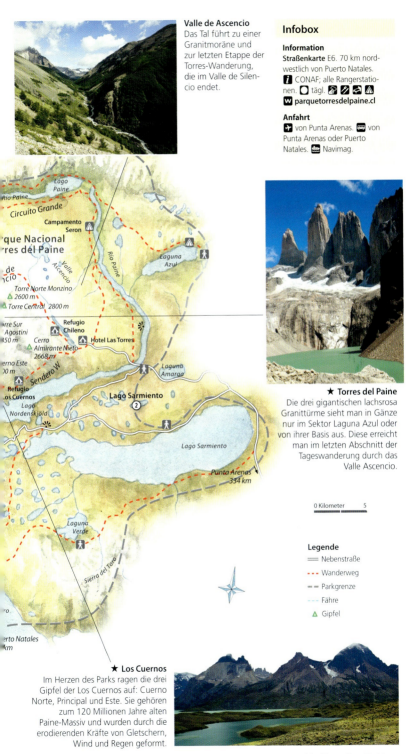

Valle de Ascencio
Das Tal führt zu einer Granitmoräne und zur letzten Etappe der Torres-Wanderung, die im Valle de Silencio endet.

Infobox

Information
Straßenkarte E6. 70 km nordwestlich von Puerto Natales.
CONAF; alle Rangerstationen. tägl.
parquetorresdelpaine.cl

Anfahrt
von Punta Arenas. von Punta Arenas oder Puerto Natales. Navimag.

★ Torres del Paine
Die drei gigantischen lachsrosa Granittürme sieht man in Gänze nur im Sektor Laguna Azul oder von ihrer Basis aus. Diese erreicht man im letzten Abschnitt der Tageswanderung durch das Valle Ascencio.

★ Los Cuernos
Im Herzen des Parks ragen die drei Gipfel der Los Cuernos auf: Cuerno Norte, Principal und Este. Sie gehören zum 120 Millionen Jahre alten Paine-Massiv und wurden durch die erodierenden Kräfte von Gletschern, Wind und Regen geformt.

Legende
- Nebenstraße
- Wanderweg
- Parkgrenze
- Fähre
- △ Gipfel

Zeichenerklärung siehe hintere Umschlagklappe

Überblick: Parque Nacional Torres del Paine

Von Punta Arenas erreicht man den Park über eine Straße, von Puerto Natales über eine von zwei Straßen oder per Schlauchboot über den Río Serrano. An allen fünf Eingängen zum Park stehen CONAF-Rangerstationen. Im Park sind die Wege auf insgesamt rund 250 Kilometern deutlich markiert. Die beliebteste Route führt auf dem Circuito Grande in etwa acht Tagesetappen an den leuchtenden Lagos Paine, Dickson und Grey vorbei zum Paine-Massiv. Weitere Wege zum Lago Paine, zu den Torres sowie zum Valle del Francés können zu einer Tour kombiniert werden, die nach der Anordnung der Wege Sendero W heißt.

Guanako-Herde im Parque Nacional Torres del Paine

CONAF Verwaltungszentrum

Sektor Lago del Toro, Südeingang des Parks. (061) 269 1931. tägl. 8.30–20.30 Uhr.

Die südliche Straße von Puerto Natales ist die schönste Strecke zum Park und führt direkt zum CONAF-Verwaltungszentrum. Hier erhält man allgemeine Informationen über den Park sowie über dessen Flora, Fauna und Geologie. Von der Plattform im Freien kann man hervorragend Wasservögel erspähen. Ein kleiner Kiosk verkauft Karten, Bücher und verschiedenste andere Artikel.

Sendero W

Der mittelschwere Weg folgt einer W-förmigen Route, daher der Name. Der Sendero W ist die beliebteste mehrtägige Wanderung, da sie zu den drei Hauptattraktionen des Parks führt: Torres del Paine, Valle del Francés (Französisches Tal) und Glaciar Grey. Die meisten Trekker beginnen in Las Torres *(siehe S. 282)*, einem ranchartigen Komplex mit Campingplätzen und dem **Hotel Las Torres**. Die sieben- bis achtstündige, strapaziöse Rundwanderung zu den Torres del Paine führt erst durch schöne Südbuchenwälder im **Valle Ascencio** und endet mit einem 45-minütigen Anstieg über ein Blockfeld an den Torres – drei überwältigenden, majestätischen Granittürmen an einem Gletschersee.

Der Sendero W führt weiter gen Südwesten vom Hotel Las Torres am Ufer des türkisfarbenen **Lago Nordenskjöld** entlang und um die Flanke der zweifarbigen Felsspitzen Los Cuernos.

Nach rund elf Kilometern erreicht man auf dieser Route das Hostel und die Campingplätze des Refugio Los Cuernos. Trekker können hier übernachten oder in das sechs Kilometer entfernte **Valle del Francés** weiterwandern und dort auf dem unbewirtschafteten Campamento Italiano zelten. Der Weg hinauf zum und in das Valle del Francés ist rund acht Kilometer lang und führt weit hinein in das Tal, das von Granitgipfeln umgeben ist und einen weiten Blick auf die patagonische Steppe bietet.

Vom Anfang des Valle del Francés sind es rund acht Kilometer zum Refugio Paine Grande mit Campingplatz und zur Anlegestelle des Katamarans, der über den **Lago Pehoé** zum Sektor Pudeto fährt. Der Weg führt jetzt im letzten, elf Kilometer langen Abschnitt des Sendero W nach Norden zum Refugio Grey. Dort werden Treks zum Glaciar Grey organisiert. Die meisten Wande-

Südbuchenwälder bedecken das Valle Ascencio

Hotels und Restaurants in Südpatagonien und Tierra del Fuego *siehe Seiten 281–283 und 298f*

Wanderer auf dem Circuito Grande bei der Laguna Azul

rer kehren zurück zum Lago Pehoé und fahren mit dem Katamaran nach Pudeto. Dort gibt es Transportmöglichkeiten nach Puerto Natales. Man kann aber auch 18 Kilometer durch die Ebene zum Verwaltungszentrum des Parks wandern.

Circuito Grande

Gründlich erkunden lässt sich der Park auf dem Circuito Grande rund um das Paine-Massiv. Die Wanderung dauert je nach Ausdauer und Wetter etwa sechs bis acht Tage. Die Route beginnt am Hotel Las Torres oder an der Rangerstation Laguna Amarga und führt gegen den Uhrzeigersinn. Man kann aber auch im Sektor Laguna Azul starten, muss dann aber mit dem Boot den Fluss am Refugio Dickson überqueren.

Die Route ab Hotel Las Torres beginnt mit einer vierstündigen Wanderung durch das Valle Ascencio mit Viehweiden und Wald zum Campamento Seron. Sie führt weiter zum 19 Kilometer entfernten Refugio Dickson, wo man freie Sicht auf den **Glacier Dickson** hat.

Ab diesem Punkt wird der Weg immer schwieriger, im Gegenzug werden mit Blick auf Gletscher, Berge und Buchenwälder auch die Eindrücke immer überwältigender. Vom Refugio Dickson gelangt man nach rund neun Kilometern durch Wald und Moor zum Campingplatz Los Perros. Dann geht es zwölf Kilometer hinauf zum **John Gardner Pass**, bei schlechtem Wetter ein schwieriger Aufstieg. Der Blick auf den Glacier Grey und das **Südliche Eisfeld** vom Pass ist der Höhepunkt des Circuito Grande. Weniger ehrgeizige Wanderer übernachten auf dem Campamento Paso, da die folgenden zehn Kilometer zum Refugio Grey durch steile Felsschluchten und über umgestürzte Bäume führen. Weiter geht es vom Refugio Grey zum Lago Pehoé und zurück nach Puerto Natales.

Sendero Pingo-Zapata

Auf dem wenig genutzten, leichten bis mittelschweren Weg kann man gut Vögel beobachten. Er beginnt an der CONAF-Station am Lago Grey und folgt dem Río Pingo mit Blick auf die westlichen Granitwände des Paine-Massivs durch Gras- und Buschland. Nach rund fünf Stunden erreicht man den Campamento Zapata mit einem klapprigen *refugio*, nach weiteren 30 Minuten einen Aussichtspunkt mit Blick auf den mächtigen **Glaciar Zapata** und seine zahlreichen Moränen.

Blühende Orchidee Chloraea magellanica

Glaciar Grey

Obwohl er seit 2000 um etwa die Hälfte geschrumpft ist, gehört der Glaciar Grey noch immer zu den größten und am leichtesten erreichbaren Gletschern Patagoniens. Die Eisberge, die er kalbt, treiben zum Ende des Lago Grey. Sie sieht man auf einem halbstündigen Spaziergang über den flachen Strand von der Rangerstation des Sektors Grey beim Refugio Grey bis zur Aussichtsplattform auf einer Halbinsel. Von dort reicht der Blick bis zum Glaciar Grey in der Ferne. Ein beliebter Ausflug führt im Sommer auf dem Katamaran *Grey II* zweimal täglich vom Refugio Grey zum Gletscher.

Kajakfahrer vor den treibenden Eisbergen auf dem Lago Grey

Straßenkarte siehe hintere Umschlaginnenseiten

Punta Arenas

Die Hauptstadt der Region Magallanes ist Startpunkt für Kreuzfahrten nach Tierra del Fuego und Antárctica. Punta Arenas wurde 1848 als Strafkolonie gegründet. Im frühen 20. Jahrhundert flohen Tausende Europäer vor dem Ersten Weltkrieg in das Gebiet. Hier suchten sie in der Schafzucht und Schifffahrtsindustrie, bei der Goldsuche oder im Kohlebergbau ihr Glück. Am besten erkundet man Punta Arenas von der Plaza Muñoz Gamero aus.

Salon im Museo Regional Braun Menéndez

Museo Regional Braun Menéndez
H. de Magallanes 949. (061) 224 2049. Mi–Mo, Feiertage 10.30–17 Uhr (Mai–Sep: bis 14 Uhr). nur mit Reservierung. museodemagallanes.cl

Den Reichtum der Familie Braun Menéndez – Anfang des 20. Jahrhunderts besaß sie eine gigantische Viehzucht – kann man im Museo Regional Braun Menéndez bestaunen. In dem 1903 erbauten Anwesen ist die seinerzeit aus Europa importierte Originaleinrichtung erhalten: Marmorkamine, Kristallleuchter, französische Tapisserien und viele weitere Objekte, die von Europas besten Handwerkern jener Zeit geschaffen wurden. Ein Salon ist zudem der Geschichte der Region gewidmet.

Südlich des Museums liegt der Hauptplatz Plaza Muñoz Gamero mit dem zentralen Magellan-Denkmal. Dort müssen Sie den Zeh der Indianerstatue küssen: Das bringt angeblich Glück oder sorgt zumindest dafür, dass Sie nach Punta Arenas zurückkehren. Der **Palacio Sara Braun** am Platz ist ein weiteres Herrenhaus der Familie Braun Menéndez und heute ein Hotel sowie Sitz des Club de la Unión.

Museo Regional Salesiano Maggiorino Borgatello
Ave. M. Bulnes & Maipú. (061) 222 1001. Di–So 10–12.30, 15–17.30 Uhr. museomaggiorinoborgatello.cl

Das 1893 gegründete Museum ist der Geschichte, Ökologie und Anthropologie der Region Magallanes gewidmet. Bereits in der Lobby entdeckt man ausgestopfte heimische Tiere, konservierte Meereslebewesen und geologische Proben, die im 20. Jahrhundert von Salesianer-Missionaren gesammelt wurden. Zu sehen sind auch Ausstellungen über die Kawéskar und Selk'nam mit Werk-

Zentrum von Punta Arenas
1. Museo Regional Braun Menéndez
2. Museo Regional Salesiano Maggiorino Borgatello
3. Cementerio Municipal Sara Braun

Hotels und Restaurants in Südpatagonien und Tierra del Fuego *siehe Seiten 281–283 und 298f*

Infobox

Information
Straßenkarte E6. 247 km südlich von Puerto Natales. 116 000. Lautaro Navarro 999. Winterkarneval (Juli). **puntaarenas.cl**

Anfahrt

zeugen, Kleidung und alten Fotografien. Zudem werden die Missionsarbeit in der Region sowie, in einer eigenen Etage, die Industriegeschichte von Punta Arenas beleuchtet.

Cementerio Municipal Sara Braun

⓫ Cementerio Municipal Sara Braun
Avenida M. Bulnes u. Rómulo Correa. Apr–Sep: tägl. 8–18 Uhr; Okt–März: tägl. 7.30–20 Uhr.

Auf dem alten Friedhof findet man große Familien- und einige einfache Gräber. Ungewöhnlich in Form gestutzt sind die Zypressen entlang der Wege. Die Statue des Indiecito (»kleiner Indio«) an der Nordwestseite symbolisiert die verschwundenen indigenen Gruppen und soll Glück bringen.

⓬ Museo del Recuerdo
Avenida M. Bulnes 1890. (061) 221 7173. Mo–Fr 8.30–11.30, 14.30–18.30, Sa 8.30–12.30 Uhr.

Am Stadtrand präsentiert das Instituto de la Patagonia der Magallanes-Universität im »Museum der Erinnerung« Artefakte und Antiquitäten aus der Frühzeit von Punta Arenas. Der Komplex besteht aus nachgebauten Häusern und Betrieben im Stil des frühen 20. Jahrhunderts. In den Gebäuden sieht man etwa eine Schreinerei, einen Laden, das Innere eines Wohnhauses oder

Chiles Flagge flattert über Fuerte Bulnes bei Puerto Hambre

die Unterkunft eines Farmarbeiters. Auf dem Gelände stehen zudem alte Kutschen und Landmaschinen einer Ranch.

❼ Seno Otway
Straßenkarte E6. 65 km nördlich von Punta Arenas. Mitte Okt–März: tägl. 8–18.30 Uhr. **turisotway.cl**

Ein Halbtagesausflug führt über eine nur teilweise geteerte Straße zur Pinguinkolonie am Seno Otway. Jedes Jahr kommen zwischen November und März rund 2500 Magellan-Pinguinpaare hierher zum Nisten, danach ziehen sie weiter gen Norden. Das 45 Hektar große Reservat ist mit Wegen, Aussichtsplattformen und einem Souvenirladen ausgestattet. Auf dem Weg dorthin kann man viele Vögel sehen.

❽ Isla Magdalena
Straßenkarte E6. 35 km nordöstlich von Punta Arenas. von Punta Arenas; Dez–Feb: Di, Do, Sa 16 Uhr.

Eine zweistündige Bootsfahrt bringt Besucher zur Isla Magdalena mit ihrer riesigen Kolonie von Magellan-Pinguinpaaren. Wenn diese von November bis März je zwei Küken großziehen, wächst die Kolonie auf annähernd 240 000 Vögel an. Ein durch Seile abgetrennter Weg führt durch das Gebiet. Ein alter Leuchtturm dient als Ranger- und Forschungsstation. Die erwachsenen Pinguine kümmern sich abwechselnd um das Nest und das Fischen. Am Morgen und am Nachmittag sieht man sie aus nächster Nähe zum und vom Meer watscheln.

❾ Puerto Hambre
Straßenkarte E7. 58 km südlich von Punta Arenas. tägl. 9.30–18.30 Uhr. **phipa.cl**

Die erste Siedlung an der Magellanstraße gründeten einige Hundert Kolonisten, die der spanische Kapitän Pedro Sarmiento de Gamboa 1584 rund 50 Kilometer südlich von Punta Arenas absetzte. Er taufte die Siedlung Rey Felipe, 1587 nannte sie der britische Kapitän Thomas Cavendish in Puerto Hambre (Hafen des Hungers) um, als er dort nur noch einen einzigen Überlebenden antraf – die anderen waren verhungert oder erfroren. Die Reste der alten Siedlung gelten heute als Nationaldenkmal.

Rund vier Kilometer südlich liegt das nationale Monument **Fuerte Bulnes**. Diese zweite, erstmals erfolgreiche Siedlung an der Magellanstraße gründeten 1843 Kolonisten von Chiloé, die aber 1848 in das heutige Punta Arenas umgesiedelt wurden. In der Stätte erhält man einen Einblick in das Leben dieser Siedler.

Spaziergang zwischen Magellan-Pinguinen auf der Isla Magdalena

Punta Arenas vor dem Hintergrund der Magellanstraße *(siehe S. 254)*

Fischerboot in der Magellanstraße

❿ Magellanstraße

Straßenkarte E7. 100 km südlich von Punta Arenas. 🚢 Von Punta Delgada nach Puerto Espora und von Punta Arenas nach Porvenir.

Die schiffbare Meerenge zwischen Atlantik und Pazifik heißt nach dem portugiesischen Seefahrer Ferdinand Magellan, der die Passage 1520 als erster Europäer erreichte. Die 570 Kilometer lange Magellanstraße trennt die Tierra del Fuego vom chilenischen Festland und ist trotz ihrer Strömungen und Stürme eine sicherere Route, um von der einen auf die andere Seite des Kontinents zu kommen, als die weiter südlich gelegene Drakestraße. Bis zur Eröffnung des Panamakanals 1914 war die Magellanstraße die wichtigste Passage für Dampfschiffe zwischen Pazifik und Atlantik.

Die Magellanstraße ist in den Sommermonaten die Kinderstube für Buckelwale, Seelöwen, Pinguine und viele andere Meerestiere. Die Kolonien lassen sich auf der Isla Carlos III in der Nähe des westlichen Ausgangs der Meerenge leicht erblicken. Die Gewässer rund um die Insel gehören zum 670 Quadratkilometer großen Meeresschutzgebiet **Parque Marino Francisco Coloane**. Zu Bootsausflügen zur Isla Carlos III gehört auch ein Stopp am Cabo Froward, dem südlichsten Punkt des chilenischen Festlands, sowie am Cabo San Isidro an der Südostküste der Brunswick-Halbinsel. An diesem Kap steht ein Leuchtturm von 1904. Der Faro San Isidro führte früher Schiffe durch die Magellanstraße, heute ist darin ein Museum für die Kultur und Geschichte der indigenen Gruppen der Region, z. B. über die Selk'nam und die Yámana, eingerichtet.

⓫ Porvenir

Straßenkarte E6. 40 km südöstlich von Punta Arenas. 👥 5000. ✈ 🚌 🌐 **muniporvenir.cl**

Das windige Porvenir entstand 1834 als Außenposten für die Bergarbeiter, die während eines regionalen Goldrauschs Mitte des 19. Jahrhunderts im Baquedano-Gebirge arbeiteten. 1894 erfolgte die offizielle Stadtgründung. Während des Wollbooms im 20. Jahrhundert fungierte Porvenir als Versorgungszentrum für die Schaffarmen, die größtenteils von kroatischen Immigranten gegründet wurden. Heute ist Porvenir die Hauptstadt der Provinz Tierra del Fuego. Zwischen Wellblechhäusern stehen hier Gebäude aus den 1930er Jahren und die Hauptattraktion des Städtchens, das **Museo Provincial Fernando Cordero Rusque**. Das Museum präsentiert archäologische und ethnologische Exponate über die indigenen Gruppen, die hier einst lebten, sowie über die lokale Tierwelt. Vier Blocks nördlich des Museums stehen auf dem **Cementerio Municipal** Mausoleen im Schatten von zylindrisch geschnittenen Zypressen. An der Uferhauptstraße Avenida Manuel Senoret sind im **Parque del Recuerdo** alte Maschinen und Fahrzeuge aus dem 19. Jahrhundert ausgestellt. An derselben Straße liegt die Plaza de las Américas, auf der ein Denkmal an die Selk'nam, die ersten Bewohner der Region, erinnert.

Umgebung: Rund sechs Kilometer nördlich von Porvenir ist das **Monumento Natural Lagunas de los Cisnes** bekannt für seine großen Bestände an Flamingos und Schwarzhalsschwänen. Weiter südlich ist der malerische Lago Blanco wunderbar zum Angeln von Regenbogen- und Bachforellen geeignet. Der See liegt am Nordostrand des Parque Natural Karukinka. Das privat betriebene Naturreservat wurde von der Wildlife Conservation Society mit Mitteln von Goldman Sachs 2004 zum Schutz der gefährdeten regionalen Buchenwälder vor der Abholzung durch internationale Holzfirmen gegründet.

🏛 **Museo Provincial Fernando Cordero Rusque**
Padre Mario Zavattaro 402. 📞 (061) 258 1800. 🕐 Mo–Do 8–17.30, Fr 9–16, Sa, So, Feiertage 10.30–13.30, 15–17 Uhr.
🌐 **museoporvenir.cl**

Blick auf die bunt gestrichenen Häuser von Porvenir

Das südlichste Gefängnis der Welt

Nach dem Militärputsch von 1973 (siehe S. 52) verbannte das Pinochet-Regime abgesetzte Regierungsmitglieder auf die winzige Isla Dawson in der Magellanstraße. Auf der Insel mit dem kalten, miserablen Wetter, deren Abgeschiedenheit ein Entkommen unmöglich macht, wurden bis zu 400 Menschen unter härtesten Bedingungen gefangen gehalten, gefoltert und brutaler Zwangsarbeit unterworfen. 1974 wurden sie entweder exekutiert oder in andere Gefängnisse verlegt. Viele der Überlebenden spielten eine wichtige Rolle auf Chiles Weg zurück in die Demokratie. Die Erlebnisse der Häftlinge erzählt der 2009 gedrehte Spielfilm Dawson: Isla 10 des ehemaligen Exilanten Miguel Littín. Der Film basiert auf der Autobiografie von Sergio Bitar, Bergbauminister in Allendes Kabinett, der von 1973 bis 1974 auf der Insel inhaftiert war.

Plakat des Spielfilms Dawson: Isla 10

⓬ Puerto Williams

Straßenkarte F7. 293 km südöstlich von Punta Arenas. 2500. von Punta Arenas.
w imcabodehornos.cl

Puerto Williams ist die einzige größere Siedlung auf der Isla Navarino südlich von Festland-Chile und nennt sich gerne »südlichste Stadt der Welt«. Es wurde 1953 als chilenische Marinebasis gegründet. Später wurde es zu Ehren des irischstämmigen Offiziers Juan Williams, der die Magellanstraße 1843 für Chile eroberte, in Puerto Williams umbenannt. Das Städtchen liegt vor der überwältigenden Kulisse der Granitspitzen der Dientes de Navarino. Das zerklüftete Massiv ist eines der besten Trekkinggebiete in der Region. Die Hauptattraktion von Puerto Williams ist das **Museo Martín Gusinde**. Der österreichische Priester und Ethnologe Martin Gusinde (1886–1969) war ein führender Erforscher der Yámana und Selk'nam. Das Museum präsentiert ethnografische Exponate zu diesen indigenen Gruppen sowie über die regionale Geologie, Pflanzen- und Tierwelt. Die Insel ist ein beliebtes Reiseziel bei Seglern. Sie treffen sich im Club de Yates Milcalvi, wo ein ausgedientes Boot als altmodische Bar ausgebaut ist.

32 Kilometer östlich von Puerto Williams leben in Villa Ukika die wenigen überlebenden Angehörigen des indigenen Volks der Yámana.

⓭ Kap Hoorn

Straßenkarte F7. 703 km südöstlich von Punta Arenas. von Punta Arenas u. Puerto Williams. von Punta Arenas u. Puerto Williams.

Kap Hoorn ist die Südspitze Südamerikas, umfasst jedoch tatsächlich eine Inselgruppe, die heute als Parque Nacional Cabo de Hornos geschützt wird. Als erste Europäer landeten 1616 holländische Segler am Kap und tauften es nach der niederländischen Stadt Hoorn. Vom 18. Jahrhundert bis zur Eröffnung des Panamakanals im Jahr 1914 verlief hier eine wichtige Route für Frachtschiffe.

Die Gewässer rund um Kap Hoorn sind tückisch: Bewegte See, unberechenbare Wellen, starke Strömung, berüchtigte Stürme und vor allem die aus dem Nichts auftretenden Wirbelwinde bilden Gefahren. Die unwirtlichen Bedingungen erschweren den Weg zur äußersten Spitze. In der Regel kommen Besucher bis zur nordwestlich gelegenen **Isla Hornos**.

Denkmal auf der Isla Hornos

Auf der moosbedeckten Isla Hornos stehen eine Marinestation, ein Leuchtturm und eine Kapelle. Das wie ein Albatros geformte Monumento al Navegante Solitario gedenkt aller Seeleute, die auf dem Weg um Kap Hoorn ums Leben kamen. Zur reichen Vogelwelt der Insel gehören Magellan-Pinguine, Kondore und Albatrosse. Vor der Küste sieht man Delfine und Wale.

Der Küstenort Puerto Williams, im Hintergrund die Granitzacken der Dientes de Navarino

Ausflüge nach Argentinien

Vom chilenischen Teil Patagoniens ist es nicht weit zu den Sehenswürdigkeiten auf argentinischem Staatsgebiet. Besucher des Nationalparks Torres del Paine etwa können in wenigen Stunden den argentinischen Urlaubsort El Calafate erreichen. Er ist der Ausgangspunkt für Ausflüge zum Glaciar Perito Moreno im Nationalpark Los Glaciares. Kreuzfahrtpassagieren steht es oft offen, einen Tag und eine Nacht in der argentinischen Hafenstadt Ushuaia zu bleiben, die in einer faszinierend schönen Landschaft gelegen ist.

zwischen zwei- bis sechsstündigen Touren und mehrtägigen Treks mit Zeltübernachtung. Sie alle beginnen im Bergdorf **El Chaltén**. Die winzige Siedlung mit Hotels und Restaurants entstand in den 1990er Jahren am Río Las Vueltas.

Besuchermagnet des Nationalparks ist der **Glaciar Perito Moreno**. Der Gletscher stößt nach 29 Kilometern auf eine Halbinsel, die eine ideale Aussicht auf die Eisfläche bietet. Der Perito Moreno gehört zu den wenigen Gletschern in Patagonien, die noch wachsen – wenn auch nicht sehr weit, da seine Zunge von Land blockiert wird. Im Verlauf der Jahre steigt der Druck auf das Eis regelmäßig so stark an, dass er in einem donnernden Spektakel kalbt. Diesen einmaligen Anblick wollen sich viele Besucher nicht entgehen lassen. Einige Agenturen bieten Touren mit Steigeisen und Seil auf dem Gletscher an. Wanderungen und Bootsfahrten um schwimmende Eisberge zu den Nachbargletschern Upsala und Spegazinni werden ebenfalls organisiert.

Los Glaciares erreicht man von **El Calafate**. Die Fahrt von Puerto Natales in Chile dorthin dauert etwa fünf Stunden. Der Ort am Ufer des Lago Argentino lebt vor allem vom Tourismus. Alte *estancias* (Schaffarmen) wurden in Hotels und Restaurants umgewandelt, in denen man einen Eindruck vom Leben und der Kultur der Gauchos in Patagonien bekommt.

Legende
- Autobahn
- Andere Straße
- Staatsgrenze

Sehenswürdigkeiten auf einen Blick
① PN Los Glaciares
② Ushuaia
③ PN Tierra del Fuego
④ Cerro Castor

① Parque Nacional Los Glaciares

336 km nordwestl. von Puerto Natales; 80 km westl. von El Calafate. El Calafate. El Calafate. Avenida del Libertador 1302, El Calafate; (02902) 491 005. losglaciares.com

Der 1937 gegründete Nationalpark heißt nach den Gletschern, die sich vom Campo de Hielo Patagónico Sur hinabschieben. Besucher des Parque Nacional Torres del Paine unternehmen meist einen Abstecher zu dem Schutzgebiet über zwei nahe Grenzübergänge. Argentiniens zweitgrößter Nationalpark bietet auf 7269 Quadratkilometern Berge, Gletscher, Seen und Flüsse. Er ist zum größten Teil unzugänglich, aber dennoch ein Mekka für Wanderer und Kletterer. Dominiert wird das Gebiet vom mächtigen Granitmassiv Fitz Roy. Wanderer haben die Wahl

Besucher am Glaciar Perito Moreno, Parque Nacional Los Glaciares

Argentiniens südlichste Stadt, Ushuaia, im Licht der Morgensonne

② Ushuaia

564 km südöstlich von El Calafate.
🏔 57 000. ✈ 🚌 ℹ Avenida Prefectura Naval 470; (02901) 432 000.
🎵 Festival Música Clásica de Ushuaia (Apr.). 🌐 turismoushuaia.com

Ushuaia ist die südlichste Stadt Argentiniens. Sie liegt direkt am Beagle-Kanal im Schatten der majestätischen Gipfel des Parque Nacional Tierra del Fuego. Der bei Kreuzfahrtschiffen beliebte Anlaufhafen ist zugleich Ausgangspunkt für Fahrten in die Antarktis.

Ushuaias Name entstammt der Sprache der Yámana, die in der Region als Erste siedelten. Die »Bucht, die nach Westen blickt« – so die Bedeutung des Namens –, wurde 1884 gegründet. In das Gebiet waren Mitte des 19. Jahrhunderts zunächst britische Missionare gekommen. 1896 ließ Präsident Julio Argentino Roca eine Strafkolonie für Verbrecher und politische Gefangene aus dem Norden einrichten. Sie diente nicht nur dazu, gefährliche Kriminelle zu verbannen, sondern sollte auch Argentiniens Präsenz in Tierra del Fuego untermauern. Das weitläufige Gefängnis wurde 1947 geschlossen. Heute präsentiert hier das **Museo Marítimo y Presidio** eine beachtliche nautische, wissenschaftliche und kulturgeschichtliche Sammlung mit Exponaten aus der Region. Auch Objekte aus der Strafkolonie und erklärende Darstellungen über Gefangene und Wärter sind zu sehen.

③ Parque Nacional Tierra del Fuego

11 km nördlich von Ushuaia.
🚌 von Ushuaia. ℹ Ruta Nacional 3, km 3047; (02901) 421 315.
🕐 tägl. 24 Std. 🅿 ♿ 🚻 🏕 ⛺
🌐 parquesnacionales.gob.ar

Der 1960 gegründete Nationalpark umfasst 610 Quadratkilometer zerklüftetes Land mit Südbuchenwäldern und die zwei großen Meeresbuchten Lapataia und Ensenada. Er war Argentiniens erster Nationalpark zum Schutz eines Küstengebiet. Obwohl der Park größtenteils unzugänglich ist, schätzen ihn Ushuaias Einwohner als Erholungsgebiet. Man kann picknicken, wandern, Boot fahren, Vögel beobachten oder Forellen angeln. Wanderwege führen durch Wald und an *turbales* (Sümpfe) vorbei. Unterwegs sieht man Guanakos, Andenfüchse und Kanadische Biber. Sie wurden 1940 wegen ihres Pelzes eingeführt und haben sich so vermehrt, dass sie heute eine ökologische Bedrohung darstellen.

Besonders schön ist das Gebiet im Herbst, wenn sich die Südbuchen färben. Kindern und Erwachsenen gefällt die Fahrt mit dem Dampfzug **Tren del Fin de Mundo**, der früher die Häftlinge der Strafkolonie von Ushuaia zum Holzschlagen in die Wälder brachte. Die einstündige Fahrt führt von der Estación del Fin del Mundo außerhalb des Parks an Wäldern, Flüssen und Wasserfällen vorbei.

Infobox

Anfahrt
El Calafate: ✈ Charterflüge von Punta Arenas. 🚌 von Puerto Natales via Control Fronterizo Dorotea, Río Turbio, oder Control Fronterizo Río Don Guillermo, Cerro Castillo. Ushuaia ✈ von Santiago; Charterflüge von Punta Arenas. 🚌 von Punta Arenas u. Porvenir über den Grenzposten Paso Fronterizo San Sebastián.

④ Cerro Castor

26 km nordöstlich von Ushuaia; Ruta Nacional 3, km 3047. 📞 (02901) 242 2444. 🚡 🚌 von Ushuaia.
🕐 Mitte Juni–Mitte Okt. 🅿 ♿
🚻 🏕 🎿 🌐 cerrocastor.com

Argentiniens südlichster Skiort zieht nicht nur die Einheimischen an, sondern auch Skifahrer und Snowboarder aus Buenos Aires und Chile. Obwohl die Talstation nur 195 Meter über dem Meer liegt und der höchste Punkt gerade mal 1057 Höhenmeter erreicht, bietet Cerro Castor im Winter Unmengen an Schnee.

Zu dem exklusiven Skiort gehören die Castor Ski Lodge mit 15 gemütlich-rustikalen Hütten, vier Restaurants und vier *refugios* (Bergcafés). Das Skigebiet umfasst 600 Hektar Piste mit 800 Metern Höhenunterschied, einen Snowpark für Snowboarder und sieben Lifte. Während der Saison werden zahlreiche Aktivitäten angeboten.

Plankenweg zur Bahía Lapataia, Parque Nacional Tierra del Fuego

Osterinsel und Isla Robinson Crusoe

Zu Chile gehören auch zwei der abgelegensten und ungewöhnlichsten Inseln der Erde. Auf der Osterinsel, die bei den Einheimischen Rapa Nui heißt, sind die mächtigen *moai*-Statuen die geheimnisvollen Überreste einer weitgehend untergegangenen Kultur. Heute sind rund 60 Prozent der Bevölkerung indigenen Ursprungs. Etwas näher am Festland liegt die Isla Robinson Crusoe. Sie ist der Schauplatz einer Abenteuergeschichte, die den englischen Schriftsteller Daniel Defoe zu seinem weltberühmten Roman inspirierte. Heute leben hier rund 600 Einwohner.

Immerhin fünf Stunden dauert der Flug vom Festland zur Osterinsel. Die kleine vulkanische Insel gehört zwar politisch zu Chile, kulturell jedoch weit mehr zu Polynesien. Ihre ersten Siedler kamen um 1000 n. Chr. mit Booten über den Westpazifik. Trotz der geringen Bevölkerungszahl gelang es ihnen mit Geschicklichkeit und Erfindungsgeist, jene gigantischen Figuren aus dem Tuffstein zu hauen, für die die Insel heute berühmt ist. Seit ihrer Wiedererrichtung auf den ursprünglichen Plattformen ziehen die *moai* alljährlich Zehntausende Besucher an. Neben ihrer einzigartigen Geschichte und ihrer polynesischen Kultur bietet die Osterinsel Möglichkeiten zum Wandern, Tauchen, Reiten und Surfen.

Der spanische Seefahrer Juan Fernández erreichte 1574 als Erster die Isla Robinson Crusoe im Juan-Fernández-Archipel. Die Insel ist nach Daniel Defoes (1660–1731) Roman *Robinson Crusoe* benannt, der auf der Geschichte des Schotten Alexander Selkirk *(siehe S. 269)* aus dem frühen 18. Jahrhundert basiert. Die erste ständige Siedlung entstand hier Mitte des 18. Jahrhunderts. Im Jahr 1818 wurden die Inseln von Chile annektiert. Die meisten Insulaner leben heute im kleinen San Juan Bautista vom Hummerfang und Fremdenverkehr. Von der Ortschaft aus kann man die endemischen Wälder im Norden der Insel erkunden und Wege entdecken, auf denen einst Selkirk wanderte.

Im dichten Wald der Isla Robinson Crusoe wachsen zahlreiche endemische Pflanzenarten

◀ *Moai* an den Hängen von Rano Raraku *(siehe S. 266f)* auf der Osterinsel

Überblick: Osterinsel und Isla Robinson Crusoe

Am besten erkundet man die Osterinsel von Hanga Roa aus. In der Nähe des weitläufigen Dorfes finden sich einige Hauptattraktionen, so der Krater und die Kultstätte Orongo. Entferntere Sehenswürdigkeiten, wie die *moais* von Rano Raraku, die Playa Anakena und Península Poike, kann man auf einem Tagesausflug zur Ostküste besichtigen. Die Isla Robinson Crusoe ist vor allem im Sommer ein Reiseziel, die meisten Flüge landen dort im Januar und Februar. Die raue Insel lässt sich am besten vom Dorf San Juan Bautista aus entdecken und ist besonders auf dem Sendero Salsipuedes und Mirador Selkirk ideal zum Wandern. Ausflüge zu Sehenswürdigkeiten sind aufgrund der wenigen Verkehrsmittel zeitaufwendig, aber immer lohnend.

Moais auf der Ahu Nau Nau an der Playa Anakena, Osterinsel

Sehenswürdigkeiten auf einen Blick

Orte und Städte
1. Hanga Roa S. 262f
8. San Juan Bautista

Landschaften
5. Playa Anakena
6. Península Poike
9. Sendero Salsipuedes
11. Mirador Selkirk

Archäologische Stätten
2. Rano Kau
3. Ahu Akivi
4. Ana Te Pahu
7. Rano Raraku S. 266f

Weitere Sehenswürdigkeiten
10. Cueva Robinson
12. Plazoleta El Yunque

OSTERINSEL UND ISLA ROBINSON CRUSOE | 261

Blick vom Mirador Selkirk auf die Isla Robinson Crusoe

Auf den Inseln unterwegs

Beide Inseln sind klein, doch kommt man auf der Osterinsel viel besser voran. Deren gutes Straßennetz ist für Autos, Motorräder und Fahrräder geeignet. Allerdings sind nicht alle Straßen geteert, einige haben Schlaglöcher. In Hanga Roa gibt es Taxis. Reiseveranstalter bringen Besucher von hier zu den Hauptsehenswürdigkeiten. Pferde können für Ausritte gemietet werden. Viele Strecken eignen sich zum Wandern. Außerhalb von Hanga Roa ist Campen verboten. Auf der Isla Robinson Crusoe gibt es keine nennenswerten Straßen. In der Regel erwandert man die Insel auf teils anspruchsvollen Routen oder fährt mit einem Mietboot die Sehenswürdigkeiten, die nicht zu Fuß erreichbar sind, an.

Legende
— Hauptstraße
--- Ungeteerte Hauptstraße
=== Ungeteerte Nebenstraße
--- Piste
--- Bootsverbindung
△ Gipfel

Zeichenerklärung *siehe hintere Umschlagklappe*

❶ Hanga Roa

Hanga Roa ist die einzige ständige Siedlung auf der Osterinsel. Fast die gesamte Bevölkerung wohnt in dem weitläufigen Dorf mit breiten Straßen, kleinen Häusern und Vorgärten. Die meisten Bewohner sind Polynesier, die wenigen hier ansässigen Chilenen vom Festland arbeiten vor allem im Fremdenverkehr. Von Hanga Roa aus gelangt man schnell zu den einzigartigen Sehenswürdigkeiten der Insel. Eine Attraktion ist auch die feine Küche, die frische Zutaten mit einem Hauch Südpazifik verbindet.

Gepflegte Gräber mit Blumen auf dem Cementerio Hanga Roa

✝ Iglesia Sagrado Corazón
Tuukoihu, Ecke Avenida Te Pito o Te Henua.

Die Dorfkirche Iglesia Sagrado Corazón wurde 1982 umgebaut und sticht nun unter den überwiegend schlichten Nutzbauten Hanga Roas hervor. Flachreliefs mit Rapa-Nui-Motiven schmücken ihre hübsche Fassade, unter anderem sind der Vogelmann (siehe S. 264), Fische, Fregattvögel und Schildkröten verewigt. An einer Seite der Kirche befindet sich die Gruft des Kapuzinerpriesters und Gelehrten Sebastian Englert (1888–1969), der die Geschichte und Kultur der Insel erforschte. Daneben liegt das Grab von Eugène Eyraud. Der erste Missionar auf der Osterinsel starb hier 1868.

Im lichtdurchfluteten Inneren der Kirche sind in den Holzschnitzereien Symbole des Christentums und der Religion Rapa Nuis vereint – der Vogelmann etwa ist als Engel dargestellt. Am Ostersonntag ist die Kirche das Zentrum großer Feierlichkeiten, Höhepunkt der Zeremonie ist die Ankunft des Dorfpriesters hoch zu Ross. Viele Kirchenlieder werden in der Sprache Rapanui gesungen und haben polynesische Rhythmen.

🛍 Mercado Artesanal
Tuukoihu, Ecke Ara Roa Rakei.
⏰ tägl. 9–13, 16–20 Uhr.

Auf dem Mercado Artesanal gegenüber der Iglesia Sagrado Corazón kann man sich mit lokalem Kunsthandwerk eindecken. Hier findet man Textilien und traditionelle Dekorationen, zudem kann man sich einen eigenen kleinen *moai* aus Holz oder Tuffstein schnitzen lassen, hölzerne Nachbildungen der alten Schrifttafeln *rongorongo* aus Stein oder auch holzgeschnitzte *moai kavakava*, *moai*-Skelette mit hervorstehenden Rippen, zulegen. Am besten besucht man den Markt vormittags, bevor es zu heiß wird und sich die Besucher auf dem Gelände drängen.

Souvenir vom Mercado Artesanal

⚰ Cementerio Hanga Roa
Nahe Petero Atamu.

Der Cementerio Hanga Roa am nördlichen Ende des Dorfes besteht offiziell seit 1951, tatsächlich wird der Ort schon seit dem frühen 20. Jahrhundert als Begräbnisstätte benutzt. Von dem Friedhof mit der umlaufenden Mauer aus Vulkanstein blickt man über die Bahía Cook. Die Gräber sind mit einfachen, mit Kreuzen und kunstvollen Blumen geschmückten Grabsteinen markiert. Als Spiegel der modernen lokalen Geschichte steht der Friedhof im Kontrast zur rätselhaften Frühgeschichte von Rapa Nui.

🗿 Ahu Tahai
Tahai.

Nördlich des Friedhofs liegt mit Ahu Tahai die eindrucksvollste archäologische Stätte der Osterinsel. Der Anthropologe William Mulloy restaurierte den Komplex aus drei *ahus* (Steinplattformen) zwischen 1968 und 1970. Benannt ist der Ort nach der mittleren Plattform, Ahu Tahai, auf der ein *moai* steht. Der *moai* auf der nördlichen Plattform Ahu Ko Te Riku erhielt wieder einen Kopfschmuck und Augen aus Keramik. Auf der südlichen Ahu Vai Ure stehen fünf *moai*.

Bei Ahu Tahai fand man auch die Fundamente von einigen *hare paenga* (bootsförmige Häuser) und eine Bootsrampe. Mulloy starb 1978 und liegt hier neben seiner Frau Emily begraben.

Rapa-Nui-Dekor am Eingang der Iglesia Sagrado Corazón

Hotels und Restaurants auf der Osterinsel und der Isla Robinson Crusoe *siehe Seiten 283 und 299*

Museo Antropológico P. Sebastián Englert

Tahai s/n. (032) 255 1020.
Di–Fr 9.30–17.30 Uhr, Sa, So, Feiertage 9.30–12.30 Uhr.
museorapanui.cl

Das archäologische Museum wurde 1973 gegründet und ist nach dem Kapuzinerpriester Sebastian Englert benannt, der viele Jahre auf der Insel lebte. Im Mittelpunkt der Ausstellung stehen die transpazifischen Wanderungen der Polynesier und die Erzeugnisse der Rapa-Nui-Kultur wie die *moai* und die *rongorongo* (Schrifttafeln). Das Museum beschäftigt sich auch mit den wohl demografisch bedingten Kriegen auf Rapa Nui, in deren Verlauf vermutlich mehrere *moai* umgestürzt wurden.

Die Anthropologie-Abteilung informiert über die Region Ozeanien, die geografisch die Pazifikinseln von Neuguinea und Australien bis zu den Atollen Polynesiens umfasst.

2003 siedelte die **Biblioteca William Mulloy** aus Viña del Mar in das Museum um. Die wissenschaftliche Forschungsbibliothek besitzt einen umfangreichen Schatz an Fotografien, Videos und Literatur, der die reiche Geschichte und Kultur der Insel dokumentiert.

Rot und weiß gemalte Vögel an der Decke von Ana Kai Tangata

Ana Kai Tangata
Nahe Avenida Policarpo Toro.

Die Decke dieser Küstenhöhle ist mit Felsbildern verziert. Angeblich wurde hier Kannibalismus praktiziert. Laut der amerikanischen Archäologin Georgia Lee könnte der vieldeutige Name »Höhle, in der Menschen essen«, »Höhle, in der Menschen gegessen werden« oder »Höhle, die Menschen frisst« bedeuten. Doch die Beweise für diese Theorie sind dünn. Zwar wurde ein Zeremonialschädel in der Ana Kai Tangata gefunden, doch weist er keine Schnittspuren auf, die auf kannibalistische Praktiken hinweisen würden. Von der Ana Kai Tangata aus führt das Wegenetz Sendero Te Ara O Te Ao zum Rano Kau *(siehe S. 264)* und nach Orongo.

Infobox

Information
3765 km nordwestlich von Santiago. 3800. Avenida Policarpo Toro, Tuu Maheke; (032) 210 0255. Tapati Rapa Nui (Anfang Feb).

Anreise
Aeropuerto Mataveri.

Tapati Rapa Nui

Das Tapati Rapa Nui im Februar ist seit 30 Jahren das größte Ereignis im Jahresverlauf der Osterinsel. Dann wird in den Straßen Hanga Roas traditionelle Musik gespielt und getanzt. Die Insulaner zeigen in Wettbewerben ihre Kunstfertigkeit als Holzschnitzer und Steinmetze sowie in der Körperbemalung und polynesischen Küche. Tapati Rapa Nui ist der Versuch, Tradition und Identität zu bewahren, auch wenn die Trommeln und Gitarren importiert sind.

Tänzerinnen in traditioneller Tracht

Zentrum von Hanga Roa

1. Iglesia Sagrado Corazón
2. Mercado Artesanal
3. Cementerio Hanga Roa
4. Ahu Tahai
5. Museo Antropológico P. Sebastián Englert
6. Ana Kai Tangata

Zeichenerklärung *siehe hintere Umschlagklappe*

Der mit Wasser gefüllte Krater Rano Kau, im Hintergrund der Pazifik

❷ Rano Kau

5 km südlich of Hanga Roa; Sector Orongo. ⭘ *tägl. 9–19 Uhr.*

Der mit Wasser gefüllte Krater des Rano Kau liegt in einem Nationalpark und ist eines der schönsten Naturdenkmäler der Osterinsel. Am Kraterrand hat man einen unvergesslichen Panoramablick über die Insel und die endlose Weite des Pazifiks. Der Abstieg in die Caldera ist mittlerweile verboten, aber auch die Wanderung um den Kraterrand ist ein Erlebnis. An der Südwestseite des Kraters stehen die 53 Häuser der Zeremonialanlage **Orongo**, in der im 18. und 19. Jahrhundert die Kulthandlungen der Vogelmannsekte stattfanden. Der Inhaber des Vogelmannamtes wurde jedes Jahr in einem Ritus bestimmt, bei dem ein Ei der Rußseeschwalbe heil von einem der Felsen im Meer vor der Insel geholt werden musste. In Orongo darf man die markierten Pfade nicht verlassen oder die Häuser betreten. Diese bestehen aus übereinandergeschichteten Platten und Erde, ihre Türen sind so niedrig, dass man durch sie hindurchkriechen müsste.

Vom Westende des Flughafens Mataveri schlängelt sich eine Straße um die Südseite des Rano Kau bis Orongo. Wanderer nutzen den Fußweg Te Ara O Te Ao von Ana Kai Tangata *(siehe S. 263).* Im Eintrittspreis für den Rano Kau, der vor Ort kassiert wird, ist der Besuch des Rano Raraku inbegriffen *(siehe S. 266f).*

Umgebung: Vier Kilometer nordöstlich des Rano Kau liegt **Ahu Vinapu**. Der Ort galt früher als Beleg für einen südamerikanischen Einfluss auf die Osterinsel, weil seine exakt zusammengefügten Steine den Inka-Bauten in Peru gleichen. Ahu Vinapu besteht aus drei Plattformen, deren *moai* während der Kriege im 18. und 19. Jahrhundert umgestürzt wurden. Hier fand man auch versteinerte Palmen, was die Vermutung untermauerte, dass die Insel bereits um 1300 besiedelt war. Nach einer Theorie verschwanden die Palmen, als die Insulaner die Wälder rodeten, um Platz für das Aufstellen der *moai* zu schaffen.

Legende des Vogelmannes

Vermutlich im 16. Jahrhundert wurde die Ahnenverehrung auf Rapa Nui durch einen Kult verdrängt, der nach ihrem Schöpfergott *makemake* hieß. Ein wichtiger Ritus des neuen Glaubens war der alljährliche Wettkampf um das Amt des Tangata Manu (Vogelmann). Jeder Bewerber bestimmte einen Gefolgsmann *(hopu)*, der den 400 Meter langen Abhang des Rano Kau hinunterkletterte und durch das von Haien wimmelnde Meer zum Felsen Motu Nui schwamm, um von dort ein Ei der Rußseeschwalbe zu holen. Der erste *hopu*, dem das gelang, kletterte nach Orongo hinauf, wo ihn sein Pate empfing. Dieser wurde für ein Jahr zum Vogelmann. Durch die Versklavungen in den 1860er Jahren und die Ankunft christlicher Missionare verschwand der Kult.

Vogelmann-Petroglyphe, Orongo

Große Felsen bilden die Plattform von Ahu Vinapu

❸ Ahu Akivi

6 km nordöstlich von Hanga Roa; Sector Akivi.

Die Anlage wurde im Jahr 1960 von dem US-amerikanischen Anthropologen William Mulloy und dessen chilenischem Kollegen Gonzalo Figueroa García-Huidobro restauriert. Ahu Akivi ist eine der wenigen *ahu* im Inselinneren. Ungewöhnlicherweise blicken ihre sieben *moai* gen Meer und zugleich auf das zeremonielle

Zentrum der Plattform sowie zur Tagundnachtgleiche in die untergehende Sonne.

❹ Ana Te Pahu

6 km nordöstlich von Hanga Roa; Sector Ahu Akivi.

Heute werden die meisten Lebensmittel vom Festland importiert. Früher bauten die Insulaner in eingefallenen Lavaröhren *(manavai)* oder versunkenen Gärten Nutzpflanzen an. Eine dieser Höhlen ist Ana Te Pahu. Da es auf der Insel wegen des porösen Vulkangesteins keine Bäche gibt, war Landwirtschaft im großen Stil immer schwierig. Das feuchte Mikroklima und die relativ dicke Erdschicht ermöglichen es, in den Senken Nutzpflanzen wie Bananen anzubauen. Auch heute noch werden Ana Te Pahu und ähnliche Orte auf der Insel so genutzt. Die Höhle ist leicht zugänglich, man sollte eine Taschenlampe mitnehmen.

❺ Playa Anakena

16 km nordöstlich von Hanga Roa; Sector Anakena.

Der einzige breite Sandstrand der Insel liegt im Nordosten von Rapa Nui. Mit ihren hohen Palmen und dem türkisfarbenen Wasser ist die Playa Anakena fast die Karikatur eines Südpazifik-Idylls und perfekt

Die beeindruckenden *moai* der Ahu Tongariki

zum Baden und Sonnen. Am Strand findet man Grilleinrichtungen, Picknicktische, Umkleiden und einige Snackbars, in denen die Einheimischen den Tag ausklingen lassen.

Den mündlichen Überlieferungen nach landeten an der Playa Anakena die ersten polynesischen Siedler mit ihrem Anführer Hotu Motu'a. Anakena ist dank der sieben stehenden *moai* von **Ahu Nau Nau** in ganz Polynesien einzigartig. Vier der Statuen erhielten 1979 unter Leitung des Archäologen Sergio Rapu ihren *pukao* (Kopfschmuck) wieder. Zwei sind stark verfallen, die übrigen dagegen ausgezeichnet erhalten. Am selben Strand findet sich auch die kleinere **Ahu Ature Huki** mit einem einzelnen *moai*. Von Anakena aus kann man um die wenig besuchte Nordküste herum bis nach Hanga Roa wandern und dabei zwei weitere *ahu* besichtigen: Ahu Tepeu und Ahu

Tahai. Für diese Tageswanderung sollte man sich schon früh auf den Weg machen.

❻ Península Poike

21 km nordöstlich von Hanga Roa; Sector Poike.

Die Halbinsel im Osten der Insel heißt nach dem Vulkan Poike, der höchsten Erhebung des Gebiets. Vor Ankunft der Europäer lag auf Poike ein Dorf. Petroglyphen aus jener Zeit zeigen unter anderem Schildkröten, einen Vogelmann und einen Thunfisch. Um einige Landmarken spinnen sich alte Legenden. So soll etwa ein vier Kilometer langer »Graben« im Westen der Halbinsel einst im Krieg zweier rivalisierender Clans als Verteidigungsanlage gedient haben. Am Südwestrand der Halbinsel fasziniert die **Ahu Tongariki**, mit 15 *moai* die größte Plattform der Osterinsel.

Die *moai* der Ahu Nau Nau an der von Palmen gesäumten Playa Anakena am Pazifischen Ozean

❼ Rano Raraku

Zu den schönsten Orten auf der Osterinsel gehören der Kratersee und die mit *moai* bestandenen Hänge des Rano Raraku. Tatsächlich sind die Steinbrüche im Südosthang des Vulkans die Wiege dieser Statuen. Lange vor Ankunft der Europäer auf der Osterinsel schlugen die Menschen hier die gewaltigen Figuren aus dem Tuffstein des Vulkans und transportierten sie unter unvorstellbaren Mühen quer über die Insel. Heute stehen noch fast 400 *moai* auf ihrer *ahu* (Steinplattform) oder liegen daneben. Das Gebiet kann man nur über die Wege erkunden, die die CONAF an den äußeren Hängen des Kraters angelegt hat.

Umgestürzter *moai*-Kopf an einem Hang des Rano Raraku

★ Kratersee
Im weiten Krater des Rano Raraku liegt ein ruhiger See, an dessen Rändern Totora-Schilf wächst. Den Krater erreicht man nur durch eine Lücke auf der westlichen Seite. Oft kommen auch Herden wilder Pferde zum See und stapfen durch den Schilfgürtel ins Wasser.

★ Hinariru
Im unteren Bereich der Wege steht der vier Meter hohe Hinariru. Er wird wegen seiner Basis nach außen gebogenen Basis auch der *moai* mit dem gebogenen Hals genannt und sehr oft fotografiert. Überlieferungen zufolge war Hinariru der Schwager von Hotu Motu'a. Dieser sagenumwobene Führer der ersten Siedler brachte vielleicht auch die *moai* auf die Insel.

0 Meter 200

Piropiro
Gleich westlich des Hinariru ragt der Piropiro vier Meter auf. Die unteren sieben Meter seines Körpers sind in der Erde eingegraben.

Hotels und Restaurants auf der Osterinsel und der Isla Robinson Crusoe *siehe Seiten 283 und 299*

OSTERINSEL: RANO RARAKU | 267

Infobox

18 km östlich von Hanga Roa.
🛈 Rangerstation und Ranger vor Ort. ⏰ tägl. 9–19 Uhr.
🌐 conaf.cl

★ El Gigante
Klettert man den Rano Raraku weiter hinauf, gelangt man zum El Gigante. Er ist mit 20 Metern der größte *moai*, der jemals angefertigt wurde. Er ist noch mit dem Gestein verbunden und soll etwa 240 Tonnen wiegen.

Der Ostrand des Rano Raraku ist trotz seiner steilen Abbrüche malerisch.

Tukuturi
Der umzäunte Tukuturi ist der einzige kniende und bärtige *moai*. Er zeigt die Pose eines polynesischen Sängers in einer Zeremonie. Der US-Archäologin Joanne van Tilburg zufolge ist er der letzte *moai* mit Verbindung zum Vogelmannkult *(siehe S. 264)*.

Legende
- - - Wanderweg
 Aussichtspunkt

Ko Kona He Roa
Der Ko Kona He Roa genannte *moai* zeugt schon vom Kontakt mit Europäern. In seinem Rumpf ist ein Segelschiff mit drei Masten eingeritzt.

Hare Paenga
Östlich neben dem Tukuturi sieht man viele Basaltfundamente von *hare paenga*. Die mit Stroh gedeckten, bootsförmigen Häuser waren den Häuptlingen und Priestern vorbehalten.

Isla Robinson Crusoe

Die zerklüftete, vulkanische Isla Robinson Crusoe ist nur 93 Quadratkilometer groß, aber ein interessantes Naturgebiet mit rund 70 Prozent endemischen Pflanzenarten. Die einstige Isla Más a Tierra heißt heute nach Daniel Defoes Roman *Robinson Crusoe* (1719). Inspiriert wurde Defoe teilweise durch die Abenteuer des Schotten Alexander Selkirk, der auf dieser Insel ausgesetzt worden war. Heute liegt auf der Isla Robinson Crusoe ein kleines Fischerdorf, das weitgehend vom Hummerexport nach Santiago lebt. Den größten Teil der Insel nimmt der Parque Nacional Archipiélago de Juan Fernández ein. Durch das UNESCO-Welterbe führen viele Wanderwege.

Der Tsunami 2010

Das gewaltige Erdbeben vom 27. Februar 2010 löste einen Tsunami aus, der in San Juan Bautista Häuser niederwalzte und Menschen tötete. Die meisten Wege und Sehenswürdigkeiten wie der Mirador Selkirk und die Plazoleta El Yunque blieben unbeschädigt, doch viele Hotels wurden zerstört. Inzwischen sind sie wiederaufgebaut, dennoch sollte man sich vorab beim Fremdenverkehrsamt Sernatur *(siehe S. 317)* nach Unterkünften erkundigen.

Endemische Juan-Fernández-Seebären beim Sonnenbad

❽ San Juan Bautista

759 km westlich von Santiago. 650. von Santiago. von Valparaíso. Larraín Alcalde s/n. Día de la Isla (22. Nov.). comunajuanfernandez.cl

San Juan Bautista liegt an der malerischen Küste der Bahía Cumberland und ist der einzige Ort auf der Insel. Südlich des Dorfplatzes steht auf einer Hügelkuppe der **Fuerte Santa Bárbara**. Die kleine Steinfestung wurde 1770 von Spaniern als Reaktion auf die Präsenz der britischen Marine im Pazifik errichtet. 1974 wurde sie umgebaut, die Kanonen stehen jedoch noch immer und sind auf den Hafen gerichtet.

In den **Cuevas de los Patriotas** (Höhlen der Patrioten) in der Nähe der Festung hielten die Spanier Anfang des 19. Jahrhunderts die Führer des chilenischen Unabhängigkeitskampfes gefangen. Auf dem **Cementerio San Juan Bautista** im Westen des Dorfes liegen die Gräber früher Siedler und deutscher Seemänner, die sich 1915 nach der Versenkung des Kreuzers *Dresden* in der Bahía Cumberland auf der Insel niederließen. In der **Casa de Cultura Alfredo de Rodt** sind Exponate der lokalen Geschichte ausgestellt. Hier ist derzeit auch das Büro der CONAF untergebracht.

🏛 **Casa de Cultura Alfredo de Rodt/CONAF**
Vicente González 130. Mo–Fr 8–13, 14–18 Uhr.

❾ Sendero Salsipuedes

2 km westlich von San Juan Bautista. (032) 268 0381. conaf.cl

Von der Calle La Pólvora am Westende von San Juan Bautista führt der Sendero Salsipuedes über viele Serpentinen zum zerklüfteten Rücken des 350 Meter hohen Cerro Salsipuedes hinauf. Der Weg schlängelt sich durch die dichte Vegetation des Waldes aus Akazien, Eukalyptus, Monterey-Zypressen, Monterey-Kiefern und den einheimischen Chilenischen Guaven *(murtilla)*. Von oben hat man einen wunderbaren Blick auf San Juan Bautista und die Bahía Cumberland. Von hier kann man nach Puerto Inglés und zur Cueva Robinson absteigen, am besten aber mit einem ortskundigen Führer.

Die Siedlung San Juan Bautista an der Küste der Bahía Cumberland

Hotels und Restaurants auf der Osterinsel und der Isla Robinson Crusoe *siehe Seiten 283 und 299*

⑩ Cueva Robinson

3 km nordwestlich von San Juan Bautista per Schiff; Puerto Inglés. conaf.cl

Vom Kamm des Salsipuedes führt ein steiler Pfad zum Strand von Puerto Inglés und zur Cueva Robinson hinab, in der angeblich Alexander Selkirk lebte. Dieser abschüssige Weg kann gefährlich sein, daher sollten Sie am besten einen lokalen Führer anheuern. Es gibt keinen eindeutigen Beleg dafür, dass Selkirk in dieser Höhle lebte, doch man richtete sie so ein, wie man sich seine Unterkunft vorstellte. Ab 1995 war der Amerikaner Bernard Keiser hier einige Jahre auf der Suche nach einem großen spanischen Schatz aus dem 18. Jahrhundert, den Selkirk gefunden und wieder versteckt haben soll.

In der Cueva Robinson soll Alexander Selkirk gehaust haben

⑪ Mirador Selkirk

3 km südlich von San Juan Bautista. conaf.cl

Der Mirador Selkirk ist ein beliebtes Wanderziel, soll doch von diesem Sattel Alexander Selkirk nach Schiffen Ausschau gehalten haben, um seinem einsamen Exil zu entkommen. Der steile Pfad zu dem Aussichtspunkt beginnt an der Südseite des Dorfplatzes von San Juan Bautista und führt durch eine Erosionszone mit Brombeersträuchern. Weiter oben geht es durch dichten endemischen Regenwald mit hohen Baumfarnen, bevor man den Sattel erreicht.

Zwei Metallplatten erinnern an den Aufenthalt von Selkirk. Eine wurde 1868 von der Royal Navy angebracht, die andere 1983 von einem Nachfahren Selkirks. Von hier hat man einen schönen Blick auf die Bahia Cumberland und San Juan Bautista im Osten. Zum Süden hin ändert sich die Landschaft völlig. Der dichte Regenwald geht in die Wüste der Tierras Blancas über, an deren felsigen Ufern der endemische Juan-Fernández-Seebär (*Arctocephalus philippii*) lebt.

⑫ Plazoleta El Yunque

3 km südlich von San Juan Bautista. conaf.cl

Vom Kraftwerk in San Juan Bautista führt eine Straße, die bald zur Piste wird, nach Süden zur Plazoleta El Yunque. Auf dieser friedlichen Waldlichtung mit Zeltplatz sind noch die Fundamente eines Hauses zu sehen. Hugo Weber, ein Besatzungsmitglied des Kreuzers *Dresden*, hatte es errichtet.

Ein steiler, anstrengender Weg führt von der Lichtung durch dichten Wald hinauf zum Sattel El Camote. Dort hat man einen überwältigenden Blick auf die Insel. Über einen weiteren mühsamen Anstieg erklimmt man den **Cerro El Yunque** (Ambossberg). Mit seinen 915 Metern Höhe ist er der höchste Punkt der Isla Robinson Crusoe. Die CONAF bietet für diese Wanderung auch Führer an.

Alexander Selkirk

Die Geschichte von Alexander Selkirk, der 1704 auf der Isla Más a Tierra ausgesetzt wurde, war die Vorlage für Daniel Defoes Roman *Robinson Crusoe*. Der Schotte Selkirk hatte unter dem englischen Freibeuter William Dampier gedient. Dessen ehemaliger Partner Thomas Stradling ließ Selkirk auf der Insel zurück, nachdem dieser sich über den schlechten Zustand von Stradlings Schiff *Cinque Ports* beschwert hatte. In den fünf einsamen Jahren auf der Insel ernährte sich Selkirk von wilden Ziegen, Fischen und Pflanzen, nähte sich aus Häuten Kleider und versteckte sich vor spanischen Schiffen, bis ihn 1709 das Freibeuterschiff *Duke* unter dem Kommando von Woodes Rogers erlöste. Die *Cinque Ports* versank übrigens, wie Selkirk befürchtet, einen Monat später, fast die ganze Besatzung ertrank dabei.

Alexander Selkirk wird 1709 von der *Duke* gerettet

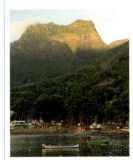

Der Cerro El Yunque ragt über die bewaldete Küste auf

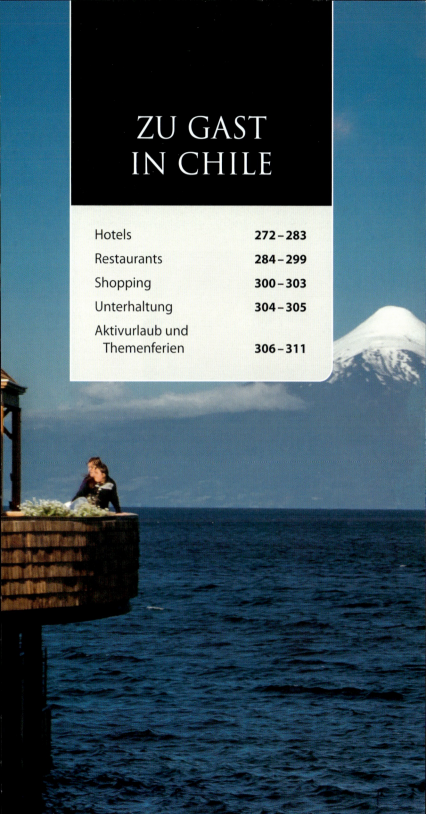

ZU GAST IN CHILE

Hotels	272–283
Restaurants	284–299
Shopping	300–303
Unterhaltung	304–305
Aktivurlaub und Themenferien	306–311

Hotels

Chile bietet Unterkünfte für praktisch jeden Geschmack und Geldbeutel. Die Bandbreite reicht von exklusiven Fünf-Sterne-Häusern internationaler Ketten über gemütlich oder minimalistisch-modern ausgestattete Boutique-Hotels bis zu Campingplätzen und Hostels. Die meisten großen Ketten betreiben Hotels in der Hauptstadt und den Ferienorten an der Küste. Boutique-Hotels findet man vornehmlich in Städten, in Weinbaugebieten sowie in Patagonien. Viele Boutique-Hotels in der Seenregion besitzen eigene Thermalquellen. Zu Hotels wurden zudem einige schöne Estancias (Rinder- und Schaffarmen) umgewandelt. In mittleren und gehobenen Hotels kann man in der Regel auch mit US-Dollar zahlen. Preiswerte Unterkünfte in Privatzimmern und Hostels sind bisweilen die bessere und günstigere Alternative zu Zimmern in Ein- oder Zwei-Sterne-Hotels. Während der Urlaubssaison steigen die Preise für alle Unterkünfte in den Ferienorten und Städten.

Spa und Pool auf dem Dach des Ritz-Carlton Santiago *(siehe S. 277)*

Hotelklassifikation

Chiles Hotels werden vom staatlichen Fremdenverkehrsamt mit einem bis fünf Sternen bewertet. Ganz verlassen sollte man sich auf diese Kategorien nicht, da sie nur die Einrichtung des Hotels, nicht jedoch dessen Gastlichkeit berücksichtigen. Deshalb kann manch Zwei- oder Drei-Sterne-Haus besser sein als sein Vier-Sterne-Konkurrent oder ein Boutique-Hotel wegen fehlender Parkplätze zurückgestuft werden. Auch die besonders für Familien günstigen *cabañas* passen nicht in dieses System. Im Allgemeinen sind jedoch die internationalen Fünf-Sterne-Häuser ihren Preis wert.

Preise und Buchung

Die Preise werden hauptsächlich durch drei Faktoren bestimmt: Saison, Lage und aktuelle wirtschaftliche Situation. Diese ergibt sich aus der gesamtwirtschaftlichen Lage und (in den großen Häusern) nach dem Wechselkurs von US-Dollar und Chilenischem Peso.

Die teuersten Orte für Übernachtungen sind Santiago, San Pedro de Atacama, Küstenstädte wie Viña del Mar und La Serena, Ortschaften an den Seen wie Pucón und Puerto Varas sowie Patagoniens Nationalparks wie Torres del Paine. Doch auch in diesen Gebieten findet man immer preiswerte Optionen.

Fünf-Sterne-Luxushotels kosten ab 140 000 Pesos pro Nacht, Lodges in der südlichen Seenregion und in Patagonien über 230 000 Pesos pro Nacht. Luxuriöse Hotelketten wie Explora und einige Boutique-Hotels vermieten Zimmer nur mehrere Tage. Die Preise in Santiago sind wenig saisonabhängig, steigen aber dennoch in der Urlaubszeit im Januar/Februar und fallen im November/Dezember und März/April. Zu den Winterferien im Juli ziehen die Preise ebenfalls an. In den Skiorten sind Unterkünfte zu dieser Zeit am teuersten.

Steuern

Die Hotelpreise sind nicht immer inklusive 19 Prozent *Impuesto al Valor Agregado*. Diese Mehrwertsteuer wird IVA abgekürzt. Reisende müssen die IVA nicht zahlen, wenn sie in US-Dollar oder mit ausländischen Kreditkarten bezahlen. In der Regel muss man in den Hotels nach dieser Steuerersparnis fragen und hierfür den Pass und die Touristenkarte *(siehe S. 314)* vorlegen. Darüber hinaus nehmen an diesem freiwilligen Programm nicht alle Hotels in Chile teil – preiswerte Unterkünfte nur in den seltensten Fällen. Über-

Hotel Explora, Nationalpark Torres del Paine

◀ Holzsteg am Lago Llanquihue *(siehe S. 210)*, im Hintergrund der Volcán Osorno

prüfen Sie am besten vor dem Bezahlen, ob in den angegebenen Preisen die IVA enthalten ist.

Hotelketten
Große internationale Ketten wie **Marriott**, **Ritz-Carlton**, **Hyatt** und **Sheraton** betreiben Häuser in Santiago und teilweise auch in anderen Regionen. Die zweckmäßigen, aber komfortablen und zuverlässigen Häuser der chilenischen Kette **Hoteles Diego de Almagro** sind mit mehr als 20 Häusern im ganzen Land vertreten. Die locker verbundenen Häuser von **A y R Hoteles** reichen von bescheidenen Vertreterhotels bis zu behaglichen Boutique- und luxuriösen Fünf-Sterne-Hotels.

Wohnraum im modernen Weingut Clos Apalta, Valle de Colchagua

Luxus- und Boutique-Hotels
Die meisten Luxushotels stehen in Santiago. In der Regel sind dies im erdbebengefährdeten Chile neue Gebäude mit topmoderner Ausstattung. Am nobelsten sind die Hoteltürme in Vitacura und Las Condes. Zu all diesen Häusern gehören Pools, Fitness- und Business-Einrichtungen sowie Spitzenrestaurants. Im restlichen Chile sind die Luxushotels kleiner, bieten dafür aber häufig große Gärten oder Zugang zu Stränden am Meer oder an einem See.

Boutique-Hotels gibt es mittlerweile reichlich in ganz Chile. Vor allem im Valle Central, in der Seenregion und in Patagonien zählen sie zu den schöns-

Hotel Las Torres im Parque Nacional Torres del Paine *(siehe S. 282)*

ten Unterkünften. Einige sind auch besonders umweltfreundlich, beispielsweise das Hotel Noi Indigo Patagonia *(siehe S. 282)* in Puerto Natales.

Bodegas
Für Weintouristen haben einige Weingüter eigene (super-)luxuriöse Unterkünfte gebaut. Die besten liegen an der Ruta del Vino im Valle de Colchagua *(siehe S. 152f)*. Diese Bodegas sind exzellente Ausgangspunkte für Ausflüge mit dem Auto oder dem Tren del Vino. Unterkünfte in Weingütern gibt es auch an der Ruta del Vino Valle del Maule *(siehe S. 154f)*.

Preiswerte Unterkünfte
Preiswerte Unterkünfte sind Ein- und Zwei-Sterne-Hotels sowie günstigere, von Familien betriebene *hospedajes* und *residencias*, in denen man meist zwischen Privat- und Gemeinschaftsbad wählen kann. Einige dieser Unterkünfte sind miserabel, andere erstaunlich

gut. Sie sind jedoch immer preiswert. In der Regel ist ein einfaches Frühstück im Preis inbegriffen.

Hostales und Hosterías
Die relativ kleinen *hostales* und *hosterías* sind in etwa vergleichbar mit Pensionen. Sie haben selten mehr als ein Dutzend Zimmer und unterscheiden sich erheblich in ihrer Qualität. Die besten sind jedoch nicht nur sehr gut. *Hostales* und *hosterías* in Nationalparks sind in der Regel schöne neue Häuser. Meist sind sie nach dem Geschmack der Chilenen und nicht der ausländischen Gäste eingerichtet. Einige sind in renovierten historischen Gebäuden untergebracht, andere sind zweckmäßig bis langweilig. Alles in allem bieten sie jedoch häufig ein besseres Preis-Leistungs-Verhältnis als Hotels gleicher Preisklasse.

Estancias und Haciendas
Estancias und Haciendas sind Ranches und Farmen, die ihre oft historischen Gebäude für Gäste geöffnet haben. Diese Unterkünfte findet man vor allem in Patagonien, einige wenige auch im gemäßigten Zentralchile. Bisweilen wurden die Häuser umgebaut, um den Bedürfnissen zahlungskräftiger Gäste zu entsprechen. Auf den meisten Farmen sind verschiedenste Aktivitäten wie etwa Reiten möglich. Auch die weniger teuren Anwesen bieten aufgrund ihrer Abgeschiedenheit eine gewisse Exklusivität.

Zimmer mit Veranda in der Hacienda Tres Lagos in Patagonien *(siehe S. 281)*

Jurte-ähnliche Unterkunft auf einem Campingplatz in Südpatagonien

Hostels

Die besten Hostels sind von **Hostelling International Chile** und **Backpackers Chile**. Sie bieten sowohl Schlafsäle als auch schöne Zimmer. Beide Ketten betreiben auch einige Pensionen.

Apart-Hotels und Cabañas

Apart-Hotels sind meist schöne Unterkünfte zu günstigeren Preisen als Hotels. Sie bieten eine Rezeption, Küchenzeile, Wohnräume und Reinigungspersonal, jedoch kein Restaurant und anderen Einrichtungen.

Cabañas eignen sich mit ihren ein bis drei Zimmern plus Küche für Paare und Familien. Am üblichsten sind sie in der Seenregion und in Patagonien.

Mietwohnungen

Die Agentur **Contact Chile** verwaltet fast 600 Wohnungen in Santiago sowie weitere 60 in Viña del Mar und Valparaíso. Die Wohnungen werden in der Regel für zwei oder drei Monate vermietet, kürzere Aufenthalte sind Verhandlungssache.

Campingplätze und Refugios

Chilenen verbinden Camping nicht mit Zelten im Nirgendwo, sondern mit Campingplätzen mit Strom, Feuerstellen und heißen Duschen. Solche Anlagen werden häufig von der CONAF betrieben und sind in der Seenregion, in Patagonien und in einigen Nationalparks weitverbreitet. Viele berechnen ihre Gebühren ab mindestens vier oder fünf Personen und sind deshalb für Alleinreisende oder Paare eine eher teure Option. Refugios in Nationalparks wie Torres del Paine sind einfache bis erstaunlich aufwendig ausgestattete Schlafsaalunterkünfte. Sie bieten auch Mahlzeiten und heiße Duschen.

Behinderte Reisende

Vor allem die teuren Hotels in Chile sind rollstuhlgerecht ausgebaut. Viele Häuser verfügen über mindestens ein Zimmer für behinderte Reisende. Ansonsten wird man sich in allen Hotels bemühen, Rollstuhlfahrer in Erdgeschosszimmern unterzubringen und ihnen jederzeit zu helfen.

Trinkgeld

Trinkgelder gibt man in Chile wie in den meisten anderen Ländern auch. Hotelpagen und -portiers gibt man etwa 500 Pesos, für Sonderdienste mehr. In Restaurants lässt man rund zehn Prozent der Rechnungssumme auf dem Tisch liegen.

Hotelkategorien

In den auf den Seiten 276–283 aufgeführten Hotels finden sich alle Hotelkategorien wieder. Die Auswahl reicht von Häusern internationaler Ketten über Traditionshotels bis hin zu exklusiven Boutique-Hotels und Pensionen. Waren gute Hotels früher nur in Santiago und in einigen Badeorten zu finden, so stehen Urlaubern heute praktisch in ganz Chile erstklassige Herbergen zur Verfügung.

Die unter **Vis-à-Vis-Tipp** aufgeführten Hotels sind auf ihre Weise speziell – sei es aufgrund ihrer Lage, des schönen Gebäudes, der Umweltfreundlichkeit, des herausragenden Service oder einer Kombination vieler Vorzüge.

Auf einen Blick

Hotelketten

A y R Hoteles
(032) 268 1424.
ayrhoteles.cl

Hoteles Diego de Almagro
dahoteles.com

Hyatt
(02) 2950 1234.
hyatt.cl

Marriott
(02) 2426 2000.
marriott.cl

Ritz-Carlton
(02) 2470 8500.
ritzcarlton.com

Sheraton
(02) 2233 5000.
starwoodhotels.com

Hostels

Backpackers Chile
backpackerschile.com

Hostelling International Chile
Cienfuegos 151,
Brasil, Santiago.
(02) 2671 8532.
hostelling.cl

Mietwohnungen

Contact Chile
Rafael Cañas 174,
Providencia, Santiago.
(02) 2264 1719.
Mo–Fr 9–17.30,
Sa 10–13.30 Uhr.
contactchile.cl

Campingplätze und Refugios

CONAF (Corporación Nacional Forestal)
Paseo Bulnes 285,
Santiago.
(02) 2663 0000.
conaf.cl

Boutique-Hotels

Boutique-Hotels mit persönlichem Service sind in Chile ein relativ neues Phänomen, und so ganz ist man sich nicht einig, was diese Hotels eigentlich ausmacht. Sie können umgebaute Häuser in historischen Orten wie den Hügeln von Valparaíso und der zentralen Weinregion sein, Designhotels in der Seenregion und in Patagonien oder neue Häuser im traditionellen Baustil, die es dennoch nicht an modernem Komfort missen lassen. Solche Perlen findet man etwa in San Pedro de Atacama und auf der Osterinsel.

Vom Zerohotel (siehe S. 278) in einer Villa im viktorianischen Stil blickt man auf Valparaísos malerischen Hafen. Die fußgängerfreundliche Umgebung wirkt leicht europäisch-mediterran.

Das Hotel Awasi bietet zwar Luxuszimmer und schicke Gemeinschaftsräume, mit seinen Adobe-Mauern und Strohdächern passt es sich jedoch perfekt in das historische Dorfzentrum von San Pedro de Atacama (siehe S. 178) ein.

Osterinsel und Isla Robinson Crusoe
Seiten 258–269

0 Kilometer   500

Norte Grande und Norte Chico
Seiten 160–189

Arica
Calama
Copiapó
Rancagua · Santiago
Valle Central
Seiten 118–159
Concepción
Temuco
Seenregion und Chiloé
Seiten 190–225
Coyhaique
Nordpatagonien
Seiten 226–239
Punta Arenas
Südpatagonien und Tierra del Fuego
Seiten 240–257

Das Aubrey (siehe S. 276) ist Santiagos ältestes Boutique-Hotel. Es residiert im reizenden Szeneviertel Bellavista in einer großartig renovierten Villa aus dem Jahr 1927.

Die Puyuhuapi Lodge & Spa (siehe S. 232) zählt zu den elegantesten Hotels in Nordpatagonien.

Osterinsel

Explora Rapa Nui ist ein Luxushotel, das im traditionellen Stil der Insel erbaut wurde.

Hanga Roa

0 Kilometer   25

Noi Indigo Patagonia (siehe S. 282) am Ufer von Puerto Natales ist ein nüchtern gestaltetes Hotel. Vom Spa auf dem Dach sieht man die Torres del Paine und das Südliche Eisfeld.

Hotels

Santiago

Zentrum

Andes Hostel $
Hostel SP 2 F2
Monjitas 506
📞 (02) 2632 9990
🌐 andeshostel.com
Die Zimmer in diesem hübschen Hostel erreichen fast den Standard von Boutique-Hotels. Es ist ideal in einem fußgängerfreundlichen Viertel in der Nähe von Parks, Restaurants und Nachtlokalen gelegen.

Hotel Foresta $
Modern SP 2 F2
Victoria Subercaseaux 353
📞 (02) 2639 6261
🌐 forestahotel.cl
Das gepflegte, aber nüchterne Hotel im quasi-französischen Stil ist gegenüber dem grünen Cerro Santa Lucia gelegen. Es bietet einen guten Service und besitzt viele Stammgäste.

Hotel Galerías $$
Modern SP 2 F3
San Antonio 65
📞 (02) 2470 7400
🌐 hotelgalerias.cl
Das Hotel bietet moderne Zimmer und Gemeinschaftsräume, die mit zahllosen Museumsstücken aus dem ganzen Land reich geschmückt sind.

Hotel Plaza San Francisco $$
Luxus SP 2 E3
Alameda 816
📞 (02) 2639 3832
🌐 plazasanfrancisco.cl
Das elegante, traditionell möblierte Hotel an Santiagos lebhaftestem Boulevard ist perfekt für Geschäftsreisende, die die günstige Lage zu den nahen Geschäftsvierteln schätzen.

Vis-à-Vis-Tipp

Lastarria Boutique Hotel $$$
Boutique SP 3 B4
Coronel Santiago Bueras 188
📞 (02) 2840 3700
🌐 lastarriahotel.com
Barrio Lastarrias erstes Boutique-Hotel ist eine spannende Kombination aus historischem Bauwerk und spektakulären modernen Zimmern und Gemeinschaftsräumen. Zur Ausstattung gehört zudem ein schöner, wenn auch winziger Pool im Garten. In Gehweite finden sich gute Restaurants.

The Singular Santiago $$$
Luxus SP 3 A4
Merced 294
📞 (02) 2306 8820
🌐 thesingular.com
Der Hotelbau fügt sich nahtlos in die historische Bebauung des Barrio Lastarria ein. Gäste können im ganzen Haus Fünf-Sterne-Opulenz erwarten.

Nordöstlich des Zentrums

Hotel Orly $$
Boutique SP 4 E2
Avenida Pedro de Valdivia 027
📞 (02) 2630 3000
🌐 orlyhotel.com
Das Hotel in einem Herrenhaus im französischen Stil in einem fußgängerfreundlichen Viertel gelegen. Es bietet freundliche Zimmer und Tee aus eigenem Anbau.

Meridiano Sur Petit Hotel $$
Guesthouse SP 4 D2
Santa Beatriz 256
📞 (02) 2235 3659
🌐 meridianosur.cl
In dem ehemaligen Privathaus reicht die breite Auswahl von kleinen Einzelzimmern bis zu weitläufigen Wohnungen.

Radisson Santiago $$
Modern SP 5 A4
Avenida Vitacura 2610
📞 (02) 2433 9000
🌐 radisson.cl/plazasantiago
Nahe dem Geschäftszentrum gelegen, ist das Radisson eine hervorragende Wahl für Geschäftsreisende. Rundum sind einige hochwertige Restaurants bequem zu Fuß zu erreichen.

Die moderne Fassade des schicken W Santiago *(siehe S. 277)*

> **Preiskategorien**
> Die Preise in Pesos gelten für ein Standard-Doppelzimmer pro Nacht inklusive Steuern, Service und Frühstück.
>
> $ unter 70 000 Pesos
> $$ 70 000 – 140 000 Pesos
> $$$ über 140 000 Pesos

Vilafranca Petit Hotel $$
Guesthouse SP 4 D2
Pérez Valenzuela 1650
📞 (02) 2235 1413
🌐 vilafranca.cl
Das gemütliche Vilafranca überzeugt mit seiner freundlichen Atmosphäre. Es besteht aus zwei Häusern, die zu einem Komplex zusammengefasst wurden.

Vis-à-Vis-Tipp

The Aubrey $$$
Boutique SP 3 B3
Constitución 299
📞 (02) 2940 2800
🌐 theaubrey.com
Das einst baufällige Herrenhaus am unteren Cerro San Cristóbal ist heute perfekt renoviert und bietet sämtliche modernen Annehmlichkeiten im prachtvollen Ambiente der 1920er Jahre. Ganz in der Nähe bietet die Barrio Bellavista eine lebhafte Restaurant- und Clubszene.

Grand Hyatt Regency Santiago $$$
Luxus SP 5 C2
Avenida Kennedy 4601
📞 (02) 2950 1234
🌐 santiago.grand.hyatt.com
Der Hotelturm in Vitacura bietet einen umwerfenden Blick auf die Anden, das Atrium fasziniert als architektonisches Juwel.

Holiday Inn Express $$$
Modern SP 5 A4
Avenida Vitacura 2929
📞 (02) 2499 6000
🌐 hilatam.com/cl
Die Filiale der internationalen Hotelkette ist günstig zu den Geschäftsvierteln, Restaurants und der Metro gelegen.

Hotel Panamericana $$$
Modern SP 4 E2
Francisco Noguera 146
📞 (02) 2432 3300
🌐 panamericanahoteles.cl
Chiles Gegenstück zum Holiday Inn ist ein zuverlässiges, aber unspektakuläres Hotel. Es ist in Providencia günstig in der Nähe der Metro sowie zu zahlreichen Restaurants gelegen.

Hotelkategorien *siehe Seite 274*

SANTIAGO UND VALLE CENTRAL

Hotel Le Rêve $$$
Boutique SP 4 E2
Orrego Luco 023
(02) 2757 6000
lerevehotel.cl
Das französisch inspirierte Hotel residiert in Providencia in einem umgebauten Herrenhaus in nächster Nähe zu Restaurants, Läden und der Metro.

Hotel Santiago Park Plaza $$$
Modern SP 4 F2
Ricardo Lyon 207
(02) 2372 4000
parkplaza.cl
Die Antiquitäten in der Lobby stehen in spannendem Kontrast zu den modernen, sehr unterschiedlich großen Zimmern.

InterContinental Hotel $$$
Luxus SP 5 A3
Avenida Vitacura 2885
(02) 2394 2000
intercontisantiago.com
Die Mauern des riesigen Hotels sind fast gänzlich mit Ranken und Moosen bewachsen. Hier erwarten den Gast alle erdenklichen Annehmlichkeiten.

Marriott Santiago $$$
Luxus SP 5 C2
Avenida Kennedy 5741
(02) 2426 2000
marriott.com/hotels/travel/scldt-santiago-marriott-hotel
Im Viertel Vitacura bieten die kupferverkleideten Zwillingstürme des Marriott einen fantastischen Blick auf die Anden. Hier steigen Prominente ab.

The Ritz-Carlton Santiago $$$
Luxus SP 5 B4
El Alcalde 15
(02) 2470 8500
ritzcarlton.com
Service, Ausstattung und Zimmer entsprechen dem Angebot im Hyatt und Marriott, das Ritz-Carlton liegt jedoch zentraler direkt an der Metro El Golf. In der Nähe finden sich viele gute Restaurants.

Sheraton San Cristóbal Tower $$$
Luxus SP 4 D2
Josefina Edwards de Ferrari 0100
(02) 2707 1000
sancristobaltowerssantiago.com
Das luxuriösere der beiden Sheraton-Hotels teilt sich das Grundstück mit dem Schwesterhotel Sheraton Santiago, besitzt jedoch einige eigene Einrichtungen.

Sheraton Santiago Hotel $$$
Luxus SP 4 E2
Avenida Santa María 1742
(02) 2233 5000
sheraton.com/santiago

Charmant bis ins letzte Detail – das opulente The Aubrey *(siehe S. 276)*

Der nüchtern gestaltete Hotelturm steht etwas abgelegen in den Bergen jenseits des Mapocho in Providencia, bietet jedoch alle Annehmlichkeiten, die man von einem Sheraton erwartet.

Vis-à-Vis-Tipp

W Santiago $$$
Luxus SP 5 B4
Isidora Goyenechea 3000
(02) 2770 0000
whotels.com
Das W Santiago ist die avantgardistische Cousine der Sheratons. Vom Pool und der Bar auf dem Dach hat man einen herrlichen Blick auf die Stadt und die Anden, die Atmosphäre ist leger, aber aufmerksam. Zur Anlage gehören ein Sushi- und andere Restaurants.

Westlich des Zentrums

Happy House Hostel $
Hostel SP 2 D3
Moneda 1829
(02) 2688 4849
happyhousehostel.com
Mit Pool, Terrassen und großem Patio kommt das Happy House einem Boutique-Hotel gleich, es bietet jedoch Schlafsäle und einige Zimmer mit Bad am Gang.

Valle Central

CONCEPCIÓN:
Hotel Alborada $$
Modern SK D1
Barros Arana 457
(041) 291 1121
hotelalborada.cl
Das moderne, mit vielen praktischen Details ausgestattete Hotel ist zentral gelegen und besonders für Kurzaufenthalte in Chiles Hauptstadt geeignet.

MAITENCILLO:
Marbella Resort $$$
Resort SK B6
Carretera Concón-Zapallar, km 35
(032) 279 5900
marbella.cl
Das riesige Resort nördlich von Viña del Mar besitzt zwei Golfplätze und einen Poloplatz. Die Anlage ist hoch über dem Pazifik auf einer Klippe gelegen, zum Strand fährt eine Seilbahn.

PICHILEMU: Pichilemu
Surfhostal $
B&B SK B7
Avenida Eugenio Lira 167
(09) 9270 9555
surfhostal.com
Die Pension bietet kleine, aber hübsche Zimmer, Salzwasserbecken sowie auf der anderen Straßenseite eine Bar, die einfache Gerichte und Getränke serviert.

RANCAGUA:
Hotel Mar Andino $$
Modern SK B7
Bulnes 370
(072) 264 5400
hotelmarandino.cl
Das Hotel liegt trotz den Namens nicht am Meer, ist aber die ideale Option in Chiles Cowboy-Hauptstadt, in der kaum ein Besucher mehr als eine Nacht verbringt.

SANTA CRUZ: Hotel TerraViña $$
Modern SK B7
Camino los Boldos s/n
(072) 282 1284
terravina.cl
Das chilenisch-dänische Hotel am Westrand von Santa Cruz ist wunderbar ruhig inmitten von Weingärten gelegen. Rundum sind einige gute Restaurants bequem zu Fuß zu erreichen.

SANTA CRUZ: Hotel Santa Cruz Plaza $$$
Historisch SK B7
Plaza de Armas 286

SP = Stadtplan Santiago *siehe Seiten 106–113* SK = Straßenkarte *siehe hintere Umschlaginnenseiten*

(072) 220 9600
w hotelsantacruzplaza.cl
Das im Weinbaugebiet gelegene Santa Cruz Plaza passt in keine Kategorie. Es ist ein Resort mit Casino und großem Souvenirladen sowie mit dem benachbarten historischen Museum verbunden.

Vis-à-Vis-Tipp
TALCA: Lodge Casa Chueca $
Lodge   SK B7
Viña Andrea s/n, Alto Lircay
(09) 9419 0625
w trekkingchile.com/casa-chueca
Die Anlage, eine Mischung aus Hostel, Hotel und Apartmentkomplex, erstreckt sich auf rund sieben Hektar Wald- und Flusslandschaft am Ostrand von Talca. Geboten werden hier Ausflüge in die Anden, abends gemeinsame vegetarische Mahlzeiten und während des Tages leckere Snacks.

VALLE DE CASABLANCA:
La Casona $$$
Boutique   SK B6
Fundo Rosario, Lagunillas, Casablanca
(02) 2601 1501
w matetic.com
Das im Kolonialstil unter Palmen erbaute Gästehaus des Matetic-Weinguts bietet Weintouren und -verkostungen, Frühstücksbuffet und Outdoor-Aktivitäten.

Vis-à-Vis-Tipp
VALLE DE COLCHAGUA:
The Lapostolle Residence $$$
Boutique   SK B7
Viña Lapostolle, Apalta, km 4
(072) 295 3360
w lapostolle.com
Das erstklassige Weinguthotel umfasst vier riesige, am Hang gelegene Suiten sowie ein Restaurant, eine Weinbar, einen Pool und nicht zuletzt die Kellerei Clos Apalta. Sie produziert Premiumwein aus sorgfältig ausgewählten Trauben.

VALPARAÍSO: Hostal Luna Sonrisa $
Hostel   SK B6
Templeman 833, Cerro Alegre
(032) 273 4117
w lunasonrisa.cl
Das weitläufige Haus des Luna Sonrisa ist mit moderner Kunst geschmückt und bietet kleine, freundliche Zimmer teils mit eigenem Bad, ein Apartment für Familien sowie zum Frühstück hausgemachte Konfitüren.

Die reizende Fassade des historischen Zerohotel, Valparaíso

VALPARAÍSO: Hotel Fauna $$
Boutique   SK B6
Paseo Dimalow 166, Cerro Alegre
(032) 327 0719
w faunahotel.cl
Die wenigen Zimmer des Hotels unterscheiden sich erheblich in Größe und Form und bieten v. a. eine jeweils andere Aussicht. Es ist großartig an der Bergstation der Bergbahn Reina Victoria gelegen und besitzt ein hochgeschätztes Restaurant.

Vis-à-Vis-Tipp
VALPARAÍSO: Hotel Palacio Astoreca $$$
Boutique   SK B6
Montealegre 149, Cerro Alegre
(032) 327 7700
w hotelpalacioastoreca.com
Der Palacio Astoreca ist aus der farbenfrohen Verbindung von zwei Wohnhäusern entstanden, die zuvor jahrzehntelang vernachlässigt worden waren. Die Gemeinschaftsräume haben ihr historisches Flair erhalten, die Zimmer und das Restaurant überzeugen dagegen mit modernem Ambiente.

VALPARAÍSO: Somerscales Hotel $$$
Boutique   SK B6
San Enrique 446, Cerro Alegre
(032) 233 1006
w hotelsomerscales.cl
Das Haus aus dem 19. Jahrhundert, einst Heim des britischen Künstlers Thomas Somerscales, ist mit Stilmöbeln ausgestattet und bietet eine geniale Kombination aus historischem Ambiente und modernem Komfort.

VALPARAÍSO: Zerohotel $$$
Boutique   SK B6
Lautaro Rosas 343, Cerro Alegre
(032) 211 3113
w zerohotel.com
Das Hotel residiert in einem Haus von 1880 mit hohen Zimmerdecken, großen Badezimmern und einem terrassierten Garten mit Hafenblick.

VIÑA DEL MAR:
Hotel del Mar $$$
Modern   SK B6
Avenida Perú & Avenida Los Héroes
(600) 700 6000
w enjoy.cl
Das Hotel gehört zum Casino. Es bietet große Zimmer mit Balkon und Meer- oder Stadtblick, riesige Badezimmer sowie ein exzellentes Frühstücksbuffet.

ZAPALLAR: Hotel Isla Seca $$
Boutique   SK B6
Camino Costero F-30-E No. 31
(033) 274 1224
w hotelislaseca.cl
In dem trotz seiner Lage an der lebhaften Küstenstraße ruhigen Hotel sind die meisten Zimmer mit Meerblick. Das Restaurant Cala serviert köstliches Seafood.

Norte Grande und Norte Chico

ANTOFAGASTA:
Hotel del Desierto $$$
Luxus   SK B3
Avenida Angamos 01455
(600) 700 6000
w enjoy.cl
Das Hotel der Enjoy-Casino-Gruppe bietet Suiten mit Balkonen und herrlichem Meerblick.

ARICA: Hotel Boutique Casa Beltrán $$
Boutique   SK B1
Sotomayor 266
(058) 225 3839
w hotelcasabeltran.cl/en
Das Hotel in einem schönen historischen Holzhaus bietet Zimmer teils mit Balkon und eine moderne Ausstattung; das Wasser wird mit Solarenergie erwärmt. Frühstück und kleine Gerichte erhältlich.

IQUIQUE:
Hotel Terrado Suites $$
Modern   SK B2
Los Rieles 126
(057) 236 3901
w terrado.cl
Der Hotelturm an der Playa Cavancha bietet Zimmer mit Balkon und Meerblick. In der Nähe finden sich einige gute Restaurants.

SAN PEDRO DE ATACAMA:
Hotel Altiplánico $$$
Design SK C3
Domingo Atienza 282
📞 (055) 285 1245
🌐 altiplanico.cl
Das Hotel greift die traditionelle Architektur der Region auf und residiert in frei stehenden, strohgedeckten Adobe-Häusern.

SAN PEDRO DE ATACAMA:
Hotel Alto Atacama $$$
Boutique SK C3
Camino Pukará s/n, Sector Suchor, Ayllu Quitor
📞 (02) 2912 3910
🌐 altoatacama.com
Hier wohnt man in strohgedeckten Adobe-Häusern, zur Anlage gehört ein Pool.

Vis-à-Vis-Tipp

SAN PEDRO DE ATACAMA:
Hotel Awasi $$$
Boutique SK C3
Tocopilla 4
📞 (02) 2233 9641
🌐 awasiatacama.com
Im Gegensatz zur Konkurrenz residiert das All-inclusive-Hotel der Relais & Châteaux-Gruppe in einem unauffälligen Haus im Zentrum von San Pedro.

SAN PEDRO DE ATACAMA:
Hotel Tierra Atacama $$$
Luxus SK C3
Camino Sequitor s/n, Ayllu de Yaye
📞 (055) 255 5976
🌐 tierrahotels.com
Das Haus einer kleinen Luxushotelkette bietet große, komfortable Zimmer und ein Spa. Die stille Lage des Hauses ist atemberaubend schön.

Seenregion und Chiloé

ANCUD: Hostal Mundo Nuevo $
B&B SK D3
Ave. Costanera Salvador Allende 748
📞 (065) 262 8383
🌐 newworld.cl
Das schicke Hostel/Beb & Breakfast eignet sich gut für Rucksacktouristen und Reisende mit etwas mehr Geld.

CASTRO: Hotel Boutique Palafito del Mar $$
Boutique SK D3
Pedro Montt 567
📞 (065) 263 1622
🌐 palafitodelmar.cl
In dem gemütlichen Hotel am Nordende von Castro ist jedes Zimmer individuell gestaltet.

CASTRO: Palafito 1326 Hotel Boutique $$
Boutique SK D3
Ernesto Riquelme 1326
📞 (065) 253 0053
🌐 palafito1326.cl
In diesem schon früh zum Hotel umgewandelten Pfahlbau sind die Zimmer mit Stadtblick preiswerter als die mit Seeblick – den jeder Gast zudem auf der großen Dachterrasse genießen kann.

Vis-à-Vis-Tipp

CASTRO: Tierra Chiloé $$$
Resort SK D3
San José Playa s/n
📞 (02) 2207 8861
🌐 tierrachiloe.cl
Etwa auf halbem Weg zwischen Castro und Dalcahue bietet dieses All-inclusive-Resort eine traditionell orientierte Architektur mit weitläufigen Räumen, eine Gourmetküche sowie einen herrlichen Meerblick aus erhöhter Lage.

CURACAUTÍN: Hostal Andenrose $$
B&B SK E1
Ruta 181, km 68,5
📞 (09) 9869 1700
🌐 andenrose.com
An der nördlichen Zufahrt zum Parque Nacional Conguillio bietet das B&B mit bayerischen Besitzern einfache, komfortable Zimmer, eine Gourmetküche und einen kleinen Zeltplatz am Flussufer.

FRUTILLAR: Hotel Ayacara $$
Boutique SK D2
Avenida Philippi 1215
📞 (065) 242 1550
🌐 hotelayacara.cl
Die meisten Zimmer des Hotels im mitteleuropäischen Stil an der Uferfront in Frutillar Bajo bieten Aussicht auf den Lago Llanquihue und den Volcán Osorno.

OSORNO: Hotel Lagos del Sur $$
Modern SK D2
O'Higgins 564
📞 (065) 224 3244
🌐 hotelagosdelsur.cl
Das zentrale, nüchterne Hotel gefällt mit seiner ziegelverkleideten Art-déco-Fassade und seinen großen Zimmern.

PN VICENTE PÉREZ ROSALES:
Petrohué Lodge $$$
Resort SK E2
Ruta 225, km 64
📞 (065) 221 2025
🌐 petrohue.com
Das Hotel mit der fantastischen Aussicht in den oberen Etagen bietet ein heimatgeschichtliches Museum und organisiert geführte Ausflüge in den Nationalpark.

PUCÓN: Hostería ¡École! $
Hostel SK E2
General Urrutia 592
📞 (045) 244 1675
🌐 ecole.cl
Die Schlafsäle und Zimmer des Hostels haben teils eigene Badezimmer. Zur Anlage gehören ein vegetarisches Restaurant und ein weinumrankter Patio.

PUCÓN: Aldea Naukana Posada Boutique $$
Boutique SK E2
Gerónimo de Alderete 656
📞 (045) 244 3508
🌐 aldeanaukana.com
Ein ungewöhnliches Hotel mit ungewöhnlichem Design, poliertem Naturholz, pan-asiatischem Dekor und pan-asiatischem Restaurant.

PUCÓN: Hotel Antumalal $$$
Design SK E2
Camino Pucón-Villarrica, km 2
📞 (045) 244 1011
🌐 antumalal.com
Das Hotel im Bauhausstil bietet einen riesigen Garten am Hang, ein großes Spa und einen tadellosen Service.

Elegantes Badezimmer im Hotel Alto Atacama, San Pedro de Atacama

SK = Straßenkarte *siehe hintere Umschlaginnenseiten*

PUCÓN: Villarrica Park Lake Hotel $$$
Luxus   SK E2
Camino Pucón-Villarrica, km 13
(045) 245 0000
villarricaparklakehotel.com
Das zwischen Villarrica und Pucón an einem See gelegene einzige echte Fünf-Sterne-Haus der Region bietet große Zimmer mit Balkon sowie einen kleinen Strand und ein großzügiges Spa.

PUERTO MONTT: Hotel Gran Pacífico $$
Modern   SK D2
Urmeneta 719
(065) 248 2100
hotelgranpacifico.cl
Das Hotel ist die wohl beste Unterkunft außerhalb des nahen Puerto Varas. Die Zimmer sind groß, vom Restaurant in der zehnten Etage hat man einen Panoramablick.

PUERTO OCTAY: Hostal Zapato Amarillo $
B&B   SK D2
Ruta U-55, km 2,5, La Gruta
(064) 221 0787
zapatoamarillo.cl
Hier kann man in Hütten, Zimmern mit Gemeinschaftsbad und einem Loft für bis zu sieben Personen wohnen. Hinzu kommen ein exzellentes Frühstück und Abendessen.

PUERTO VARAS: The Guest House $$
Guesthouse   SK D2
O'Higgins 608
(065) 223 1521
theguesthouse.cl
Das im deutschen Stil erbaute Haus steht als Nationales Monument unter Denkmalschutz. Es ist in einem fußgängerfreundlichen Viertel in Gehweite zum Seeufer und zu Restaurants gelegen.

TEMUCO: Hotel RP $
Design   SK D2
Diego Portales 779
(045) 297 7777
hotelrp.cl
In der Innenstadt von Temuco ist dieses Hotel mit seinem modernen Design, regionalem und Mapuche-Dekor eine kleine Oase.

TEMUCO: Hotel Dreams Araucania $$$
Modern   SK D2
Avenida Alemania 945
(045) 237 9000
mundodreams.com
Das am besten ausgestattete Hotel am Ort ist in einem Casino-Komplex gelegen, was Vor- und Nachteile mit sich bringt. Zur Anlage gehören gute Restaurants.

VALDIVIA: Hotel Melillanca $$
Modern   SK D2
Avenida Alemania 675
(063) 221 2509
melillanca.cl
Das schnörkellose, zuverlässige Hotel überzeugt weniger mit seiner Architektur im Stil nüchtern hochgezogener Betonbauten, sondern mit seiner guten Bar, Sauna und seinem aufmerksamen Service. Nachts kann allerdings der Straßenlärm stören.

Nordpatagonien

CALETA TORTEL: Hostal Costanera $
B&B   SK E5
Antonio Ronchi 141
(067) 223 4815
Das Costanera gehört zu den ältesten und am besten ausgestatteten unter den vielen B&Bs in Caleta Tortel, allerdings unterscheiden sich die Zimmer in Größe und Qualität. Das Gepäck muss man leider auf hölzernen Plankenwegen vom Parkplatz oberhalb der Stadt selbst zum Haus tragen.

CALETA TORTEL: Entre Hielos Lodge $$
Design   SK E5
Sector Centro s/n
(09) 9579 3779
entrehielostortel.cl
Die Entre Hielos Lodge richtet sich an anspruchsvolle Gäste und gefällt mit polierten Holzverkleidungen in Zimmern und Gemeinschaftsräumen. Das Restaurant steht nur Hotelgästen offen.

CHILE CHICO: Hostería de la Patagonia $
B&B   SK E4
Chacra 3, Camino Internacional s/n
(067) 241 1337
hosteriadelapatagonia.cl
Das B&B umfasst ein modern ausgestattetes Haupthaus und einen Campingplatz sowie als ziemlich ungewöhnliche Unterkunft für bis zu fünf Personen ein ausgedientes und umgebautes Boot, mit dem einst Güter über den See transportiert wurden.

COCHRANE: Hotel Último Paraíso $$
Design   SK E4
Lago Brown 455
(067) 252 2361
hotelultimoparaiso.cl
Das Gelände des Último Paraíso ist erstaunlich karg, doch Fans des Fliegenfischens lieben die eleganten Zimmer. Der Speisesaal ist nur für Hotelgäste.

Vis-à-Vis-Tipp
COCHRANE: The Lodge at Valle Chacabuco $$$
Öko   SK E4
Parque Patagonia, Valle Chacabuco
patagoniapark.org
Die elegante, weitläufige Lodge für gut betuchte Gäste wird mit Solarstrom versorgt. Zur Anlage gehören ein Besucherzentrum und ein öffentliches Restaurant sowie ein Campingplatz.

COYHAIQUE: Hostal Gladys $
B&B   SK E4
General Parra 65
(067) 224 5288
hostalgladys.cl
Das B&B bietet schon lange ein hervorragendes Preis-Leistungs-Verhältnis sowie in einem Anbau auch größere Zimmer. Das sehr einfache Frühstück kostet extra.

COYHAIQUE: Hotel El Reloj $$
Boutique   SK E4
Avenida Baquedano 828
(067) 223 1108
elrelojhotel.cl
Das einst eleganteste Hotel der Stadt ist auch heute noch schick. Die Einrichtungen, insbesondere die Badezimmer, sind modern, die Zimmer sind unterschiedlich groß. Exzelltentes Restaurant.

COYHAIQUE: Nómades Hotel Boutique $$$
Boutique   SK E4
Avenida Baquedano 84
(067) 223 7777
nomadeshotel.com
Das Hotel mit Flussblick bietet zwei große Familienapartments sowie patagonisches Dekor mit einheimischen Hölzern, Kunsthandwerk und Lederteppichen.

Die mit viel Holz gestaltete Lodge at Valle Chacabuco, Cochrane

Preiskategorien siehe Seite 276

FUTALEUFÚ Hotel El Barranco $$
Lodge · SK E3
O'Higgins 172
☎ (065) 272 1314
🌐 elbarrancochile.cl
Das rustikale komfortable Haus überzeugt mit der besten Ausstattung aller Hotels der Stadt sowie mit patagonischem Seafood und Wildgerichten im dazugehörigen Restaurant.

FUTALEUFÚ Uman Lodge $$$
Luxus · SK E3
Fundo La Confluencia s/n
☎ (065) 272 1700
🌐 umanlodge.cl
Die Uman Lodge gefällt mit schöner Aussicht auf das Flusstal, ökologischen Energiemaßnahmen wie Bodenisolierung, aber auch mit seinem Spa und nicht zuletzt dem großen Weinkeller.

LA JUNTA: Hotel Espacio y Tiempo
Lodge · SK E3
Carretera Austral 399
☎ (067) 231 4141
🌐 espacioytiempo.cl
Das Hotel im winzigen La Junta an der Carretera Austral zählt zu den besten Straßenhotels der Region und besitzt zudem ein exzellentes Restaurant.

PARQUE PUMALÍN: Cabañas Caleta Gonzalo $$
Lodge · SK E3
Carretera Austral s/n
☎ (065) 225 0079
🌐 parquepumalin.cl
Die kleinen Hütten mit den niedrigen Decken haben keine Kochzeilen, sind aber nahe dem Besucherzentrum, Restaurant und den Wegen des Parks gelegen.

PUERTO BERTRAND: Lodge BordeBaker $$$
Design · SK E4
Carretera Austral, 8 km S von Puerto Bertrand
☎ (09) 9234 5315
🌐 bordebaker.cl
Von der Rezeption des Hotels am Flussufer gelangt man über Plankenwege zu den frei stehenden Zimmern mit Flussblick, aber ohne TV.

PUERTO CHACABUCO: Hotel Loberías del Sur $$$
Resort · SK D4
José Miguel Carrera 50
☎ (067) 235 1112
🌐 loberiasdelsur.cl
Das wohl beste Allround-Hotel der Region bietet Wanderungen im Parque Aiken del Sur und andere Ausflüge, große Zimmer, teils mit WLAN, und ein exzellentes Restaurant.

Eine gemütliche *cabaña* im Hacienda Tres Lagos, Puerto Guadal

PUERTO GUADAL: Hacienda Tres Lagos $$$
Resort · SK E4
Cruce El Maitén, Carretera Austral, km 274
☎ (02) 2233 4082
🌐 haciendatreslagos.com
Die Lodge ist spezialisiert auf Pauschalangebote inklusive Reiterferien und Angelurlaube. Zur Anlage gehören einige verstreut gelegene *cabañas* sowie ein separates Gebäude mit Suiten, zudem ein Restaurant, ein Kino und eine Sauna.

PUERTO PUYUHUAPI: Casa Ludwig $
B&B · SK E3
Avenida Uebel 202
☎ (067) 232 5220
🌐 casaludwig.cl
Das deutsch-chilenische B&B steht als nationales historisches Monument unter Denkmalschutz und gehört zu den Highlights an der Carretera Austral. Die Mansardenzimmer mit gemeinsamem Bad sind für Rucksackreisende.

PUERTO PUYUHUAPI: Cabañas El Pangue $$
Lodge · SK E3
Carretera Austral, km 240
☎ (067) 252 6906
🌐 elpangue.cl
Die Anlage umfasst ein Hotel und einige frei stehende *cabañas*. Die Einrichtung ist rustikal, die Atmosphäre entspannt und gemütlich. Zu den Pauschalangeboten gehören auch Ausflüge.

PUERTO PUYUHUAPI: Puyuhuapi Lodge & Spa $$$
Resort · SK E3
Bahía Dorita s/n
☎ (067) 245 0305
🌐 puyuhuapilodge.com
Die abgelegene Lodge ist das führende Thermal-/Spa-Resort der Region und nur per Boot erreichbar. In der Nähe verlaufen kurze Wanderwege, doch werden auch längere Ausflüge organisiert.

VILLA O'HIGGINS: Hostería El Mosco $
B&B · SK E5
Carretera Austral, km 1240
☎ (067) 243 1821
🌐 villaohiggins.com/elmosco
Das El Mosco bietet ein Hostel im Erdgeschoss und darüber ein B&B sowie eine *cabaña* für bis zu sechs Personen und einen ziemlich kargen Campingplatz, eine ungezwungene Atmosphäre und eine moderne Einrichtung.

VILLA O'HIGGINS: Robinson Crusoe Deep Patagonia Lodge $$$
Lodge · SK E5
Carretera Austral, km 1240
☎ (09) 9357 8196
🌐 robinsoncrusoe.com
Die Unterkunft ist die erste Luxuslodge in Villa O'Higgins gewesen. Sie besteht aus einer großen Rezeption im Clubstil sowie zwei frei stehenden Gebäudeflügeln mit je sechs Zimmern. Sie ist die ideale Basis für (geführte) Ausflüge zum Südpatagonischen Eisfeld.

Südpatagonien und Tierra del Fuego

Vis-à-Vis-Tipp

PN TORRES DEL PAINE: Cascada EcoCamp $$$
Resort · SK E6
Sector Las Torres
☎ (061) 241 4442
🌐 ecocamp.travel
Beim Startpunkt des knapp 62 Kilometer langen Sendero W bietet das Resort Kuppelbauten mit Liegen oder Betten und Gemeinschaftsbädern sowie Suiten mit Privatbad. Frühstück und sonstige Mahlzeiten werden in einem eigenen Bau serviert.

SK = Straßenkarte *siehe hintere Umschlaginnenseiten*

PN TORRES DEL PAINE:
Explora Patagonia $$$
Resort SK E6
Sector Lago Pehoé
((02) 2395 2800
w explora.com/hotels-and-travesias/patagonia-chile

Die Unterkünfte in diesem ersten luxuriösen Explora-Lodge-Resort mit Blick auf die Cordillera del Paine und die zerklüfteten Cuernos entsprechen voll und ganz dem Konzept »Zimmer mit Aussicht«.

PN TORRES DEL PAINE:
Hotel Lago Grey $$$
Lodge SK E6
Sector Lago Grey
((061) 271 2100
w lagogrey.com

Das am gleichnamigen See gelegene Hotel Lago Grey erreicht nicht ganz dem Standard von Explora Patagonia oder Hotel Las Torres, bietet jedoch leichten Zugang per Boot zum Gletscher am oberen Ende des Sees. Die Bar und das Restaurant können sehr gut besucht sein.

PN TORRES DEL PAINE:
Hotel Las Torres $$$
Resort SK E6
Sector Las Torres
((061) 261 7450
w lastorres.com

Das Hotel am östlichen Startpunkt der Trekkingroute »W« bietet komfortable Zimmer sowie Ausritte auf Pferden aus dem hoteleigenen Stall. Die Gemeinschaftsräume sind mit – teils sporadischem – WLAN ausgestattet.

PN TORRES DEL PAINE:
Patagonia Camp $$$
Resort SK E6
Ruta 9 Norte, km 74
((02) 2334 9255
w patagoniacamp.com

Das direkt vor dem Park gelegene Patagonia Camp gleicht dem Cascada EcoCamp *(siehe S. 281)*, nur schläft man hier in Jurten und nicht in Kuppelbauten. Die meisten Gäste buchen Pauschalangebote, doch wird auch Übernachtung mit Frühstück angeboten.

PORVENIR: Hostería Yendegaia $
B&B SK E6
Croacia 702
((061) 258 1919
w hosteriayendegaia.com

Porvenirs auffälligste Unterkunft weckt in einem Haus aus den 1920er Jahren nostalgische Erinnerungen an alte Zeiten – mit modernen Ergänzungen wie Flachbild-TV, Souvenirladen, Bibliothek und sogar einem Wäscherei-Service.

PUERTO NATALES: Casa Cecilia $
B&B SK E6
Tomás Rogers 60
((61) 241 2698
w casaceciliahostal.com

Das schweizerisch-chilenische B&B mit dem hellen Atrium ist ein Pionier unter den lokalen Hostels. Das hausgemachte Frühstück ist schlicht großartig.

PUERTO NATALES:
Bories House Hotel $$
Lodge SK E6
Puerto Bories 13-B
((061) 241 2221
w borieshouse.com

Das englisch-chilenische Unternehmen Bories House hat ein traditionelles Haus in ein modernes Hotel und zwei weitere Gebäude in familienfreundliche Lodges umgewandelt.

PUERTO NATALES:
Kau Lodge $$
B&B SK E6
Pedro Montt 161
((061) 241 4611
w kaulodge.com

Die Zimmer in dieser am Wasser gelegenen Lodge sind teils klein und mit Stockbetten möbliert, doch alle bieten einen herrlichen Meerblick. Das Frühstück wird im Coffeemaker Café serviert.

PUERTO NATALES:
Hotel Altiplánico del Sur $$$
Resort SK E6
Ruta 9 Norte, El Huerto 282
((061) 241 2525
w altiplanico.cl

Das innovative Hotel ist nur wenige Gehminuten nördlich der Stadt an einem sanften Hang gelegen. Die Betonmauern und das Dach sind gegen Wärmeverlust mit Torfblöcken isoliert.

Der beleuchtete Eingang des Hotel Las Torres, Torres del Paine

PUERTO NATALES:
Hotel Costaustralis $$$
Modern SK E6
Pedro Montt 262
((061) 241 2000
w hotelcostaustralis.com

Das Costaustralis ist das größte Hotel der Stadt, zeigt aber nicht das innovativste Design. Die Zimmer sind zweckdienlich, jedoch mit eher praktischen als mit Designermöbeln ausgestattet.

PUERTO NATALES:
Hotel Remota $$$
Resort SK E6
Ruta 9 Norte, km 1,5
((02) 2387 1500
w remota.cl

Das nur einen Katzensprung vom Altiplánico entfernte Hotel Remota sticht mit seiner auffälligen Architektur sofort ins Auge. Dank der Fensterfronten ist es auch an bedeckten Tage mit Licht erfüllt.

PUERTO NATALES:
Noi Indigo Patagonia $$$
Design SK E6
Ladrilleros 105
((061) 274 0670
w noihotels.com/hotel/noi-indigo-patagonia

Für das Hotelgebäude wurden außen traditionelle Materialien verwendet, im Inneren besticht es mit zeitgenössischem Design und einem Spa auf dem Dach. Die mit Kiefernholz verkleideten Zimmer sind zwar klein, jedoch mit modernen Badezimmern ausgestattet.

Vis-à-Vis-Tipp

PUERTO NATALES:
The Singular Patagonia $$$
Resort SK E6
Puerto Bories s/n
((061) 272 2030
w thesingular.com

Das luxuriöse Hotel samt Industriemuseum, Gourmetrestaurant und Bar residiert in einer beeindruckend renovierten historischen Anlage. Alle Zimmer bieten Aussicht auf den Seno Última Esperanza. Gäste können zwischen mehreren geführten Ausflügen wählen.

PUERTO WILLIAMS:
Lakutaia Lodge $$$
Resort SK F7
Seno Lauta s/n
((061) 261 5108
w lakutaia.cl

Das direkt am Beagle-Kanal gelegene Resort ist das beste Hotel in Puerto Williams – ein idealer Ausgangspunkt zum Trekken, Fliegenfischen, Heli-Skiing und Törns durch die Fjorde Feuerlands.

Preiskategorien siehe Seite 276

PUNTA ARENAS: Whalesound $
Resort SK E6
Isla Carlos III
☎ (09) 9887 9814
🌐 whalesound.com
Der Reiseveranstalter Whalesound bringt seine Gäste zu seinem Camp in der Magellanstraße und unternimmt dort Bootsfahrten zu den Fressgründen der Buckelwale. Die Mahlzeiten werden in einem separaten Kuppelbau serviert.

PUNTA ARENAS:
Hotel Chalet Chapital $$
B&B SK E6
Armando Sanhueza 974
☎ (061) 273 0100
🌐 hotelchaletchapital.cl
Das B&B überzeugt mit mittelgroßen holzgetäfelten Zimmern, guten Möbeln und modernen Badezimmern. Im Preis inbegriffen ist auch das Frühstücksbuffet. Zur Ausstattung gehören kostenloses WLAN, Kabel-TV und ein Wäscherei-Service. In der Nähe liegen Restaurants und die meisten Sehenswürdigkeiten der Stadt.

PUNTA ARENAS:
Hotel Rey Don Felipe $$
Modern SK E6
Armando Sanhueza 965
☎ (061) 229 5000
🌐 hotelreydonfelipe.com
Das gut organisierte Rey Don Felipe bietet Geschäftsreisenden große Zimmer mit reichlich komfortablem Platz zum Arbeiten, ist aber genauso attraktiv für Urlauber. Einige Zimmer sind mit Whirlpool ausgestattet.

PUNTA ARENAS:
Hotel Cabo de Hornos $$$
Modern SK E6
Plaza Muñoz Gamero 1025
☎ (061) 271 5000
🌐 hotelcabodehornos.com
Das Hotel ist eine ideale Option für Geschäftsreisende und Urlauber gleichermaßen. Hier übernachten viele Passagiere von Kreuzfahrtschiffen, die Bar und das Restaurant gehören zu den besten der Stadt.

PUNTA ARENAS:
Hotel Dreams del Estrecho $$$
Modern SK E6
O'Higgins 1235
☎ (061) 220 4500
🌐 mundodreams.com/hotel/hotel-dreams-del-estrecho
Der glänzende Turm aus Glas und Stahl hat reichlich zur Gentrifizierung des einst heruntergekommenen Viertels an Punta Arenas' Uferfront beigetragen. Zur Hotelanlage gehört auch das benachbarte Casino.

Behagliche Sessel im Explora Patagonia, Torres del Paine *(siehe S. 282)*

Osterinsel und Isla Robinson Crusoe

HANGA ROA:
Residencial Kona Tau $
Hostel
Avareipua s/n
☎ (032) 210 0321
🌐 hostelling.cl
In dem preiswerten Hostel kann man in Schlafsälen oder Privatzimmern übernachten – und im Garten kostenlos die köstlichen Mangos verputzen, die dort in reichlicher Zahl wachsen.

HANGA ROA:
Aloha Nui Guest House $$
B&B
Avenida Atamu Tekena s/n
☎ (032) 210 0274
Die Besitzer des B&B gehören zu den bekanntesten Einheimischen: Ramón Edmunds und Josefina Mulloy, die Enkelin des Archäologen William Mulloy.

HANGA ROA: Hotel Otai $$
Modern
Te Pito o Te Henua s/n
☎ (032) 210 0560
🌐 hotelotai.com
Mit seinem üppigen Garten, der es von der Straße abschirmt, ist das Otai ein traditioneller Favorit unter den hiesigen Hotels. Die Gemeinschaftsräume sind hübscher gestaltet als die sehr praktisch eingerichteten Zimmer, das Hotel ist jedoch komfortabel und für alle Gäste geeignet.

HANGA ROA: Hotel Taura'a $$
B&B
Atamu Tekena s/n
☎ (032) 210 0463
🌐 tauraahotel.cl
In dem von einem reizenden Ehepaar geführten Taura achtet man penibel auf Details im Dekor sowie auf Sauberkeit und exzellenten Service.

HANGA ROA:
Explora Rapa Nui $$$
Resort
Sector Te Miro Oone
☎ (02) 2206 6060
🌐 explora.com/hotels-and-travesias/rapa-nui-chile
Das in einer archäologischen Zone gelegene All-inclusive-Luxushotel bietet Ausflüge, ein Spa und einen Bio-Obstgarten.

Vis-à-Vis-Tipp
HANGA ROA: Hangaroa Eco Village & Spa $$$
Resort
Avenida Pont s/n
☎ (032) 255 3700
🌐 hangaroa.cl
Auf dem heute üppig grünen subtropischen Gelände eines einst schäbigen Hotels haben Investoren vom Festland ein Resort mit verstreut gelegenen großen Suiten, Spa, Restaurant und Business-Center errichtet. Das Personal ist äußerst aufmerksam.

SAN JUAN BAUTISTA:
Residencial Mirador de Selkirk $$
B&B
El Castillo 251
☎ (09) 8845 7024
Das B&B bietet eine exzellente Küche, allerdings verpasst man bei Vollpension die Seafood-Angebote in der Stadt. Gemütliche Zimmer, Terrasse mit Meerblick.

SAN JUAN BAUTISTA:
Crusoe Island Lodge $$$
Resort
Sector Pangal
☎ (09) 9078 1301
🌐 crusoeislandlodge.com
Das von San Juan bequem per Boot oder zu Fuß erreichbare hübsche Resort bietet ein Spa und zahlreiche Aktivitäten.

SK = Straßenkarte *siehe hintere Umschlaginnenseiten*

Restaurants

Chiles zunehmend raffinierte Küche nutzt die vielfältigen Erzeugnisse aus dem Valle Central sowie Fisch und Meeresfrüchte aus dem Meer vor seiner endlosen Küste. Als kulinarisches Reiseziel wird das Land unterschätzt, gibt es hier doch Restaurants aller Klassen, von der einfachen *parrilla* (Steakhaus) bis zu exzellenten Fischlokalen. Viele der internationalen Restaurants in den größeren Städten fänden auch in Europa oder Nordamerika Beachtung. In Santiago und in anderen Zentren servieren zahlreiche Lokale herausragende Küche auf der Basis von Rind, Lamm, Fisch und Meeresfrüchten. In kleineren Städten und auf dem Land isst man meist sehr viel einfacher. Fast Food bekommt man auch in Chile als Burger und Pizza, doch gibt es hier an Straßenständen zudem Sandwiches und *completos* (preiswerte Hotdogs mit Mayonnaise).

Parrilla auf dem Campingplatz Pehoe, Parque Nacional Torres del Paine

Restaurants

Chiles einfachste Lokale sind die *comedores* oder *cocinerias* an den Märkten. Sie servieren meist frische, hervorragende und dazu preiswerte Meeresfrüchte. *Picadas* sind zwanglose Familienlokale. Oft eröffnen sie mit einem Gastraum und expandieren erst, wenn sie über ihr Stadtviertel hinaus bekannt sind. Eine *fuente de soda* (»Sodabrunnen«) ist ein einfaches Lokal, das keinen Alkohol ausschenkt, ein *salón de té* ist mit einem Café vergleichbar. Ein *restaurante* ist ein formelles Restaurant meist mit aufwendiger Speisekarte. *Parrillas* servieren gegrilltes Rindfleisch, in größeren Städten auch andere Fleischsorten sowie Meeresfrüchte und Pasta. In den *marisquerias* – Fischrestaurants – erhält man auch traditionelle Fleischgerichte. Reservierungen sind in der Regel nur in gehobenen Restaurants, abends an Wochenenden und Feiertagen nötig. Spezielle Wünsche bzw. Anforderungen, z. B. Zugang für Rollstuhlfahrer oder vegetarische Speiseoptionen, sollte man unbedingt telefonisch vorab klären.

Essenszeiten

In den meisten Restaurants und sogar in einigen Pensionen erhält man sein Frühstück kaum vor 9 Uhr morgens. Das Mittagessen wird um etwa 14 Uhr serviert, an Wochenenden später. Häufig nehmen Chilenen zwischen 17 und 19 Uhr eine *once* genannte Mahlzeit mit Sandwiches, Kuchen, Tee und Kaffee ein – manchmal dauert sie bis zum Abendessen. Das wiederum wird zwischen 20 und 24 Uhr serviert. In kleineren Lokalen auf dem Land hat die Abendküche in der Regel nur bis 21 oder 22 Uhr geöffnet.

Bezahlung und Trinkgeld

Zusätzlich zur Auswahl auf der regulären Karte bieten viele chilenische Restaurants mittags meist preiswertere Menüs an, abends wird dies eher selten offeriert. In den angezeigten Preisen ist in der Regel die 19-prozentige Mehrwertsteuer *Impuesto al Valor Agregado* (IVA) enthalten, nicht aber das Trinkgeld. Die meisten Restaurants akzeptieren Visa, MasterCard und – seltener – American Express. Die Bezahlung mit einer europäischen Debitkarte (Maestro) ist nicht möglich. In kleinen Lokalen vor allem außerhalb größerer Städte zahlt man bar.

Für die Höhe des Trinkgelds gibt es keine Regel. Wo der Service nicht im Preis inbegriffen ist, gibt man rund zehn Prozent des Rechnungsbetrags, je nach Zufriedenheit auch mehr oder weniger.

Speisesaal im vornehmen Hostal Mundo Nuevo, Ancud *(siehe S. 279)*

Abendessen im gemütlichen Restaurant Ricer in Coyhaique *(siehe S. 297)*

Behinderte Reisende

In Santiago und ein paar anderen chilenischen Städten bieten gehobene Restaurants Rampen oder andere Hilfen, alte Häuser sind jedoch selten für Gäste mit eingeschränkter Mobilität ausgerichtet. Im Allgemeinen bemüht man sich in Chile, dass sich Rollstuhlfahrer wohl und willkommen fühlen. Bei der Renovierung älterer Gebäude wird mittlerweile auf einen behindertengerechten Umbau geachtet. Toiletten stellen immer wieder ein Problem dar, besser erkundigt man sich vorab über die Ausstattung.

Mit Kindern essen

Im kinderfreundlichen Chile sind Kinder fast überall willkommen. Spezielle Gerichte für Kinder sind eher unüblich, doch ist es in Restaurants vollkommen in Ordnung, wenn sich Eltern die oft großen Portionen mit ihrem Nachwuchs teilen.

Vegetarische Gerichte

Obwohl in Chiles fruchtbaren Tälern eine Fülle an Zutaten für vegetarische Gerichte wächst, basiert die heimische Küche augenscheinlich auf Fleisch, Fisch und Meeresfrüchten. In Santiago und Urlaubsorten wie Pucón gibt es einige vegetarische Restaurants, andernorts muss man sich mit Salaten und Pasta mit fleischloser Sauce begnügen.

Rauchen

Anfang 2013 wurde mit Zustimmung des chilenischen Kongresses eine Verschärfung des Nichtrauchergesetzes beschlossen. Bis dahin war es den Restaurants überlassen, das Rauchen innerhalb ihrer Raumlichkeiten zu erlauben oder zu verbieten. Seit 2013 ist das Rauchen innerhalb geschlossener öffentlicher Räume grundsätzlich untersagt. Das gilt nicht nur für Restaurants, sondern auch für Bars und Clubs. Die Bereiche vor Lokalen, Clubs, Restaurans usw. sowie in nicht überdachten Patios sind hingegen für Raucher zugelassen.

Das Rauchen in öffentlichen Verkehrsmitteln, lokalen und Überlandbussen sowie in öffentlichen Gebäuden ist ohnehin verboten *(siehe S. 316f)*.

Restaurantkategorien

Die auf den Seiten 290–299 aufgeführten Restaurants wurden nach Qualität, Lage und Preis-Leistungs-Verhältnis gewissenhaft ausgewählt. Die Bandbreite der Lokale reicht hierbei von erlesener Gourmet-Cuisine mit regionaler wie internationaler Ausrichtung über Lokale mit solider, meist regional geprägter Küche bis hin zu einfachen Pizzerias und Imbisslokalen.

Chilenisches Seafood, ob nach internationalen Standards oder regionalen Traditionen zubereitet, zählt zu den weltweit vielfältigsten. Ähnlich populär ist die überall gepflegte ländliche Küche, die auf frischen regionalen Zutaten der jeweiligen Saison beruht.

Die meisten der im Folgenden genannten Spitzenrestaurants sind in Santiago angesiedelt, einige finden sich allerdings in eher unerwarteten Teilen Chiles. Grillrestaurants findet man praktisch überall, Wildgerichte hingegen kommen vorwiegend in Patagonien auf die Karte. Vegetarische Speisen sind heute überall im Angebot.

Viele Weingüter unterhalten heute auch ein eigenes Restaurant, das viel zum Renommee des Hauses beiträgt.

Restaurants mit besonderem Charakter oder Charme werden als **Vis-à-Vis-Tipp** hervorgehoben. Meist handelt es sich hierbei zugleich auch um Häuser mit außergewöhnlich gutem Speiseangebot.

Café Caribe am Paseo Huérfanos, Santiago

Chiles Küche

Traditionelle Nahrungsmittel des Andenhochlands wie Kartoffeln, der »Inka-Reis« Quinoa und Lamafleisch werden in Chile noch heute geschätzt. Die Küche des Landes setzt auf Fleisch, ob vom Rind, Lamm, Hühnchen oder Schwein. Immer beliebter werden Wildschwein, Nandu und andere Wildarten. Die Stars der chilenischen Küche sind jedoch Fisch und Meeresfrüchte von der Küste des Landes. Dort leben im kalten Humboldt-Strom eine Fülle und Vielfalt von Meerestieren wie in kaum einer anderen Region auf der Welt.

Quinoa

Empanadas in einer Bäckerei

Kreolische Küche

Chiles ländliche Küche besteht vorwiegend aus *comida criolla* – kreolischer Kost. Ihre Grundlage bilden Kartoffeln, Mais, Zwiebeln, Knoblauch und Oliven, die meist zu Eintöpfen verarbeitet werden. *Humitas* sind wie die mexikanischen *tamales* gedämpfte Maistaschen mit oder ohne Fleisch. Aus Spanien stammen die in ganz Lateinamerika verbreiteten *empanadas*, Teigtaschen mit einer Füllung aus Hackfleisch oder Käse. In Chile sind sie etwas größer und schwerer als in den meisten anderen Ländern.

Chilenische Gerichte sind in der Regel nur leicht oder gar nicht gewürzt. Seit einigen Jahren gewinnt jedoch Mapuche-*merkén* an Popularität. Durch das Pulver aus getrockneten, geräucherten roten Chilis, geröstetem Koriander und Kumin gewinnen ansonsten langweilige Gerichte erfreuliche Schärfe.

Fisch und Seafood

Von Chiles endloser Küste kommt wunderbarer Fisch,

Eine kleine Auswahl von Chiles grandiosem Seafood

Chilenische Gerichte und Spezialitäten

Abhängig von der Ernte und den saisonalen Fischvorkommen gelangen verschiedenste Gerichte auf den Tisch. Chilenen essen ihre Hauptmahlzeit oft zu Mittag – in Santiago drängen sich dann die Hungrigen zu Geschäftsessen. Auf dem Land gibt man sich zwei bis drei Stunden Zeit für eine zu Hause zubereitete Mahlzeit. Beliebte Gerichte sind etwa *pastel de papas* (Kartoffeltorte), *caldillo de congrio* (Meeraalsuppe), *chupe de locos* (Abalone-Eintopf) und *palta reina* (eine Vorspeise aus Avocado mit mächtiger Füllung aus Thunfisch, Hühnchen oder Schinken und viel Mayonnaise). Mit Brot oder auf gegrilltem Fleisch isst man *pebre*, ein pikanter Dip aus gehackten Zwiebeln, Tomaten, frischem Koriander, Olivenöl, Knoblauch und nicht zu scharfen Ají-Schoten.

Ají-Schoten

Cazuela de ave ist ein dünner Eintopf aus Hühnchen (meist Bein), Maiskolben, Kartoffeln und Reis.

Frisches Gemüse auf dem zentralen Obst- und Gemüsemarkt in Santiago

etwa *congrio* (Meeraal), *corvina* (Seebarsch), *lenguado* (Seezunge) und *merluza* (Seehecht). Unübertroffen ist jedoch das Seafood des Landes. Hier genießt man Köstlichkeiten wie Venusmuscheln, Krebse, Austern, Jakobsmuscheln, Garnelen sowie Tintenfisch. Die chilenische Küche verwendet aber auch seltene Muschelsorten, etwa *choro zapato* (die »Schuhmuschel« heißt so wegen ihrer Größe), sowie *erizos* (Seeigel), *locos* (riesige Abalone) und *picoroco* (Riesenseepocken). Einige Meeresfrüchte sind geschmacklich eine Herausforderung.

Lachs wird vielerorts in der Seenregion in umstrittenen Farmen gezüchtet. Die Forellen aus dem Gebiet sind ausgesprochen köstlich.

Bestellen Sie Fisch *a la plancha* (gegrillt) oder *al vapor* (gedünstet) statt *frito* (frittiert) – das ist gesünder und schmeckt nicht so ölig.

Grillgerichte

In Chile liebt man *parrillada* (Gegrilltes). Auf den Rost kommen hier Rindfleisch und verschiedene Würstchen, etwa *morcilla* (Blutwürste), sowie *chunchules* (Innereien) und bisweilen auch Schweinefleisch oder Hühnchen. Unverzichtbar zu einer richtigen *parrillada* sind Salate und Rotwein.

Snacks

Die populären *completos* sind Hotdogs mit Mayonnaise, Ketchup, Senf und Sauerkraut. Sandwiches isst man in der Regel spätnachmittags zur *once*. Deutsche Einwanderer brachten Obstkuchen *(kuchen)* mit. *Sopaipillas* (süße oder pikante Fladen) werden gerne aus der Hand gegessen.

Chanco-Käse und *longaniza*-Würste an einem Marktstand

Peruanischer Einfluss

Politisch lagen sich Chile und Peru nicht selten in den Haaren, schließlich gehörte ein Drittel von Chiles Norden früher zu Peru. Selbst über die Herkunft des Weinbrandes *pisco* streiten sich beide Länder. Doch so wie die Nordamerikaner mexikanisches Essen lieben, strömen die Chilenen in ihre peruanischen Lokale. In Santiago schwingen in einigen der besten Restaurants peruanische Chefköche Zepter und Kochlöffel. Um die Liebe der Chilenen zur peruanischen Küche zu verstehen, sollte man Gerichte wie *aji de gallina* (Hühnchen in pikant-cremiger Walnusssauce mit Kartoffeln und Oliven) und *lomo saltado* (Steak und Gemüse) probieren. Scharfen Biss bringen verschiedene Pfefferschoten in Gerichte wie *papa a la huancaina*, eine scharfe Vorspeise aus Kartoffeln.

Pastel de choclo, Hackfleisch mit einer Schicht Maispüree, wird überbacken und in Tongeschirr serviert.

Porotos Granados, eine dicke Suppe aus Bohnen und Kürbis, ist ein nahrhaftes Gericht aus den Anden.

Für Curanto aus dem Süden garen Schweinefleisch, Meeresfrüchte und Gemüse stundenlang im Erdofen.

Getränke

Chiles exzellente, weltbekannte Weine nehmen im ganzen Land eine Spitzenposition unter den Getränken ein, auch wenn Bier mittlerweile rasant an Beliebtheit gewinnt. Der Weinbrand *pisco* aus dem trockenen Norte Chico ist die Basis für den Nationalcocktail Pisco Sour. Daneben gibt es die üblichen süßen alkoholfreien Getränke. Das Leitungswasser ist fast immer trinkbar, wer Zweifel hat, erhält überall abgefülltes Wasser. In Chile trinkt man viel schwarzen und Kräutertee. Kaffeeliebhaber werden nur in Santiago und großen Urlaubsorten »echten« Kaffee finden – ansonsten ist löslicher Kaffee üblich.

Pisco Sour, ein Cocktail-Klassiker

Abendgäste im beliebten Restaurant Cinzano, Valparaíso

Pisco

Der klare Weinbrand *pisco* wird aus Muskatellertrauben aus dem Norte Chico destilliert. Die jeweiligen Endprodukte unterscheiden sich nach ihrem Alkoholgehalt, der in Grad angegeben wird. Geringwertiger *pisco* reicht von *selección* (30°) bis *especial* (35°), gute Sorten von *reservado* (40°) bis *gran pisco* (bis zu 50°).

Im Allgemeinen gilt der *reservado* als ideal für Chiles Nationalcocktail Pisco Sour. In diesen starken Highball wird der Weinbrand mit Limettensaft, Eiklar, Angosturabitter und idealerweise einem Spritzer Zuckersirup vermischt. Chilenen mischen *pisco* aber auch mit Cola zu Piscola – Chiles Antwort auf den Longdrink Cuba Libre. Sowohl die geringals auch die hochwertigen *piscos* können pur oder in Cocktails gemischt getrunken werden.

Bier

Chiles Weine werden hervorragend vermarktet und sind in vielen Ländern erhältlich. In Chile selbst übertrifft jedoch langsam der Bier- den Weinkonsum. Die am meisten getrunkenen Biere sind eher unspektakuläre Lagerbiere von Brauereien wie Cristal und Escudo. Immer mehr werden jedoch auch geschmacklich vielfältigere Biersorten angeboten. So produziert etwa in Valdivia die Compañía Cervecera Kunstmann exzellentes Ale, Honig- und Bockbiere, Szot in Santiago helles und dunkles Ale und Stout. Viele dieser Biere sind jedoch schwer erhältlich und werden nur in Fachgeschäften und Restaurants verkauft.

Ein Arbeiter klebt Etiketten in der Bierbrauerei Szot in Santiago

Nichtalkoholische Getränke

Leitungswasser kann man in Chile fast überall trinken. Wer allerdings nur kurz bleibt und darüber hinaus einen empfindlichen Magen hat, bevorzugt eher abgefülltes Wasser. Man erhält es mit Kohlensäure *(con gas)* oder ohne *(sin gas)*.

Guter Kaffee ist in den meisten Regionen Chiles leider Mangelware. Espresso oder aufgebrühten statt löslichen Kaffee erhält man in den großen Städten und Urlaubsorten vor allem in den besseren Hotels und Pensionen sowie in einigen Cafés.

In Chile gibt es wunderbare Kräutertees, etwa *boldo* und *cachamai*. Das Kraut dafür wird in den Wäldern des Südens gesammelt. Das einzigartige Waldaroma ist eine hervorragende Alternative zum üblichen abgepackten Schwarztee. In Patagonien ist der leicht bittere Matetee aus den Blättern des Matestrauchs weitverbreitet. Er wird aus dicken Kalebassen mit dem Metalltrinkrohr *bombilla* oder mit einem Strohhalm getrunken.

Chiles Weine

In einem großen Teil Chiles sind die Winter feucht und die Sommer trocken – ideal für den Weinbau und somit die Produktion von Qualitätsweinen. Allgemein dominieren im Norden Weißweine und im Süden Rotweine, doch bestätigen diese Regel viele Ausnahmen. So wachsen im Valle de Casablanca nordöstlich von Santiago Sauvignon Blanc und Chardonnay, aber auch Pinot Noir und andere rote Trauben. In den großen Weinbaugebieten kann man Weingüter besichtigen und an Verkostungen teilnehmen, einen Besuch lohnen zudem unbekanntere Regionen wie das Valle del Elqui. Die Palette der Produzenten reicht von industriellen Betrieben wie die Viña Concha y Toro bis zu Boutique-Weingütern, die jährlich wenige Tausend Flaschen Edelwein keltern.

Begehrte Sorten sind unter den Weißweinen etwa der Sauvignon Blanc des Castillo de Molina und der Chardonnay von Cono Sur. Die Viña Casa Silva *(siehe S. 153)* produziert Rotweine aus alten Rebstöcken.

Beliebte Sorten

Cabernet Sauvignon ist wohl die am weitesten verbreitete Traube, Carménère hingegen die charakteristischste. Ihr machte im 19. Jahrhundert die Reblaus in Bordeaux fast den Garaus, in den 1990er Jahren wurde sie von französischen Önologen zwischen Merlot-Pflanzungen in Chile wiederentdeckt. Diese unbeabsichtigte Vermischung verleiht dem chilenischen Merlot ein einzigartiges Aroma. Des Weiteren werden unter anderem Syrah und zunehmend Pinot Noir angebaut. Unter den Weißweinen dominieren Chardonnay und Sauvignon Blanc.

Casa Silvas Etikett Doña Dominga

Etikett von Falerinas Syrah

Weinangebot

Gute, trinkbare Weine erhält man in den meisten Supermärkten für rund 2500 Pesos, bessere Jahrgänge für nur wenig mehr in Weingeschäften. Spitzenweine von Produzenten wie Viña Montes und Viña Casa Lapostolle im Valle de Colchagua *(siehe S. 152f)* sind jenseits ihrer heimatlichen Weingüter nur schwer zu finden. In Santiago und anderen großen Städten bieten die Restaurants in der Regel umfangreiche Weinkarten. Wein wird im Allgemeinen in Flaschen serviert, die traditionell *botellín* oder *vino individual* genannt werden. Weinbestellungen per Glas sind unüblich.

Clos Apalta, der Wein der franko-chilenischen Viña Lapostolle *(siehe S. 153)*, ist eine einzigartige Cuvée aus Petit Verdot, Merlot, Cabernet Sauvignon und Carménère.

Merlot, Sauvignon Blanc und Syrah im Restaurant Tanino *(siehe S. 292)*

Restaurantauswahl

Santiago

Zentrum

Bar Nacional $
International SP 2 E2
Paseo Huérfanos 1151
(02) 2696 5986 ● So
Das Restaurant serviert traditionelle chilenische Gerichte sowie verschiedene Fleisch-, Pasta- und Seafood-Gerichte in gemütlichem Ambiente. Zu Spitzenzeiten kann der Service etwas langsam sein.

Confitería Torres $
International SP 2 D3
Alameda 1570
(02) 2688 0751 ● So
Eine populäre Spezialität der Confitería Torres ist das selbst vom einstigen Präsidenten Ramón Barros Luco geliebte Steak-Käse-Sandwich *barros luco*. Ein Besuch des Lokals lohnt schon allein wegen der Tangoshows.

Fuente Alemana $
Deutsch SP 3 B4
Alameda 58
(02) 2639 3231 ● So
Das beliebte Sandwichlokal serviert besonders leckere Schweinefleisch-*lomitos*. Die riesigen Portionen reichen für zwei Personen.

El Hoyo $
Café SP 1 B5
San Vicente 375
(02) 2689 0339 ● So
Der erste bescheidene Eindruck täuscht, El Hoyo gilt bei Einheimischen und Besuchern als Geheimtipp für hervorragende Küche. Ein Genuss ist z. B. *terremoto* (Erdbeben) aus Weißwein und Ananas-Eiscreme.

El Naturista $
Vegetarisch SP 2 E3
Moneda 846
(02) 2380 0704 ● So
In Santiagos altehrwürdigem vegetarischem Restaurant kocht man seit 1927 selbst chilenische Gerichte wie *pastel de choclo* hervorragend fleischlos. Zum Angebot gehören auch einige vegane Gerichte.

Blue Jar $$
International SP 2 E3
Almirante Gotuzzo 102
(02) 6155 4650 ● Sa, So
Das Blue Jar verwendet frische saisonale Zutaten und bietet jeden ersten Donnerstagabend im Monat Gerichte, die nicht auf der üblichen Tageskarte stehen (nur mit Reservierung).

Vis-à-Vis-Tipp

Bocanáriz $$
International SP 3 A5
Lastarria 276
(02) 2638 9893
Santiagos beste Weinbar führt rund 400 Flaschenweine und schenkt Dutzende per Glas aus. Hier überzeugen zudem die passenden Gerichte, die freundlichen französischen Besitzer, das moderne Ambiente und der exzellente Service.

Donde Augusto $$
Seafood SP 2 E1
San Pablo 967
(02) 2821 2678
Eintöpfe wie *chupe de jaiba* (Krabbe) und *locos* (Meeresschnecken) sind die Spezialitäten des größten und besonders stimmungsvollen Seafood-Restaurants im Mercado Central.

Japón $$
Japanisch SP 3 B5
Barón Pierre de Coubertin 39
(02) 2222 4517 ● So
Wer authentisches Sushi, Sashimi und ausgefallene japanische Gerichte – inklusive Tempura-Eiscreme – sucht, ist in Santiago wohl am besten im dezent gestalteten Japón aufgehoben.

Patagonia Sur $$
International SP 3 A5
Lastarria 96
(02) 2664 3830
Wer nicht nach Patagonien reisen kann, bekommt hier zumindest einen kulinarischen Eindruck mit südamerikanischen Klassikern wie

Marktambiente des Seafood-Restaurants Donde Augusto

Preiskategorien
Die Preise gelten für ein dreigängiges Menü pro Person inklusive einer halbe Flasche Hauswein, Steuern und Service.

$	unter 10 000 Pesos
$$	10 000 – 25 000 Pesos
$$$	über 25 000 Pesos

Lamm- und Wildgerichten, z. B. mit Wildbret, Wildschwein und Guanaco.

Ópera Catedral $$$
Französisch/International SP 3 A4
Merced 395
(02) 2664 3048 ● So
Eine Kombination aus schickem französischem Restaurant, Café und lebhaftem Nachtlokal. Die Karte im Café bietet mehr chilenische Gerichte sowie ein paar internationale Spezialitäten an, z. B. chinesische Teigtaschen.

Nordöstlich des Zentrums

Galindo $
Café SP 3 B4
Dardignac 098
(02) 2777 0116
In einem Viertel mit zahlreichen Gourmetrestaurants serviert das Galindo chilenische Gerichte wie *pastel de choclo*, *plateada* und Sandwiches – und nicht zuletzt Bier und Wein in Strömen.

El Huerto $
Vegetarisch SP 4 E2
Orrego Luco 54
(02) 2233 2690
Die innovative vegetarische Küche des El Huerto ist so köstlich, dass auch Nicht-Vegetarier voll auf ihre fleischlosen Kosten kommen. Mit Currys und mexikanischen Gewürzen hebt sie sich vom vegetarischen Einerlei ab.

Kleine Kneipe $
Deutsch SP 4 D3
Román Díaz 21
(02) 2235 1374
Das kleine Lokal serviert Burger, Sandwiches und ein sehr beliebtes Weizenbier. Gelegentlich spielt Live-Musik, die Happy Hour an Werktagen dauert von 19 bis 22 Uhr.

Baco Vino y Bistro $$
International SP 4 F2
Nueva de Lyon 113
(02) 2231 4444
Die beliebte Weinbar serviert Weine per Glas sowie französisch inspirierte Gerichte wie Pfeffersteak und Lachstatar.

Bar Liguria $$
Café SP 4 D3
Avenida Providencia 1373
☎ (02) 2235 7914 ● So
In diesem gemütlichen zwanglosen Restaurant zelebriert man herzhafte Landküche mit Fleischspeisen, Eintöpfen und einigen Seafood-Gerichten. Die Wände sind mit alten Plakaten und Fotografien geschmückt.

Café Melba $$
Café SP 5 A4
Don Carlos 2898
☎ (02) 2905 8480
Das von Neuseeländern geführte Melba versorgt die Angestellten der Büros der gesamten weiteren Nachbarschaft mit Frühstück, Brunch und Mittagessen sowie mit einer breiten Auswahl an Sandwiches.

Divertimento $$
International SP 4 E1
Avenida El Cerro und Pedro de Valdivia
☎ (02) 2975 4600
Von Fleisch über Fisch bis hin zu Pastagerichten bekommt man im Divertimento fast alles – selbst eher traditionelle chilenische Küche mit Gerichten wie *pastel de choclo* (nur im Sommer). Es ist besonders bei großen Gruppen und Familien beliebt.

Le Flaubert $$
Französisch SP 4 E2
Orrego Luco 125
☎ (02) 2231 9424
Wer französische Klassiker wie Zwiebelsuppe, hausgemachte Pâté und *crème brûlée* mag, ist im Le Flaubert genau an der richtigen Stelle. Das Restaurant ist besonders bei den einheimischen Arbeitern beliebt.

La Mar $$
Peruanisch/Seafood SP 5 B1
Avenida Nueva Costanera 4076
☎ (02) 2206 7839
Die Spezialität des La Mar ist *ceviche*, köstlich sind hier aber auch die asiatischen Gerichte mit aufwendig zubereitetem Seafood und Sushi. Der Pisco Sour im peruanischen Stil ist sensationell.

Pantaleón II $$
Peruanisch SP 3 B3
Antonia López de Bello 98
☎ (02) 2735 8785
Empfehlenswert sind die *ceviche mixto* als Vorspeise und der traditionelle, mit reichlich Seafood zubereitete Eintopf *chupe de mariscos* zum Hauptgang – und der Pisco Sour. Exzellentes Preis-Leistungs-Verhältnis.

Historische Plakate schmücken die Wände der Bar Liguria

Pinpilinpausha $$
Baskisch SP 5 A3
Isidora Goyenechea 2900
☎ (02) 2233 6507
Das Pinpilinpausha serviert nun schon seit über 70 Jahren baskische Küche. Neben Paella und anderen Spezialitäten des Hauses schmecken hier auch Risottos, Rindfleisch- und Pastagerichte.

Tiramisú $$
Pizzeria SP 5 B4
Isidora Goyenechea 3141-A
☎ (02) 2519 4900
In der wohl kreativsten Pizzeria der Stadt kann man aus einer breiten Palette von Belagzutaten wählen, Antipasti, *calzoni* und Focaccia sowie viele Weine und Biersorten genießen

El Toro $$
International SP 3 A3
Loreto 33
☎ (02) 2737 5937
In dem beliebten, manchmal etwas vollen Restaurant dominieren peruanische Gerichte, darunter insbesondere *ceviche*.

Die schöne Fassade der Confitería Torres *(siehe S. 290)*

Astrid y Gastón $$$
Peruanisch SP 4 E2
Antonio Bellet 201
☎ (02) 2650 9125 ● So
Astrid y Gastón unterscheidet sich im Ambiente, in der Präsentation, den Preisen und der Größe der Portionen erheblich von anderen peruanischen Restaurants. Perfekt für einen romantischen Abend.

Barandiaran $$$
Peruanisch SP 3 B4
Constitución 38
☎ (02) 2737 0725
Das äußerst zwanglose Restaurant im Patio Bellavista serviert köstliche *ceviche*, *parihuela* (Meeresfrüchtesuppe) und *seco de cordero* (Lammeintopf).

Boragó $$$
International SP 5 B2
Avenida Nueva Costanera 3467
☎ (02) 2953 8893 ● So
Chefkoch Rodolfo Guzmán kreiert aus klassischen chilenischen Zutaten jeden Abend zwei andere Festpreismenüs. Gäste, die an einem Tisch zusammensitzen, können nur dasselbe Menü bestellen. Weine und Säfte kosten extra.

Etniko $$$
Asiatische Fusionküche SP 3 B3
Constitución 172
☎ (02) 2732 0119 ● So
Das Etniko ist bis in die frühen Morgenstunden geöffnet und eine Kombination aus Restaurant mit asiatischer Fusionküche und Club. Das Sushi ist exzellent.

Europeo $$$
International SP 5 B2
Alonso de Córdova 2417
☎ (02) 2208 3603 ● So
Hier gibt es vor allem europäische Küche, z. B. Rehragout oder Risotto. Die Karte bietet aber auch einheimischen Fisch und sogar *ceviche* im Nikkei-Stil.

OX $$$
Grill SP 5 B1
Avenida Nueva Costanera 3960
(02) 2799 0260
Das moderne Restaurant serviert feinstes Rindfleisch zu Spitzenpreisen, Meeresfrüchte, Pasta.

Peumayen $$$
International SP 3 B3
Constitución 136
(02) 2247 3060 ● Mo
Hier serviert man die »Küche der Vorfahren«, z. B. geschmorten Ochsenschwanz mit einheimischen Zutaten aus den Anden und bunten Kartoffeln.

Puerto Fuy $$$
International SP 5 B1
Avenida Nueva Costanera 3969
(02) 2208 8908 ● So
Das Puerto Fuy ist bekannt für seine Molekularküche, die Chefkoch Giancarlo Mazzarelli einführte, und für seine französisch inspirierten Gerichte aus einheimischen Zutaten.

Tierra Noble $$$
Grill SP 5 B4
Reyes Lavalle 3310
(02) 2232 4797
In dieser *parrilla* (Grillrestaurant) erhält man auch zahlreiche Vorspeisen und Beilagen, z. B. frische Austern oder traditionellen chilenischen Tomaten-Zwiebel-Salat. Große Weinauswahl.

Westlich des Zentrums

Vis-à-Vis-Tipp

Boulevard Lavaud $$
International SP 1 B2
Compañía 2789
(02) 2682 5243
In dem vielfältig dekorierten, äußerst bekannten Restaurant genießen die Gäste Crêpes, Seafood, Fleischgerichte und dazu eine breite Auswahl an Beilagen. Der berühmte dazugehörige Friseurladen ist noch immer in Betrieb.

Ocean Pacific's $$
Seafood SP 1 C3
Avenida Ricardo Cumming 221
(02) 2697 2413
Das maritim dekorierte Ocean Pacific serviert gutes Seafood. Das bei Familien beliebte Restaurant ist bisweilen krachend voll.

Ostras Azocar $$
Fisch/Seafood SP 1 C3
Bulnes 37
(02) 2681 6109
Das Restaurant wird mit lebenden Austern aus Chiloé beliefert, die zum Abendessen als Vorspeise zu einem Glas Chardonnay serviert werden. Ein Dinner in der über 80 Jahre alten Institution ist ein unvergessliches Erlebnis.

Eingang des Restaurants Boulevard Lavaud

Plaza Garibaldi $$
Mexikanisch SP 1 C3
Moneda 2319
(02) 2699 4278 ● So
Auf der Suche nach scharfem *pollo al mole*, frischer Guacamole und starken Margaritas wird man in diesem gemütlichen Lokal mit mexikanischem Dekor fündig.

Las Vacas Gordas $$
Grill SP 1 C2
Cienfuegos 280
(02) 2697 1066
Angesichts der Qualität und der dafür exzellenten Preise ist das Las Vacas Gordas die wohl beste *parrilla* in Santiago. Ein Muss ist der chilenische Tomaten-Zwiebel-Salat. Hier sollte man früh kommen oder einen Tisch reservieren.

Zully $$$
International SP 1 C3
Concha y Toro 34
(02) 2696 1378 ● So
In einem restaurierten Herrenhaus mit architektonischen Besonderheiten wie kleinen Speisezimmern und einem Patio serviert das Zully anspruchsvolle internationale Gerichte aus chilenischen Zutaten.

Valle Central

CASABLANCA: Tanino $$$
International SK B6
Viña Casas del Bosque, Hijuelas 2, Ex-Fundo Santa Rosa
(02) 2480 6940
● Mo (Winter)
Die Weinbar mit Restaurant kombiniert ein kleines saisonales Menü mit den Produkten aus der eigenen Kellerei. An den Tischen im Freien muss man am späten Nachmittag auf eine frische Brise und Nebel gefasst sein.

CHILLÁN: Fuego Divino $$
Grill SK D1
Avenida Gamero 980
(042) 243 0900 ● So, Mo
Im Fuego Divino werden die Steaks auf einem offenen Grill in der Mitte des Restaurants zubereitet. Die Beilagen werden mit dem Mapuche-Gewürz *merkén* abgeschmeckt. Zur Auswahl stehen auch einige Pastagerichte sowie eine beeindruckende Anzahl an Weinen.

CHILLÁN: Sureño $$
Seafood SK D1
5 de Abril 325
(042) 223 9865 ● So
Das Seafood-Restaurant Sureño dreht gelegentlich auch in das Surf-and-Turf-Territorium ab. Die Zutaten werden frisch auf dem lokalen Markt gekauft, das Dekor ist fröhlich und bunt.

CONCEPCIÓN: Las Américas $$
Peruanisch SK D1
San Martin 514
(041) 274 7231
Das zuverlässige peruanische Restaurant serviert *ceviche*, den Meeresfrüchteeintopf *parihuela* und andere Spezialitäten.

CONCEPCIÓN: Centro Español $$
Spanisch SK D1
Barros Arana 675
(041) 221 4954 ● So
Der Name sagt es schon: Fassade, Innenausstattung und Küche sind hier spanisch inspiriert. In der dazugehörigen Bar erhält man Tapas, mittags wird üblicherweise ein preiswertes Menü angeboten.

CUNACO: Rayuela Wine & Grill $$$
Grill SK B7
Carretera del Vino, km 37
(02) 2840 3180
Rayuela ist das Grillrestaurant des Weinguts Viu Manent. Hier werden zu den hauseigenen Tropfen Rindfleisch- und Fischgerichte serviert sowie Meeresfrüchte zur Vorspeise.

CURICÓ: Viña Torres $$$
International SK B7
Panamericana Sur, km 195
(075) 256 4100
Das Restaurant ist eine wunderbare Option vor oder nach einer Tour durch das Weingut. Hier

Entspannt – der Eingang des Le Filou de Montpellier, Valparaíso

speist man *à la carte* und wählt dazu die passenden Torres-Weine. Die Hauptgerichte sind fleischlastig, alternativ wird u. a. ein Seafood-Safran-Risotto geboten.

PAPUDO: Gran Azul $$
Seafood SK B6
Avenida Irrarázabal 86
(033) 279 1584
Hier locken die idyllische Küstenlage, frischer Fisch und Meeresfrüchte – allerdings ist der Service manchmal etwas langsam.

PICHILEMU: Casa Roja $$
Italienisch SK B7
Avenida Ortúzar 215
(072) 284 1555 ● Mo
Die knusprig-dünnen Pizzen und Pastagerichte werden hier mit ausgefalleneren Zutaten als in den meisten chilenischen Restaurants zubereitet.

PICHILEMU: Puente Holandés $$
Seafood SK B7
Eugenio Díaz Lira 167
(09) 7492 6848
Hier schmecken frisches Seafood und Salate in Design-Ambiente mit Blick auf den Strand.

RANCAGUA: El Viejo Rancagua $
Regional SK B7
Paseo del Estado 607
(072) 222 7715
Das El Viejo Rancagua ist v. a. eine Live-Musikbühne, in der auch Mittagsmenüs und abends einfache chilenische Küche serviert werden. Alles in allem bietet das Lokal eher eine kulturelle denn eine kulinarische Erfahrung.

RANCAGUA: Sapore Italiano $$
Italienisch SK B7
Avenida Miguel Ramires 96
(072) 276 8417 ● Mo

Das Sapore Italiano serviert mächtige knusprige Pizzen mit reichlich Käse und einer Vielzahl verschiedener Belage sowie italienische Spezialitäten wie *calzoni* und Pastagerichte.

SAN FERNANDO: Restaurant Casa Silva $$$
International SK B7
Viña Casa Silva, Hijuela Norte
(09) 6847 5786 ● So, Mo
Die Casa Silva bietet ihren Gästen Fleisch- und Fischgerichte, chilenische Landküche, aber auch Pastagerichte, Tapas und Sandwiches sowie eine Kinderkarte.

**SANTA CRUZ:
Club Social de Santa Cruz** $$
Regional SK B7
Plaza de Armas 178
(072) 282 2529
Der Club Social ist ein traditionelles einheimisches Restaurant, das seine einheimischen Gäste mit herzhafter Landküche erfreut. Der Patio des im Kolonialstil gehaltenen Hauses ist hübsch mit Wein bewachsen.

VALPARAÍSO: Amor Porteño $
Regional SK B6
Almirante Montt 418, Cerro Concepción
(032) 221 6253 ● Mo
Das reizende kleine Eiscafé im argentinischen Stil lockt mit Eisbechern, Churros und *medialunas* – süßen, teigigen Croissants. Dazu passt ein *café con leche*.

VALPARAÍSO: Allegretto $$
Pizzeria SK B6
Pilcomayo 259, Cerro Concepción
(032) 296 8839
Die gemütliche Pizzeria bietet eine ganze Reihe von Belägen, sogar Curryhühnchen steht zur Auswahl. Daneben gibt es Pastagerichte und Risottos, täglich ein Mittagsangebot sowie eine breite Palette an Weinen.

VALPARAÍSO: Bar Cinzano $$
Regional SK B6
Plaza Aníbal Pinto 1182
(032) 221 3043 ● So
Die Wände der Bar Cinzano schmückt maritimer Dekor, die einheimischen Gäste schätzen zudem die Fleischgerichte, Sandwiches, das Seafood und die Tangokonzerte an den Freitag- und Samstagabenden.

VALPARAÍSO: Café Turri $$
Seafood SK B6
Templeman 147, Cerro Concepción
(032) 225 2091 ● Mo
Hier isst man moderne Küche mit Entenbrustsalat und Jakobsmuschel-Lasagne sowie chilenische Klassiker. Auf der Terrasse hat man einen großartigen Blick auf den Hafen.

Vis-à-Vis-Tipp

VALPARAÍSO: Le Filou de Montpellier $$
Französisch SK B6
Almirante Montt 382, Cerro Alegre
(032) 222 4663 ● Mo
Seit seiner Eröffnung 1998 ist dieses bescheiden wirkende Restaurant mit seinen exzellenten, preisgünstigen Mittagessen sowie den Abendangeboten an Frei- und Samstagen zu einer Institution geworden. Typische Gerichte sind u. a. Zwiebelsuppe, Pâté und Fisch.

VALPARAÍSO: Ápice $$$
International SK B6
Almirante Montt 462, Cerro Concepción
(032) 208 9737 ● Di, Mi
Das Nobelrestaurant mit dem minimalistischen Dekor bietet eine regelmäßig wechselnde Karte mit Gerichten wie Oktopus mit Chorizo-Emulsion oder Austern mit Ziegenkäse.

Gäste beim Plausch in der maritim dekorierten Bar Cinzano, Valparaíso

Vis-à-Vis-Tipp

VALPARAÍSO:
Pasta e Vino $$$
Italienisch SK B6
Papudo 427, Cerro Concepción
📞 (032) 249 6187 ⬤ Mo
Das Restaurant im Gran Hotel Gervasoni ist schon seit Langem eine lokale Sensation. Zu den Hauptgerichten zählen allein acht verschiedene Arten von Gnocchi, auch das Weinangebot ist immens. Obwohl das Restaurant groß ist und auch Tische im Freien bietet, sollte man stets unbedingt reservieren.

VIÑA DEL MAR: Entre Masas $
Bäckerei SK B6
5 Norte 235
📞 (032) 297 9919
Spezialität dieser winzigen Bäckerei sind leckere Empanadas, die vor Ort gegessen oder mitgenommen werden können. Zu den Dutzenden verschiedener Füllungen gehören u. a. Chorizo und Ziegenkäse sowie Spinat und Ricotta. Eine weitere Filiale befindet sich an der Küste in Reñaca.

VIÑA DEL MAR: Hampton Deli $
Deli SK B6
Etchevers 174–176
📞 (032) 271 4910 ⬤ So
Das Hampton Deli ist eine typische *picada*, ein Familienbetrieb, der chilenische Klassiker zu kleinen Preisen anbietet. Zu den Gästen zählen mittags Angestellte aus den Büros der Innenstadt.

VIÑA DEL MAR:
Delicias del Mar $$
Seafood SK B6
Avenida San Martin 459
📞 (032) 290 1837
Das Delicias ist ein Fischrestaurant im baskischen Stil, das unerklärlicherweise mit Fotos von Marilyn Monroe gepflastert ist. An einer Wand hängt zudem eine Forelle, die »Take Me to the River« singt. Die Spezialität ist Paella, die Karte bietet aber noch viele andere gute Gerichte. Handyverbot!

VIÑA DEL MAR: Fellini $$
Italienisch SK B6
3 Norte 88
📞 (032) 297 5742
Die Speisekarte des Fellini ist eher konventionell denn surrealistisch und damit nur eine beiläufige Hommage an den großen Regisseur. Hier gibt es verschiedene Pastagerichte und andere italienische Klassiker mit Betonung auf Seafood. Ein familienfreundliches, wenn auch etwas dunkles Lokal.

Paella gehört in Chile zu den beliebtesten Gerichten

VIÑA DEL MAR:
Jaiba y Cordero $$
Seafood-Fusion SK B6
7 Norte 76
📞 (032) 320 9971
Im Jaiba y Cordero spielt Seafood die erste Geige, wenngleich auch saftiges patagonisches Lamm auf der Karte steht. Von der Terrasse hat man einen schönen Meerblick, Rauchen ist hier gestattet.

ZAPALLAR: El Chiringuito $$
Seafood SK B6
Caleta Zapallar s/n
📞 (033) 274 1024
Gleich neben dem El Chiringuito bringen die Fischer mit ihren Ruderbooten ihren Fang an Land – so frisches Seafood bekommt man fast nirgendwo sonst in Chile. Von der Terrasse hat man eine herrliche Aussicht, man muss allerdings aufpassen, dass einem die Möwen und Pelikane nicht das Mittagessen stibitzen!

Norte Grande und Norte Chico

ANTOFAGASTA:
El Horno de Barro $
Regional SK B3
Washington 2356
📞 (055) 295 5608 ⬤ Di
Das El Horno de Barro (»Der Lehmofen«) ist eine *picada*, in der chilenische Klassiker wie Rindfleisch und *pastel de choclo* (Hackfleisch-Mais-Auflauf) serviert werden. Freitags und samstags finden abends Folklorekonzerte statt.

ARICA: Maracuyá $$$
International SK B1
Avenida Comandante San Martín 0321
📞 (058) 222 7600
In Sachen Ausblick hat das Restaurant Maracuyá dank seiner beneidenswerten Lage über der Playa El Laucho und unterhalb des historischen Morro in Arica gegenüber anderen Speiselokalen eindeutig die Nase vorn. Zum breiten Seafood-Angebot gehören auch einige peruanische Spezialitäten, zur Auswahl stehen zudem Pasta und Desserts.

Vis-à-Vis-Tipp

ARICA: Rayú $$$
Peruanisch SK B1
Ingeniero Raúl Pey 2590
📞 (058) 221 6446
Das Rayú an der Playa Chinchorro ist mit seiner raffinierten, exquisit präsentierten peruanischen Küche und Präsentation derzeit das führende Restaurant in Arica. Zu den Spezialitäten gehören *ceviche* und Fisch sowie *seco de cordero* (Lammeintopf mit Koriander) und einige andere Gerichte aus den Anden.

CALDERA: Nuevo Miramar $$
Seafood SK B4
Gana 090
📞 (052) 251 5381
Direkt am Wasser serviert dieses Restaurant gutes und sehr gutes chilenisches Seafood. Es ist zwar kitschig dekoriert, aber gemütlich und nicht zu klein, und auch der Service ist einwandfrei.

COPIAPÓ: Legado $$
International SK B4
O'Higgins 12
📞 (052) 252 3894 ⬤ So
Das Legado errang internationale Berühmtheit während der legendären Rettung der Bergarbeiter im Jahr 2010. Das Ambiente ist dezent, die Küche anspruchsvoll, viele Gerichte sind mit Wild aus anderen Landesteilen zubereitet.

Im maurischen Stil: das Casino Español, Iquique *(siehe S. 295)*

IQUIQUE: Casino Español $$
Spanisch SK B2
Plaza Prat 584
(057) 233 3911
Die spanische Küche ist hervorragend und spielt dennoch nur die zweite Geige hinter dem opulenten Gastraum, der mit schönen Kacheln und Rüstungen wie ein maurischer Palast gestaltet ist.

IQUIQUE: El Tercer Ojito $$
Asiatische Fusionküche SK B2
Patricio Lynch 1420-A
(057) 241 3847
Die Küche des in einem Garten gelegene El Tercer Ojito verbindet asiatische mit lateinamerikanischen Traditionen. Hier schmecken Frühlingsrollen, Sushi, peruanische und sogar italienische Gerichte. Zwangloses Ambiente.

IQUIQUE: El Viejo Wagón $$
Seafood SK B2
Thompson 85
(057) 234 1428
In dem mit zahlreichen Artefakten eingerichteten Restaurant fühlt man sich ein wenig, als ob man in einem Heimatmuseum essen würde. Hier serviert man v. a. Seafood, aber auch einige Fleischgerichte. Dank des peruanischen Einflusses bekommt man hier auch, für Chile ungewöhnlich, scharf gewürzte Speisen.

LA SERENA: Casona del 900 $$
Grill SK B5
Francisco de Aguirre 443
(051) 252 0767 ● So
Aus dem riesigen Angebot der traditionell dekorierten Casona del 900 wählen viele Gäste die *parrillada* (gemischte Grillplatte), oder sie probieren eines der Fleischgerichte oder Meeresfrüchte. Die Weinauswahl ist ziemlich klein und konventionell.

LA SERENA: La Casona del Guatón $$
Grill SK B5
Brasil 750
(051) 221 1519
Im – wörtlich übersetzt – »Haus des Dicken« schmecken in traditionellem Ambiente Fleisch und Kartoffeln, aber auch einige Pasta- und Seafood-Gerichte. Vielleicht bringen Ihnen mexikanische *charros* sogar ein Ständchen dar.

LA SERENA: Porota's $$
International SK B5
Avenida del Mar 900-B
(051) 221 0937 ● Mo
Das elegant möblierte Chalet bietet die passende Umgebung für schön präsentierte Gerichte wie Ravioli, Risotto und Thai-Hühnchen. Saisonale Küche.

OVALLE: Los Braseros $$
Grill SK B5
Vicuña Mackenna 595
(053) 262 4917
Das Los Braseros ist eine zuverlässige, gemütliche kleine *parrilla* in einem schön dekorierten Adobe-Haus. Seine Spezialität ist Rindfleisch – und Rindfleisch. Das Weinangebot ist beeindruckend.

SAN PEDRO DE ATACAMA: Tierra Todo Natural $
International SK C3
Caracoles 271
(055) 285 1585
In einem Bauwerk, das einer strohgedeckten Nissenhütte gleicht, serviert das Tierra Todo Natural großartiges Frühstück. Es ist zudem bekannt für sein vegetarisches Angebot, aber auch Fleischfreunde werden hier satt. Abends sorgt ein Erdofen für behagliche Wärme.

SAN PEDRO DE ATACAMA: Baltinache $$
Regional SK C3
Domingo Atienza, Sitio 2
(09) 7658 2677 ● Mi
Regionale und andinische Fusionküche ist die Spezialität dieses gemütlichen einheimischen Lokals. Hier verwendet man wenig bekannte Zutaten, die in der umliegenden Wüste gesammelt werden. Das Angebot wechselt zu jeder Mahlzeit. In dem kleinen, bemerkenswerten Restaurant ist eine Reservierung unabdingbar.

SAN PEDRO DE ATACAMA: Café Adobe $$
International SK C3
Caracoles 211
(055) 285 1132
Das beliebte Café Adobe serviert sorgfältig präsentierte Varianten chilenischer Spezialitäten. Abends flackert das Feuer im offenen Kamin und wird live Musik aus den Anden gespielt. Das Dekor ist von den Exponaten des archäologischen Museums inspiriert.

Seenregion und Chiloé

CASTRO: La Brújula del Cuerpo $
Café SK D3
O'Higgins 308
(065) 263 3229
Das lebhafte Café an der Plaza de Armas serviert einfache, aber leckere Pub-Küche: Sandwiches, Rindfleisch und Hühnchen sowie eine riesige Auswahl an Eiscremes und Manufaktur-Bieren. Es bietet das wohl beste Preis-Leistungs-Verhältnis in der ganzen Stadt.

CASTRO: Nueva Galicia $$
Seafood SK D3
Avenida Pedro Montt 38
(065) 253 2828
An diesem hervorragenden Restaurant lässt sich nur bemäkeln, dass es auf der falschen Straßenseite liegt und damit keinen Meerblick bietet. Die Küche ist konventionell, jedoch exzellent zubereitet. Zum Dekor gehören farbenfrohe Webarbeiten.

CASTRO: Octavio $$
Seafood SK D3
Avenida Pedro Montt 261
(065) 263 2855
Vor den zur Bucht gerichteten Fenstern des Octavio sind Fischerboote vertäut, und natürlich gibt es hier v. a. Seafood, aber auch ein paar Fleischgerichte. Bei schönem Wetter kann man vor dem großen Lokal im Freien sitzen.

CURACAUTÍN: Hotel Andenrose $$
International SK E1
Ruta 181, km 68,5, dann AY-19
(09) 9869 1700
Während der Hochsaison serviert dieses Hotel exzellente deutsche und italienische Küche zu moderaten Preisen. Wer nicht im Hotel wohnt, sollte vorab anrufen, aber auch so lohnt der Abstecher vom Highway, um vielleicht einen freien Tisch zu ergattern.

Gastraum im »Haus des Dicken«, La Casona del Guatón, La Serena

SK = Straßenkarte *siehe hintere Umschlaginnenseiten*

Vis-à-Vis-Tipp

OSORNO: Mumbai-Lima $$
International　　　　　SK D2
Manuel Rodriguez 1701
(064) 242 1337　　　So

Im Mumbai-Lima haben südasiatische und peruanische Gerichte das Zepter in der einstigen Bratwurstküche übernommen, die zuvor in Osorno regierte. Von außen sieht das Restaurant wie ein traditionelles deutsches Haus aus, der weitläufige Gastraum im Inneren und das elegante Zwischengeschoss überraschen mit topmoderner Ausstattung. Die Küche schließt eine Stunde vor der Bar.

OSORNO: La Parrilla de Pepe $$
Grill　　　　　SK D2
Mackenna 1095
(064) 224 9653

Am Ende einer historischen, von deutschen Pionieren erbauten Häuserreihe gelegen, ist das La Parrilla de Pepe zugleich Architekturdenkmal und zuverlässiges Grillrestaurant. Den eher schnörkellosen, weniger bemerkenswerten Gastraum schmücken schöne Holzvertäfelungen. Das La Parilla de Pepe hat seinen festen Platz in der lokalen Restaurantszene.

PANGUIPULLI: Gardylafquen $$
Café　　　　　SK E2
Martinez de Rosas 722
(063) 231 0921

Das moderne Restaurant mit der hohen Balkendecke aus Naturholz bietet sehr gute konventionelle chilenische Küche und einen aufmerksamen Service. Die riesigen Sandwiches reichen mittags auch für zwei Personen.

PUCÓN: ¡École! $$
Vegetarisch　　　　　SK E2
General Urrutia 592
(045) 244 1675

Das legere ¡École! lockt mit seinen vegetarischen Spezialitäten vorwiegend Touristen und ausländische Einwohner. Die Frühstücksportionen sind so groß, dass man sie leicht teilen kann.

PUCÓN: Latitud 39 $$
International　　　　　SK E2
Gerónimo de Alderete 324
(09) 7430 0016　　　So

Das von Kaliforniern geführte Latitud 39 ist ein zwangloses Café. Hier findet man ein buntes Angebot, darunter Hamburger, Sandwiches, Burritos und Tacos sowie Manufaktur-Biere. Gäste im Rollstuhl können möglicherweise nur im Freien sitzen.

PUCÓN: La Maga $$
Grill　　　　　SK E2
Gerónimo de Alderete 276
(045) 244 4277　　　Mo; März–Dez

Das Dekor des uruguayischen Restaurants ist von Gaucho-Traditionen inspiriert, in der Küche geht man auch ein wenig auf chilenische Traditionen ein, z. B. mit chilenischem Tomaten-Zwiebel-Salat und dem einheimischen Gewürz *merkén*.

PUCÓN: Naukana $$
Asiatische Fusionküche　　　　　SK E2
Colo Colo 181
(045) 244 4677　　　So & Mo (Winter)

Selbst im unkonventionellen Pucón sticht das Naukana mit seinen pan-asiatischen Gerichten und seinem bunten südasiatischen Dekor heraus. Zum Angebot gehören auch – für Chile unüblich – sehr scharfe Gerichte.

PUERTO MONTT: Club de Yates $$$
Regional　　　　　SK D2
Avenida Juan Soler Manfredini 200
(065) 228 4000

Der modernisierte, dezent maritim gestaltete Yachtclub am Reloncaví-Fjord bietet ein reiches Angebot. Hier dominieren Fisch und Seafood, doch serviert man auch chilenische Landküche sowie einige Fleischgerichte.

PUERTO OCTAY: El Fogón de Anita $$
Grill　　　　　SK D2
Ruta U-55, km 49
(064) 239 1240

Der Name des überdachten *quincho*-Restaurants (»Feuerstelle«) lässt schon die Vorliebe für Fleischgerichte (v. a. Rind, aber auch Wild) vermuten. Der freundliche Familienbetrieb serviert auch Nachmittagstee und sonntags gegrilltes Lamm.

Chilenische *pebre* aus Koriander, Zwiebeln, Knoblauch und *aji*-Chilis

PUERTO VARAS: Mawen $
Café　　　　　SK D2
Santa Rosa 218-B
(065) 223 6971

In dem farbenfrohen Café schmeckt der exzellente, echte Espresso. Hier bietet die Küche Sandwiches, Salate und Desserts, zudem eine breite Auswahl an Schwarz- und Kräutertees.

PUERTO VARAS: Las Buenas Brasas $$
Grill　　　　　SK D2
San Pedro 543
(065) 223 2154

Das Gartenlokal »Die guten Kohlen« serviert Fleischgerichte sowie eine breitere Auswahl an Fischgerichten und Meeresfrüchten. Bisweilen ist es sehr voll, doch die Küche lohnt den Besuch.

PUERTO VARAS: El Cucharón Alemán $$
Deutsch　　　　　SK D2
Los Colonos 1175
(065) 223 5309

»Der deutsche Löffel« bietet herzhafte europäische Gerichte und große Portionen sowie eine eine breite Bier- und Weinauswahl – und sogar die chilenische Version eines Klosterbitterlikörs. Gelegentlich spielt Live-Musik.

PUERTO VARAS: Mediterráneo $$
International　　　　　SK D2
Santa Rosa 068
(065) 223 7268　　　So

In einem schick renovierten Haus am Seeufer serviert das Mediterráneo südeuropäische Klassiker aus lokalen Zutaten, z. B. Risotto, Pastagerichte und verführerische Desserts. Hinzu kommt die spektakuläre Aussicht auf den See und den Vulkan.

PUERTO VARAS: La Olla $$
Seafood　　　　　SK D2
Ruta 225, km 0,9
(065) 223 3540

Das enorm beliebte Fischrestaurant bietet eine weit überdurchschnittliche Seafood-Küche. Der riesige Gastraum ist eine eher spartanische, schnörkellose Angelegenheit, Parkplätze können zudem rar sein.

PUERTO VARAS: Ibis $$$
International　　　　　SK D2
Vicente Pérez Rosales 1117
(065) 223 5533

Das Ibis ist in ganz Chile für sein Seafood bekannt, das mit einer Vielzahl von Saucen serviert wird. Zur Auswahl stehen auch einige wenige Pasta- und Fleischgerichte. Das moderne Restaurant ist attraktiv mit hohen Holzdecken.

Restaurantkategorien siehe Seite 285　Preiskategorien siehe Seite 290

SEENREGION UND CHILOÉ, NORDPATAGONIEN | 297

TEMUCO: El Corralero $$
Grill SK D2
Vicuña Mackenna 811
(045) 240 1355
Das wohl bemerkenswerteste Restaurant in Temucos Innenstadt ist ein feines Grilllokal, das v. a. Fleischgerichte, aber auch eine Handvoll Fischgerichte serviert. Das Dekor ist üppig, der Service exzellent.

TEMUCO: El Criollito $$
Regional SK D2
Manuel Rodriguez 960
(045) 291 1370
El Criollito ist einer der zahlreichen *puestos* im Mercado Municipal und beliebt bei Familien auf der Suche nach preiswerten, aber gesunden und sättigenden Mahlzeiten. Hier schmecken gutes Seafood, riesige Sandwiches und Fleischplatten.

TEMUCO:
Madonna Pizza & Pasta $$
Pizzeria SK D2
Avenida Alemania 0660
(045) 232 9393
Hier gibt es Pizzen mit reichlich Käse und köstliche Pastagerichte mit Meeresfrüchten sowie Seafood-Vorspeisen und einige Fleischgerichte. Die Weinauswahl ist beeindruckender als das Essen.

VALDIVIA: La Calesa $$
Peruanisch SK D2
O'Higgins 160
(063) 222 5467 ● Mo
La Calesa serviert peruanische Küche und damit schärferes Essen, als es die meisten Chilenen üblicherweise mögen. Das unauffällige Gebäude ist außen fröhlich dekoriert, bunt sind auch die Gerichte, z. B. *lomo saltado* (kurzgebratenes Rindfleisch).

VILLARRICA: The Travellers $
International SK E2
Valentin Letelier 753
(045) 241 3617
The Travellers war ursprünglich ein Lokal für Touristen und Expats, wandelte sich jedoch im Lauf der Jahre zu einem Treff der einheimischen Partyszene. Hier gibt es Pub-Küche mit Fingerfood und Currys. Bis 4 Uhr geöffnet.

VILLARRICA: Fuego Patagón $$
Grill SK E2
Pedro Montt 40
(045) 241 2207
Das Restaurant gibt sich rustikal, ist aber eine erste Wahl für Freunde von gegrilltem Fleisch. Hier bekommt man sogar gegrillte Ziege, Wildschwein und sonstiges Wild. Das Essen wird schön präsentiert, die Weinauswahl ist zuverlässig.

Lomo saltado ist ein typisches peruanisches Rindfleischgericht

VILLARRICA:
El Rey del Marisco $$
Seafood SK E2
Valentin Letelier 1030
(045) 241 2093
Der »Seafood-König« ist schon seit Jahren ein führendes Restaurant in der Stadt. Hier lassen es sich Prominente ebenso schmecken wie Familien. Die Qualität ist zuverlässig gut, insbesondere die Schalentiere sind zu empfehlen.

Nordpatagonien

COYHAIQUE: Café de Mayo $
Café SK E4
21 de Mayo 543
(09) 6217 4897 ● So
Das lässige Café ist ein willkommener Neuling in Coyhaiques Gastro-Szene. Hier schmecken Espresso, Quiches sowie deutsche wie regionale Kuchenkreationen. Das Ambiente ist rustikal-elegant, bei schönem Wetter kann man im Garten sitzen.

COYHAIQUE: Café Ricer $$
Regional SK E4
Paseo Horn 48
(067) 223 2920
Die Spezialität des Café Ricer sind patagonische Gerichte, insbesondere Lamm vom Spieß. Im unteren Geschoss serviert man Sandwiches, Pizza und Eiscreme, im oberen Geschoss befindet sich das Restaurant, dessen Wände mit historischen Fotografien geschmückt sind.

COYHAIQUE: La Casona $$
Regional SK E4
Obispo Vielmo 77
(067) 223 8894
Das konventionelle, aber sehr zuverlässige Restaurant serviert in einem umgebauten Wohnhaus mit hohen Decken v. a. Seafood und gegrilltes Fleisch. Es hat zwar keine Rampe, aber das Personal hilft Rollstuhlfahrern gern, in den Gastraum zu kommen.

COYHAIQUE: Lito's $$
Regional SK E4
Lautaro 147
(067) 225 4528 ● So
Von außen wirkt das Lito's wie eine Kneipe, tatsächlich entsprechen die hier servierten Meeresfrüchte, Fisch- und Fleischgerichte dem höchsten Standard der einheimischen Küche. Zudem bietet das Restaurant das wohl beste Preis-Leistungs-Verhältnis in Coyhaique sowie eine sehr angenehme Atmosphäre.

Vis-à-Vis-Tipp

COYHAIQUE: Mamma
Gaucha $$
Pizzeria SK E4
Paseo Horn 47
(067) 221 0721
In der reizende Pizzeria backt man knusprige Pizzen mit wenig Käse und einer Vielzahl von kreativen Belägen im Lehmofen, dazu schmecken wunderbare Manufaktur-Biere. Die Fotos und Bilder an den Wänden erzählen von der Geschichte der Gauchos in der Region.

Modernes Ambiente im Mumbai-Lima *(siehe S. 296)*

SK = Straßenkarte *siehe hintere Umschlaginnenseiten*

RESTAURANTS

COYHAIQUE: Tamango $$
Peruanisch SK E4
Arturo Prat 176
☎ (067) 224 2588 ⦿ So
Coyhaiques erstes peruanisches Restaurant peppt die lokale Gastro-Szene gehörig auf. Hier schmecken die üblichen Spezialitäten wie *ají de gallina* (Hühnchen in Cremesauce) und *lomo saltado* (pfannengebratenes Rindfleisch), aber auch der Seafood-Eintopf *parihuela*.

COYHAIQUE: El Ovejero $$$
Regional SK E4
Avenida Baquedano 828
☎ (067) 223 1108 ⦿ So
Das Restaurant des Hotels El Reloj bietet nicht nur die wohl schönste Aussicht in Coyhaique, sondern auch hervorragendes patagonisches Lamm, Wildhase und Lachs. Insbesondere Gäste, die nicht im Hotel wohnen, sollten besser vorab reservieren.

FUTALEUFÚ:
Martín Pescador $$
International SK E3
Balmaceda 603
☎ (065) 272 1279
In einem rustikalen, aber eleganten Gebäude mit eigener Bibliothek serviert Martín Pescador hauptsächlich Lachs, gelegentlich aber auch Gerichte wie Königskrabben-Quiche, Gnocchi mit Mandelpesto sowie kurz gebratenes Rindfleisch oder Gemüse.

Südpatagonien und Tierra del Fuego

MN CUEVA DEL MILODÓN:
Caverna del Milodón $$
Grill SK E6
Ruta Y-290, km 8
☎ (09) 9940 8276
Das moderne Restaurant ist gegenüber der berühmten Cueva del Milodón auf der anderen Straßenseite gelegen. Spezialität des Hauses ist *parrillada mixta*, doch serviert man auch Sandwiches und Seafood. Eine bequeme Option zum Mittagessen auf dem Weg zum Park.

PN TORRES DEL PAINE:
Coirón $$$
International SK E6
Sector Las Torres
☎ (061) 261 7450
Obwohl es in der Nähe der berühmten Granitnadeln gelegen ist, bietet das Coirón im Hotel Las Torres nicht dieselbe Aussicht wie das Hotel Lago Grey oder die Hostería Pehoé. Gleiches gilt für die Qualität der Küche.

PN TORRES DEL PAINE:
Hostería Pehoé $$$
International SK E6
Sector Lago Pehoé
☎ (061) 261 7727
Wie im Hotel Lago Grey lockt das Restaurant der Hostería Pehoé mit Blick auf die Torres del Paine, doch sind seine Fenster kleiner. Es bietet Festpreismenüs auch für Gäste, die nicht im Hotel wohnen.

PN TORRES DEL PAINE:
Hotel Lago Grey $$$
International SK E6
Sector Lago Grey
☎ (061) 271 2100
Im Hotel Lago Grey kann man beim Essen zusehen, wie die Eisberge vom gleichnamigen Gletscher vorbeitreiben. Hier gibt es mittags und abends Festpreisbuffets auch für Gäste, die nicht im Hotel wohnen. Die Küche ist weniger spektakulär als die Aussicht.

PORVENIR:
Club Social Croata $$
Seafood SK E6
Señoret 542
☎ (061) 258 0053 ⦿ So
Kroaten spielten bei der Besiedlung der Tierra del Fuego eine große Rolle, und auch wenn hier nur chilenische Küche serviert wird, so erinnert das schicke Restaurant mit Meerblick doch an diesen Teil der Regionalgeschichte.

PUERTO NATALES: El Living $
Café SK E6
Arturo Prat 156
☎ (061) 241 1140
Das vegetarische Café ist gemütlich mit Sofas eingerichtet. Hier gibt es Sandwiches, Suppen, Snacks und Süßigkeiten, dazu Kaffee, Tee und Säfte. Der Besitzer betreibt auch Booksharing.

PUERTO NATALES: Angélica's $$
Seafood SK E6
Bulnes 501
☎ (061) 241 0007
Angélica's zählt zu den besten Fischrestaurants der Region, serviert aber auch Fleisch- und Pastagerichte. Hier schmecken Königskrabben-Cannelloni, gegrillter Seehecht und Lammbraten. Nebenan verkauft ein Laden Kaffee, Sandwiches, Pizza und Kuchen.

PUERTO NATALES:
El Asador Patagónico $$
Grill SK E6
Arturo Prat 158
☎ (061) 241 3553
In dem konventionellen Grillrestaurant kann man sich im gut erhaltenen Ambiente einer alten Apotheke nach Wanderungen in den Torres del Paine stärken.

PUERTO NATALES:
Cormorán de las Rocas $$
Regional SK E6
Sánchez 72
☎ (061) 241 3723
Das Angebot ist vielfältig, die Portionen sind riesig. In der benachbarten Bar serviert man Shrimps-Empanadas und Ähnliches, der Laden im Erdgeschoss verkauft Wein und Schokoladenspezialitäten. Im Restaurant reicht der Blick auf den Seno Último Esperanza und bis Paine.

PUERTO NATALES:
Mesita Grande $$
Pizzeria SK E6
Arturo Prat 196
☎ (061) 241 1571
Das »Große Tischlein« ist eine Institution sowie ein kulinarisches und soziales Erlebnis. Hier sitzt man an langen Holztischen, schmaust knusprige Pizza und unterhält sich mit seinen Nachbarn. Die Küche bietet auch Salate, Pasta und Eiscreme.

Vis-à-Vis-Tipp

PUERTO NATALES:
Afrigonia $$$
Afrikanische Fusionsküche SK E6
Eberhard 343
☎ (061) 241 2877
Die Küche des Afrigonia bietet eine einmalige Kombination aus sambischen und chilenischen Aromen, ähnlich bunt ist das Dekor. Der Chefkoch zaubert aus patagonischen Zutaten wie Shrimps und Jakobsmuscheln würziges Seafood-Masala oder köstliches *cordero MacLean à la menta* (Lammkoteletts mit Minze).

Der Eingang der La Taverne de Pecheur, Hanga Roa *(siehe S. 299)*

Restaurantkategorien *siehe Seite 285* Preiskategorien *siehe Seite 290*

PUNTA ARENAS: Lomit's $
Café SK E6
José Menéndez 722
📞 (061) 224 3399
Das in der Regel sehr gut besuchte Lomit's ist eine erste Adresse für Sandwiches und Bier. Die Qualität ist – insbesondere nach Fast-Food-Standards – exzellent.

Vis-à-Vis-Tipp
PUNTA ARENAS: Damiana Elena $$
International SK E6
Magallanes 341
📞 (061) 222 2818 ● So
Das Restaurant in einem prächtigen Haus mit kleinen, gemütlichen Gasträumen gilt allgemein als das beste der Stadt. Die Karte wechselt jeden Abend, die Weinauswahl ist konventionell. In der Regel ist eine Reservierung erforderlich, wer Spanisch spricht, ist im Vorteil: Die Kellner erklären zwar die Gerichte, sprechen aber nicht alle Englisch.

PUNTA ARENAS:
Los Ganaderos $$
Grill SK E6
O'Higgins 1166
📞 (061) 222 5103
Der Besitzer fusionierte das Los Ganaderos mit seinem Seafood-Restaurant Puerto Viejo, weshalb die Küche hier auch Fisch und Meeresfrüchte anbietet. Sowohl die Fleischgerichte als auch das Seafood sind hervorragend.

PUNTA ARENAS:
La Leyenda del Remezón $$
Regional SK E6
21 de Mayo 1469
📞 (061) 224 1029 ● So
Das dezente patagonische Restaurant serviert qualitativ hochwertige Küche mit Lamm, Königskrabben und Wild, darunter auch Guanako und Nandu. Das Interieur erinnert an Patagoniens Blütezeit in der Wollindustrieära.

Vis-à-Vis-Tipp
PUNTA ARENAS: La Luna $$
Seafood SK E6
O'Higgins 1017
📞 (061) 222 8555
Mit seinem exzentrischen Dekor gefällt das La Luna Einheimischen und ausländischen Besuchern gleichermaßen – noch bevor sie den ersten Pisco Sour oder den Königskrabbenauflauf das erste Mal gekostet haben. Quasi ein Muss für Reisende!

Das reizend gelegene Martín Pescador, Futaleufú *(siehe S. 298)*

PUNTA ARENAS: El Mercado $$
Seafood SK E6
Mejicana 617
📞 (061) 224 2746
Das einst unschlagbar preiswerte El Mercado hat in der zunehmend anspruchsvolleren Gastro-Szene an Boden verloren, ist aber noch immer wegen seiner Königskrabben und anderen günstigen Gerichte beliebt.

PUNTA ARENAS:
Santino Bar e Cucina $$
Italienisch SK E6
Avenida Colón 657
📞 (061) 271 0882
Hier spielt die Küche die zweite Geige hinter der Bar, die bis in die frühen Morgenstunden geöffnet ist. Hungrigen Nachtschwärmern serviert man hier Pizza, Pasta und chilenische Gerichte, einschließlich Seafood.

PUNTA ARENAS: Sotito's Bar $$
Seafood SK E6
O'Higgins 1138
📞 (061) 224 3565
Trotz des Namens ist Sotito's Bar v. a. ein Restaurant. Empfehlenswert sind die Königskrabben-Cannelloni und während der Saison de Mousse aus Calafate-Beeren. Professionelles Restaurant mit minimalem Dekor.

Osterinsel und Isla Robinson Crusoe

HANGA ROA:
Au Bout du Monde $$
Seafood
Avenida Policarpo Toro s/n
📞 (032) 255 2060 ● Di
Das französisch-belgisch-polynesische Restaurant serviert ausgesprochen köstliche Fischgerichte, polynesische Currys und einige vegetarische Gerichte sowie exzellente Desserts. An manchen Abenden werden die Gäste mit folkloristischen Konzerten und Tanzvorführungen unterhalten.

HANGA ROA: Tataku Vave $$
Seafood
Caleta Hanga Piko s/n
📞 (032) 255 1544 ● So
Das Tataku Vave liegt etwas abseits der ausgetretenen Touristenpfade, Gäste werden aber wenn nötig auch abgeholt. Seine Spezialität sind Fisch und Meeresfrüchte in Saucen aus subtropischen Zutaten. Das tägliche Mittagsangebot ist preiswert, die Kosten für die Gerichte à la carte können sich dagegen zusammenläppern.

HANGA ROA: Te Moana $$
International
Avenida Policarpo Toro s/n
📞 (032) 255 1578 ● So
Das elegante Restaurant mit Bar ist eine gute Wahl für einen Cocktail oder ein tahitianisches Hinano-Bier mit Blick auf das Meer und den Sonnenuntergang. Empfehlenswert sind auch die Fischgerichte und Meeresfrüchte.

HANGA ROA:
La Taverne du Pecheur $$$
International
Caleta Hanga Roa s/n
📞 (032) 210 0619 ● So
In La Taverne du Pecheur genießen Sie vielleicht Ihre beste Mahlzeit auf der Osterinsel. Der französische Besitzer kocht fantastisch, und die Lage an einer Bucht ist traumhaft.

Im La Luna dekorieren die Gäste die Wände, Punta Arenas

SK = Straßenkarte *siehe hintere Umschlaginnenseiten*

Shopping

Chile ist sicher kein international renommiertes Shopping-Mekka, doch findet man auch hier einige schöne Mitbringsel. Aufgrund des freien Marktes kommen unzählige ausländische Waren in das Land (darunter leider auch viele Fälschungen und Produkte minderer Qualität), dennoch sind typische chilenische Produkte aus allen Regionen des Landes weiterhin sehr beliebt. Reisende finden Waren verschiedenster Qualität und entsprechender Preise aus Alpaka- und Schafwolle aus den Anden im Norden und aus Patagonien, überaus robuste *huaso*-Reitkleidung aus dem Valle Central sowie Korbwaren, Silberschmuck und Webarbeiten von den Mapuche aus der Seenregion. Heiß begehrt ist Schmuck aus Lapislazuli. Weinliebhaber kommen nach Chile, um die Weine des Landes zu probieren. Auch der Weinbrand *pisco* wird geschätzt. Ganz besondere Eye-Catcher sind Kopien der riesigen *moai*-Statuen von der Osterinsel. Sie werden von professionellen Kunsthandwerkern der Rapa Nui aus Holz oder Stein gefertigt und im ganzen Land verkauft.

Souvenirläden am Ascensor Artillería, Valparaíso

Öffnungszeiten

Läden und Einkaufszentren in den größeren Städten öffnen meist nach 10 Uhr und schließen um 21 oder 22 Uhr. Viele Läden sind samstagvormittags geöffnet und schließen gegen 13 Uhr, außer in Urlaubsgebieten wie in Santiagos Barrio Bellavista. Dort sind vor allem die Läden im Patio Bellavista *(siehe S. 92)* auch sonntags offen. In kleineren Städten schließen viele Läden zur Siesta zwischen 13 und 17 Uhr.

Bezahlen, Steuern und Handeln

Üblicherweise zahlt man bar und mit Chilenischen Pesos, vor allem auf dem Land, an Straßenständen und auf Kunsthandwerksmärkten. Viele Läden in größeren Städten akzeptieren Kreditkarten. Am weitesten verbreitet sind Visa und MasterCard, gefolgt von American Express. Wer mit Kreditkarte zahlt, muss im Laden keinen Aufschlag bezahlen, jedoch berechnen die Kreditkartenfirmen meist eine Auslandsgebühr *(siehe S. 320)*. Die meisten touristischen Läden und Dienstleister nehmen gerne US-Dollar an, mit Euros kommt man weniger weit. Die (Brutto-)Preise für die meisten Waren und Dienstleistungen beinhalten die Mehrwertsteuer (IVA) von 19 Prozent.

In Chile wird weniger gehandelt als im restlichen Südamerika. Feilschen wird auf Kunsthandwerksmärkten erwartet, ist aber ansonsten verpönt.

Kunsthandwerk und Souvenirs

Beliebtes Kunsthandwerk wie Keramiken, Korbwaren, Holzschnitzereien und Alpaka-Wollwaren findet man auf Märkten und an Ständen in ganz Chile. Los Andes im Valle Central ist für seine schönen Keramiken bekannt. Hier bietet z. B. das Atelier **Cerámica Cala** Führungen und handgefertigte Keramiken an. Der Handwerksladen **La Mano Arte** in San Pedro de Atacama ist auf regionale Keramik spezialisiert.

Museumsläden

Einige Museumsshops sind einen Besuch wert. Der Laden in Santiagos Museo Chileno de Arte Precolombino *(siehe S. 64f)* verkauft Bücher, Videos und Kopien der Exponate, etwa von Textilien und Töpfereien aus den Anden.

Pablo Nerudas Häuser in Santiago, Valparaíso und Isla Negra werden von der **Fundación Neruda** verwaltet. Dort erhält man Keramiken, Kunsthandwerk sowie Bücher von und über den Dichter.

Kunsthandwerksstände an einer Pflasterstraße in Pucón

Almacruz in Santa Cruz' Museo Colchagua *(siehe S. 150)* bietet eine reiche Auswahl an regionalen Souvenirs und Weinen.

Das großartige Museo Arqueológico San Miguel de Azapa *(siehe S. 165)* am Rand von Arica in Nordchile beherbergt die weltberühmten Chinchorro-Mumien und einen Laden mit Alpaka-Wollwaren und Taschen sowie Reproduktionen von historischen Keramiken.

Kunsthandwerksmärkte

Die Qualität des lokalen Kunsthandwerks hat sich seit Ende des 20. Jahrhunderts stark verbessert – nicht zuletzt dank gemeinnütziger Organisationen wie Artesanías de Chile *(siehe S. 101)*. Sie arbeiten mit den Kunsthandwerkern zusammen, um gute Produkte zu erhalten, die sie über ein eigenes weites Verkaufsnetz anbieten.

In Santiago ist das Centro de Exposición de Arte Indígena *(siehe S. 101)* günstig gelegen, der Pueblito Los Dominicos *(siehe S. 95)* dagegen der größte Kunsthandwerksmarkt. Er ist täglich geöffnet und sonntags sehr gut besucht. Im Mapuche-Land bietet in Temuco der Mercado Municipal *(siehe S. 194)* Korbwaren, feinen Schmuck und Holzschnitzereien von ethnischen Gruppen aus ganz Chile sowie aus Peru und Ecuador an.

In der Seenregion präsentieren auf der sehr großen **Feria Artesanal de Angelmó** in Puerto Montt gut sortierte Stände in langen Reihen Textilien, Töpfereien und Wollwaren sowie Schmuck aus regionaler Produktion.

Im Chiloé-Archipel *(siehe S. 218–225)* sind die Kunsthandwerksmärkte in Ancud und Castro sowie in den kleineren Ortschaften Dalcahue, Achao und Chonchi einen Besuch wert. Auf der Osterinsel kann man auf dem Mercado Artesanal *(siehe S. 262)* von Hanga Roa nach Wunsch gefertigte *moai* und *rongorongo*-Tafeln kaufen.

Erlesene Tropfen aus dem Weinbaugebiet Valle de Colchagua

Delikatessen und Wein

Im Sommer kann man überall in Chile die köstlichen Blaubeeren, Himbeeren, Kirschen, Trauben und Oliven genießen.

Schokolade kauft man am besten in Puerto Varas in Südchile. Dort kreiert **Vicki Johnson** delikate Pralinen, aber auch andere Delikatessen wie Räucherlachs, aromatisierten Honig, Liköre und Marmeladen. Bio-Honig und -Konfitüren erhält man im Projektladen Puma Verde des Parque Pumalin *(siehe S. 230)*. Dort werden auch Bücher und lokales Kunsthandwerk verkauft.

Chile produziert Unmengen Wein. Das Erdbeben von 2010 hat einen Teil der gelagerten Weine zerstört, die Produktion konnte aber rasch wieder aufgenommen werden. In vielen Läden kann man wunderbaren Wein probieren und kaufen. Die besten Tropfen findet man in Weinläden oder direkt auf den Weingütern. Zwei der besten Weinläden in Santiago sind in Las Condes La Vinoteca und El Mundo del Vino *(siehe S. 101)*.

Die meisten Spitzenweingüter liegen im fruchtbaren Valle Central. Dort bieten etwa die exzellente Viña Cousiño-Macul und Viña Concha y Toro *(siehe S. 144)* Führungen und Verkostungen an. Im Valle de Casablanca *(siehe S. 142f)* nordwestlich von Santiago ist die Viña Veramonte besonders empfehlenswert.

Viele Weingüter im Valle de Colchagua *(siehe S. 152f)*, etwa die Viña Montes und die Viña Casa Silva, verkaufen ihre Spitzenweine. Auch das Informationszentrum von Colchaguas Ruta del Vino in Santa Cruz bietet eine breite Auswahl von Weinen von den Gütern der Region an.

Der in ganz Südamerika beliebte *pisco* wird in Chile besonders gern getrunken. Guter *pisco* ist im ganzen Land erhältlich. Für den berühmten Cocktail Pisco Sour braucht man mindestens einen *reservado* mit 40 Prozent Alkohol. Große Marken wie Planta Capel *(siehe S. 186)* und **Centro Turístico Capel** werden fast überall verkauft, doch lohnt es sich, nach Pisco von kleinen Produzenten Ausschau zu halten, etwa von **Fundo Los Nichos**. Dazu muss man unter Umständen eine Brennerei besuchen, in diesem Fall im Valle del Elqui *(siehe S. 186f)*.

Eingang zum Mercado Municipal, Temucos Kunsthandwerksmarkt

Bücher und Musik

Viele große Buchhandlungen führen spanische und englische Titel. Die populäre Feria del Libro *(siehe S. 101)* hat in der ganzen Hauptstadt Filialen. In der Calle San Diego südlich der Metro-Station Universidad de Chile sind zahlreiche Antiquariate angesiedelt.

In Punta Arenas führt **Southern Patagonia Souvenirs & Books** Bücher über die Wildtiere, Geschichte und Kultur der Region. In ganz Chile findet man in kleineren Musikläden internationalen Pop, chilenische Klassiker und Folklore. Das **Billboard** in Providencia ist für sein großes Angebot an CDs bekannt und beliebt. Im Hotel Santa Cruz Plaza *(siehe S. 277f)* im Valle de Colchagua ist ein kleiner Laden auf chilenische Literatur und Musik spezialisiert.

Antiquitäten

Im 19. Jahrhundert importierten Chiles Elite und Mittelschicht Möbel und andere Waren aus Europa. Heute findet man viele dieser Stücke neben präkolumbischen Artefakten in Antiquitätenläden in Santiago und Valparaíso. In Santiago verkaufen in den Antigüedades Bucarest und den Antigüedades Balmaceda *(siehe S. 101)* mehrere Händler ihre Waren. Sehenswert ist in Santiago auch der Antiquitätenmarkt bei der Plaza Perú in Las Condes und in Valparaíso am Wochenende und an Feiertagen der Markt auf der Plaza O'Higgins. Anders als archäologische Funde dürfen die meisten Antiquitäten ausgeführt werden.

Kaufhäuser

Kaufhausketten verkaufen in ganz Chile alles von Kleidung über Elektrowaren bis zu Möbeln. Die größte Kette ist **Falabella**, in den meisten Städten sind aber auch **Almacenes París** und **Ripley** vertreten.

Einkaufszentren

Die meisten Einkaufszentren sind riesige Komplexe in Santiagos Vorstädten. Zu den größten gehören die Mall Apumanque und Alto Las Condes *(siehe S. 101)*.

Auch in Städten wie Antofagasta, Iquique, Puerto Montt und Temuco gibt es moderne Einkaufszentren. Zollfrei und preiswert sind die Zona Franca de Iquique und Punta Arenas **ZonAustral**. Zu den meisten Einkaufszentren gehören Essensstände, Multiplex-Kinos und Spielbereiche für Kinder. In Temuco bietet die Mall an der Avenida Alemania auch ein Casino.

Auf einen Blick

Kunsthandwerk und Souvenirs

Cerámica Cala
Las Heras 150, Los Andes.
(034) 242 3740.
ceramicacala.cl

La Mano Arte
Caracoles 450-A, San Pedro de Atacama. (055) 285 1312.
ceramicalamano.cl

Museumsläden

Almacruz
Plaza de Armas 286, Santa Cruz.
(072) 220 9600.
hotelsantacruzplaza.cl

Fundación Neruda
fundacionneruda.org

Kunsthandwerksmärkte

Feria Artesanal de Angelmó
Avenida Angelmó, Puerto Montt.

Delikatessen und Wein

Centro Turístico Capel
Camino a Peralillo s/n, Vicuña.
(051) 255 4337.

Fundo Los Nichos
Pisco Elqui. (051) 245 1085.
fundolosnichos.cl

Vicki Johnson
Santa Rosa 318, Puerto Varas.
(065) 223 2240.
vicki-johnson.com

Bücher und Musik

Billboard
Avenida Providencia 2124, Local 5. (02) 2233 7393.
billboard.cl

Southern Patagonia Souvenirs & Books
Avenida Bulnes, km 3,5, Punta Arenas. (061) 221 6759.

Kaufhäuser

Almacenes París
paris.cl

Falabella
falabella.com

Ripley
ripley.cl

Einkaufszentren

ZonAustral
Avenida Bulnes, km 3,5, Punta Arenas. (061) 236 2000.
zonaustral.cl

Einkaufszentrum in der zollfreien Zona Franca de Iquique

Lapislazuli

Der tiefblaue Halbedelstein wird seit der Antike geschätzt. Im alten Ägypten nutzte man ihn für Dekors und als Kosmetikum. Kleopatra soll Lapislazulipulver als Lidschatten verwandt haben. Bei den Römern galt Lapislazuli als Aphrodisiakum. Im präkolumbischen Chile wurde er zu Schmuck und in Alltags- und Ritualobjekten verarbeitet. Heute liegen die einzigen nennenswerten Lapislazulivorkommen in Afghanistan und in den chilenischen Anden. Vor allem in Santiago bieten Fachgeschäfte schönen Schmuck und Dekor aus Lapislazuli an.

Von der Werkstatt in den Laden

Der Lapislazuli wird aus dem Bergwerk in Werkstätten gebracht, wo er geschnitten und in Form geschmirgelt wird. Danach wird er mit Sandpapier geglättet und glänzend poliert. Der so vorbereitete Stein wird zusammen mit Edelmetallen, meist Gold oder Silber, zu Schmuck und anderen Objekten verarbeitet. Diese werden in Fachgeschäften wie dem Lapis Lazuli House (siehe S. 101) *verkauft.*

Ungeschnittener, unpolierter Lapislazuli

Polierte Schmucksteine

Halsketten, Armband und Ohrringe

Broschen aus Sterlingsilber in Form eines Elefanten und eines Frauenkopfes

Armreif mit Lapislazuli

Anhänger in Blütenform

Ohrringe in Blautönen

Gold- und Silber-Accessoires mit Intarsien aus Lapislazuli sind kostbar und schön. Ihr Preis hängt von der Menge des verarbeiteten Metalls, der Einzigartigkeit des Designs sowie der Zahl und Größe der Intarsien ab. Sehr beliebt sind Halsketten, Armbänder, Ohrringe, Manschettenknöpfe und Broschen.

Schmuck und Gebrauchsgegenstände aus Lapislazuli sind etwa feine Vasen, kleine Figuren, Briefbeschwerer, Aschenbecher, Bestecke und Schlüsselringe. Lapislazuli wird oft mit Kristall und Metall sowie mit anderen Schmucksteinen zu einzigartigen Objekten kombiniert.

Fein gearbeiteter Kerzenleuchter

Amphore aus Silber

Maske, Türkise und Lapislazuli

Besteck mit Griffen aus Lapislazuli

Blau-weißes Schachspiel mit Lapislazuli

Tischuhr in Form eines Hauses

Oldtimer aus Metall und Lapislazuli

Unterhaltung

Chiles Unterhaltungsangebot spiegelt den kulturellen Reichtum des Landes und die Interessen seiner Bewohner wider. Sport steht hoch im Kurs. Vor allem die Fußballstadien sind stets voll, auch wenn sich Chiles Nationalmannschaft – immerhin Sieger der Copa América 2015 – nicht oft für die Endrunde der Weltmeisterschaft qualifizierte. Beliebt sind auch Pferderennen, die im ganzen Land Fans auf die Rennbahnen locken. Chile hat ein reges Nachtleben: Zahlreiche Bars und Nachtclubs sorgen für das Wohl ihrer gut gelaunten Gäste. Im Bereich Musik und Tanz reicht der Bogen von Folklore über modernen Rock und Reggae bis zu Klassik und Ballett – aus Chile kommen einige internationale Stars. Im ganzen Land, vor allem jedoch in Santiago, wird begeistert Theater gespielt. Der chilenische Film hat in den letzten Jahren international auf sich aufmerksam gemacht.

Information und Tickets
In Santiago bieten lokale Zeitungen wie die Beilage *Wikén* des *El Mercurio* und die englischsprachige Website *Revolver* gute Informationen, aber auch die Hotelrezeptionen und Fremdenverkehrsbüros. **Punto Ticket** verkauft Tickets online sowie in den Warenhäusern Ripley in Santiago, La Serena, Antofagasta und Concepción. Ein weiterer großer überregionaler Anbieter ist **Ticketek**, der unter anderem im Kaufhaus Falabella *(siehe S. 302)* in Santiago vertreten ist.

Sportstadien
Als Fußballnation ist Chile dem Nachbarland Argentinien zumeist unterlegen, auch wenn es 1962 die Fußballweltmeisterschaft austrug. Im Estadio Nacional de Chile werden die Erstliga-*clásicos* zwischen **Universidad de Chile** und **CSD Colo-Colo** ausgetragen, dazu gibt es einige weitere Stadien in Santiago. In der ersten Liga spielen auch einige Teams aus den Regionen. Tickets erhält man über die jeweiligen Fußballclubs. Pferderennen erlebt man im Club Hípico *(siehe S. 85)* und im Hipódromo Chile *(siehe S. 105)* in Santiago sowie im **Valparaíso Sporting Club**. Er veranstaltet das prestigeträchtige Rennen El Derby. Tennis ist dank internationaler Spitzenspieler *(siehe S. 34)* seit einigen Jahren sehr populär. Das größte Turnier, das Chile Open, findet im Februar in Viña del Mar statt.

Bars und Clubs
Chiles Städte, besonders aber Santiago und Viña del Mar, sind für ihr Nachtleben bekannt. Das beginnt am frühen Nachmittag, läuft aber erst nach Mitternacht so richtig an. Discos und Clubs sind bis zum Morgengrauen geöffnet, vor allem in Santiagos Barrio Bellavista mit seiner aktiven Schwulenszene. Gut feiern kann man auch in Urlaubsorten der Seenregion, wie Pucón und Puerto Varas.

In der Bar La Playa an der Calle Cochrane, Valparaíso

Folklore
Dank politisch aktiver Musiker wie Violeta Parra und Víctor Jara *(siehe S. 29)* hat die chilenische Folklore viele Fans in und außerhalb Lateinamerikas. In *peñas*, kleinen, zwanglosen Clubs, modernisierten diese Künstler die Volksmusik der Armen und Entrechteten. Gruppen wie Quilapayún und Inti-Illimani integrierten Traditionen aus dem Andenhochland Perus und Boliviens sowie deren typische Instrumente – etwa den *charango* und die *zampoña* – in ihre Musik. Der politische Inhalt ihrer Musik zeigt sich in Alben wie *Cantata Popular Santa María de Iquique*: Dort erzählen sie in ihren Liedern, wie die Armee die Salpeterbergleute und deren Familien in der Atacama niedermetzelten.

Konventionelle Volksmusik kann man in ganz Chile in Clubs hören. Zum Programm gehört dort auch die *cueca*, Chiles nationaler Volkstanz,

Galopprennen im Club Hípico, Santiago

UNTERHALTUNG | 305

Begeisterte Tänzer beim chilenischen Nationaltanz *cueca*

der die Balz von Hahn und Henne imitiert, wird im ganzen Land zu den Fiestas Patrias *(siehe S. 36f)* Mitte September aufgeführt. Die *cueca* hat afrikanische und spanische Wurzeln.

Der Tango kommt zwar aus Argentinien, hat jedoch in vielen Städten seine Anhängerschaft und ist besonders in Santiago, Valparaíso und Coquimbo populär. Chiles bekanntester Tangoclub ist die Confitería Torres *(siehe S. 84)*, ein kulinarischer und kultureller Treffpunkt in Santiago.

Klassische Musik
Aus Chile stammen berühmte Musiker, darunter der Pianist Claudio Arrau (1903–1991) und der Operntenor Tito Beltrán. Die kleine, aber wichtige Klassik- und Ballettgemeinde konzentriert sich vor allem in der Hauptstadt. Opern und Klassikkonzerte erlebt man in Santiago im Teatro Municipal und Teatro Universidad de Chile *(siehe S. 105)*. Dort treten auch viele Ensembles aus Europa und Nordamerika auf.

Moderne Musik
Chiles Pop- und Rockszene ist international weniger bekannt als seine Folkloremusiker, in Lateinamerika haben sich jedoch Rockbands wie Los Tres, La Ley und Lucybell einen Namen gemacht. Live-Konzerte kann man am besten in Santiago *(siehe S. 102f)* erleben. Als einziges chilenisches Pop-Event macht das **Festival de la Canción** im Februar in Viña del Mar in der spanischsprachigen Welt Schlagzeilen. Dort treten gefeierte Stars wie Carlos Santana, Ricky Martin, Sting und Tom Jones auf.

Theater und Film
Chile besitzt eine aktive freie Theaterszene, viele große Bühnen und Dutzende kleine Ensembles. Bekannte moderne Dramatiker sind Ariel Dorfman, der auf Englisch und Spanisch schreibt, und Marco Antonio de la Parra. Roberto Parras Drama *La Negra Ester* über eine Prostituierte in San Antonio ist das am häufigsten inszenierte Stück in Chile. In großen Häusern wie dem **Teatro Nacional Chileno** und der **Sala Agustín Siré** der Universidad de Chile wird wie im Teatro La Comedia *(siehe S. 105)* und auf anderen kleinen Bühnen nur spanisch inszeniert.

Tangopaar in einem Club in Santiago

Der chilenische Film hat in den letzten Jahren international Aufmerksamkeit erregt, in den Kinos sieht man jedoch vor allem ausländische Kost vorwiegend aus Hollywood. Die meisten Filme sind untertitelt, Zeichentrickfilme synchronisiert. Multiplex-Ketten sind **Cine Hoyts** und **Cinemark**, es gibt auch Programmkinos wie **Cine El Biógrafo** und **Cine Arte Normandie**.

Auf einen Blick
Information und Tickets

Punto Ticket
Avenida Providencia 2198, Santiago.
(02) 2231 1061.
puntoticket.com

Ticketek
(02) 2690 2000.
ticketek.cl

Sportstadien

CSD Colo-Colo
Avenida Marathon 5300, Macul, Santiago.
(02) 2460 2600.
colocolo.cl

Universidad de Chile
(02) 2899 9900.
udechile.cl

Valparaíso Sporting Club
Avenida Los Castaños 404, Viña del Mar.
(032) 265 5610.
sporting.cl

Moderne Musik

Festival de la Canción
festivaldevina.cl

Theater und Film

Cine Arte Biógrafo
Lastarria 181, Santiago.
(02) 2633 4435.
elbiografo.cl

Cine Arte Normandie
Tarapacá 1181, Santiago.
(02) 2697 2979.
normandie.cl

Cine Hoyts
Moneda 835, Santiago.
(02) 2756 0400.
cinehoyts.cl

Cinemark
Avenida Kennedy 9001, Local 3092, Las Condes, Santiago.
600 586 0058.
cinemark.cl

Sala Agustín Sire
Morandé 750, Santiago.
(02) 2977 1787.
agustinsire.uchile.cl

Teatro Nacional Chileno
Morandé 25, Santiago.
(02) 2977 1701.
tnch.uchile.cl

Aktivurlaub und Themenferien

Dank seiner unglaublichen geografischen Vielfalt zwischen Tropen und Subantarktis, der Pazifikküste und den mächtigen Gipfeln der Anden bietet Chile Gelegenheit für verschiedenste Outdoor-Sportarten und Unternehmungen. In den vielen Nationalparks finden sich Möglichkeiten zum Wandern, Bergsteigen, Reiten und Erleben der Natur, im Winter locken Spitzenskigebiete der südlichen Hemisphäre. Chile ist zudem ein wahres Dorado für Wassersportler. Hier kann man auf reißenden Flüssen raften und Kajak fahren, in ruhigeren Gewässern Forellen angeln und während des ganzen Jahres an der rund 6500 Kilometer langen Küste surfen. Darüber hinaus liegen in der Atacama-Wüste großartig erhaltene archäologische Stätten, zudem ist der Himmel dort so klar, dass man Sternenkonstellationen und Planeten erblickt, die nirgendwo sonst auf der Erde zu sehen sind. Für Genießer schließlich bietet Chile Thermalbäder und Touren durch fantastische Weingüter, Spitzenweine und die regionale Gourmetküche.

Wanderer im Parque Nacional Torres del Paine, Südpatagonien

Wandern

Großartige Touren führen entlang den Anden und dem Küstengebirge. Zu den weltweit schönsten Wandergebieten in einer Wildnisregion gehört der Parque Nacional Torres del Paine in Südpatagonien. In den meisten Gebieten braucht man nur eine halbe Stunde bis zum nächsten Wanderweg. Nach der Fertigstellung des Sendero de Chile wird dieser durch das ganze Land von Nord nach Süd führen.

Neben Torres del Paine sind die Städte Pucón und Puerto Varas in der Seenregion die beliebtesten Wanderzentren. Weitere gute Möglichkeiten sind zudem nur eine Stunde vom Zentrum von Santiago entfernt im Cajón del Maipo zu finden. Weniger bekannt, aber dennoch exzellent, sind (rund 260 Kilometer südlich von Santiago) die Wanderrouten in den Bergen östlich von Talca. Südlich der nordpatagonischen Stadt Coyhaique lockt das Hinterland der Reserva Nacional Cerro Castillo zunehmend Fernwanderer an – doch immer noch nur einen Bruchteil der Trekker, die im Torres del Paine unterwegs sind. In Talca bietet **Trekking Chile** Unterkünfte und Information über das Umland sowie weitere Reiseziele in ganz Chile. **Cascada Expediciones** aus Santiago betreibt ein Öko-Camp als Basis für seine mehrtägigen Wanderungen in und rund um Torres del Paine. Außerhalb von Cochrane in Nordpatagonien ist das US-Unternehmen **Patagonia Adventure Expeditions** auf den Aisén Glacier Trail spezialisiert und besitzt für den Weg Monopolrechte.

Bergsteigen

Chile bietet Bergwanderungen für Neulinge und erfahrene Bergsteiger. Viele Urlauber kombinieren genussvolle Wanderungen mit anderen Outdoor-Aktivitäten. Den Aufstieg auf den Volcán Villarrica bei Pucón in der Seenregion z. B. schafft fast jeder Wanderer mit guter Kondition als Tagesausflug. Aufgrund seismischer bzw. vulkanischer Aktivitäten werden solche Touren allerdings mitunter kurzfristig unmöglich gemacht. Eine andere angenehme, zwei Tage dauernde Tour führt auch auf den Volcán Osorno bei Puerto Varas. Solche Ausflüge sind vor allem wegen der Aussicht besonders reizvoll. Erholsame Genusswanderungen organisieren unter anderem **Sol y Nieve Ex-**

Bergsteigen am verschneiten Volcán Villarrica

pediciones in Pucón und **Alsur Expeditions** in Puerto Varas.

Kletterer finden in Chile technisch schwierige Routen etwa auf den Gipfel des Osorno oder Villarrica. Anspruchsvoll sind auch Strecken in großer Höhe, z. B. auf den 6893 Meter hohen Volcán Ojos del Salado in der Wüste im Norden. Eine Herausforderung stellen zudem unter anderem die steilen Granitfelsen der Torres del Paine in Südpatagonien dar. Schwierige Klettertouren und logistische Unterstützung organisieren Veranstalter wie **Antares Patagonia Adventure** in Puerto Natales und **Azimut 360** in Santiago.

Vogelbeobachtung

Chiles vielfältige Landschaften sind Heimat einer bunten, für viele Besucher neuartigen Vogelwelt. Professionelle Führer werden von einigen Reiseveranstaltern zur Verfügung gestellt. **Birds Chile** in Puerto Varas z. B. deckt ganz Patagonien von der Seenregion bis Tierra del Fuego ab. **Birdwatching in Chile** ist ein umfassendes Onlineportal, das vielfältige Informationen rund um das Thema Vogelbeobachtung bietet. In Punta Arenas organisiert das Unternehmen **Natura Patagonia** Vogelreisen in die Magellanstraße, nach Tierra del Fuego und in Patagoniens Steppe.

Reiten

Reiten ist in Chile ein traditionsreicher Sport. Zwei komfortable Lodges, die von Deutschen gegründet wurden, sind auf Ausritte in das Hinterland spezialisiert. Im Wüstenhochland bietet östlich von Ovalle die koloniale Hacienda Los Andes *(siehe S. 188)* geführte Ausritte über die Anden an. Östlich von Puerto Varas organisiert **Campo Aventura** Ausritte in die raue Landschaft mit dichtem Valdivianischem Regenwald. Der Mapucheösterreichische Veranstalter **Kila Leufú** bei Pucón in der Seenregion ist die richtige Adresse für ein- und mehrtägige Wanderritte.

Radfahrer auf der Carretera Austral durch Patagonien

Radfahren und Mountainbiken

Chile bietet Radfahrern und Mountainbikern alle erdenklichen Möglichkeiten. Von der Atacama bis jenseits der Seenregion findet man in den meisten Städten und Urlaubsorten günstige Leihräder. Bekannte Radziele sind San Pedro de Atacama, Pucón und Puerto Varas. Da der Sendero de Chile immer weiter ausgebaut wird, ist Fahrradfahren mittlerweile fast überall möglich.

Eine beliebte Fernstrecke führt entlang der Panamericana oder Ruta 5. Sie verläuft von Alaska bis Tierra del Fuego. In der Seenregion kommt man auf vielen Nebenrouten jenseits der viel befahrenen Autobahn weiter. Berühmt ist auch die Tour auf der Carretera Austral durch Patagonien. Wer sich um die Logistik nicht kümmern mag, kann über mehrere Veranstalter auch in Deutschland Touren in Chile und Argentinien buchen.

Autoreisen

Die Carretera Austral entdeckt man vorzugsweise per eigenem Auto. Die beeindruckende Straße beginnt in Puerto Montt und endet bei Villa O'Higgins. Unterwegs muss man immer wieder auf Fähren umsteigen. Der Abschnitt von Chaitén nach Norden bis Parque Pumalín wurde nach den Schäden, die der Ausbruch des Volcán Chaitén verursacht hatte, repariert. Am besten mietet man sich ein Auto in Coyhaique und folgt von dort der Carretera Austral nach Norden oder Süden. Die Straße ist meist ungeteert, asphaltierte Abschnitte gibt es vor allem nördlich von Coyhaique. Ein Geländewagen ist selten erforderlich.

Ideal für Autoreisen ist auch die Seenregion zwischen Temuco und Puerto Montt und Chiloé im Süden. Besonders schön sind die Nebenstrecken abseits der vierspurigen Panamericana. Die meisten dieser Straßen sind geteert, bisweilen fährt man auf Schotter.

In der Atacama erreicht man mit dem Auto abgelegene Gebiete, muss aber große Entfernungen überwinden und kommt jenseits der Hauptstraßen nur langsam voran. In Santiago organisiert **Pachamama by Bus** Kleinbusfahrten auch für Einzelpersonen Richtung Norden nach San Pedro de Atacama und Süden nach Puerto Varas und Puerto Montt. Unterwegs wird an Sehenswürdigkeiten gehalten. Die Fahrgäste können dann ohne Zeitbeschränkung auf Entdeckungstour gehen.

Ausritt über die Hügel bei der Playa El Faro, La Serena

Skifahren und Snowboarden

Chile zählt zu den wenigen Ländern, in denen Skifahrer und Snowboarder von Juli bis September die Pisten stürmen. Sehr beliebt ist Ski Portillo *(siehe S. 138)* nahe der argentinischen Grenze, großartig Ski fahren kann man auch bei Santiago in El Colorado, Valle Nevado *(siehe S. 144)* und anderen Gebieten. Weiter südlich locken die Nevados de Chillán *(siehe S. 156)* sowie der Volcán Villarrica *(siehe S. 202)*, Volcán Osorno *(siehe S. 214)* und im Parque Nacional Puyehue das Centro de Ski Antillanca *(siehe S. 208f)*. **Skitotal** in Santiago bietet Tagesausflüge zu nahen Skigebieten. Reisen in Spitzenskigebiete in Chile und Argentinien organisieren mehrere Veranstalter in Chile.

Wildwasser-Rafting

Eine knappe Stunde von Santiagos Zentrum entfernt beginnt steiles Gelände mit Wildwasser, das sich bis weit nach Patagonien zieht. Besonders beliebt sind der Río Trancura nahe Pucón, der Río Petrohué bei Puerto Varas und die Flüsse von Cajón del Maipo. Das Maß aller Dinge ist jedoch der Río Futaleufú in Nordpatagonien. Er zählt weltweit zu den Top Ten der Wildwasserflüsse.

Tagesausflüge organisieren z. B. **Cascada Expediciones** in Santiago – auch eine gute Adresse für Wandertrips –, **Politur**

Wildwasser-Rafting auf dem Río Futaleufú

in Pucón und **KoKayak** in Puerto Varas. **Expediciones Chile**, **Bio Bio Expeditions**, **Cascada Aventura** und einige andere Agenturen besitzen Camps am Futaleufú für Wochenprogramme, veranstalten aber auch Tagestouren.

Angeln

Chile ist ein Dorado für Forellenangler, die aus aller Welt an seine stillen Seen und klaren Flüsse zwischen Temuco und Aisén und nach Tierra del Fuego pilgern. **Southern Chile Expeditions** betreibt Fliegenfischer-Lodges wie Yan Kee Way bei Puerto Varas und El Patagón in der abgelegeneren Region von Aisén. Man kann aber auch bei Veranstaltern und Führern vor Ort buchen, etwa in Coyhaique in Nordpatagonien und in Pucón in der Seenregion.

Surfen

An seiner Tausende Kilometer langen Küste mit Hunderten Sandstränden, die sich zum Teil in Buchten an markante Landzungen schmiegen, bietet Chile außer in Patagonien fast unbegrenzte Möglichkeiten zum Surfen. Die beliebtesten Surfer-Reviere liegen an der Küste von Zentralchile z. B. bei Viña del Mar und dessen Vororten, bei Pichilemu sowie bei den nordchilenischen Städten Iquique und Arica. Gesurft wird in Chile zwar während des ganzen Jahres, größer ist die Herausforderung jedoch im Winter, wenn hohe Wellen an die Pazifikküste donnern. Wegen des kalten Humboldt-Stroms ist ein Neoprenanzug gegen Unterkühlung erforderlich. An einigen Stränden treten gefährliche Rippströmungen auf.

Einige Lodges sind auf Surfer spezialisiert, so etwa das **Pichilemu Surf Hostal** und die **Posada Punta de Lobos**. Sie bieten unter anderem Kurse und Leihausrüstungen. In den meisten Surfer-Revieren kann man auch windsurfen.

Meer-Kajakfahren

Angesichts der langen Küste ist Chile selbstverständlich ein Dorado für Meerkajaker. Die Gebiete am offenen Pazifik sind jedoch weniger geeignet als die Buchten und geschützten Meeresarme des Chiloé-Archipels. Am Festland findet man in Nordpatagonien einige wirklich einsame Buchten, die man nur mit großer Vorbereitung erreicht. Der größte Veranstalter ist **Altué Sea Kayaking** in Santiago. Er operiert im Sommer von Dalcahue im Chiloé-Archipel aus. In der Region bietet zudem Alsur Expeditions Kajakfahrten und Bergwanderungen.

Tauchen

Im kalten östlichen Pazifischen Ozean ist Tauchen eine ganz andere Sporterfahrung als in tropischen Gewässern. Auf der Osterinsel bieten die erfahrenen **Mike Rapu Diving Center** und **Orca Diving Center** Tauchfahrten an.

Unterwasserabenteuer vor der Playa Anakena, Osterinsel

Kreuzfahrtschiff vor Punta Arenas in Südpatagonien

Kreuzfahrten

Viele große Kreuzfahrtschiffe fahren zwischen Santiago und Argentiniens Hauptstadt Buenos Aires und dabei rund um Kap Hoorn. Kleinere Kreuzfahrtschiffe von lokalen Unternehmen bieten unterwegs häufige, hochinteressante Landausflüge in abgelegene Gebiete, die man auf drei- bis fünftägigen Wanderungen erkunden kann. **Cruceros Australis** etwa pendelt zwischen Punta Arenas und Ushuaia in Argentiniens Tierra del Fuego, **Cruceros Marítimos Skorpios** in spektakulären Küstenabschnitten zwischen Puerto Montt, Puerto Chacabuco und Laguna San Rafael sowie Puerto Natales und den Fjorden von Campo de Hielo Sur. Der Service bei Cruceros Australis ist jedoch erheblich besser.

Walbeobachtung

In Chile werden bislang noch wenige Waltouren angeboten. Zu sehen sind jedoch Blauwale im Golfo de Corcovado vor Chiloé, zudem kann man die Fressgründe der Buckelwale in der Magellanstraße erreichen. Auf der Isla Carlos III nahe den Fressgründen betreibt **Whalesound** ein Öko-Camp mit Unterkünften in Kuppelzelten.

Gleitschirmfliegen

Wo hinter Iquique das Küstengebirge fast senkrecht ansteigt, wehen ideale Westwinde für Gleitschirmflieger, die sich von der Kante stürzen. Zur Unterstützung des Sports hat die Lokalverwaltung einen Startplatz ausgewiesen. Lokale Veranstalter organisieren Tandemflüge, die einen Blick aus der Vogelperspektive auf die Stadt und die bekannten Dünen ermöglicht. Gelandet wird auf dem Sandstrand.

Erfahrene Paraglider fliegen bisweilen bis zum 260 Kilometer südlich gelegene Tocopilla. Die **Escuela de Parapente Altazor** bietet Gleitschirmkurse und Unterkünfte für ihre Kunden an.

Golf

Golf ist in Chile nicht so verbreitet wie in Argentinien. Alle Golfplätze gehören privaten Clubs und sind nur auf Einladung eines Mitglieds zugänglich. Einige Hotels organisieren Pässe für ihre Gäste, das **Marbella Resort** in Maitencillo an der Küste nördlich von Viña del Mar hat einen eigenen Golfplatz.

Astronomie

Der Himmel über der Südhalbkugel unterscheidet sich so sehr vom Himmel des Nordens, dass führende internationale Observatorien in Chile topmoderne astronomische Einrichtungen gebaut haben, etwa das Observatorio Paranal *(siehe S. 181)*. Leicht erreichbar sind das **Cerro Tololo Inter-American Observatory** bei La Serena und das **Observatorio de La Silla** bei Santiago. Zu den kleinen Gemeinde-Observatorien zählt das von Cerro Mamalluca *(siehe S. 186)*. Bei San Pedro de Atacama ist **San Pedro de Atacama Celestial Explorations** des Franzosen Alain Maury informativ.

Das Observatorio Cerro Mamalluca im ariden Valle del Elqui, Vicuña

Blick von der Casa Lapostolle im Weingut Clos Apalta, Seenregion

Archäologie

Dank ihrer fast absoluten Trockenheit haben sich in der Atacama-Wüste Ruinen und Artefakte über Jahrtausende erhalten. Nordchile ist deshalb ein Mekka für Archäologen. Riesige Geoglyphen an Berghängen sind in dieser Region die kostbarsten und auffälligsten Relikte. Sie stehen geografisch und historisch mit dem Andenhochland in Verbindung. In der Wüste haben sich zudem präkolumbische Festungen und Dörfer erhalten sowie die berühmten Chinchorro-Mumien *(siehe S. 165)* von Arica. Historisch interessant sind darüber hinaus die Geisterstädte in der Atacama, beispielsweise Santa Laura und Humberstone *(siehe S. 172)*.

Veranstalter wie **Far Horizons Archaeological and Cultural Trips** in Santiago organisieren Ausflüge in die Atacama, auf die Osterinsel und in weitere Landesteile. Andere Veranstalter engagieren mitunter auch Wissenschaftler, die den Reiseteilnehmern die geheimnisvolle Geschichte der Insel detailliert erläutern.

Chiles bemerkenswerteste archäologische Stätte ist Monte Verde bei Puerto Montt. Sie ist rund 13 000 Jahre alt und damit die älteste bekannte menschliche Siedlung in Amerika. Rund 18 Kilometer südlich von Santiagos Zentrum liegt im Becken des Río Maipo die Stätte Cerro Chena. Dort wurden die Ruinen einer Inka-Festung ausgegraben.

Thermalbäder

Chile liegt auf dem Pazifischen Feuerring, weshalb es im Land viele aktive Vulkane sowie Geysire und heiße Quellen gibt. Man findet sie größtenteils südlich von Santiago. Viele Thermalbäder stehen Tagesgästen offen, so die Termas Geométricas bei Pucón, andere sind Hotels mit Spa. Die bekanntesten Thermalbäder (auch für Tagesgäste) sind die Termas de Puyehue *(siehe S. 209)* mit Lodge und Spa und in Nordpatagonien die Puyuhuapi Lodge & Spa *(siehe S. 232)*.

Wein und Kulinarisches

Chile lockt mit Weinrouten vor allem in den Tälern Colchagua und Casablanca. Dort findet man selbstverständlich Wein sowie feine Küche und auch Unterkünfte. Am besten wird man an der Ruta del Vino *(siehe S. 152f)* rundumversorgt. Dort bieten unter anderem die **Viña Casa Silva** und im Valle de Casablanca die **Viña Matetic** guten Wein, Gourmetküche und Luxusunterkünfte. **Santiago Adventures** organisiert Ausflüge zu diesen Weingütern und in das malerische, unbekanntere Aconcagua-Tal.

Reiseveranstalter

Viele Veranstalter bieten Reisen mit Schwerpunkt auf Outdoor-Sport und bestimmten Themen an. **LAN Vacations** ist das Reisebüro der chilenischen Fluggesellschaft LAN. Santiago Adventures in Santiago bietet neben Wein- auch Ski- und Radtouren. Darüber hinaus organisieren zahlreiche Veranstalter spannende wie entspannende Touren für jeden Geschmack.

Das Thermalbad Termas de Puyehue nahe dem Parque Nacional Puyehue

Auf einen Blick

Wandern

Cascada Expediciones
Las Condes, Santiago.
(02) 2923 5950.
cascada.travel

Patagonia Adventure Expeditions
Puerto Bertrand.
(067) 241 1330.
adventurepatagonia.com

Trekking Chile
Talca. (071) 197 0096.
trekkingchile.com

Bergsteigen

Alsur Expeditions
Puerto Varas. (065) 223 2300. alsurexpeditions.com

Antares Patagonia Adventure
Puerto Natales.
(061) 241 4611.
antarespatagonia.travel

Azimut 360
Eliodoro Yáñez 1437, Providencia, Santiago.
(02) 2235 1519.
azimut360.com

Sol y Nieve Expediciones
Lincoyán 361, Pucón.
(045) 244 4761.
solynievepucon.com

Vogelbeobachtung

Birds Chile
Puerto Varas.
(09) 989 07291.
birdschile.com

Birdwatching in Chile
birdingpal.org/Chile.htm

Natura Patagonia
naturapatagonia.cl

Reiten

Campo Aventura
Cochamó.
(065) 223 2910.
campo-aventura.com

Kila Leufú
(09) 9876 4576.
kilaleufu.cl

Radfahren und Mountainbiken

Rad-Reise-Service
rad-reise-service.de

Autoreisen

Pachamama by Bus
Moneda 2350, Santiago.
(02) 2688 8018.
pachamamabybus.com

Skifahren und Snowboarden

Skitotal
Las Condes.
(02) 2246 0156.
skitotal.cl

Wildwasser-Rafting

Bío Bío Expeditions
(02) 196 4258.
bbxrafting.com

Cascada Expediciones
Las Condes, Santiago.
(02) 2923 5950.
cascada.travel

Expediciones Chile
(02) 2570 9885.
exchile.com

KoKayak
Puerto Varas.
(065) 223 3004.
kokayak.cl

Politur
Pucón. (045) 244 1373.
politur.com

Angeln

Southern Chile Expeditions
(065) 221 2030.
southernchilexp.com

Surfen

Pichilemu Surf Hostal
(09) 7492 6848.
pichilemusurfhostal.com

Posada Punta de Lobos
(09) 8154 1106.
posadapuntadelobos.cl

Meer-Kajakfahren

Altué Sea Kayaking
Dalcahue.
(09) 9419 6809.
seakayakchile.com

Tauchen

Mike Rapu Diving Center
Hanga Roa.
(032) 255 1055.
mikerapu.cl

Orca Diving Center
Hanga Roa.
(032) 255 0375.
seemorca.cl

Kreuzfahrten

Cruceros Australis
Santiago.
(02) 2442 3115.
australis.com

Cruceros Marítimos Skorpios
Santiago.
(02) 2477 1900.
skorpios.cl

Walbeobachtung

Whalesound
Punta Arenas.
(09) 9887 9814.
whalesound.com

Gleitschirmfliegen

Escuela de Parapente Altazor
Iquique.
(057) 238 0110.
altazor.cl

Golf

Marbella Resort
Camino Concón-Zapallar, km 35.
(032) 279 5900.
marbella.cl

Astronomie

Cerro Tololo Inter-American Observatory
La Serena.
(051) 220 5200.
ctio.noao.edu

Observatorio de La Silla
Ave. Alonso de Córdova 3107, Vitacura, Santiago.
(02) 2464 4100.
eso.org

San Pedro de Atacama Celestial Explorations
San Pedro de Atacama.
(055) 256 6278.
spaceobs.com

Archäologie

Far Horizons Archaeological and Cultural Trips
(02) 2378 3440.
farhorizons.com

Wein und Kulinarisches

Santiago Adventures
Guardia Vieja 255, Oficina 406, Providencia, Santiago.
(02) 2244 2750.
santiagoadventures.com

Viña Casa Silva
Hijuela Norte s/n, San Fernando.
(072) 271 6519.
casasilva.cl

Viña Matetic
Fundo Rosario, Lagunillas, Casablanca.
(02) 2611 1501.
matetic.cl

Reiseveranstalter

Birdwatching Chile
birdwatchingchile.com

LAN Vacations
1-800-497 1168 (USA).
lanvacations.com

GRUND-INFORMATIONEN

Praktische Hinweise	314 – 323
Reiseinformationen	324 – 329

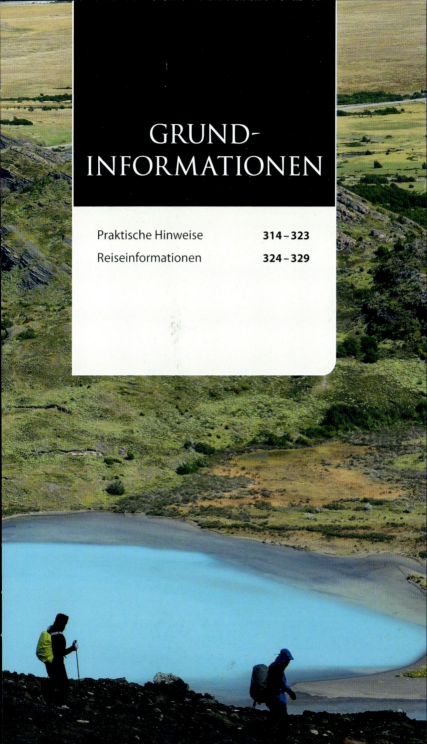

Praktische Hinweise

Chiles Infrastruktur gilt als eine der besten in ganz Lateinamerika und muss den Vergleich mit den allermeisten europäischen Ländern nicht scheuen. So besitzt Santiago moderne Stadtautobahnen und mit der Metro de Santiago ein exzellentes U-Bahn-Netz. Die Telefonnetze, Festnetz und Mobilfunknetz, sind ausgezeichnet, Gleiches gilt für das Internet. Alle wichtigen Urlaubsgebiete verfügen über eine hervorragend ausgebaute Infrastruktur, nur in abgelegenen ländlichen Gebieten kann das Angebot eingeschränkt sein. Die Chilenen sind in der Regel höflich und hilfsbereit. Die chilenische Polizei genießt heute das Vertrauen der Bevölkerung und ist sehr korrekt. Die nationalen Tourismusbüros in den Regionalhauptstädten und vielen anderen Orten werden gelegentlich durch städtische Büros ergänzt, das Personal dort spricht Englisch. Abseits der großen Straßen kann es schwer werden, jemanden zu finden, der Englisch spricht.

Skifahren ist ein beliebter Wintersport in den Anden

Beste Reisezeit
Da sich Chile von der Wüste Atacama bis zu den Gletschern Patagoniens erstreckt, bietet es für jede Jahreszeit etwas. Frühling und Herbst *(siehe S. 38–41)* sind am angenehmsten, Preise und Besucherzahlen im Januar und Februar am höchsten.

Einreise und Visum
Bürger aus EU-Staaten und aus der Schweiz benötigen für einen bis zu 90-tägigen Aufenthalt in Chile kein Visum. Der Reisepass muss noch für mindestens sechs Monate gültig sein. Der Personalausweis ist nicht ausreichend. Auch Kinder brauchen ein eigenes Ausweisdokument mit Lichtbild. Bei der Ankunft erhält man kostenlos eine *Tarjeta de Turismo* (Touristenkarte), die 90 Tage gültig ist. Diese muss man bei Verlassen des Landes zurückgeben. Die Aufenthaltserlaubnis kann einmalig gegen Gebühr (100 US-$) um weitere 90 Tage verlängert werden.

Zoll
Auf Dinge des persönlichen Bedarfs des Einreisenden wie Kleidung, Schmuck, Arzneien, Kameras und Notebooks werden bei der Einfuhr keine Zollgebühren erhoben. Auch 500 Gramm Tabak, drei Liter Spirituosen (für Erwachsene ab 18 Jahre) und kleine Mengen Parfüm sind frei.

Ein striktes Einfuhrverbot besteht für frische Nahrungsmittel (Milchprodukte, Obst und Gemüse, Fleisch- und Wurstwaren) sowie Pflanzen, Waffen und Drogen. Verstöße werden mit hohen Bußgeldern geahndet. In den nördlichen Wüstenstädten Iquique und Arica sowie in der Region Magallanes im Süden gibt es Zollfreizonen. Wer aus diesen Gebieten kommt, muss mit internationalen Zollkontrollen rechnen.

Botschaften
Die meisten Auslandsvertretungen, so auch die von **Deutschland**, **Österreich** und der **Schweiz**, befinden sich in Santiago. Sie helfen bei Fragen zu Visa oder bei anderen Problemen. Viele Informationen findet man auch auf ihren offiziellen Websites.

Information
Das staatliche Fremdenverkehrsamt **Sernatur** betreibt an den internationalen Flughäfen, in Santiago, den Regionalhauptstädten und den meisten Urlaubsorten Büros. Informationen erhält man auch in städtischen Fremdenverkehrsbüros sowie in Hotels und Pensionen. Die Nationalparkbehörde **CONAF** bietet Informationen rund um Nationalparks und Schutzgebiete.

Informationsbüro an der Plaza de Armas in Castro, Chiloé

◀ Wanderer am Río Paine im Parque Nacional Torres del Paine *(siehe S. 246–249)*, Südpatagonien

Auf einem Ausflugsboot zum Glaciar Grey in Südpatagonien

Kleidung

Chile liegt weitgehend in gemäßigten Breiten. Den Jahreszeiten angemessene Kleidung – leichte Sommersachen und eine Regenjacke für feuchtere Gebiete, warme Sachen für den Winter – genügt meist. In den höheren Gebieten der Atacama und der Anden kann es nachts sehr kalt werden, ausreichend warme (Schutz-)Kleidung ist dort immer zu empfehlen.

Öffnungszeiten und Eintritt

Privatmuseen in Chile sind oft teuer. Viele der öffentlichen Museen des Landes hingegen stehen Besuchern kostenlos offen. Die Öffnungszeiten variieren nach Tag und Jahreszeit, montags ist oft geschlossen.

Nationalparks sind das ganze Jahr über geöffnet, manche jedoch nur tagsüber zugänglich. Die meisten verlangen Eintritt. Als Ausländer zahlt man bei den beliebtesten einen erhöhten Eintritt. Der Jahrespass ist günstig und gilt für alle Parks außer Rapa Nui und Torres del Paine. Der Ausweis wird derzeit nur in Santiago (Paseo Bulnes 265) ausgestellt.

Sprache

Die offizielle Landessprache ist Spanisch. Der chilenische Dialekt, in dem Konsonanten am Ende und bisweilen auch im Wort verschluckt werden, ist aber manchmal schwer zu verstehen. Im Tourismusbereich sprechen viele Chilenen Englisch, doch in abgelegeneren Gebieten ist es hilfreich, etwas Spanisch zu können. Viele indigene Gruppen, wie Mapuche, Aymara und einige kleinere Ethnien, haben eigene Sprachen, doch in der Regel sprechen auch sie Spanisch.

Straßennamen und Adressen

Wie in Mitteleuropa steht bei chilenischen Adressen der Straßenname vor der Hausnummer. Die chilenischen Straßennamen werden meist nicht abgekürzt. Während »Calle« oft weggelassen wird, werden andere Zusätze wie »Avenida« immer mitgenannt.

Der chilenische Brauch, einen doppelten Familiennamen zu führen (zuerst kommt der Name des Vaters und dann der der Mutter), ist auch bei Straßennamen üblich. In Santiago gibt es zum Beispiel die Avenida Vicuña Mackenna und die (Calle) General Mackenna. Wenn Sie nach der Richtung fragen, achten Sie also auf den genauen Namen.

Religion und Etikette

Chile ist ein römisch-katholisches Land. Die Kirche ist noch immer sehr einflussreich. Der Mangel an Nachwuchspriestern schafft jedoch Freiräume, in denen evangelikale Gruppen immer mehr Zulauf finden. Die indigenen Mapuche und Aymara pflegen zwar ihre eigenen religiösen Traditionen, doch sind viele auch Katholiken oder Evangelikale. Die chilenische Gesellschaft ist in Bezug auf Kleidung nicht besonders konservativ, trotzdem sollten Sie beim Besuch religiöser Stätten doch angemessen gekleidet sein. Chilenen schätzen Höflichkeit und sind auch selbst höflich. Wird ein Fremder angesprochen, geschieht dies immer mit *señor* (Herr), *señora* (Frau) oder *señorita* (Fräulein). Die Begrüßungen lauten *buenos días* (guten Morgen), *buenas tardes* (guten Tag) oder *buenas noches* (guten Abend/gute Nacht).

Alleinreisende Frauen

Ungeachtet der Tatsache, dass im Jahr 2006 (und erneut 2014) mit Michelle Bachelet eine Frau in das Präsidentenamt gewählt wurde, ist Sexismus in Chile nach wie vor in beachtlichem Maße verbreitet. Als Frau begegnet man ihm wohl am häufigsten in Form des *piropo* (Kompliment), der relativ harmlos sein kann, aber auch ziemlich vulgär – auch wer kein Spanisch spricht, versteht den Tonfall. Die beste Taktik ist, Aufdringlichkeiten zu ignorieren oder an öffentlichen Orten wie Hotels oder Cafés Schutz zu suchen. Seien Sie nachts nicht alleine unterwegs, und, falls doch, rufen Sie auf jeden Fall ein Taxi.

Mit Kindern reisen

Chile ist ein kinderfreundliches Land. Solange Kleinkinder keinen eigenen Sitzplatz benötigen, müssen ihre Eltern für sie im Bus auch nicht zahlen. Dasselbe gilt für Hotelübernachtungen. Dennoch sollten sich Familien mit vier oder mehr Personen nach Unterkünften in *cabañas* umsehen. Diese können pro Kopf gerechnet billiger sein als Hotels.

Beliebter Treffpunkt: die Plaza José Francisco Vergara, Viña del Mar

Senioren

Ältere Menschen werden in Chile in der Regel äußerst respektvoll behandelt und bekommen, wann immer nötig, Hilfe angeboten. Allerdings gelten die reduzierten (Eintritts-)Preise für chilenische Senioren nicht für Reisende aus dem Ausland. Eine Ausnahme stellt die Metro in Santiago dar.

Schwule und Lesben

Chile ist im Großen und Ganzen ein konservatives, vorwiegend katholisches Land. In der Öffentlichkeit gezeigte Homosexualität wird auf jeden Fall missbilligt. Seit Ende der Pinochet-Diktatur wagen jedoch viele Homosexuelle trotzdem den Schritt in die Öffentlichkeit. So findet beispielsweise in Santiago jedes Jahr Ende September eine Gay-Pride-Parade statt. Eine lebhafte Homosexuellenszene findet man in der Hauptstadt im Barrio Bellavista und in Badeorten wie Viña del Mar.

Behinderte Reisende

Für Besucher im Rollstuhl kann Chile ein mühsames Reiseland sein. Schmale, mit Löchern übersäte Gehsteige und fehlende Rampen machen es Rollstuhlfahrern in den meisten Städten schwer vorwärtszukommen. Viele neuere Hotels bieten aber behindertengerecht ausgebaute Zimmer an. Auf dem Land, vor allem in abgelegeneren Gebieten, ist das Angebot jedoch gering.

Ein Kellner bedient Gäste im Café Turri in Valparaíso

Studenten

Viele europäische und nordamerikanische Studenten verbringen in Chile ein Auslandssemester, das z. B. über ihre heimische Universität organisiert wird. Meist gehen sie dazu nach Santiago, Valparaíso oder Concepción. Auf jeden Fall benötigen sie ein Studentenvisum, das sie zu Hause in einer chilenischen Auslandsvertretung beantragen müssen.

Oft werden die Aufenthalte für Sprachkurse in einer der zahlreichen Sprachschulen in Santiago genutzt. Auch in Valparaíso oder in Urlaubsorten wie Pucón werden solche Kurse angeboten. Für Sprachkurse benötigt man kein spezielles Visum. Sie dauern normalerweise eine Woche bis einen Monat und können mit einem Aufenthalt in einer chilenischen Familie verbunden werden.

Trinkgeld

In gehobenen Restaurants, mit Bedienung am Tisch und einer gedruckten Speisekarte, sind zehn Prozent Trinkgeld üblich, eine entsprechende »Empfehlung« findet sich meist auf der Rechnung. Bei Zahlung mit Kreditkarte kann der Betrag im entsprechenden Feld des Belegs ergänzt oder bar gegeben werden.

Taxifahrer erwarten kein Trinkgeld, außer sie leisten Extradienste wie Gepäcktragen. Wird an der Tankstelle die Scheibe geputzt, gibt man dem Putzenden einen kleinen Betrag.

Rauchen

Viele Chilenen sind starke Raucher, doch das gesetzlich festgelegte Rauchverbot für öffentliche Räume wird weitestgehend eingehalten. Es gilt für öffentliche Transportmittel, an Flughäfen und Bahnhöfen, in Läden und Supermärkten, in Verwaltungseinrichtungen, am Arbeitsplatz sowie in anderen

Die Universidad de Chile zählt zu den vielen Institutionen, die in Santiago Spanischkurse anbieten

Bereichen. Auch in Restaurants, Cafés, Bars und Clubs gilt seit Kurzem ein striktes Rauchverbot. Die Vorschriften werden mittlerweile im ganzen Land zu annähernd hundert Prozent eingehalten.

Öffentliche Toiletten

Die sanitären Standards sind in Chile höher als in den tropischen Ländern Lateinamerikas. Öffentliche Toiletten können im Allgemeinen bedenkenlos benutzt werden. In Busbahnhöfen oder an Raststätten werden die Einrichtungen zum Beispiel immer von einer Toilettenfrau oder einem Toilettenmann sauber gehalten, man zahlt allerdings für die Benutzung und für Toilettenpapier. Viele Raststätten bieten auch Duschen an, was vor allem die Lastwagenfahrer nutzen.

Maßeinheiten

Chile verwendet wie fast der gesamte Rest der Welt das metrische System, bis auf wenige Ausnahmen. So wird beispielsweise der Reifendruck in Pfund/Quadratzoll gemessen. Die Höhenlagen der Flughäfen werden in Fuß angegeben.

Elektrizität

Chiles Stromnetz arbeitet wie das europäische mit 220 Volt/50 Hertz. Für die meisten Steckdosen benötigt man die auch in Europa üblichen Stecker mit zwei runden Kontaktstiften. Gelegentlich kann es zu Spannungsschwankungen kommen. Daher ist ein Überspannschutz ein sinnvoller Reisebegleiter, besonders wenn man unterwegs sein Notebook benutzen möchte.

Zeit

Chile liegt vier Stunden hinter der Mitteleuropäischen Zeit (MEZ) zurück, während der europäischen Sommerzeit fünf Stunden. Im chilenischen Sommer wird die Uhr um eine Stunde zurückgestellt. Beginn und Ende der Sommerzeit variieren, sie gilt aber in der Regel von Dezember bis März. Das bedeutet, dass im nördlichsten Teil des Landes die Sonne im

Öko-Lodge Casona Distante im Valle del Elqui, Norte Chico

Sommer meist nicht vor 8 Uhr aufgeht. Zwischen Festland-Chile und der Osterinsel beträgt die Zeitdifferenz zwei Stunden.

Umweltbewusst reisen

Auch wenn einige der wertvollen Wälder Chiles schon seit vielen Jahrzehnten unter Naturschutz stehen, hat sich im Land erst seit relativ kurzer Zeit ein breiteres öffentliches Umweltbewusstsein entwickelt. Chile hat keine größeren Energiequellen außer der Wasserkraft. Daher sind einige der malerischen und wilden Naturgebiete durch gewaltige Staudammprojekte bedroht. In den Regionen nördlich von Santiago ist Wasser Mangelware, trotzdem verfügen einige Hotels in der Atacama über Wasser verschwendende Swimmingpools. Da fossile Brennstoffe in Chile knapp sind, bemühen sich viele kostenbewusste Besitzer, Energie zu sparen, sodass besonders neuere Hotels moderne, energiesparende Einrichtungen besitzen *(siehe S. 329)*.

Die Entwicklung eines lokal verankerten Ethnotourismus kommt in Chile bislang nur langsam voran. Die Kunza-Gemeinden in San Pedro de Atacama kontrollieren mehr und mehr den Zugang zu den Geysiren des Vulkans El Tatio. Die Aymara im Parque Nacional Lauca betreiben Unterkünfte und arbeiten als Parkführer. Im Süden kann man auf Mapuche-Bauernhöfen übernachten. Im trockenen Norden und in Patagonien sind die Entfernungen groß, und in einigen Gebieten fahren nur wenige öffentliche Verkehrsmittel. Viele der dortigen Berghotels bieten eigene organisierte Ausflüge an. Diese Touren sind für Reisende oft sinnvoller, als sich selbst einen Wagen zu mieten.

Die maritime Tierwelt Chiles ist vielfältig und kulinarisch reizvoll. Einige Arten wie der Schwarze Seehecht und die Chilenische Abalone sind bereits überfischt. Vor allem die Lachszucht in der Seenregion und in Patagonien wird wegen des reichhaltigen Einsatzes von Chemikalien, die Gewässer und Meer verschmutzen, stark kritisiert.

Auf einen Blick

Botschaften

Deutschland
Las Hualtatas 5677, Vitacura, Santiago.
📞 (02) 2463 2500.
🌐 santiago.diplo.de

Österreich
Barros Errázuriz 1968, Piso 3, Santiago. 📞 (02) 2223 4774.
🌐 bmeia.gv.at/botschaft/santiago-de-chile.html

Schweiz
Américo Vespucio Sur 100, Piso 14, Santiago. 📞 (02) 2928 0100. 🌐 eda.admin.ch

Information

CONAF
Paseo Bulnes 285, Santiago.
📞 (02) 2663 0000.
🌐 conaf.cl

Sernatur
Avenida Providencia 1550, Providencia, Santiago.
📞 (02) 2731 8310.
🌐 sernatur.cl

Sicherheit und Gesundheit

Chile ist ein sicheres Reiseland, wenn man die üblichen Vorsichtsmaßnahmen ergreift. Reisende sind selten von Kriminalität betroffen. Grundsätzlich sollte man Wertsachen nicht zur Schau stellen und an öffentlichen Plätzen auf sein Gepäck achten. Die medizinische Versorgung ist vor allem in Santiago ausgezeichnet. Chile kennt weder Giftschlangen noch Malaria, spezielle Impfungen sind nicht nötig. Ein Problem kann die Höhenkrankheit werden. Ganz im Süden sollte man sich wegen des Ozonlochs vor Sonnenbrand schützen.

Grün-weißes Polizeiauto im Badeort Viña del Mar

Polizei

In Lateinamerika hat die Polizei generell nicht immer den besten Ruf. Die **Carabineros de Chile** sind eine löbliche Ausnahme. Sie sind an ihren grün-khakifarbenen Uniformen und den fünfeckigen Abzeichen leicht zu erkennen. Sie gelten als streng, aber fair und sind selten in illegale Tätigkeiten verwickelt. Man sollte niemals versuchen, sie zu bestechen. Urlaubern gegenüber verhalten sie sich rücksichtsvoll und verbindlich, und man kann sie ohne Zögern nach der Richtung fragen oder um andere Hilfe bitten. Allerdings sprechen die meisten Carabineros nur Spanisch, vor allem außerhalb der größeren Städte. Im Notfall muss daher oft erst jemand, der Englisch spricht, aus dem Bezirksbüro gerufen werden.

Carabinero in Khaki-Uniform

Allgemeine Vorsichtsmaßnahmen

Straftaten gegen Reisende sind selten und betreffen meist Gelegenheitsdelikte wie Taschendiebstahl. Man sollte daher vor allem in Großstädten auf seine Umgebung achten und nachts schlecht beleuchtete, einsame Straßen meiden.

Bewaffnete Überfälle sind in Chile die Ausnahme und betreffen ganz selten Reisende. Trotzdem sollte man nie mit Wertgegenständen unterwegs sein oder diese zur Schau stellen und so ungewollte Aufmerksamkeit erregen. Mittel- und Oberklassehotels bieten meist Safes an, um Wertsachen zu deponieren. Bargeld führt man während der Reise am besten in einem Geldgürtel oder einer Beintasche mit sich. Ist man mit dem eigenen Auto unterwegs, sollte man es auf einem bewachten Parkplatz abstellen.

Verlust und Diebstahl

Die Wahrscheinlichkeit, verlorene oder gestohlene Sachen zurückzubekommen, ist gering. Melden Sie Diebstahl oder Verlust trotzdem sofort den Carabineros. Machen Sie eine Anzeige *(denuncia)* für die Versicherung mit einer Beschreibung des Vorfalls *(narración de los hechos)* und einer Verlustmeldung *(declaración jurada de preexistencia de especies sustraidas)*. Den Verlust des Reisepasses melden Sie Ihrer Botschaft oder Ihrem Konsulat *(siehe S. 317)*, dort wird ein Ersatz ausgestellt. Verlorene Kreditkarten müssen der ausstellenden Bank gemeldet werden *(siehe S. 320)*.

Gesundheitliche Vorsichtsmaßnahmen

Der Gesundheitsstandard in Chile ist hoch. Lediglich alltägliche Erkrankungen wie Erkältungen oder Grippe sind üblich. Es gab einige Fälle der Chagas-Krankheit, von Dengue-Fieber und Hanta-Virus-Infektionen. Für Chile sind keine Impfungen nötig. Wer aus den Tropen kommt, kann aber nach einem Gelbfieberattest gefragt werden. Durch eine entsprechende Lebensmittel- und Trinkwasserhygiene lassen sich die meisten Durchfallerkrankungen vermeiden.

Höhenkrankheit

Die nördlichen und zentralen chilenischen Anden gehören mit zu den höchsten Bergen Amerikas. Gebiete wie das Altiplano im Parque Nacional Lauca reichen bis auf 4300 Meter hinauf. Auch Junge und

Hoch gelegenes Tafelland im Parque Nacional Lauca

SICHERHEIT UND GESUNDHEIT

Chilenischer Krankenwagen im Einsatz

Gesunde haben mit der sauerstoffarmen Umgebung zu kämpfen. Immer wieder leiden Besucher schwer unter akuter Höhenkrankheit. Wenn Sie in Gebiete auf über 2500 Meter Höhe reisen, ist es ratsam, zur Akklimatisierung eine Nacht in mittlerer Höhe zu verbringen. Zu den Symptomen der Höhenkrankheit zählen Kopfschmerzen, Übelkeit, Müdigkeit und Schwindel. Treten diese Anzeichen auf, fahren Sie am besten sofort in tiefere Lagen.

Naturkatastrophen

Chile liegt in einer seismisch ausgesprochen aktiven Zone mit häufigen Erdbeben und vielen aktiven Vulkanen. Alle Hotels im Land haben Evakuierungspläne, mit denen Sie sich vertraut machen sollten. Städte wie Pucón und Curacautín unterhalten Vulkanwarnsysteme, und in den meisten Küstenstädten sind die Fluchtwege im Fall eines Tsunamis ausgeschildert.

Besonders im Sommer und Herbst kann es im Valle Central zu gefährlichen Waldbränden kommen. **Feuerwehr** und **CONAF** (für Waldbrände) haben im ganzen Land eine jeweils einheitliche Telefonnummer.

Notfälle

Die staatlichen Krankenhäuser und Kliniken in Santiago, den Provinzhauptstädten und in vielen kleinen Städten sind auf fast alle Notfälle vorbereitet. Die **Ambulanz** hat eine landesweite Rufnummer. Die meisten Ärzte sprechen zumindest ein wenig Englisch. Die Wartezeiten können lang sein, sofern kein Notfall vorliegt. Selbst in den kleinsten Dörfern gibt es Notfallambulanzen. Auch wenn kein Arzt vor Ort ist, wird man dort umfassend betreut, bis man in eine Klinik verlegt werden kann.

Medizinische Versorgung

Die medizinische Versorgung in Santiago wird höchsten internationalen Standards gerecht, besonders in Privatkliniken wie **Clínica Las Condes** und **Clínica Alemana de Santiago**. Auch die Regionalkrankenhäuser sind gut, doch in dünn besiedelten Gebieten rar. Das **Hospital Mutual de Seguridad** unterhält in mehreren Städten Filialen.

Die staatlichen Krankenhäuser bieten eine ordentliche Grundversorgung, doch sind sie gelegentlich überlastet. Eine Reiseversicherung mit Krankenrücktransport ist nicht zwingend erforderlich, aber ratsam, da ein Krankenhausaufenthalt teuer ist. Die meisten Krankenhäuser akzeptieren Kreditkarten und stellen Rechnungen für die spätere Erstattung aus.

Apotheken

Im Vergleich zu Europa sind die Arzneimittelgesetze in Chile sehr liberal. Zahlreiche Medikamente, die bei uns verschreibungspflichtig sind, werden dort rezeptfrei verkauft. Apotheken geben diese Arzneien oft jedoch nur auf die Beschreibung von Krankheitssymptomen hin ab. Allerdings sind die Medikamente nicht preiswert.

Die Öffnungszeiten der Apotheken sind nicht einheitlich, große Ketten wie Cruz Verde, Ahumada und Salco Brand in den Städten sind lange geöffnet. Die Apotheken in kleineren Orten führen häufig nur das Nötigste.

Auf einen Blick

Polizei

Carabineros de Chile
133.

Naturkatastrophen

CONAF
130.

Feuerwehr
132.

Notfälle

Ambulanz
131.

Medizinische Versorgung

Clínica Alemana de Santiago
Avenida Vitacura 5951, Santiago. (02) 2210 1111.

Clínica Las Condes
Estoril 450, Santiago.
(02) 2210 4000.

Hospital Mutual de Seguridad
mutualseg.cl

Filiale der Apothekenkette Cruz Verde

Banken und Währung

Chiles Währung ist der Peso. In den Urlaubsgebieten werden in größeren Hotels, Restaurants und Läden bisweilen auch US-Dollar angenommen. Die Wechselkurse sind in Santiago höher als im Rest des Landes. Die Bezahlung per Kreditkarte ist weitverbreitet, nur kleine Läden bestehen meist auf Bargeld. Debitkarten funktionieren in praktisch allen Geldautomaten. Auf dem Land benötigen Sie kleine Peso-Scheine. In den Grenzgebieten akzeptieren manche Händler auch argentinische Pesos. Für die Ein- und Ausfuhr von Pesos oder ausländischer Währung gibt es keine Begrenzungen, nur Summen höher als 10 000 US-Dollar müssen beim Zoll deklariert werden.

Gepanzerter Wagen mit Geldautomat

Banken

In den Städten gibt es viele Banken, und sogar in kleinen Orten hat die staatliche **Banco-Estado** oft eine Filiale. Die Öffnungszeiten sind montags bis freitags von 9 bis 14 Uhr. Bankgeschäfte erledigt man am schnellsten früh am Morgen. Bei den Wechselstuben in Santiago *(casas de cambio)* geht es flotter, in anderen Teilen Chiles findet man sie jedoch selten. Sie sind bis 18 Uhr geöffnet, mittags aber oft geschlossen. Manche haben auch samstagvormittags geöffnet. Sie wechseln Euros und viele andere Währungen, doch die Kurse sind schlechter als für den US-Dollar.

Geldautomaten

Chile hat vermutlich die höchste Dichte an Geldautomaten *(cajeros automáticos)* in Lateinamerika. Man findet sie bei Banken, Supermärkten, Rasthäusern und an vielen anderen Orten. Am internationalen Flughafen von Santiago gibt es auch Wechselschalter, doch deren Umtauschkurse sind oft nicht sonderlich gut. Die am Geldautomaten bisweilen angebotene Option »Sofortumrechnung« bietet einen extrem schlechten Wechselkurs und sollte nicht gewählt werden. In Urlaubsorten ohne Bank findet man auch mobile Geldautomaten. Mit Debitkarten aus dem eigenen Land kann man als Urlauber an Geldautomaten Chilenische Pesos, aber keine Fremdwährungen abheben. Beachten Sie, dass VPay-Karten an Geldautomaten nicht akzeptiert werden, **girocards** (früher Maestro-/EC-Karten) hingegen schon.

Die Geldautomaten geben meist große Scheine zu 10 000 Pesos und einige zu 5000 Pesos aus. Der Umtausch in kleinere Scheine kann mühsam sein. Wer seine Bankkarte benutzt, sollte sich bei seiner Hausbank vorab über die Gebühren erkundigen.

Kreditkarten und Reiseschecks

Hotels, Restaurants und Läden akzeptieren in der Regel Kreditkarten, günstigere Unterkünfte und kleine Lokale aber oft nur Bargeld. Die Kreditkartenfirmen berechnen für Zahlungen in Fremdwährungen Gebühren, daher ist es ratsam, sich vorab nach der Höhe zu erkundigen. Am häufigsten sind **MasterCard**, **Visa** und **American Express**, andere Karten sind fast unbekannt. Geht die Kreditkarte verloren oder wird sie gestohlen, müssen Sie dies mit der Kartennummer Ihrer Bank oder einer chilenischen Filiale mitteilen.

Reiseschecks werden mittlerweile immer seltener eingetauscht. American-Express-Schecks werden am ehesten genommen. Zum Umtausch von Reiseschecks verlangen Banken und Wechselstuben den Ausweis. Schreiben Sie sich die Seriennummern auf, und heben Sie den Kaufbeleg auf, falls Schecks abhandenkommen.

Geldüberweisungen

Mit dem internationalen Anbieter Western Union kann man sich an Wechselstuben und an eine der fast 200 Filialen des Kurierdienstes **Chilexpress** schnell Geld überweisen lassen. Zusätzlich zur üblichen Provision verlangt Western Union noch eine beträchtliche Überweisungsgebühr. Auch **Thomas Cook** bietet solche Überweisungen an.

Steuern

Alle Preise enthalten die 19-prozentige *Impuesto de Valor Agregado* (IVA, Umsatzsteuer). In den meisten Mittel- und Oberklassehotels sind Gäste davon befreit, wenn sie

Auf einen Blick

Banken

BancoEstado
🌐 bancoestado.cl

Kartenverlust

Allg. Notrufnummer
📞 +49 116 116.

American Express
📞 +49 69 9797 2000.

MasterCard
📞 1230 020 2012.

Visa
📞 1230 020 2136.

Geldüberweisungen

Chilexpress
🌐 chilexpress.cl

Thomas Cook
🌐 thomascook.com

BANKEN UND WÄHRUNG | 321

in US-Dollar oder mit Kreditkarte bezahlen. Aber nicht alle Hotels beteiligen sich an diesem staatlichen Rabattprogramm, bisweilen muss man explizit danach fragen. Für das Programm brauchen Sie vom Hotel eine *factura de exportación (siehe S. 314)* und müssen die Touristenkarte *(siehe S. 314)* vorlegen. Wenn man über die Hotelrechnung einen Restaurantbesuch oder Ausflug bezahlt, ist auch dieser bisweilen von der IVA befreit. Fragen Sie vorab, ob die Preise mit *(con)* oder ohne *(sin)* IVA angegeben sind.

Währung

Chiles Währung ist der Chilenische Peso. Sein Symbol ist wie beim US-Dollar das $-Zeichen. Lassen Sie sich nicht verwirren, denn der Peso ist weit weniger wert. Der Peso wurde früher in 100 Centavos unterteilt. Aufgrund der Inflation werden diese seit 1984 nicht mehr verwendet, Centavo-Münzen sind nicht mehr im Umlauf.

Anlässlich der 200-Jahr-Feier Chiles im Jahr 2010 wurden seit 2009 sukzessive neue Banknoten mit veränderter Farbgebung eingeführt, als letzte die grüne 1000-Pesos-Note im Mai 2011.

Für kleine Einkäufe sollten Sie immer auch kleine Banknoten und Münzen dabeihaben, auch für Stadtbusse und Taxifahrten. Auf dem Land haben die Geschäfte meist wenig Wechselgeld, sodass Sie den Betrag möglichst genau parat haben sollten. In den meisten Läden ist es üblich, auf den nächsten vollen Zehnerbetrag aufzurunden. 1000 Pesos werden auch *luca* genannt. Auf diese Weise lassen sich große Summen schneller benennen.

Münzen

Peso-Münzen gibt es in sechs Werten (1, 5, 10, 50, 100 und 500 $). Münzen zu 1 $ sind zwar noch vorhanden, aber ungebräuchlich und praktisch wertlos.

5 Pesos

10 Pesos

50 Pesos

100 Pesos

500 Pesos

1000 Pesos (Ignacio Carrera Pinto)

Banknoten

Peso-Banknoten gibt es in fünf Werten (1000, 2000, 5000, 10 000 und 20 000 $). Auf ihnen sind Porträts von chilenischen Nationalhelden abgebildet. Anlässlich der 200-Jahr-Feier der Republik im Jahr 2010 wurden neue Scheine mit zum Teil überarbeiteter Farbgebung ausgegeben.

2000 Pesos (Manuel Rodriguez)

5000 Pesos (Gabriela Mistral)

10 000 Pesos (Arturo Prat)

20 000 Pesos (Andrés Bello)

Kommunikation

Chiles moderne Medien und Kommunikationsmittel sind gut ausgebaut. Die Telefone funktionieren zuverlässig. Telefonzellen, an denen man mit Münzen oder Karten telefonieren kann, sind noch weitverbreitet, die Abdeckung der Mobilfunknetze nimmt immer mehr zu. Im ganzen Land sind Internet-Anschlüsse verfügbar, auch in abgelegenen Gebieten. Die Postzustellung ist leidlich effizient, private Kurierdienste sind eine schnellere Alternative. Chile hat zahlreiche Fernseh- und Radiosender. In Santiago und den größeren Städten erscheinen mehrere Tageszeitungen. Allerdings fehlt es an nichtspanischen Zeitungen und Zeitschriften.

Beim Telefonieren an einem öffentlichen Telefon in Santiago

Telefonieren

In Chile operiert nicht eine große Telefongesellschaft, sondern mehrere konkurrierende Unternehmen *(portadores)*. Die größten Gesellschaften sind **Movistar** und **Entel**. Jede betreibt ihre eigenen öffentlichen und privaten Telefonanschlüsse mit Telefonkarten und einer speziellen dreistelligen Vorwahl. Für Anrufe aus dem Netz einer bestimmten Gesellschaft kann man auch Telefonkarten einer jeden anderen Gesellschaft benutzen, nur muss man dann deren Vorwahl *(carrier)* wählen. Gehören Karte und Telefon demselben Unternehmen, muss die Vorwahl nicht gewählt werden. Auf jeder Karte sind genaue Anweisungen – leider nur auf Spanisch – aufgedruckt.

Eine zunehmende Zahl von Telefonzellen akzeptiert nur Telefonkarten mit einem festen Wert oder aufladbare Telefonkarten, doch viele funktionieren auch mit Münzen. Ortsgespräche kosten 100 Pesos für fünf Minuten. Telefonkarten erhält man an Kiosken. Sie können auch für lokale Handys verwendet werden.

In den im ganzen Land zu findenden Telefonläden *(centros de llamados)* sind nationale und internationale Anrufe einfach. Meist geht man in die Telefonzelle und wählt direkt durch. In einigen Läden vermittelt eine Telefonistin das Gespräch.

In vielen Hotels sind auf den Zimmern Telefone, doch von dort zu telefonieren, ist in der Regel teuer. R-Gespräche *(cobro revertido)* und mit Kreditkarte bezahlte Gespräche *(tarjeta de crédito)* sind von allen öffentlichen und privaten Telefonen möglich, doch ist das meist wesentlich teurer, als in den *centros de llamados* zu telefonieren. An den auffälligen hellblauen Telefonen, die im ganzen Land zu finden sind, kosten Auslands- und Kreditkartengespräche besonders viel.

Mobiltelefone

Handys sind auch in Chile das beliebteste Kommunikationsmittel. Ihre Zahl übersteigt inzwischen die der Festnetzanschlüsse. In dünn besiedelten Gebieten, wie der Atacama-Wüste und Patagonien, und im Gebirge ist die Netzabdeckung nur schwach.

Europäische Tri-Band-Handys funktionieren in Chile, GSM-Handys jedoch nicht. Wer ein Quad-Band-Handy hat, das auf vier Frequenzen arbeiten kann, bekommt überall ein Netz, für Tri-Band-Handys ist die Abdeckung geringer. Die deutschsprachigen Mobilfunkanbieter haben Roaming-Abkommen mit chilenischen Telefongesellschaften, doch die Roaming-Gebühren für ein- und ausgehende Gespräche sind nicht zu unterschätzen. Auch das Daten-Roaming kann enorme Kosten verursachen und sollte deaktiviert werden. Fragen Sie Ihren Anbieter nach »Weltweit«-Tarifen, mit denen sich die Kosten kontrollieren lassen.

Für Notfälle sollten Sie die Servicenummer Ihres Netzanbieters und die Versicherungsunterlagen zu Ihrem Handy da-

---

Vorwahlen

- Telefonnummern bestehen aus zwei- oder dreistelliger Ortsvorwahl und sieben- oder achtstelligem Anschluss.
- Aus dem Ausland nach Chile: Landesvorwahl 0056, Ortsvorwahl (ohne 0) und Anschlussnummer.
- Die Rufnummern der Mobilnetze haben die Vorwahl 09 und eine achtstellige Anschlussnummer. Ein Anruf im selben Netz benötigt keine Vorwahl.
- Für Ferngespräche wählen Sie die dreistellige Vorwahl der Telefongesellschaft (falls nötig), die Ortsvorwahl (ohne 0) und dann die Anschlussnummer.
- Für Auslandsgespräche wählen Sie die Vorwahl der Telefongesellschaft (falls nötig), dann die 0, die Landes- und Ortsvorwahl und die Anschlussnummer.
- Für die Auskunft wählen Sie 103.
- Ländervorwahlen: Deutschland: 0049, Österreich: 0043, Schweiz: 0041.

beihaben, falls es verloren geht oder gestohlen wird. Lokale SIM-Karten sind einfach zu erhalten. Viele Reisende leihen oder kaufen sich vor Ort ein Handy. Sie sind in den Filialen der Telefongesellschaften erhältlich, wie z. B. bei Movistar und Entel am internationalen Flughafen Arturo Merino Benítez in Santiago.

Internet und Fax

Internet-Cafés findet man in Chile überall, viele bieten sogar Breitbandverbindungen *(banda ancha)* und Wireless-Zugänge an. Am internationalen Flughafen in Santiago gibt es einige Internet-Kioske, bei denen minutengenau abgerechnet wird. In den meisten Hotels und Jugendherbergen ist ein Wireless-Zugang im Zimmerpreis enthalten. Die teuren internationalen Hotelketten berechnen den Zugang zum Internet meist extra, die chilenischen Hotels in der Regel nicht. Einige *centros de llamados* bieten Internet-Zugang an und rechnen normalerweise stundenweise ab. Auch Fax-Dienste sind dort oft verfügbar.

Zeitungen und Zeitschriften

In Chile erscheinen zahlreiche nationale und regionale Zeitungen. Die bedeutendste Tageszeitung, *El Mercurio (siehe S. 126)*, bringt nur wenige internationale Nachrichten. Ihre

Eingang eines *centro de llamados* in Valparaíso

Konkurrenz ist die Boulevardzeitung *La Tercera*. Ein Phänomen des neuen Jahrtausends ist die satirische Wochenzeitung *The Clinic*. Die wichtigste Wirtschaftszeitung ist *Estrategia*. Die kleine deutschsprachige Wochenzeitung *Cóndor* erscheint freitags. Die nur im Internet verfügbare Newsseite *I Love Chile* (www.ilovechile.cl) hat die frühere Nachrichten-Website *Santiago Times* ersetzt. Am Flughafen in Santiago findet man eine breite Auswahl an nichtchilenischen Zeitschriften und Zeitungen auch aus Deutschland und der Schweiz.

Fernsehen und Radio

Chile hat mehrere Fernsehsender, am wichtigsten sind der Regierungssender Televisión Nacional und der Canal 13 von der Universidad Católica. Fast jeder Haushalt und alle Restaurants, Bars und Cafés sowie die meisten Hotelzimmer verfügen über Kabelfernsehen. Nichtspanische Programme sind dünn gesät.

In Chile wird zudem viel und gern Radio gehört. Außerhalb der Orte und Städte kann der Empfang jedoch schwach sein. Über 20 UKW-Stationen senden den populäre und klassische Musik.

Post und Kurierdienste

Die Post in Chile heißt **Correos de Chile**. Das privatisierte Unternehmen betreibt in jeder Stadt und in jedem Ort Filialen und arbeitet ziemlich zuverläs-

Zeitschriften zum Verkauf an einem Kiosk in Valparaíso

sig. Reisende können sich an jede dieser Filialen postlagernde Briefe *(lista de correos)* schicken lassen. Daneben gibt es eine Vielzahl von Kurierdiensten. Neben den internationalen Unternehmen **DHL** und **Federal Express** unterhält der lokale Kurierdienst **Chilexpress** im ganzen Land Hunderte Büros und Filialen. Die Kurierdienste sind schneller, aber auch teurer als die Post.

Auf einen Blick

Telefonieren

Entel
🅦 entel.cl

Movistar
🅦 movistar.cl

Post und Kurierdienste

Chilexpress
Avenida Providencia 1709, Santiago. 📞 (02) 2235 2526.
🅦 chilexpress.cl

Correos de Chile
🅦 correos.cl

DHL
Avenida Nueva Providencia 2070, Santiago.
📞 (02) 2666 2050.
🅦 dhl.cl

Federal Express
Avenida Providencia 2519, Providencia, Santiago.
📞 (02) 2361 6112 (Information).
🅦 fedex.cl

Reiseinformationen

Die meisten Reisenden aus dem internationalen Ausland kommen mit dem Flugzeug nach Chile. Auch die Einreise auf dem Landweg von Argentinien, Bolivien und Peru ist möglich. Santiago wird von vielen großen Fluggesellschaften aus aller Welt angeflogen. Kreuzfahrtschiffe verbinden Hafenstädte wie Valparaíso mit Buenos Aires in Argentinien. Innerhalb des Landes – von der Grenze zu Peru bis nach Patagonien und auf die Osterinsel – bestehen ebenfalls gute Flugverbindungen. Oft muss man jedoch in Santiago umsteigen. Die wenigen Passagierzüge sind langsam. Die Hauptstraßen sind in der Regel geteert und in gutem Zustand. Häufig bestehen ausgezeichnete Busverbindungen. Im südlichen Teil Chiles sind Fähren oft die bequemste Art zu reisen.

Anreise mit dem Flugzeug

Die meisten Besucher aus Übersee kommen am **Aeropuerto Internacional Arturo Merino Benítez** an. Der moderne, 1967 eröffnete Flughafen liegt 17 Kilometer nordwestlich von Santiago. Von hier aus bestehen Verbindungen zu anderen Städten in Chile und zu Zielen in aller Welt. Andere Flughäfen in Chile werden nur von den Nachbarstaaten aus angeflogen. Der Aeropuerto Mataveri auf der Osterinsel ist auch von Tahiti und Peru aus erreichbar.

Die größte chilenische Fluggesellschaft, **LAN Airlines**, fliegt, neben Nordamerika und den Pazifikinseln, auch Europa an. Gute Verbindungen bieten zudem **Air France**, **Lufthansa**, **Swiss**, **British Airways** und **Iberia** aus Europa. Direktflüge gibt es ab Frankfurt, Paris und Madrid, wobei die spanische Hauptstadt als wichtigstes europäisches Drehkreuz für Flüge von und nach Südamerika dient.

Flugpreise und Flugpässe

Flüge nach Chile sind im Allgemeinen teuer, doch die Preise schwanken je nach Saison und dem Zeitpunkt der Buchung. Am höchsten sind die Preise von Mitte Dezember bis Februar, am niedrigsten in den Wintermonaten. Spezielle Angebote und Sondertarife findet man auf den Websites diverser Reiseportale und Flugbörsen. Lange vorab bestellte Buchungen mit fixen Terminen sind preiswerter als flexible Tickets, doch sind Umbuchungen dann meist nicht möglich.

LAN Airlines ist Partner der Allianz **oneworld**, die den Pass »Visit South America« anbietet. Man kann ihn für eine Reise nach Chile und andere Länder des Kontinents nutzen.

Bei der Einreise wird ein Ticket für die Rückreise verlangt, doch das wird selten kontrolliert. Kombinierte Flug-Hotel-Pakete sind bei kürzeren Reisen ideal.

Shuttle-Dienste

In Santiago können bei **Transvip** und **Transfer Delfos** Shuttle-Dienste vom und zum Flughafen gebucht werden. Die Kleinbusse fassen zwischen zehn und zwölf Passagiere. Fahrten in die östlichen Bezirke von Providencia und Las Condes kosten kaum mehr als nach Santiago. Shuttle-Dienste sind auch an den Flughäfen anderer Städte verfügbar, doch die meisten Reisenden nehmen dort Taxis.

Shuttle-Kleinbus an Santiagos internationalem Flughafen

Aeropuerto Internacional Arturo Merino Benítez nahe der Hauptstadt Santiago

REISEINFORMATIONEN | 325

Passagiere eines Kreuzfahrtschiffs erkunden per Boot einen Fjord

Anreise auf dem Landweg

In den Anden fahren über viele Grenzübergänge nach Argentinien auch bequeme Buslinien. Der größte Übergang am Pass Los Libertadores zwischen Santiago und Mendoza ist im Winter manchmal tagelang wegen Schneefall geschlossen. Eine weitere Buslinie verbindet Osorno in der Seenregion über den Paso Cardenal Samoré mit San Carlos de Bariloche in Argentinien. Der Übergang liegt tiefer und ist ganzjährig geöffnet. Weitere Verbindungen führen über den Paso de Jama von San Pedro de Atacama in Chile nach Jujuy und Salta in Argentinien und über die Straße von Punta Arenas nach Río Gallegos in Argentinien. Im Sommer herrscht auf den Straßen von Puerto Natales und Torres del Paine nach El Calafate in Argentinien dichter Verkehr. Nach Bolivien führen geteerte Überlandstraßen von Arica und Iquique nach La Paz bzw. Oruro. Die Route von San Pedro de Atacama über den bolivianischen Salar de Uyuni ist bei Rucksackurlaubern sehr beliebt. Von Arica nach Tacna in Peru führt eine gut ausgebaute Küstenstraße.

Mit Mietwagen darf man von Chile nach Argentinien (und umgekehrt) fahren, muss dies aber angeben und eine Zusatzversicherung abschließen. Schwieriger sind Fahrten nach Bolivien und Peru (und umgekehrt).

Anreise mit dem Schiff

Nach Chile gibt es keine Linienschiffverbindungen. Von Peru aus fahren jedoch Kreuzfahrtschiffe die Pazifikküste hinab, um Kap Hoorn herum nach Argentinien und Brasilien und zurück. Anlaufhäfen in Chile sind Iquique, Arica, Antofagasta, Valparaíso, Puerto Montt, Coquimbo, Puerto Chacabuco, Puerto Natales und Punta Arenas. Man kann das Schiff an jedem dieser Häfen verlassen und über Land weiterreisen.

Organisierte Reisen

Im deutschsprachigen Raum bieten einige Reiseveranstalter organisierte Reisen nach Chile an. Je nach Reisebudget lassen sich von ihnen auch individuell zugeschnittene Pauschalreisen für ganz Chile mit mehreren Reisestationen zusammenstellen. In Chile selbst arrangiert eine Reihe bekannter Veranstalter verschiedene Pauschalreisen sowohl für Gruppen als auch Individualreisende. Sie beinhalten Flüge, Transport vor Ort, Unterkünfte und Führer.

Die meistgebuchten Pauschalreisen sind Aktivurlaube mit Skifahren, Snowboarden, Bergwandern, Wandern, Surfen, Wildwasser-Rafting oder Vogelbeobachtung. Die Veranstalter arrangieren auch Unterkünfte auf Weingütern im Valle Central, Bildungsreisen zu den archäologischen Stätten der Osterinsel und Sternguckerausflüge nach San Pedro de Atacama.

Auf einen Blick

Flughafen

Aeropuerto Internacional Arturo Merino Benítez
Casilla 79, Santiago.
(02) 2690 1752.
w aeropuertosantiago.cl

Fluglinien

Air France
+49 69 29 99 37 72 (Deutschland).
(02) 2580 9696 (Chile).
w airfrance.com

British Airways
800 532 998 (Chile).
w britishairways.com

Iberia
+49 69 500 738 74 (Deutschland).
(02) 2760 9128 (Chile).
901 111 500 (Spanien).
w iberia.com

LAN Airlines
0800 627 09 76 (Deutschland).
600 526 2000 (Chile).
w lan.com

Lufthansa
+49 69 86 799 799 (Deutschland).
(02) 2630 1655 (Chile).
w lufthansa.com

Swiss
+41 848 700 700 (Schweiz).
(02) 2630 1655 (Chile).
w swiss.com

TAM Linhas Aereas
(02) 2676 7900 (Chile).
w tam.com.br

Flugpreise

Expedia
w expedia.com

Orbitz
w orbitz.com

Travelocity
w travelocity.com

Flugpass

oneworld
w oneworld.com

Shuttle-Dienste

Transfer Delfos
Aeropuerto Internacional Arturo Merino Benítez, Santiago.
(02) 2913 8800.
w transferdelfos.cl

Transvip
Aeropuerto Internacional Arturo Merino Benítez, Santiago.
(02) 2677 3000.
w transvip.cl

Inlandsflüge

Chile erstreckt sich von den Tropen bis in die subantarktische Region, ist jedoch nirgendwo breiter als 445 Kilometer. Fliegen ist daher die bevorzugte Art zu reisen. Bei Flügen vom Norden in den Süden des Landes muss man in der Regel in Santiago umsteigen. Abgelegenere Ziele im Süden werden von regionalen Fluggesellschaften mit kleinen Flugzeugen bedient. Die Flugpreise findet man meistens auf den Websites der Fluggesellschaften, bei manchen werden sie wöchentlich aktualisiert. Der Service an Bord ist je nach Gesellschaft unterschiedlich, der Service von LAN Airlines entspricht den höchsten internationalen Standards.

Haupthalle des Flughafens von Arica

Regionale Fluglinien

Chile hat zwei große regionale Fluglinien. Die meisten anderen Linien konnten sich langfristig nicht auf dem Markt behaupten und stellten den Betrieb wieder ein. **LAN Airlines** *(siehe S. 325)* beherrscht mit seiner modernen Flotte 85 Prozent des heimatlichen Marktes. LAN bietet die größte Auswahl an Flügen und als einzige Airline Linienflüge auf die Osterinsel an. **Sky Airline** hat sich über die Jahre eine Nische ergattert, offeriert jedoch weniger Flüge und Dienste.

Die Fluggesellschaft **LASSA** und **Aerolíneas ATA** sowie die kleine Linie Aerocardal verbinden Santiago mit der Isla Robinson Crusoe. **Aerocord**, **Aerotaxis del Sur** und **Cielo Mar Austral** betreiben Lufttaxis zwischen Puerto Montt und Chaitén. Lufttaxiunternehmen wie Transporte Aéreo Don Carlos und **Transportes Aéreos San Rafael** fliegen von Coyhaique in Nordpatagonien zu weniger bekannten Zielen wie dem Inselort Melinka, dem Parque Nacional Laguna San Rafael, nach Villa O'Higgins und Cochrane. Von Puerto Montt fliegen auch kleine Flugzeuge auf den Chiloé-Archipel weiter im Süden.

Aerovías DAP bietet von Punta Arenas aus Flüge nach Porvenir auf Feuerland an und nach Puerto Navarino sowie zur Isla Rey Jorge, der Antarktisstation Chiles. Dort kann man auf kleine Kreuzfahrtschiffe umsteigen, die um die Antarktische Halbinsel fahren.

Inlandsflughäfen

Der größte Flughafen ist Santiagos Aeropuerto Internacional Arturo Merino Benítez *(siehe S. 325)*. Wichtige Festlandflughäfen sind die Aeropuertos von **Arica**, **Iquique**, **La Serena**, **Calama** und **Antofagasta** (Norte Grande und Norte Chico), **Temuco** und **Puerto Montt** (Seenregion) sowie **Punta Arenas** und **Coyhaique** (Patagonien).

Flüge buchen

Bei LAN Airlines und Sky Airline kann man online buchen und bekommt elektronische Tickets. Man muss nur einen Ausdruck der Buchung oder eine Kopie der E-Mails mit der Bestätigung zum Flughafen mitbringen. Auf den Websites beider Unternehmen findet man auch Sondertarife, von denen einige jedoch nur in Chile erhältlich sind. Viele kleine Fluglinien nehmen Reservierungen auch telefonisch oder per E-Mail an, zuverlässiger ist die Buchung über ein Reisebüro.

Ein Flugzeug von LAN Airlines auf der Landebahn des Aeropuerto Mataveri auf der Osterinsel

Flugzeiten
Angaben in Stunden:Minuten

Santiago				
2:45	Arica			
2:30	0:45	Iquique		
2:00	4:35	0:55	Antofagasta	
1:40	4:35	4:40	4:25	Puerto Montt
4:00	8:05	6:10	2:20	2:10 Punta Arenas

Fliegen in Chile
Angesichts der Nord-Süd-Ausdehnung des Landes sind die Strecken zwischen manchen Städten beachtlich. Die Tabelle zeigt die Mindestflugzeiten. Je nach Verbindung können die Flüge länger dauern.

Viele Chilenen nutzen das große Angebot an Inlandsflügen

Check-in
Der Check-in auf den modernen Flughäfen in Chile unterscheidet sich nicht von dem europäischer Flughäfen. Die Passagiere müssen ihr Flugticket oder die Flugnummer und ihren Pass bereithalten. Auf Santiagos Aeropuerto Arturo Merino Benítez sollten Sie mindestens eine Stunde vor dem Abflug vor Ort sein. Bei den sehr effizient organisierten kleineren Flughäfen und den Flugfeldern, die von kleinen Maschinen angeflogen werden, ist das meist nicht notwendig.

Ermäßigungen
Kinder bis zu einem Alter von zwei Jahren ohne eigenes Gepäck reisen kostenlos, solange sie im Flugzeug keinen eigenen Sitz belegen. Kinder von zwei bis elf Jahre zahlen je nach Anbieter etwa zwei Drittel des Normaltarifs. Für sie gilt die normale Gepäckbegrenzung.

Wer sein Ticket früh bucht, kann zum Teil erheblich preiswerter fliegen. Online-Tickets sind bei LAN Airlines zudem drei Prozent günstiger. Für Studenten und Senioren gibt es keine direkten Ermäßigungen. Günstige Tickets für Studenten und junge Erwachsene bietet jedoch das **Student Flight Center** an.

Gepäck
Auf Inlandsflügen erlaubt LAN Airlines pro Person bis zu 23 Kilogramm Gepäck plus ein Handgepäck und einen weiteren Gegenstand, etwa ein Notebook. In der Business Class sind pro Passagier bis zu drei Koffer mit jeweils 23 Kilogramm Gewicht plus eine bis zu 16 Kilogramm schwere Tragetasche erlaubt. Bei Sky Airline darf pro Person 20 Kilogramm Gepäck plus ein bis zu fünf Kilogramm schweres Handgepäck eingecheckt werden. Sky Airline hat keine Business Class.

Bei kleineren Fluglinien und vor allem bei den Lufttaxis ist in der Regel weniger Gepäck erlaubt. Für Sperrgepäck wie Räder, Surfboards und Skier fallen wie für Übergepäck oft Extrakosten an.

Auf einen Blick

Regionale Fluglinien

Aerocord
Aerodromo La Paloma,
Puerto Montt.
(065) 226 2300.
aerocord.cl

Aerolíneas ATA
Aeropuerto Arturo
Merino Benítez,
Santiago.
(02) 2611 3670.
aerolineasata.cl

Aerotaxis del Sur
Aeródromo Teniente
Vidal, Coyhaique.
(09) 9583 8374.
aerotaxisdelsur.cl

Aerovías DAP
O'Higgins 891,
Punta Arenas.
(061) 261 6100.
aeroviasdap.cl

Cielomaraustral
Quillota 254,
Puerto Montt.
(065) 226 3654.
cielomaraustral.cl

LASSA
Avenida Larraín 7941,
La Reina, Santiago.
(02) 2734 3353.

Sky Airline
Huérfanos 815,
Santiago.
(02) 2352 5600.
skyairline.cl

Transportes Aéreos San Rafael
18 de Septiembre 469,
Coyhaique.
(067) 257 3083.

Inlandsflughäfen

Antofagasta
(055) 225 4998.

Arica
(058) 221 1116.

Calama
(055) 236 3004.

Coyhaique
(067) 227 2126.

Iquique
(057) 241 0787.

La Serena
(051) 227 0353.

Puerto Montt
(065) 229 4161.

Punta Arenas
(061) 223 8181.

Temuco
(045) 220 1901.

Ermäßigungen

Student Flight Center
Hernando de Aguirre
201, Santiago.
(02) 2577 1200.
studentfc.cl

In Chile unterwegs

Per Flugzeug ist man in Chile zweifellos am schnellsten unterwegs, trotzdem sollte man vor allem im Herzen des Landes auch Überlandreisen in Betracht ziehen. Nachtbusse sind bequem und kosten nur den Bruchteil eines Fluges. Die besten sind mit Klimaanlage und Sanitäreinrichtungen ausgestattet, servieren Mahlzeiten und bieten ein Unterhaltungsprogramm. Die wenigen Fernzüge fahren sehr langsam. Mit Bussen *(micros)*, Sammeltaxis *(colectivos)* und Taxis in den Städten kommt man billig und schnell überallhin. In der Seenregion und der Inselwelt des Südens sind Fähren für das öffentliche Verkehrssystem unersetzlich.

Ein bunter, geräumiger Nachtbus

Fernbusse

Die Fernbusse lassen sich in unterschiedliche Komfortklassen einteilen. Die einfachsten haben Liegesitze und eignen sich für drei- bis vierstündige Fahrten. Die Busse mit fast horizontal einstellbaren Liegesitzen und großem Fußfreiraum, mit *semi-cama* (Halbbett) und *salón cama* (Vollbett) sind für Übernachtfahrten ideal. Längere Fahrten können etwas ermüdend sein, doch bekommt man im Bus Mahlzeiten, Snacks und Getränke. Unterwegs gibt es eine Essenspause. Die Busse für kürzere Strecken sind besonders auf dem Land oft klein und eng. Zu speziellen Zielen fahren auch Touristenbusse. So bieten etwa **Manzur Expediciones** Fahrten zum Cajón del Maipo an.

Die meisten Städte und Orte besitzen einen zentralen Busbahnhof, manche Unternehmen haben jedoch eigene Abfahrtsorte. Die Bahnhöfe sind im Allgemeinen sicher, aber manchmal trist und überfüllt. Zum Glück muss man erst 20 Minuten vor der Abfahrt am Bus sein.

Züge

Die Fernzüge der staatlichen Eisenbahn Empresa de Ferrocarriles del Estado oder EFE *(siehe S. 97)* sind zwar günstig, aber langsamer und nicht selten unpünktlicher als die privat betriebenen Busse. Die Vorortzüge von Santiago nach Rancagua und San Fernando fahren hingegen sehr zuverlässig. Der ebenfalls von der EFE betriebene Zug TerraSur pendelt täglich mehrmals in fünf Stunden zwischen Santiago und Chillán im Valle Central. Von dort fährt ein Anschlussbus weiter nach Concepción. Eine traumhafte Zugfahrt erlebt man mit der Schmalspurbahn auf der Buscarril-Linie zwischen Talca und der Hafenstadt Constitución.

Fähren und Katamarane

Ohne Katamarane oder Fähren kommt man in der Seenregion und in Patagonien, wo die Straßen oft von großen Wasserflächen unterbrochen werden, nicht weit. In Nordpatagonien sind die Nachtfähren von **Navimag** von Puerto Montt nach Puerto Chacabuco sowie die dreitägige Fährverbindung nach Puerto Natales, dem Tor zum Nationalpark Torres del Paine *(siehe S. 246–249)*, sehr nützlich. Von Puerto Chacabuco fahren im Rahmen eines Tagesausflugs schnelle Katamaranlinien zum Parque Nacional Laguna San Rafael *(siehe S. 237)*. Von Puerto Montt und seltener von Quellón auf der Isla Grande im Chiloé-Archipel bedienen die Fähren von **Naviera Austral** den Hafen von Chaitén. Ein Bus-Fähre-Shuttle bringt Reisende von Puerto Montt und Hornopirén nach Caleta Gonzalo, dem nördlichen Tor zum Parque Pumalin *(siehe S. 230)* und weiter auf der Ruta Bimodal nach Chaitén. In der Seenregion pendelt eine Shuttlefähre zwischen Pargua auf dem Festland, der Isla Grande und den Weilern La Arena und Puelche südöstlich von Puerto Montt.

In Südpatagonien verbindet eine Fähre von **Transbordadora Austral Broom** Punta Arenas mit Porvenir in Chiles Tierra del Fuego. Eine Shuttlefähre für Busse, Autos und Passagiere überquert nordöstlich von Punta Arenas bei Primera Angostura die Magellanstraße. Rich-

Fernzug TerraSur der Empresa de Ferrocarriles del Estado

tung Argentinien *(siehe S. 256f)* fahren Fähren zu verschiedenen Grenzübergängen. Bei Puerto Yungay fährt eine Autofähre über den Mitchell-Fjord nach Villa O'Higgins. Von dort bringt ein Katamaran Wanderer zu einem Grenzposten mit Busverbindungen nach El Chaltén in Argentinien. Über den Lago Pirihueico pendelt eine Fähre zwischen Puerto Fuy und Puerto Pirihueico. Von dort kommt man nach San Martín de los Andes in Argentinien. **Cruce Andino** bietet einen Bus-Katamaran-Bus-Shuttle über die Anden von Puerto Montt und Puerto Varas nach Bariloche in Argentinien an.

Autofahren

Das Straßennetz zwischen der Grenze zu Peru, Puerto Montt und Chiloé wird immer größer. Neben der vierspurig ausgebauten Autobahn von La Serena im Norte Grande und Norte Chico nach Puerto Montt in Patagonien gibt es viele exzellente, teilweise schmale Nebenstraßen. Die wichtigsten Autobahnen sind alle mautpflichtig. In Santiago benötigt man für sie einen elektronischen oder einen Tagespass. Die Pässe erhält man mit dem Mietwagen oder kauft sie bis zu zwei Tage nach der ersten Fahrt. Die Tagespässe erhält man nur bei **Servipag**.

Der bei Urlaubern und besonders bei Rucksackreisenden beliebte Gringo Trail führt durch die schönsten Gebiete zwischen San Pedro de Atacama und Santiago, durch Teile der Seenregion bis nach Torres del Paine in Patagonien. Heute fährt man auf malerischen Straßen und Autobahnen durch diese Gebiete.

Der südliche Teil der Carretera Austral ist meist schmal mit unübersichtlichen Kurven und Schotterpiste, ein Geländewagen ist aber nicht nötig. Chiles spannendste Straße führt durch die Wälder der Anden, hat keine Notrufsäulen und nur eine geringe Mobilnetzabdeckung. Bei einem Unfall oder einer Panne hilft jedoch jeder, der vorbeikommt.

Unterwegs auf der Carretera Austral in Nordpatagonien

Für Fahrten auf dieser Straße sind Verbandskasten, Feuerlöscher und Warndreieck gesetzlich vorgeschrieben.

Gefahren wird rechts, eine Gurtpflicht besteht für alle Insassen. Fahren unter Alkohol oder Drogen wird überaus streng bestraft.

Der Automóvil Club de Chile (ACCHI) ist Partnerclub des ADAC und unter (02) 2431 1000 erreichbar.

Mietwagen

In großen Städten betreiben internationale Mietwagenfirmen wie **Avis** oder **Hertz** Filialen. Die Preise der vielen lokalen Firmen, wie **Verschae** und **Seelmann**, sind günstiger, aber immer noch höher als in Europa. Unbegrenzte Kilometer sind in der Regel im Preis enthalten. Der Fahrer muss mindestens 21 Jahre alt sein und einen Führerschein, Reisepass und Kreditkarte vorlegen. Theoretisch wird ein internationaler Führerschein benötigt, nach dem aber fast nie gefragt wird. Die Mietwagenfirma muss den Fahrzeugschein aushändigen, der bei Polizeikontrolle vorzuweisen ist. Für Grenzübertritte benötigt man eine Vollmacht und eine Zusatzversicherung.

Umweltbewusst reisen

Das Bewusstsein für ökologisches Reisen ist in Chile wenig ausgeprägt. Die hohen Energiepreise zwingen aber die meisten Chilenen zu Effizienz – auch wenn sich mit steigendem Wohlstand immer mehr Chilenen ein Auto leisten. In Santiago, Valparaíso und Viña del Mar ist die Metro schnell, billig und ökologisch. Der Busverbund Transantiago in Santi-

Auf einen Blick

Busse

Manzur Expediciones
Santiago. (09) 9335 7800.

Fähren und Katamarane

Cruce Andino
W cruceandino.com

Naviera Austral
Ave. Angelmó 1673, Puerto Montt. (065) 227 0430.
W navieraaustral.cl

Navimag
(02) 2442 3120.
W navimag.com

Transbordadora Austral Broom
Juan Williams 06450, Punta Arenas. (061) 272 8100.
W tabsa.cl

Autofahren

Servipag
W servipag.com

Mietwagen

Avis
W avis.cl

Hertz
W hertz.cl

Seelmann
W seelmann.cl

Verschae
W verschae.cl

ago deckt weite Teile der Stadt ab. Chiles Eisenbahnnetz ist nicht sehr effizient, dafür fahren die Fernbusse häufig und sind bequem und schnell. Ein Nachtbus ist oft günstiger und umweltfreundlicher als ein Flug und spart das Hotel. Trotzdem machen die großen Entfernungen und vielen Inseln Flüge oft notwendig.

Einige Reiseveranstalter *(siehe S. 311)* sind hingegen sehr umweltbewusst. So engagieren sich Reiseveranstalter in Patagonien gegen die Pläne für große Wasserkraftwerke. Moderne Hotels sind gut isoliert, um den Energieverbrauch zu senken. Einige Unterkünfte, besonders die in den Wüstengebieten, besitzen Wasserspartoiletten und -duschen.

Textregister

Seitenangaben in **fetter Schrift** beziehen sich auf Haupteinträge.

A

Achao 193, **222**
Acuña, Claudia 29
ADAC 329
Aeropuerto Internacional Arturo Merino Benítez 316, 317
Águila, Don Melchor Jufré del 150
Aguirre, Francisco de 184
Ahu Akivi 260, **264f**
Ahu Nau Nau 260, 265
Ahu Tahai 252
Ahu Tautira 19
Ahu Vinapu 264
Aisén 49
Aktivurlaub und Themenferien **306 – 311**
Aldea de Tulor 163, **179**
Aldunate y Avaria, Manuel 66, 67
Alero de las Manos 237
Alessandri, Arturo 50f, 81
Algarrobo 121, **134**
Alianza, Partei 53
Alleinreisende Frauen **307**
Allende, Isabel 30
Allende, Salvador 51, 52, 68, 83, 91
ALMA 179
Almacenes Paris 302
Almacruz 301, 302
Almagro, Diego de 46
Almeida, Diego Dublé 49
Alsur Expeditions 307, 311
Alte Weingüter in Pirque 121, **144**
Alto Las Condes 100, 101
Altué Sea Kayaking 308, 311
Álvarez de Sotomayor, Fernando 32
Ambulanz 319
Ana Kai Tangata 263
Ana Te Pahu 260, **265**
Anaconda Copper Company 50, 51
Ancud 191, 193, **218**
   Feste 40
Andacollo 39
Anden 17
   Anreise nach Chile 325
   Landschaften **22f**
   Musik 28, 29
   Tektonische Aktivität 23
Angeln **308**, 311
Año Nuevo 39, 41
Antares Patagonia Adventure 307, 311
Antiquitätenläden 98f, 101, 302
   Antigüedades Balmaceda 98, 101
   Antigüedades Bucarest 98, 101
Antofagasta 49, 163, **180f**
   Feste 38
   Flughafen 326, 327
Anwandter, Karl 207
Apart-Hotels und *Cabañas* **274**
Apoquindo 95
Apotheken **319**
Arauco 49
Arauco-Krieg 46, 49, 191
Archäologische Stätten 310, 311
   Ahu Tahai 262
   Aldea de Tulor 163, 179
   Alero de las Manos 237
   Ana Kai Tangata 263
   Cerro Pintados 163, 173
   Cueva del Milodón 242, 245

Geoglyphe Cerro Sagrado 165
Monumento Natural Pichasca 163, 188
Monumento Natural Valle del Encanto 163, 189
Península Poike 265
Pukará de Lasana 163, 175
Pukará de Quitor 178
Pukarás und der Camino del Inca 167
Rano Raraku **266f**
Architektur **33**
   Jesuitenkirchen in Chiloé **224f**
   Palafitos 116, 221
   Pukarás und der Camino del Inca 167
Argentinien, Ausflüge nach **256f**
Arica 35, 49, 163, **164f**
   Flughafen 326, 327
   Zentrumskarte 165
Arrau, Claudio 21, 29, 73, 305
Arteaga, Gerardo 85
Artenvielfalt 24f
Artesanías de Chile 98, 101
Ärzte 319
Assler Brown, Federico 93
Astronomie **309**, 311
   Sternegucken in der nördlichen Wüste 179
   siehe auch Observatorien
Atacama-Wüste 20, 49, 161, 163
   Archäologie 310, 311
   Chinchorro-Mumien 165
   Desierto Florido 24, 185
   Sternegucken in der nördlichen Wüste 179
Atacamagraben 23
Atelier Carlos Pérez 99, 101
Aubrey, The 275
Augustinermission 73
Autofahren *siehe* Autos
Automóvil Club de Chile (ACCHI) 329
Autos
   Anreise mit dem Auto 325
   Autofahren in Chile 329
   Autofahren in Santiago 96f
   Autoreisen 307, 311
   Mietwagen 96, 97, 329
Autotouren *siehe* Touren
Aylwin, Patricio 52
Azimut 360 (Reiseveranstalter) 307, 311

B

Baburizza Soletic, Pascual 126
Bachelet, Michelle 36, 53
Baco 100, 101
Bahía Inglesa 182
Bahia, Kultur 64
Baines, Claude François Brunet de 73, 74
Balmaceda, José Manuel 49, 92
Banco de Chile (Santiago) 66
BancoEstado 320
Banken und Währung **320f**
Bannen, Germán 93
Baños de Puritama 163, **179**
Baqueanos 27
Bar Inglés (Valparaíso) 122, **124**
Bar La Playa (Valparaíso) 122, **124**
Barraza 188
Barrio Brasil 79, **82f**, 108

Barrio Concha y Toro 79, **83**, 108
Barrio Dieciocho 79, **84**, 109
Barrio El Golf 57, 87, **94**, 112
Barrio Lastarria 59, **74**, 110
Barrio París-Londres 59, **72**, 109
Barrio Patronato 87, **90f**, 110
Barrio Suecia 87, **93**, 111
Barrio Vitacura 87, **94f**, 112
Bars und Clubs 304
   Bar Constitución 102, 105
   Bar El Clan 103, 105
   Bar Inglés 122, 124
   Bar La Playa 122, 124
   Bar The Clinic 102, 105
   Club de Jazz 103, 105
   Club la Feria 102, 105
   Club Providencia 104, 105
   Flannery's Geo Pub 102, 105
   Havana Salsa 102f, 105
   Las Urracas 103, 105
   Ópera Catedral 102, 105
Basílica de los Sacramentinos 79, **84f**, 109
Basílica y Museo de La Merced 59, **73**, 109
Bauer, Alfonso 186
Behinderte Reisende **316**
   Hotels 274
   Restaurants 285
Beltrán, Tito 305
Benmayor, Samy 75
Bergsteigen **306f**, 311
Bevölkerung 21, 26f
Bevölkerungsgruppen *siehe* Chiles Bevölkerungsgruppen
Bianchi 83
Biblioteca de Santiago 79, **82**, 108
Biblioteca Nacional 59, **72**, 109
Biblioteca Patrimonial Recoleta Dominica 90
Bier **288**
Bieregel, Federico 92
Bio Bio Expeditions 308, 311
Birds Chile 307, 311
Bitar, Sergio 255
Bodegas **273**, 274
Bolaño, Roberto 31
Bolsa de Comercio 59, **69**, 109
Bontá, Marco A. 75
Boote *siehe* Schiffe
Botschaften **314**, 317
Bowen, Álex 31
Braden Copper Company 148, 149
Brainworks 98f, 101
Braun Menéndez, Familie 250
Bravo, Claudio 32
Bravo, Ricardo Larraín 83, 84
Brown, Ricardo 62
Buchhandlungen
   Librería Antartica 99, 101
   Librería Eduardo Albers 99, 101
   Librería Inglesa 99, 101
   Librería Psiquis 99, 101
   Southern Patagonia Souvenirs & Books 302
   Tienda Lillifee & Amiguitos 95, 101
Busreisen 328, 329
   Santiago 96
Butacura 94
Byron, John 227, 237

C

Cabañas siehe Apart-Hotels und Cabañas
Cabezas, Rodrigo 75
Cachagua 121, **135**
Café Literario 93
Cajón del Maipo 121, **144f**
 Regionalkarte 145
Calama 163, **174**
 Flughafen 326, 327
Calbuco 193, **217**
Calder, Alexander 83
Caldera 163, **182**
Caleta Pan de Azúcar 183
Caleta Tortel 229, **239**
Calle Esmeralda 122, **126**
Calle Prat 122, **126**
Camanchaca (Nebel) 22, 24
Camino del Inca **167**
Campanario de los Jesuitas 216
Camping 274
Campo Aventura 307, 311
Campo de Hielo Norte 237
Campo, Carlos Ibáñez del 50, 51, 81
Campo de Marte 85
Canal de Chacao 191, 192, 218
Cancillería 59, **67**, 109
Capelán, Carlos 95
Capilla la Ermita 74
Carabineros de Chile 318, 319
Carnaval Cultural de Valparaíso 39
Carnaval de Invierno 41
Carnaval de Putre 40
Carretera Austral 227, 229, 232, 307
Cartagena 121, **134**
Casa Colorada 33, 59, 61, **63**, 109
Casa de la Ciudadanía Montecarmelo (Santiago) 87, 92, 110
Casa Museo Isla Negra 121, **136f**
Casa Museo La Chascona 87, **91**, 110
Cascada Aventura 308, 311
Cascada de las Ánimas 145
Cascada Expediciones 306, 311
Casino Enjoy de Viña del Mar 132f
Casino Español 162, 171
Caspana 163, **175**
Castillo Hidalgo 74, 109
Castillo Lehuedé 92
Castillo Wulff 132
Castro 193, **220f**
 Zentrumskarte 220
Castro, José Gil de 74, 75
Catarpe 178
Catedral Metropolitana (Santiago) 56, 59, 61, **62**, 109
Cavallé-Coll, Aristide 129
Cavendish, Thomas 251
Cementerio Católico (Valparaíso) 127
Cementerio de Disidentes (Valparaíso) 127
Cementerio General (Santiago) 90
Cementerio Hanga Roa 262
Cementerio Municipal Sara Braun (Punta Arenas) 251
Centro (Santiago) siehe Plaza de Armas und Zentrum
Centro Cultural El Austral 206
Centro Cultural Estación Mapocho 59, **77**, 109
Centro Cultural Palacio La Moneda 59, **68**, 109
Centro de Esquí »Las Araucarias« 198
Centro de Exposición de Arte Indígena 100, 101

Centro de Ski Antillanca 209
Centro de Ski Pucón 202
Centro Mori 92, 104, 105
Centro Turístico Capel 301, 302
Centros de Ski
 Corralco 193, **197**
 El Corado 121, **144**
 La Parva 121, **144**
 Ski Portillo 35, **138**
 Valle Nevado 121, **144**
CEPAL 94
Cerámica Cala 158, 300, 302
Cerro Castor 257
Cerro Choquelimpe 169
Cerro El Morado 145
Cerro San Cristóbal 87, **88f**, 110
Cerro Santa Lucía 59, **74**, 110
Cerro Tololo Inter-American Observatory 309, 311
Cerros Pintados 163, **173**
Cervantes, Miguel de 171
Chagall, Marc 95
Chaitén 229, **230**
Chañarcillo 48
Chanco en Piedra 29
Charles, Prince of Wales 143
Chile Chico 229, **238**
Chile Exploration Company 50
Chiles Bevölkerungsgruppen **26f**
 Alacalufe 241
 Atacameño 45, 175, 179
 Aymara 26, 45, 161
 Chango 45
 Chono 45, 191, 220
 Deutsche Immigranten 27, 211
 Diaguita 45, 161, 184
 El Molle 161, 184
 Europäische Immigranten 27
 Huilliche 45, 220, 224, 225
 Indigene Gruppen 26, 32
 Karteuche siehe Mapuche
 Kawéskar 45, 227, 239, 244, 250f
 Kroatische Immigranten 27
 Mestizo 26, 27
 Ona 45, 241
 Patagonier 26
 Pehuenche 45, 197
 Puelche 45
 Rapa Nui 26, 28
 Roma 27
 Schweizer Immigranten 27
 Selk'nam 45, 250f, 255
 Tehuelche 45, 227, 241, 244
 Yámana 45, 241, 255, 257
Chillán 121, **156**
Chiloé-Archipel 191, **218f**
 Architektur 33
 Castro **220f**
 Chilotes 27
 Feste 40
 Jesuitenkirchen in Chiloé **224f**
 Mythen und Folklore auf Chiloé 219
 siehe auch Seenregion und Chiloé
Chimbarongo 158
Chinchorro-Mumien 64, **165**
Chiu Chiu 163, **174**
Chonchi 193, **223**
Chuquicamata 50, 163, **174**
Cicarelli, Alejandro 81
Cienfuegos, Carlos 75
Cine Arte Normandie 305
Cine El Biógrafo 305
Cine Hoyts 305

Cinemark 305
Clinica Las Condes 319
Club de la Unión 59, **69**, 109
Club Hípico 56, 79, **85**, 108
Clubs siehe Bars und Clubs
Cochrane 229, **238**
Cochrane, Thomas 63, 124, 207
Collado, Sebastián 128
Collyer, Jaime 30
Colo Colo 34, 304, 305
Comida Criolla **294**
CONAF 274, 314, **317**, 319
Coñaripe 193, **204**
Concepción 121, **156**
Concertación 52, 53
Concha y Toro, Enrique 83
Concón 133
Confitería Torres 79, **84**, 103, 105, 290
Congreso Nacional 123, **129**
Conquistadores siehe Spanische Eroberung
Contact Chile (Mietwohnungen) 274
Contreras, Gonzalo 31
Convento de San Francisco (Santiago) 33, **72**, 109
Convento de San Francisco (Valparaíso) 121, **129**
Cook, James 47
Copiapó 163, **182**
 Klima 43
Cordillera de la Sal 180
Corpus Christi 41
Correo Central 59, 61, **62**, 109
Costanera Center 94, 100f
Cousiño-Macul, Familie 157
Cousiño, Familie 84
Cowboys siehe Huasos
Coyhaique 229, **236**
 Flughafen 326, 327
 Klima 43
Crin-Püppchen 159
Cristo Redentor 121, **138f**
Cruce de los Lagos **215**
Cruceros Australis 309, 311
Cruceros Marítimos Skorpios 309, 311
Cueva del Milodón 242, **245**
Cueva Robinson 261, **269**
Cumbia 29
Curaco de Vélez 193, **222**

D

Dalcahue 193, **222**
Dalí, Salvador 81, 95
Dampier, William 269
Darío, Rubén 124
Darwin, Charles 139, 227
Debitkarten 284, 320
Defoe, Daniel 268, 269
Delikatessen 301
Derby de Viña del Mar 40
Desierto Florido **24**, 185
Día de la Raza 38, 41
Día de las Glorias del Ejército 36
Día de las Iglesias Evangélicas y Protestantes 38, 41
Día de Todos los Santos 41
Día del Trabajo 41
Diebstahl siehe Verlust und Diebstahl
Dieciocho 36
Dittborn, Eugenio 32
Domeyko, Ignacio 185
Dominikanerorden 76
Donoso, José 30

Dorfman, Ariel 305
Doyère, Emilio 66
Drake, Francis 72
Duclos, Arturo 221
Duhart, Emilio 94

E

Eberhard, Hermann 244, 245
Edificio de la Aduana 122, **124**
Edwards-Ross, Familie 127
Egneau, Juan 93
Eiffel, Gustave 77, 81, 164
Eintritt 315
Einwohnerzahl 16
Ejército de los Andes 48
El Calafate 256
El Chaltén 256
El Colorado 121, **144**
El Ensayo 38
El Mercurio de Valparaíso 102, 105, 126, **127**
El Mundo del Vino 100, 101
El Muro 104, 105
El Pueblito 85
El Teniente 121, **146f**
Electrodomésticos 29
Elektrizität **317**
Emporio La Rosa 100, 101
Emporio Nacional 100, 101
Empresa de Ferrocarriles del Estade (Santiago) 97
Encuentro Folclórico 40
Englert, Sebastian 262, 263
Enoteca (Weinmuseum) 89
Entel 322, 323
Erdbeben 319
   Erdbeben von 2010 156
   Tektonische Aktivität 23
   Tsunami von 2010 268
Errázuriz, Weingärten 140f
Erster Weltkrieg 50
Escuela de Parapente Altazor 309, 311
Espacio Riesco 103, 105
Estadio Monumental 104, 105
Estadio Nacional 103, 105
Estadio San Carlos Apoquindo 103, 105
Estancias 33, 273
   Estancia El Cuadro 143
   Estancia Puerto Consuelo 244f
Etikette *siehe* Religion und Etikette
Ex Congreso Nacional 59, 60, **66**, 109
Ex-Aduana 164
Expedia 324, 325
Expediciones Chile 308, 311
Eyraud, Eugène 262

F

Faba 98, 101
Fähren und Katamarane **328f**
   Cruce Andino 329
   Naviera Austral 328, 329
   Navimag 227, 328, 329
   Transbordadora Austral Broom 328f
Falabella 302
Falcón, Don Julio Garrido 67
Fantasilandia 79, **85**, 109
Far Horizons Archaeological and Cultural Trips 310, 311
Faxdienste 323
Feiertage 41
Felsbilder *siehe* Geoglyphen und Petroglyphen
Ferham, J. Eduardo 62
Feria Artesanal de Angelmó 301, 302

Feria Artesanal Santa Lucía 100, 101
Feria del Libro 38, 99, 101
Feria Libre Aníbal Pinto 195
Fernández, Juan 259
Fernsehen und Radio **323**
Feste und Festivals 38 – 41
   Carnaval de los Mil Tambores 38
   Festival Costumbrista Chilote 40, 223
   Festival de Colonias Extranjeras 38
   Festival de la Vendimia 40
   Festival Internacional de Cine 38
   Festival Internacional de la Canción de Viña del Mar 40, 305
   Festival Internacional Santiago a Mil 21, 31, 39, 104, 105
   Fiesta de Cuasimodo 40
   Fiesta de La Tirana 41, 173
   Fiesta de la Virgen del Carmen 41
   Fiesta de San Pedro 28, 41
   Fiesta Grande de la Virgen de Rosario 41
   Fiesta Inmaculado Concepción 39, 41
   Fiestas Patrias 27, **36f**, 38, 41
   Tapati Rapa Nui 40, **263**
Festungen bei Valdivia 193, **207**
Feuerwehr 319
Film *siehe* Literatur, Theater und Kino
Fin de Año 39
Fisch und Meeresfrüchte **286f**
Fischen *siehe* Angeln
Fiskales Ad-Hok 29
Fjorde *siehe* Segeltour in den Fjorden Nordpatagoniens
Fläche 16
Flora und Fauna *siehe* Artenvielfalt
Fluglinien
   Aerocord 326, 327
   Aerolíneas ATA 326, 327
   Aerotaxis del Sur 326, 327
   Aerovías DAP 326, 327
   Air France 324, 325
   British Airways 324, 325
   Cielo Mar Austral 326, 327
   Iberia 324, 325
   LAN Airlines 324, 325, 326
   LASSA 326, 327
   Lufthansa 324, 325
   Sky Airline 326, 327
   Swiss 324, 325
   Taca 324, 325
   Transportes Aéreos San Rafael 326, 327
Flugreisen 324, 325, 326f
   Inlandsflüge **326f**
Flüsse
   Río Baker *siehe* Río Baker
   Río Biobío 49, 191
   Río Claro 154
   Río Elqui 184, 186
   Río Futaleufú 229, 231, 220
   Río Maipo 144, 145
   Río Petrohué 192, 214
Fox, Tyler 35
Franziskanerorden 72, 225
Frei Ruiz-Tagle, Eduardo 52f
Frigorífico de Bories 244
Frutillar 193, **210f**
   Feste 39
Fuente Bicentenario 93
Fuente, Gregorio de la 156
Fuerte de Corral 207
Fuerte de Mancera 207
Fuerte de Niebla 207
Fuguet, Alberto 31
Fundación Neruda 300, 302
Fundo Los Nichos 301, 302

Fußball 21, 34, 304
Futaleufú 229, **231**

G

Galería Drugstore 99, 101
Galerien *siehe* Museen und Sammlungen
Gamboa, Pedro Sarmiento de 251
Gana, Alberto Blest 30
García-Huidobro, Gonzalo Figueroa 264
García-Moreno, Sergio Larraín 65
Gärten *siehe* Parks und Gärten
Garzón, Báltazar 53
Gaulle, Charles de 67, 84
Gay, Claudio 80
Gazitúa, Francisco 90
Géiseres del Tatio 163, **175**
Geld *siehe* Banken und Währung
Geldautomaten **320**
Geldüberweisungen **320**
Generación del Trece 32, 75
Geoglyphen und Petroglyphen 32
   Cerro Pintados 163, 173
   Geoglyphe Cerro Sagrado 165
   Monumento Nacional Valle del Encanto 163, 189
Geschichte Chiles und der Osterinsel 44 – 53
Gesundheit *siehe* Sicherheit und Gesundheit
Gleitschirmfliegen **309**, 311
Gletscher
   Glaciar de Pichillancahue 202
   Glaciar Dickson 249
   Glaciar Grey 246, 248, 249
   Glaciar Perito Moreno 256
   Glaciar San Francisco 145
   Glaciar Zapata 249
   Ventisquero Colgante 233
   Ventisquero San Rafael 237
Glorias Navales 41
Godoy, Juan 48, 182
Golf **309**, 311
González Cortés 83
González, Fernando 21, 34
Gordon Vargas, Arturo 32
Gran Circo Teatro 31
Gran Torre Santiago 94
Große Depression (1930er Jahre) 51
Grupo Signo 75
Guallatire 166
Guerrero, Xavier 156
Guzmán, Jaime 52
Guzmán, Juan 53

H

Haciendas 273
   Hacienda Los Andes 188
   Hacienda Los Lingues 121, **150**
Hall Central 99, 101
Handeln 300
Handys *siehe* Mobiltelefone
Hanga Roa 19, 20, 260, **262f**
   Hotels 283
   Klima 42
   Restaurants 299
   Zentrumskarte 263
Henault, Lucien 73
Herbage, Juan 184
Hipódromo Chile 104, 105
Hirst, Damien 75
Hitachi, Prinz von Japan 89
Hockney, David 75
Höhenkrankheit **318f**
Holzmann, Ernesto 72
Holzschnitzereien, Valle Central 159
Hopperdietzel, Walter 232

TEXTREGISTER | 333

Hornopirén 229, **230**
Hostales und *Hosterías* **273**
Hostels
   Backpackers Chile 274
   Hostelling International Chile 274
Hotels **272–283**
   A y R Hoteles 274
   Behinderte Reisende 274
   Boutique-Hotels 275
   Hotel Awasi 275
   Hotel Indigo 275
   Hotel Puelche 275
   Hoteles Diego de Almagro 274
   Hotelketten 273, 274
   Hotelklassifikation 272
   Hyatt Hotel 274
   Luxus- und Boutique-Hotels 273, 275
   Marriott Hotel 274
   Nordpatagonien 280f
   Norte Grande und Norte Chico 278f
   Osterinsel und Isla Robinson Crusoe 283
   Preise und Buchung 272
   Preiswerte Unterkünfte 273
   Ritz-Carlton Hotel 274
   Santiago 276f
   Seenregion und Chiloé 278f
   Sheraton Hotel 274
   Steuern 272f, 320f
   Südpatagonien und Tierra del Fuego 281–283
   Trinkgeld 274
   Valle Central 277f
   Zero Hotel 275
Hotels *(nach Orten)*
   Ancud 279
   Antofagasta 278
   Arica 278
   Caleta Tortel 280
   Castro 279
   Chile Chico 280
   Cochrane 280
   Concepción 277
   Coyhaique 280
   Curacautín 279
   Frutillar 279
   Futaleufú 281
   Hanga Roa 283
   Iquique 278
   La Junta 281
   Maitencillo 277
   Osorno 279
   Parque Nacional Torres del Paine 281f
   Parque Nacional Vicente Pérez Rosales 279
   Parque Pumalín 281
   Pichilemu 277
   Porvenir 282
   Pucón 279f
   Puerto Bertrand 281
   Puerto Chacabuco 281
   Puerto Guadal 281
   Puerto Montt 280
   Puerto Natales 282
   Puerto Octay 280
   Puerto Puyuhuapi 281
   Puerto Varas 280
   Puerto Williams 282
   Punta Arenas 283
   Rancagua 277
   San Juan Bautista 283
   San Pedro de Atacama 279
   Santa Cruz 277
   Santiago 276f
   Talca 278
   Temuco 280
   Valdivia 280
   Valle de Casablanca 278
   Valle de Colchagua 278
   Valparaíso 278
   Villa O'Higgins 281
   Viña del Mar 278
   Zapallar 278
House of Morandé 143
Huasos (Cowboys) **27**, 119, 159
   Museo de Huaso (Santiago) 85
   siehe auch Rodeo
Huasos Quincheros 29
Huayna Cápac, Inka 46
Huidobro, Vicente 30, 83, 134
Humberstone 163, **172**
Humboldt-Strom 35
Hurtado 188

I

Ictus *siehe* Teatro Ictus
Iglesia Anglicana San Pablo (Valparaíso) 122, **127**
Iglesia de los Sagrados Corazones (Valparaíso) 123, **129**
Iglesia de San Agustín (Santiago) 59, **73**, 109
Iglesia de San Francisco (Santiago) 59, **72**, 109
Iglesia de San Francisco (Valparaíso) 123, **129**
Iglesia de San Gerónimo de Poconchile 163, **166**
Iglesia de Santo Domingo (Santiago) 59, **76**, 109
Iglesia Luterana (Valparaíso) 122, **127**
Iglesias siehe Kirchen und Kathedralen
Immigranten *siehe* Chiles Bevölkerungsgruppen
Information 102, 105, **314**, 317
Inka 46, 65, 161, 165, 167
Instituto de la Patagonia 251
Internet 323
Inti-Illimani 29
Iquique 35, **163**, **170f**
   Flughafen 326, 327
   Geschichte 50
   Zentrumskarte 170
Isla Dawson 255
Isla de Pascua *siehe* Osterinsel
Isla Hornos 255
Isla Magdalena 25, 243, **251**
Isla Mocha 25
Isla Navarino 255
Isla Negra **136f**
Isla Pan de Azúcar 183
Isla Robinson Crusoe 259, **268f**
   biologische Vielfalt 24
   Hotels 283
   Klima 42
   Regionalkarte 261
   Restaurants 299
Isluga 172

J

Jama-Coaque, Kultur 64
Jara, Víctor 29, 90, 304
Javiera y Los Imposibles 29
Jecquier, Emilio 69, 77, 75
Jesuiten 32, 216
   Catedral Metropolitana 56, 59, 61, 62, 109
   Chonchi 193, 223
   Circular Mission 225
   Curaco de Vélez 193, 222
   Jesuitenkirchen in Chiloé **224f**
Johannes Paul II., Papst 216f

John Gardner Pass 249
Juan-Fernández-Archipel 259
Jugendherbergen *siehe* Hostels

K

Kajakfahren **308**, 311
Kap Hoorn 48, 50, 243, **255**
Karl V., Kaiser 74
Karten
   Argentinien 256
   Arica 165
   Cajón del Maipo 145
   Castro 220
   Hanga Roa 263
   Iquique 170
   Isla Robinson Crusoe 261
   La Serena 185
   Lateinamerika 16f
   Metro de Santiago 97
   Nordöstlich des Zentrums (Santiago) 87
   Nordpatagonien 229
   Norte Grande und Norte Chico 163
   Osterinsel 260
   Parque Nacional Conguillío 198f
   Parque Nacional Lauca 168f
   Parque Nacional Torres del Paine 246f
   Parque Nacional Vicente Pérez Rosales 214f
   Parque Nacional Villarrica 202f
   Parque Quinta Normal (Santiago) 80
   Plaza de Armas (Detailkarte) 60f
   Plaza de Armas und Zentrum (Santiago) 59
   Puerto Montt 216
   Punta Arenas 250
   Santiago Stadtplan 106–113
   Seenregion und Chiloé 193
   Sewell 148
   Südpatagonien und Tierra del Fuego 242f
   Temuco 195
   UNESCO-Kirchen im Chiloé-Archipel 225
   Valdivia 206
   Valle Central 121
   Valparaíso 122f
   Valparaísos Standseilbahnen 131
   Viña del Mar 133
   Weingüter im Valle de Casablanca 142f
   Weingüter im Valle de Colchagua 152f
   Westlich des Zentrums (Santiago) 79
Katamarane *siehe* Fähren und Katamarane
Kathedralen *siehe* Kirchen und Kathedralen
Kaufhäuser **302**
   siehe auch Shopping
Kaulen, Patricio 31
Keiser, Bernard 269
Kila Leufú 307, 311
Kinder 315
   Flugreisen 327
   in Restaurants 285
   Unterhaltung 104f
Kino 38, 305
   siehe auch Literatur, Theater und Kino
Kirchen und Kathedralen
   Basílica de los Sacramentinos (Santiago) 79, 84f, 109
   Basílica y Museo de la Merced (Santiago) 59, 73, 109

TEXTREGISTER

Kirchen und Kathedralen *(Fortsetzung)*
  Catedral de La Serena 184
  Catedral de San Marcos (Arica) 164
  Catedral Metropolitana (Santiago) 56, 59, 61, 62, 109
  Iglesia Anglicana San Pablo (Valparaíso) 122, 127
  Iglesia Dalcahue 222
  Iglesia de Achao 224f
  Iglesia de Chonchi 223
  Iglesia de los Sagrados Corazones (Valparaíso) 123, 129
  Iglesia de San Agustín (Santiago) 59, 73, 109
  Iglesia de San Francisco (La Serena) 33, 174
  Iglesia de San Francisco (Santiago) 59, 72, 109
  Iglesia de San Francisco (Valparaíso) 121, 129
  Iglesia de San Francisco de Chiu Chiu 33, 174
  Iglesia de San Gerónimo de Poconchile 163, 168
  Iglesia de Santo Domingo (Santiago) 59, 76, 109
  Iglesia de Sewell 149
  Iglesia Luterana (Valparaíso) 122, 127
  Iglesia Sagrado Corazón (Hanga Roa) 262, 263
  Iglesia Sagrado Corazón de Jesús (Puerto Varas) 211
  Iglesia San Francisco (Castro) 220f
  Jesuitenkirchen in Chiloé 224f
Klassizistische Architektur 33
Kleidung 99, 101, 315
Klima **42f**
KoKayak 308, 311
Kolonialzeit 46f
Kolumbus, Christoph 38, 46
Kommunikation **322f**
Koski, Markku 35
Krankenhäuser *siehe* Medizinische Versorgung
Krankenwagen 319
Kreditkarten 300, 320
  American Express 320
  MasterCard 320
  Visa 320
Kreuzfahrten **309**, 311
Kriminalität 318
Kunst und Architektur 21, **32f**
Kunstgalerien *siehe* Museen und Sammlungen
Kunsthandwerk
  im Valle Central 158f
Kunsthandwerk und Souvenirs 98, 101, 300, 302
Kunsthandwerksmärkte 301, 302
Kunsthandwerksmärkte **301**, 302
Kurierdienste *siehe* Post und Kurierdienste

L

La Aldea 100, 101
La Batuta 103, 105
La Casa en el Aire 103, 105
La Ley 29
La Mano Arte 300, 302
La Parva 121, **144**
La Portada 162, 163, **181**
La Sebastiana 122, **128**
La Serena 161, 163, **184f**
  Flughafen 326, 327
  Geschichte 46
  Zentrumskarte 185

La Sonora Palacios 29
La Tercera 102, 105
La Tirana 163, **173**
  Feste 41, 173
La Vega 87, **90**, 109
La Verveine 98, 101
La Vinoteca 100, 101
Ladrilleros, Juan 244, 245
Lago Caburgua 193, **201**
Lago Llanquihue 193, **210**
Lago Ranco 193, **208**
Lago Vichuquén 121, **154**
Lagos, Ricardo 52, 53, 68
Laguna Verde 163, **183**
Lagunen *siehe* Seen und Lagunen
Lagunillas 144
Landschaften 20, **22f**
Lapis Lazuli House 98, 101
Lapislazuli **303**
Larraín, Pablo 31
Las Cuevas 168
Lathoud, Paul 80, 84
Lee, Georgia 263
Lehuedé, Pedro 92
Letelier, Orlando 52, 90
Licán Ray 193, **204**
Lima 49
Lira, Pedro 46, 81
Literatur, Theater und Film **30f**, 305
Littín, Miguel 31, 255
Lloyd, William 127
Los Andes 121, **138**
Los Bunkers 29
Los Cuernos 247, 248
Los Jaivas 21, 29
Los Prisioneros 29
Los Tres 29
Lota 157
Luco, Ramón Barros 84
Lucybell 29
Lukas 127
Luxus- und Boutique-Hotels **273**

M

Machiacao 83
Maestro-/EC-Karte 320
Magallan, Ferdinand 46, 241, 254
Magellanstraße 241, 243, **254**
Magischer Realismus 30f
Mall Apumanque 100, 101
Mall Sport 104, 105
Mall Zofri 171
Manzur Expediciones 328, 329
Mapuche 26
  Geschichte 45, 46, 49
  Haus des Teufels 203
  Museo Arqueológico Municipal Mapuche 200
  Museo Histórico y Antropológico Mauricio Van de Maele 207
  Museo Mapuche 200
  Musik 28
  Parque Pewenche Quinquén 193, **197**
  Pueblito Los Dominicos 95
  Seenregion und Chiloé 191
  Temuco 194
  Textilien 32
  Valle Central 119
Marbella Resort 309, 311
Marín, Gladys 90
Marín, Hugo 75
Märkte
  Angelmó Fischmarkt 217
  in Santiago 100, 101
  Kunsthandwerksmärkte 301, 302
  Mercado Artesanal 262
  Mercado Central 59, **76f**, 109

Mercado Fluvial 206
Mercado Municipal 194
Márquez, Gabriel García 31
Maßeinheiten **317**
Massú, Nicolás 21, 34
Matta, Roberto 32, 99, 75, 83
Matte, Rebecca 75
Matucana 100 79, **82**, 108
Medien **323**
  siehe auch Kommunikation und Medien
Medizinische Versorgung **319**
  Clínica Alemana de Santiago 319
  Hospital Mutual de Seguridad 319
Meer-Kajakfahren **308**, 311
Mehrwertsteuer 320f
  in Hotels 272f
  in Läden 300
Meléndez, Luis Egidio 67
Melinka 229, **231**
Melville, Hermann 25
Mendoza, García Hurtado de 208
Mercado Central 59, **76f**, 109
Mercado, Francisco Ossa 67
Metro de Santiago 96, 97
Mietwagen 96, 97, 329
Mietwohnungen **274**
Mike Rapu Diving Center 308, 311
Minen
  Chuquicamata 163, **174**
  El Teniente 121, **146f**
Mirador Selkirk 261, **269**
Miró, Joan 83, 95
Mistral, Gabriela 21, **30**, 72, 82, 186f
Moai 45, 116, 259
  Ahu Akivi 264f
  Península Poike 265
  Playa Anakena 260, 265
  Rano Raraku 266f
Mobiltelefone **322f**
Moche, Kultur 65
Modeboutiquen 99, 101
Monckeberg, Gustavo 83
Montalva, Eduardo Frei 51
Monte Verde 26, 45
Montegrande 163, **187**
Montt, Alberto Cruz 69
Monumento Nacional Valle del Encanto 163, **189**
Monumento Natural Islotes de Puñihuil 193, **218**
Monumento Natural Pichasca 163, **188**
Monumento Naturales *siehe* Naturdenkmäler
Mor 99, 101
Morales, José del Carmen Reyes 195
Mori, Camilo 92
Morita Gil 98, 101
Morro de Arica 164
Mountainbiken *siehe* Radfahren und Mountainbiken
Movimiento de Izquierda Revolucionaria 51
Movistar 322f
Muelle Prat 122, **125**
Muir's Tours 310, 311
Mulloy, William 262, 263, 264
Municipalidad de Santiago 59, 61, **63**, 109
Museen und Sammlungen 308f, 302, 315
  Casa Colorada (Santiago) 33, 59, 61, 63, 109
  Casa Museo Isla Negra 121, **136f**
  Casa Museo La Chascona (Santiago) 87, 91, 109

TEXTREGISTER | 335

Centro Cultural El Austral (Valdivia) 206
Enoteca Wine Museum (Santiago) 89
Galería 13 (Santiago) 99, 101
Galería A. M. S. Marlborough (Santiago) 99, 101
Galería Animal (Santiago) 94, 99, 101
Galería Crillón (Santiago) 66
Galería Gabriela Mistral (Santiago) 99, 101
Galería Isabel Aninat (Santiago) 57, 99, 101
Galería La Sala (Santiago) 95, 101
Galería Patricia Ready (Santiago) 99, 101
La Sebastiana (Valparaíso) 122, 128
MAC Espacio Quinta Normal (Santiago) 80f, 108
Matucana 100 (Santiago) 79, 82, 108
Museo a Cielo Abierto (Valparaíso) 122, **128**
Museo Antropológico P. Sebastián Englert (Hanga Roa) 263
Museo Arqueológico (La Serena) 184
Museo Arqueológico de Santiago 75
Museo Arqueológico San Miguel de Azapa (Arica) 165
Museo Artequín (Santiago) 81, 108
Museo Chileno de Arte Precolombino (Santiago) 59, 60, **64f**, 110
Museo de Arqueología e Historia Francisco Fonck (Viña del Mar) 133
Museo de Arte Contemporáneo (Santiago) 59, **75**, 109
Museo de Arte Contemporáneo (Valdivia) 206f
Museo de Arte Moderno Chiloé (Castro) 221
Museo de Arte Sagrado (Santiago) 62
Museo de Artes Decorativas (Santiago) 87, **90**, 110
Museo de Artes Visuales (Santiago) 59, **75**, 110
Museo de Ciencia y Tecnología (Santiago) 80, 81, 108
Museo de Historia Natural de Valparaíso 128
Museo de Huaso (Santiago) 85
Museo de Insectos y Caracoles (Santiago) 85
Museo de la Educación Gabriela Mistral (Santiago) 79, **82**, 108
Museo de la Gran Minería del Cobre (Sewell) 149
Museo de la Memoria y los Derechos Humanos (Santiago) 80
Museo de la Moda (Santiago) 87, **95**, 112
Museo de la Solidaridad (Santiago) 79, **83**, 108
Museo de los Tajamares (Santiago) 87, **93**, 110
Museo de Santiago (Santiago) 61, 63
Museo de Sitio Colón 10 (Arica) 164
Museo del Mar Lord Thomas Cochrane (Valparaíso) 122, 124
Museo El Colono (Puerto Octay) 210
Museo Ferroviario (Santiago) 80, 81, 108
Museo Histórico Dominico (Santiago) 90
Museo Histórico Nacional (Santiago) 61, 62f
Museo Histórico y Antropológico Mauricio Van de Maele (Valdivia) 207
Museo Histórico y de Armas (Arica) 164
Museo Interactivo Mirador (Santiago) 105
Museo Maritimo Nacional (Valparaíso) 122, **124**
Museo Mineralógico (La Serena) 185
Museo Municipal Juan Pablo II (Puerto Montt) 217
Museo Nacional de Bellas Artes (Santiago) 32, 59, **75**, 109
Museo Nacional de Historia Natural (Santiago) 80, 108
Museo Nacional Ferroviario Pablo Neruda (Temuco) 195
Museo Ralli (Santiago) 87, **95**, 113
Museo Regional Braun Menéndez (Punta Arenas) 250
Museo Regional de Castro 220
Museo Regional de la Araucanía (Temuco) 194
Museo Regional Salesiano Maggiorino Borgatello (Punta Arenas) 250f
Museo San Francisco (Santiago) 72
Posada del Corregidor (Santiago) 59, 76, 109
Museo del Mar Lord Thomas Cochrane (Valparaíso) 122, 124
Musik und Tanz **28f**, 305
 cueca 27, 28, 37
 Festivals 39, 40
 Fiestas Patrias **37**
 Klassische Musik 104, 105, 305
 Moderne Musik 305
 Musikgeschäfte 99, 101, 302
 Rock, Pop und Jazz 103
 Volksmusik 28f, 304f
Mythen und Folklore auf Chiloé **219**

N

Nachtclubs *siehe* Bars und Clubs
Nationalparks *siehe* Parques Nacionales
Natura Patagonia 307, 311
Naturdenkmäler
 Monumento al Navegante Solitario 242, 255
 Monumento de Aviación 93
 Monumento Nacional Valle del Encanto 163, 189
 Monument Natural Cerro Ñielol 194
 Monumento Natural El Morado 145
 Monumento Natural Isla Cachagua 135
 Monumento Natural Islotes de Puñihuil 193, 218
 Monumento Natural Lagunas de los Cisnes 254
 Monumento Natural Pichasca 163, 188
Naturkatastrophen **319**
Navidad 39, 41
Nazca-Platte 23
Nazca, Kultur 65
Neruda, Pablo 21, 30, **91**, 128, 136f, 195, 300f
Neujahr 39
Nevados de Sollipulli 193, **197**
Noche Buena 39
Noche Valdiviana 40
Nordöstlich des Zentrums (Santiago) **86–95**
 Hotels 276f
 Restaurants 291f
 Stadtteilkarte 87
Nordpatagonien **226–239**
 Architektur 33
 Estancias 33
 Geschichte 45, 49
 Hotels 280f
 Klima 42
 Landschaften **23**
 Regionalkarte 229
 Restaurants 297f
Norte Grande und Norte Chico 10, **160–189**
 Arica **164f**
 Hotels 278f
 Iquique **170f**
 Klima 42
 La Serena **184f**
 Parque Nacional Lauca **168f**
 Pukarás und der Camino del Inca 167
 Regionalkarte 163
 Restaurants 294ff
Nostalgic 99, 101
Notfälle **319**
Nueva Canción Chilena 28, **29**
Nueva Narrativa Chilena 30f

O

O'Higgins, Bernardo 44, 47, 48, 62, 69, 85, 124, 146, **157**, 239
Observatorien
 Cerro Tololo Inter-American Observatory 309, 311
 Observatorio Cerro Mamalluca 163, 186
 Observatorio de La Silla 308, 311
 Observatorio Lastarria (Santiago) 74
 Observatorio Paranal 163, 179, 181
Observatorio Cerro Mamalluca 163, **186**
Observatorio Paranal 163, 179, **181**
Öffentliche Toiletten **317**
Öffnungszeiten 292, 300, 315
Ojos del Caburgua 193, **201**
Olvin, Marta 93
Ona 98, 101
oneworld 324, 325
Óptica Bahía 99, 101
Orange Blue 99, 101
Orbitz 325
Orca Diving Center 308, 311
Organisierte Reisen **325**
Orongo 264
Osorno 193, **208**
Osterinsel 19, **258–267**
 Chiles Bevölkerungsgruppen 26f
 Feste 40
 Geschichte 45, 47
 Hanga Roa **262f**
 Hotels 283
 Klima 42
 Moai 45, 116, 259
 Rano Raraku **266f**
 Regionalkarte 260
 Religion 21
 Restaurants 299
 Verwaltung 21
 Wirtschaft 20
Outdoor-Sport *siehe* Aktivurlaub und Themenferien
Ovalle 163, **188**

P

Pachamama by Bus 307, 311
Paisaje Lo Contador (Gordon) 32
Palacio Alhambra 59, **67**, 109
Palacio Astoreca 170
Palacio Baburizza 122, **126**
Palacio Carrasco 133
Palacio Cousiño 79, **84**, 109
Palacio de la Justicia 122, **125**
Palacio de La Moneda 33, 59, **68**, 109
Palacio de la Real Audiencia 59, 61, **62f**, 109
Palacio de los Tribunales de Justicia 59, 60, **66**, 109
Palacio Lyon 122, **128**
Palacio Rioja 133
Palacio Vergara 132
Palafitos 33, 116, 221
Palena 229, **231**
Panamakanal 50, 241, 254, 255
Panguipulli 193, **205**
Papudo 121, **135**
Paracas, Kultur 65
Parinacota 169
Parks und Gärten
  Cerro Santa Lucía 59, 74, 110
  Jardín Japonés 89
  Jardín Mapulemu 89
  Parque Aiken del Sur 229, **236**
  Parque Arauco 100, 101
  Parque Balmaceda 87, **92f**, 110
  Parque Bernardo O'Higgins 79, **85**, 109
  Parque Bicentenario 94
  Parque de las Esculturas 87, **93**, 111
  Parque Marino Francisco Coloane 254
  Parque Metropolitano de Santiago 57, 86, 87, **88f**, 110f
  Parque Pumalín 229, **230**, 288
  Parque Quinta Normal 79, **80f**, 108
Parque Pewenche Quinquén 193, **197**
Parques Nacionales 315
  Alerce Andino 25, 193, **217**
  Archipiélago Juan Fernández 268
  Bernardo O'Higgins 242, **245**
  Bosque de Fray Jorge 163, **189**
  Chiloé 193, 221
  Conguillío **198f**
  Huerquehue 193, **201**
  Isla Magdalena 233
  La Campana 25, 121, **139**
  Laguna del Laja 121, **157**
  Laguna San Rafael 229, **237**
  Lauca 20, 25, 163, **168f**
  Los Glaciares **256**
  Nevado de Tres Cruces 163, **183**
  Pan de Azúcar 163, **182f**
  Puyehue 193, **208f**
  Queulat 226, 229, **233**
  Radal Siete Tazas 121, **154**
  Tierra del Fuego **253**
  Torres del Paine 117, 240, 243, **246–249**
  Vicente Pérez Rosales 193, **214f**, 286
  Villarrica 193, **202f**
  Volcán Isluga 163, **172**
Parra, Marco Antonio de la 305
Parra, Nicanor 30
Parra, Roberto 305
Parra, Violeta 29, 90, 304
Parrillada **295**
Pasaje Adriana Cousiño 83
Pasaje Lucrecia Valdés 83
Paseo Ahumada 59, 60, **66**
Paseo Gervasoni 122, **127**
Paseo Huérfanos 59, 60, **66**
Pass *siehe* Visum und Pass
Patagonia Adventure Expeditions 306, 311
Patagonia Sin Represas 20
Patagonien *siehe* Nordpatagonien; Südpatagonien
Patio Bellavista 87, **92**
Patria y Libertad 51
Pawlowa, Anna 73
Pazifischer Feuerring 22
Peine 180
Pelli, César 94
Península Poike 265
Pérez, Andrés 31
Persa Bio Bio 100, 101
Peru 47, 49, 295
Peter und Paul, Feiertag 41
Petroglyphen *siehe* Geoglyphen und Petroglyphen
Peulla 215
Pferderennen 85, 105, 304
Philip III., König von Spanien 150
Pica 163, **173**
Pichilemu 35, 121, **150**
Pichilemu Surf Hostal 308, 311
Pineda, Francisco Núñez de 30
Piñera, Sebastián 53
Pinguine 25, 251
Pinochet Ugarte, Augusto 20, 51, 52f, 66, 69, 129
Piscina Antilén 89
Piscina Tupahue 89
Pisco **187**, **288**
Pisco Elqui 163, **187**
Pizarro, Francisco 46
Planetario USACH 79, **82**, 108
Plätze
  Plaza Aníbal Pinto (Temuco) 194f
  Plaza Aníbal Pinto (Valparaíso) 122, **126**
  Plaza Arturo Prat (Iquique) 171
  Plaza Buenaventura Martínez (Puerto Montt) 216
  Plaza Bulnes (Santiago) 59, **69**, 109
  Plaza Camilo Mori (Santiago) 87, 92, **110**
  Plaza de Armas (La Serena) 184
  Plaza de la Constitución (Santiago) 21, 68, 109
  Plaza de las Artesanías (Santiago) 85
  Plaza Echaurren (Valparaíso) 122, **124**
  Plaza José Francisco Vergara (Viña del Mar) 132
  Plaza Mulato Gil de Castro (Santiago) 74, 110
  Plaza Neptune (Santiago) 74
  Plaza Sotomayor (Valparaíso) 122, 125
  Plaza Teodoro Schmidt (Temuco) 194
  Plaza Yungay (Santiago) 83, 108
Playa Anakena 22, 260, **265**
Playa Cavancha 171
Plaza de Armas und Zentrum (Santiago) **58–77**
  Detailkarte **60f**
  Hotels 276
  Restaurants 290
  Stadtteilkarte 59
Plaza, Nicanor 73
Plazoleta de la Libertad de Prensa 83
Plazoleta El Yunque 261, **269**
Poblado Artesenal 165
Poconchile 166
Politisches System **21**
Politur 308, 311
Polizei **318**, 319
Pomaire 158
Portales, Diego 48
Porträt Chiles und der Osterinsel **18–21**
Porvenir 243, **254**
Posada del Corregidor 59, **76**, 109
Posada Punta de Lobos 308, 311
Post und Kurierdienste **323**
  Chilexpress 320, 323
  Correos de Chile 323
  DHL 323
  Federal Express 323
Postigo, Gustavo García 72
Prat, Arturo 124, 125, 171
Prats, Carlos 52
Preiswerte Unterkünfte **273**
Provasoli, Eduardo 220
Pucón 193, **200**
Pueblito Los Dominicos 87, **95**
Puerto Aisén 227, 236
Puerto Bertrand 238
Puerto Chacabuco 229, **236**
Puerto Cisnes 229, **233**
Puerto Edén 229, **239**
Puerto Guadal 229
Puerto Hambre 243, **251**
Puerto Ingeniero Ibáñez 237
Puerto Montt 193, **216f**
  Flughafen 326, 327
  Zentrumskarte 216
Puerto Natales 242, **244**
Puerto Octay 193, **210**
Puerto Pratt 244
Puerto Puyuhuapi 229, **232**
Puerto Varas 193, **211**
Puerto Williams 243, 255
Pukará de Lasana 163, **175**
Pukará de Quitor 178
Pukarás und der Camino del Inca **167**
Punta Arenas 49, 243, **250f**
  Feste 41
  Flughafen 326, 327
  Klima 43
  Zentrumskarte 250
Punto Ticket 106, 304, 305
Pura Artesanas 98, 101
Putre 163, **166**
  Feste 40
Puyuhuapi Lodge & Spa 229, **232**, 275

Q

Quellón 193, **223**
Quintay 121, **134**
Quiroga, Rodrigo de 73

R

Radfahren 97, 311
  Radfahren und Mountainbiken 307, 311
Radio 323
Rafting *siehe* Wildwasser-Rafting
Raggi, Renzo Antonio Pecchenino 127
Rancagua 121, **146**
  Klima 43
Rano Kau 260, **264**
Rano Raraku 260, **266f**
Rauchen **285**, **316f**
Rebsorten *siehe* Wein
Recanati, Harry 95
Refugios 274
Reiseinformationen **324–329**
  Busreisen 328, 329
  Fähren und Katamarane 328f
  Flugreisen 324, 325, 326f

Nordpatagonien 229
Norte Grande und Norte Chico 163
Osterinsel und Isla Robinson Crusoe 261
Santiago 96f
Schiffsreisen 325
Seenregion und Chiloé 192
Südpatagonien und Tierra del Fuego 243
Trolebuses 129
Umweltbewusst reisen 317, 329
Valle Central 120
Valparaísos Standseilbahnen **130f**
Zugreisen 328
Reiseschecks 320
Reiseveranstalter 310, 311
Reiten **307**, 311
Religion 21
Feste 38–41
Religion und Etikette 315
Reloj de Flores 132
Reñaca 133
Reserva Biológica Huilo-Huilo 193, **205**
Reservas Nacionales Altos de Lircay 121, **155**
Cerro Castillo 229, **237**
Futaleufú 231
Lago Cochrane 238
Lago Jeinemeni 229, **238**
Las Vicuñas 163, **166**
Río Clarillo 144
Río de los Cipreses 147
Río Simpson 229, **236f**
Restaurants **284–299**
Behinderte Reisende 285
Bezahlung und Trinkgeld 284, 316
Chiles Küche 286f
Essenszeiten 284
Getränke 288f
Kinder 285
Nordpatagonien 297f
Norte Grande und Norte Chico 294f
Osterinsel und Isla Robinson Crusoe 299
Rauchen 285
Santiago 290–292
Seenregion und Chiloé 295–297
Südpatagonien und Tierra del Fuego 298f
Valle Central 292–294
Vegetarier 285
siehe auch Speisen und Getränke
Restaurants (nach Orten)
Antofagasta 294
Arica 294
Caldera 294
Casablanca 292
Castro 295
Chillán 292
Concepción 292
Copiapó 294
Coyhaique 297f
Cunaco 292
Curacautín 295
Curicó 292
Futaleufú 298
Hanga Roa 299
Iquique 295
La Serena 295
Martín Pescador 298
Monumento Nacional Cueva del Milodón 298
Osorno 296
Ovalle 295
Panguipulli 296
Papudo 293

Parque Nacional Torres del Paine 298
Pichilemu 293
Porvenir 298
Pucón 296
Puerto Montt 296
Puerto Natales 298
Puerto Octay 296
Puerto Varas 296
Punta Arenas 299
Rancagua 293
San Fernando 293
San Pedro de Atacama 295
Santa Cruz 293
Santiago 290–292
Temuco 297
Valdivia 297
Valparaíso 293f
Villarrica 297
Viña del Mar 294
Zapallar 294
Revolver (Website) 102, 105
Río Baker 229, **238f**
Rioja, Fernando 133
Ríos, Marcelo 34
Ripley 302
Roca, Julio Argentino 257
Rodeo 35, 37, 118, 146
Rodin, Auguste 133
Rodríguez, Germán 91
Rodríguez, Jorge Alessandri 51
Rogers, Woodes 269
Roggeveen, Jacob 47
Rolland, Michel 151
Rollstuhlfahrer siehe Behinderte Reisende
Román, Samuel 184
Ross-Edwards, Agustín 150
Ruffa, Bruna 95
Ruiz, Raúl 31
Ruta del Vino 154, 274

S

Saavedra, Juan de 124
Sala Agustín Siré 305
Sala Medina 72
Salar de Atacama 163, **180**
Salar de Tara 163, **179**
Salpeterkrieg (1879–83) 49
Salto del Laja 121, **157**
Salto del Truful Truful 199
Salto Grande 246
Saltos de Petrohué 214
San Ginés 31
San José del Maipo 144
San Juan Bautista 261, **268**
San Martín, José de 41, 43, 44, 59
San Pedro de Atacama 163, **178**
San Pedro de Atacama Celestial Explorations 309, 311
Santa Cruz 293, **150**, 152
Santa Laura 163, **172**
Santiago **54–113**
Feste 38f, 41
Flughafen 324, 325
Geschichte 46
Hotels 276f
In Santiago unterwegs 96f
Klima 43
Nordöstlich des Zentrums 86–95
Plaza de Armas und Zentrum 58–77
Restaurants 290–292
Shopping 98–101
Stadtplan 106–113
Unterhaltung 102–105
Westlich des Zentrums 78–85
Santiago Adventures 310, 311

Santuario de la Naturaleza Carlos Anwandter 193, **208**
Santuario de la Naturaleza Cascada de las Ánimas 145
Santuario El Cañi 193, **201**
Schiffe
Anreise nach Chile 325
Fähren und Katamarane 328f
Kreuzfahrten 309, 311
Schiffsreisen 325
Schlachten
Schlacht von Chacabuco (1817) 48
Schlacht von Tarapacá (1879) 49
Schlacht von Tucapel (1553) 46
Schmidt, Teodoro 194
Schmuck *siehe* Lapislazuli
Schwule und Lesben **316**
Seen und Lagunen
Lago Bertrand 228, 229, 238
Lago Caburgua 193, 201
Lago Calafquén 193, 204
Lago Chungará 169
Lago Conguillío 199
Lago Elizalde 229, 237
Lago Grey 246, 249
Lago Llanquihue 193, 210
Lago Nordenskjöld 242, 247, 248
Lago Pehoé 242, 246, 248
Lago Quilleihue 203
Lago Ranco 193, 208
Lago Risopatrón 233
Lago Sarmiento 247
Lago Todos Los Santos 193, 215
Lago Verde 190, 229
Lago Vichuquén 121, 154
Lago Villarrica 212f
Laguna Azul (Parque Nacional Torres del Paine) 247, 249
Laguna Azul (Parque Nacional Villarrica) 203
Laguna Captrén 198
Laguna Céjar 117, 180
Laguna Chaxa 180
Laguna Cotacotani 169
Laguna del Laja 157
Laguna del Negro Francisco 183
Laguna El Morado 145
Laguna San Rafael 237
Laguna Santa Rosa 163, 183
Laguna Témpanos 233
Laguna Verde (Parque Nacional Conguillio) 199
Laguna Verde (Parque Nacional Tolhuaca) 196
Laguna Verde (Parque Nacional Torres del Paine) 246
Laguna Verde (Parque Nacional Vicente Pérez Rosales) 214
Laguna Verde 163, 183
Seenregion und Chiloé 20, **190–225**
Architektur 33
Castro **220f**
Chiloé **218f**
Deutsche Einwanderer in der Seenregion 211
Hotels 179f
Jesuitenkirchen in Chiloé **224f**
Landschaften **23**
Parque Nacional Conguillío **198f**
Parque Nacional Vicente Pérez Rosales **214f**
Parque Nacional Villarrica **202f**
Puerto Montt **216f**
Regionalkarte 193
Restaurants 295–297
Temuco **194f**
Valdivia **206f**
siehe auch Chiloé-Archipel

Segeltour in den Fjorden Nordpatagoniens 231
Selkirk, Alexander 259, 268f
Semanas Musicales de Frutillar 39, 211
Sendero Salsipuedes 268
Sendero Sierra Nevada 199
Senioren 316
Seno Otway 243, **251**
Sepúlveda, Luis 30
Sernatur 314, 317
Sewell 121, **148f**
Sewell, Barton 149
Sharp, Bartholomew 184
Shopping **98–101**, 300–303
Shuttle-Dienste (Flughafen) **324**, 325
Sicherheit und Gesundheit **318f**
Sieben Seen 205
Siegel, Alberto 66, 83
Silva, Sebastián 31
Siqueiros, David Alfaro 156
Skármeta, Antonio 30
Ski Portillo 35, **138**
Skifahren 35, **308**, 311
Skitotal 308, 311
Skizentren siehe Centros de Ski
Smith Solar, Josué 67, 85
Snowboarden 35, **308**, 311
Socaire 180
Söderling, Robin 34
Sol y Nieve Expediciones 307, 311
Solo Teatro 102, 105
Southern Chile Expeditions 308, 311
Souvenirs siehe Kunsthandwerk
Spanische Eroberung 19, 26, **46–48**
Spanische Sprache 315
Speisen und Getränke
 Chiles Küche **286f**
 Fiestas Patrias **36f**
 Getränke **288f**
 Shopping 100, 101, 301, 302
 Pisco 187
 siehe auch Restaurants; Wein
Sport 21, **34f**, 104, 105, 304, 305, 306–311
Sprachen 21, **315**
Standseilbahnen 88, 130f
Stark, Sergio Arellano 52
Sterneguecken in der nördlichen Wüste **179**
Steuern **272f**, 300, **320f**
Stradling, Thomas 269
Straßen 307, 325, 329
Straßennamen 315
Strawinsky, Igor 73
Stuardo, Carlos 82
Student Flight Center 327
Studenten 316
Suárez, Inés de 73
Subercaseaux Errázuriz, Pedro 48
Südamerikanische Platte 23
Südliches Eisfeld 249, 256
Südpatagonien und Tierra del Fuego **240–257**
 Architektur 33
 Estancias 33
 Geschichte 45, 49
 Hotels 281–283
 Klima 42
 Landschaften **23**
 Parque Nacional Torres del Paine **246–249**
 Punta Arenas **250f**
 Regionalkarte 242f
 Restaurants 298f
Surfen 35, **308**, 311

T

Tacna 49
Tag der Streitkräfte 36f, 38
Tageszeitungen siehe Zeitungen und Zeitschriften
Tampu 99, 101
Tangata-Mann siehe Vogelmann
Tanz siehe Musik und Tanz
Tapati Rapa Nui 40, **263**
Tauchen **308**, 311
Taxis 97, 316
Teatro Bellavista 104, 105
Teatro Carrera 83
Teatro Caupolicán 103, 105
Teatro Experimental 31
Teatro Ictus 31
Teatro La Comedia 104, 105
Teatro Municipal (Iquique) 170f
Teatro Municipal (Santiago) 21, 31, 59, **73**, 109
Teatro Nacional Chileno 31, 305
Teatro Oriente 104, 105
Teatro Universidad de Chile 104, 105
Tektonische Aktivität **23**
Teleférico 89
Telefonieren **322**, 323
Temuco 193, **194f**
 Flughafen 326, 327
 Zentrumskarte 195
Tennis 21, 34, 304
Teresa de los Andes, Heilige 62
Termas de Chillán 35, 121, **156**
Termas de Jahuel 121, **139**
Termas de Malalcahuello 193, **196**
Termas de Mamiña 163, **172**
Termas de Panimávida 121, **155**
Termas de Puyehue 193, **209**
Termas de Socos 163, **189**
Termas siehe Thermalbäder
Terminal Pesquero 164
The Clinic El Bazar 98, 101
Theater 104, 105, 305
 siehe auch Literatur, Theater und Kino
Themenreisen siehe Aktivurlaub und Themenferien
Thermalbäder 310
 Baños de Puritama 163, 179
 Puyuhuapi Lodge & Spa 229, 232
 Termas Aguas Calientes 209
 Termas Coñaripe 204
 Termas de Cauquenes 121, 147
 Termas de Chillán 121, 156
 Termas de Huife 200
 Termas de Jahuel 121, 139
 Termas de Jurasi 168
 Termas de Malalcahuello 193, 196
 Termas de Mamiña 163, 172
 Termas de Panimávida 121, 155
 Termas de Puyehue 193, 209
 Termas de Socos 163, 189
 Termas Geométricas 204
 Termas Los Pozones 200
 Termas Malichu 196
 Termas Valle de Colina 145
 Termas Ventisquero de Puyuhuapi 232
Thermalquellen siehe Thermalbäder
Thomas Cook 320
Ticketek 304, 305
Ticketmaster 102, 105
Tierra del Fuego **254–257**
 Landschaften **23**
 Parque Nacional 257
 siehe auch Südpatagonien und Tierra del Fuego
Tiwanaku-Reich 161, 167, 178
Toconao 180

Todeskarawane 52, 53
Toesca, Joaquín 63, 68, 73, 76, 93
Toiletten siehe Öffentliche Toiletten
Tolita, Kultur 64
Tomé 121, **157**
Tomic, Radomiro 51
Tompkins, Doug 20, 230, 239
Tonada 29
Toro y Zambrano, Don Mateo de 63
Torrecilla, Antonio 171
Torres del Paine, Nationalpark 117, 240, 243, **246–249**
 Hotels 281f
 Restaurants 298
Torres, Miguel 151
Touren
 Weingüter im Valle de Casablanca **142f**
 Weingüter im Valle de Colchagua **152f**
Transantiago 96, 97
Transvip 324, 325
Trapacá 49
Travelocity 324, 325
Trekking Chile 306, 311
Trinkgeld 316
 in Hotels 274
 in Restaurants 284, 316
Trolebuses (Valparaíso) **129**
Tsunami von 2010 **268**

U

U-Bahn siehe Metro de Santiago
Umweltbewusst reisen 317, 329
Umweltprobleme 317, 329
Unabhängigkeitskrieg (1810–26) 48, 206
Undurraga, Cristián 68
UNESCO-Stätten
 Humberstone und Santa Laura 163, 172
 Iglesia Dalcahue 222
 Iglesia de Chonchi 223
 Iglesia San Francisco (Castro) 220f
 Isla Robinson Crusoe 24, 259, 268f
 Jesuitenkirchen in Chiloé 193, **224f**
 Parque Nacional Archipiélago de Juan Fernández 268
 Parque Nacional Bosque de Fray Jorge 163, 189
 Parque Nacional La Campana 121, 139
 Parque Nacional Laguna San Rafael 229, 237
 Parque Nacional Torres del Paine 117, 240, 243, 246–249
 Sewell 121, **148f**
 Valparaíso 121, 124–131
Unidad Popular 51
Unidos en la Gloria y la Muerte (Matte) 75
Universidad Católica 31
Universidad de Chile 31, 304, 305
Unterhaltung in Chile **304f**
Unterhaltung in Santiago **102–105**
Urrutia, Matilde 91, 136, 137
Ushuaia 257

V

Valdivia 193, **206f**
 Erdbeben 23
 Feste 40
 Festungen bei Valdivia 207
 Geschichte 46
 Zentrumskarte 206
Valdivia, Pedro de 46, 59, 61, 62, 72, 74, 178, 206

Valdivianischer Regenwald 23, 24, 25
Valle Central 20, **118–159**
  Cajón del Maipo 144f
  Casa Museo Isla Negra **136f**
  Geschichte des Weins in Chile 151
  Hotels 277f
  Landschaften **22**
  Regionales Kunsthandwerk **158f**
  Regionalkarte 121
  Restaurants 292–294
  Sewell – Stadt der Treppen **148f**
  Valparaíso **122–131**
  Viña del Mar **132f**
  Weingüter im Valle de Casablanca **152f**
  Weingüter im Valle de Colchagua **142f**
Valle de Ascencio 247, 248
Valle de Cachapoal 121, **146**
Valle de Casablanca 121
  Weingütertour **142f**
Valle de Colchagua 121
  Tour zu den Weingütern **152f**
Valle de Curicó 121, **154**
Valle de Francés 248
Valle de la Luna 163, **180**
Valle de la Muerte 163, **180**
Valle del Aconcagua 140f
Valle del Elqui 184
Valle del Maule 155
Valle Nevado 35, 121, **144**
Valparaíso 121, **122–131**
  Feste 38, 39
  Geschichte 46, 48, 50
  Stadtplan 122f
  Straßenkunst 119
  Valparaísos Standseilbahnen **130f**
Valparaíso Sporting Club 304, 305
Vasarely, Victor 83
Vasconcelos, Juan de Los Santos 76
Vegetarische Gerichte 285
Verdi, Giuseppe 73
Verfassung (1925) 51
Verfassung (1980) 52
Vergara, José Francisco 127, 132
Verlust und Diebstahl **318**
Verschae 329
Vertrag von Tordesillas (1494) 46
Vichuquén 154
Vicki Johnson 301, 302
Victoria, Königin von England 127
Vicuña 163, **186**
Vicuña, Benjamín 74
Vicuña, Pedro Félix 127
Vicuñas 22, 166, 168
Videla, Gabriel González 184
Viernes Santo 40, 41
Villa O'Higgins 229, **239**
Villa Tehuelches 243, **245**
Villarrica **193**, 200
  Geschichte 46
Viña del Mar 121, **132f**
  Feste 38, 40
  Zentrumskarte 133
Visum und Pass **314**
Vivaceta, Fermín 72, 73, 74, 76
Vögel 22, 24
  Isla Magdalena 243, 251
  Seno Otway 243, 251
  Vogelbeobachtung 307, 311

Vogelmann **264**
Vorwahlen **322**
Vulkane 23, 319
  Rano Raraku **266f**
  Volcán Casablanca 209
  Volcán Isluga 172
  Volcán Lanin 203
  Volcán Llaima 198, 199
  Volcán Mocho-Choshuenco 205
  Volcán Ojos del Salado 183
  Volcán Osorno 214
  Volcán Parinacota 20, 169
  Volcán Pomerape 20, 169
  Volcán Puyehue 209
  Volcán Quetrupillán 203
  Volcán Sollipulli 197
  Volcán Tronador 215
  Volcán Villarrica 35, 202, 203

W

Währung *siehe* Banken und Währung
Wale
  Ballenera de Quintay 134
  Schutz 25
  Walbeobachtung 309, 311
Wandbilder 116, 128
Wandern **306**, 311
Wasser
  Trinkwasser 318
  Umweltbewusst reisen 317
Weber, Hugo 269
Weihnachten *siehe* Navidad
Wein 289
  Bodegas 273
  Chiles Weine 289
  Enoteca (Weinmuseum) 89
  Feste 40
  Geschichte des Weins in Chile 151
  Shopping 100, 101, 301, 302
  Valle de Curicó 154
  Weingüter im Valle de Casablanca **152f**
  Weingüter im Valle de Colchagua **152f**
  Weingüter in Maule 154f
  Weingüter in Pirque 121, 144
  Weinreisen 310, 311
  siehe auch Weingärten und Weingüter
Weingärten und Weingüter
  Gillmore Winery 155
  Viña Balduzzi 155
  Viña Casa Silva 153, 310, 311
  Viña Casa Tamaya 188
  Viña Casas del Bosque 142
  Viña Catrala 142
  Viña Concha y Toro 144
  Viña Corral Victoria 154f
  Viña Cousiño-Macul 144
  Viña Emiliana 143
  Viña Indómita 143
  Viña Kingston 142
  Viña Lapostolle 153
  Viña Las Niñas 153
  Viña Los Vascos 152
  Viña Mar 143
  Viña Matetic 142, 310, 311
  Viña Montes 153
  Viña MontGras 152
  Viña Tabalí 188

  Viña Veramonte 143
  Viña Viu Manent 143
  Viña William Cole 143
Weingüter *siehe* Weingärten und Weingüter
Well, Thomas 127
Westlich des Zentrums (Santiago) **78–85**
  Hotels 276
  Restaurants 290f
  Stadtteilkarte 79
Whalesound 309, 311
Wheelwright, William 124
Wildland Adventures 310, 311
Wildtiere
  biologische Vielfalt 24f
  Isla Magdalena 25, 243, 251
  Magellanstraße 243, 254
  Monument Natural Cerro Ñielol 194
  Monument Natural Islotes de Puñihuil 193, 218
  Reserva Nacional Futaleufú 231
  Reserva Nacional Las Vicuñas 163, 166
  Reserva Nacional Río de los Cipreses 147
  Salar de Tara 163, 179
  Santuario El Cañi 193, 201
  Santuario de la Naturaleza Carlos Anwandter 193, 208
  Seno Otway 243, 251
  Vogelbeobachtung 307, 311
  siehe auch Landschaften; Parques Nacionales
Wildwasser-Rafting **308**, 311
Williams, Juan 255
Willmann, Edward 50
Wirtschaft **20**
Wulff, Gustavo Adolfo 132
Wüste *siehe* Atacama-Wüste

Y

Yarur, Juan 95
Yrarrázaval, Ricardo 221

Z

Zañartu, Dario 76
Zañartu, Luis Manuel 76
Zanelli, Ottorino 126
Zapallar 121, **135**
Zeit **317**
Zeitschriften 323
Zeitungen und Zeitschriften 304, **323**
Zoll **314**
ZonAustral 302
Zoológico Nacional 88
Zu Fuß unterwegs
  in Santiago 97
  wandern 306, 311
Züge 81, 164, 181, 195, 328
Zúñiga, Alonso Ercilla y 30

Danksagung und Bildnachweis

Dorling Kindersley bedankt sich bei allen Personen, durch deren Arbeit dieses Buch möglich wurde:

Autoren
Wayne Bernhardson bereist Chile seit über 30 Jahren. Er hat zahlreiche Beiträge für Zeitungen, Magazine und Reiseführer geschrieben, so etwa für Moon Handbooks, Lonely Planet und National Geographic Traveler. Wayne ist zudem Mitautor für den *DK Eyewitness Guide to Argentina*.

Declan McGarvey ist Reiseautor und Journalist. Er lebt seit 1999 in Argentinien. Er ist Mitautor des *Eyewitness Guide to Argentina* und des *Eyewitness Top 10 Guide to Buenos Aires* und schrieb auch Beiträge für die DK-Buchreihe *Reisen – Traumziele für das ganze Jahr*.

Kristina Schreck arbeitete viele Jahre als Redakteurin des *Adventure Journal*, bevor sie 1998 nach Chile zog. Seitdem hat sie in verschiedenen Tourismusbereichen gearbeitet, unter anderem als Trekkingführerin in Patagonien, als Reiseautorin für die erste Auflage von Frommers *Chile & Easter Island* und als Leiterin der PR-Abteilung des chilenischen Fremdenverkehrsamts.

Kartografie Die Karten auf den Seiten 59, 79, 87 und 106–112 stammen von © www.openstreetmap.org und Mitarbeitern, lizenziert unter CC-BY-SA; weitere Details siehe www.creativecommons.org.

Überprüfung der Daten und Fakten Rodrigo Cabezas
Redaktionelle Beratung Nick Rider
Korrektorat Kathryn Glendenning, Janice Pariat
Textregister Hilary Bird, Vanessa Bird

Für Dorling Kindersley Ltd.
Publisher Douglas Amrine
List Manager Vivien Antwi
Project Art Editor Shahid Mahmood
Project Editor Michelle Crane
Senior Cartographic Editor Casper Morris
Jacket Design Tessa Bindloss, Stephen Bere
Senior DTP Designer Jason Little
Senior Picture Researcher Ellen Root
Production Controller Rebecca Short

Redaktionsassistenz Namrata Adhwaryu, Vicki Allen, Marta Bescos, Louise Cleghorn, Thomas Connelly, Fay Franklin, Sumita Khatwani, Carly Madden, Hayley Maher, Shafik Meghji, Lucy Richards, Sands Publishing Solutions, Ankita Sharma, Neil Simpson, Joanna Stenlake Anna Streiffert, Hollie Teague, Ed Wright

Zusätzliche Fotografien Geoff Brightling, Tony Briscoe, Demetrio Carrasco, Frank Greenaway, Nigel Hicks, Dave King, Greg Roden, Rough Guides/Tim Draper, Jerry Young, Ian O'Leary Studios

Designassistenz Janice Utton

Besondere Unterstützung Dorling Kindersley bedankt sich bei folgenden Personen für ihre Unterstützung und Hilfe: Lawrence Lamonica vom Lapis Lazuli House, Aya Nishimura von Hers Agency und Preeti Pant.

Genehmigung für Fotografie
Dorling Kindersley bedankt sich bei allen Personen und Institutionen, die uns die Wiedergabe von Fotografien aus ihrem Besitz und ihren Archiven gestattet haben. Unser Dank geht an: Bar La Playa, Basílica y Museo de la Merced, Biblioteca de Santiago, Biblioteca Nacional, Bolsa de Comercio, Cancellería, Casa Museo Isla Negra, Casino Español in Iquique, Catedral Metropolitana, Centro Cultural Estacion Mapocho, Centro Cultural Palacio La Moneda, Cerro Central, Iglesia de San Francisco in Chiu Chiu, Iglesia de Santo Domingo, Hotel Indigo and Spa, Galeria Isabel Aninat, Lagos in Patagonia, Mamiña Hot Springs, Mercado Central, Museo Chileno de Arte Precolombino, Museo de Colchagua in Santa Cruz, Museo de la Moda, Museo de Santiago in Casa Colorada, Museo Ferroviario Pablo Neruda, Museo Ferroviario, Museo Muncipal Juan Pablo II, Museo Nacional de Bellas Artes, Museo Nacional de Historia Natural, Maritimo Nacional, Museo Regional Braun Menéndez, Palacio Cousiño, Palacio de los Tribunales de Justicia, Puyuhapi Lodge & Spa, Teatro Municipal, Termas de Socos, Hotel Zero, Zona Franca Zofri.

Bildnachweis
o = oben; u = unten; m = Mitte; r = rechts; l = links.

Die folgenden Kunstwerke wurden mit Einverständnis der Copyright-Inhaber reproduziert:
Absent Feet Airmail Painting No. 153 (2002–2003), Tinktur, Fotosiebdruck, Satin und Steppung auf vier Sektionen Segeltuch 210 x 560 cm, mit freundlicher Genehmigung des Künstlers und von Alexander and Bonin, New York NY © Eugenio Dittborn 32ul; *New Nature I* und *New Nature II* © Pedro Tyler 57mru; *Fotografo II*, 2008, ED 6 Originales Alto 165cm, Basis 55 x 33cm, Höhe 65 x 21 x 11/16 x 13 in © Aurora Cañero 99mu; *Historia de Concepción*, Gregorio de la Fuente © Pablo de la Fuente 156ur.

Wir haben uns bemüht, alle Urheber ausfindig zu machen und zu benennen. Sollte uns dies in einigen Fällen nicht gelungen sein, bitten wir dies zu entschuldigen. In der nächsten Auflage werden wir dies selbstverständlich nachholen.

123RF.com: Ekaterina Pokrovsky 252–253
4Corners: H. P. Huber 258
Eduardo Abasolo: 198mlo, 199ol
Alamy Images: Alaska Stock LLC/John Hyde 25ur; Arco Images/Stengert, N. 154um; The Art Archive/Gianni Dagli Orti 46mlu; Roussel Bernard 20o, 130–131ms; Blickwinkel/Brehm 23ur; Cephas Picture Library/Matt Wilson 153mlo; Chile/Chris Howarth 94ul; Chile DesConocido 161ul, 185ol, 218ur; Dennis Cox 152or; Creative Trails 173or; Jan Csernoch 169ul; David R. Frazier Photolibrary, Inc. 320ml; Celso Diniz 314ml; Eagle Visions Photography/Craig Lovell 26mru; Reiner Elsen 86, 293ur; Peter Flaco 291um; GM Photo Images 161u; Fabian Gonzales Editorial 25mr, 289m; FAN travelstock 183o; Chris Gomersall 22mru; Blaine Harrington III 27mro; Hemis.fr 103u/Hughes Hervé 191u, 293ol; Nigel Hicks 301ur; Marla Holden 263mr; Chris Howarth/Chile 12; Imagebroker 27mlo/Christian Handl 214mlu/Nico Stengert 32or; Infocusphotos.com/Malie Rich-Griffith 161ul; Interfoto 26ur, 49ur; John Warburton-Lee Photography 35ol; Mooney-Kelly 298ur; Russell Kord 22or, 324u; Frans Lemmens 255m; Yadid Levy 39ol, 39m; LOOK Die Bildagentur der Fotografen GmbH/Michael Boyny 35mro/Hauke Dressler 17ur; Chris Mattison 224ul; Yannis Emmanuel Mavromatakis 247mlo; Megapress 96ur; Randy Mehoves 289ul; Nifro Travel Images 203om; North Wind Picture Archives 46ul, 139ur; M. Timothy O'Keefe 8–9; Astrid Padberg 264mr; Photoshot Holdings Ltd 198um; Picture Contact/Jochem Wijnands 26ul, 74ol; Sergio Pitametz 25mlu, 241u; Leonid Plotkin 116or, 119u; Radharc Images 299ur; StockShot/Dan Milner 35ur; Top-Pics TBK 246mlo; travelbild.com 14om; V1 41or; Simon Vine 127ml; John G. Walter 123ol; Wide Eye Pictures 37mlu; WoodyStock/Begsteiger 41u; World History Archive 47ur; Fernando Zabala 215ol
Alto Atacama: 279ur
Hector Hugo Gutierrez Alvarado: 48um
Alexander and Bonin: Bill Orcutt 32ul
Altos De Lircay: 155ul
Atacama Photo: Gerhard Huedepohl 4–5o, 24ml, 24ur, 24ul, 248ml, 259u, 261o, 269ml, 269ur
The Aubrey: 277or
Carolina Alicia Dagach Ávila: 104ol
AWASI – San Pedro de Atacama: 275or
AWL Images: Paul Harris 118
Bio Bio Expeditions: 5mro, 231ol, 308om
The Bridgeman Art Library: Seeschlacht 1897 zwischen dem peruanischen Schiff Huáscar und den chilenischen Schiffen Blanco Encalada und Cochrane 1879, Monleon y Torres, Rafael (1847–1900)/Privatsammlung/Index 49mlu
La Casona: 295ur
Centro De Ski Araucarias: 198mlu

DANKSAGUNG UND BILDNACHWEIS | 341

Joao Colella: 223ur
Colibri Music: 29mru
Niall Corbet: 147o
Corbis: Lucien Aigner 29ol; Bettmann 30um, 48ur, 51mom, 51mru; Julio Donoso 224mlo; Ric Ergenbright 266mlu; Martin Harvey 34or; Blaine Harrington III 22ml; Jon Hicks 81ol; Dave G. Houser 242u; Masterfile/Graham French 78/R. Ian Lloyd 212–213. NewSport/Chris Trotman 34um; Gregg Newton 52ol; Jonathan Selkowitz 35ul; Hubert Stadler 23mr, 210u; Sygma/Sophie Bassouls 30or/Carlos Carrion 51ur/Diego Goldberg 52ur/Thierry Orban 34mr; Pablo Corral Vega 316or; Xinhua Press/Zhang Yuwei 34ul
Danita Delimont Stock Photography: Bill Bachmann 40or; Ric Ergenbright 27ul; Wendy Kaveney/Jaynes Gallery 36um, 288ml; John Warburton-Lee 221u
Dawsonlapelicula.cl: 255om
Juan Eduardo Donoso: 319or
Marcela Donoso: 219mls, 219mru, 219mu
Dreamstime.com: Steve Allen 226; Andreviegas 240; Paul Brighton 297or; Byvalet 234–235; Alexandre Fagundes de Fagundes 270–271; Ildipapp 296um; Michal Knitl 114–115; Jesse Kraft 70–71; Larissapereira 29mlu; Marconi Couto De Jesus 176–177; Ghm Meuffels 13ol, 15or; Kelly Price 15ur; Kseniya Ragozina 244u
Ejecutiva Comercial Hoteles Huilo Huilo: La Montana Magica Hotel 205ur
Endémica Expediciones: 308ul
Paz Errázuriz: 65mr
Explora: 283or
Caroline Fink: 147ul
Fotoscopio Latin America Stock Photo Agency: 37mro, 37um; Horst von Irmer 305ol
Pablo de la Fuente: 156ur
Fundación Artesanias de Chile: 10om, 19m, 32mu, 32mlu, 32fmlu, 98ul, 158or, 158ml, 158ul, 158ur, 159or, 159om, 159mr, 159mlu, 159ul, 159um
Fundación Sewell: 148mlo, 149mru
German del Sol - Arquitecto: 204ol
Getty Images: AFP/Staff/Pablo Porciuncula 53um/Martin Bernetti 35ml, 37mru, 53mr, 53mru, 144ol/Mauricio Lima 54um/Pedro Ugarte 53ol; AFP/STF 51ul/STR/Stringer 199um; AFP/Stringer 36or/Claudio Pozo 103or/Raul Bravo 288um, 327ml/David Lillo 36–7m; Aurora/Bernardo Gimenez 231mr; FoodPix/Sheridan Stancliff 36ul; Gems/Redferns 29or; Krzysztof Dydynski 102um; The Image Bank/Frans Lemmens 306ur/Eastcott Momatiuk 117ur; John Warburton-Lee 231um; Kean Collection/Staff/Archive Photos 47mo; Lonely Planet Images/Bethune Carmichael 116ml; National Geographic/Stephen Alvarez 267mru/Joel Sartore 22ul; Popperfoto 34mu; David Redfern 21mo; STF/Gabriel Rossi 92ur; Time & Life Pictures/Robert Nickelsberg 304ul; Travel Ink/Gallo Images 137ur, 179ul, 326mlo
Andrew Gould: 130ur
The Granger Collection, New York: 151mlo
Hacienda Los Andes: 307ur
Isabel Aninat Galeria De Arte: 57mru
Istockphoto.com: Piet Veltman 139m; Sara Winter 54–55
François Jolly: 328ur
La Sonora Palacios: 29ml
Lapis Lazuli House: 303mlo, 303mo, 303mr, 303mro, 303mlu, 303ml, 303m, 303mru, 303mru, 303ul, 303ml, 303ur, 303fur
Lapostolle: 153mlu; Clos Apalta Winery 151ul, 273ml, 310ol
Latin Photo: Felipe Gonzalez V. 28ul, 39ur; Nicolas Nadjar 158ml; Ely Negri 29mr
Marco Lillo: 32mr, 103u
Lindsay Simmonds Design: 215ur
Lonely Planet Images: John Elk III 225ol
Los Huasos Quincheros: 29um
Magical Andes Photography: James Brunker 23ml
Mary Evans Picture Library: Aisa Media 44
Masterfile: Graham French 88or
Restaurante Martin Pescador: 299or
Declan Mcgarvey: 158mlu
Montgras Properties: 152ml
Mumbai-Lima: 297ur
Museo Historica Nacional de Chile: 50ol
Museo Nacional de Bellas Artes, Chile: Colección Museo Nacional de Bellas Artes de Santiago de Chile 32ur

Santiago Rios Pacheco: 154ol
Gregory Panayotou: 266mlo
Peter Langer/Associated Media Group: 28mru, 130mlu, 131mru, 148or
Photographers Direct: Alimdi.net/Thomas Muller 202ur
Photolibrary: 140–141; age fotostock/Wojtek Buss 266ur; Armytage/Anne Green 205mu; Wojtek Buss 20ul; Rob Crandall 21ur; Denkou Images 255u; Fresh Food Images/Steven Morris Photography 22mr; Garden Picture Library/J.S. Sira 23mu; Oliver Gerhard 249ol; Christian Handl 56mlo; Paul Harris 27mru; Imagebroker.net/Oliver Gerhard 210om/Sepp Puchinger 28or/Nico Stengert 169mru, 169ol; John Warburton-Lee Photography 146ol/Paul Harris 151ur, 230ur, 192or, 214ur/Nick Laing 272ml/John Warburton-Lee 246mlu, 254ol/Diego Martin 11ur; Jon Arnold Travel/Michele Falzone 11ol; Christophe Lehenaff : 181ur; Lonely Planet Images/Grant Dixon 199mr/Richard l'Anson 15ol/Paul Kennedy 150ul/Oliver Strewe 97ol; Mary Evans Picture Library 46ur, 47mu, 49ol, 65ol, 269ul; Aris Mihich 202ml; Laurence Mouton 42mlu; Peter Arnold Images/James L. Amos 267mro/Fred Bruemmer 268u, 269or/Alexandra Edwards 45ur/Kevin Schafer 249ml/Gunter Ziesler 23ur; Photononstop/Bruno Barbier 214mlo/Marc Vérin 322ml; Pixtal Images 19u, 265u, 266or; The Print Collector 50mu; Robert Harding Travel/Ken Gillham 220mlo/Geoff Renner 96ml/Marco Simoni 198or, 249ur/Michael Snell 57ul/Tony Waltham 25o; Robin Smith 251om; Tips Italia/Wojtek Buss 263om/Paolo Olaco 1m; Wave 203mru; White/Medio Images 38ur; Bob Wickham 10mro
Photoshot: C2070 Rolf Haid 134ml; UPPA 91om; World Pictures 192ul
The Picture Desk: The Art Archive: Museo Nacional de Historia Lima/Dagli Orti 49mlu; The Kobal Collection: Cine Experimental de la Universdad de Chile 31ur
David Pin: 56mlu
Heinz Plenge: 37ol
Don Porter: 131ol
Privatsammlung: 45mlu, 50ur
Javiera Quenaya: 4ur, 36ml
Rancho de Caballos: 203ul
Random House Mondadori: 30ml
Alvaro Rivas: 197or
Robert Harding Picture Library: Barbara Boensch 294ur; Christian Goupi 292om; Blaine Harrington 18; Peter Langer 58; Robert Seitz 312–313
South American Pictures: Robert Francis 40ul; Sue Mann 38ml; Tony Morrison 26ml; Karen Ward 27om; Rebecca Whitfield 26or
SuperStock: Eye Ubiquitous 290um, Hemis.fr 291or
Vasile Tomoiaga: 27ml
Topfoto.co.uk: Chilepic/Rose Deakin 28ml
Travel-images.com: Craig Lovell 202or, 323ul
Turtransfer: 324m
Valle Chacabuco: 280ur
Unesco: CODELCO 149ul, 149mro
Vina Casas Del Bosque: 142ml, 289ur
Viu Manent: 152ur, 153mru
W. Santiago: 276um
Bernhardson Wayne: 275mr
WIKIPEDIA, The Free Encyclopedia: 48o
www.macondo.cl: Clara Salina 31m

Vordere Umschlaginnenseiten

Links: **4Corners:** H.P. Huber ml; **AWL Images:** Paul Harris ol; **Dorling Kindersley:** Rough Guides/Tim Draper om, um.
Rechts: **Alamy Images:** Reiner Elsen m; **Corbis:** Masterfile/Graham French or; **Dreamstime.com:** Steve Allen um/Andreviegas ur.
Robert Harding Picture Library: Peter Langer om.

Umschlag

Vorderseite: **DK Images:** Demetrio Carrasco
Buchrücken: **DK Images:** Demetrio Carrasco
Rückseite: **Dorling Kindersley**

Alle anderen Bilder © Dorling Kindersley.
Weitere Informationen unter
www.DKimages.com

Sprachführer

Chilenen entschuldigen sich manchmal für ihr »schlechtes« Spanisch. Wer Spanisch andernorts gelernt hat, für den ist es tatsächlich eine Herausforderung. Das chilenische Spanisch hat sich ganz eigen entwickelt, weil das Land geografisch so isoliert ist. Darüber hinaus flossen einige Mapuche-Wörter ins chilenische Spanisch ein, deren Aussprache mitunter Schwierigkeiten bereitet. Grundsätzlich verschlucken die Chilenen bei der Aussprache gerne Buchstaben mitten im oder am Ende des Wortes.
Chilenen lassen oft das S am Wortende weg, sodass man Singular und Plural nur schwer unterscheiden kann. Manchmal wird sogar ein S in der Wortmitte verschluckt. So wird etwa aus las escuelas (die Schulen) la ecuela. Das D am Wortende kann zum T werden oder wegfallen, aus usted wird so usteh.
B, D, G und Y können zwischen Vokalen verschluckt werden. Cansado wird so zu kansa-o. Zudem wird das S vor Konsonanten oft zu H, sodass fresco zu frehko wird.
In alltäglichen Situationen verwenden Chilenen auch gerne abgewandelte Verbformen. Verben in der zweiten Person z. B. lassen sie gerne mit einem betonten í enden. Statt ¿Quieres? (Möchtest du?) z. B. sagen sie also ¿Querí?
Eine Besonderheit ist auch der seseo: Während im europäischen Spanisch C vor e und i sowie Z wie das englische th ausgesprochen werden, spricht man sie in Lateinamerika als stimmloses S.
Die folgenden peruanischen/spanischen Wörter und Wendungen stehen im Lautschriftsystem der IPA (International Phonetic Association).

Chilenische Ausdrücke

al tiro	[al' 'tiro]	sofort
la aldea	[al'dea]	Weiler
el barrio	['barrio]	Stadtviertel, Bezirk
la bomba	['bɔmba]	Tankstelle
el carrete	['karre'te]	Party, Kneipentour
el chupe	['tʃupe]	(Fisch- oder Fleisch-)Eintopf
el completo	['kɔmple'to]	chilenischer Hotdog
la copa	['kopa]	Glas (Wein, Bier)
la galería	[gaʎe'ria]	Einkaufszentrum
la gamba	['gamba]	100 Pesos
la oficina	[ofi'zina]	Büro (in den Minen der Atacama-Wüste)
la parcela	[par'zela]	kleines Gehöft
la parrilla	[pa'rriʎa]	Grillrestaurant
el paseo	[pa'seo]	Fußgängerzone
re-...	[rrɛ]	super-...
¡Sepa Moya!	['sepa mɔ'ja]	Wer weiß!
la tasa	['tasa]	Tasse (Kaffee oder Tee)

Notfälle

Hilfe!	¡Socorro!	[so'kɔrɔ]
Stopp!	¡Pare!	[pare]
Polizei!	¡Policía!	[poli'zia]
Rufen Sie einen Arzt!	¡Llame a un médico!	[ʎame a un 'médiko]
Rufen Sie einen Krankenwagen!	¡Llame a una ambulancia!	[ʎame a una ambu'lanzia]
Wo ist das nächste Krankenhaus?	¿Dónde queda el hospital más cercano?	[dɔnde keđa ɛl ɔspi'tal mas zer'kano]
Können Sie mir helfen?	¿Me puede ayudar?	[me pŭeđe aiu'dar]
Man hat mir mein ... gestohlen.	Me robaron mi ...	[me rrɔ'baron mi...]

Grundwortschatz

Ja	Sí	[si]
Nein	No	[no]
Bitte	Por favor	[pɔr fa'bɔr]
Danke	Gracias	['grazĭas]
Pardon	Perdón	[pɛr'dɔn]
Entschuldigung	Disculpe	[dis'kulpe]
Tut mir leid	Lo siento	[lo 'sĭento]
Hallo	Hola	['ola]
Guten Tag	Buenos días	['bŭenos 'dias]
Guten Tag (nachmittags)	Buenas tardes	['bŭenas 'tardes]
Guten Abend	Buenas noches	['bŭenas notʃes]
Nacht	la noche	[notʃe]
morgens (Tageszeit)	mañana	[ma'nana]
morgen (Zeitpunkt)	mañana	[ma'nana]
gestern	ayer	[a'jɛr]
hier	acá	[a'ka]
Wie?	¿Cómo?	['komo]
Wann?	¿Cuándo?	['kŭando]
Warum?	¿Por qué?	[pɔr ke]
Wie geht's?	¿Qué tal?	[ke tal]
Sehr gut, danke.	Muy bien, gracias.	[mŭi bĭen, 'grazĭas]
angenehm	encantado	[eŋkan'tađo]
Sehr erfreut!	¡Mucho gusto!	[mutʃo 'gusto]
Auf Wiedersehen	Adiós, hasta luego	[a'dĭɔs, 'asta 'lŭego]

Nützliche Redewendungen

Das ist in Ordnung.	Está bien.	['esta bĭen]
Sprechen Sie ein bisschen Deutsch/Englisch?	¿Habla un poco de alemán/inglés?	['abla un 'poko de ale'man/iŋgles]
Ich verstehe nicht.	No entiendo.	[no en'tĭendo]
Könnten Sie etwas langsamer sprechen, bitte?	¿Puede hablar más despacio, por favor?	['pŭede a'blar mas des'pazĭo, pɔr fa'bɔr]
In Ordnung/okay	De acuerdo/bueno	[de a'kŭerđo/'bŭeno]
Alles klar!	¡Claro que sí!	['klaro ke si]
Wie kommt man nach ...?	¿Cómo se llega a ...?	['komo se ʎega a...]
Wo geht es nach ...?	¿Por dónde se va a ...?	[pɔr donde se ba a...]

Nützliche Wörter

groß	grande	['grande]
klein	pequeño	[pe'kɛno]
heiß	caliente	[ka'lĭente]
kalt	frío	['frio]
gut	bueno	['bŭeno]
gut (Adv.)	bien	[bĭen]
schlecht	malo	['malo]
mehr oder minder	más o menos	[mas o 'menos]
mittel	regular	[rrɛgu'lar]
genug	suficiente	['sufi'zĭente]
geöffnet	abierto	[a'bĭerto]
geschlossen	cerrado	[ze'rrađo]
Eingang	entrada	[en'trađa]
Ausgang	salida	[sa'liđa]
voll	lleno	['ʎeno]
leer	vacío	[ba'zio]
rechts	derecha	[de'retʃa]
links	izquierda	[iz'kĭerda]
(immer) geradeaus	(todo) recto	['tođo 'rrekto]
unter, unten	debajo	[de'baxo]
oben, hinauf	arriba	[a'rriba]
bald	pronto	['prɔnto]
früh	temprano	[tem'prano]
spät	tarde	['tarđe]
jetzt	ahora	[a'ɔra]
mehr	más	[mas]

SPRACHFÜHRER | 343

weniger	menos	['menos]
wenig	poco	['poko]
viel	mucho	['mutʃo]
sehr	muy	[mŭi]
zu viel	demasiado	[dema'sĭaðo]
vor	delante	[de'lante]
gegenüber	enfrente	[em'frente]
hinten, zurück	detrás	[de'tras]
erster Stock	el segundo piso	[se'gundo 'piso]
Erdgeschoss	el primer piso	[pri'mer 'piso]
Fahrstuhl	el ascensor	[aszen'sɔr]
Bad	el baño	['baɲo]
Frauen	las mujeres	[mu'xeres]
Männer	los hombres	['ɔmbres]
Toilettenpapier	el papel higiénico	[pa'pɛl i'xĭeniko]
Kamera	la cámara	[ka'mara]
Batterien	las pilas	['pilas]
Reisepass	el pasaporte	[pasa'pɔrte]
Visum	la visa	['bisa]
Touristenkarte	la tarjeta turística	[tar'xeta tu'ristika]

Gesundheit

Ich fühle mich schlecht.	Me siento mal.	[me 'sĭento mal]
Ich habe Bauch-/Kopfschmerzen.	Me duele el estómago/la cabeza.	[me 'dŭele ɛl es'tomago/la ka'beza]
Er/sie ist krank.	Está enfermo/enferma.	[esta em'fɛrmo/em'fɛrma]
Ich muss ausruhen.	Necesito descansar.	[neze'sito deskan'sar]
Apotheke	la farmacia	[far'mazĭa]

Post/Bank

Bank	el banco	['baŋko]
Ich suche eine Wechselstube.	Busco una casa de cambio.	['busko 'una 'kasa de 'kambĭo]
Wie steht der Dollar/Euro?	¿A cómo está el dólar/euro?	[a 'komo esta ɛl 'dolar/'eŭro]
Ich möchte einen Brief versenden.	Quiero enviar una carta.	['kĭero em'bĭar 'una 'karta]
Postkarte	la tarjeta postal	[tar'xeta pɔs'tal]
Briefmarke	la estampilla	[estam'piʎa]
Geld abheben	sacar dinero	[sa'kar di'nero]

Shopping

Wie viel kostet das?	¿Cuánto cuesta?	['kŭanto 'kŭesta]
Ich hätte gern …	Me gustaría/quiero …	[me gus'taria/'kĭero …]
Haben Sie …?	¿Tiene …?	['tĭene …]
Kann ich mit Kreditkarte zahlen?	¿Puedo pagar con tarjeta de crédito?	['pŭedo pa'gar kɔn tar'xeta de 'kreðito]
teuer	caro	['karo]
100 Gramm/ein Kilogramm von …	cien gramos/un kilo de …	['zĭen 'gramos/'un 'kilo de…]
ein Stück …	un trozo de …	['un 'trozo de…]
Wann öffnen/schließen Sie?	¿A qué hora abre/cierra?	[a 'ke 'ora aβre/zĭɛrra]

Sightseeing

Festung, Burg	el castillo	[kas'tiʎo]
Fremdenführer	el guía	['gia]
Garten	el jardín	[xar'ðin]
Gasse	el callejón	[kaʎe'xɔn]
Kathedrale	la catedral	[kate'ðral]
Kirche	la iglesia	[i'glesĭa]
Museum	el museo	[mu'seo]
Park	el parque	['parke]
Platz	la plaza	['plaza]
Rathaus	la municipalidad	[muni'zipalidad]
Ruine	la ruina	['rrŭina]

Strand	la playa	['plaja]
Viertel	el barrio	['barrĭo]

Transport

Wann fährt der nächste Zug/Bus nach …?	¿A qué hora sale el próximo tren/bus a …?	[a 'ke 'ora sa'le ɛl 'prɔgsimo tren/bus a…]
Könnten Sie mir ein Taxi rufen?	¿Me puede llamar un taxi?	[me 'pŭeðe ʎamar 'un 'tagsi]
Flughafen	el aeropuerto	[aero'pŭerto]
Bahnhof	la estación de ferrocarriles	[esta'zĭɔn de fɛrroka'rriles]
Busstation	la terminal de buses	[terminal de buses]
Einschiffungshafen	el puerto de embarque	['pŭerto de em'barke]
Autovermietung	alquiler de carros	[alki'ler de 'karrɔs]
Fahrrad	la bicicleta	[bizi'kleta]
Fahrpreis	la tarifa	[ta'rifa]
Versicherung	el seguro	[se'guro]
Tankstelle	la estación de gasolina	[esta'zĭɔn de gaso'lina]
Ich habe eine Reifenpanne.	Se me pinchó una llanta.	[se me 'pintʃo 'una 'ʎanta]

Im Hotel

Ich habe reserviert.	Tengo una reserva.	['teŋgo 'una rre'serβa]
Haben Sie noch Zimmer frei?	¿Tiene habitaciones disponibles?	['tĭene aβita'zĭɔnes dispo'niβles]
Einzel-/Doppelzimmer	la habitación sencilla/doble	[aβita'zĭɔn sen'ziʎa/'doβle]
Dusche/Bad	la ducha/la tina	['dutʃa/'tina]
Balkon	el balcón	[bal'kɔn]
Ich möchte um … geweckt werden.	Necesito que me despierten a las …	[neze'sito ke me des'pĭerten a las…]
warmes/kaltes Wasser	el agua caliente/fría	[a'gŭa ka'lĭente/'fria]
Seife	el jabón	[xa'βɔn]
Handtuch	la toalla	[to'aʎa]
Schlüssel	la llave	['ʎaβe]

Im Lokal

Ich bin Vegetarier.	Soy vegetariano.	[sɔi βexeta'rĭano]
Kann ich bitte die Speisekarte sehen?	¿Me deja ver el menú, por favor?	[me 'dexa βer ɛl me'nu, pɔr fa'βɔr]
Festpreis	precio fijo	['prezĭo 'fixo]
Chinarestaurant	la chifa	['tʃifa]
Was haben Sie zu essen?	¿Qué hay para comer?	[ke aĭ 'para ko'mɛr]
Die Rechnung, bitte.	La cuenta, por favor.	[la 'kŭenta, pɔr fa'βɔr]
Ich hätte gern etwas Wasser.	Quiero un poco de agua.	['kĭero 'un 'poko de a'gŭa]
Wein	el vino	['bino]
Das Bier ist nicht kalt genug.	La cerveza no está bien fría.	[la zer'βeza no 'esta bĭen 'fria]
Frühstück	el desayuno	[desa'juno]
Mittagessen	el almuerzo	[al'mŭerzo]
Abendessen	la cena	['zena]
roh	crudo	['kruðo]
gekocht	cocido	[ko'ziðo]

Auf der Speisekarte (siehe auch S. 286f)

la parrillada	[pa'rriʎada]	Grillplatte
el lomo	['lomo]	Rinderlende
lomo a la pimienta	['lomo a la pi'mĭenta]	Pfeffersteak
lomo vetado	['lomo be'tado]	Entrecôte
el chorizo	[tʃori'zo]	Schweinswurst

el choripán	[tʃori'pan]	Wurstsandwich	Montag	lunes	['lunes]
barros luco	['barrɔs 'luko]	Sandwich mit Rindfleisch und Schmelzkäse	Dienstag	martes	['martes]
			Mittwoch	miércoles	['mi̯erkoles]
			Donnerstag	jueves	['xŭebes]
el churrasco	[tʃu'rrasko]	Steak-Sandwich	Freitag	viernes	['bi̯ɛrnes]
el pebre	[pe'bre]	Sauce/Tunke	Samstag	sábado	['sabado]
la cola de mono	['kola de 'mono]	Cocktail u. a. aus Kaffee, Milch, Zimt und Pisco	Sonntag	domingo	[do'miŋgo]
			Januar	enero	[e'nero]
			Februar	febrero	[fe'brero]
la cazuela de vacuno	[ka'zŭela de ba'kuno]	Rind-/Gemüseeintopf	März	marzo	['marzo]
			April	abril	[a'bril]
la cazuela de ave	[ka'zŭela de abe]	Hühnchen-/Gemüseeintopf	Mai	mayo	['majo]
			Juni	junio	['xuni̯o]
la centolla	[zen'toʎa]	Königskrabbe	Juli	julio	['xuli̯o]
el curanto	[ku'ranto]	Schmortopf mit Muscheln und Fleisch	August	agosto	[a'gɔsto]
			September	septiembre	[se'ti̯embre]
			Oktober	octubre	[ɔk'tubre]
el lúcumo	['lukumo]	Frucht der Breiapfelgewächse	November	noviembre	[no'bi̯embre]
			Dezember	diciembre	[di'zi̯embre]
las mollejas	[mo'ʎexas]	Kalbsbries			
el pastel de choclo	[pas'tɛl de tʃ'klo]	süßer Maisauflauf	**Zahlen**		
la plateada	[plate'ada]	Fleisch und Gemüse gedünstet	0	cero	['zero]
			1	uno/una	['uno/'una]
el terremoto	[tɛrre'moto]	Cocktail aus Weißwein, Fernet und Ananaseiscreme	2	dos	[dɔs]
			3	tres	[tres]
			4	cuatro	['kŭatro]
la humita	[u'mita]	Maisbrei mit Zwiebeln und Milch	5	cinco	['ziŋko]
			6	seis	[sɛi̯s]
el aceite	[a'zɛi̯te]	Öl	7	siete	['si̯ete]
agua mineral	['agŭa mine'ral]	Mineralwasser	8	ocho	['otʃo]
el ajo	['axo]	Knoblauch	9	nueve	['nŭebe]
el arroz	[a'rrɔz]	Reis	10	diez	['di̯ez]
el atún	[a'tun]	Thunfisch	11	once	['ɔnze]
el azúcar	[a'zukar]	Zucker	12	doce	['doze]
el café	[ka'fe]	Kaffee	13	trece	['treze]
el café con leche	[ka'fe kɔn 'letʃe]	Milchkaffee	14	catorce	[ka'tɔrze]
los camarones	[kama'rɔnes]	Garnelen	15	quince	['kinze]
la carne	['karne]	Fleisch	16	dieciséis	[di̯ezi'sɛi̯s]
la cebolla	[ze'boʎa]	Zwiebel	17	diecisiete	[di̯ezi'si̯ete]
la cerveza	[zer'beza]	Bier	18	dieciocho	[di̯e'zi̯otʃo]
el choclo	['tʃoklo]	Mais	19	diecinueve	[di̯ezi'nŭebe]
la ensalada	[ensa'lada]	Salat	20	veinte	['bɛi̯nte]
la fruta	['fruta]	Obst	21	veintiuno	[bɛi̯nti'ŭno]
el helado	[e'lado]	Eis	22	veintidós	[bɛi̯nti'dɔs]
el huevo	['ŭebo]	Ei	30	treinta	['trɛi̯nta]
el jugo	['xugo]	Fruchtsaft	31	treinta y uno	['trɛi̯nta i̯ uno]
la langosta	[laŋ'gɔsta]	Languste	40	cuarenta	[kŭa'renta]
la leche	['letʃe]	Milch	50	cincuenta	[ziŋ'kŭenta]
la mantequilla	[mante'kiʎa]	Butter	60	sesenta	[se'senta]
los mariscos	[ma'riskos]	Meeresfrüchte	70	setenta	[se'tenta]
el pan	[pan]	Brot	80	ochenta	[o'tʃenta]
la papa	['papa]	Kartoffel	90	noventa	[no'benta]
el pescado	[pes'kado]	Fisch	100	ciento/cien	['zi̯ento/'zi̯en]
la pimienta	[pi'mi̯enta]	Pfeffer	101	ciento uno	['zi̯ento 'uno]
el plátano	['platano]	Banane	200	doscientos	[dɔs'zi̯entos]
el pollo	['poʎo]	Hähnchen	300	trescientos	[tres'zi̯entos]
el pomelo	[po'melo]	Grapefruit	400	cuatrocientos	[kŭatro'zi̯entos]
el postre	['pɔstre]	Dessert	500	quinientos	[ki'ni̯entos]
el queso	['keso]	Käse	600	seiscientos	[sɛi̯s'zi̯entos]
la sal	[sal]	Salz	700	setecientos	[sete'zi̯entos]
la salsa	['salsa]	Sauce	800	ochocientos	[otʃo'zi̯entos]
la sopa	['sopa]	Suppe	900	novecientos	[nobe'zi̯entos]
sopa de pescado	['sopa de pes'kado]	Fischsuppe	1000	mil	[mil]
el té	[te]	Tee	3000	tres mil	[tres mil]
el vinagre	[bi'nagre]	Essig	100000	cien mil	[zi̯en mil]
el zapallito	[za'paʎito]	Kürbis	1 000 000	un millón	['un mi'ʎɔn]
			erster/erste	primero/a	[pri'mero/a]
Zeit			zweiter/zweite	segundo/a	[se'gundo/a]
eine Minute	**un minuto**	['un mi'nuto]	dritter/dritte	tercero/a	[tɛr'zro/a]
eine Stunde	**una hora**	['una 'ora]	vierter/vierte	cuarto/a	['kŭarto/a]
halbe Stunde	**media hora**	['medi̯a 'ora]	fünfter/fünfte	quinto/a	['kinto/a]
Viertelstunde	**un cuarto de hora**	['un 'kŭarto de 'ora]	sechster/sechste	sexto/a	['sesto/a]
Woche	**semana**	[se'mana]	siebter/siebte	séptimo/a	['septimo/a]
nächste Woche	**próxima semana**	['prɔgsima se'mana]	achter/achte	octavo/a	[ɔk'tabo/a]
Monat	**mes**	[mes]	neunter/neunte	noveno/a	[no'beno/a]
vergangenen Monat	**mes pasado**	[mes pa'sado]	zehnter/zehnte	décimo/a	['dezimo/a]

VIS-À-VIS-REISEFÜHRER

Ägypten · Alaska · Amsterdam · Apulien · Argentinien · Australien · Bali & Lombok · Baltikum · Barcelona & Katalonien · Beijing & Shanghai · Belgien & Luxemburg · Berlin · Bodensee · Bologna & Emilia-Romagna · Brasilien · Bretagne · Brüssel · Budapest · Chicago · Chile · China · Costa Rica · Dänemark · Danzig & Ostpommern · Delhi, Agra & Jaipur · Deutschland · Dresden · Dublin · Florenz & Toskana · Florida · Frankreich · Gardasee · Griechenland · Großbritannien · Hamburg · Hawaii · Indien · Irland · Istanbul · Italien · Italienische Riviera · Japan · Jerusalem · Kalifornien · Kambodscha & Laos · Kanada · Kanarische Inseln · Karibik · Kenia · Korsika · Krakau · Kroatien · Kuba · Las Vegas · Lissabon · Loire-Tal · London · Madrid · Mailand · Malaysia & Singapur · Mallorca, Menorca & Ibiza · Marokko · Mexiko · Moskau · München & Südbayern · Myanmar · Neapel · Neuengland · Neuseeland · New Orleans · New York · Niederlande · Nordspanien · Norwegen · Österreich · Paris · Peru · Polen · Portugal · Prag · Provence & Côte d'Azur · Rom · San Francisco · St. Petersburg · Sardinien · Schottland · Schweden · Schweiz · Sevilla & Andalusien · Sizilien · Slowenien · Spanien · Sri Lanka · Stockholm · Straßburg & Elsass · Südafrika · Südtirol & Trentino · Südwestfrankreich · Thailand · Thailand – Strände & Inseln · Tokyo · Tschechien & Slowakei · Türkei · Umbrien · USA · USA Nordwesten & Vancouver · USA Südwesten & Las Vegas · Venedig & Veneto · Vietnam & Angkor · Washington, DC · Wien · Zypern

www.dorlingkindersley.de